2021
高等教育教学实践探索：
厦门大学解决方案

计国君　主编

厦门大学出版社 XIAMEN UNIVERSITY PRESS
国家一级出版社
全国百佳图书出版单位

图书在版编目(CIP)数据

2021高等教育教学实践探索:厦门大学解决方案/计国君主编.—厦门:厦门大学出版社,2021.12

ISBN 978-7-5615-8365-4

Ⅰ.①2… Ⅱ.①计… Ⅲ.①高等学校—教学研究—文集 Ⅳ.①G642.0-53

中国版本图书馆CIP数据核字(2021)第169194号

出 版 人 郑文礼
责任编辑 高 健
美术编辑 李嘉彬
技术编辑 朱 楷

出版发行 厦门大学出版社
社 址 厦门市软件园二期望海路39号
邮政编码 361008
总 机 0592-2181111 0592-2181406(传真)
营销中心 0592-2184458 0592-2181365
网 址 http://www.xmupress.com
邮 箱 xmup@xmupress.com
印 刷 厦门市金凯龙印刷有限公司

开本 787 mm×1 092 mm 1/16
印张 30
字数 720千字
版次 2021年12月第1版
印次 2021年12月第1次印刷
定价 129.00元

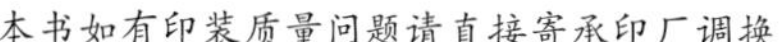
本书如有印装质量问题请直接寄承印厂调换

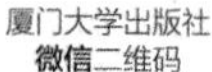
厦门大学出版社
微信二维码

厦门大学出版社
微博二维码

目 录

社会主义核心价值观自信教育的几点思考*

徐雅芬　王　月**

摘要:社会主义核心价值观自信教育,是我国高校思想政治教育的重要内容,亦是提高大学生思想政治素质的重要途径。当前,对大学生进行社会主义核心价值观自信教育,要注重引导大学生正确把握价值观自信的科学内涵、深刻理解核心价值观自信的理论依据、历史支持和现实支撑等问题,以进一步增强大学生社会主义核心价值观自信。

关键词:大学生思想政治教育;社会主义核心价值观自信教育;几点思考

文化自信是一个国家和民族发展的基本、深沉和持久的力量。习近平强调:"没有高度的文化自信,没有文化的繁荣兴盛,就没有中华民族伟大复兴。"①社会主义核心价值观(以下简称"价值观")自信,是中国特色社会主义文化自信的重要内容和根本要求。价值观自信教育,事关中国特色社会主义文化繁荣和中华民族伟大复兴,它已成为我国高校思想政治教育的一个重要内容,亦是提高大学生思想政治素质的重要途径。当前,对大学生进行价值观自信教育,要注重引导大学生正确把握价值观自信的科学内涵、深刻理解核心价值观自信的理论依据、历史支持和现实支撑等问题,以进一步增强大学生价值观自信。

一、引导大学生正确把握价值观自信的科学内涵

引导大学生正确把握价值观自信的科学内涵,是对大学生进行核心价值观自信教育的基础,是增强大学生价值观自信的前提。党的十八大提出:要倡导富强、民主、文明、和谐,倡导自由、平等、公正、法治,倡导爱国、敬业、诚信、友善,积极培育和践行社会主义核心价值观。价值观自信是积极培育和践行价值观的关键。"自信"是相对于自卑而言的,具体是指社会主体对自我的积极和肯定的态度与评价,包括对自我的认可、肯定和充满信心。"价值观自信"指的是一定主体对价值观的积极和肯定的态度与评价。就现代国家的核心价值观而言,其主体包括国家、社会和公民(含人民)。国家源于社会,而社会是由公民构成的。从这个意义上说,价值观自信的主体可以归结为公民。故而,价值观自信的科学内涵是指公民对价值观的积极和肯定的评价,具体包括公民对价值观内容的认可、对价

* 基金项目:本文系2016—2017年度福建省宣传文化系统"四个一批"人才项目"社会主义核心价值观的理论基础和现实依据研究"的成果。

** 徐雅芬,女,福建建阳人,厦门大学马克思主义学院教授,主要研究方向为思想政治教育、党的建设。王月,女,河北保定人,中国人民大学国际关系学院博士研究生,主要研究方向为政党政治。

① 习近平:《决胜全面建成小康社会夺取新时代中国特色社会主义伟大胜利——在中国共产党第十九次全国代表大会上的报告》,人民出版社2017年版,第41页。

值观现状的肯定和对价值观作用充满信心。

（一）公民对价值观内容的认可

公民是社会生活和特定历史条件中的“现实的人”。其社会关系和历史条件的不同，他们的思想观念、政治观点和道德认知等皆会有一定的差别，由此产生不同的需要。随着我国社会进入新时代，人民在满足了基本生存需要之后，对安全、文化、民主、公平、正义、生态等会有更多和更高的需求。以“三个倡导”为主要内容的价值观，不仅符合人民的现实利益，而且能满足人民的多样化和高层次的要求。具体来看，第一，就国家而言，倡导富强、民主、文明、和谐，这不仅揭示了当代中国在经济发展、政治文明、文化繁荣和社会进步方面的发展目标，而且回答了我们要建设什么样的国家的重大问题，它体现了中国人民要实现中华民族伟大复兴的共同愿景，能鼓舞士气、凝聚共识，彰显国家发展的价值目标。第二，就社会来说，倡导自由、平等、公正和法治，这些内容鲜明地反映了人们对美好社会的期望，也回答了我们要建设什么样的社会这一重大问题，指明了我国社会发展的价值取向。第三，就公民来看，倡导爱国、敬业、诚信和友善，它们无疑涵盖了公民在社会公德、职业道德、家庭美德和个人品德等方面的要求，回答了我们要培养什么样的公民的重大问题，明确了每一个公民应当遵守的价值规范。

上述价值观的内容，包涵了我国公民对国家的价值目标、社会的价值取向和公民的价值规范的共同诉求，满足了公民对民族复兴、国家富强、物质保障、政治参与、社会稳定，以及精神丰盈等美好生活的共同向往和追求。可见，价值观从其所包含的内容上，凝聚了我国社会价值诉求的“最大公约数”，是对同一文化背景的人们价值观的高度凝练，是为公民普遍认可的价值观念的集合。

（二）公民对价值观现状的肯定

价值观属于社会意识范畴，它是我国社会主义革命、建设，以及改革开放实践的产物，也是我们对坚持和发展中国特色社会主义的价值表达，它对中国特色社会主义建设起着引领的作用。党的十八大提出价值观之后，我国从中央到地方皆采取各种形式，在全社会大力宣传和培育价值观，并积极引导人们践行价值观，公民对价值观的现状持肯定的态度。

第一，价值观回答了新时代的重大问题。价值观把国家的价值目标、社会的价值取向和公民的价值规范融为一体，既充分体现了社会主义的本质要求，又深刻回答了我们要建设什么样的国家和社会、培育什么样的公民等重大的问题，是新时代中国精神的集中体现和全体人民共同价值诉求的凝结。

第二，价值观日益成为人们思想与行为的规范。党的十八大以来，党中央高度重视价值观的培育和践行，制定出台了《关于培育和践行社会主义核心价值观的意见》《培育和践行社会主义核心价值观行动方案》等文件，并通过理论宣传、教育引导、实践锻炼和制度规范等途径，开展多种形式的价值观培育和践行活动，将价值观落细、落小、落实，融入社会生活的各个方面，价值观深入人心，日益成为人们思想与行为的规范。

第三，价值观的实际效果凸显。在价值观的指导下，党和国家坚持以人民为中心，统筹“五位一体”总体布局，协调“四个全面”战略布局，不断推进中国特色社会主义事业的发展，我国的经济、政治、文化、社会和生态文明建设等方面都取得了可喜的成绩，人民生活水平有了极大的提高，社会上涌现出“最美教师”、“最美司机”、“扑火勇士”、“最美逆行者”

和“感动中国人物”等闪耀着价值观光芒的价值观主体，时常感动并引导着人们践行价值观，践行价值观已逐渐转化为我国公民的行动自觉。

（三）公民对价值观作用充满信心

公民对价值观作用充满信心，是指公民坚信价值观能够更好地得到培育和践行，发挥其引领作用，提升国人的精神面貌，促进社会经济文化的繁荣与发展。究其原因，其一，价值观具有先进性。这集中体现在它是我国社会主义制度的核心价值理念。社会主义制度是建立在生产资料公有制基础之上，消灭了剥削制度，人民成为国家的主人，它是人类社会迄今为止最先进的社会制度。尽管中国特色社会主义制度至今仍在不断完善和发展中，但它所取得的开创性成就，正在为人类探索更加美好的社会制度提供宝贵的中国经验和中国智慧。价值观反映着我国社会主义制度的本质，是我国社会主义制度的内在精神。作为人类社会最为先进的社会制度的本质规定在价值层面的集中反映，它无疑代表着当今时代人类社会最先进的价值观，能够成为引领社会进步的重要力量。

其二，价值观具有人民性。价值观的人民性体现在它代表着最广大人民的根本利益，反映了最广大人民的价值诉求，引导着最广大人民为实现美好生活而奋斗。价值观坚持马克思主义的立场、观点和方法，并将人的自由全面发展作为根本的价值目标，人民性亦是价值观内在的重要特性。马克思主义最根本的政治立场，就是始终站在广大劳动人民的立场上，为人民谋利益。“中国共产党人的初心和使命，就是为中国人民谋幸福，为中华民族谋复兴。……一定要永远把人民对美好生活的向往作为奋斗目标。”[①]价值观是党和国家以人民为中心发展思想的价值体现，是人民向往的美好生活的真实反映，完全符合广大人民群众的根本利益。鲜明的人民性，使得价值观具有强大的感召力和吸引力，也使得我国公民对价值观充满信心，并能更加自觉地践行。

其三，价值观符合中国特色社会主义建设的目标要求。新时代，中国特色社会主义建设将实施“十四五”规划，开启全面建设社会主义现代化国家新征程，逐步实现共同富裕，实现中华民族伟大复兴。所有这些目标要求皆涉及我国经济、政治、文化、社会、生态等方面，是一个系统工程。价值观符合中国特色社会主义建设的目标要求，是这些目标要求在价值层面的体现，它无疑将为中国特色社会主义建设提供精神动力。

上述价值观自信的内容，有其内在的逻辑，其中公民对价值观内容的认可是前提，对价值观现状的肯定是关键，对价值观作用充满信心是保障，三者相辅相成，相互促进，共同构成价值观自信的科学内涵。

二、引导大学生深刻理解价值观自信的理论依据

引导大学生深刻理解价值观自信的理论依据，可以为其增强核心价值观自信提供深厚的理论支持。价值观自信具有充分的理论依据，具体体现在以下几个方面：

（一）马克思主义为价值观自信提供了科学的理论指引

马克思主义深刻揭示了自然界、人类社会和思维发展的一般规律，是科学的世界观和

---

① 习近平：《决胜全面建成小康社会 夺取新时代中国特色社会主义伟大胜利——在中国共产党第十九次全国代表大会上的报告》，人民出版社 2017 年版，第 1 页。

方法论，它是中国特色社会主义建设的理论指导，也为价值观自信提供科学的理论指引。这种理论指引基于价值观自信，建立在马克思主义理论基础之上，始终坚持以马克思主义的立场、观点和方法，来审视价值观的内容和现状，从而对价值观充满信心。具体表现：一是坚持人民的立场。一切为人民、相信人民、依靠人民，全心全意为人民服务，这是马克思主义的基本立场。价值观坚持以人民为中心，始终站在人民的立场上，直接回应和满足新时代人民的价值诉求，不断满足人民的幸福感和获得感。二是坚持为时代发声。“时代是思想之母，实践是理论之源。”一切思想、观念和理论都是在其所处时代的实践基础上形成的。价值观是根植于中国特色社会主义实践，为中国特色社会主义建设提供国家的价值目标、社会的价值取向和公民的价值规范。三是坚持科学的方法。马克思主义辩证唯物主义和历史唯物主义，是我们认识和改造世界的科学方法。价值观是以辩证唯物主义和历史唯物主义的科学方法为指导，在总结共产党执政规律、社会主义建设规律，以及人类社会发展规律的基础上，从价值层面对中国特色社会主义实践作出的反映。

(二)马克思主义中国化的理论成果为价值观自信提供了直接的理论支持

中国共产党自成立以来，不断将马克思主义的基本原理同中国具体实际相结合，推进马克思主义中国化，形成了具有浓厚特色和强烈问题意识的马克思主义中国化的理论成果，即毛泽东思想和中国特色社会主义理论体系。毛泽东思想已经成功引领中国人民取得革命和建设的伟大胜利；中国特色社会主义理论体系是在回应当代中国所面临的“什么是社会主义，怎样建设社会主义”、“建设什么样的党，怎样建设党”、“实现什么样的发展，怎样发展”以及“建设什么样的中国特色社会主义、怎样建设中国特色社会主义”等重大理论与实践问题而形成的，它包括邓小平理论、“三个代表”重要思想、科学发展观以及习近平新时代中国特色社会主义思想。其中习近平新时代中国特色社会主义思想是中国特色社会主义建设实践经验的集中反映和理论表达，极大地丰富了中国特色社会主义理论体系，是马克思主义中国化的最新理论成果，成为当前引领中国发展的行动指南。价值观是对中国特色社会主义建设实践经验的反映。它是在马克思主义中国化理论成果的指导下，从国家的价值目标、社会的价值取向和公民的价值规范三个层面，对中国特色社会主义的发展做出更为具体的要求。中国特色社会主义理论体系所围绕的重大理论和实践问题，为价值观三个层面的划分及其内容提供理论指导和依据。马克思主义中国化的理论成果——中国特色社会主义理论体系重在对中国特色社会主义建设做出宏观规划，而价值观则重在对建设什么样的中国特色社会主义和怎样建设中国特色社会主义做出微观指引，它是马克思主义中国化理论成果在价值层面的具体表达。从这个意义上说，马克思主义中国化的理论成果——中国特色社会主义理论体系为价值观自信提供了直接的理论支持。

(三)中华优秀传统文化为价值观自信提供了丰富的理论滋养

马克思说：“人们自己创造自己的历史，但是他们并不是随心所欲地创造，并不是在他们自己选定的条件下创造，而是在直接碰到的、既定的、从过去承继下来的条件下创造。”①这种承继下来的条件，不仅包括物质的条件，还包括优秀传统文化的传统。中华文明绵延

① 《马克思恩格斯全集》第11卷，人民出版社1995年版，第131、132页。

数千年形成的中华优秀传统文化已经成为中华民族的文化基因。价值观具有民族性，体现着国家和民族独特的精神气质，与国家和民族的传统文化相契合。价值观是社会主义文化性质和方向的根本体现，承载着国家、社会和公民的精神追求。而价值观自信离不开中华优秀传统文化的滋养。中华优秀传统文化中包含着诸多优秀的文化因子，例如，"民贵君轻""民为邦本""天下为公""以德治国""天人合一""法者，治之端也""言必信，行必果""己所不欲，勿施于人""老吾老以及人之老，幼吾幼以及人之幼"……这些中华优秀传统文化的因子，包含着人们对国家、社会和个人的价值诉求，对其进行创造性转化和创新性发展，可以使其为价值观自信提供丰富的理论滋养。

（四）西方文化的优秀因素为价值观自信提供了一定的理论借鉴

价值观的形成不仅要立足中国特色社会主义实践、批判继承中华优秀传统文化，还要借鉴人类文明的一切优秀成果，包括西方文化中的优秀因素。西方资本主义国家的现代文化，尤其是其以自由、平等、民主、博爱和人权等为内容的价值观，是在反对封建专制统治，进行资本主义革命和建设的过程中形成的，对于打破封建王权、冲破思想禁锢、进行思想解放具有进步意义，是西方文化中的优秀因素，亦是人类文明的优秀成果。我国目前仍然并将长期处于社会主义初级阶段，"要赢得与资本主义相比较的优势，就必须大胆吸收和借鉴人类社会创造的一切文明成果"[①]，包括西方文化中的优秀的价值观因素，同时，结合中国特色社会主义建设的实际，对西方文化中优秀的价值观因素进行"扬弃"，抛弃其历史的和阶级的局限性，将其合理的价值观因素纳入我们自己的价值观之中，充分体现我们价值观的开放性和包容性，使得我们的价值观更能代表人类社会价值观进步的方向，更具有先进性，从而增强我们价值观自信。

三、引导大学生深入了解价值观自信的历史支持

引导大学生深入了解价值观自信的历史支持，可以为其增强核心价值观自信提供丰富的历史滋养。价值观自信有其深厚的历史支持，这不仅表现在价值观自信根植于中华优秀传统文化之中，而且体现在中华优秀传统文化已成为价值观自信的重要源泉。

（一）价值观自信根植于中华优秀传统文化之中

习近平指出："优秀传统文化是一个国家、一个民族传承和发展的根本，如果丢掉了，就割断了精神命脉。"[②]历史是不能割断的，不忘本来才能开辟未来，善于继承才能更好地创新。价值观自信与价值观一样，皆有其根本，即扎根于中华优秀传统文化之中，同时又随着历史和时代前进而不断与时俱进。由于价值观把对国家、社会、公民的价值诉求融为一体，赋予中华优秀传统文化以新的时代内涵，是对中华优秀传统文化的继承和发展，也是中华优秀传统文化在新时代价值层面的具体体现。故而，价值观自信必须从中华优秀传统文化中汲取营养，古为今用、推陈出新，推动中华优秀传统文化创造性转化和创新性发展，为价值观自信添加丰富的中华优秀传统文化资源，提供可靠的历史依据。

---

① 《邓小平文选》第3卷，人民出版社1993年版，第373页。

② 习近平：《在纪念孔子诞辰2565周年国际学术研讨会暨国际儒学联合会第五届会员大会开幕会上的讲话》，《人民日报》2014年9月25日第2版。

（二）中华优秀传统文化是价值观自信的重要源泉

文化是一个国家和民族的精神家园，体现着一个国家和民族的价值取向、道德规范、思想风貌及行为特征。中华文明之所以是世界古文明中唯一没有中断的文明，一个重要的原因就是其一脉相承的优秀传统文化，这种文化不仅彰显了中华民族的精神追求和精神特质，而且为中华民族的发展提供了强大的精神动力。早在2000多年前，我国的老子、孔子、荀子和墨子等思想家们，就已经探讨了人与人、人与社会、人与自然的关系，提出了天人合一、道法自然、自强不息、孝悌忠信、礼义廉耻、仁者爱人等诸多至今仍然影响着中国人生活的理念。中华优秀传统文化强调的“民惟邦本”“天人合一”“和而不同”“君子以自强不息”“天下兴亡，匹夫有责”“天下为公”；主张以德治国、以文化人，“君子义然后取”、“君子坦荡荡”，“人而无信，不知其可也”；崇尚“德不孤，必有邻”“仁者爱人”“与人为善”“出入相友，守望相助”“不患寡而患不均”……这些丰富的思想和理念具有鲜明的民族特色和时代价值，成为中华民族和中国人民有别于其他民族和人民的独特标识，尤其是其中所包含的讲仁爱、重民本、守诚信、崇正义、尚和合、求大同等内容，已成为价值观自信的重要源泉，为价值观自信提供了深厚的历史支持。

四、引导大学生全面认清价值观自信的现实支撑

引导大学生全面认清价值观自信的现实支撑，可以为其增强核心价值观自信提供可靠的实践支持。价值观自信不仅具有充分的理论依据、历史支持，而且具有可靠的现实支撑，这一现实支撑集中表现在以下几个方面：

（一）价值观的先进性是价值观自信的可靠前提

价值观的先进性主要是指提出价值观的主体的先进性和价值观自身的先进性，这种先进性为价值观自信提供了可靠的前提。具体来说，一方面，提出价值观的主体的先进性。众所周知，中国共产党是在党的十八大上正式提出社会主义核心价值观的。作为提出社会主义核心价值观的主体，中国共产党具有先进性：它是马克思主义政党，是中国工人阶级、中国人民和中华民族的先锋队；它代表中国先进生产力的发展要求，代表中国先进文化的前进方向，代表中国最广大人民的根本利益；中国共产党始终坚持以人民为中心，为人民谋幸福，将人的自由全面发展作为根本的价值追求。这些先进性，为中国共产党提出价值观的先进性，提供了保障。另一方面，价值观自身的先进性。社会主义核心价值观反映了我国社会主义基本制度的本质要求，渗透于我国社会的经济、政治、文化、社会和生态建设的各个方面，是我国社会主义制度的核心价值理念，而社会主义制度是人类社会迄今为止最先进的社会制度，价值观作为人类社会最为先进社会制度的本质规定在价值层面的集中反映，价值观代表着当今时代人类社会价值的最高点，它无疑充分体现了价值观的先进性，为价值观自信的提供了可靠的前提。

（二）价值观的科学性是价值观自信的内在根源

其一，价值观以科学社会主义为理论依据。科学社会主义是相对于空想社会主义而言的。空想社会主义基于愿望、道德和情感而形成，是非科学的。科学社会主义则立足于客观事实，科学揭示了资本主义必然灭亡、社会主义必然胜利的历史发展趋势。价值观是社会主义文化的核心内容，它以科学社会主义为理论依据，立足于中国特色社会主义实

践,体现一切从实际出发的原则,是中国特色社会主义建设经验在价值层面上的体现,符合社会主义建设和发展的规律。

其二,价值观是一个系统、完整和严密的体系。价值观所包含的三个层面的内容各有侧重,其中,国家层面的内容居于统领的地位,社会层面的内容起着导向的作用,个人层面的内容则处于基础的地位,它们共同构成有机统一的价值体系,体现着国家、社会和公民个人的价值诉求,涵盖了中国特色社会主义的经济、政治、文化、社会、生态等方面建设的价值要求,具体回答了国家发展的价值目标、社会建设的价值原则以及公民思想行为的价值规范等问题,是国家、社会和公民的发展要求与价值诉求的集中、系统的表达。

其三,价值观具有现实性。纵观人类历史,资产阶级曾提出不少诸如民主、自由、博爱等美好的价值理念,其中有些不乏在历史上起过积极的作用,但是,由于其阶级和历史的局限性,这些价值理念皆未能真正实现,有如列宁指出的:"资产阶级民主同中世纪制度比较起来,在历史上是一大进步,但它始终是而且在资本主义制度下不能不是狭隘的、残缺不全的、虚伪的、骗人的民主。"[①]人民当家作主的社会主义制度,则为价值观的真正实现奠定了根本的制度前提和保障,使得自由、民主、公正等价值观,不是用来摆设,而是用来解决人民追求美好生活中的问题,因而,它是具体、普遍和真实的现实。

(三)中国特色社会主义建设的成就是价值观自信的坚实基础

价值观产生于中国特色社会主义实践,同时,它对中国特色社会主义实践具有价值引导作用。改革开放以来,中国共产党带领全国人民进行中国特色社会主义建设,取得了举世瞩目的成就。尤其是党的十八大以来,以习近平同志为核心的党中央,带领人民推进中国特色社会主义建设,进行了深层次和根本性的变革,我国的经济建设、民主法治建设、思想文化建设、生态文明建设、全面深化改革、全面从严治党、军事外交工作等方面,取得了历史性的成就。这些成就为价值观自信提供了坚实的基础。

(四)社会主义文化强国建设,为价值观自信提供了广阔舞台

文化强国是指一个国家具有强大的文化力量,具体表现在国民文化素养高、国家文化产业发达、文化软实力强大。中华民族的伟大复兴,不仅要依靠丰富的物质基础,还需要增强文化的力量,这就要求我国必须从一个文化大国,转变成为一个文化强国。为此,要加强我国的社会主义文化强国建设,着力推进社会主义先进文化深入人心,推动全民族文化的创造活力,使社会文化生活更加丰富多彩、人民的基本文化权益得到更好的保障、人民的思想道德水平和科学文化素质得到全面提高、中华文化的影响力不断增强,进而建设中华民族共有的精神家园。故此,推动社会主义文化繁荣兴盛,建设社会主义文化强国,可以为推进价值观的培育和践行,进一步增强价值观自信,提供广阔的舞台。

---

① 《列宁选集》第 3 卷,人民出版社 1992 年版,第 601 页。

思想政治理论课专题教学的守正创新[*]

——以厦门大学“马克思主义基本原理概论”课教学改革为例

傅丽芬[**]

摘要：厦门大学马克思主义学院围绕提升教学效果、打造精品思政，积极探索各方面的教学改革，构建“课堂教学（专题教学）＋实践教学＋网络教学”三位一体的新的教学体系和教学模式。“专题教学”就是其中重要的一项教改内容。本文以“马克思主义基本原理概论”课为例，分析开展专题教学的必要性与紧迫性；阐释守正创新蕴含着矛盾分析的辩证法哲理，是优化专题教学的根本保障；探讨守正创新在推进专题教学优化方面的路径。

关键词：思想政治理论课；专题教学；守正创新

“马克思主义基本原理概论”肩负着对大学生进行系统的马克思主义理论教育，帮助大学生掌握马克思主义的世界观和方法论的重任，是高校思想政治教育的理论基础。习近平总书记深谙思政课的价值意蕴，明确强调：“要坚持不懈传播马克思主义科学理论，抓好马克思主义理论教育，为学生一生成长奠定科学的思想基础。”①“原理”课集高度理论、抽象、系统和概括为一体的特点，教学效果与期望值仍有一定距离。近年，厦门大学马克思主义学院围绕提升教学效果、打造精品思政，致力于构建新的教学体系和教学模式的改革。“专题教学”就是其教改内容的关键一项。本文以厦门大学“原理”课程为例，试就守正创新在推进专题教学优化方面的路径作一个探讨。

一、问题的提出：专题教学的必要性与紧迫性

“原理”课突出特点之一是鲜明的政治性和深邃的思想性。它既是给学生传递科学的理论、思维、方法与精神，更是给学生传递马克思主义的信仰体系，是铸魂育人、涵德化人的基础课程。“办好思想政治理论课是立德树人的关键，事关党和民族的千秋伟业，必须

---

* 基金项目：国家社科基金高校思政课研究专项课题“推动高校思政课专题教学改革创新研究”（20VSZ120）的阶段性成果。厦门大学2020年教改项目“‘互联网＋’背景下思政课专题教学的守正创新——《以马克思主义基本原理概论》课为例”（2020MJY03）的阶段性成果。

** 傅丽芬，女，1976年生，福建厦门人，厦门大学马克思主义学院副教授，经济学博士，研究方向为马克思主义经济学。

① 《习近平在全国高校思想政治工作会议上强调：把思想政治工作贯穿教育教学全过程 开创我国高等教育事业发展新局面》，《人民日报》2016年12月9日第1版。

旗帜鲜明、毫不含糊”，“思想政治理论课是落实立德树人根本任务的关键课程”。[①] 习近平关于思政课的这些论述既强调了思政课的政治性，又体现了党中央办好思政课的决心。新的历史形势条件下，海量信息的包围，各种思想文化交流交融交锋的频繁，新生代大学生的崭新特性等，高校意识形态领域面临严峻复杂的形势。应对各种风险挑战，思政课教师唯有提高自身的业务素质，完善教学技巧，对专题内容有针对性的设计和大胆创新，突出其价值性、思想性这一本质特征，方能让学生在探究思想政治理论知识中发觉乐趣，形塑价值认同，“春风化雨、润物无声”中实现立德树人。

“原理”课突出特点之二是丰富的教学内容与相对有限的教学课时数。它高度浓缩了以往多门马克思主义理论基础课程的教学内容，不仅涵盖了马克思主义哲学，而且增加了马克思主义政治经济学、科学社会主义理论与实践的基本理论。如何将高度浓缩、高度概括的教材内容——教材中的每一句话、每一个段落都包含着一个甚至几个知识点，在有限的课时之内，给学生讲清楚、讲透彻，就成了教学过程中的一大难题。教师如果完全按照教材的内容面面俱到，必将导致有限的学时内无法完成教学内容，或者导致教学内容的浅尝辄止。[②] 况且，“原理”课的一些基本内容，在高中政治课里已有所涉及，如果仍然沿用教材体系，采取满堂灌的授课方式，就会和高中内容重复，达不到“在大中小学循序渐进、螺旋上升地开设思政课”[③]的要求，学生的需求和期许落空。无疑，要想解决上述问题，就需要用系统性、科学性的思维对教材内容进行整合，精准凝练教学专题。

“原理”课突出特点之三是深厚的理论性、高度的抽象性和严密的逻辑性。由此决定了这门课的艰涩晦深，教师讲起来费力，学生听起来枯燥，也决定了教师不仅要有扎实的理论知识和深厚的理论素养，更要有过硬的理论教育能力。“‘水之积也不厚，则其负大舟也无力。’传道者自己首先要明道、信道，育人者要先受教育。”[④]为此，思政课教师一方面要加强自身的专业素养，以一种韦编三绝的精神，深入细致地研读马克思、恩格斯、列宁、毛泽东等马克思主义经典作家的著作，夯实理论基础；另一方面要积极参与教育教学模式改革，探索与专题化教学改革要求相适应的教育教学方式和手段。深度挖掘和整合教材内容，形成相对独立又有内在逻辑关系的系列专题，把“原理”课讲得鲜活有深度，让学生在有趣、有味、有理中打开创造性思维的大门，理解和领悟马克思主义理论知识的内核与精髓。

二、守正创新蕴含着矛盾分析的辩证法哲理，是优化专题教学的根本保障

守正创新充分体现了新形势下思想政治理论课不变与变的辩证规律。守正，意味着

---

① 《习近平主持召开学校思想政治理论课教师座谈会的讲话》，http://www.gov.cn/xinwen/2019-03/18/content_5374684.htm，访问日期：2019 年 3 月 19 日。

② 傅丽芬：《专题化教学模式的实施与优化策略》，《教育教学论坛》2018 年第 16 期。

③ 《习近平主持召开学校思想政治理论课教师座谈会的讲话》，http://www.gov.cn/xinwen/2019-03/18/content_5374684.htm，访问日期：2019 年 3 月 19 日。

④ 《习近平在全国高校思想政治工作会议上强调：把思想政治工作贯穿教育教学全过程 开创我国高等教育事业发展新局面》，《人民日报》2016 年 12 月 9 日第 1 版。

遵循发展规律，尊重和坚守光荣传统，恪守正道，弘扬正气。创新，意味着摆脱常规思维的束缚，另辟蹊径，敢于挑战权威，勇往直前。

新的历史形势条件下，从宏观层面看，高校思想政治理论课教书育人面临严峻复杂的形势，思政课实现立德树人根本目标的难度加大。信息化时代下，信息产品广泛普及、信息传播发生变革，人们的生活习惯、思维习惯和学习方式也随之发生改变。网络新媒体所具有的即时性、交互性、共享性和跨时空性特点与青年学生求之若渴的精神相契合，使之成为大学生交流和对话的平台。而大学生涉世未深，对一些复杂的现实问题往往认识简单、片面，新媒体发展迅速但有效的监管和甄别薄弱，会导致网络传播过程中泥沙俱下，物质主义、享乐主义和各种错误思潮对思想正处于转型期的大学生影响较大，造成一些学生主流意识形态淡化和模糊。

从中观层面看，海量信息的包围、各种思想文化交流交融交锋的频繁、新生代大学生的崭新特性，加之，我国高等教育的大众化普及化和各学校新校区建设等诸多学校和社会因素的影响，高校师生关系出现了一些新问题乃至新矛盾，如师生关系不够密切，师生间情感疏远而淡漠，学生对有些老师认同感不强等。师生关系的淡化使得新时代大学生在面对思想疑难、心理困惑等各种问题时，不愿意主动求助于思想政治课教师。这就导致思政课教师不能及时了解学生的思想动态和心理问题，在专题化教学中，无法对症下药，针对性地开展思想引导，帮助学生形成正确的世界观、人生观和价值观。

从微观层面看，专题教学主题凝练的问题导向不强，内容设计整体性较弱、逻辑性不够严密。“专题教学”，就是根据教学大纲和学生的认知规律，打破章节的限制，按照逻辑关系与内在思想来整合、充实、概括以及提炼教学内容，使之成为有一定内涵和外延的专题，属于一种集中而深入的教学模式。[①] 专题主题凝练与内容设计决定了专题教学实效性的底色，是专题教学的重中之重。在实践中，教师专题设计时常常唯教材论，鲜少主动问需于学生、问计于学生，对学生高度关注的热点问题和认识上感到模糊、困惑需要解答的问题不够重视，这就使得理论对深刻变化实践的解释力显得苍白，难以用高度的理论阐释力让学生增强理论自觉和理论自信。

三、专题教学守正创新的路向

推进思政课守正创新，实现专题教学优化的预期目的，我们要做到二个坚持。一是坚持在“守正”中“创新”。“守正”是基础、前提，坚持“守正”，“创新”才能有明确的立场和正确的指向。

首先，守正要遵循思想政治理论课的教学规律，坚持因材施教。尽管现在高校思想政治理论课是不管任何专业、学科一律使用全国统编教材，但我们可以根据不同专业学生的学习基础、专业特点等，践行孔子所说的“视其所以，观其所由，察其所安”对学生深入调查，行之有效地整合、设计不同教学专题和案例，寻找与学生思想的契合点，力求做到因材

① 傅丽芬：《专题化教学模式的实施与优化策略》，《教育教学论坛》2018年第16期。

施教，有的放矢。[①]

其次，守正要坚持整体性原则，注重专题间的相互衔接和逻辑照应。“原理”课的三个部分是铁板一块的有机整体。在马克思主义内容体系中，把其中任何一部分从整体中或与其他部分的联系中分割开来，片面地加以夸大或缩小，都会使其他部分失去科学前提，使整体丧失原有性质，使马克思著作长处之一的艺术整体不复存在。[②] 因此，教师在专题设计时要系统研究教材体系，把握教材体系向教学体系转变的特点与规律，更要在脑海中对相关内容在知识结构中有一个清晰的图谱，掌握教学内容的脉络体系，避免一叶障目、不见泰山的情况；专题要涵括马克思主义理论完整的思想体系和理论框架，也要注重理顺专题与专题之间关系，不能相互重复和割裂，在各个专题的衔接等问题上体现其内在的联系和有机统一，帮助学生从整体上了解马克思主义，使他们对马克思主义有比较全面而客观的认识。

最后，守正要强调内容为王，政治性与学理性相统一。二者的辩证关系体现为政治性是导向，学理性是内容。思政课要发挥政治导向作用，不排除理论灌输的方式，但更为有效的是“要以透彻的学理分析回应学生，以彻底的思想理论说服学生，用真理的强大力量引导学生”[③]。在教学中，我们要摒除那种为博学生眼球，盲目追求教学形式的“时髦”，忽视教学的本质、内涵及教学内容的主导性、先进性，致使思政课政治导向功能和主流意识形态传播主阵地主渠道作用弱化的错误做法。思想政治理论课只有融会贯通、讲深讲透马克思主义的基本原理、基本方法，讲深讲透人类社会发展的历史必然性、中国特色社会主义的历史必然性，讲深讲透习近平新时代中国特色社会主义思想才能“以理服人”，以彻底的理论掌握群众。[④]

二是坚持在“创新”中“守正”。发展出题目，创新做文章。非新无以为进，“创新”是动力、能力。坚持“创新”，“守正”才有活力源泉和动力根基。面对国内国际新形势、意识形态领域新态势、信息化发展新趋势，思想政治理论课优化专题教学，比以往任何时候都更加需要练就“十八般武艺”，推进教学理念、教学内容、教学方法等协同创新、系统集成。

理念创新是专题教学优化的灵魂，彰显规律性认识的凝练与升华，在整个教学过程中起着纲领性、引领性的作用，决定着教学思路、教学手段和教学定位，决定着教学的目标价值取向和教学效果的成败。原有的以教师为中心，强调工具性、知识性和灌输性的教学理念已经与社会发展的需求背道而驰。现代教学要求改变从外部、单向性向学生灌输知识，学生只是消极的知识容器，处于被知识奴役的窘境，转向树立“以学生为中心，育人为本”，问题、认同、自主、互动的新理念。新理念唯有落实到行动上，慎终如始地贯彻到我们的专题教学优化中，学生的获得感才有保证。专题教学内容的设计，我们要充分利用网络教学平台的信息搜集功能，关注学生的信息交流情况，及时捕捉、分析、掌握学生的学习行为与思想动态，围绕学生认识上感到模糊、困惑和迷茫的问题以及他们关心的社会热点，如生

---

① 傅丽芬：《“供给侧”视阈下的教学改革研究——以厦门大学思想政治理论课教学改革为例》，《高教学刊》2020 年第 2 期。

② 傅丽芬：《专题化教学模式的实施与优化策略》，《教育教学论坛》2018 年第 16 期。

③ 习近平：《思政课是落实立德树人根本任务的关键课程》，《求是》2020 年第 17 期。

④ 《马克思恩格斯文集》第 10 卷，人民出版社 2009 年版，第 691 页。

态环境、科技伦理、道德危机、文化冲突等，调整并丰富思想政治理论课的专题教学内容。透彻的理论分析和有深度的阐释，回应和解答学生思想的困惑，展现马克思主义理论对深刻变化实践的解释力，从而提高学生对“什么是马克思主义、怎样对待马克思主义”的认识。

专题教学的课前组织，利用QQ群为提前预告学生专题题目及要点，列出需要查阅和研讨的文献资料、经典著作论文清单，督促学生积累理论功底。比如，在进行“马克思劳动价值论”专题学习时，我们随机选择学生组成辩论队，让学生积极参与，着手准备“商品价值劳动创造VS商品价值由劳动、资本和土地等生产要素共同创造”这一辩论题目。引导学生充分利用在线开放课程教学空间丰富、完整的课程学习资源，进行自主性、探索性学习准备，掌握课程的基本知识点，实现线上线下教学的有效融合。

专题教学的课堂组织，重视对师生集体智慧地挖掘。一方面，强调以学生为本，充分尊重学生的主体性，注重学生的个性发展，最大限度地调动学生学习的热情和求知的激情。另一方面，以教师为主导，教师通过提高自身的教学素养、厚实理论功底、完善教学技巧，更新教学手段，以其特有的人格魅力和富有情趣的讲解来浸润和触动学生灵魂，完成生命与生命的对话。①

教学方式方法创新是专题教学优化的硬核和支撑。我们通过分析与综合，其一，根据“原理”课各专题内容的特点，采取相应的教学手段和方法。并把同类的教学方法特点经过整合而综合在一起形成一种新的教学方法。其二，创设和加强学生在教学中对所学内容的情感体验。学习是学习者知识获取过程中的主动参与、接受的互动过程，这已然是认知派学习理论、建构主义学习理论和现代认知派教学论的一致共识。例如，在“再生产与资本积累”这一专题中，我们先是采用问题教学法，以美国民众“占领华尔街”这一社会现实事件，抛出民众为什么抗议，抗议什么？由此激发学生的学习兴趣。接着采用探究式教学法，注重引导学生主动参与、独立思考、合作探究。如“伴随资本有机提高，我们国家是否会出现与资本主义社会一样的失业压力，你们在未来毕业的时候是否也会遭遇就业困难”，这是一个以教材为依托又和学生实际紧密结合的问题。教师有意识地设疑，引导学生大胆设想质疑，认真求证，充分发挥学生的探究能力。通过教学方法方式的创新，学生在“发现问题”和“研究问题”，“互动——构建”过程中加强对所学内容的感悟和理解，实现知、情、意、行的统一。

总而言之，“创新”就是要以开放的视野和开拓的思路推进思政课改革，做到“工艺”精湛、“配方”新颖、“包装”时尚，课堂才能真正“活”起来，“动”起来，“润物细无声”中实现立德树人。②

---

① 傅丽芬：《“供给侧”视阈下的教学改革研究——以厦门大学思想政治理论课教学改革为例》，《高教学刊》2020年第2期。

② 傅丽芬：《“供给侧”视阈下的教学改革研究——以厦门大学思想政治理论课教学改革为例》，《高教学刊》2020年第2期。

高校社会主义核心价值观培育创新的原则取向与模式构建*

王圣宠**

摘要：高校社会主义核心价值观培育具备中华优秀传统文化的源头支撑、党的理论创新成果的理论依据和中国特色社会主义建设生动实践的现实基础等有利条件，其创新工作需要立足于此，把握好培育内容的主导性与丰富性统一、培育要求的理想性与现实性统一、培育途径的主渠道与多样性统一等原则取向，通过构设层进式的培育目标、推动双导式的培育过程、营造开放式的培育空间、开拓综合式的培育路径等对其模式进行创新和系统构建。

关键词：高校；社会主义核心价值观培育；创新；模式

2019年10月，中共中央、国务院印发《新时代公民道德建设实施纲要》，将培育和践行社会主义核心价值观作为公民道德建设的重点任务之一，强调要持续深化社会主义核心价值观宣传教育，使之成为人们日用而不觉的道德规范和行为准则，并将青少年作为应抓好教育引导的重点群体之一。① 大学生作为青少年群体的主要组成部分，是践行社会主义核心价值观的重要力量，担负着国家的未来和民族的希望。随着社会矛盾的转化和社会的深刻变革，大学生创新精神和自主意识不断张扬，思维与活动方式、需求也会有所不同，面对当前复杂的国际国内形势，多元文化和价值观交织碰撞，各种利益之间矛盾冲突等的情势将继续存在甚至更加激烈，一些消极因素将冲击着大学生的思想价值观念，影响大学生对社会主义核心价值观的自觉认同。面对更为多元、多变的时代发展的思想意识特征，大学生社会主义核心价值观培育如何面对挑战、抓住契机，发挥导向作用，不仅事关大学生的健康发展，更关系到新时代中国特色社会主义的前进方向和战略大局。高校社会主义核心价值观培育应站在新时代的历史坐标上认清培育工作的立足点，明确原则取向和科学规划培育活动，主动适应新时代的发展需要，积极进行改革与创新，更好地肩负起培育时代新人的历史使命。

一、高校社会主义核心价值观培育创新的基点

高校社会主义核心价值观培育具备充分的源头支撑、理论依据和现实基础，其在新时

---

* 基金项目：全国教育科学规划课题教育部重点课题“基于主题叙事的高校思想政治教育话语实践研究”（课题批准号DEA190358）。

** 王圣宠，女，辽宁岫岩人，厦门大学马克思主义学院助理教授，主要研究方向为思想政治教育。

① 《中共中央、国务院印发〈新时代公民道德建设实施纲要〉》，《人民日报》2019年10月28日第1版。

代的工作创新需要深入思考如何利用好历史的、理论的、现实的资源和有利条件,不断增强培育工作的说服力和感染力。

(一)源头支撑:中华优秀传统文化

"三个倡导"的社会主义核心价值观并非凭空提出的,是在批判继承中国传统价值观和历史文化的基础上,结合中国社会发展的实际凝练而来的,"我们提倡的社会主义核心价值观,就充分体现了对中华优秀传统文化的传承和升华"①。中华优秀传统文化为社会主义核心价值观的培育奠定了深厚的历史基础和文化底蕴。中华民族五千多年文明历史所孕育的优秀传统文化凝聚着爱国奉献、孝悌忠信、自强不息、崇礼厚德等精神财富,一直流传延续至今,在社会公众中具有较高的认可度,潜移默化影响着中国人的思想价值观念、思维习惯和行为方式,这些精神和理念,作为一种文化基因传承,实际就内含在社会主义核心价值观各层面的要求之中。弘扬中华优秀传统文化有利于在大学生内心中建立起对社会主义核心价值观的思想和情感共鸣,是高校核心价值观培育工作进行创新的精神源泉。高校社会主义核心价值观培育必须立足于此,深入挖掘中华优秀传统文化蕴含的人文关怀、价值理念和道德精神,汲取其中的思想养分,将其精华部分作为大学生价值观培育的基本资源,以其为纽带,根据新时代发展的需要,更好地解读社会主义核心价值观的内涵和价值,滋养大学生的心灵,强化情感共鸣和"价值共识"意识,为大学生提供精神指引。

(二)理论依据:党的理论创新成果

新实践需要新思想的精神引领,自党的十八大以来,以习近平同志为核心的党中央,紧密结合时代发展的新情况和新要求,在坚持以马克思列宁主义、毛泽东思想、邓小平理论、"三个代表"重要思想、科学发展观为指导的前提下,站在新的历史起点上,与时俱进进行理论创新,形成了习近平新时代中国特色社会主义思想这一重大理论创新成果。这一思想成果具有丰富的理论内涵,涵盖了经济、政治、法治、文化、民生、生态文明、国家安全、军队、祖国统一、外交、党的建设等各个方面的目标和要求,对新时代坚持和发展什么样的中国特色社会主义、怎样坚持和发展中国特色社会主义这一重大课题,从理论和实践结合的角度做出了清晰和明确的回答,构建了新时代我国全方位发展的总体布局,是比较系统完善的思想体系,为高校培育社会主义核心价值观的工作创新提供了理论依据和行动指南。进入新时代和面对新形势,高校社会主义核心价值观培育工作,必须深入领会和把握习近平新时代中国特色社会主义思想,坚持用其指导各项培育实践,将其中内含的培育、弘扬和践行社会主义核心价值观的基本要求,在实际工作中加以贯彻落实,推动培育工作取得创新性的进展。

(三)现实基础:中国特色社会主义建设的生动实践

社会主义核心价值观作为新时代中国特色社会主义建设的核心价值诉求,其价值目标的实现是建立在社会主义建设实践基础上的,与政治、经济、文化和社会等方方面面的发展相互契合。改革开放以来,特别是党的十八大以来,面对国内和国际局势的一系列深刻变化,我们党和国家统筹推进"五位一体"总体布局、协调推进"四个全面"战略布局,出

---

① 习近平:《习近平谈治国理政》第1卷,外文出版社2018年版,第171页。

台一系列重大方针政策，中国特色社会主义事业全面开创新局面，经济发展、政治清明、文化繁荣、社会进步、生态健康等发展态势为高校社会主义核心价值观培育创新提供了良好的现实基础和环境条件。同时，必须清醒认识到，中国特色社会主义建设实践在保持其持续发展优势的同时，势必会伴随多种多样的价值观念和意识形态的冲击，高校社会主义核心价值观培育必须从精神培育上适应并支持国家和社会发展的战略需要，立足现实国情，协调配合经济、政治、文化、社会、生态等各方面工作，既把握机遇，结合实践成就展示社会主义核心价值观的先进性和生机活力，也研判挑战，针对存在的问题进行培育内容、方式和途径的创新和完善，增强培育工作的针对性和实效性，在价值观育人方面发挥引领社会思潮和凝聚价值共识的重要作用。

二、高校社会主义核心价值观培育创新的原则取向

高校社会主义核心价值观培育能否取得创新性进展和实效，一定程度上取决于培育原则是否正确、恰当，正确、恰当的原则有利于教育者实施有效的培育方法、营造良好的培育环境、构建科学的培育机制。针对大学生思想实际和新时代高素质人才培养的需要，高校社会主义核心价值观培育创新需要明确“三个统一”的原则取向。

(一)培育内容的主导性与丰富性统一

高校社会主义核心价值观培育创新，涉及如何处理好社会主义核心价值观和学生群体价值观的关系问题，即培育内容的一元主导性和多元丰富性之间的关系问题。“价值导向从本质上来讲是对社会上存在的多种多样的价值取向进行整合和消解的过程”[①]，社会主义核心价值观就是从多元价值中概括出的具有统摄性、凝练性的价值共识，它对大学生具有普遍性的价值导向和行为评价意义，必须坚持其在培育内容中的主导性地位。同时也要看到，新时代人们对美好生活的向往会产生不同利益和价值需求，在价值观念和价值需求多样化交织的情况下，高校学生的价值维度将进一步拓宽，也更容易产生价值选择的冲突与困惑。面对多元化价值观并存提出的问题和挑战，高校社会主义核心价值观培育还应关注新时代新发展对人才素质的核心要求和大学生全面发展的现实诉求，凝练出更为细化并能反映健康、积极、向上思想观念的大学生群体价值观，作为主导价值观的一种丰富和补充，具体内容可以涉及理想信念、社会责任、乐观进取、尊师爱校、勤奋学习、团结协作、积极实践、创新创业等方面，并随时代发展及时吸纳新的元素，不断丰富和创新，以更有针对性且大学生容易接受的内容形式，为大学生价值判断和行为选择提供更为明确具体的精神指引。

(二)培育要求的理想性与现实性统一

培育目标的实现不能空谈，要坚持以人为本，要具体问题具体分析。社会主义核心价值观要为大学生所认同和接受，其培育工作既要注重理想性的要求，发挥整合思想意识、塑造高尚的人的作用，也要基于实际，关注大学生的个体精神追求、个人价值实现和现实利益诉求等现实性的问题。一方面，要尊重大学生个体价值观方面的差异，由于不同的家庭背景、成长环境、生活经历等诸多因素，大学生在价值认知和思想境界的层级上也会呈

① 陈章龙、周莉：《价值观研究》，南京师范大学出版社2004年版，第227页。

现出差异性，培育工作要与大学生的认知水平和价值观发展程度相适应，根据实际情况，开展有针对性的指导，提出符合现状的可接受的要求和建议，推动大学生渐进式学习和提升，逐步引导和鼓励他们向理想境界迈进；另一方面，要关注大学生个人价值实现的需要，由于价值观是在主体需要的基础上形成和发展的，面对经济领域、思想领域等社会各方面的深刻变化，大学生作为社会主体的利益需求将显著增强，向往和追求美好生活的愿望会更加强烈，因此，培育工作不能仅关注他们服务与奉献社会等社会价值的实现，也要关注他们物质和精神需要满足等个人价值实现的愿望，尊重他们正当的现实利益诉求，帮助他们解决现实问题，引导他们找到个人价值与社会价值的结合点，进而实现社会价值上的认同。

（三）培育途径的主渠道与多样性统一

高校社会主义核心价值观培育是一项系统工程，需要坚持思想政治理论课主渠道与其他多种渠道的整体共育原则。随着信息、网络、媒体等高科技的不断发展，多元文化和价值观的渗透影响越来越具有隐蔽性和不确定性，大学生思想活跃，选择性空前增强，这要求高校社会主义核心价值观培育工作必须主动应对新情况带来的挑战，从理论和实践结合上探索各种有效途径，充分利用可调动的一切资源，扩大宣传教育的覆盖面和影响力。思政课作为高校社会主义核心价值观培育的主渠道和主阵地，应深研问题、把握契机，主动创新教学内容、教学方法和教学设计，灵活运用符合大学生特点的启发式、讨论式、参与式教学，把理论与实践结合起来，强化实践教学环节，充分激活大学生对社会主义核心价值观学习的自主性和思考力。同时，也要重视发挥各类非思政课程的隐性教育功能，将社会主义核心价值观融入各类课程的育人工作中，相关工作部门应主动与思政课互相配合，利用好包括校园文化活动、社团文化活动、社区文化活动，报刊媒体、学业竞赛、先进典型、组织管理活动等在内的丰富的校内外教育资源，融入价值观教育信息，根据大学生的学习习惯和生活方式等，探索他们喜闻乐见的新形式，积极开发和创新更多样式的载体和途径，使大学生的社会主义核心价值观培育得以适应新形势，在多渠道多方面展开，突破思政课在时间和空间上的局限，形成培育合力。

三、高校社会主义核心价值观培育创新的模式构建

高校社会主义核心价值观培育能否适应新时代、新形势需要，有效地实现育人目的，完成立德树人、促进人的全面发展的任务，改革和创新培育模式是重要路径。本文认为，可以从目标、过程、空间、路径等不同层面对培育模式进行创新并加以立体化的系统构建。

（一）构设层进式的培育目标

高校社会主义核心价值观培育是个循序渐进的长期过程。以往的培育，往往忽视了大学生思想价值观发展的层次性与递进性，没有确立一套科学的符合人的心理发展和价值观形成规律的、循序渐进的培育目标体系，由于培育工作中目标层次不够清晰、具体，造成认知和内化培育之间的模糊和分离，限制了培育工作的深入推进。因此，以大学生价值观发展规律为遵循，通过构建层级式的培育目标，由此引导渐进式的培育革新模式，是高校社会主义核心价值观培育创新最开始就需要着手进行的工作。一是从认知和情感层面进行培育，理论上的理解和把握是形成价值观认同、获得思想共鸣的重要条件，把理论讲

清楚、讲彻底，推动大学生认知的发展是培育的基础层次，由于理论往往是抽象的、枯燥的，要取得好的培育效果，还要将认知培育和情感培育结合起来，将理论话语生活化、时代化，以便于学生理解和掌握并达到情感上的共鸣。二是从内化和践行层面进行培育，由于认知和情感培育是在认知启发和情绪同化情况下对社会主义核心价值观的认识和理解，更多停留于浅表层面的认可和遵从，极易因为环境的变化或理论教育的暂时缺位而动摇，因此，还要通过具有深层次体悟的培育手段，如思辨、研究和实践等进行内化和践行层面的培育，社会主义核心价值观真正内化于心、外化于行。三是从习惯和信仰层面进行培育，社会主义核心价值观培育的效果最终取决于社会主义核心价值观能否成为大学生自我价值观中稳定的核心因素，这需要多种教育力量综合发挥作用，持续推动大学生核心价值观内化和践行朝向更坚定的状态发展，逐渐养成践行社会主义核心价值观的高度自觉性，视核心价值观为信念和信仰。

(二)推动双导式的培育过程

随着社会主要矛盾的转化，大学生对美好生活的向往必然要求社会的充分和平衡发展，大学生会更加强烈要求人格和地位的平等，希望自己作为个体成员的存在和价值能够得到尊重。从这方面看，受教育者不再是被动的客体，而是要主动参与的主体。这就意味着传统以单向灌输为主的教育模式已越来越不能适应新时代人的发展需要。事实上，价值观培育过程除了教育引导的过程，信息从培育者到培育对象，还必须经过内化与转化的环节，即自我教育过程，这就必然要求学生积极参与培育过程。价值观教育要尊重大学生的主体性和自我需求，在教育的同时也推动他们进行自我教育，比如，可以鼓励大学生围绕培育目标确立自身价值观养成的目标和计划，教育管理者引导和督促大学生自觉实现这一计划，并及时进行总结和反思。外在教育与内在自我教育相结合，这是一个双向引导的培育过程，成功的外在教育有助于自我教育的推进，而自我教育的有效开展是实现外在教育目标的重要途径，二者相辅相成，能最大限度地调动和激活学生的自主性和能动性，进而实现培育目标。

(三)营造开放式的培育空间

新时代高度开放的社会环境带来丰富的信息、知识和价值观念，高校社会主义核心价值观培育不可能在自我封闭的闭锁空间状态下完成，而且大学生本身也拥有开放的心态和价值选择倾向，接受多元开放信息影响的大学生，往往容易形成复杂的思想观念和思维方式，这种情况下，对于一些错误和恶意的信息、负面的事件，对于社会矛盾，如果采用封堵和掩饰的方式，势必难以取得理想成效。因此，在开放的社会环境下，培育工作特别需要有开放的理念，营造开放的空间氛围，采用疏导的方式，让学生在广阔的现实空间中去接触和思考各种现实问题，引导学生去观察、去感受我国社会主义事业的发展成就，感受社会发展的正义力量，同时，也澄清心中的某些疑惑和模糊认识，比如，可以通过中美抗疫表现对比，结合美国粗暴干涉我国内政的霸权主义行径、美国总统选举乱象等来阐明社会主义核心价值观的先进性、人民性和真实性，同时剖析西方政治话语中“普世价值”这一核心概念的实质及其现实困境，等等，帮助学生在开放空间里增强抵御不良信息的能力，学会价值判断和价值选择，引导学生朝着健康积极的方向动态调整自身的价值观建构。

(四)开拓综合式的培育路径

大学生社会主义核心价值观培育系统在要素上多主体、多渠道、多层次、多环节。当前，培育力量分散、合作不足、配合不力的现状成为制约培育工作创新发展和实效提升的重要瓶颈，探索建立综合式的协同创新机制，成为培育的现实路径。综合式的培育路径是指将一些零散的培育要素、渠道通过某种方式结合在一起，联合创新，互补优化，实现系统内的资源充分共享和多方面动态协作，培育工作成为一种发挥多力量和聚集各渠道优势的全局性活动，最终形成有效率的培育整体。这需要具有创新思维和系统思维，有目的和有计划地加以构建：首先要分析系统中各培育要素的功能，研究如何充分发挥各培育要素的功能和作用，有意识地设计和安排以使系统内部各要素达到最佳配置，使培育主体各司其职，培育手段各尽其用，培育环节合理有效；其次要强化驱动机制，加强培育要素间的联结，构建培育目标、观念等的一致和协同，在培育实践上强调互通和整合，要求不同的培育力量要实现深度合作，形成育人合力；最后，要完善各项保障机制，包括领导体制保障、制度保障、队伍保障、财政经费保障等，为高校社会主义核心价值观培育工作提供必要支持，保证培育系统各要素协同创新得以全面推进。

高校大学生思想政治教育实践育人探析*

章舜钦**

摘要：实践育人是高校思想政治教育行之有效的方法之一。党的十八大以来，我国高校思想政治教育实践育人工作取得了重大进展，但也存在一些不足。加强思想政治教育实践育人是实现党和国家顶层设计的重要举措，是立德树人培养合格人才的重要方法，和贯彻思想政治教育方法的重要体现。必须坚持党的领导、立德树人、科学方法和"三全育人"原则，重视实践育人工作，加强教师队伍和实践基地建设，构建实践育人机制，增加思想政治教育经费投入，提高大学生思想政治教育素质，培养新时代合格人才。

关键词：大学生；思想政治教育；实践育人；问题探析

思想政治教育实践育人是指在理论教育的基础上，教育者通过有计划、有目的、有组织的实践活动，使受教育者在实践活动中获得马克思主义理论和科学文化知识、提升实践能力，培养科学的世界观、人生观、价值观、道德观和法治观，提高思想政治素质的教育过程。思想政治教育实践育人形式包括社会调查、志愿服务、勤工助学、生产劳动、军事训练、校园文化活动等。思想政治教育实践育人是立德树人的关键环节，是功在当代、利在千秋的德政工程，高校"要以培养担当民族复兴大任的时代新人为着眼点，强化教育引导、实践养成、制度保障"①，不断加强思想政治教育实践育人，提高思想政治教育工作水平，引导大学生坚定马克思主义信仰，提高思想政治素质，培养德智体美劳全面发展的新时代合格人才。

一、高校大学生思想政治教育实践育人的时代价值

1. 思想政治教育实践育人是实现党和国家顶层设计的重要举措

实践育人是党和国家教育的优良传统，党和国家历来重视思想政治教育实践育人工作。为了加强思想政治教育实践育人工作，中共中央、国务院先后颁发了《关于进一步加强和改进大学生思想政治教育的意见》《关于进一步加强高校实践育人工作的若干意见》《关于进一步加强和改进新形势下高校宣传思想工作的意见》《关于全面加强新时代大中小学劳动教育的意见》等一系列重要文件。文件指出，社会实践是大学生思想政治教育的重要环节，是全面落实党的教育方针，提高高校思想政治教育质量的重要方法，高校要广泛开展各类社会实践，把实践育人贯穿于大学生思想政治教育全过程，增强思想政治教育

---

* 基金项目：本文是2018年福建省本科高校教育教学改革研究项目"思想政治教育硕士研究生课程建设改革研究"（项目编号FBJG20180166）的阶段性成果。

** 章舜钦，厦门大学马克思主义学院副教授。

① 《党的十九大报告辅导读本》，人民出版社2017年版，第41页。

针对性、实效性,对促进大学生了解党情、国情、世情,提高大学生的思想政治素质,形成科学正确的思想政治观念,增强"四个意识"、坚定"四个自信"、做到"两个维护",提高社会实践能力,增强社会责任感,都具有不可替代的作用。

习近平历来重视实践教育。社会实践是取之不尽的教育源泉,行之有效的教育形式。习近平指出:大学生"既要向书本学习,也要向实践学习",要"到基层和人民中去建功立业,让青春之花绽放在祖国最需要的地方,在实现中国梦的伟大实践中书写别样精彩的人生"。[①] 实践育人不仅是培养大学生思想政治素质的重要方法,而且是提高大学生实践能力的重要途径。习近平指出:"本领不是天生的,是要通过学习和实践来获得的。"[②]思想政治教育是理论性、实践性都很强的一门学科,高校思想政治教育要坚持理论教育和实践教育相结合,才能使马克思主义理论"内化于心、外化于行",达到知行合一。在学校思想政治理论课教师座谈会上,习近平也强调,学校思想政治教育要坚持理论性和实践性相统一,把理论教育的"第一课堂"与实践教育的"第二课堂"有机结合起来,用科学理论培养人,用社会实践引导人,教育引导大学生在实践中学真知、悟真谛,培养思想政治素质,立鸿鹄志,做奋斗者。

2. 思想政治教育实践育人是立德树人、培养高素质人才的重要方法

立德树人是高校的立身之本,也是思想政治教育的根本任务。习近平在全国高校思想政治工作会议上指出:"高校思想政治工作关系高校培养什么样的人、如何培养人以及为谁培养人这个根本问题。要坚持把立德树人作为中心环节,把思想政治工作贯穿教育教学全过程,实现全程育人、全方位育人,努力开创我国高等教育事业发展新局面。"[③]"德"是合格人才的重要标准,"立德"必须有科学方法,实践育人是"立德"的重要方法。教育本质上是一种实践活动,马克思主义认为,"全部社会生活在本质上是实践的"。[④] 实践性是马克思主义理论的重要特点,"是一切科学理论的根本品质,因为所有的理论来源于实践并服务于实践,理论是否科学还需要接受实践的检验"。[⑤] 实践性是思想政治教育的鲜明特性,思想政治教育的实践性"是指在学习思想政治理论,提高思想认识的过程中,必须参与实践并将理论运用于实践,在实践中促进认识能力的提高并检验思维成果的正确性"[⑥]。高校思想政治教育必须通过社会实践,达到立德树人的目的,这也是坚持理论联系实际原则在思想政治教育中的具体体现,是与教书育人,管理育人和服务育人协调发展的新型育人模式。

---

① 习近平:《习近平给河北保定学院西部支教毕业生群体代表回信》,《人民日报》2014 年 5 月 4 日第 1 版。

② 《习近平在中央党校建校 80 周年庆祝大会暨 2013 年春季学期开学典礼上的讲话》,http://jhsjk.people.cn/article/20656845,访问日期:2020 年 12 月 15 日。

③ 习近平:《把思想政治工作贯穿教育教学全过程 开创我国高等教育事业发展新局面》,《人民日报》2016 年 12 月 9 日第 1 版。

④ 《马克思恩格斯选集》第 1 卷,人民出版社 1995 年版,第 56 页。

⑤ 骆清、刘新庚:《习近平青年教育思想的理论特色与现实践履》,《当代青年研究》2018 年第 1 期。

⑥ 郑永廷:《把高校思想政治工作贯穿教育教学全过程的若干思考——学习习近平总书记在全国高校思想政治工作会议上的讲话》,《思想理论教育》2017 年第 1 期。

习近平指出："道不可坐论，德不能空谈。"[①]思想政治教育的根本任务是立德树人，思想政治教育不能只停在理论教育，社会实践是提升思想政治教育工作实效性的重要抓手。大学生只有深入社会实践，积极投身于中国特色社会主义伟大实践，才能在实现中国梦的实践中接受思想政治观念，增强实践能力，实现人生价值。思想政治教育只有通过实践活动，教育引导大学生坚持理论联系实际，科学认识和把握人类社会发展的客观规律性和必然性，正确认识自己的时代责任和历史使命，培养马克思主义理论素养，提高思想政治素质，才能培养出符合新时代要求的，能够担时代重任的合格人才，这也是高校思想政治教育追求的最重要价值。

3. 思想政治教育实践育人是坚持思想政治教育科学方法的重要体现

高校大学生思想政治教育可以分为理论和实践两种教育方法。思想政治教育是高校各项工作的生命线，做好思想政治教育，方法是关键。理论教育是必要方法，要坚持，但思想政治教育不能只有理论教育，还要社会实践，才能感悟和反思。实践证明，思想政治教育实践育人比理论育人的效果更好，它不仅符合大学生思想政治教育规律，是思想政治教育中非常重要的教育方法之一，也是确保思想政治教育取得成效的关键环节。要实现思想政治教育目的，必须通过实践教育，才能实现人的全面发展，树立科学正确的思想观点、政治立场，把思想政治观念内化为精神追求，外化为实际行动。新时代思想政治教育要加强实践育人，全面贯彻习近平关于教育的重要思想，用习近平新时代中国特色社会主义思想指导思想政治教育实践育人工作，充分发挥社会实践的育人作用，不断提高思想政治教育质量和水平。

当前，部分高校的思想政治教育还存在重理论教育，轻实践教育的现象，对实践育人的重要性认识还不到位，把实践育人等同于课堂实践教学，实践育人的机制和措施还不够健全、不够完善，实践育人基地还不够普遍，经费仍然不足。部分高校实践育人未在全校推行，存在以点带面的现象，"三全育人"成效不高，"少数高校在开展学生社会实践、志愿服务时，片面强调社会影响、宣传效果，却忽视了作为活动主体的学生的主观愿望和参与感、收获感"。[②] 部分大学生实践育人意识不强、积极性不高，部分教师不愿意带学生实践，实践育人能力有待提高。党委、政府、学校、社会、家庭协同推动实践育人的合力没有完全形成，思想政治教育实践育人水平有待进一步提高。高校及各级党委、政府和社会、家庭要高度重视思想政治教育实践育人工作，改进思想政治教育方法，重视社会实践，把理论教育的"小课堂"同社会实践的"大课堂"充分结合起来，不断提高社会实践的育人效果。

二、高校大学生思想政治教育实践育人的基本原则

1. 思想政治教育实践育人必须坚持党的领导

习近平指出："办好中国的事情，关键在党。"[③]中国共产党是中国特色社会主义事业的领导核心。党的十九大报告指出，中国特色社会主义最本质的特征是中国共产党领导，中

① 《习近平谈治国理政》，外文出版社2014年版，第173页。

② 冯刚：《思想政治教育创新发展的四个着力点》，《教学与研究》2017年第1期。

③ 习近平：《在学校思想政治理论课教师座谈会上的讲话》，《人民日报》2019年3月19日第1版。

国特色社会主义制度的最大优势是中国共产党领导,党是最高政治领导力量。高校思想政治教育必须坚持党的领导,确保高校思想政治教育正确的政治方向,为建设中国特色社会主义现代化强国,实现中华民族伟大复兴中国梦,培养新时代合格人才。坚持党的领导还是做好思想政治教育实践育人各项工作的根本保障,各级党委要不断加强实践育人工作,健全和完善思想政治教育实践育人的体制机制,为思想政治教育实践育人工作的顺利开展创造良好氛围和条件。

高校各级党组织要切实加强对思想政治教育实践育人工作的领导,确保思想政治教育的政治方向。全体党员和领导干部要旗帜鲜明坚持党的领导,坚持正确政治方向,增强"四个意识",坚定"四个自信",做到"两个维护"。教师是思想政治教育的中坚力量,要抓好教师队伍建设,引导广大教师自觉做"有理想信念、有道德情操、有扎实学识、有仁爱之心"的"四有"好老师。党委领导班子要大力支持实践育人工作,带头参加实践育人活动,全员、全程、全方位育人,使大学生能够以优良的思想政治素质和实践能力,担负起党和人民赋予的历史使命,把我国建成富强民主文明和谐美丽的社会主义现代化强国。

2. 思想政治教育实践育人必须坚持立德树人

高校是培养人才的地方,也是立德树人的重要阵地。高校必须高度重视立德树人工作,思想政治教育首先必须解决培养什么人的问题。我国高校是中国共产党领导的社会主义大学,立德树人是关系党的事业后继有人,关系国家前途命运,是高等教育的根本任务。人才培养是教书和育人、育人和育才相统一的过程,育人的根本在于立德。思想政治教育是为了培养拥护党的领导,拥护社会主义制度,能够担当民族复兴大任的时代新人。高校要把立德树人作为实践育人的根本任务,只有把大学生的"德"树立起来,才能说明思想政治教育取得成效。因此,高校要把立德树人贯穿思想政治教育实践育人的全过程,加快推进高等教育现代化、建设教育强国、办好人民满意的教育。

思想政治教育实践育人是立德树人的重要路径。立德树人是对"培养什么样的人"这一根本问题的深刻回答,实践育人是解决"怎样培养人"问题的重要方法。高校一方面要始终坚持立德树人,另一方面要积极探索实践育人的新路径,把实践育人贯穿立德树人的全过程,也就是"要努力构建德智体美劳全面培养的教育体系,形成更高水平的人才培养体系。要把立德树人融入思想道德教育、文化知识教育、社会实践教育各环节"①,教师要围绕立德树人来教,学生要围绕立德树人去学,把立德树人成效作为检验思想政治教育的根本标准,发挥实践育人的思想引领作用,通过实践育人,大学生在实践中形成和发展科学的思想政治观念,提高思想政治素质和实践能力。

3. 思想政治教育实践育人必须坚持科学方法

思想政治教育要取得良好效果,方法是关键。黑格尔指出:"方法是任何事物所不能抗拒的一种绝对的、最高的、唯一的、无限的力量。"②思想政治教育必须坚持科学方法,才能取得良好效果。实践育人包括校内实践育人、校外实践育人,还可分为思想政治理论课

---

① 习近平:《坚持中国特色社会主义教育发展道路 培养德智体美劳全面发展的社会主义建设者和接班人》,《人民日报》2018 年 9 月 11 日第 1 版。

② 《马克思恩格斯选集》第 1 卷,人民出版社 1995 年版,第 139 页。

实践育人和其他课程实践育人，课程实践育人和管理实践育人等。思想政治教育要开展实践教学，推动实践育人，促进大学生思想政治素质的形成，提高思想政治素质。思想政治教育既要注重传统的课堂理论教育，也要重视通过社会实践，深化大学生对马克思主义理论的认知和认同，用科学的理论武装自己头脑，并转化为行动指南，达到知行合一，成为行为习惯。

“纸上得来终觉浅，绝知此事要躬行。”高校思想政治教育要开展社会实践活动，充分发挥实践育人在人才培养中的重要作用，提高大学生的思想政治教育素质。习近平指出：“学到的东西，不能停留在书本上，不能只装在脑袋里，而应该落实到行动上，做到知行合一、以知促行、以行求知。”①大学生要“在改革开放和社会主义现代化建设的大熔炉中，在社会的大学校里，掌握真才实学，增益其所不能，努力成为可堪大用、能担重任的栋梁之材”。② 在实践中坚定理想信念，提高政治觉悟，使思想政治教育达到润物细无声的效果。思想政治教育要在传承传统方法的基础上，创新实践育人方法，使大学生通过理论教育获得的知识，在社会实践中转化为坚定的思想政治素质。

4. 思想政治教育实践育人必须坚持“三全育人”

中共中央、国务院《关于加强和改进新形势下高校思想政治工作的意见》指出，坚持全员、全过程、全方位育人，即“三全育人”。把社会实践活动贯穿于思想政治教育的全过程和各环节，形成实践育人的长效机制。思想政治教育实践育人工作必须始终坚持“三全育人”。全员育人是指所有教师都有参加实践育人的义务和责任，每一个学生都必须参与实践活动，接受实践育人。要发挥所有教师的思想政治教育实践育人作用，实现思想政治教育目的。全程育人是指思想政治教育实践要贯穿教育教学和大学生成长成才的全过程，所有的课程和管理都要开展思想政治教育，形成全时段、持续性的育人过程。全方位育人是指思想政治教育实践要通过校内和校外、思政课程和课程思政、课程和管理、线上和线下等，构建各级党委行政、全体教职员工和管理人员共同参与，党政工团学齐抓共管，全方位覆盖的思想政治教育实践育人模式。

在全员、全过程和全方位关系中，“全员育人是全过程、全方位育人的人力基础和组织保障，全过程育人内在蕴含着全员参与、全方位覆盖的客观要求，而全方位育人则既离不开高校全体教职工的责任自觉和积极参与，又需要按照全过程育人的要求，挖掘不同领域中的育人因素、整合不同社会力量的育人功能、探索不同实践载体的育人方式”。③ 通过思想政治教育社会实践的全员育人、全过程育人和全方位育人，思想政治教育成为大学生真心喜爱、终身受益的教育，不断提高思想政治教育质量，培养新时代合格人才。

三、高校大学生思想政治教育实践育人的路径探析

党的十八大以来，我国高校思想政治教育和实践育人工作取很大成绩，但是，思想政

① 习近平：《在北京大学师生座谈会上的讲话》，《人民日报》2018 年 5 月 3 日第 2 版。

② 《习近平在同各界优秀青年代表座谈时的讲话》，《人民日报》2013 年 5 月 5 日第 2 版。

③ 杨晓慧：《高等教育“三全育人”：理论意蕴、现实难题与实践路径》，《中国高等教育》2018 年第 18 期。

治教育实践育人也还存在不足，与培养新时代合格人才以及党和国家的要求仍然还有较大差距。因此，高校思想政治教育必须切实改变重理论教育轻实践教育的做法，重视思想政治教育实践育人，加强思想政治教育教师队伍建设，构建实践育人工作机制，加强社会实践校内校外基地建设，增加实践育人经费投入，整合社会各方面资源，构建高校思想政治教育实践育人工作长效机制，开创高校思想政治教育工作的新局面。

1. 高度重视思想政治教育实践育人工作

加强思想政治教育工作，提高高校实践育人成效，关键在各级党委、政府和高校要高度重视，真抓实干，切实把实践育人工作做实、做强。目前，"从领导支持、部门配合来看，有的领导并未从思想上真正重视思想政治教育融入育人工作的重要性，对思想政治教育的价值和作用缺乏高位认同。认为思想政治教育是一种'虚功'，可有可无，思想政治教育谁都能做，思想政治教育是'万金油'式的工作、做的是'耍嘴皮子'的工作，没有'硬活'，因此难以落实"。[①] 各级党委、政府要把实践育人摆上重要议程，抓住制约实践育人的突出问题，及时解决实践育人中遇到的各种困难和问题，加强党对实践育人工作的领导，健全和完善实践育人工作制度，采取科学有效的工作方法。在各级党组织的统一领导和社会各相关单位，以及高校各部门、各院系的协同配合下，共同开创的思想政治教育实践育人工作新局面，形成全党全社会支持高校思想政治教育实践育人工作的良好氛围。

高校党委行政和管理后勤等各部门、各院系以及全体教职员工都要高度重视思想政治教育实践育人工作，要全面贯彻党的思想政治教育方针和习近平关于教育的重要论述，切实履行实践育人工作的领导职责，健全和完善实践育人的各项制度，不断完善实践育人工作的体制机制，努力做好顶层设计，积极探索实践育人新模式，加强实践课程建设、教师队伍建设、体制机制建设、实践基地建设、实践经费投入，强化保障措施和支持力度，努力做好新时代高校思想政治教育实践育人工作。

2. 加强思想政治教育实践育人教师队伍建设

"经师易求，人师难得。"教师是立教之本、兴教之源，是实践育人取得成效的重要保障。"建设政治素质过硬、业务能力精湛、育人水平高超的高素质教师队伍是大学建设的基础性工作。要从培养社会主义建设者和接班人的高度，考虑大学师资队伍的素质要求、人员构成、培训体系等。"[②]首先要把好入门关。教师是人类灵魂的工程师，承担着传播科学文化知识和马克思主义理论的神圣使命。高校选择教师，一定要严把师德关，要把师德师风作为评价教师第一标准。高校教师必须要有坚定的思想政治素质，只有让有信仰的人讲信仰问题，承担思想政治教育实践育人工作，才能培养出新时代合格人才。

其次要加强培训。教育者先要受教育，要通过教育培训，提高教师的实践育人理论知识和实践能力，特别是思想政治素质，全体教师都"成为先进思想文化的传播者、党执政的坚定支持者，更好担起学生健康成长指导者和引路人的责任"[③]。要重点加强思想政治教

---

① 张艳国、凌日飞：《论新时代高校思想政治教育铸魂育人的理论意蕴与实践路径——学习习近平关于高校思想政治教育的重要论述》，《社会主义研究》2019年第4期。

② 习近平：《在北京大学师生座谈会上的讲话》，《人民日报》2018年5月3日第2版。

③ 习近平：《把思想政治工作贯穿教育教学全过程 开创我国高等教育事业发展新局面》，《人民日报》2016年12月9日第1版。

育、师德师风建设和实践能力培训；培训要坚持在职和脱岗、线上和线下，定期和不定期，全员和骨干相结合。要健全培训制度，考核评价指标体系。努力建设“有理想信念、有道德情操、有扎实学识、有仁爱之心”的教师队伍，切实发挥全体教师在实践育人中的作用，引导大学生“扣好人生第一粒扣子”。同时要加强教师管理，依法依规处理违反师德师风行为，不断提高教师地位，改善教师待遇，健全工资增长机制，引导教师做好实践育人工作，成为先进思想政治观念的传播者、大学生成长成才的引路人。

3. 构建思想政治教育实践育人机制

“思想政治教育机制是指思想政治教育过程中各构成要素按一定的组合方式而形成的机理和运行方式。”①实践育人机制是思想政治教育实践育人顺利开展的重要保障，主要包括管理、保障、协同、评价和激励等机制。管理机制包括党政领导机制和实践管理机制。要按照“大思政”要求，成立党委统一领导、教学行政齐抓共管、专人负责的领导机制，制定实践育人的规章制度，落实党委主体责任。高校党委书记、校长是思想政治教育实践育人的第一责任人；实践管理机制是指专门的实践管理机构，可以由教务处、研究生院、共青团、学生工作（部）处以及院系共同参加，院系设实践育人办公室，负责制定具体实施办法和实践育人规划、实施、考核等工作。

保障机制包括教师、基地、经费、学分（学时）等保障机制。要制定科学的实践育人学时（学分）和实践育人标准，落实实践课程和教学计划。人文社会科学专业的实践育人应不少于总学分（学时）的 15％～20％、理工农医类专业应不少于 25％～30％。广义上的协同机制是指党委、政府、社会、高校、家庭之间的协同配合；狭义上是指高校内部党组织、教学行政、后勤管理以及各院系之间的协同配合。习近平指出：“办好教育事业，家庭、学校、政府、社会都有责任。”②实践育人是一项系统工程，需要多方共同协作，全社会和高校内部各单位、各院系和全体教职员工要形成实践育人合力，加强实践育人规划，明确责任分工。可以探索成立由党委、政府、高校和相关实践基地单位共同参与的实践育人协调机构，负责处理实践育人活动中的问题，例如基地建设、运营、学生参观、交通住宿等，保障实践育人落实，确保思想政治教育实践育人取得成效。

评价机制包括对教师和对学生的考核评价。要制定考核评价指标，提升实践育人的科学化水平。考核评价应当包括定性考核评价和定量考核评价，定性评价分为优秀、良好、合格、不合格，定量评价用百分制，对评价程序、评价内容、评价方法等作出规定。将实践育人纳入教师的考核评价体系，重点评价教师在实践育人的责任履行和创新能力，提高教师评价考核中的实践育人比例。重点考核大学生在实践活动中的思想政治素质和实践能力。把实践育人的考核评价指标，纳入高校教育教学和党建及思想政治教育评估和领导班子的考核评价体系。激励机制是实践育人的动力源泉，是推动实践育人持续发展的重要机制，包括对教师和对学生的激励。要构建科学的激励机制和表彰力度，激发师生参加实践育人的积极性、主动性和创造性，把实践育人纳入教师考核、评奖、晋升职务职称中，对实践育人进行专项评比和奖励，将师生参与实践活动情况作为对评优评奖、推荐就

---

① 张耀灿等：《思想政治教育学前沿》，人民出版社 2006 年版，第 258 页。

② 习近平：《在全国教育大会上的讲话》，《人民日报》2018 年 9 月 11 日第 1 版。

业等方面的依据，以激发师生参加实践育人的内生动力。

4. 加强思想政治教育实践基地建设

实践基地是开展实践育人活动的重要载体，高校、政府和实践基地直接相关的单位，要大力支持和配合高校加强社会实践基地建设，确保实践基地能够顺利运行，使大学生各项社会实践活动能够有效开展，保证思想政治教育实践育人能够长期进行。实践育人基地包括校内基地和校外基地。建设校外实践教学基地，要充分利用和开发人文、"四史"、爱国主义教育等基地。要制定校外实践育人基地建设、管理的相关法律制度，依法规定相关基地的义务和责任，保障相关基地的建设经费，为高校实践育人提供良好的实践环境和条件。

要加强校园文化建设，开展校园文化活动，在校园主要干道、标志性建筑物、学生生活区等场所，通过广播电视、图片视频、经典红歌等形式，借助现代媒体手段，构建思想政治教育实践育人的良好环境，大学生在校内通过实践达成育人目的，提升思想政治教育实效性，提高实践育人水平。要充分利用开学典礼、毕业典礼、运动会、军训、学位授予、颁奖仪式、国庆节、"七一"等庆典活动，开展思想政治教育实践育人。要充分利用校内实践育人资源，可在校内外设置学生实习、实践专项岗位，提供勤工助学岗位、劳动岗位（如卫生保洁）、支教岗位，引导大学生参加社会实践，如社区服务、助老助残、教育帮扶等服务，构建校内外相结合的思想政治教育实践育人体系。

5. 增加思想政治教育实践育人经费

必要的经费是完成社会实践的基本条件，要加大思想政治教育实践育人的经费投入，建立健全政府财政投入为主，社会多元筹集经费的体制机制，要争取社会力量支持。可以比照新加坡，由政府提供实践育人资金、场地等支持，把实践育人纳入法律制度，并以法律制度规定社会力量支持学校实践育人的义务和责任。教育经费中要单列思想政治教育实践育人专项经费，专款专用，并逐年提高。实践育人经费包括实践活动经费、教师培训经费、基地建设经费、配套设施经费、理论研究经费等。高校要单列实践育人专项经费，不得挪作他用。要依法依规确定相关经费标准，例如，《福建省高等学校勤工助学管理办法（试行）》将勤工助学岗位薪酬标准提高至每小时最低 15 元人民币。同时根据岗位设置类型建立了不同类型的薪酬支付方式，推进学校勤工助学活动可持续发展。要严格实践育人经费的使用和管理，依法依规保证实践育人经费用在实践育人环节，为高校思想政治教育实践育人提供良好条件。

疫情期间的高校思想政治理论课教学分析*

庄三红 郭钰琳**

摘要:新冠肺炎疫情大背景为高校思想政治理论课教学提供了全新课题。全民众志成城抗击疫情,使得学生学习热情空前高涨、答疑解惑需求凸显,为思政课开展提供了绝佳的教学时机;抗击疫情过程中展现出的中国力量、中国速度和中国温度,为思政课提供了丰富的素材;线上教学让学生"停课不停学",并且互动讨论让学生充分展示主体性,能够提升思政课效能;因此,思政课教学必须不忘初心,及时回应现实并紧跟时代,发挥好发挥思政课的育人效果。

关键词:疫情防控;思想政治教育;教学启示

一场突如其来的新冠肺炎疫情,看似让高校的思想政治理论课(以下简称"思政课")教学在空间上按下了停止键,却在更广的时空范围内给思政课教学提供了良好的时机、丰富的素材和新颖的方法。分析此次疫情防控中的思政课教学,能够在全方位对高校思政课教学提供启发。

一、疫情中的思政课教学时机分析

(一)众志成城抗击疫情

在思政课教学过程中,时机的选择非常重要,若时机选择得当,效果往往事半功倍。习近平总书记在全国高校思想政治工作会议上强调,"做好高校思想政治工作,要因事而化、因时而进、因势而新"①。疫情暴发以来,在党中央的集中统一领导和精确部署之下,医务人员奔赴武汉救死扶伤,各地物资紧急调配驰援疫区,人民群众众志成城配合疫情防控。全民抗疫的大背景为思政课提供了最佳的教学时机。首先,在疫情蔓延之初,思政课教师及时调整教学目标、内容和方法,引导学生尽快适应疫情变化,防微杜渐,在思想上做好应对疫情恶化的准备。其次,在全民抗"疫"之际,思政课教师应深化学生对国家政策、社会问题的思想认识,积极鼓励学生参与抗"疫"志愿活动,在实践中锤炼自身,在奉献中实现自身价值。最后,在"后疫情时代"思政课教师应结合理论聚焦抗"疫"事迹,做好榜样人物宣传,讲好中国故事,让学生从耳闻目睹的事实中感知民族精神强大的力量,激发学

---

* 基金项目:福建省社科规划项目"基于 PBL 教学法的高校思政课线上线下混合式教学改革研究"(项目编号:FJ2020B009)。

** 庄三红,女,福建泉州人,厦门大学马克思主义学院助理教授。郭钰琳,女,福建龙岩人,厦门大学马克思主义学院硕士研究生。

① 《习近平在全国高校思想政治工作会议上强调:把思想政治工作贯穿教育教学全过程 开创我国高等教育事业发展新局面》,《人民日报》2016 年 12 月 9 日第 1 版。

生对祖国和民族的感情，把握好思想政治教育的话语权。

把握好重要时间节点，因时、因地、因人开展思政课教学，是思政课方法创新的关键。全民抗击疫情影响范围广，参与人数多，对于学生精神和思想冲击较大，是展现高校思政课价值的一次绝佳时机。

（二）学习热情空前高涨

2020年春，随着防控疫情任务加重，高校延期开学，这就使放假在家的大学生迫切想要回到校园，进行新思想、新知识的学习。其原因主要有两个方面。其一是求知的需要。大学生在心智上尚未达到完全成熟，突如其来的疫情给大学生的生活和心理都产生了极大的影响。全民对疫情发展的普遍关注，使各大新闻媒体争相对疫情进行报道，这其中不乏许多不实消息。这不仅会加剧学生的恐慌心理，也使学生迫切想要提升甄别各类信息的能力，特别是对于疫情背后各类专业知识的学习欲望日益强烈。同时，铺天盖地的战“疫”信息使教育、体育、文化、娱乐等信息的传播途径相对减少，隔离在家的大学生想要获得更加多元的信息相对困难，这也使得学生更加渴望回到校园接受新知识的学习。其二是心理的需要。疫情期间隔离在家的大学生对于电子产品的过度依赖，使他们更加渴望现实的交互活动。长期缺乏与人沟通会使学生对自我价值产生怀疑，自我效能感低下。同时，媒体对青年志愿者、青年医务工作者等的积极宣传，使隔离在家的大学生们产生“见贤思齐”的内在推动力，激发他们努力向上学习、渴望奉献社会的热情。

抓住大学生学习热情空前高涨的契机，及时回应其在这一时期表现出的求知与情感的需要，有针对性地给予思想政治教育，能够提升思政课的效能，实现思想政治教育的行知转化。

（三）答疑释惑需求凸显

随着疫情防控的开展，社会各界在关注疫情发展的同时，也产生了诸多疑惑：例如，疫情是怎样产生并蔓延的？疫情防控为何要采取封城的形式？为何中国可以及时下达封城指令？站在思政课的角度，问题主要分为四个层面：第一，在许多西方国家仍饱受疫情困扰的今天，中国特色社会主义制度如何做到“集中力量办大事”遏制疫情？第二，疫情对民众的生产生活造成极大影响，疫情何时会过去，在心理上需要做出怎么样的转变？第三，青年一代在抗击疫情中发挥了巨大的作用，作为青年大学生，需要做出什么样的努力才能帮助国家渡过难关？第四，新型冠状病毒（以下简称“新冠病毒”）最终会给人类带来什么，疫苗从研发到接种再到实现群体免疫的路还有多远？

站在思政课教学的角度，对于以上四个层面的疑问，若能从爱国教育、生命教育、公民教育和科学教育四个方面有针对性、集中性地回应，能够增强思想政治教育的有效性和时代感，帮助学生迅速从中获得解答，促进其在思想和行为上相应的转变，实现育人的目的。

二、疫情中的思政课教学素材分析

（一）疫情防控中的“中国力量”

1. 党的有力组织和领导

疫情发生以来，中共中央政治局常务委员会多次召开会议，研究新型冠状病毒肺炎疫情防控工作。习近平强调，要“把人民群众生命安全和身体健康放在第一位，把疫情防控工作作为当前最重要的工作来抓”[①]。各级党委和政府坚定不移把党中央各项决策部署落到实处，统一领导、统一指挥下，使疫情及时得到控制。“党的领导有力量”在现实中的生动体现，为高校思政课提供了鲜活的教材。与传统“灌输”模式不同，以热点问题作为切入点，在答疑解惑中给学生传递主流价值观念，正面回应中国共产党为什么行、中国特色社会主义为什么好等问题，强化大学生的政治信仰。

2. 社会主义制度的制度优势

疫情发生以来，我国充分发挥社会主义制度优势，全力保障医疗防控物资供应，为打赢疫情防控阻击战提供必要条件。各级党委和政府充分保证生活必需品供应，组织粮油及食品加工、能源等重点企业复工生产，优先安排电煤、粮食、蔬菜等重点物资运输。在疫情对经济发展造成巨大冲击的情况下，基本生活物资供应充足，“哄抢米粮”“哄抬物价”的现象鲜有发生。思政课教师要抓住制度优势这一关键内容，不仅要从正面讲明中国特色社会主义制度带领中国人民走过的坎坷险阻，更要从侧面与“西方中心论”做出比较，论证中国道路的独特性和可借鉴性。中国特色社会主义制度的体制效率和组织效能，是我们集中力量办大事的源泉所在，也是我们在较短时间内有效控制疫情的关键所在。

3. 共产党员的先锋作用

基层党组织和广大党员在疫情中发挥了战斗堡垒和先锋模范的作用。疫情中，武汉火神山工地有支党员突击队，270 多名工人党员带领着上千名工人昼夜奋战，保证质量、保证工期建成火神山医院；北京 136 名医疗队员集结，写下留言、出征武汉，党员带头进行“最美逆行”。广大党员干部以坚定的信念和行动，彰显了“疫情就是命令，防控就是责任”的政治自觉，呕心沥血战斗在第一线。大学生党员是中国共产党党员群体的重要组成部分。高校思政课通过对共产党员先进事迹的宣传，其一可以为大学生展现光荣的共产党员形象，使非党员学生自觉向党组织靠拢；其二可以激励学生党员树立高度的理想信念，自觉为社会服务，在奉献中实现更大的自我价值。

（二）疫情防控中的中国速度

1. 公有制企业的关键作用——两座医院的建设、防护物资的生产

受疫情影响，武汉市政府要求参照北京小汤山的模式，建成火神山、雷神山两所医院。命令下达后，长达两公里的工程车逆向而行，6000 余名建设者鏖战，近千台大型机械设备、车辆，24 小时不间断施工，再度展现了中国力量和中国速度。同样，专用于收治轻症患者的武汉方舱医院在医务人员和其他工作人员的共同努力下，共收治新冠肺炎轻症患者 1.2 万人，成为名副其实的“生命之舱”。生产资料公有制经济是社会主义的根本经济特征，公有制企业对于国民经济的控制力，使其能够充分调动必要的资源到达最紧缺的地区。思政课教师应利用这一鲜活实例，解答好为什么“坚持以公有制经济为主体，多种所有制经济共同发展是集中力量办大事的基础和前提”，因势利导，坚定大学生对于公有制经济与社会主义制度的自信和底气。

2. 各项举措的快速铺开——政府、社区、居民全力出击

社区防控是第一道防线。在以习近平同志为核心的党中央的坚强领导下，社区居民

① 《坚定信心坚决打赢疫情防控阻击战》，《人民日报》2020 年 1 月 26 日第 1 版。

全力出击,真正做到了点对点、人对人,有效降低疾病传染的风险,筑起了战"疫"的坚固防线。基层干部和社区工作人员,在疫情最严重的时刻,仍然坚守岗位;居民自觉在家隔离,不串门、不聚集。每个人都在以身体力行为抗疫工作奉献出自己的力量。全民参与才能使各项举措快速推进,这种知难而进的斗争精神,对于大学生精神的淬炼有着极大的裨益。思政课教师在抗"疫"故事中挖掘顽强不屈的斗争精神,能够引导大学生将其转化为内在的精神特质,不断增强耐力和意志力。

(三)疫情防控中的"中国温度"

1."一方有难,八方支援"的凝心聚力——援助湖北

疫情发生以来,全社会纷纷伸出援手支援武汉。中央统筹调配全国资源,优先保障湖北省和武汉市防控急需的医护力量和防护服、口罩等物资,确保居民生活必需品供应。各大企业在疫情中纷纷伸出援手,支援湖北。为医务工作者提供免费出行服务的"医护保障车队"、专业医用防护口罩、手术衣、护目镜,一箱箱物资源源不断到达武汉,给予我们打赢这场疫情攻坚战的勇气和信心。爱国主义是立身之本、成才之基。思政课教师抓住这一契机讲好爱国教育课,把中国人民在疫情期间展现出的爱国精神弘扬好,引导学生将爱国主义转化为远大的志向和行动力量。

2."舍身为人,无私奉献"的爱岗敬业——最美逆行者

突如其来的疫情,使各地医务工作者放弃春节回家,"逆行"前往武汉。国家卫健委组建国家援鄂抗疫医疗队,勇挑重担,救死扶伤;曾奉命赴北京小汤山抗击非典的南方医院医疗队主动请战,誓言"若有战,召必回,战必胜";由陆军、海军、空军军医大学医疗队组成的解放军支援湖北医疗队有序有效展开各项救治工作,展现了人民军队为人民的大爱情怀。这种不求回报、舍身为人的奉献精神,是中华民族最宝贵的精神财富,也是中华民族始终屹立于世界民族之林的根本保证。思政课教师要用奉献精神浸润学生的心灵,引导其努力提升精神境界,增强奉献自我和服务社会的责任感和使命感。

3."病毒无情、人间有爱"的互帮互助——志愿者、快递小哥

新冠肺炎疫情暴发以来,奋战在武汉抗疫一线的,有白衣战士、公安干警、社区工作者,还有无数默默奉献的志愿者和快递员。他们一般每天工作8~12个小时,与不同的人群打交道大大增加了感染病毒的风险。超负荷的运转使他们身心俱疲,但正是这份坚守,让人们在残酷的疫情中感受到了浓浓的温暖。团结一致、同舟共济是中华民族的优良品质。思政课教师应引导学生对中华民族产生深厚的认同感和归属感,增强学生对于中华民族伟大复兴的使命感,培育中华民族共同体意识。

将丰富的教学素材融入各门思政课教学的过程之中,是后疫情时代思政课教学的重要助力,既能够解决思政课教学中现实的疑惑,也能够帮助青年大学生在后疫情时代作出正确的选择。

三、疫情中的思政课教学方法分析

(一)线上教学让学生"停课不停学"

为阻断疫情向校园蔓延,确保师生生命安全和身体健康,在疫情发生后,教育部决定延期开学,让学生在家学习,落实好"停课不停学"的工作安排。采用线上教学的方式,不是疫情发展的被迫需要，而是转变思政课教学方式的新思路。其一，课堂教学与网络技术的充分融合，能够突破传统思政课教学的时间和空间的限制，提高课堂的教学效率。其二，思政课教师可充分利用线上资源，提供有关疫情防控最新信息，及时分享相关资讯，丰富课堂内容，增强思想政治教育的时效性。其三，师生通过网络平台沟通交流，能够让任课教师在第一时间了解学生思想动态，对于不良思想及时纠正，引导其对国内国际疫情发展产生正确看法，进而树立起科学的价值观。

在教学方法上，思政课不仅要有理论灌输，做好新思想、新举措的理论宣传，结合实际引导学生运用马克思主义立场、观点和方法分析疫情中的相关问题，有的放矢，以正面引导的方式答疑解惑。同时，也应积极引导学生进行自我教育，鼓励引导学生主动参与到防控疫情的学习中来。例如，在实践教学环节，让学生自主分析疫情防控中的中国速度、中国力量与中国优势，或是让学生分析疫情防控中的线上学习、居家锻炼等问题，也能够帮助同学们更好地理解疫情防控的不易及我国疫情应对的各种举措，从而对自身进行爱国主义教育及生命教育。

（二）互动讨论让学生充分展示主体性

思政课教师不能只顾唱教学独角戏，简单地站在道义或理论的制高点上从上到下地单向宣教，这样既无法引起教育对象的共鸣，所讲述的内容也无法令教育对象入耳入脑入心。师生之间的交互讨论，不仅能够改变传统课堂教学“一言堂”的现状，反映当前学生最关心的话题，为思想政治教育课程内容提供导向；更能让学生在网络平台中及时发表见解，进行双向互动、平等交流，使课程内容与学生内在需求相契合，进而使学生从被动的接受状态中解放出来，主动回应教师的教学引导。

此次线上教学尽管在有形的时空范围内限制了师生面对面互动，但是广袤的网络空间，却能够让更多的学生参与到课程互动中来。他们或通过弹幕表达对问题的看法，或送花表示对老师的谢意，或通过投票表达自己的意愿，或通过直接评论发表自己的意见等，在无法见面的背景下，学生反而更敢于表达自己的看法。当然，要达到这样的互动效果，就必须要使学生充分展示主体性，首先必须营造平等自由、轻松愉快的讨论环境。在教师的引导下，学生可以就某一疫情热点问题展开自由讨论，师生共同参与，以平等交流的方式交换意见，教师再根据讨论内容进行有针对性的点评和引导；其次教师必须尊重学生，以引导为主。在互动讨论中，当学生的思维活动越出教师所设计和期望的轨道时，教师不应以对错简单给予评价，或用教科书上的知识束缚学生思维，应充分尊重学生的正面看法，积极引导负面消极情绪，让学生不再害怕参与讨论，形成自由和谐的讨论环境；最后，教师可以适当将学生讨论中呈现出的焦点及难点进行理论的提升与引导，达到思政课教学的目的。

四、疫情期间的思政课教学启示

（一）思政课教学必须抓住时机

思政课的最终目的是要解决“培养什么人、为谁培养人”的问题，要实现思政课立德树人的教学效果，把握教学时机十分重要。同样的教学内容，选择恰当的时机进行分析与引导，往往能够达到事半功倍的效果。以此次疫情为例，尽管疫情中带来诸多危机，但恰恰好是这样一个危机中蕴藏着思政课的无数先机与良机，疫情暴发引发的绿色生活方式的思考、人与生态和谐共处的思考；疫情防控带来的中国制度优势的思考、人权理念的思考；疫情影响引起的人与社会的反思、命运共同体的理解等等，诸多问题都是在此次疫情中得到了新的诠释与认同。思政课教学绝不能仅仅在教室中完成的某种说教，它更应该立足于现实，回应现实，并在恰当的时机中，用理论解释实践，进而引导学生形成理论认同与政治认同。

为此，高校的思政课教师应当密切关注当前形势发展，与时俱进，在社会热点、重大时事、日常生活中寻找思政课教育的恰当时机，进而将课程内容与现实加以回应，实现思政课教学的实效性。

（二）思政课教学必须丰富素材

思政课在凸显理论魅力的同时，也应该丰富教学素材。生动的实践就是最好的素材库，但是这需要思政课教师进一步挖掘和加工。面对同样的现实，如何从思政课的视角切入，选取恰当的素材十分重要。思政课教学素材的选择应该把握几个原则：一是素材的选择应与教学内容有相关性，切莫为了分析某个热点问题而忽略思政课的教学内容本身，牵强附会，反而达不到效果；二是素材的选择应与时代同频，用新时代的教学素材分析新时代的思政课教学，贴近现实生活的案例才能让理论本身更加具有说服力；三是素材应尽可能地贴近学生，避免案例选择与学生距离太远，无法形成相应的共鸣，更谈不上达成共识。坚持贴近实际、贴近生活、贴近教育对象的原则，有针对性地进行素材的整理与归类，才能让授课内容真正走进学生心中，促进学生形成正确的价值观念和理想信念。

（三）思政课教学必须改进教法

思政课实现教学方法的更新，不仅仅是教师在“教法”上紧跟时代，在内容和形式上做出改变，更重要的是要以“教法”推动“学法”，以学生在学习中出现的问题为导向进行教学方法的变革，以更好地激起学生的积极性、主动性和创造性。

疫情期间虽受迫于现实条件，老师们不得不首次进行线上教学。但是尝试过后，发现新媒体技术在思政课教学中也能发挥其独特作用。尽管线上教学中老师与学生无法面对面沟通，但是在互联网的虚拟空间中，学生们更敢于发表自己的观点，更愿意提出自己的疑问，让老师们得到反馈。新媒体技术不仅仅实现了教学方式的改变，也让思政课师生关系在一定程度上实现了翻转，学生学习主体性的作用进一步展现，教师引导的作用进一步加强。因此新时代的思政课应该积极探索各种教学方法的运用，力求在不同课堂实现不同教学方式的变革，带动思政课教学效果的提升。

结合《民法典》教育阐释思政课教学中德法兼治的理论[*]

罗 文[**]

摘要：全面推进依法治国必须坚持德法兼治。《民法典》是法治与德治相结合的具体典范，《民法典》中有不少体现社会主义核心价值观融入法治的亮点。“思想道德修养与法律基础”作为高校思想政治理论课进行法治教育的主渠道，应当在教学中及时反映这一重要的法治建设新成果，通过精心组织设计相关的专题教学，结合开展《民法典》教育讲好法治与德治关系的中国故事，深入阐释德法兼治的理论与实践，进一步加深对依法治国与以德治国相结合原则的理解，引导大学生坚定走中国特色社会主义法治道路的自信。

关键词：民法典；法治；德治；德法兼治

党的十八大、十九大报告都明确提出全面推进依法治国必须坚持依法治国和以德治国相结合的原则。2021 年 1 月 1 日起生效实施的《中华人民共和国民法典》（以下简称“《民法典》”）全面贯彻这一原则，是体现法治与德治相结合的具体典范。高校思想政治理论课中的“思想道德修养与法律基础”（以下简称“基础课”）作为对大学生开展法治教育的主渠道，应当在教学中及时反映这一重要的法治建设新成果，并结合《民法典》教育阐释好法治和德治关系的理论与实践，引导大学生充分认识和理解全面依法治国必须坚持德法兼治的重要意义。

一、全面推进依法治国必须坚持德法兼治

（一）法治与德治的互补关系是实行德法兼治的逻辑基础

在国家和社会的治理体系中，依法治国和以德治国都起着极其重要的作用。法治与德治都是规范人们行为的基本手段，两者各司其职、相辅相成，都不可或缺又不可相互替代，二者有着各自不同的特点和作用。法治与德治，前者主要靠国家强制力机关的强制力量起作用，后者主要靠人们的内心信念、社会习俗和舆论起作用。但二者殊途同归，都是为了调节社会关系、维持社会秩序、保护人的正当权益。

从国家和社会治理的层面上说，德法兼治就是指在全面依法治国的过程中把法治与德治结合起来。当代中国的德法兼治，就是在中国共产党的领导下，坚持依法治国与以德

---

* 基金项目：厦门大学马克思主义学院 2021 年教改研究项目“高校思政课开展习近平法治思想教育研究”（2021MJY03）、厦门大学 2020 年教改项目“思想政治理论课三位一体教学模式优化研究”（JG20200117）的阶段性成果。

** 罗文，福建厦门人，厦门大学马克思主义学院副教授、思政课教学改革研究中心主任。

治国相结合的原则，充分发挥法律与道德的各自作用，使法治与德治协同并举、同向发力，为建设中国特色社会主义提供有效保障。

2016 年 12 月 9 日中共中央政治局举行了第三十七次集体学习，就我国历史上的法治和德治关系问题进行专门研讨，其间习近平总书记发表了重要讲话，明确指出“在新的历史条件下，我们要把依法治国基本方略、依法执政基本方式落实好，把法治中国建设好，必须坚持依法治国和以德治国相结合，使法治和德治在国家治理中相互补充、相互促进、相得益彰，推进国家治理体系和治理能力现代化”①。这一重要论述，深刻揭示了中国特色社会主义的国家与社会治理中法治和德治的相辅相成关系。德法兼治“两治相促”才能有力推动国家与社会治理的现代化，达到国家与社会善治的目的。

一般而言，法治是他律之治，德治是自律之治。法的约束力是强制性的、刚性的，德的约束力是非强制性的、柔性的。依法治国将社会规范外化于行，以德治国将社会规范内化于心。孟子曰：“徒善不足以为政，徒法不足以自行。”国家和社会的治理需要刚柔并济、协同合力，才能提高对国家、社会的治理效能。从某种意义上讲，法治是“惩恶”之治，德治是“扬善”之治，在“劝善”方面，法律有所欠缺，需要道德来补充；同理，在“惩恶”方面，道德也不足，需要法律来补强。法律是对人们行为的硬约束，道德是对人们行为的软约束，道德催人向上，法律防人向下，两者都有其独特的存在价值。法治和德治都不是万能的，单纯的法治或德治都有其局限性，这是法治和德治需要相结合的根本原因。法治与德治功能互补，坚持法治和德治相结合，充分运用法律与道德两种机制调整社会关系，才能提高治理效能，有效调节社会关系、维护社会秩序稳定。因此，法治与德治不是对立而是互补关系，法治与德治应当紧密结合，国家和社会治理需要法治和德治协同发力。

（二）坚持德法兼治是中国特色社会主义法治道路的鲜明特色

德法兼治是提升国家和社会的治理效能的重要举措。2019 年召开的党的十九届四中全会就明确提出：“坚持依法治国和以德治国相结合，完善弘扬社会主义核心价值观的法律政策体系，把社会主义核心价值观要求融入法治建设和社会治理。”国家和社会治理现代化的新目标，赋予了法治与德治关系新的时代气息。全面深化改革背景下的中国，社会利益格局深刻调整，诸多复杂的矛盾问题无法回避。国家和社会治理愈加需要加强德法兼治，以形成人人遵从法律、人人崇尚道德的和谐氛围，进而形成治理的合力，加大治理的力度，提高治理的效能，才能有效应对复杂多变的社会环境，有力维护社会大局的稳定，保障中国特色社会主义道路的顺利通畅。如此方为治国之上策，国家发展才能行稳致远。

德法兼治理论是习近平法治思想的重要组成部分，也是法治中国建设逐步走向成熟的重要表现。经过长期的实践与理论探索，中国的法治建设走出了一条中国特色的法治之路，这条法治之路的重要特征之一就是坚持依法治国和以德治国相结合。习近平总书记指出：“中国特色社会主义法治道路的一个鲜明特点，就是坚持依法治国和以德治国相

---

① 《习近平在中共中央政治局第三十七次集体学习时强调坚持依法治国和以德治国相结合，推进国家治理体系和治理能力现代化》，《人民日报》2016 年 12 月 11 日。

结合，强调法治和德治两手抓、两手都要硬。”[①]习近平总书记还强调：“治理国家、治理社会必须一手抓法治、一手抓德治，既重视发挥法律的规范作用，又发挥道德的教化作用，实现法律和道德相辅相成、法治和德治相得益彰。坚持依法治国和以德治国相结合，体现出社会主义法治的鲜明中国特色。”[②]这是依据我国国情探索具有中国特色的国家与社会治理方式的理性选择、最佳选择、必然选择。

二、《民法典》是法治与德治相结合的具体典范

在长时期酝酿的基础上，2014 年召开的党的十八届四中全会正式提出了编纂《民法典》的重大立法任务。2020 年 5 月 28 日，十三届全国人大第三次会议表决通过了拥有 7 编 1260 条的中华人民共和国迄今为止法条数最多的一部法律——《民法典》。这是全面推进依法治国、完善中国特色社会主义法律体系、推进国家治理体系和治理能力现代化所取得的重大成果。《民法典》在中国特色社会主义法律体系中占有十分重要的地位，是一部“固根本、稳预期、利长远”的基础性法律。

（一）《民法典》的突出亮点——社会主义核心价值观融入法治

《民法典》开篇的第 1 条即规定：“为了保护民事主体的合法权益……弘扬社会主义核心价值观，根据宪法，制定本法。”开宗明义将“弘扬社会主义核心价值观”写入《民法典》的第一条，确立了我国民法的基本价值导向。

《民法典》是一部集大成的法典，不仅是法律条文的汇编，更是一个国家和民族精神的集中立法表达。《民法典》确立的民事活动应当遵循的基本原则，植入平等、自由、公正、诚信、和谐等理念，彰显了社会主义核心价值观融入法治建设的价值取向，是社会主义核心价值观在民事立法上的重要表达。例如：

1. 平等原则。强调自然人、法人和非法人组织等民事主体在民事活动中的法律地位一律平等，这是发展社会主义市场经济的客观要求，也是社会主义核心价值观中平等价值观的贯彻落实。

2. 自愿原则。民事主体遵循自愿、自主、自治的原则进行民事活动，体现了保障自由的社会主义核心价值观。

3. 公平原则。民事主体在民事活动中应当符合社会公平正义的基本准则，体现了社会主义核心价值观中的公正观。

4. 诚信原则。民事主体进行民事活动要遵守诚实信用的要求，这是社会主义核心价值观中诚信观的具体展现。

5. 绿色环保原则。规定民事主体从事民事活动，应当有利于节约资源、保护生态环境。把绿色环保原则确立为民法基本原则之一，体现了党的十八大以来的新发展理念，也体现了社会主义核心价值观中的和谐价值观。

综观《民法典》确立的这些民法基本原则，在规范人们行为的同时，也给人以更加明确

---

① 《习近平在中国政法大学考察时强调立德树人德法兼修抓好法治人才培养 励志勤学刻苦磨炼促进青年成长进步》，《人民日报》2017 年 5 月 4 日。

② 习近平：《加快建设社会主义法治国家》，《求是》2015 年第 1 期。

的价值导向，引导人们自觉践行社会主义核心价值观，体现出鲜明的中国特色、实践特色、时代特色。

（二）《民法典》体现法治与德治相融合的若干亮点

《民法典》的内容中有不少体现法治与德治相融合的亮点。试列举以下若干：

1. 鼓励和保护见义勇为，明确紧急救助的救助者不承担民事责任

见义勇为是美德，但是由于原先的民事法律规定不够完善，见义勇为的救助者有时不仅得不到被救助人的感谢，反而会被追究责任、索要赔偿。近年来，类似扶老人反被讹的案件一再发生，“救还是不救”的道德困境困扰着人们。《民法典》第 184 条规定：“因自愿实施紧急求助行为造成受助人损害的，救助人不承担民事责任。”自愿实施紧急救助行为，就道德而言，是一种助人为乐的高尚行为。实施紧急救助行为，因情况紧急，有时难免造成受助人意外损害。对受助人的损害，理应由违法的侵权者承担责任，必要时还可以通过社会救济的方式妥善解决，但不应该追究基于善意的救助者的责任。《民法典》明确规定救助人不承担民事责任，为见义勇为的救助者撑起“保护伞”，给紧急情况下的救助行为创造更宽松、更安全、更有利的环境，有助于消除救助人的顾虑，符合追求公平正义的社会主义核心价值观的要求，体现了国家意志对真善美的倡导。

2. 保护英雄烈士的人格利益，追究侵权者的法律责任

《民法典》第 185 条规定：“侵害英雄烈士等的姓名、肖像、名誉、荣誉，损害社会公共利益的，应当承担民事责任。”英雄烈士的精神是社会主义精神文明的重要组成部分。依法保护英雄烈士的名誉，既体现了道德对法律的价值引领，也体现了法律对道德的制度支撑。保护英雄烈士的人格利益，回击少数人的历史虚无主义，表明了坚定维护革命历史、崇敬先烈、不忘初心的价值观。

3. 强调民事活动不得违背公序良俗，通过准用道德规范弥补法律不足

《民法典》第 8 条、第 10 条均明确规定从事民事活动以及适用习惯“不得违背公序良俗”。《民法典》之所以要规定公序良俗原则，是因为立法不可能预见所有的行为而做出穷尽一切状况的规定，故设立公序良俗原则，以准用道德规范的形式来弥补法律规定中的不足。《民法典》把公序良俗作为开展民事活动和处理民事纠纷的法律依据，其价值在于将道德伦理引入法律适用，起到扩充法律渊源、弥补法律漏洞的作用。中华传统法律文化向来具有援礼入法、德法并蓄的特征，强调法律与社会伦理道德、风俗习惯的一致性。公序良俗的法律化有助于传承和弘扬传统美德，体现了法与德的有机融合。

4. 高度重视人身关系，更加维护人的尊严

平等主体之间的人身关系和财产关系是民法的主要调整对象，在《民法典》颁布之前的很长时间，相关法律条文中的表述都是习惯把财产关系置于人身关系的前面，和原先习惯的表述不同，如今《民法典》的表述是把人身关系置于财产关系之前，这种表述上的变化反映了《民法典》立法思想上对人身关系的高度重视，更加注重法律对人的尊严的维护。这为婚姻家庭法律关系明确了价值导向，充分体现了婚姻家庭的伦理性，例如协议离婚加入了 30 天“冷静期”的新规定，把“树立优良家风、弘扬家庭美德”的要求写进了《民法典》，有助于构建文明和谐稳定的婚姻家庭关系。

5. 完善合同法律制度，弘扬诚实守信的美德

针对社会中存在的不信守合同义务、欠债不还等较为突出的问题，为构建诚信社会，防范违约可能导致的债务风险，保障债权的顺利实现，《民法典》除了在总则编里把诚信原则定为民法基本原则，在《民法典》的合同编里还进一步完善了合同保全、借款合同、融资租赁合同等有关法律规则，还增设了专章规定保证合同。体现出善用法治手段解决道德领域突出问题的思路，客观上强化了法律对于道德的支撑作用。

纵观十万余字的《民法典》全文，社会主义核心价值观始终贯穿其中，德法兼容并蓄是其突出亮点，《民法典》以其鲜明的价值导向，彰显“法安天下、德润人心”的精神，堪称全面推进依法治国中坚持法治与德治相结合的典范。

三、结合《民法典》教育讲好法治与德治关系的中国故事

依法治国和以德治国关系的这一问题是高校思政课教材《思想道德修养与法律基础》里讲述的重难点之一。要帮助大学生正确理解和把握好法治与德治的关系，厘清一些模糊甚至错误的认识，这就需要我们对法治与德治关系问题进行深入研究，对相关教学改进方法、创新方式，才能更好地引导大学生准确理解和掌握相关理论。

2020 年 5 月 29 日，《民法典》刚刚通过的第二天，在习近平总书记主持下，中共中央政治局第一时间就举行了以《民法典》为主题的集体学习，学习中习近平总书记对贯彻实施《民法典》发表了重要讲话，充分体现了习近平总书记和党中央对《民法典》实施工作的高度重视。随后习近平总书记还在《求是》杂志发表了一篇题为《充分认识颁布实施民法典重大意义，依法更好保障人民合法权益》的重要文章，习近平总书记在文章中指出，“民法典要实施好，就必须让民法典走到群众身边、走进群众心里。要广泛开展民法典普法工作，将其作为‘十四五’时期普法工作的重点来抓……要把民法典纳入国民教育体系，加强对青少年民法典教育。”[①]

2020 年 7 月，中宣部、教育部、司法部等八部门联合印发通知，部署全面开展《民法典》的学习宣传工作。通知中要求，“在全国深入开展民法典学习宣传活动，要深入学习宣传习近平总书记关于全面依法治国的重要论述特别是关于民法典的重要指示精神，深入学习宣传实施民法典的重大意义，深入学习宣传民法典的基本原则和主要内容，让民法典走到群众身边、走进群众心里”[②]。通知还明确指出，“把民法典纳入国民教育体系，加大民法典在大中小学法治教育中的内容占比”。

《民法典》以法律确立价值导向，引导全社会崇德向善，成为法治和德治相结合的具体典范。联系《民法典》阐释法治与德治相结合理论，以此作为契合点，对学生进行《民法典》教育，可谓一举两得，实现《民法典》教育与思想政治理论课教学的有机融合。未来大中小学现有教材修订后，新增的有关《民法典》的学习内容仍然可与阐释德法兼治理论紧密结合，使理论阐释更加密切联系实际，同时也可提高《民法典》学习的理论高度。

专题教学是高校思想政治理论课教学教法改革的一种典型模式。专题教学需要坚持以问题为导向，在“基础课”的教学中，可以围绕法治和德治关系这一重要的理论与实践问题，通过精心设计，组织相关的专题教学。专题讲授中光靠理论阐释是不够的，需要我们

---

① 习近平：《充分认识颁布实施民法典重大意义，依法更好保障人民合法权益》，《求是》2020 年第 12 期。

② 《中宣部等八部门联合印发通知部署学习宣传民法典》，《光明日报》2020 年 7 月 14 日。

联系实际，积极运用现实例子，讲好法治与德治关系的中国故事。作为社会主义核心价值观融入法治建设的生动篇章，《民法典》的有关内容可在“基础课”的相关专题教学中结合运用，联系如前述的《民法典》有关亮点内容进行阐释，穿插具体案例，充分挖掘新出炉的《民法典》内容资源，优化教学内容，让理论能够更接地气，更好地对大学生进行答疑解惑，引导大学生准确把握法律与道德、法治与德治、依法治国和以德治国的辩证关系，树立起正确的法治观。

充实的法治教育有助于培养青少年学生成为法治的“忠实崇尚者、自觉遵守者、坚定捍卫者”，必将对法治中国建设产生深远影响。法治教育，引导广大学生把法律意识、法治观念镌刻到头脑里、熔铸在行动中，让“办事依法、遇事找法、解决问题用法、化解矛盾靠法”[①]成为一种自觉。高校的法治教育应积极结合《民法典》教育阐释法治和德治关系的理论与实践，使大学生深刻认识我国法律的道德底蕴，加深大学生对依法治国与以德治国相结合原则的认识与理解，进一步坚定走中国特色社会主义法治道路的认同与自信。

① 中共中央文献研究室：《习近平关于全面依法治国论述摘编》，中央文献出版社 2015 年版，第 109 页。

劳动教育有效融入思想政治教育课程的实践路径

——以厦门大学为例

吴文琦 任建莉*

摘要：党的十八大以来，习近平关于劳动教育做了一系列重要论述。深化对劳动教育的认识，认真研究新时代劳动教育发展的实践逻辑，实现劳动教育与思想政治教育有效结合协同育人的目标，具有其时代价值和现实意义。本文论证劳动教育融入思想政治教育课程的可行性，分析融入过程中可能存在的问题，并以厦门大学的初步探索来探究劳动教育课程的实践路径。

关键词：劳动教育；思政课程；实践路径

一、劳动教育融入思想政治教育课程的可行性

（一）劳动教育的内涵

劳动教育的概念源于16世纪，表述为教育同生产劳动相结合，即教劳结合。劳动教育是亘古不变的教育主题，然而关于劳动教育的探讨却从未停止。随着时代的发展，劳动教育的内涵呈现动态的发展且不断更新与完善。劳动教育在某种意义上不仅仅是一种简单的劳动，马克思主义劳动教育观是促进人的自由而全面发展的逻辑起点。《汉语大辞典》中，劳动教育是以学生为主体，培养学生正确的劳动意识与劳动习惯，热爱劳动，形成正确的劳动观点。《辞海》中，劳动教育的内涵则重在强调德育，是德育的一部分内容。

进入新时代，应以习近平新时代中国特色社会主义思想为指导，正确理解新时代劳动教育的真正内涵。习近平总书记在全国教育大会上强调了劳动教育的重要地位，提出劳动教育旨在培养"五育"并举的社会主义建设者和接班人。劳动教育是以学生为主体，以思想政治教育课程为载体，以习近平新时代中国特色社会主义劳动思想为指导，以促进人的全面发展为目标，培养正确的劳动观念与实践能力，建立劳动过程的幸福感，有效促进学生的健康成长，从而形成知行合一的教育建构路径。

（二）劳动教育是思想政治教育的应有之义

思想政治教育课程是新时代国家、社会以及高校进行协同育人的关键课程，通过一定的思想观念、道德规范以及政治观点，向其接收者传授知识，不断提高受教育者的思想素质，从而提高受教育者的政治工作能力的一门理论与实践相结合的显性课程。

劳动教育与思想政治教育的关系是紧密不可分割的，劳动教育是思想政治教育的应

---

* 吴文琦，女，福建泉州人，厦门大学马克思主义学院副教授。任建莉，女，山西朔州人，厦门大学马克思主义学院硕士研究生。

有之义。习近平总书记强调，教育对实现中华民族伟大复兴具有重要决定性意义，努力办好思政课即抓住了教育的根和魂。习近平总书记在全国教育大会上强调，“要在学生中弘扬劳动精神，教育引导学生崇尚劳动、尊重劳动，懂得劳动最光荣、劳动最崇高、劳动最伟大、劳动最美丽的道理，长大后能够辛勤劳动、诚实劳动、创造性劳动”，深刻说明了劳动教育在新时代的重要性，主要体现在三个层次，从个人层次来说，梦想的实现不是从天而降，需要不断通过自己的劳动所创造属于自己的幸福生活；从社会层次来说，注重劳动教育精神的培养，弘扬以辛勤劳动为荣的优良作风，有助于共创社会和谐；从国家层次来说，当今国家是创新发展的国家，生产技术需通过各方的辛勤劳动才能实现不断创新，劳动教育的实践是加强理论知识认识的目的和归宿。注重劳动教育精神，重申劳动教育价值，合理定位劳动教育在思想政治教育课程中的定位，有利于增强思想政治教育课程的实践性。

在育人理念上，劳动教育的价值观引领和思想政治教育的价值引领是一致的、同向而行的。思想政治教育课程的主要内涵是“育人”，目的在于促使受教育者形成正确的世界观、人生观以及价值观，在思想政治理论知识灌输的基础上，培养受教育者的实践能力，从做什么、为什么做、怎么做的逻辑展开形成完整的思维模式。思想政治教育课程的设置具有系统性、意识形态性、政治属性的特点，是培养受教育者热爱劳动，具备劳动意识，有良好的劳动素养以及劳动认知能力与实践能力的不可或缺的课程。由于教育的与时俱进，社会的变革加快，德智体美劳全面发展的新型人才的培养工作更加迫切，育人的目标和任务更为突出。思想政治教育课程作为培养德智体美劳全面发展的新型人才培养的关键课程，需与劳动教育精神进行有效融合构建全新的育人模式。

二、劳动教育融入思政政治教育课程的现实意义

劳动教育是高校思想政治教育不可或缺的组成部分，这种劳动教育精神的发挥对个人、对社会、对国家均具有不可替代的时代价值与现实意义。

（一）有助于培养德智体美劳全面发展的时代青年

劳动教育精神融入思想政治教育课程的过程中，劳动教育是在进行思想政治教育过程中发挥重要作用的一环，培育劳动教育精神是德育、智育、体育、美育的有力支撑。思想政治教育的根本目的是提高人们的思想道德素质和科学文化素质，更好地促进人的自由全面发展，更好的建设新时代中国特色社会主义，为实现中国梦和中华民族伟大复兴而奋斗。人的自由全面发展不仅包括加强劳动教育，还包括德育、智育、体育、美育的发展，德智体美劳是相互贯通的。劳动教育融入思想政治教育课程的过程中，通过提高学生的积极性、主动性、创造性，学生更好的投入劳动实践活动，培养自己的劳动意识与技能，大力弘扬劳动教育精神。通过劳动教育实践，学生既可以锻炼自己的体力即体育，学会陶冶情操，美化心灵即美育，做一个有理想的社会主义青年。通过劳动教育课程潜移默化的影响，学生形成正确的劳动人生观与价值观，在系统的理论知识学习的基础上不断锻炼自己的实践能力。德育、智育、体育、美育、劳育五育有独立的规律和特征，互相影响与渗透，有助于培养德智体美劳全面发展的新时代社会主义新青年。

（二）有助于形成社会的优良作风

劳动教育是新时代中国特色社会主义制度的重要内容，劳动教育精神在思想政治教

育过程中形成的潜移默化的影响，对于社会良好作风的形成有着极为重要的意义。第一，我国进入新时代中国特色社会主义，以习近平新时代中国特色社会主义思想为指导，通过弘扬劳动教育精神，以人民为中心创造属于人民的幸福。在思想政治教育课程上，不仅需要注重劳动教育意识的有效培养，而且需重视综合劳动实践活动与劳动教育技术与能力的锻炼与养成，有利于国家形成在劳动中创造幸福的优良作风。第二，劳动教育与思想政治教育协同育人的过程中，社会对劳动教育精神的认同与现实价值的认可，对于新时代劳动教育精神的发扬提供了良好的外部环境。在劳动教育实践活动的开展中，不断丰富与创新劳动教育精神的科学内涵，紧随时代步伐，把握社会舆论，创新传统的教育与劳动相结合的观念，赋予劳动教育精神新的时代含义，促使社会形成浓厚的优良风气。第三，加强学生对马克思主义劳动教育理论知识了解，有利于学生形成正确的劳动教育观，激励并引导学生尊重劳动、积极劳动。除此之外，学校根据学生不同的成长特点具体问题具体分析，制订不同的劳动教育实践计划，采取不同的劳动教育方式，强化学生的劳动教育实践体验，有利于培养学生良好的思想道德品质。因此，弘扬劳动教育精神有利于形成"四个最"的优良作风，即劳动最光荣、劳动最崇高、劳动最伟大、劳动最美丽。

（三）有助于更好实现中华民族伟大复兴中国梦

马克思说："任何一个民族，如果停止劳动，不用说一年，就是几个星期，也要灭亡。"[①]劳动最基本的价值在于推动民族振兴。弘扬劳动教育精神是对劳动最基本的尊重，尊重劳动是尊重中华民族文明的体现，也是推动全人类进步的决定性因素。国家重视劳动教育精神的弘扬，是对"劳动四个最"的正确认知。弘扬劳动教育精神是实现中华民族伟大复兴中国梦强有力的社会基础。时代的与时俱进要求劳动教育精神融入思想政治教育课程中的过程中劳动实践活动丰富多样化，不同的劳动教育实践形式促使劳动者感受过程的快乐，最大化的创造幸福。因此，劳动教育精神的融入有利于中华民族伟大复兴中国梦的更好实现。正如习近平总书记谈到劳动教育精神时所说的："人世间的美好梦想，只有通过诚实劳动才能实现；发展中的各种难题，只有通过诚实劳动才能破解；生命里的一切辉煌，只有通过诚实劳动才能铸就。劳动创造了中华民族，造就了中华民族的辉历史，也必将创造出中华民族的光明未来。"[②]

三、劳动教育融入思想政治教育课程存在的问题

（一）劳动教育本身存在的问题

近年来，以习近平新时代中国特色社会主义思想为指导，很多地方对劳动教育的中央政策执行力强，取得了一些成绩。但是劳动教育精神的融入受多种因素的影响依然存在薄弱环节，从不同的层次分析是有不同的阻碍存在。第一，从劳动教育本身的认知角度来看，劳动教育的正确内涵会出现认知偏差，它所涉及的不是体力或脑力劳动的其中一方面，劳动教育是关于劳动的教育和通过劳动进行教育二者的辩证统一，我们不能脱离任何一方进行空谈，只涉及劳动不进行教育是无法传达劳动教育精神的，劳动实践是需劳动基

---

① 《马克思恩格斯文集》第10卷，人民出版社2009年版。

② 习近平：《在同全国劳动模范代表座谈时的讲话》，《光明日报》2013年4月29日第1版。

础理论作为基础的；只涉及教育不进行劳动，只停留在理论基础上是本本主义的表现，劳动实践是育人的重要途径。因此正确认识劳动与教育二者的辩证统一关系是达到有效育人的关键认知。第二，从劳动教育自身的认知角度来看，弘扬劳动精神是必要的。在很多教育过程中，劳动教育出现异化现象，劳动教育被异化为一种惩戒手段，劳动本身所拥有的特征例如"劳累""痛苦"被赋予于劳动教育过程中成为提升惩戒者劳动教育价值认识的一种方式和手段，未正向认识到劳动教育精神的积极作用。第三，从劳动教育本身的设置角度来看，当今时代注重创新性活动即智力教育，劳动教育精神的融入被搁置，角色被弱化，为了劳动而劳动的意愿大于在劳动教育过程中锻炼自身的意愿，在这个过程中学生无法形成正确的劳动教育价值理念，达不到知行合一的目标，重视劳动教育精神与思政课程的有效融入是立德树人的重要前提。

（二）劳动教育融入思政政治教育课程的困境

一个好的思政课堂需结合多种因素，例如，师资的力量、教学方式的创新、教学内容的多样化、教学评价机制的完善、学生个性化的培养与结合、学校的重视程度、思政课程的质量保证、教学目标的制定与完善。劳动教育融入思政课程的过程中存在很多困境，需要重新审视困境并提出解决方案。第一，缺少专业的劳动教育的师资力量。需配备专业的具有良好的政治素养和劳动教学技能的教师团队。第二，传统的、陈旧的教学模式不适合新时代劳动教育与思政教育协同育人的模式。创新教学模式，利用矛盾的特殊性进行具体问题具体分析，不同的教育主体因对劳动教育的内涵的理解不同实施教学模式不同，合理制定教学模式，为劳动教育精神的融入奠定基础。第三，劳动教育课程的内容有待丰富与完善。在课程设置上，注重劳动实践与理论的课时分配，适当增加劳动实践时事热点的课程讲授，选择多样化的课程途径进行劳动教育精神的融入，促使学生更清晰的认知到劳动教育精神的重要性，更加热爱劳动，更加重视劳动教育在思想政治教育课程中的重要性。第四，劳动教育精神融入思政课程的评价机制待完善。一方面，评价主体范围需扩大，不再是传统的主体与客体的评价机制；另一方面，评价机制需注重人文关怀，思想政治教育课程的评价以围绕人的全面发展为目标，因此不可仅仅为了规范课程设置而设定评价机制。

四、劳动教育融入思想政治教育课程的初步探索

厦门大学高度重视劳动教育，积极探索将劳动教育融入思想政治教育课程，成为全国985 高校中首开劳动教育课程的高校。

（一）制定详细的劳动教育课程实施细则

该实施细则包括总则和课程方案两个部分。具体如下：

1. 总则

第一条　课程意义。劳动教育是中国特色社会主义教育制度的重要内容，直接决定社会主义建设者和接班人的劳动精神面貌、劳动价值取向和劳动技能水平。

第二条　课程目标。为全面贯彻党的教育方针，落实全国教育大会精神，坚持立德树人，坚持培育和践行社会主义核心价值观，把劳动教育贯穿人才培养的全过程，提倡年轻人要"自找苦吃"，弘扬自强奋斗精神，积极探索具有厦大特色的劳动教育模式，创新体制机制，注重教育实效，实现知行合一，促进学生形成正确的世界观、人生

观、价值观。

2. 课程方案

第三条 课程设置。开设“新时代中国特色社会主义劳动教育课程”选修课，共32课时，2学分。厦大思明校区和翔安校区各开设一个班。

第四条 开设时间。2020年9月至2021年1月。

第五条 开设单位。马克思主义学院、经济学院、法学院、社会与人类学院、心理咨询中心、管理学院、校团委。

第六条 课程安排。根据教学的需要和学生的特点，课程采用理论课程与劳动实践课程相结合的教学方式，由理论课时、劳动实践课时和劳动实践成果展示课时三部分组成。其中，理论课程20学时（马克思主义学院承担10学时，经济学院、法学院、社会与人类学院、心理咨询中心、管理学院各承担2学时），其间拟邀请各级劳模或大国工匠进入课堂做专题报告；劳动实践体验8学时；劳动实践成果展示4学时。

（二）设定劳动教育理论课时的教学内容

表1 劳动教育理论课时的主要内容及学时安排

章（或节）	主要内容	学时安排
第一专题	劳动与劳动教育（马克思主义学院）	2课时
第二专题	马克思主义劳动价值观（马克思主义学院）	4课时
第三专题	习近平新时代中国特色社会主义劳动观（马克思主义学院）	4课时
第四专题	劳动与经济（经济学院）	2课时
第五专题	劳动与法律（法学院）	2课时
第六专题	劳动与社会（人类与社会学院）	2课时
第七专题	劳动与心理（心理中心）	2课时
第八专题	劳动与管理（管理学院）	2课时

值得一提的是，厦门大学还特意邀请了中车长客首席操作师、曾获“全国劳动模范”的大国工匠罗昭强走进劳动教育课堂。罗老师以“不忘初心、牢记使命——用创新和梦想打造中国高铁‘金名片’”为题，为同学们带来一场别开生面的讲座。通过此次课程，厦门大学青年学子更加认识到，在百年未有之大变局的背景下，要尊重普通劳动者，要真正“爱劳动”，弘扬勤俭、奋斗、创新、奉献的劳动精神。

（三）安排生动实用的劳动实践体验

1. 校内劳动实践体验（4学时）

（1）体验地点：厦门大学思明校区东苑餐厅二楼。

（2）体验内容：餐饮文化、烹饪技能教学与实践体验。

（3）承办单位：后勤集团。

（4）活动主要流程：后勤师傅讲解相关操作规范、安全事项；介绍相关食材，帮助学生识别并了解食材；后勤师傅进行示范烹饪并开展教学；学生进行烹饪实践体验。

2. 校外劳动实践体验（4学时）

（1）体验地点：蔡氏漆线雕传习所。

(2)体验内容:介绍首批国家级非物质文化遗产保护项目、厦门漆线雕技艺的历史、发展和创新;参观蔡氏漆线雕艺术馆珍贵历史文物和作品;观看央视等媒体拍摄的珍贵视频;经专业师傅教学指导后,动手体验漆线雕制作。

(3)承办单位:厦门蔡氏漆线雕艺术馆。

(4)活动主要流程:听取漆线雕相关文化介绍,参观作品,观看视频,师傅制作示范,动手体验制作。

高校思政课专题化教学研究*

——以"思想道德修养与法律基础"课的民法典专题为例

郑　雁　相玄烨**

摘要：专题化教学在高校思想政治理论课中的运用日益普遍，其所具有的针对性、现实性和实效性以及启发性和探究性的特点，能更好实现教材体系向教学体系的转化，极大提高思政课的教学实效。针对当前思政课专题化教学存在的问题，在"思想道德修养与法律基础"课的民法典专题教学上，应注意明确教学目标、精心选择教学内容、运用多元化教学方法和教学手段、灵活采用多种考核方式，努力提升专题教学的实效性。

关键词：思政课；专题化教学；民法典

《中宣部教育部关于进一步加强和改进高等学校思想政治理论课的意见》(教社政〔2005〕5号文件)中指出："要多用通俗易懂的语言、生动鲜活的事例、新颖活泼的形式，活跃教学气氛，启发学生思考，增强教学效果。""要精心设计和组织教学活动，认真探索专题讲授、案例教学等多种教学方法。"在该文件中，专题讲授作为增强思想政治理论课(以下简称"思政课")教学效果的一种重要方法被提出，并在国内大多数高校的思政课教学改革中逐步得到运用。本文拟从专题化教学的内容、特点及优势出发，分析思政课实行专题化教学的必要性，并针对当前专题化教学存在的若干问题，以"思想道德修养与法律基础"课(以下简称"思修课")中民法典专题教学为例，探讨专题化教学的设计思路和实现路径。

一、专题化教学的内涵、特点及优势

专题化教学，是在紧扣教学大纲知识点基础上，打破原有教材章节体系，对教材内容进行重新整合、提炼，针对社会现实和学生关注的热点问题，选取若干问题形成专题进行讲授的教学模式。专题化教学是近几年高校思政课教学改革所探索的热点模式之一，专题化教学能更好地实现教材体系向教学体系的转化，对提高思政课的教学实效起了很大的作用。相比传统的教学模式，专题化教学具有以下几个特点和优势：

1. 专题化教学具有针对性、现实性和实效性

专题化教学是对教学内容的一种重新思考设计，以"思想道德修养与法律基础"课为例，具体而言，就是通过把握思修课教学内容，特别是深入分析现行的思修课教材，并结合

---

* 基金项目：本论文为2021年厦门大学马克思主义学院教改教法研究项目"'四史'教育融入思政课教学研究——以'思想道德修养与法律基础'课程为例"(项目编号：2021MJY06)阶段性研究成果。

** 郑雁，女，福建福州人，厦门大学马克思主义学院副教授。相玄烨，女，山西太原人，厦门大学马克思主义学院2019级硕士研究生。

现实需要,对教学进行一种深入的研究和分析。

首先,在教学内容的设计上,它不是对思修课教材的一般性解读,而是针对思修课教材的重点进行教学研究,通过对思修课关键知识点的教学梳理,结合思修课本身的性质和特点,对教学内容进行重新整合建构,因而具有针对性。其次,专题化教学在对教学内容抽象概括基础上,除了从关注基本理论出发,还特别关注现实问题。对于与教学的基本理论和重点内容相关的现实热点问题和理论前沿问题,通过专题化教学的方式进行回应和剖析,因而具有现实性。再次,专题化教学具有实效性。传统的章节讲授方式,主要以教材的章节顺序为讲课内容,学生通过教材就能预知教师的上课内容,因此如果教师的讲课方式不够吸引人,学生的听课兴趣自然无法提起,听课效果势必受到影响。而专题化教学在教学内容设计上,是在系统把握教材内容的基础上,结合当前的社会热点和学生的关注焦点,把教学大纲的知识点在专题中贯穿起来,进行专题式讲解。这种专题设计,不仅满足了学生的求知欲,也能充分唤起学生的学习兴趣,减少"低头族"现象,大大提高思修课的教学实效。

2. 专题化教学具有启发性和探究性

在当前思修课提倡课堂教学与实践教学并重的趋势下,课堂教学的时间被压缩,按照传统的章节顺序教学,很难在规定课时内完成教学任务。比如厦门大学的"思想道德修养与法律基础"课就是采取"2+1"模式,这门课的3学分,其中2学分是课堂教学,1学分是实践教学,以16周教学周计算,实际课堂教学仅有32课时,根本无法按照课本章节顺序面面俱到进行讲授,专题化教学势在必行。具体来说,由各位教师根据自己的专业知识背景和研究专长,选择适合的专题进行深入研究,并形成固定的专题进行讲授。这样一方面能将教学和科研相结合,做到教研互长,减轻教师备课和科研的压力,又能确保所讲授的专题紧跟研究前沿,具有启发性和探究性,从而满足学生通过课堂获取新知识新观念的愿望。由于一门课一般由不同教师讲授不同专题,学生们会接触到专业背景不同、授课风格迥异的教师,不仅满足了他们求新求异的心理需求,也能确保教学内容的专业性和科学性。

二、当前专题化教学存在的问题

如上所述,专题化教学具有传统章节式教学无法比拟的优势,对提高思政课教学实效起了很大的作用。但是,在当前专题化教学实践中,也存在一些不容忽视的问题,使专题化教学的教学效果大打折扣。

(一)简单将教材章节作为专题讲授

专题化教学的重点在于在把握教材知识点基础上,对教学内容进行重新整合建构,实现教材体系向教学体系的转化。因此,专题化教学中的专题,并不是原来教材中的章节,需要教师运用自身研究专长,结合教材知识点、现实热点和学生关注焦点,对教学内容进行"二次创作"。而有些高校在专题设计上,只是简单把原有教材按照章节分成不同"专题",让不同教师担任主讲,这是对专题化教学的错误理解。简单地将教材章节作为专题由不同教师来讲授,是没有准确理解教材体系与教学体系的关系,是形式上的专题化教学,而非真正的专题化教学。专题化教学的重点在"专",因此在教学内容设计上,应是有重点地梳理教学的要点内容,然后通过把握教材的基本理论和观点,对相关现实问题进行深入分析、研究并作出回应。专题化教学也绝不能简单理解为几位教师分专题来共同承担一门课程的教学任务，专题化教学既可以由多位教师承担不同专题来共同完成，也可以由一位教师开设不同专题独立完成。究竟是由多位教师共同承担还是一位教师独立承担，应根据教师的学科背景、研究专长和教学时间安排来确定。

（二）脱离教材进行专题设计

与第一种情况相反，有些高校在设计专题时完全脱离教材，只选取学生感兴趣的话题来设计专题，甚至用一些娱乐化低俗化的例子取代教材的内容，以确保课堂上学生的抬头率。这种不顾教学目标、脱离教材知识点、无原则一味迎合学生口味的专题设计，根本无法很好地实现思政课教书育人的目标，难以真正引导学生提高思想道德修养与法治素养，只会导致思政课庸俗化、娱乐化和政治淡化。[①] 思政课教材是系统化了的马克思主义基本理论知识体系，在编写过程中无论在思想上还是内容上都吸收了学术界的成熟研究成果，具有严密的逻辑体系。因此，专题化教学应以教材为范本，通过教学逻辑重构教材体系的内容，而不能脱离教材。

（三）专题设计随意化、肤浅化

专题化教学改革的初衷是在学时有限的情况下，发挥思政课教师的学术研究专长，对教材知识点进行整合重构，既能实现科研成果向教学的转化，又能提升思政课教学实效。因此，专题化教学首先表现在“专”，而要达到“专”的要求，就需要思政课教师有自身的科研积累和一定的科研投入。在教学上，不能仅仅满足于教学工作量的完成，而需要对马克思主义基本理论进行深入研究，需要紧跟学术前沿，了解最新研究动态。如果专题化教学的教师自身不重视科研，那所设置的专题往往停留在教材层面，要么照本宣科，要么偏离教材，导致专题设计的随意化、肤浅化。

因此，在专题化教学的专题设计上应避免出现上述问题。如果把专题化教学的专题设计比作一棵大树，那么这棵大树必须扎根于教材，以教材知识点为根基，以教师的学科背景、研究专长作为有力的枝干支撑，以现实社会思想理论热点问题和大学生的困惑为中心开枝散叶，最终成为帮助学生树立正确世界观、人生观、价值观、道德观和法治观的一棵参天大树。

三、思修课民法典专题化教学的设计思路和实现路径

2020 年 5 月 28 日，新中国成立以来的第一部法典——《中华人民共和国民法典》问世，这部共 1260 个条文的法典将深远地影响我们的当代生活。习近平总书记在 2020 年 5 月 29 日十九届中央政治局第二十次集体学习时的讲话中，就明确“要把民法典纳入国民教育体系，加强对青少年民法典教育”。[②] 作为思修课重要构成内容的法律教学部分，如何将民法典通过专题化教学的方式向大学生进行宣传教育，成为当前思修课专题化教学必须面对与解决的问题。本文认为，民法典的专题化教学应首先明确教学目标，而后根据教学目标对专题内容进行精心选择，并综合运用多种教学方法和手段配合灵活多样的考核方

---

① 万新娟：《关于思政课教学庸俗化、娱乐化和政治淡化的分析》，《党史博采（理论）》2018 年第 3 期。

② 习近平：《充分认识颁布实施民法典重大意义依法更好保障人民合法权益》，《求是》2020 年第 12 期。

式，以提升民法典专题教学的实效性。

（一）明确教学目标，围绕教学目标设置专题

根据习近平总书记十九届中央政治局第二十次集体学习时的讲话精神，对大学生的民法典教育作为普法教育，应是一种公民法治素养教育，而绝不是法学专业教育。因此，在民法典专题的教学目标设定上，应强调对大学生民法观念的强化、对民法精神的领会、对权利意识的提升、对契约精神的遵守和对法律权威的敬畏，[①]从而增强大学生知法、守法、用法、护法的能力，培养大学生的法治思维，提升大学生的法治素养。

《民法典》被称为日常生活的法律"百科全书"或民事权利"宣言书"，总则编、物权编、合同编、人格权编、婚姻家庭编、继承编、侵权责任编七编中，无不体现了民法典对民事主体所享有的各项民事权利的保护。可以说，民事权利这一主线贯穿了整部民法典，充分展现了民法典以人为本的价值追求以及对公民生命健康、财产安全、人格尊严和生活幸福等各方面权利的平等保护。在民法典专题讲授中，应让大学生了解民法典赋予每位公民所享有的各种民事权利的内涵，明确民事权利的价值，增强权利主体意识，掌握民事权利行使的边界，在权利受到不法侵害时，懂得如何通过法律途径获得救济，增强依法维权的意识。应让大学生理解权利与义务的辩证关系，把握民事活动平等、自愿、公平、诚信等基本原则，领会民法典既是保护自身权益的法典，也是全体社会成员都必须遵循的行为规范，培养自觉守法的意识和运用法律解决问题的能力。

（二）精心选择教学内容，体现民法典的创新亮点

陈大文教授在谈到高校思政课专题教学时曾指出，专题教学不要贪多求全，不要面面俱到，不要重理论轻实际，要突出重点，要有针对性，要解决问题。[②] 民法典共 7 编加附则、84 章、1260 条，超 10 万字内容，如果要面面俱到进行讲授，在有限课时下根本无法做到。根据本文前面所确立的教学目标，在民法典专题设计上，可以分为以下五个专题进行讲授：

第一专题：民法典概述。通过介绍我国民法典的诞生过程，学生充分认识到民法典颁布实施的重大意义。阐释民法典基本原则，学生了解民法典基本原则体现民法基本精神并对民事立法与司法活动具有最高指导意义，是指导民事立法、民事活动和民事司法的基本准则。在平等原则、自愿原则、公平原则、诚信原则、公序良俗原则和绿色原则这六大基本原则中，绿色原则作为我国民法典的一大创新原则，强调人与自然和谐发展，是对我国当前生态文明建设的积极回应，体现了可持续发展的理念。

第二专题：民事主体制度。重点介绍民法典对民事行为能力制度的改革和对监护制度的创新与发展。在民事行为能力上，向学生解释民法典调低限制行为能力人的年龄下限标准，扩大无行为能力、限制行为能力成年人的范围的立法背景；在监护制度上，指出民法典为了适应我国人口老龄化趋势，扩大了成年人法定监护的范围，创设了成年人意定监护制度，新设了遗嘱指定监护，还规定了紧急情况下的监护。

第三专题：民事行为制度。在明确合法有效民事行为构成条件之后，对可撤销民事行为和无效民事行为进行区分，在民事行为的意思表示方式上，重点介绍电子合同的成立规

① 陈大文、焦佳：《大学生民法典教育专题教学的基本思路》，《思想理论教育导刊》2020 年第 9 期。

② 陈大文、陈娟：《论高校思想政治理论课专题教学的难点问题》，《思想理论教育导刊》2019 年第 12 期。

则和履行规则，对学生现实中遇到的有关网购方面的疑问提供法律方面的指导。

第四专题：民事权利制度。这一部分有重点选取人格权、婚姻家庭、继承方面的相关权利进行介绍。在人格权上，指出民法典专设人格权编是对宪法“公民人格尊严不受侵犯”这一要求的具体落实，体现了我国对人格权的保护由消极保护到积极确权的发展趋势。明确人格权的定义，指出人格权不能放弃、转让或者继承，介绍民法典对死者人格利益的保护规定以及人格权受到侵害后的救济方式。在婚姻家庭制度上，重点介绍民法典的几大亮点规定，如重大疾病的婚前告知、离婚冷静期、收养规定的完善、夫妻共债共签以及“久调不判”问题的解决等。在继承制度上，重点介绍遗嘱形式、效力的变迁以及新创设的遗产管理人制度。

第五专题：民事责任制度。通过该专题，学生了解民事权利被侵害后所能获得的法律救济。以侵权责任为例，重点介绍民法典对高空抛物治理的完善、公平责任的完善以及自助制度的新设，让学生领会到民法典对民事权利的充分保护，正是基于民事责任所发挥的特有保障功能，才能达到权利与义务的动态平衡，实现民法公平、正义的价值理念。

（三）运用多元化教学方法和教学手段，提升专题教学实效

在民法典专题化教学中，可以综合运用案例教学法、讨论教学法、辩论教学法和情景教学法，以提升教学实效。

1. 案例教学法

案例具有很强的说服力和感染力，如果运用得当，就能够把思修课相关教学内容充分表现出来，增强启发性。比如，以湖北红安父亲被隔离脑瘫儿死亡事件为例，解释民法典为何要设立紧急情况下的监护；通过现实中网上购物常常被单方取消订单这一案例，向学生解释电子合同成立的判定标准以及买方权利被侵害时如何维权。

2. 讨论教学法

比如包养协议是否有效？公公和前儿媳可以结婚吗？对这些问题的讨论引导学生深入理解公序良俗原则，让学生领会该原则为民事主体活动提出底线伦理的法律要求；对于已经过世的人的名誉是否受法律保护这一问题的讨论让学生懂得个别的民事权利在自然人死后仍受法律保护；对父母是否有权出卖未成年子女名下房产这一问题的讨论让学生掌握了监护人的职责和权限范围。

3. 辩论教学法

以人体基因编辑婴儿事件为例，引导学生对人体基因编辑究竟对人类发展有益还是有害这一问题展开辩论，借此深入理解民法典与人体基因、人体胚胎等有关的医学和科研活动方面的相关规定。通过网上港版电视剧《射雕英雄传》中“朱茵版”黄蓉的脸被换成杨幂的 AI 换脸事件，探讨如何正确看待 AI 换脸技术，分析该技术的利弊，学生对肖像权的法律保护有更深入的认识。

4. 情景教学法

对于备受社会关注的电梯劝烟猝死案，由学生进行角色扮演，置身于情境，重现吸烟者和劝烟者的冲突。通过情景教学，学生深刻理解民法典对公平责任规定的修改是对民众呼声的回应，符合历史和社会发展的要求。

在专题化教学中，还可以借助新媒体教学手段来实现教学目的，比如学生可以通过手

机在互动课堂管理平台“课堂派”上开启弹幕、发起讨论、参与抢答，教师也可以随时根据学生表现给予奖励，这一方面活跃了课堂气氛、大大提高学生的课堂参与度，另一方面也为科学评估学生学习效果提供有价值的参考。

（四）灵活采用多种考核方式，科学评估教学效果

考核是对教学成效进行检验的有效手段。专题化教学的考核应采取灵活多样的方式，既能调动学生的学习积极性、主动性和创造性，又能客观真实地反映学生的学习效果。实践中，厦门大学思修课专题化教学采取的是“随堂测验 20％＋社会实践 30％＋期末考试 50％”的考核方式，同时将平时课堂讨论答题等表现与考勤情况一道纳入最终成绩调整项范围。这种考核方式改变了一次期末考一锤定音的单一模式，转而侧重对学生平时学习效果的综合考察，避免学生考前临时抱佛脚的做法，更具科学性和客观性。

"互联网+"视域下思政课网络课程教学实践的研究[*]

——以厦门大学网络课程教学为例

郑炳辉　张罗丹　刘　琴[**]

摘要:在这个多元社会思潮快速传播的时代,高校思想政治理论课的地位愈发重要,它承担着在大学生群体中进行思想政治教育的重任。在这种形势下,如何更好地提高思政课教学成果,维护网络环境下的高校意识形态安全,依赖于对高校思政课网络教学情况进行研究。在"互联网+"社会驱动下,厦门大学从2014年起逐步探索线下教育与线上教育协同发展的教学模式,提出实践教学、专题教学和网络教学"三位一体"的现代化思政课教学。本文主要围绕厦门大学思政理论课网络教学发展现状展开,结合网络教学综合平台的运营情况,针对思政课教学效果、教学内容等各构成要素发挥的影响和作用,探讨并总结了当前思政课教学存在的问题。并基于当前教学模式所存在的问题,提出厦门大学思政课教学发展的改革方向。

关键词:思想政治理论课;网络课程教学;教学模式;高校思想政治工作

一、研究背景

"互联网+"这一理念最早是在2012年11月的第五届移动互联网博览会上,由易观国际的董事长于扬提出。2013年年底,腾讯公司首席执行官马化腾指出"互联网+"中的"+"是互联网对传统行业的渗透与改变。2015年3月5日,李克强总理在全国人大三次会议上首次提出了"互联网+"系列行动计划,明确指出要推动互联网、云计算、大数据等与现代制造业相结合,从而实现电子商务、工业互联网和互联网金融的健康发展。为响应并具体落实这一行动计划,2015年7月4日,国务院印发了《关于积极推进"互联网+"行动的指导意见》,文件中对"互联网+"战略做了明确肯定,认为推动"互联网+"的发展是大势所趋,具有良好的市场前景,对我国经济的持续稳定发展具有重要意义。2017年12

---

* 基金项目:"互联网+"时代下思想政治理论课教学模式改革研究——以厦大马院公共课网络课程教学改革为例(项目号JG20180303),厦门大学马克思主义学院资助项目"基于易班优课平台的'形势与政策'课程教学模式改革研究",厦门大学中国特色社会主义研究中心资助"大数据思政教育研究",2019年教育部高校示范马克思主义学院和优秀教学科研团队建设项目(重点选题)"'中国近现代史纲要'课教学资源建设研究"(项目批准号:19JDSZK024)和2018年厦门大学"课程思政"示范课程建设计划项目。

** 郑炳辉,男,福建永春人,厦门大学马克思主义学院工程师,主要从事公共教学技术支撑保障研究。张罗丹,女,福建宁德人,厦门大学马克思主义学院2020级硕士研究生,主要研究方向为马克思主义中国化。刘琴,女,湖南长沙人,厦门大学公共政策研究院硕士研究生,主要研究方向为公共政策、政治学理论。

月8日，在中共中央政治局第二次集体学习时，习近平总书记指出："在保障和改善民生方面，大数据发挥着重要的作用。始终坚持以民为主的思想，不断推进'互联网＋'在教育、医疗、文化等领域的应用，让百姓少跑腿，让数据多跑路。"①"互联网＋"时代恰逢大数据环境，随着现代科技日新月异、高速发展，基于大数据分析的决策已经成为现代社会各行业运行的基础，我国的教育系统与社会其他系统相对脱节，大数据对在医疗、金融等社会生产和生活领域的影响已经十分明显，但在学校教学中运用并不广泛。高校的教学方式大多仍是通过教师的个人教学经验对课堂上学生的学习行为进行判断，并制定教学决策。"互联网＋"时代下的教育教学改革应重点针对不同学生进行个性化教学，尽量做到根据学生学习行为的大数据分析结果来动态调整教学策略。② 高校思想政治理论课程教学也应落实于这一改革方向，重新对教学中的"教"与"学"的关系进行创新。

在这个多元社会思潮快速传播的时代，高校思想政治理论课的地位愈发重要，它承担着在大学生群体中进行马克思主义理论教育的重任，在这种形势下，如何更好地提高思政课教学成果，维护网络环境下的高校意识形态安全，依赖于对高校思政课网络教学情况进行研究。充分了解其发展现状，分析其取得的成绩和存在的问题，有利于提高高校思政课教学成果，维护网络环境下的高校意识形态安全。厦门大学从2014年起，采用实践教学、专题教学和网络教学"三位一体"的现代化思政课教学模式，其中网络教学综合平台的建立和使用更是"互联网＋"时代思政课网络教学实践的产物。

二、"互联网＋"视域下思政课网络教学的理论定位

（一）思政课网络教学的理论定位

从根本上说，高校思想政治理论课的宗旨是立德树人，主要是对高校大学生进行思想政治和思想道德的教育。对于世界观、人生观和价值观正在形成中的大学生来说，这门课至关重要。而利用互联网环境，扩大思想政治教育对学生世界观、人生观和价值观的影响具有极大的社会意义。

（二）互联网对思想政治理论教学的影响

互联网对教育的影响最大的程度体现在互联网改变了传统的以教师为主导的教学方式。以慕课为例，慕课作为一个实现知识共享与传播的平台，能够将世界各地的各种课程纳入其中，供学生依据自身需要选择合适的课程学习。慕课的教学方式符合互联网自由、开放的特征，突显出学生的自主性和学习的自由性。然而，即使互联网扩大了人们主动学习的权利，传统教学方式对学校教育的影响仍是根深蒂固的。目前来看，"互联网＋"教育能够带来的好处仍处于理想化状态。虚拟化教育所提倡的以学生为主导的开放、自主的学习模式与传统教育中以教师主导教学的模式依旧存在冲突，这导致了一系列的问题与挑战。

第一，虚拟化教育模式中，教师的育人功能面临被弱化的危险。传统教育模式中，教

① 习近平：《运用大数据保障和改善民生》，《光明日报》2017年12月15日。

② 维克托·迈尔-舍恩伯格、肯尼思·库克耶：《与大数据同行：学习和教育的未来》，赵中建译，华东师范大学出版社2015年版，第14页。

师面对面将知识传授给学生。在此过程中，教师会将德智体美的育人标准融入其中。而在虚拟化教育模式中，师生之间更多是知识和信息层面的交互，教师在培养学生的正确人生价值观和优良的思想道德品质等方面的引导作用被大幅削弱。然而，对于没有足够道德判断能力的学习者，尤其是低龄学习者，不能缺少教育工作者面对面的引导和熏陶。大学生较之低龄学习者已经具备稳固的人生观、价值观和道德观，因此，虚拟化教育模式也更适合广泛应用于高校的教学实践中。

第二，虚拟化教育模式的碎片化学习，让学生学习效果面临挑战。互联网时代，知识共享和信息传播随处可见，不仅给学习提供了便利，而且增加学习知识的广度。然而，这却导致了学习时间和学习内容的严重碎片化。这种方式使得部分学生缺乏思考，生搬硬套，无法进行深入理解和巩固。在海量信息和知识面前，教师应该调整自身定位，充当学生的学习伙伴和引导者。在信息指数式增长、可用资源鱼龙混杂的情况下，需要教师辅助和引导学习能力差的学生选择自己所需的教学资源。

三、厦门大学开展思政课"三位一体"教学模式的现状

厦门大学思想政治理论课的师资团队以厦门大学马克思主义学院的教师为主，以各个学院的相关辅导员为辅，同时配备相关技术管理人员。自 2014 年，厦门大学思想政治理论课的教学就采用了实践教学、专题教学和网络教学"三位一体"的现代化教学模式，探索实践线下教育与线上教育协同。本课题主要调查了厦门大学开展思政理论课网络教学的现状，通过结合网络教学综合平台的运营情况，以及针对以厦门大学思想政治理论课学生为调查对象的调查问卷，配合相关的文献资料，分析了厦门大学思想政治理论课网络教学过程中教学效果、教学内容等构成要素所发挥的影响和作用，同时总结了目前思政课教学仍然存在的问题。

调查问卷主要是通过网络教学平台在线发布，问卷取自 2017 年春季学期、2018 年秋季学期以及 2019 年春季学期选修思想政治理论课程的 24543 名学生，其中男生 11706 名，女生 12837 名。学生专业分布情况如图 1 所示。

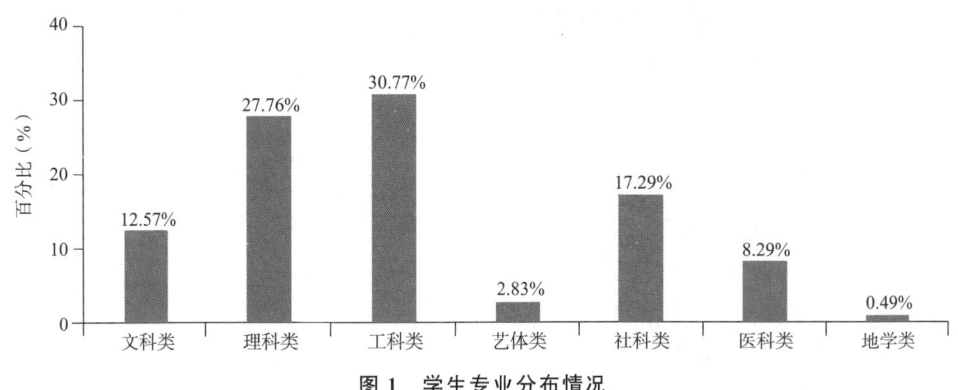

图 1 学生专业分布情况

（一）开展思政课网络教学取得的成效

1. 教学效果角度

对本课程采用多种形式实践教学模式的看法，超过半数学生表示非常满意，表示不满

意的学生占极少数，说明了本课程采用“三位一体”的现代化教学模式成功获得学习者的认可，具有继续实践下去的必要和意义。

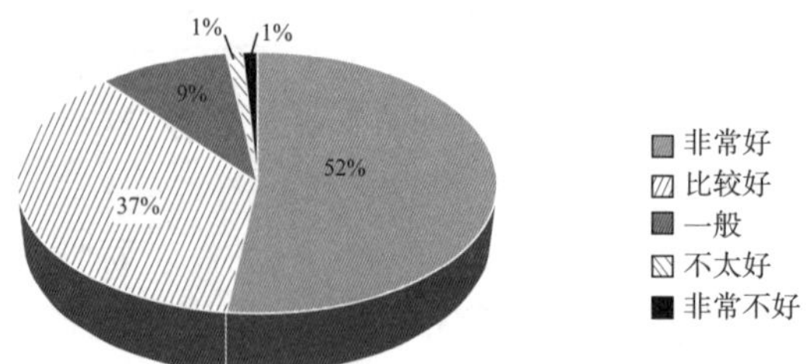

图 2 学生对采用多种形式的实践教学模式的看法

图 3 展示了对思想政治理论课采用网络在线测试方式的看法，超过半数的学生对在线测试方式表示满意。学生可以自由选择其课外自主学习的时间，巩固加强理解不透彻的知识点，使得学习和测验不仅局限于课堂。

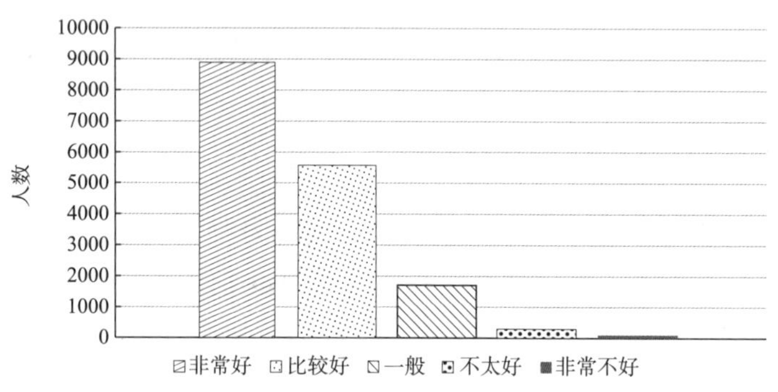

图 3 学生对利用网络进行测试的看法

2. 教学内容角度

图 4 展示了学生们最喜欢的网络教学模块。大部分学生对教学资源比较感兴趣，教学资源集中了教师精心整合的教学材料和课堂笔记，方便学生们于课堂之外进行学习。

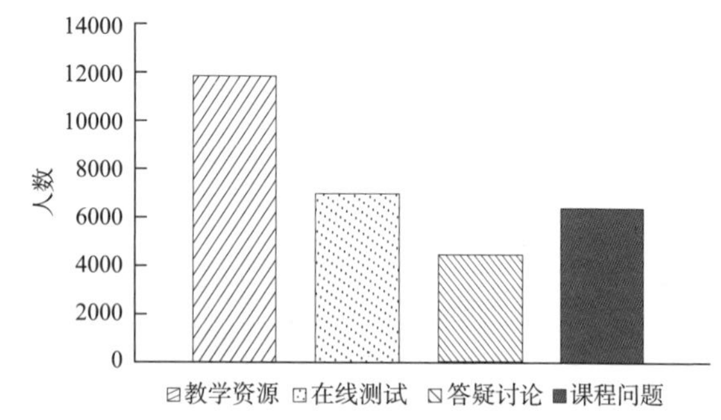

图 4 学生最感兴趣的网络教学模块

图 5 反映了学生针对网络教学互动程度的看法（如教师或助教在线回答问题积极程度等），即使多数学生认为师生互动积极性较高，但我们仍不可忽视少数学生的看法，即认为教学过程中师生互动较少这一问题。而这也一定程度上影响了学生对网络课程教学模式的满意程度。

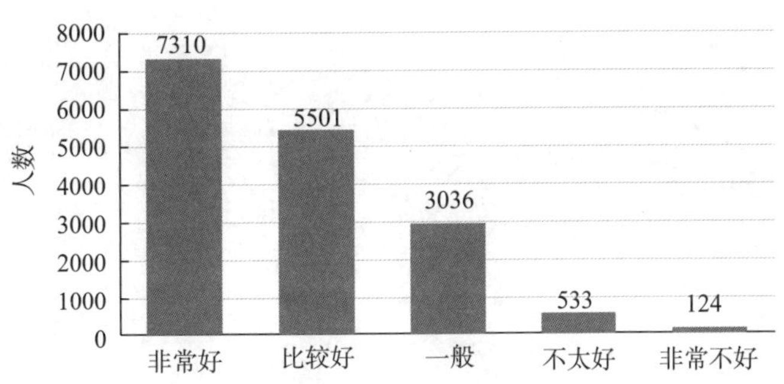

图 5　学生对网络教学互动程度的看法

由图 6 可知，理学类、工科类和地学类专业学生对于网络教学互动程度满意程度最低。这两类专业的学生多为理科类学生，对思政课的理解程度和重视程度相较于文科生较弱，故需要也期望教师们更多的互动和关注。

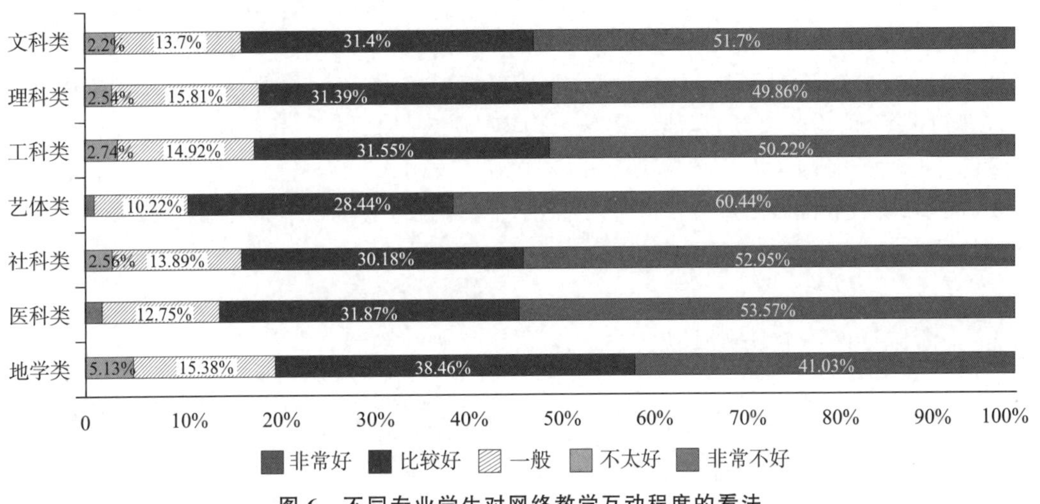

图 6　不同专业学生对网络教学互动程度的看法

(二)思想政治理论教学存在的问题

1. 从思想政治理论课程影响力来看

根据图 7 所反映的思政课影响力来看，88％的学生认为思想政治理论课对了解马克思主义理论，塑造人生观、世界观、价值观，提高分析问题、解决问题的能力，提升综合素质具有影响力。但也有约 1％的学生认为思想政治理论课无用，11％的学生认为学习该门课程只是因为成绩需要抑或是未来考研需要，学习思想政治理论课对未来工作并无太大帮助，甚至认为学习思想政治理论课在某种程度上是浪费时间。对思政课的态度也决定了学生上课时候的状态，说明目前的思政课教学在实用性和吸引力方面还有进步的空间。

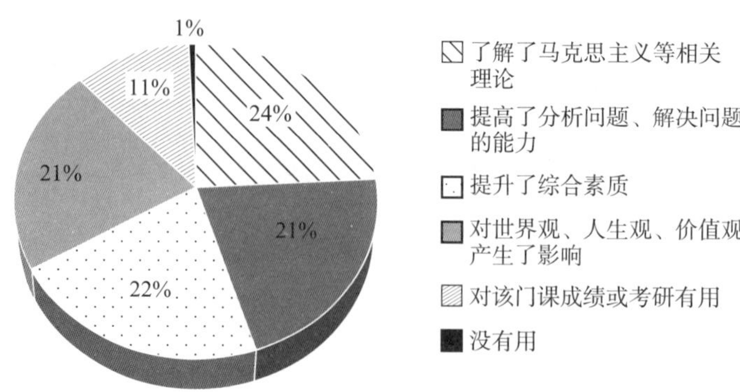

图 7　学生对思想政治理论课作用的看法

2. 从思政课网络教学情况来看

图 8 反映了学生对网络教学的满意度情况。针对目前所用的网络教学平台，有 20%的学生表示不是特别满意，其中 17%学生认为网络教学设计一般，甚至有 1%的学生认为设计非常不好，因此网络教学平台设计还需要继续改善。而对网络教学平台设计的不满意可能也是部分学生对网络教学辅助线下教学模式不太满意的原因之一。对于网络教学，73%的学生认为效果较好，能丰富学习内容，但仍有 12%的学生认为网络课程占用了较多课外时间。而剩余不满意的 15%的学生则是对网络教学平台的使用感表示不满，故需要对网络教学平台做出进一步改进，优化学生们的使用体验，有助于提升大家对网络教学的热爱程度。

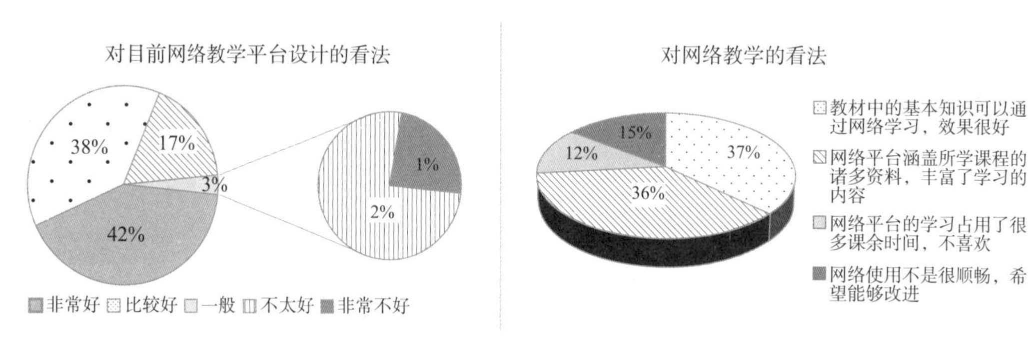

图 8　学生对网络教学的满意度

3. 对思政课教学改革的看法

如图 9 所示，对于思政课的教学改革，61%的学生认为势在必行，作为教学客体的学生认为，目前的思政课在任课教师教学水平、教学科技手段的先进性、教学内容的先进性、专题教学与课本联系程度等方面都还需要改进。例如，目前线下教学的专题教学模式失去了传统教学模式的系统性，存在理论脱节、课程体系脱节的问题，任课教师将课堂教学也当成网络慕课教学看待，上节课与下节课之间的知识衔接性低。

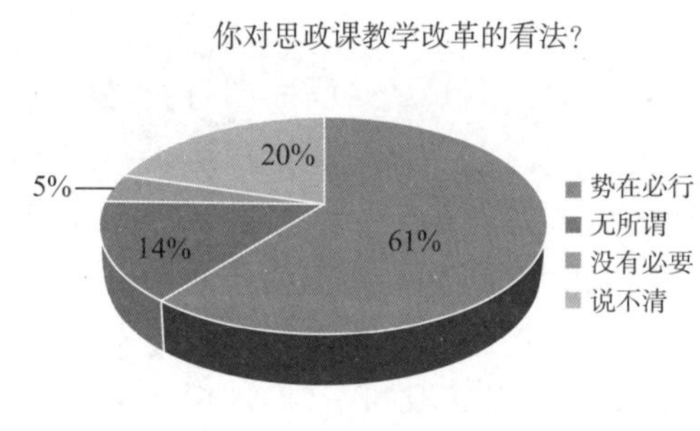

图 9 学生对思政课教学改革的看法

对于目前思政课亟待解决的问题，68.79％的学生认为应与时俱进地调整教学内容；55.1％的学生认为要改进单一的纯理论教学方式，与社会实践相结合，体现了学生们对理论与实践相结合的重要性的深刻理解。从图 10 可知，文科类同学中有 72.5％的学生认为与时俱进地教学改革至关重要；地学类专业学生中，有 64.1％的学生认为要处理好专题教学内容与课本的关系；不同专业的学生，对思政课改革问题的关键问题有着不同的看法，这为教师们在课程设计和课程结构调整上提供了一个新的思路。因材施教成为网络教学改革中重要的引导方向之一。

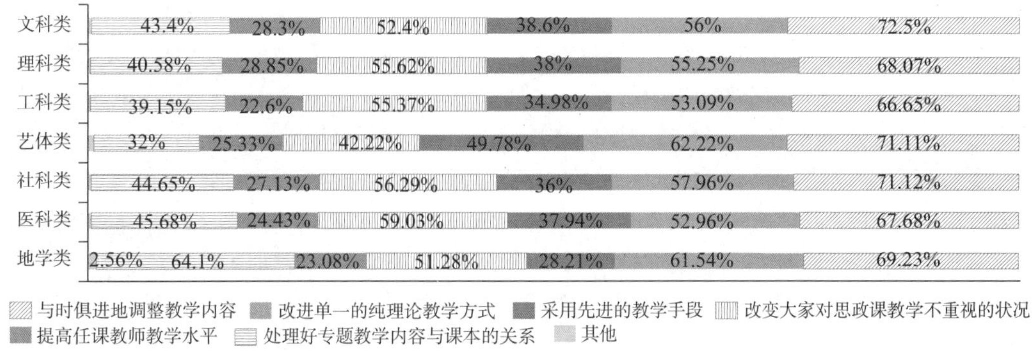

图 10 不同专业学生对思政课改革的关键问题的看法

四、思想政治理论教学未来发展的讨论与建议

针对目前思政课教学存在的问题，讨论进一步改进思政教育工作的对策，是实现思政理论教学未来可持续发展的必然要求。

（一）加强师资建设，促进线上线下资源整合

随着高校思想政治理论课网络教学的开展，教师的主要工作不再是传递知识，而成为网络学习环境、活动、资源的设计者、开发者和管理者，成为学生学习的支持者，成为网络学习的促进者与引导者[①]。因此，需要思想政治理论课教师与时俱进，创新教学理念，实现

① 梁林梅、罗智慧、赵建民：《大学教师网络教学现状调查研究——以南京高校为对象》，《开放教育研究》2013 年第 1 期。

角色转变。

随着网络教学的引入,教师的权威地位发生改变,学生的主体意识不断增强,这就要求教师树立平等、开放的教学理念。在思政课网络教学的过程中,教学活动的时间和空间得到了大幅度的延伸和扩展,学生获取思想政治理论知识的方式也更加多样。教师应当调整自身定位,主动迎合网络教学带来的改变,创新教学方式,做学生学习的引导者和促进者。针对学生提出的教学改革意见,教师们也应汲取精华,针对不同个体差异做出相应的课程结构和课程内容改革。同时,思政课教师应适时将优秀的教学内容和资源发布在网络平台上,引导学生通过浏览、阅读平台中的内容和资源以获取知识,促进学生通过线下课堂教学和线上自主学习加强理解和巩固知识,实现线上线下资源的整合利用。另外,教师还需要树立合作的教学理念,随着教学活动"时间""空间"两方面的延伸和扩展,教师要付出更多时间、精力和心血。为了保证教学质量,需要教师间信息、资源共享,相互合作,各司其职,从而在教学和科研工作中实现共赢。

(二)完善教学质量评价体系,实现教学评估考核制度化

教育质量的核心是教学质量,即促进学生的全面发展。在当今时代,不论任何领域的教育,教学评估都是十分重要的部分。思政课作为高校的一门必修课程,肩负着对大学生进行系统的马克思主义理论教育的任务,这门课程能够帮助学生树立正确的世界观、人生观、价值观。对学生开展思想政治教育,既要保证思想政治知识能被学生理解,又要促进学生实际应用理论知识的能力。影响思政教学质量的因素有很多,包括教师的教学计划和大纲的制定与执行、教案和教学资料的设计与使用、学生参与相关活动的情况、辅导员的工作情况等。在对思政教学质量进行评价时,必须根据实际影响效果,统筹好各评估指标所占的比重,做到不片面、不主观臆断,才能得到准确、客观的评价结果。

要实现教学评估考核制度化,需要教师和学生的双向考核。一方面,在学生方面,要合理分配学生在线考核所占的比重,实现学生考核的最优化。调查结果显示,合理的在线考核占比对学生的学习起到很好的激励和促进作用。另外,要增加师生的网上互动以及网上教学资源学习,探索添加更多创新性的平台学习模块,避免学生只注重题库练习和在线测试的模块,最大化利用互联网的优势提升教学的优质性、有效性,促进思想政治理论课网络教学的顺利进行。另一方面,在教师方面,网络教学平台要就师生之间的答疑讨论模块进行系统的分析,用于对教师考核,这有利于增强教师的信息素养,实现师生之间的良性互动。

(三)优化网络教学系统,重视平台的开发与维护

思政课网络教学需要利用网络平台进行,这就要求学校建立思政课网络课程平台。厦门大学可与互联网公司合作进行网络课程平台的开发和搭建,思政课教师本身不具备自行搭建网络课程平台的能力。然而互联网公司虽然具有开发和搭建平台的技术能力,却对思政课课程性质和价值理念了解不够深入,不能根据学科特点进行前瞻性和拓展性开发,并且对校方的使用反馈回应性较差。

为了推进思政课网络教学更有效、更全面的符合学生的学习需要,学校需要重视网络课程平台的自行开发与维护,可以对校内网络技术掌握较好的教师进行相关培训,使他们具备平台维护与开发的能力,或者通过引进专业的软件开发人才配合网络教学的改革。

五、结语

在文化价值多元、教育过程复杂、参与要素多维的今天，思想政治教育还存在着诸多问题，“互联网＋教育”的运用实践效果仍然不够理想。高校思想政治理论课的教学必须立足于中国特色社会主义新时代的时代特点，设计出符合实际国情，具有鲜明时代性、现实性和实效性的现代化教学模式。厦门大学“三位一体”的教学模式是厦门大学思想政治理论课的重要组成部分，其中网络教学在厦大思政课教学中发挥着愈来愈重要的作用。当前，为了实现未来思政课教学更好地可持续性发展，必须不断改进网络教学方式、方法和手段，正视网络教学存在的问题，积极探索解决对策，真正实现“互联网＋”时代思政课网络教学的健康、良性发展。

以供给侧改革为抓手促进"生物学野外实习"课程思政建设

侯学良 程 喆 李勤喜 黄 涛 郭 峰 章 军 卢明科 陈林姣 苟立新*

摘要:通过对野外实习教学过程中的基本矛盾和主要矛盾的分析、判断,发现供给侧改革是做好课程思政教学的关键。我们尝试建立新的课程体系,通过调整课程内容,纳入新的教学资源,扩展实习教师队伍,在供给侧为课程思政打好基础。经过8年多的课程建设,我们建立了一套贯穿实习始终的课程思政方案。实习动员阶段,以自然情怀主旋律的宣传为主要目标,激起大家热爱自然、投身自然的激情与渴望;实习教学的全面开展阶段,以全方位学做人学做事为核心,把生活的点滴都融入教学,让学生在学习中做事,在做事中做人;实习总结阶段,以提高升华为目标,完成知识学习—能力训练—情感培养—思想意识提高的全过程教学任务。

关键词:生物学野外实习;供给侧;教改;课程思政

从经济结构上讲,供给侧改革旨在提高供给体系的质量和效率,使我国供给能力、供给结构和供给质量更好满足人民需要。在这一理论框架下,教育也存在供给侧改革问题。针对我国高校存在的同质化办学、学生就业难、校均资源过剩等问题,许多专家学者提出高等教育供给侧改革①。供给和需求之间的关系供给和需求是既对立又统一的辩证关系,二者相互依存、互为条件。没有需求,供给就无从实现,新的需求可以催生新的供给;没有供给,需求就无法满足,新的供给可以创造新的需求②。因此,加强供给侧改革,可以有效提高教育质量。目前,我国高校思想政治工作在"大思政"思路的指引下,正由"思政课程"向"课程思政"转变③。在教学供给侧改革中,如何进行课程思政建设,具有重要的现实意义。

---

* 侯学良,男,安徽阜阳人,厦门大学生命科学学院副教授,研究方向为植物分类学。程喆,男,陕西西安人,厦门大学生命科学学院副教授,研究方向为动物学。李勤喜,男,甘肃静宁人,厦门大学生命科学学院教授,研究方向为生物化学。黄涛,男,河南正阳人,厦门大学生命科学学院教授,研究方向为植物发育生物学。郭峰,男,福建三明人,厦门大学生命科学学院副教授,研究方向为微生物生态与进化。章军,男,福建闽清人,厦门大学生命科学学院副教授,研究方向为藻类学。卢明科,男,四川渠县人,厦门大学生命科学学院助理教授,主要从事动物学研究。陈林姣,女,湖南东安县人,厦门大学生命科学学院高级实验师,从事实验教学与实验室管理工作。苟立新,男,吉林省吉林市人,厦门大学生命科学学院工程师,从事教辅工作。

① 郭燕:《教育供给侧改革背景下高校课程思政的路径探索》,《文化创新比较研究》2020年第23期。

② 郝鑫:《对供给侧结构性改革的马克思经济学解读》,《中国集体经济》2020年第23期。

③ 郭燕:《教育供给侧改革背景下高校课程思政的路径探索》,《文化创新比较研究》2020年第23期。

一、“生物学野外实习”课程简介

“生物学野外实习”是生物科学专业的一门必修课，是典型的贯彻理论联系实际教育原则的课程。丰富多彩的实践内容能有效培养学生的观察能力、分析能力、创新能力和解决问题的能力，并进一步培养学生热爱自然、保护环境的生态理念，形成吃苦耐劳、坚忍不拔、团结合作的思想品格。因此，该课程在专业素质、人文素质的培养中独具特色，有其他课程无法取代的重要意义。

实习课程在野外上课，没有学校安全、安静、舒适的环境，危险因素多，安全隐患大。在烈日暴雨中跋山涉水，学生要面对落石、溺水、摔跤、蜂叮蛇咬等自然灾害，还要克服体力透支、饥渴、恐惧等生理心理障碍，时刻考验着师生的体力、心理承受能力。教学的内容也因时因地，甚至因人而变，这些不确定性增加了教学的难度，对于师生的教与学都构成巨大的挑战。实习中一点小事不能妥善解决，都有可能影响整个实习进程。实习课难带，已经形成圈内的共识。

二、改革思路

课程存在诸多困难，基本教学任务尚不能很好地完成，课程思政如何开展？从 2012 年起，我们针对实习中存在上述问题，在总结多年教学经验、听取学生反馈意见和向兄弟院校学习的基础上，结合教育现代化的现实和发展趋势，梳理分析了各个教学要素和教学环节。我们逐渐认识到实习课程的特殊性，课程思政要抓好，课程内容才能更好地实施。通过对实习教学过程中的基本矛盾和主要矛盾的分析、判断，我们认为要紧紧抓住供给侧改革，做到适应现代教育的发展、适应当代大学生身心发展，做到突出教师及其教学活动的主导作用，这样才能从根本上做好课程思政教学，从而提高教学质量的全面提升。为此，我们尝试建立新的课程体系，通过调整课程内容，纳入新的教学资源，扩展实习教师队伍，在供给侧为课程思政打好基础；通过课程思政建设，提升实习在育人方面的功能，实现教书育人的教学目标。

三、改革举措

（一）教情学情的摸底

经过对实习师生的大量走访，发现一些教学中的问题。第一，师资短缺，教师疲于应对，教师无心开展课程思政。近些年扩招带来的师生比下降，对实习课程的冲击最大。正常情况下，限于野外的复杂环境和危险因素，1 位教师最多只能带 10 位学生，目前通常要带 20 人以上，教师喊破嗓子，后面的学生还听不到。在指导学习方面，教师也无暇顾及这么多人，学生有问题也来不及解决。第二，实习资源短缺，不适应学生发展和教育进步的新形势。从 1954 年起，厦大生科就一直在南靖县和溪镇乐土雨林实习。乐土雨林 2001 年成了虎伯寮国家级自然保护区的一个片区，尽管动植物物种还算丰富，但面积只有 300 多亩，现在的学生人数剧增，导致资源相对不足。第三，实习内容单一、陈旧。多年来实习主要内容是动植物识别、标本采集、压制、整理、鉴定。虽然基础性知识得到充分体现，但涉及面较窄，综合性不足。另外，年复一年都是同一时间段来同一地点实习，导致年度之间的实习内容差异不大，教学方法、教学过程类似，学生学习过程也相仿，就连实习报告也雷同。教学就像进入死循环，了无新意。这与素质教育背景下大专业宽基础的教学要求矛盾日益凸显。第四，学生对课程的参与度不高。由于学生可以在实习和实训二者中选一，60%以上的同学都不选择实习。主要原因是实训以工厂实习、参观为主，实习主要以野外调查为主，实习比较辛苦。试想，连走路、生活的困难都难以克服，这样的同学怎么能完成实习任务？

（二）供给侧改革的对策

针对上述问题，我们针对限制供给侧的因素进行了分析，着手制定相应的对策。主要从如下几方面开展工作。

1. 重新修订教学大纲

2012 年，进行了教学大纲的修订。在课程的特色上，突出强调了实践性、探索性和综合性。在教育目标上，从生态文明的战略高度，进一步明确了自然情怀、生态理念、天人合一思想在教学中的地位和作用，做到既教书又育人。

2. 重新调整教学内容

按照修订的大纲，对教学内容也逐步做了一些调整，挖掘已有实习资源、打造新的实习资源，从根本上解决教学资源和师资短缺问题，开创实习新局面。主要举措有如下几点。

①对已有教学内容改造升级。在动物实习方面，2014 年，增加了文昌鱼实习专题。厦门的文昌鱼举世闻名，厦大对此有悠久研究历史和深厚的学术积淀，目前正在把文昌鱼推向新兴的模式动物。据此，我们把科研优势转化为教学优势，有力地促进了实习的开展。在植物实习方面，2018 年，引人植物生理学实验内容。我们设计了从植物调查、农业害虫调查，然后找杀虫植物、制作杀虫剂的综合性实验，把动物学、植物学研究结合起来，把理论知识应用到农业生产实践，使实习内容更具综合性、实用性和实践性，使得传统实习焕发出新的生命力。

②开拓新的教学内容。2017 年起，增加了现代生态农业、水稻育种的实习，以弥补生态学教学内容的不足。现代生态农业实习内容的加入，主要面对生态文明建设的需要、生态理念培养的需要，以及生物学理论知识实践应用的需要。通过去猪小惠生态农场、三安光电无土蔬菜栽培实验室、六福精致农场等地的实习，学生真正看到了社会生产对生物学的需求，有助于从综合性、实践性方面理解已有知识，开阔思路。龙海水稻育种内容的增加，主要挖掘了生命科学学院王侯聪教授在育种方面几十年的积累，也充分考虑到水稻是第一主粮，是中国原产，有着深远的科技、文化、社会内涵。水稻育种实习可以把植物遗传学、繁殖生物学等知识与农业生产紧密联系起来。

2018 年起，我们还进一步增加了微生物学、藻类学实习。主要考虑的是野外实习面对的是复杂的生态系统，各种动植物交织在一起，只有从整体性全面去认知，才能更好地理解自然的奥秘。然而，微生物、藻类的实习难度大、师资缺乏，罕有学校开展此类实习。我们根据教学需要，克服重重困难，坚持开展，2 年来深受同学喜爱。

③扩展实习地点，充实教学资源，为实习提供广阔空间。2013 年起，增加漳江口红树林国家级保护区、武夷山国家级自然保护区、厦门珍稀海洋物种国家级自然保护区、万木林省级自然保护区等 4 个保护区，使得实习内容涵盖滨海湿地、南亚热带山地、中亚热带山

地的湿生植被、森林植被,有利于不同植被类型间的比较研究。

3. 教学方式的改变

借鉴兄弟院校实习的优秀成果,在基础教学之上,设置各种小专题,鼓励学生进行探索式学习。规定每位同学必须参加 2 个以上的小专题。小专题的人数组成不限,以实习中遇到的具体的问题为研究对象,通过自己查文献、制订实验计划、收集数据去解决问题,教师起辅导作用。小专题使得学生主体作用得以发挥。目前,实习课程也不断吸纳新的教育技术,建设了虚拟仿真项目、在线课程、慕课、线上线下混合式课程,使得教学方式灵活、多样,适应了新形势。

4. 考核方法的多样化

以往的考核方式是认动植物、制作标本、实习报告。目前增加的考核项有专题报告、实习展板、总结汇报,还有一些奖惩项。

①专题报告。现在把学生的主要考核放在专题上,学生要完成小组必做专题、自由探索专题等。实习下来,每位同学要参与的专题平均 8～10 个,有效调动了学生的积极性、主动性。

②思想行为。在实习成绩中有 10%是行为习惯分。学生的日常行为习惯要符合学校的各种规章制度,尤其是在实习中动作符合专业要求。另外,为了发挥实习对个人思想品质的提升作用,2019 年起,规定每位同学必须完成一篇实习感想,占 5%的分数。

③奖惩项。为对同学实习成效有更好的区分度、有效调动同学实习积极性,对实习中表现积极的同学、好人好事,有 1～5 分的加分,对稿件入选优秀实习成果集——《野外》的同学,也有 1～5 分的奖励分,相应地,对不良行为扣 1～10 分。

四、取得的成果

经过近 8 年的建设,我们建立起一套贯穿实习始终的课程思政体系。

实习的第一阶段——实习动员,以自然情怀主旋律的宣传为主要目标。实习动员是同学们第一次接受实习信息,我们利用这个机会,给同学们讲实习的趣事,燃起大家对实习的兴趣。还从人与自然的关系出发,阐释"人是自然之子"、"天人合一"、生态文明是第五大文明的观念,激起大家热爱自然、投身自然的激情与渴望。

实习的第二阶段——实习教学的全面开展,以全方位学做人学做事为核心。我们从个人一言一行严格要求学生,把生活的点滴都融入教学,让学生在学习中做事,在做事中做人。在实习管理上,对行为习惯进行多方面要求,比如,行为习惯分占总分的 10%,一旦该部分被扣超过 5 分,第二年重修。8 年来,这方面不仅没有同学重修,扣分的同学也越来越少了。在教学内容上,实习全方位接触自然,引导学生从生态系统的整体来认识各种生态成分的生态功能,认识人与自然的关系,认识保护生态的重要性,树立生态理念,培养自然情怀。例如,在乐土雨林实习中,利用雨林是风水林这一元素,深入挖掘风水林的科学文化内涵。再结合雨林大门雕刻的"天人合一"匾牌,进一步从生物学原理阐发中国传统的天人合一思想的先进性。在乐土雨林这一素材上把科学与人文融合,把古今时空压缩,彰显中华生态文明大大智慧,也更能理解中央提出把生态文明作为五位一体的治国方略的内涵。例如,土农药研制专题从植物调查、农业害虫调查,然后找杀虫植物、制作杀虫剂。学生把理论知识应用到农业生产实践，不仅了解到目前农药滥用的现状、危害和深层次原因，还试图用自己的努力寻求解决方案。不仅把这一严重的污染问题停留在认识层面，而是有了进一步行动，在不知不觉中就从一个旁观者变为一个行动者。再如，文昌鱼实习中，特别强调1923年厦大第一篇SCIENCE论文就是关于厦门文昌鱼的，从此厦大的文昌鱼研究闻名世界。引导同学树立爱校爱专业思想，更加主动地保护好珍稀的文昌鱼及其他生物，形成生态理念。

实习的第三阶段——实习总结，以提高升华为目标。实习总结包括实习汇报、实习成果展、欢庆会等内容。实习结束，我们会举办欢庆会，让大家的紧张情绪得以宣泄，也可以把这段实习生活的感悟和认知通过歌舞表达出来。在活动中，每个小组都创造性地推出自己精心安排的节目，基本都是围绕实习内容改编的歌舞、小品、诗词、戏剧等，是实习内容的升华，在这里可以生动体现出学生从知识学习—能力训练—情感培养—思想意识提高的过程。另外，还把优秀的实习成果、个人感悟等结集编为《野外》。我们希望实习的结束，也是新生活的起点。

打造面向国家治理现代化的“专业＋思政”金课*

——“公共管理学”课程思政教学方法探析

吕志奎　张庆才　周　茜　易雅婷**

摘要：“公共管理学”教学课程组以立德树人为根本目标，以深化课程“供给侧结构性改革”为核心，以“思政元素有机融入专业课”为突破点，紧紧抓住教师队伍“主力军”、课程建设“主战场”、课堂教学“主渠道”，全面推进课程思政建设，打造面向国家治理现代化的“专业＋思政”金课，向学生提供学知识、长才能、强信念的正能量。

关键词：公共管理学；课程思政；立德树人；国家治理现代化

一、为何讲——公共管理专业课程思政作用独特

2019 年 3 月 18 日，习近平总书记在北京主持召开学校思想政治理论课教师座谈会上的重要讲话强调，办好思想政治理论课，最根本的是要全面贯彻党的教育方针，解决好培养什么人、怎样培养人、为谁培养人这个根本问题。① 2020 年 6 月，教育部印发的《高等学校课程思政建设指导纲要》(教高〔2020〕3 号)指出：“建设高水平人才培养体系，必须将思想政治工作体系贯通其中，必须抓好课程思政建设，解决好专业教育和思政教育‘两张皮’问题。”这标志着课程思政建设成为覆盖全国所有地区、所有高校的专业课教学的制度性工作。

“公共管理学”是公共管理专业的核心课程(学科通修课)。公共管理学是一门关于国家治理的学问。全面推进课程思政建设，“公共管理学”课程思政不可缺席、责任重大。论及公共管理学的学科定位，新中国公共管理学科奠基人和开拓者夏书章教授认为：这是“一门治国理政的学问”；谈及公共管理学的初心和使命，厦门大学公共管理学科“长江学者”陈振明教授曾指出：“作为学者，我们力求了解和说明公共生活领域；作为实践者，我们

---

* 基金项目：厦门大学 2019 年度校级教改项目“基于实践育人的公共管理案例教学平台研究”，厦门大学 2019 年度“公共管理学”课程思政项目。

** 吕志奎，江西萍乡人，厦门大学公共事务学院副院长、教授，主要研究方向为公共政策与政府治理、府际关系与生态治理。张庆才，安徽合肥人，厦门大学公共事务学院副教授，主要研究方向为政府治理与监管政策。周茜，湖北鄂州人，厦门大学公共事务学院助理教授，主要研究方向为水资源政策与公共治理。易雅婷，江西宜春人，厦门大学公共事务学院硕士研究生、“公共管理学”课程助教，主要研究方向为公共治理与公共政策。厦门大学“公共管理学”教学课程组包括吕志奎教授、张庆才副教授、周茜助理教授三位老师，本课程助教、研究生易雅婷同学参与了相关资料整理工作。

① 《习近平主持召开学校思想政治理论课教师座谈会强调 用新时代中国特色社会主义思想铸魂育人贯彻党的教育方针落实立德树人根本任务》，《光明日报》2019 年 3 月 19 日第 1 版。

试图影响和改变公共管理世界。"而随着时代的发展,中国特色公共管理学科也被赋予了新的时代机遇和历史使命。

"公共管理学"入选厦门大学2019年"课程思政"建设计划、"一流本科课程"建设计划、在线开放课程建设计划和福建省2019年首批省级"一流本科课程"建设计划,主要讲授公共管理的核心概念、学科发展历史与范式演进、公共组织结构与功能、公共权力运行及其逻辑、中国共产党的治理结构与治理机制、中外行政体制比较、政府作用与治理工具、公共政策系统与过程、政府改革与治理创新、政府间关系、公共财政与预算管理、公共部门人力资源管理、公共领导力与战略管理、公共危机与应急管理等。那么,如何构建"公共管理学"课程思政教学体系,如何让专业课教师在课程思政建设工作中如何正确找到角色、守正本色、干出特色,成为提升"公共管理学"课堂教学质量的重要课题。"公共管理学"教学课程组紧紧围绕立德树人这一根本任务,紧紧抓住教师队伍"主力军"、课程建设"主战场"、课堂教学"主渠道",以深化课程"供给侧结构性改革"为核心,以"思政元素有机融入专业课"为突破点,从用学术讲政治、用历史讲大道、用实践讲理论三方面打造面向新时代国家治理现代化的"专业+思政"金课,依托课程平台构建学生、学科、学术一体综合发展体系,向学生传递公共管理学的政治高度、理论深度和社会温度,全面提高人才培养能力。

二、讲什么——"公共管理学"课程思政教学方法

(一)用学术讲政治:让学生读懂公共治理知识的魅力

党的十九届四中全会为"坚持和完善中国特色社会主义制度、推进国家治理体系和治理能力现代化"规划了时间表和路线图,中国奇迹、中国制度、中国治理等话题,成为新时代中国特色社会主义理论研究和实践发展的热词。"国家治理体系和治理能力现代化"这一历史性命题无疑是新时代中国共产党治国理政的重大理论创新,贡献了人类社会公共事务有效治理的"中国智慧"。

随着中国特色社会主义建设进入以推进国家治理现代化为总目标的全面深化改革关键期,"公共管理教育"前所未有地与国家治理现代化紧密地联系在一起。人类通往美好生活不能缺位公共管理问题研究,"公共管理事业""公共管理教育""公共管理人才""公共管理知识"成为国家与社会治理的迫切需求。如何在公共管理专业课教学中自然融入思政元素,引导学生树立公共价值理念,培养学生的战略思维、前瞻视野和决策能力,构成了公共管理专业教育追求的重要目标。中国在"坚持和完善中国特色社会主义制度、推进国家治理体系和治理能力现代化"之路上的点点滴滴都值得认真观察和思考、总结和记录,中国共产党在长期的治国理政实践中形成了一系列具有中国特色的制度性概念、话语与范畴,从而为构建中国特色公共管理的概念框架、理论模式和表达体系,提供了重要的基础资源,中国特色公共管理学的教学科研在讲好中国故事、阐释"中国之治"上有着独特的学术功能和历史价值。

课程是课程思政的"主战场"。在课堂上用中国理论阐释清楚新时代治国理政,这既是重大的政治任务,又是重大的理论任务,更是新时代构建中国特色公共管理学学科体系的必然要求。"公共管理学"课堂教学自觉坚持以马克思主义为指导,自觉把"四个自信"贯穿公共管理教学全过程,转化为公共管理专业师生清醒的理论自觉、坚定的政治信念、

科学的思维方法，让师生守正在新时代中国特色公共管理的知识海洋里。在自己的教学科研领域里，公共管理专业教师有意识地去拓展专业教育的视野和高度，使宏大叙事和终极价值悄然抵达学生的日常生活，成为茶余饭后谈论的话题。一如厦门大学公共事务学院2017级行政管理专业本科学生赖丽琴指出：“‘公共管理学’塑造了我的学科认知、身份认同和理想信念。我深刻地意识到，当今世界正经历百年未有之大变局，时代的责任与使命已经悄然落在我们这一代人的肩上。面对日趋复杂的社会新形势、新局面、新任务，作为青年公共管理学子，我们更应当谨怀家国心、不负青春行，将专业所长、自我价值与祖国的发展繁荣紧紧相连。”

此外，“公共管理学”这门课将《家庭、私有制和国家的起源》、《习近平谈治国理政》第一二卷和《摆脱贫困》列为必读文献，以此加强习近平新时代中国特色社会主义思想的公共管理学科研究阐释和学理表达。在“公共领导力与战略思维”一章的教学中，引导学生重点关注习近平总书记的锻炼与成长的经历，挖掘其中的思政元素，用接地气的话语帮助学生解答或阐释国家治理现代化进程中的重大现实问题，让学生在课堂学习时有所思、有所悟、有所得，形成正确的世界观、人生观、价值观、学习观和专业观，引导学生厚植家国情怀，让学生深刻懂得开辟“中国之治”新境界需要什么样的时代新人、在推进国家治理现代化进程中公共管理专业人才应该如何为。

（二）用历史讲大道：向学生传递公共治理智慧的价值

“大道之行，天下为公”。欲知大道，必先为史。历史是最好的教科书，历史是最好的老师。陈振明教授认为：“要按照古为今用、推陈出新的原则，对中国历代治国理政的历史传统及思想遗产加以审视和取舍，推动其创造性转化和创新性发展，使其成为构建中国特色公共管理学的思想资源。”[①]党的十八大以来，历史提供了无数典型的中国治理的实践案例。如何从实践案例中总结出中国特色社会主义现代化建设的公共管理理论体系，如何将中国治理的实践案例发展为世界上其他国家学习中国治理经验的主要途径，这是中国公共管理教育者义不容辞的使命。在总结中国实践案例的同时，也有人用西方理论来演绎中国治理模式，得出的结论难以服众，甚至容易误解和曲解中国特色治理制度优势。推进国家治理现代化，不仅要创造中国奇迹，更要建构中国理论，用中国概念、中国表述传播中国治理思想，讲好中国治理故事。思想强国、理论强国、学术强国本身就是现代化强国应有的题中之义。

中国特色公共管理学作为一门学科，其自主性表现为两个方面：一是公共管理问题的学理表达。将公共管理学基本概念、理论和方法运用到对中国公共管理问题的研究，推进公共管理学的中国化、时代化。二是公共管理问题的中国表达。扎根中国大地，生产具有中国特色的原创性的公共管理学范畴、概念和理论，为人类公共管理学的进步贡献中国智慧和中国方案，构建中国化公共管理学的学科体系、学术体系和话语体系。中国特色公共管理学的教学与研究必须与中国独特的历史文化融合。

从历史之中汲取治理之道，并推动传统治国理政之道创造性转化、创新性发展，是中国特色公共管理学科建构与发展必须树立和坚持正确的历史观，如果中国特色公共管理

① 陈振明：《中国特色公共管理学的建构与发展》，《人民日报》2018年6月11日第16版。

理论表达体系不能守正创新，中国公共管理理论表达在课堂教学上立不住脚，中国特色公共管理教学体系在国际上就难有话语权、软实力和影响力。在教学实践中，“公共管理学”课程组尝试将历史引入课堂。“‘治’字的右边为何是‘台’？左边为何是‘氵’？古人太智慧了。”本课程在教学时重视组织学生说文解字，深入浅出地引用中国古典古籍，让抽象的公共管理概念通俗易懂，调动学生学习的积极性。

此外，“公共管理学”课程组还将中国治理案例实践案例融入课程讲授中。例如为了让同学深入了解不确定环境下公共决策的复杂性，“公共管理学”课堂教学在讲授“公共政策决策”时引入国共两党重庆谈判案例，重庆谈判是中国共产党战略决策的典型案例，是防范化解其带来重大风险的战略决策经验。具体而言，重庆谈判是谈判者对谈判所面临形势进行全面综合分析并对谈判结果进行预测研判后，作出的行为决策，对于中国共产党来说，重庆谈判面临的三大战略问题就是谈不谈、谈什么、怎么谈。讲述该案例有助于同学进一步理解公共决策底线、公共决策风险、可供选择的决策方案、最坏以及最好的决策后果、如何提升决策民主化科学化水平等一系列问题。一如厦门大学公共事务学院行政管理专业 2019 级学生程迪这样评价“公共管理学”课程，他至今无法忘记期末考试时一道让他绞尽脑汁的题目——关于国共两党重庆谈判历史事件的战略决策案例分析题。“乍一看这道题，有些熟悉，又有些陌生。奇思巧立意、旧事出新题。重庆谈判的具体历程我们已经非常了解，但是其中所蕴含的公共危机决策理论，对于今天防范化解重大风险仍具有重要启发意义。这也是吕老师一直以来坚持的，用历史启迪现实、思考未来。”

（三）用实践讲理论：让学生体验公共治理教育的温度

2016 年 5 月 17 日，习近平总书记在京主持召开哲学社会科学工作座谈会上的重要讲话指出：“当代中国正经历着我国历史上最为广泛而深刻的社会变革，也正在进行着人类历史上最为宏大而独特的实践创新。这种前无古人的伟大实践，必将给理论创造、学术繁荣提供强大动力和广阔空间。这是一个需要理论而且一定能够产生理论的时代，这是一个需要思想而且一定能够产生思想的时代。”①

中国特色社会主义进入新时代，深刻改变了中国公共管理的实践模式、理论形态和知识体系。时代变革赋予中国公共管理更多发展机遇。中国公共管理教育教学生态正在经历深刻的变革与重构。近年来，公共管理知识及研究成果被大量应用于公共管理实践，在国家治理现代化、行政体制改革与政府职能转变、服务型政府建设、干部人事制度改革与公务员制度建设、公共服务、社会治理、生态治理、应急管理和党风廉政建设等领域发挥出较大作用。

公共管理专业教育，如何走出“象牙塔”的世界？目前，在实际的公共管理教育中，还没有充分唤醒公共管理知识的魅力，一些学生缺乏足够的公共管理学科情感的美好体验，难以形成公共管理专业的价值认知和学科能力，难以将公共管理理论知识有效渗透到具体实践和行为上。案例教学是让学生身临其境的教学方法，更是嵌入实践育人和思政育人元素的重要教学途径。在国外百年来的公共管理教学发展中，案例教学由于具有鲜明

① 《习近平主持召开哲学社会科学工作座谈会强调结合中国特色社会主义伟大实践加快构建中国特色哲学社会科学》，《光明日报》2016 年 5 月 18 日第 1 版。

的理论与实践相结合的特点，成为一种行之有效的教学方法广受推崇。例如，哈佛大学肯尼迪政府学院设有专门的案例项目，迄今为止已经成功开发出2000个案例，在全球公共管理教学得到广泛采用。

近年来，"公共管理学"教学课程组注重推动案例教学高质量发展，以此推动人才培养模式创新发展。目前，已开发出100余个典型案例，这些案例绝大部分由该课程组老师带领学生通过实地调研撰写，内容涵盖行政审批制度改革和"放管服"改革、公共危机决策与突发事件应急管理、领导干部选任决策、流域水资源治理、环境污染"第三方"治理、城市基层党建和社区治理、城市公共安全治理、垃圾分类管理、社会组织治理、转产就业与民生保障、城市公共服务质量评估、乡村治理和政务公开、反腐败与廉政治理等，服务于"中国特色、国际视野、厦大品牌"的公共管理人才培养模式。

与此同时，"公共管理学"教学课程组老师带领的暑期社会实践教学情况及成果受到新华网、光明网、人民论坛网等多家新闻媒体的报道或转载，同时推动实践教学成果向学术研究成果转化，任课老师的研究成果相继在《人民日报》(理论版)、《国家治理周刊》、《福建日报》(理论版)以及《厦门大学报》、《厦大党政工作研究》等刊物上公开发表，其中有文章被"学习强国"平台、《红旗文摘》和《新华文摘》转载，所指导学生围绕实践调研成果在国内核心期刊公开发表了多篇学术论文，真正实现实践教学教育出新出彩出实效。

例如，2019年5月"公共管理学"教学课程组吕志奎和周茜两位老师带领学生赴龙岩长汀调研水土流失治理，期望通过对长汀县持续推进水土流失治理的过程和经验进行系统总结提炼，从中进一步挖掘面向"中国之治"的地方治理范式。课程组撰写的教学案例《红土地上的绿色革命——福建省长汀县持续推进水土流失治理的启示》，入选中央"不忘初心、牢记使命"主题教育案例库，汇编中央组织部编写的《贯彻落实习近平新时代中国特色社会主义思想在改革发展稳定中攻坚克难案例:教学手册·生态文明建设》(党建读物出版社2019年版)。所指导的学生撰写的调研报告获得厦门大学公共管理案例大赛一等奖和福建省大学生"挑战杯"课外学术论文大赛一等奖。

课堂教学是课程思政的"主渠道"。"公共管理学"这门课不仅注重实地现场调研和开发案例，而且还在课堂上注重表演案例，案例扮演、案例分析、案例启发，让专业课堂"动起来"。课堂积极引导学生自我管理、主动参与，打造师生"共学、共研、共评、共享"的"四共育人"教学共同体，推动老师备课、研课、讲课以及学生听课、演课和评课"六课"协同，激发学生求知欲望，提高学习效率，提升实践能力，让学生在课堂学习中有更多参与感、获得感、成就感，对真实案例实践中的公共管理专业知识内涵有更深刻的认知和感知，让专业教育真正抵达学生内心深处，使学生形成以公共管理知识为支撑的认识、理解和改造复杂世界的公共管理认知体系。

第一课堂与第二课堂紧密融合的"四共育人"教学共同体，实现了"五个结合"，即公共管理教育中理论与实践、课程与思政、学术研究与基本国情、校园课堂大学与社会实践大学、教书与育人的有机结合，提升了"五个能力"，即脚力、眼力、脑力、笔力和听力的提升。

这一共同体进一步推动了师生的有效互动，促进了理论和实践的有效结合。一方面，教师和学生一起走出校园，深入真实的公共管理世界，共同体验复杂公共事务治理场景，在实践教学互动中产生知识和智慧，从而使学生做到善言善行——既要学习书本理论知识(上好校园课堂大学),又要积极参加社会实践(上好社会课堂大学);另一方面,老师也能通过对公共管理现实元素的系统分析,从实践中发现公共管理新知,修正公共管理旧知。专业老师在指导学生撰写案例报告的基础上,进一步从调研实践建构出更加贴近中国国情和实践的公共管理知识,提升“中国之治”的公共管理理论表达能力,为公共管理学中国化和中国化公共管理学的发展做出贡献。

药用植物实习课程思政教学实践探索*

陈全成 朱 铉 吴意红 王利娟 陈红丽 丘鹰昆 张伟云**

摘要:在药学相关专业中开设的药用植物实习是一门涉及药用植物学知识实地训练与实践应用的自然科学课程。本文旨在探讨与课程关联的思想政治理论元素,借助学科特点将思想政治理论教育贯穿于课程教学中。实践是认识的基础,作为实践性课程,药用植物实习需要以马克思主义唯物世界观、实践观和方法论为指导。药用植物的物种多样性、生态学原理和进化论等多方面内容均是马克思主义基本原理论证的自然科学基础;药用植物是中医药的根本,实习的教和学过程自然而然地与中医药发展相关的时事政治,包括传承精华,守正创新,推进中医药发展,增强中医药文化自信、理论自信,绿水青山就是金山银山的生态文明建设等思想和理念,以及健康中国战略,爱国、敬业、诚信、友善等社会主义核心价值观等联系在一起,这些都是新时代合格医药学专业人才培养的题中应有之义。药用植物实习课程学科特点明显且与众多思想政治教育元素关系密切,其教育方法、知识点和要求与思想政治教育同向同行,相辅相成。

关键词:药用植物;实习;课程思政

课程思政是指借助学科特点及与思想政治理论的关联,将思想政治理论教育贯穿于各类课程教学中。目前,课程思政已经在我国各高等院校中普遍开展开来,一种新的教学理念和教学方法正日渐影响着中国的高等教育。早在 2016 年 12 月,习近平总书记就在全国高校思想政治工作会议上的讲话中讲道:“好的思想政治工作应该像盐,但不能光吃盐,最好的方式是将盐溶解到各种食物中自然而然吸收。”这个形象比喻不仅十分生动贴切,并且还极其具有启发性和哲理性,为今后进行教育教学改革,切实提高专业课程的育人效果,让思想政治教育深入人才培养体系,全面推进课程思政建设指明方向和方法。2020 年 5 月,教育部下发了关于《高等学校课程思政建设指导纲要》的通知,指出:“全面推进课程思政建设,就是要寓价值观引导于知识传授和能力培养之中,帮助学生塑造正确的世界

* 基金项目:厦门大学 2020 年“课程思政”示范课程建设计划(2020 厦大教 3 号);国家自然科学基金资助项目(81773601)。

** 陈全成,男,福建漳州人,厦门大学药学院副教授,主要研究方向为药用植物的合理开发利用。朱铉,吉林省敦化人,厦门大学药学院教授,主要研究方向为药物新剂型新技术。吴意红,女,福建漳州人,厦门大学药学院实验师。王利娟,女,河南济源人,厦门大学药学院高级实验师。陈红丽,女,福建泉州人,厦门大学药学院教学秘书。丘鹰昆,男,福建厦门人,厦门大学药学院副教授,主要研究方向为天然药物化学。张伟云,女,吉林通化人,厦门医学院药学系教授,主要研究方向为中药活性成分筛选及其作用机制。

观、人生观、价值观，这是人才培养的应有之义，更是必备内容。”

在药学相关院校开设的药用植物实习课程是一门进行野外实践的课程，根据学科特点，通常将实习地点选择在药用植物资源丰富，植物自然生态良好的地方。厦门大学药学院开设的药学本科课程药用植物实习，从2012年第一届开始到现在已经八年，该专业课程实习地点主要设在学院与武夷山市企业共建的药学实习实践基地，实习地范围基本涵盖武夷山市全境。武夷山不仅已被列入世界文化与自然双重遗产名录，也是世界生物圈保护区和国家级自然保护区。选择在武夷山地区让药学专业的学生进行药用植物实习，其丰富的自然和文化资源为学生们提供了充足的学习与训练素材。加上药用植物学自身学科的特点，该课程体现出大量有特色的思政教育元素。本文将在数次药用植物学实习教学实践的基础上，总结有益经验，为进一步优化课程设置以及为相关专业院校进行课程思政建设提供参考。

一、药用植物实习课程中的思政元素与教学实践

（一）课程中体现的马克思主义世界观、实践观和方法论

植物学属于生物学的分支学科，是一门研究植物形态、生长发育、生理生态以及分类与系统进化的学科。药用植物学则在植物学的基础上，赋予植物药用特性的植物学分支。药用植物实习课程的主要教学任务是首先在实践中巩固药用植物学和生药学课堂上学习的理论知识，这些知识重点包括药用植物的分类方法、药用植物的形态特征及药用植物识别、药用植物的药用功效和使用方法、药用植物的生理生态习性等。其次是温故知新，拓展药用植物学知识，实地认识更多教科书及课堂上没学到的药用植物，并熟悉它们的特性和应用。

自然界中的药用植物是物质世界的一部分，药用植物实习教学过程中，教师应以马克思主义唯物世界观、实践观和方法论为指导，借助药用植物载体，引导学生正确应用马克思主义实践观和方法论，从而获得更好的教与学的效果。药用植物实习是一门进行实践的课程。辩证唯物主义认为实践是认识的基础，认识不是人脑中固有的，它是从实践中产生的。[①] 药用植物实习课程教学过程中教师可以利用马克思主义基本原理引导学生在实践基础上，通过眼、耳、鼻、舌、身等感觉器官直接感受药用植物的各个方面，形成对药用植物的感性认识，然后从感性认识能动地发展到对药用植物的理性认识，再从理性认识回到实践中。

辩证唯物主义认为客观世界的运动变化是有规律且是可以被人类通过自己的实践活动认识和利用的。自然界的植物种类、形态和作用虽然千差万别，但同样存在着客观规律。药用植物实习课程教学过程中，教师可以引导学生，结合理论课的知识点，勇于发现、认识和利用规律。

（二）课程中体现的自然科学原理和规律——物竞天择，适者生存

植物的器官不仅是植物体的重要组成部分，也通常是中药的主要入药部位，植物为了适合生存生长需要，其各个器官经常存在变态现象，比如人参等植物根膨大用于贮藏营养

---

① 裴大洋：《论认识结构问题》，《陕西师大学报》（哲学社会科学版）1995年第2期。

物质;络石、薜荔等植物在其地上茎上长出不定根用于攀缘;石斛、榕树等植物自茎上产生气生根可以吸收和储藏空气中的水分;天门冬、仙人掌等植物的茎变态成叶片状代替叶进行光合作用,仙人掌的叶子则变态成刺状以减少水分蒸发和起保护作用,适应干旱环境;半夏、黄精、慈姑等植物的茎膨大成不同形状用于贮藏水分和养分;茅膏菜、猪笼草等植物的叶常变态成盘状、瓶状或囊状用于捕食昆虫。甚至连植物的花也是由植物枝条适应生殖需要变态而来的。为了适应环境,植物的花还进化出借风传粉的风媒花、借蜜蜂和蝴蝶等昆虫传粉的虫媒花、借小鸟传粉的鸟媒花和借流水传粉的水媒花。通过长期的自然选择,花的形态也与传媒形成相适应的结构,如虫媒花具有鲜艳美丽、气味芳香、分泌花蜜等吸引昆虫的特征,风媒花则花小、花粉量多、柱头面积大而黏等特点。植物适应环境的另一个例子是卷柏,又被称为九死还魂草,许多卷柏初生于石缝等容易缺水的环境当中,在干旱的时节,缺水的卷柏就会将叶子卷缩起来,以减少水分的蒸发,严重时甚至将根也收缩而脱离土壤,整棵植物像是干枯一样,进而可随风移动,当遇到水源,又可以重新扎根展叶,继续生长。植物适应环境生长的现象不仅让同学们进一步了解植物生长的自然科学原理,更是用物竞天择、适者生存的哲学原理启发我们,在激烈的社会竞争环境中,想要获得更好的发展,需要学会像植物适应和利用好自然环境一样,努力适应社会环境,始终自强不息,奋发图强。

(三)课程内容中的其他思政元素

1. 传承精华,守正创新

中医药学是举世瞩目的中华文明瑰宝之一,是中华民族和中国人民几千年长期与疾苦斗争发展出来的理论和积攒下来的有效经验。党的十八大以来,习近平总书记对传承发展中医药事业高度重视,并多次作出重要指示批示。习总书记对中医药工作作出重要指示强调:“要遵循中医药发展规律,传承精华,守正创新,加快推进中医药现代化、产业化,坚持中西医并重,推动中医药和西医药相互补充、协调发展,推动中医药事业和产业高质量发展,推动中医药走向世界,充分发挥中医药防病治病的独特优势和作用,为建设健康中国、实现中华民族伟大复兴的中国梦贡献力量。”[①]

学习药用植物是学习中医中药最基础而重要的一环,自古至今,人们通过长期的生活和生产实践逐渐累积经验,发现、利用和发展药用植物。药用植物实习教学过程中,让学生更加清楚目前国家发展中医药的发展形势,以及深入贯彻习近平总书记的指示精神,要遵循中医药发展规律,传承精华,守正创新。

2. 增强中医药文化自信、道路自信和理论自信

习近平总书记指出:“文化自信是一个民族、一个国家以及一个政党对自身所禀赋和拥有的文化价值的充分肯定和积极践行,并对其文化的生命力保持坚定的信心和发展的希望。”[②]中医药文化是中华民族独特优秀的传统文化之一,也是中国的“国粹”之一。树立

---

① 廖广凤、李兵、韦建华等:《基于“传承精华,守正创新”理念的〈中药化学〉课程思政探索》,《广东化工》2020年第10期。

② 覃文慧、韦少宣、郝二伟等:《中医药文化自信融入〈中药学〉教学的践行路径探析》,《教育现代化》2020年第52期。

学生的中医药文化自信心是药学相关专业教育的根本。

自从西医药理论和实践在中国快速发展之后，中医药理论及实践受到了前所未有的冲击，中医药发展出现了明显的缓慢滞后，后继乏人、环境和资源破坏、虚假宣传等系列问题，中医药正在逐渐被边缘化。中医药生存的“土壤”正在变得贫瘠，“环境”逐渐恶化，青年人大部分失去中医药传统文化的熏陶和教育。在这种不利的大环境下，越来越多的人开始对中医药文化产生动摇，西医崇尚者的“中医药骗局”“中医伪科学”等不当言论引导更使中医药发展雪上加霜。[①] 所幸的是，“凝聚着深邃的哲学智慧和中华民族几千年的健康养生理念及其实践经验”的中医药文化自身拥有强大的生命力和厚重的文化内涵。在西医盛行之前，中医药是人们治病养生的主要方法，中华民族几千年历经瘟疫和天灾，是中医药保护了中国人民。即便是在近代西方医学的冲击下，中医药及中医理论体系在世界上仍然受到认可和发展延续。

中华人民共和国成立后，特别是党的十八大以来，中医药文化被重新发掘和利用，中医药的重要性在民间被重新提起，中医药事业迎来前所未有的发展机遇。中医药文化自信是教育在高校培养优秀中医药人才中也是不可或缺的环节。药用植物实习课程对树立同学们的中医药文化自觉、文化认同、文化自信以及中医药理论和发展道路自信是一次极好的实践机会。

3. 中医药五种资源

2016年，国务院印发《中医药发展战略规划纲要（2016—2030年）》，之后国家中医药管理局印发《中医药发展“十三五”规划》，在两份规划中指出：“中医药作为我国独特的卫生资源、潜力巨大的经济资源、具有原创优势的科技资源、优秀的文化资源和重要的生态资源，在经济社会发展全局中有着重要价值和作用。”[②]随着我国人口步入老龄化，人民群众对中医药养生保健和医疗服务的需求越来越大，这就迫切需要继承、发展、利用好中医药。[③] 药用植物实习的内容关系到中医药“五种资源”的认识和利用，在实习实践过程中，师生有必要共同熟悉《中医药发展战略规划纲要（2016—2030年）》及《中医药发展“十三五”规划》重要内容，激发学习热情，增强发展中医药的责任感和使命感。

4. 绿水青山就是金山银山

习近平在多地考察以及多处会议报告中从处理好经济发展同生态环境关系的高度，不断强调“绿水青山就是金山银山”的发展理念。[④] 药用植物实习课程同学们置身于山涧林下，不可避免要学习植物生态环境、药用植物资源保护等相关的知识，借此机会可以顺其自然地将习总书记“绿水青山就是金山银山”的科学论断与同学们分享，让同学们更好

① 刘艳红：《培养中医药院校学生的中医药文化自信——对“概论”课实践教学的思考》，《科教文汇》（中旬刊）2017年第2期。

② 桑滨生：《〈中医药发展战略规划纲要（2016—2030年）〉解读》，《世界科学技术—中医药现代化》2016年第7期。《中医药发展战略规划纲要》，《中国中医药报》2016年2月29日第3版。

③ 陈凯先：《把中医药科技创新摆到国家科技战略的高度推动我国科技的原始创新》，《中医药文化》2015年第2期。

④ 雍阳仁：《“绿水青山就是金山银山”》，《中国环境管理》2017年第5期。郭占恒：《“两山”理念的科学内涵与生动实践——纪念习近平“两山”理念提出实施15周年》，《观察与思考》2020年第7期。

的领会党的十八大关于“大力推进生态文明建设”的战略决策。[①]

5. 健康中国

党的十九大提出“全面实施健康中国战略”，根本目的是提高全体人民的健康水平。[②]李克强总理指出：“中医药学是中华民族的伟大创造。在推进建设健康中国的进程中，要大力推动中医药人才培养、科技创新和药品研发，充分发挥中医药在疾病预防、治疗、康复中的独特优势，推动中医药在传承创新中高质量发展，让这一中华文明瑰宝焕发新的光彩，为增进人民健康福祉作出新贡献。”[③]在药用植物实习课程中，关于中药功效的内容是学习的重点，给同学们讲解药用植物功效的同时十分适宜将十九大提出的全面实施健康中国战略以及中医药在推进健康中国战略的作用与同学们分享，让学生更好地认识到学习药用植物的重要性并增强学习积极性。

6. 传承中医药文化，增强民族自豪感和激发爱国情怀

药用植物是中医药的基础材料，在实习实践过程中，常常涉及大量常用中药材的讲解，这就需要引用到各种经典医学和本草著作，比如《黄帝内经》《伤寒论》《神农本草经》《本草纲目》等，还可能陈述华佗、董奉、张仲景、孙思邈等名医宗师博大精深的中医用药智慧。毛泽东主席曾说“中国医药是一个伟大的宝库”，中医药文化是中华民族优秀传统文化的重要部分，是中华文明的结晶，博大而精深。药用植物实习课程可引导学生更多地了解守护中华民族数千年的神奇中医药，增强同学们的民族自豪感、激发爱国情怀。

在实践过程中实习地如果正好存在中医药先贤或革命先辈的活动事迹、纪念馆之类地方，便可以顺便让学生参观学习，了解这些事迹。比如厦大药学院开设的药用植物实习在武夷山的实习地点之一是凤凰瀑布，该处据传存在古代名医孙思邈的活动事迹，并且当地建有其事迹的碑文和亭台，实习中借此现场给予学生中医药文化教育能起到“润物细无声”的效果。又比如在武夷山大安村的大安源实习时，中央苏区闽北红色首府革命遗址就在武夷山市洋庄乡大安村村部的西面，同学们在实习的空闲时间去参观革命遗址和纪念馆，能深刻体会革命前辈艰辛而又激情澎湃的岁月，身受爱国情感教育。

7. 敬业、诚信、友善

药学专业培养的是能够从事药物的研究、开发、生产、质控、临床指导以及市场监督等工作的专门人才。医药事关人民健康，因此敬业和诚信是药学人才培养的重中之重。[④] 药用植物学是一门专业基础课，是药学及相关专业学生必须学好学会的一门课程。在药用植物实习过程中应该利用一切机会向同学们不断地强调在以后的学习和工作中要有严格遵守职业道德的敬业精神，以及尊重事实，实事求是的诚信态度。

药用植物实习不仅是专业知识实践，也是同学们大学生涯难得的一次集体户外团体

---

① 张洪雷：《习近平关于中医药发展重要论述的时代价值》，《南京中医药大学学报》（社会科学版）2020 年第 2 期。

② 蒋志颖：《稳步推进健康中国战略》，《中国发展观察》2020 年第 Z5 期。

③ 《中共中央国务院关于促进中医药传承创新发展的意见》，《中华人民共和国国务院公报》2019 年第 31 期。

④ 涂冬萍、蒋林、王柳萍：《“敬业诚信”思政元素融入药事管理学课程的教学实践与思考》，《中国多媒体与网络教学学报》（上旬刊）2020 年第 4 期。

交流相处的体验，往往会在其后一生中留下深刻的记忆。在需要较大强度的体力和脑力训练的自然环境中，实习同时考验和增强了同学们的互助互爱、团结友善的精神以及集体荣誉感。实习结束后，同学们的精神面貌会发生不小的变化。

8. 只争朝夕，不负韶华

习近平2020年新年贺词提出："让我们只争朝夕，不负韶华。"意思是紧紧抓住眼前的时间成就事业，不要辜负美好的时光年华。[①] 药用植物实习中，老师同学们关注最多的是药用植物的花果，不仅因为花的美丽芬芳，引人注目，更是因为在植物形态鉴别上，花具有稳定的遗传性状，是植物鉴别的重要依据器官。从进化论的角度，许多植物的花绽放时的美丽和芳香是为了吸引昆虫为其传粉，从而获得更好的种族繁衍的机会。植物花开时节犹如青年人珍贵的青春年华，大学生正处于美好的"花样年华"，站在芬芳美丽的花丛中，在讲解药用植物花的同时，自然而然让人联想到习近平主席的激励的话语。自然而然可以通过植物的花，教育同学们不要虚度大好时光，勇敢绽放青春活力、创造有意义的人生。

二、总结与展望

药用植物学是运用植物学的知识与方法研究具有医疗保健作用的植物的一门学科，是天然药物化学、中药化学、药物分析学、生药学等药学学科的专业基础课，而在药学或中药学相关专业中开设的药用植物实习是对药用植物学理论知识的实地训练与实践应用的课程。药用植物学继承了植物学学科蕴含的自然科学原理和规律，阐述的科学内容和大量知识点与思想政治理论同向同行，体现的科学原理如植物的形态特点、生态关系和进化特征等与马克思主义基本原理一致，在实践教学中可以充分利用好该课程的特点，把社会主义核心价值观、实现民族复兴的理想和责任、做人做事的基本道理融入课程中，教授专业知识的同时达到立德树人的目的。

马克思主义是科学的世界观和方法论的统一，既是思想政治教育的根本内容，又是思想政治教育根本的方法论。因此作为实践性课程，药用植物学实习应该在马克思主义科学的指引下，用马克思主义科学的方法论指导实践教学，做到相辅相成，相得益彰。

除了马克思主义理论，中国的优秀传统文化、外国的先进思想文化等等都是我国高校思想政治教育中需要的内容。在讲解中医药文化自信之时，可扩展到中国特色社会主义的"四个自信"；在介绍推进生态文明建设时，可以延伸介绍中国特色社会主义"五位一体"总体布局。在谈及敬业、诚信时，可以延展介绍社会主义核心价值观。

药用植物实习课程思政的发展需要对教师提出更高的要求，首先教师要认真学习思想政治理论，其次要与时俱进，关注时事，学懂弄通习近平治国理政思想，认真领会和贯彻国家发展中医药事业的政策和精神。并在教学过程中不断地发掘新的思政元素，在实习课程中，适地适时向学生传达不断提高医药服务水平、全心全意为人民健康事业服务的思想觉悟，自然而然地培养学生树立高尚的职业品德，让思想政治理论教育与药用植物实习课程教学如影随形，如盐调汤。其次要求教师要为人师表，以身作则，不断提高业务水平，在实践中用行动影响和帮助学生进步。

---

① 沈小平：《只争朝夕不负韶华》，《中国政协》2020年第2期。

土壤学课程思政教学的实践与探索

卢豪良　田　园　吴圣捷　王文卿*

摘要:“土壤学”课程作为环境与生态学相关专业的专业基础课,其基础性和先导性作用明显。为做好高校的思想政治工作,本课程自开设以来,根据学科特点、知识结构和国家政策方针、战略需求等,将土壤学知识点与我国生态文明建设、土壤污染防治计划等国家战略有机结合,在课程目标、教学内容和教学方法中融入思政理念。同时发挥“互联网+”、线上线下结合的教学优势,结合经典实例、课堂讨论提问、实践活动、兴趣汇报等互动式教学,让学生寓学于乐、加强理解,旨在激发学生的学习主动性,帮助学生将土壤学理论知识与社会实践内容相结合,推进土壤学教学“三全育人”机制构建与实践。

关键词:土壤学;课程思政;教学改革

2016年12月,习近平在全国高校思想政治工作会议上强调:“把思想政治工作贯穿教育教学全过程”,“开创我国高等教育事业发展新局面”。① 要求我国高等教育发展中在各类课程中融入思想政治理论,形成协同效应,立德树人,利用课程教学主渠道,实现全程以及全方位育人;提升思政教育的亲和力与针对性,满足高校学生发展的需求与期待,培养德才兼备、发展全面的人才。土壤学的研究对社会可持续发展、生态文明建设以及生产生活有着极其重要的作用。它是一门古老而年轻的学科,自17世纪中叶探讨化学与植物营养的基础上发展至今,已融入了多学科的理论与知识体系。土壤学与地球化学、生态学、环境学等诸多领域存在交叉。在我国土壤学发展过程中,涌现出许多令人尊敬的科学家,他们常年坚持在一线,为完成国家重大生产建设任务、农业生产发展做出了重大贡献。新时代背景下,土壤学知识与美丽中国建设、生态文明战略与行动紧密相关。围绕立德树人根本任务,将思想政治教育融入土壤学教学改革中恰是因势而新,同向而行,即是传承和发扬我国土壤学求实创新,奉献祖国的崇高精神,又是直面当前生态文明建设,土壤污染治理的重大战略需求。本文就厦门大学教改项目“基于课程模块组的生态学专业实践教学体系改革(编号JG20170232)”,探索“土壤学”课程思政教学改革,将思政教育“溶盐于

* 卢豪良,男,福建寿宁人,厦门大学环境与生态学院副教授,主要研究方向为湿地生态学。田园,女,吉林省公主岭市人,厦门大学环境与生态学院博士研究生,主要研究方向为土壤重金属污染生态学、稳定同位素、有机碳稳定机制。吴圣捷,女,福建省莆田市人,厦门大学环境与生态学院博士研究生,主要研究方向为湿地碳循环。王文卿,男,浙江金华人,厦门大学环境与生态学院教授,主要研究方向为红树林湿地生态学、滨海湿地生态修复。

① 《习近平在全国高校思想政治工作会议上强调:把思想政治工作贯穿教育教学全过程 开创我国高等教育事业发展新局面》,《教育文化论坛》2016年第6期。

汤”，汇入理论教学与实践教学中。

一、在教学目标中融入思政建设

土壤学教学的教学目标包含掌握土壤学基本理论，研究方法和技术，应用土壤学基本理论和方法解决可持续发展、生态环境建设、土壤污染防治等实践问题的方法和技术，掌握土壤学参与解决生态相关领域重大问题的能力。教学通过课程实现，“挖掘课程和教学方式中蕴含的思想政治教育资源，实现全员全程全方位育人”，将思政课程在提高学生的知识，能力和素养中有机融入，使学生在掌握专业知识和技术中，不忘初心，将个人理想融入中华民族伟大复兴的事业中，脚踏实地，为建成美丽中国贡献力量。

二、在教学内容和教学方法中融入思政建设

（一）将“思政”思想与土壤学重要知识点有机结合

土壤学的形成距今已有约200年的时间跨度，它具有完整的理论体系，研究与应用范围宽广，同时与多门学科相交叉，并且与许多重大社会问题紧密相关，是一门有着远大发展前景的基础和应用学科。由于土壤学有着学科发展快、知识更新快，内容多、知识面广，理论抽象、实践性强等特点，在教学过程中教师应力争克服以上问题，坚持以“学生为中心、教师为主导的教学理念”为主线，通过系统教学，为学生学习土壤学的理论奠定知识基础，培养学生现象观察、分析问题和解决问题的能力，帮助学生学习掌握到土壤学相关基础。同时，紧密结合育人角度挖掘思政元素，不断地提高教学能力和水平。特别是在课堂教学中，教师要努力担负起引路人的职责，加强言传身教，用通俗易懂的形式，提升思政教育的亲和力与针对性，由浅入深，在不断改进中实现专业课与思政理论教育协同发展。另一方面，要加快教材体系融入思政理论知识，构建起全方位的思政理论教育体系。

厦门大学环境与生态学院选用的土壤学教材是由黄昌勇、徐建明主编，中国农业出版社出版的《土壤学》第三版[①]。全书共分为三个部分十六个章节，包括上篇“土壤的物质组成”、中篇“土壤性质与过程”和下篇“土壤利用与管理”。在教学过程中，我们以“入门、基础、兴趣、思维”为主线，开篇就明确向学生交代该门课程的基础性、先导性和入门性，明确该门课程的重要性。与此同时我们在绪论中就将思政元素结合土壤学的发展中我国土壤学家对提高粮食产量、作物低产治理、土壤障碍因子消减、土壤污染治理、地力提升等方面进行讲解，并结合我国已建成的土壤数据库作为载体展现土壤治理的中国模式。在典型盐碱地治理的“曲周模式”中，展现辛德惠院士等土壤科学家至诚报国、勇担大任的感人故事。在辛德惠先生等诸多科学家的努力下，土壤技术改良使曲周地区的治碱工程取得了瞩目成效，昔日盐碱滩变成今日的平川良田，同时还探索出新型农村综合服务模式——“曲周模式”。在曲周盐碱地治理中辛德惠院士日记中所记述的“无私无畏，忘我无我，利他利国，才能真正为人民服务，为党的事业奋斗到底。这是我的全部信念和行动指南”，是其一生的光辉写照。这些思政元素化盐于水，润物细无声地传授，也激励了同学们学习土壤学中的使命担当。同时，在专业知识板块中，我们也注重将思政内容与土壤学书本各章

① 黄昌勇、徐建明：《土壤学》，中国农业出版社2010年版。

节知识充分结合。例如,“土壤水、空气和热量”“土壤的结构与力学性质”“土壤水分移动与循环”“土壤污染与修复”等章节的知识点结合国家的“乡村振兴战略”“可持续发展战略”“污染环境的治理与保护”“生态文明建设”等政策方针进行教育传授。

(二)将“思政”内容与土壤学的基础和应用研究实例相结合

土壤具有重要的生产、生态、环境、工程和社会功能。土壤学课程教学注重从原理到实践,倡导“顶天立地”。在深刻把握习近平生态文明思想之“两山”理论,贯彻习近平生态文明思想引领美丽中国建设过程中,我们把土壤对污染物的承载力作为案例,让学生理解“当发展带来的环境负担超出环境客观承载力和恢复能力时,就必须要通过调整发展方式来保障环境的安全和永续持久的发展”。并通过课堂讨论,引导正确观点,优化认知深度,做到聚焦引领,产生对其他知识点的辐射效应。此外,在厦门大学参与的生态修复项目中,我们也让同学们不但能听到而且要看到身边的土壤修复案例,如在现场讲授中,体会滨海湿地的生态价值、储碳固碳功能、土壤重金属及有机物污染的来源与分布、生态风险评估、退化湿地的恢复提升与可持续发展等,将土壤学的理论基础和应用研究有机融合,理解和掌握厦门市推进国家生态文明试验区建设中土壤所承载的功能。通过实例分析,在土壤学课程教学过程中,理论联系实际,学生能够对所学知识活学活用,学生明白所学专业和知识对于人类的经济、社会发展以及生活品质提高等方面的意义和价值,激发学习兴趣。

1. 土壤保护性耕作技术教学实例

土壤耕作一方面可以改善土壤耕作层的性质,如孔隙多少、养分释放,另一方面可以因地、因物制宜,减少侵蚀、保持水土。保护性耕作技术通过减少对土壤的耕作次数和秸秆残茬的覆盖,达到增加土壤有机质、改善土壤结构和减少侵蚀的目的。主要技术有机械深耕翻、沟垄种植、免耕播种、水平等高耕作等。在课程中,我们通过中国土壤改良案例,即在东北黑龙江省的和平牧场开展的试验跟踪,展现了“新时代改革开放和社会主义现代化建设的丰富实践是理论和政策研究的‘富矿’”。发现相比于免耕还田,秸秆的混碎还田技术使得土壤温度和有机质含量较高,但这两种保护性耕作技术均可高效利用秸秆,建议混用以做到对“十年九旱”土壤的种养结合①。类似这样的土地保护措施为提升土壤质量、增加耕地产能、真正做到“藏粮于地”和“藏粮于技”,以及落实乡村振兴战略、为打赢脱贫攻坚战提供了重要保障②,让同学们理解“从国情出发,从中国实践中来、到中国实践中去,把论文写在祖国大地上,使理论和政策创新符合中国实际、具有中国特色”。在“土壤水分和循环”知识点展示中,我们结合兰州大学李小刚和李凤民的长期研究成果,即在甘肃省黄土高原的农田研究了地膜覆盖栽培技术对土壤水分管理和碳氮变化的影响③。介绍旱地中的玉米的覆膜种植有利于土壤水分的保持、提升土壤有机质和肥力水平、促进玉米对

---

① 李拥军:《黑龙江省半干旱区玉米秸秆还田耕作模式》,《现代化农业》2020 年第 10 期。

② 张桃林:《为打赢脱贫攻坚战和补上全面小康“三农”短板提供有力机械化支撑》,《中国农机监理》2020 年第 10 期。

③ 李小刚、李凤民:《旱作地膜覆盖农田土壤有机碳平衡及氮循环特征》,《中国农业科学》2015 年第 23 期。

营养的吸收，大大增加产量[①]，展现了土壤学理论到应用对于我国全面建成小康社会目标的实现的重要意义。

2. 土壤污染与恢复教学案例

土壤对环境污染物具有缓冲和净化的作用，但土壤存在一定的环境容量，过度的排污会给土壤带来污染风险。造成土壤污染的原因有许多，比如农药化肥的不合理使用、工农业污水、废物的不达标外排等[②]。在我国，土壤污染主要集中在重金属污染、有机污染以及复合污染三大类，在教学中我们结合国家的净土保卫战，结合"土十条"推进，线上线下讨论阐述污染土壤的恢复过程中，应坚持生态恢复和整体优化原则、因地制宜采用植物修复、固化修复等技术，定期进行环境风险评估，构建环境友好型工、农业，做到引导同学们了解国家大政方针，学习与领会十九届五中全会精神，全力打赢净土保卫战。

（三）将课程思政与授课形式、教学方法融合

1."互联网＋"多媒体教学

教师通过线上及线下的PPT展示和讲授，并结合多种优质在线课程资源，引导学生从宏观到微观学习土壤学知识，大到从全球变化角度上学习"土壤圈"，小到运用先进仪器去学习和了解土壤颗粒的化学反应及其变化，使学生对土壤学的基本知识框架有所了解，同时将国家推进生态文明建设，土壤污染防治行动计划等战略介绍给同学。结合厦门大学分析测试仪器平台，介绍最新的土壤学研究技术，如地理信息系统、遥感，以及各种先进仪器，如核磁共振、扫描电子显微镜、质谱仪、各种光谱仪等，鼓励学生继续钻研、推动土壤学学科的理论和实践的创新发展，实现多载体认知，优化认知深度。

2. 讨论与提问

教师课前要求学生预习土壤学课程的相关内容，并广泛浏览国内外重要的土壤学相关期刊、杂志与网站，收集当前土壤学研究的最新成果与研究方法。在讲授土壤学课程的同时，介绍当前土壤学研究领域中的热点与重大基础研究科学问题，使学生认识到许多社会重大问题都与土壤学知识密切相关，比如，"粮食安全和可持续发展""污染环境的治理与保护"以及"全球变化"等。针对上述内容，提出讨论与疑问，引导学生查阅相关文献资料，参与到相关专题的讨论中，引导学生积极讨论土壤学的理论知识与国家政策的相关性，讨论怎样将国民经济建设与土壤资源的可持续发展做到有机结合，并回答作为大学生、研究生应怎样将土壤学理论知识点转化成实践，为实现中华民族伟大复兴做贡献。最后教师结合讨论专题，从整体上对讨论专题涉及的知识体系和思政内容进行梳理，以利于学生深刻理解土壤学的"思政"精神内涵。

3. 实验、实习与文化活动

教师带领和指导学生通过野外土壤样品采集及实验数据分析，直观地为学生展现不同环境下的土壤性质差异、进一步评估土壤质量，结合近年来土壤环境保护和修复的相关政策和研究，加强学生对土壤组成、性质与过程的认识、提升学生们对土地利用管理和土壤环境保护的意识。同时，积极鼓励学生在学校、社区等开展形式多样的文化活动，运用

---

① 李凤民：《黄土高原旱作农业生态化与高质量发展》，《科技导报》2020年第17期。

② 苗在京、魏亦山：《土地污染及农业环境保护策略探讨》，《农业与技术》2020年第19期。

新媒体宣传土地保护、利用常识及相关的法律知识和国家政策，邀请校园及社区代表亲身讲述自己与“土地”的故事，使学生在文化活动的参与中真切体会土壤学与思政的紧密联系。

4. 学生兴趣汇报展示

土壤学是一门实践性很强的学科，它讲述的理论实践具有探索性强、多解性强等特点。为调动学生的学习自主性和团队协作精神，激发学生的学习兴趣，教师布置学生分组汇报展示活动，由学生自主选择与“土壤学和国家政策”相关的话题进行准备，让学生了解土壤学课程性质的同时，引导学生通过兴趣小组汇报的方式进行深入学习和思考，并作为考核的一部分。教师灵活设置作业，既包含重要知识点的客观题，也包含与学生切身体会相关的自主发挥题，并结合思政进行解惑，帮助学生在学习土壤学课程中锻炼独立思考、团队协作、责任感与环境保护意识等，多方面考察学生的综合素质。

三、土壤学课程思政建设中的思考

土壤学课程定位的思政性。作为思政课教学改革的一种尝试，土壤学课程目的是对已有思政公共课起到有效补充作用，实现“思政课程”与“课程思政”的有效衔接，让大学生对土壤学发展的时代应然性、历史必然性加以哲学思考，更好地理解中国、认同中国、振兴中国，为从根本上科学认知土地利用、保护、修复，与可持续发展提供了价值遵循和实践范式。

（一）注重突出价值引领的思政性

土壤学坚持以习近平新时代中国特色社会主义思想为指引，通过土壤学的历史发展过程与原理阐述环境发展道理，通过土地利用与保护阐述土壤可持续发展的价值。将党和国家在全面决胜小康社会的历史性时刻，把土壤环境的一系列新时代中国特色社会主义实践搬进课堂，结合土壤学实践，乡村振兴与理论研究者的力量，为大学生铺一条从校园到生态环境，再到社会治理的大路。

（二）注重突出教学内容的思政性

土壤学课程每一讲主题的选择，都既关注土壤学原理与大学生的兴趣结合，又强调与思政课教学的定位相符。课程内容涵盖政治建设、生态文明建设、经济、社会、文化建设与发展等各方面的热点问题，如土地利用与管理、全球变化、土壤退化、土壤修复、农产品安全、可持续发展、美丽乡村建设等。教学内容从育人角度挖掘思政元素，聚焦“三全育人”，从理念、知识、趣味等方面结合做到思政无痕渗透。

四、总结

高校是思政育人的重要场所，在专业课中积极融入思政教育更是体现了教育的本质。土壤学课程内容包含众多的思政要点，作为土壤学任课教师，要深入挖掘土壤学课程与思政育人之间的关联，立德树人、丰富教学内容，时常总结经验、改进不足、尝试创新，以学生为中心，激发学生的学习热情和自主性，为社会、国家培养全面发展的高素质人才。

广告艺术课程中的思政内容建设
——以“公益广告创作”课程为例

罗　萍　陈贝迪　朱　墨*

摘要：课程思政建设是高校以立德树人为本培养人才的具体实施。课程思政的内涵是依托课程载体，在专业课程设计中融入正确的价值观，与课程教学内容、教学环节相融合，使各类课程与思想政治教育同向同行，同时体现出专业教育与思想价值观导向教育的影响力，形成立德树人的合力。本文以新闻传播学科广告学专业的“公益广告创作”课程为例开展课程思政的研究和实践，考察了相关研究文献的现状，探讨了公益广告艺术教育与思政教育的关系，并提出学生在公益广告创作中面临的挑战与公益广告创作优化的方向。

关键词：课程思政；广告艺术；素质教育；公益广告创作

在十九大报告中，习近平总书记指出：要坚持立德树人、以文化人，建设社会主义精神文明、培育和践行社会主义核心价值观，提高人民思想觉悟、道德水准、文明素养，培养能够担当民族复兴大任的时代新人，并提出要把知识教育同价值观教育、能力教育结合起来。习近平总书记的指示也是课程思政的指南。课程思政建设是高校以立德树人为本培养人才的具体实施。课程思政的内涵：依托课程载体，使各类课程与思想政治理论课同向同行，在课程设计中融入正确的价值观，与课程教学内容、教学环节相融合，体现价值导向和思想政治教育，形成立德树人的合力。

一、相关研究文献现状考察

这里探讨的“公益广告创作”课程，是开设在新闻传播学科广告学专业的重要专业实践课程，它是集广告学专业知识与艺术学科专业知识为一体的课程，属于广告艺术教育领域。厦门大学的“公益广告创作”课程，脱胎于已立项为厦门大学首批“课程思政”示范课程建设项目的“广告视觉设计”，多年来“广告视觉设计”课中将“公益广告创作”作为重点教学模块，2019 年开创了新课“公益广告创作”。课程主要内容由三大部分构成：一是公益广告基础理论的学习，二是以广告专业和艺术专业的创作方法指导公益广告的创作实战，三是以媒体人的社会责任与相关法律法规规范创作。这样使得教学任务能够得到圆满完成，并在专业学习与思政教育形成合力。

---

* 罗萍，女，陕西西安人，厦门大学新闻传播学院教授，主要研究方向为广告视觉艺术、美育等。陈贝迪，女，福建三明人，厦门大学新闻传播学院研究生，主要研究方向为广告艺术。朱墨，男，江苏常州人，厦门大学艺术学院研究生，福州大学至诚学院助教，主要研究方向为艺术设计。

为了对同类课程中课程思政研究情况进行了解，我们对"知网"中相关文献进行了考察。截至 2020 年 10 月 11 日在"中国知网"以"课程思政""艺术教育"作为关键词考察，检索到相关的文献分别为 1.08 万条、7.13 万条，检索显示，课程思政、艺术教育以及广告艺术在各自的研究领域中均有较为丰富的成果。当以"艺术教育思政""广告思政"作为关键词考察，检索到相关的文献分别为 236 条、70 条，检索显示，广告艺术教育与思政课程的交叉研究较少，广告艺术与思政教育未能在理论研究与课程实践上实现深度融合。

综合检索发现，思想政治教育和艺术教育虽然有各自的理论体系和方法体系，教育内容、教育形式和教育方法等也各有千秋，但是，在育人目标方面可谓殊途同归。因此，近年来有不少理论工作者和教育工作者都在积极探索思想政治教育和艺术教育结合的研究。这其中，广告艺术与课程思政交叉研究中主要涵盖的代表性研究主题有如下方面：思想政治教育与艺术教育的融合研究；专业课程思政教育的探索与实践研究；艺术类专业思政改革研究；广告艺术教育发展探究；广告教育多元融合研究；广告平面设计艺术课程中的思政教育研究；广告影视艺术课程中的思政教育研究；广告音频艺术课程中的思政教育研究；广告创意艺术中的思政教育研究等等。这些丰富的研究成果从不同的视角给广告艺术教育的课程思政带来启发。

思想政治教育与艺术教育的融合研究主要代表文献有郑铭、郑晓芳的《"课程思政"视域下思想政治教育与艺术教育的融合建构》[①]论述了从困境反思艺术教育与思想政治教育的融合，梳理融合理路，从教学原则、机制构建探索融合的教学策略。屈婧的《大学生思想政治教育与艺术教育结合探析》[②]试图从思想政治教育与艺术教育理论与实践相结合的现状分析入手，通过理论上的追根溯源和实践经验的总结，探索出大学生思想政治教育与艺术教育结合的新途径和新方法。在专业课程思政教育的探索与实践研究主要代表文献有李静的《高校专业课程思政教育的探索与实践——以"广告设计"课程为例》[③]，该文以广告设计课程为例，从艺术设计类专业教学特点入手，在专业课程中融入思政教育理念，润物于心的探索专业课程与思政教育的结合路径。广告艺术教育发展探究主要代表文献有卢芳的《论广告发展与现代广告设计艺术教育》[④]，其观点是广告业已成为受人瞩目的知识密集、技术密集、人才密集的高新技术产业。广告教育多元融合研究主要代表文献有魏加晓的《新文科背景下广告教育"多元融合"发展研究——以广西财经学院广告专业为例》[⑤]，其研究结合新文科背景下人才培养的要求，根据广告专业教育特点，提出通过"专思融合""学科融合""专创融合"和"产教融合"等"多元融合"的理念，对新时代新媒介环境下创新型广告应用专业人才培养模式进行深入探索与实践总结。

---

① 郑铭、郑晓芳：《"课程思政"视域下思想政治教育与艺术教育的融合建构》，《成都中医药大学学报》(教育科学版)2019 年第 1 期。

② 屈婧：《大学生思想政治教育与艺术教育结合探析》，江西农业大学硕士学位论文，2012 年。

③ 李静：《高校专业课程思政教育的探索与实践——以"广告设计"课程为例》，《教育教学论坛》2020 年第 33 期。

④ 卢芳：《论广告发展与现代广告设计艺术教育》，《设计艺术》2002 年第 4 期。

⑤ 魏加晓：《新文科背景下广告教育"多元融合"发展研究——以广西财经学院广告专业为例》，《科技传播》2019 年第 23 期。

二、公益广告教育与思政教育的同向同行

公益广告是以为公众服务为宗旨，传播着民族文化、传播着真善美的价值观，领引着人们的价值取向。同时公益广告对内传播着政府话语，对外传播着国家形象，是国家建设的软实力，是国家形象的名片，公益广告与社会、个人、时代息息相关。因而公益广告课程是非常重要的。

“公益广告创作”课程教学目标：以近平总书记指出的要坚持立德树人、以文化人……培养能够担当民族复兴大任的时代新人的目标为方向，以教育部指出的“培养德智体美全面发展的社会主义建设者和接班人”的目标为指导，确定本课程的教学目标具体为通过对广告艺术设计知识体系的掌握，进而掌握公益广告的创作方法，创作优秀公益广告作品并参加社会实战。同时能够对公益广告作品进行评价等教学内容。“公益广告创作”思政育人目标是“以美育人、以文化人”，通过制作“讲文明树新风”公益广告作品和参加公益广告大赛，同学们接受文化教育、理想教育、社会主义核心价值观教育，提高学生的文化认同、国家认同和政治认同。

“公益广告创作”课程与课程思政有着天然的联系：本课程的广告艺术与课程思政融合的总体实施思路：通过对我国公益广告作品的思想导向、主题诉求、艺术形式美与内容美的关系等的考察和梳理，通过实际进行公益广告的创作、公益广告的审读等，学生对公益广告有深刻的认识，关注作品带来的社会效益，以期在知识层面、实践层面、美育层面达到三方面的提高：

第一，知识层面。在知识层面要求考察公益广告的主题带来的收受益。我国的“讲文明，树新风”公益广告主要包含：一是弘扬中华优秀传统文化；二是弘扬雷锋精神；三是加强诚信教育；四是培育勤劳节俭观念；五是传承孝道和敬老风尚；六是倡导文明旅游；七是宣传保护生态环境；八是树立社会主义法制观念。通过学习公益广告主题思想，公益广告传播的先进思想、先进理念潜移默化地融入了教育之中，并转化成公益广告的创作语言，发挥其弘扬社会正气，营造文明和谐的社会氛围的作用。第二，实践层面。在实践层面要求扎实学习专业基础，并通过公益广告艺术创作实践，课程作品最终参加全国或省市级公益广告比赛，接受实践的检验，而将“以美育人，以文化人”融入教学实践。第三，美育层面。在美育层面要求通过学习公益广告知识和亲自做公益广告作品，同学们潜移默化的提高审美能力，使自己和受众都能够从作品中得到美的熏陶。这三大方面可以概括为求真的客观精神，求美的专业精神，求益的负责精神。求真的客观精神，是要客观实际的以广告为企业、社会团体、政府部门服务，追求服务到位、诉求到位；求美的专业精神，是要真的是符合艺术审美的规律，做有品质的、美的广告，让自己的设计能为社会环境加分；求益的负责精神，是要为社会负责、为人类命运共同体负责，明确媒体人的责任。总体应该达到真实性与艺术性的统一，经济利益和社会效益的统一。

公益广告教育与思政教育的联系可以从公益广告选题的分类与教育部思想政治教育主题的分类来进行对照分析。

关于公益广告主题，中宣部、中央文明办、国家网信办、工信部、工商总局、新闻出版广电总局于2014年3月28日召开电视电话会议，部署深化“讲文明树新风”公益广告宣传，

大力培育和弘扬社会主义核心价值观。会议强调，要进一步提高思想认识，强化责任担当意识，把公益广告宣传作为一项政治任务抓紧抓好……重点做好中华优秀传统文化、雷锋精神、诚实守信、勤劳节俭、孝敬之风、文明旅游、保护环境、法制观念八个选题①。

关于思想政治教育主题，教育部于2020年5月28日印发的《高等学校课程思政建设指导纲要》中指出，课程思政建设内容要紧紧围绕坚定学生理想信念，以爱党、爱国、爱社会主义、爱人民、爱集体为主线，围绕政治认同、家国情怀、文化素养、宪法法治意识、道德修养等重点优化课程思政内容供给，系统进行中国特色社会主义和中国梦教育、社会主义核心价值观教育、法治教育、劳动教育、心理健康教育、中华优秀传统文化教育②。

分析发现公益广告主题与思想政治教育主题存在一致的内在关联，在具体课程的实施中，将思想政治教育贯穿于公益广告的讲解授课过程中，既能以优秀的公益广告作品熏陶人、陶冶学生的艺术审美与专业修养，又能以中国特色社会主义思想培育人，提高学生的思想政治素养。将公益广告主题和思想政治教育主题相比照，共划分为六大教育模块（如表1所示）。

其一，中华优秀传统文化类公益广告与思想政治教育主题的对应关系。

表1　公益广告选题与思想政治教育主题关系

公益广告选题	思想政治教育主题	具体课程思政实施内容
中华优秀 传统文化 勤劳节俭 孝敬之风	中华优秀传统文化教育； 中国特色社会主义和中国梦教育； 社会主义核心价值观教育	通过制作这方面主题的公益广告，弘扬中华优秀传统文化，传承中华文脉，推进习近平新时代中国特色社会主义思想的思想铸魂育人，引导学生了解世情国情党情民情，增强对党的创新理论的政治认同、思想认同、情感认同，坚定中国特色社会主义道路自信、理论自信、制度自信、文化自信。继承和弘扬中华民族传统文化中艰苦奋斗、勤劳节俭的民族精神和传统美德；继承和弘扬中华民族传统文化中孝老爱亲的传统美德。教育引导学生传承中华文脉。
雷锋精神	劳动教育	通过制作这方面主题的公益广告，引导学生深刻理解并自觉实践各行业的职业精神和职业规范，增强职业责任感，关心他人，团结友善；培养遵纪守法、爱岗敬业、无私奉献、诚实守信、开拓创新的职业品格和行为习惯。
诚实守信	心理健康教育	通过制作这方面主题的公益广告，培育诚信精神；弘扬中华民族传统文化中守诚信、崇正义的民族精神和传统美德心理健康教育：坚持育心与育德相统一，引导学生正确认识义和利、群和己、成和败、得和失，培育学生自尊自信、理性平和、积极向上的健康心态，促进学生心理健康素质与思想道德素质、科学文化素质协调发展。

① 《中宣部等部门部署"讲文明树新风"公益广告宣传》，http://www.gov.cn/xinwen/2014-03/28/content_2649057.htm，访问日期：2020年10月12日。

② 《教育部关于印发〈高等学校课程思政建设指导纲要〉的通知》，http://www.gov.cn/zhengce/zhengceku/2020-06/06/content_5517606.htm，访问日期：2020年10月12日。

续表

公益广告选题	思想政治教育主题	具体课程思政实施内容
文明旅游	道德修养教育	通过制作这方面主题的公益广告，引导和培育社会主义核心价值观的文明、和谐精神，加强中华优秀传统文化教育。
保护环境	公共意识教育	通过制作这方面主题的公益广告，引导和培育学生关爱自然、敬畏生命，认识到人类面临的环境污染危机等问题，而人类只有一个地球，将环保意识真正、持久地深入学生的心理——让我们一起来关心与共享地球环境。
法治观念	宪法法治教育	通过制作这方面主题的公益广告，深入开展宪法法治教育。教育引导学生学思践悟习近平全面依法治国新理念新思想新战略，牢固树立法治观念，坚定走中国特色社会主义法治道路的理想和信念，深化对法治理念、法治原则、重要法律概念的认知，提高运用法治思维和法治方式维护自身权利的意识。

中华优秀传统文化是中华民族道德传承、文化思想、精神观念形态的总体，而勤劳节俭、孝老爱亲则是中华民族传统美德的重要部分，体现了民族品质与精神。以中华优秀传统文化、勤劳节俭和孝敬之风为主题的公益广告在创作与创新之中融入与弘扬了千年传承而来的中华魂脉。在公益广告的呈现与传播中，中华优秀传统文化、中国特色社会主义、中国梦和社会主义核心价值观得以无声地浸润人、教育人、塑造人。因此，在具体的课程思政中，可以通过学习和制作这方面主题的公益广告，弘扬中华优秀传统文化，传承中华文脉，推进习近平新时代中国特色社会主义思想铸魂育人。

其二，雷锋精神类公益广告与思想政治教育主题的对应关系。

雷锋精神是一种向上、向善的民族精神写照，以雷锋精神为创作主题的公益广告通过呈现信念的能量、大爱的胸怀、忘我的精神、进取的锐气，潜移默化地对公众进行着中国特色社会主义劳动教育，传递着爱岗敬业、无私奉献、诚实守信等优秀的劳动精神和劳动品质。在具体的课程思政中，通过学习和制作这方面主题的公益广告，可以引导学生深刻理解并自觉实践各行业的职业精神和职业规范，增强职业责任感，培养职业品格和行为习惯。

其三，诚实守信类公益广告与思想政治教育主题的对应关系。

诚实守信是中华民族传统美德中的重要规范，随着时代的变化发展，被赋予了新的时代内涵。在当今思政教育中，诚实守信作为个人道德修养和心理素养的集中体现，是心理健康教育的重要一环。以诚实守信为创作主题的公益广告通过展现榜样人物和典型故事，传递着正确的义和利、群和己、成和败、得和失价值观。在具体的课程思政中，通过学习和制作这方面主题的公益广告，可以培育学生自尊自信、理性平和、积极向上的健康心态，促进学生心理健康素质与思想道德素质、科学文化素质协调发展。

其四，文明旅游类公益广告与思想政治教育主题的对应关系。

文明旅游是加强公众个人道德修养的要求，也是建设文明和谐社会的要求。以文明旅游为创作主题的公益广告通过称颂与赞扬文明出行这一正确行为，贬斥或批评破坏公共环境等不文明行为，强化公众的社会公德意识。在具体的课程思政中，通过学习和制作这方面主题的公益广告，可以引导和培育学生社会主义核心价值观的文明、和谐精神，加强中华优秀传统文化教育。

其五，保护环境类公益广告与思想政治教育主题的对应关系。

保护环境是建设环境友好型社会、促进人与自然和谐共处的内在要求，也是科学发展观中可持续发展的内在要求。以保护环境为创作主题的公益广告传递了关爱自然、节约资源、敬畏生命的可持续发展价值观，有利于培育公众的公共环保意识。在具体的课程思政中，通过学习和制作这方面主题的公益广告，可以将环保意识真正、持久地深入学生的心理，引导学生关爱与保护地球生态环境。

其六，法治观念类公益广告与思想政治教育主题的对应关系。

法治观念是依法治国、建设法治社会、法治国家的思想基石。以法治观念为创作主题的公益广告同样也是法治教育的重要手段，是向全社会普法以教导公众知法、守法、用法的有效途径。在具体的课程思政中，通过学习和制作这方面主题的公益广告，可以深化学生对法治理念、法治原则、重要法律概念的认知，提高运用法治思维和法治方式维护自身权利的意识。

三、公益广告艺术教育与思政教育的融合与挑战

通过以上分析发现，公益广告教育与思政教育之间存在同向同行的密切联系，依托公益广告艺术课程这一载体，融入正确的价值观与思政内容，使得思政教育与课程教学内容、教学环节相融合，可以形成立德树人的强大合力。在公益广告艺术教育与思政教育同向同行的实践中发现，这一强大合力辐射到了课程建设与人才培养的方方面面，如竞赛获奖、科研创新、教学改革项目立项等。

思政教育在公益广告艺术教育中的集中体现是“真、善、美”，公益广告艺术教育是真善美的教育，“真”与“善”主要体现在公益广告的思想性方面，“美”主要体现在公益广告的专业性方面，如艺术的形式美感等。所以在公益广告创作的教学实践中面临着若干挑战：一是如何正确引导学生把握人物形象的丑美。创意既要彰显个性化，又要注意适度，恰当和准确的传达意图，二是如何引导学生加强观察力和洞察力，用艺术的表现避免同质化，克服表现手法单一的弊端，创作出独一无二的作品，三是如何引导学生在形象或文案中体现人文精神和艺术素养，进行创意演绎和素材提炼，富有感染力，四是如何引导学生提高设计的原创性、新颖性、逻辑性，构图有视觉舒适感和视觉秩序美感，更好地体现和谐、韵律、对比、节奏、疏密、空间、变化统一等视觉艺术原则，五是引导学生如何更好地向传统艺术和现代艺术学习，开阔视野，对之前的作品有所突破。这样在知识层面、实践层面、美育层面、达到统一。

综上所述，公益广告教育与思政教育同向同行，可以将“真、善、美”贯彻到专业的教学全过程、全方位、全员之中形成立德树人的强大合力，辐射到课程建设、思想教育与人才培养的方方面面。为了更好地实现立德树人的目标，课程思政的形式需要更为优化，传统的教育方式需要改革创新，需要更多的探索发现，怎样才能更好地开发资源，怎样避免存在的不足和缺陷，需要我们进行探索和积累。透过公益广告传播真善美的理想，促进课程思政进一步的优化和完善，将会是我们长期坚守和探索的课题。

厦门大学新闻传播学科课程思政经验谈*

林光杰　李　鑫　谢清果**

摘要：本文从厦门大学新闻传播学院课程思政的具体案例提炼教育经验，提出课程思政教育要结合中华民族伟大实践，充实课程思政教育内容，要结合学科专业基础理论，加深课程思政学理深度，结合课程内外实践活动，做好“三全育人”教育格局，尤其是许多课程能够自觉结合中国伟大抗疫实践的事例，极大地增强了课程思政的效果，体现了新闻传播学院老师能够知行合一地积极探索新闻传播学科领域的课程思政建设经验，取得丰硕的成果。

关键词：课程思政；新闻传播；立德树人；抗疫精神

教育的根本是立德树人，教育之始，以德为先。思想政治教育具有引领性、先导性和基础性，占据着非常重要地位。2016 年 12 月，习近平总书记在全国高等学校思想政治教育工作会议上指出：“要用好课堂教学这个主渠道，提升思想政治教育亲和力和针对性，满足学生成长发展需求和期待；其他各门课都要守好一段渠、种好责任田，使各类课程与思想政治理论课同向同行，形成协同效应。”2018 年 10 月，教育部印发《关于加快建设高水平本科教育全面提高人才培养能力的意见》中提出“新时代高教 40 条”，2020 年 6 月，教育部印发《高等学校课程思政建设指导纲要》。各地高校都大力推进课程思政教育，创新性地将思政元素、思政内容融入课堂教育之中。

课程思政虽然是近年提出的新概念，不过在教育中践行思想政治教育由来已久。本文以厦门大学新闻传播学科课程为例，介绍在教育一线践行课程思政的经验。

新闻传播学科课程讲政治导向，坚持党性和人民性的高度统一。新闻教育长期坚持马克思主义新闻观，而这与“课程思政”概念不谋而合。新闻教育的属性吸纳了新闻工作者和教育工作者的双重特征，新闻工作者坚持正确政治导向，引领舆论方向，新闻在确定报道主题和取舍新闻事实的方面，服从党的宣传方针，强调媒体的社会责任，强调对真实负责、对观众负责的新闻理念。教育工作者要坚持立德树人的根本任务，弘扬社会主义核心价值观，为国家和社会发展培养卓越新闻传播人才。因此，新闻教育中的课程思政有着

---

* 本文系在新闻学院分管本科副院长谢清果教授的指导下，主要由林光杰、李鑫两位秘书根据新闻传播学院多位优秀教师的课程思政实践材料提炼总结而成，作为新闻传播学院课程思政建设的阶段性成果，敬请指正，同时特此感谢文中提到的学院老师的大力支持。

** 林光杰，男，福建厦门人，厦门大学新闻传播学院科研秘书。李鑫，女，湖北黄石人，厦门大学新闻传播学院教学秘书。谢清果，男，福建莆田人，厦门大学新闻传播学院副院长，教授，博士生导师，主要研究方向为华夏传播。

鲜明的特色和义不容辞的责任。丁柏铨指出新闻、新闻学和政治关系密切，新闻学的研究对象与社会舆论关系密切，与意识形态关系密切。[①] 高锡文结合上海经验，提出建立思政课堂显性教育与其他课堂隐性教育的协同育人工作理念。[②] 课程思政是传统思想政治课程的传承与创新，能够提高思想政治教育工作的科学性与有效性。

厦门大学新闻传播学院落实立德树人根本任务，将价值塑造、知识传授和能力培养三者融为一体。全面推进课程思政建设，寓价值观引导于知识传授和能力培养之中，牢固确立人才培养的中心地位，深入挖掘课程和教学方式中蕴含的思想政治教育资源，并将中华民族的伟大实践，与时俱进地融入课程教学之中，让学生通过学习，掌握事物发展规律，通晓天下道理，丰富学识，增长见识，塑造品格，努力成为德智体美劳全面发展的社会主义建设者和接班人。

一、结合中华民族伟大实践，充实课程思政教育内容

新闻素材选题本身具有政治属性，新闻学的教学素材既是从中选取，在众多教学素材中选择合适的传授给学生，在众多新闻选题中选择合适的传递给大众，这两者有着异曲同工之妙。素材反映着新闻价值，蕴含着教育价值。厦门大学新闻传播学院教师在教学过程中，引导学生关注时事政治，与时俱进，开拓创新，充分运用中华民族伟大的实践成果，在课程思政教育内容中融入了许多具体生动的案例。

殷琦老师的"媒介经营与管理"课程，基于改革开放 40 余年来中国传媒发展与改革经验，回溯历史，梳理传媒发展市场化的共同趋向，围绕传媒市场活动与行为等问题，进行媒介经营与管理课程内容的设计与安排。介绍中西传媒制度与传媒体制，尤其是中国特色传媒体制具体内涵、改革开放 40 余年来中国传媒体制改革观念的演进的过程等内容。重点讲述中国特色传媒体制产生的制度环境，就政府介入与传媒运作问题展开授课，中西方媒介运作均有政府介入问题。课程重心是党管媒体问题，这涉及马克思主义新闻观中所强调的党性原则，通过一些案例，直观展现党组织参与媒介经营与管理的典型模式，并将十九大报告中，"推动文化事业和文化产业发展。要深化文化体制改革，完善文化管理体制，加快构建把社会效益放在首位、社会效益和经济效益相统一的体制机制""健全现代文化产业体系和市场体系，创新生产经营机制，完善文化经济政策，培育新型文化业态"等信息及时准确地向学生进行分析讲解，结合媒介经营与管理，强调传媒市场化进程中需要重点把握的行业政治方向，从而突出中国特色社会主义道路自信、理论自信、制度自信以及文化自信。

2020 年初，新冠肺炎疫情在全球爆发，危机四伏，全世界面临百年未有之大变局。以美国总统特朗普为代表的一些西方政客不遗余力地将新冠病毒造成的生命财产损失"甩锅"中国，中国和西方反华势力陷入一场针对这场新冠肺炎疫情的舆论战。这场旷日持久的网络战、舆论战还未结束，诸多事件的新闻报道成为新闻传播学科思政教育的有力素

① 丁柏铨：《新闻学科课程思政：特殊性、有效性及实施路径》，《当代传播》2020 年第 6 期。

② 高锡文：《基于协同育人的高校课程思政工作模式研究——以上海高校改革实践为例》，《学校党建与思想教育》2017 年第 24 期。

材。例如,史冬冬老师的“语艺学”选取了 2020 年 3 月的英文演讲短视频 *We Are All Fighters*,那时候全国抗击新冠病毒疫情的工作处于高度紧张状态,视频在短短数日获得全网超过 2 亿的曝光量,众多媒体平台和微信公众号转载。网友在该视频发布、转载的各大平台留言,写下他们被这段铿锵有力的演讲所激发出的内心共鸣。一则短小精悍的语艺演讲,激发全国人民凝心聚力、众志成城、齐心抗疫,彰显出强大的大众说服效果。

佘绍敏老师的“英语新闻写作”课程选取了 2020 年 8 月,美国著名杂志 *The New Yorker*(《纽约客》)刊登的“*How China Controlled the Coronavirus*”(《中国是如何控制住新冠疫情的》)一文。这篇文章的作者是何伟(Peter Hessler),是一名来自美国的记者、作家,目前在四川大学匹兹堡学院任教。在疫情期间,何伟全家留在了成都,这篇文章描述了他对中国如何控制新冠疫情的观察。通过阅读“How China Controlled the Coronavirus”这篇文章,同学们不仅可以学习英文写作手法和写作结构,提高英文新闻写作水平,还可以更为深入地了解中国的抗疫努力,同时学习如何向国际社会讲好中国故事。课程预留的课后作业是让同学们谈谈中国政府是如何控制新冠疫情的。How did China control the coronavirus? Please answer the question with a short essay of about 100 words. 用英文写作一篇 100 字左右的短文。以此检验学习效果,并做到学以致用。

罗慧老师的“公共演讲:写作与实践”和孙慧英老师的“广播电视采访学”都选取了中共中央总书记、国家主席、中央军委主席习近平在 2020 年 9 月全国抗击新冠肺炎疫情表彰大会上的重要讲话。公共演讲课程以此作为案例,让学生们现场学习,并在观看后,在教室现场演讲,让每位学生上台讲述自己对抗疫精神的感悟。以“广播电视采访学”为例,课程教学注重借此强调广播电视媒体发挥重要的舆论引导作用,伟大抗疫精神同中华民族长期形成的特质禀赋和文化基因一脉相承,是爱国主义、集体主义、社会主义精神的传承和发展,是中国精神的生动诠释。在抗疫斗争中,发生了许许多多感人肺腑、发人深省的故事。这些壮丽篇章,需要媒体人用新闻眼去发现,用新闻笔去写就,用影像去记录,用多媒体去传播。课程训练学生要掌握广播电视采访学的理论与技巧的意义,广播电视传播是融音频、视频为一体的综合传播手段,与当前流行的融媒体传播非常接近,只是传播平台不同,但制作内容和技巧、手段都是相通的,比如短视频制作、网络直播、播客、VR 拍摄等等,都需要具有广播电视采访拍摄的基础。

厦门大学新闻传播学院教师的教学素材选取新颖,与时俱进,中国的发展实践经验已成为中国新闻教育的重要教学素材。授课教师广泛引用最新的案例作为分析对象,引导学生们学习。当下的故事令人印象深刻,这是民族的记忆,时代的记忆,在教学中将思想政治教育与民族记忆、时代记忆相统一,这是刻骨铭心的教育,我们都将永远铭记。

二、结合学科专业基础理论,加深课程思政学理深度

课程思政教育要做到学懂弄通做实,要加深课程的学理深度,将政治理论与其他学科专业理论相结合,是课程思政的必由之路。

李德霞老师的“新闻编译”课程让同学们进行翻译训练,并由任课老师讲解。如“一场没有硝烟的战争”“白衣战士”“扶贫攻坚战”等,这些说法若直译的话,将是带有浓厚的“战争”色彩的比喻。因此,为了避免让国外受众产生“中国好战”等不利于中国崇尚和平的国

家形象，为了避免在无意中为西方媒体鼓吹的“中国威胁论”推波助澜，任课教师教导学生应在编译过程中按照“内外有别”的灵活性原则来加以处理，即在翻译时“去其火药味”，做到“传而不宣”。例如，将“一场没有硝烟的战争”由直译的“a smokeless battle”改为意译的“invisible efforts”，将“白衣战士”“扶贫攻坚战”分别由直译的“white-coated soldiers”“poverty-relief battle”改为意译的“medical workers”“poverty-relief campaign”。课堂上列举了更多有关政治正确性的翻译例子，教会了同学们处理在宣传工作中常会碰到的一些有中国特色说法的编译问题。

以前的政治教育课程给学生们留下了一些刻板印象。课堂上如果提到“政治”，学生们会有固化的应试偏见。以往简单重复背诵政治词条，容易让学生们走入固化教条的思维陷阱之中，缺少思维的创新和活力。

课程思政的学习不是为了应付考试，而是为了将正确的价值观念深刻地融入自己已有的知识体系之中。对于课程思政的考核项目，也不会局限于简单知识的记忆背诵。课程思政的考核是要符合德、智、体、美、劳全面发展的要求。厦门大学新闻传播学院的课程在考核的形式上也更加灵活、更加生动有趣。

周雨老师的“广告文案写作”课程围绕“中国抗疫防疫”这一主题，让学生进行主题创作。这不仅能训练语言表达能力，还能了解和掌握中国的抗疫防疫情况，从而达到将“中国抗疫防疫融入教学课程”的效果。通过情景再现的方式，选择中国某一或某些知名品牌，做抗疫防疫各个时期的广告文案训练。文案写作最重要的就是洞察，用文字直击人们的内心。通过设置特定的抗疫情景，如疫情期间，大家最大的希望不外乎简简单单的“回到从前的正常生活”。但后疫情时代，人们已然重新去定义所谓的“正常生活”，课程训练了学生要洞察人们内心在经历如此动荡之后的状态，结合品牌的调性或者商品的特性，用直击人心的文案去打动受众。

课程思政的实施，一定是要结合专业理论，这样才能使教学素材的特征意义与课程相关的知识点构成联系，达成联想效果，强化学习记忆。以生动有趣的方式，直击人心。

三、结合课程内外实践活动，做好“三全育人”教育格局

课程思政教育要构建“大思政”格局。2020 年教育部高等教育司、中央宣传部新闻局委托高校新闻传播学类教学指导委员会举办“中国新闻传播大讲堂”，主题是“2020 年：来自武汉抗疫一线的报道”。新冠肺炎疫情暴发以来，广大新闻记者临危受命、迎难而上，日夜奋战在抗疫斗争的第一线，为坚决打赢疫情防控的人民战争总体战、阻击战凝聚了强大精神力量。大讲堂邀请了 14 家主流媒体参与抗疫一线报道的 42 名新闻记者录制 32 集视频教学内容，生动讲述、立体展现中国新闻记者的家国情怀与专业素养。大讲堂集中最优质的新闻资源、汇聚最鲜活的抗疫报道、总结最深刻的报道体会，是一门最生动的国情大课、有温度的思政大课、高水平的专业大课。

此外，厦门大学新闻传播学院学生“马克思主义新闻观理论研修班”先锋党支部书记的微党课《线上线下共战疫——每位大学生都应是有党性、人民性的青年新闻人》入选教育部战“疫”专题微党课，并在光明网、高校思政网、学习强国、央视频和“哔哩哔哩”等网站和视频平台全国展播。

这些优质的课程思政教育资源，相互结合，充实了学生课余时间，丰富了学生课外活动。课程思政教育要融于心，见于行，做到知行合一。厦门大学新闻传播学院的学生表现优异。经过课程思政教育和专业实操训练，已经产出了一大批有思想、有温度、有品质的作品。2014 年《大卫镇》获第二十三届中国金鸡百花电影节微电影作品大赛优秀奖；2015 年《厦至 45.8℃》在第三届中国网络视听大会评委会大奖中获大学生微电影组组委会大奖；2016 年《逆流》获国家新闻出版广电总局“弘扬社会主义核心价值观 共筑中国梦”优秀原创网络视听节目奖；2017 年与厦门广电集团联合制作视频《绝美！航拍厦大木棉花开 赏花惜人不负春光》，在《央视新闻》移动网等多个新媒体平台同步发布，并两次在央视新闻移动网精选页大图轮播，该作品获得福建新闻奖三等奖；2018 年新闻传播学院与厦门广电集团联合创作的短视频作品《筼筜湖畔百鹭齐飞》在《央视新闻》移动网等平台推送，被推荐至国家生态环境部举办的“六五环境日”主题宣传展上进行展播，该作品获得福建新闻奖三等奖。2018 年《以心传心，迈向新时代》在第六届中国网络视听大会优秀网络视听作品推选活动中获“优秀大学生公益短片奖”。2019 年《企点传媒——大学生创意短视频扶农平台》项目获得全国移动互联创新大赛一等奖。2019 年为迎接国庆 70 周年制作了厦门大学“歌唱祖国”视频，在中央广播电视总台《新闻联播》上播出，并被《央视新闻》官方微博和微信公众号转发，总计播放量超过 1000 万。

这些丰富多彩而且立体生动的活动项目，共同构筑起“三全育人”的教育格局，这是加快新文科建设、推动高等文科教育提质创新的有力抓手，是强化马克思主义新闻观教育、全面推进新闻传播类专业课程思政建设的实际行动，是推动新闻理论与新闻实践深度融合、培养新时代优秀新闻传播人才的重要举措，是增强广大新闻传播类专业学生自信心、自豪感、自主性，提高新闻传播教育凝聚力、感召力、塑造力的生动实践。

厦门大学新闻传播学院在课程思政领域长期耕耘，对课程思政建设进行整体设计，各有侧重地开展课程思政教学，并综合运用第一课堂和第二课堂，拓展课程思政建设方法和途径，坚定学生理想信念，切实提升立德树人的成效，形成一套具有学科特色的课程思政教育路径，全面提高人才培养质量。

守正与创新

——对当前深化马克思主义基本原理概论课教学改革的一点看法

邹文英*

摘要：思想政治理论课是落实立德树人根本任务的关键课程。新形势下，原理课改革在实现形式上突破的同时，应不忘强调回归课本，回归经典，反复体味、深刻理解马克思主义基本原理的博大内涵，正确处理守正与创新的相互关系，实现内容与形式创新的有机结合，促成改革的内涵式发展。

关键词：守正；创新；有机结合；内涵式发展

2019年3月18日，习总书记在学校思想政治理论课教师座谈会上发表的重要讲话中指出，思想政治理论课是落实立德树人根本任务的关键课程，要推动思想政治理论课的改革创新，不断增强思政课的思想性、理论性和亲和力、针对性。8月14日，中共中央办公厅、国务院办公厅印发《关于深化新时代学校思想政治理论课改革创新的若干意见》，指出：坚持守正和创新相统一，落实新时代思政课改革的创新要求，深入贯彻执行总书记关于思政课改革的上述精神，推动思政课建设内涵式发展。2020年9月1日，第17期《求是》杂志发表习近平总书记的重要文章《思政课是落实立德树人根本任务的关键课程》，再次强调要推动思想政治理论课的改革创新，不断增强思政课的思想性、理论性和亲和力、针对性。

守正与创新，是思政课教学与改革应遵循的基本原则。包括两方面的含义：一方面，在教学内容和理论知识的传授上，务必坚持学理性。按照总书记所指出的，用科学的理论培养人，以透彻的学理分析回应学生，以彻底的思想理论说服学生，用真理的强大力量引导学生。具体到教学过程，要求思政课教师在授课时必须坚守马克思主义基本原理、基本理论、基本精神这一正统、这一传统，充分理解和把握马克思主义基本原理的深刻内涵，学懂弄通，学深悟透，领会其间包含的马克思主义的立场、观点和方法，领会其为什么是中国特色社会主义事业的指导思想，并做到与时俱进，不断增强马克思主义基本原理的解释力、说服力，使之焕发出强大的生命力。另一方面，着力进行思政课教学方式、教学手段的创新。即守正内容，创新形式。正确处理守正与创新两者的相互关系，以内容为主核，形式服务于内容。思政课教学的改革务必是内涵式的改革与发展。

思政课教学积弊已久，有教材、教学方式等多方面的原因，社会各界、相关主管部门、思政课教学的领导以及思政课授课主体的教师都为改变此状况付出了大量的努力。为深

* 邹文英，女，安徽安庆人，厦门大学马克思主义学院副教授，经济学博士，主要研究方向为马克思主义政治经济学、产业经济学。

化思政课教学改革，全国高等院校近年来实施了多种形式的教学创新，如“三位一体”“四位一体”“五位一体”“翻转课堂”等，取得了良好的成效，但在实施过程中也逐渐暴露出一些问题。部分改革举措比较侧重于形式上的突破，虽然一定程度上克服了教学模式的呆板、单一化现象，但对于加强教学内容的深化理解、提高教学的“质”、谋求改革的内涵式发展方面重视不够，离“内容为王”的守正的基本思想渐行渐远，需要在以后的改革进程中加以调整。

我们以“三位一体”的创新形式为例做一说明。为克服思政课长期以来的照本宣科、“填鸭式”教学带来的低效，在新形势下促进思政课教学取得新的进展，2014年，笔者所在的学院开始推行“三位一体”的教学改革，即网络教学、专题教学、实践教学三种教学方式（各部分成绩占比分别为20％、50％、30％。）合为一体的教学模式。其中，专题教学分配11周时间，由教师对教材加以整合，提纲挈领的进行讲授，并结合教师各自的科研方向和社会热点、难点问题进一步充实。网络教学是在专题教学即将结束时，要求学生在网络平台上针对知识点进行客观题型的测试。实践教学为期3周，由学生们走出教室，走出学校，利用课余到校园和社会针对他们的生活实际、学习实际与关注的社会问题进行调研，撰写调研报告，继而在课堂分组展示调研结果，作为该门课程最后总成绩的一部分。该模式实施以后，取得了不错的效果。多种教学手段的搭配使用，克服了传统教学方式的单一和枯燥，让学生们耳目一新，推行之初就受到他们的大力欢迎。专题教学的实行使教学内容更为紧凑，使教师在课堂上能够将某些理论问题讲深、讲透，也使教师的科研成果在第一时间通过课堂传达给学生，扩充了学生的知识面。网络教学考试内容由学生自学，解决了课堂教学课时不够的难题，增强了学生学习的主动性。实践教学实现了知行合一、理论与实践相结合，在实践中加深对理论的认识和运用的教学目的。社会调查、情景剧、辩论赛，多种形式的实践形式促使学生们走出教室，到纷繁的世界了解国情、社情和校情，培养团队的合作精神，增强主人翁意识和社会责任感。但是，随着这一教学模式的推进，不成熟、不完善的地方也逐渐显露出来。第一，就网络测试的缺陷而言，存在学生单纯为了测试而测试的嫌疑。鉴于专题教学时间紧、内容广，课堂讲授无法照顾到所有的知识点，我们安排部分教学内容令学生自学。然而，在当下高校课堂“低头”现象严重，学生普遍不重视思政课的情况下，很难期望学生们会私下自学课堂未讲述的部分，这就不可避免的造成了网测与课堂教学两张皮的情况。教学内容缺乏教师的深度剖析，一些基本概念学生理解起来有难度，为了应付做题，只需要把答案记熟就可以过关，难以满足通过自学掌握相关知识的要求。第二，如前所述，专题教学的长处是教师能将科研与教学相结合，拓展课堂内容的深度与广度，从学理上增强对理论问题的理解。但现状是，由于每位老师的研究兴趣和研究方向不同，在各自擅长的研究领域能够较为深刻的阐述问题，回归到原有的理论体系，各部分内在的逻辑联系却被大大弱化了。在过去很长的一段时间里，我们将马克思主义哲学、马克思主义政治经济学、科学社会主义分成三门课，在不同的学期开设，这种体制的优点是课时有保证，每门课程都能够有充裕的时间讲解基本理论、基本原理和具体的知识点，一学期下来，学生们对整门课的知识体系有切实完整的把握。缺点是三个部分的联系基本上看不到了，学生们很容易把它们当成互不相关的三门独立的课程。之后，我们对此进行改革，将三门课整合成一门，三部分的联系似乎得到了体现，但更多的问题随之而来。由于原理课由三部分组成，经由不同学科、不同专业的教师分别讲授，体系内部严密的逻辑关系被切割成一个个零散的碎片，不仅整个体系三部分的联系无法体现，就是每一部分自身内在的整体联系，也难以得到保障与落实。从宏观或系统的角度把握教学内容不得不遭到破坏。同时，课时严重不够。观察整个学期的教学安排，实践教学占据3周，复习答疑1周，每学年第一学期国庆放假去掉1周。计算下来，全学期用在实际教学上的时数只有11周。除导论外，各部分教学所占只有区区5周时间。因时数限制，无论是哲学、经济学还是科学社会主义，除部分专题内容能有效学习，还有不少教材内容基本上涉及不到。原理课是所有思政课当中思想性和理论性最强的学科，关乎大量的基本原理、基本规律的分析，抽象而难以理解，尤其是经济学部分。在学时局促、教师又需要在规定的时间内完成教学任务的情况下，充分而深入的讲解和理解实在难以实现。试想，原本需要一个学期才能完成的教学内容，力图浓缩在短短10个学时里讲清、讲透，何其困难？（笔者认为，正是原理课现有的课程设计体制下的分专业讲授，一定程度上降低了学生们自学的意愿。除了学生们不愿为此额外花费时间这个因素之外，毕竟哲学与经济学两门学科有着完全不同的知识体系和概念术语。）第三，实践教学属于教学改革的新尝试，意图突破已有教学模式的单一和简单，做到学以致用，成效显著。但弊端在于成本较高，与课堂教学内容的相容度、契合度有偏差。

“三位一体”的教学模式，是思政课为改善当前教学已有局限所做的尝试，凝聚着思政课教师的心血和努力，使思政课缺乏生机的教学面貌和教学局面得到了很大的改观，但它还有很多不成熟、不完善的地方。回顾以往的改革措施，我们需要总结与反思。取得的成效，要继续巩固，不足之处，当加以改进。厘清改革的轨迹，我们的体会是，“三位一体”的改革主要是在教学形式上取得了一定的突破，对于内容的创新依然需要下大功夫。从形式着手进行创新，应该说是改革比较容易突破和容易见到成效的地方，但同时也是它的局限性所在。习近平总书记在各种场合不止一次谈到创新，强调创新的重要性。创新固然重要，在我们这样的发展中国家，百业待兴，创新难能可贵，问题是：创新必须与守正结合起来，必须是在充实内容、深化对内容的理解、将内容的阐释与时俱进的基础上进行形式上的创新才是有意义的，才能取得改革预期的效果。我们不否认形式上的创新对于某些领域、某些产品、某些工作、某些环节是非常重要的，也是不可或缺的，但对于思政课教学而言，仅仅形式或手段上的改革是完全不够的。总书记谈到思政课创新时强调学理性、理论性、思想性，充分表明了创新与守正的密切关系。落实到原理课，贯彻守正的原则，体现在深度挖掘教材，讲清教材，讲透教材，讲活教材，打通教材各部分内容的内在联系，融合不同章节相关内容的分析等诸方面，需要在牢牢把握教材的基本理论、基本逻辑的前提下谋求教学形式的创新，不能越创新，离开教材越远。做教师的都深有体会，每讲述一遍教材，对其内容的理解就会加深一层，也会不断发现以前教学中把握不到位的地方，如同挖宝，每每让你有新的不同于以往的收获。或如不同年龄、不同阶段、不同心境下，读同样一节文字，体悟完全不同。经年累月的阅读与讲解教材，同样有这样的功效。教材好比经典，常读常新，经由反复的领会和玩味，文字背后的深意才会逐渐显现。这正是无论在何种情形下教学都不能忽视、轻视教材的重要缘由。

创新必须与守正有机结合，在守住正统、守住经典的基础上加以创新，才是锦上添花，也才能让经典真正得以传承。丢掉了需要坚守的根本，创新只能背离改革的初衷，让我们在创新的名义下数典忘祖，离思政课教学改革的初心渐行渐远。笔者以为，在新形势下，原理课改革在实现形式上突破的同时，要不忘强调回归课本，回归经典，反复体味、深刻理解马克思主义基本原理的博大内涵，读懂经典，读通经典，将其基本理论与新时代的经济社会发展的需要，与学生的心理需要、精神成长紧密结合，将抽象的枯燥理论以深入浅出、生动有趣的语言娓娓道来，如春风化雨，润物无声，使马克思主义思想的精粹真正走进学生的心里、大脑里，将观念的东西转化为切实的方法论、切实的行动。马克思主义基本原理是对自然界、社会和人类思维一般规律的科学认识，是对人类思想成果和实践经验的科学总结，是指导我们正确认识世界、改造世界的思想方法和工作方法。如何讲好这门课，非一时之功，要求思政课教师沉静下来，潜心修炼，练好内功，将所讲述之内容与自身的切身理解、与时代发展的趋势、与学生成长过程中对精神领域成熟的需要结合起来。

诚然，基于形式创新造成的对授课内容的冲击，非改革设计者的本意，乃课程体制本身的局限所在。我们是否重返马克思主义哲学和马克思主义政治经济学作为两门课的全学期授课方式，克服现有改革的缺陷，使形式创新的成果落到实处，谋求形式创新与内容创新的深度有机结合，需要专家的进一步论证。在现有的课程框架下，推进改革，唯有回归课本，以内容为王，向课堂教学要质量，要成效。为更好地领会和贯彻习总书记关于"守正与创新"的讲话精神，实现思政课内涵式发展的目标，笔者在总体上继续遵照学院实施网络教学＋专题教学＋实践教学一体教学模式的前提下，在专题教学方面做了一些初步的尝试，试图探索提高原理课教学实效的新路子。不当之处，望各位同仁指正，以期共同进步。做法有三：

首先，统揽全书，重申和强调马克思主义理论是完备严密的科学有机整体。为了克服原理课现有课程设计体系下的不足，在专题教学中帮助学生从总体上、宏观上把握马克思主义理论体系，深入理解各部分之间的相互关系，笔者在开学初的导论课上，花费很大的篇幅强调马克思主义理论三部分的内在逻辑联系，使其逻辑的严密性和结构的整体性充分得到展现。马克思主义哲学、马克思主义政治经济学和科学社会主义，是马克思主义理论体系不可分割的三个主要组成部分。从一定的意义上说，马克思主义的各个组成部分具有各自的特点和相对独立性。但是，马克思主义并不是诸多个别论断和个别结论的机械总和，或是几个组成部分的简单的"理论拼盘"。它的各个组成部分及其所包含的各项基本原理，是一个互相依存、互相贯通地有机联系的整体。马克思主义哲学是马克思主义的世界观和方法论，是马克思主义整个理论体系的思想基础，为认识人与自然的关系、人与人的关系，认识历史和时代问题提供了独特的理论视角。正是在唯物的（而非唯心的）辩证的（而非形而上学的）世界观的指导下，马克思对成熟的资本主义机体进行了透彻的研究，继而在对其进行经济分析之后得出政治性的结论，即：剥夺剥夺者，从而构造了气势恢宏、博大精深的马克思主义政治经济学学说。那么，进行长达40年如此艰苦努力的研究的初衷仅仅是为了得到一个研究结论吗？回答是否定的。马克思在指出资本主义社会的弊端之后希望为其指明一条发展的康庄大道，一条克服自身缺陷，以实现人类大同、人类理想社会的途径：建设共产主义。可见，马克思主义哲学是马克思主义理论体系的思想基础，是马克思主义的世界观，是马克思主义理解和认识自然界、人类思维和历史过程的钥匙。在哲学思想贯彻和统领下进行的经济学研究是马克思毕生所做的主要的研究工作，是马克思主义理论的主要内容，也是马克思主义理论最深刻、最全面、最详细的证明和运用。而科学社会主义是其全部研究工作的落脚点、核心和最终的归宿，是无产阶级进行革命斗争的纲领。在马克思主义理论体系中，它的世界观和方法论原则与它对经济事实的分析以及同它的全部结论之间，在理论上和逻辑上是严密的、完整的、一贯的，它们相互联系、相互渗透，构成统一的马克思主义学说。如果把马克思主义中的任何一个组成部分同整体割裂开来，都会使它丧失自己的原有性质，并导致对整个马克思主义的曲解。通过这样深入细致的讲述，三部分的内在关系很清楚的展现在学生们的视野中，有利于学生对整个知识体系的掌握和理解。

其次，为克服教学时数的限制，笔者在教学中打破专题教学按照教材顺序讲授的常规，将全书的内容打通、整合，融会贯通地进行讲解。例如，在讲授原理“世界的物质性及发展规律”一章中“对立统一规律是事物发展的根本规律”部分时，除了深入剖析这一规律的基本实质、自然界的种种表现和日常生活中的具体应用外，还将其与第三章唯物史观“人类社会及其发展规律”中的‘社会历史发展的动力’一节里有关“社会基本矛盾在历史发展中的作用”部分的社会基本矛盾和主要矛盾结合起来，作为基本原理在方法论上的又一实际应用加以分析，进一步贯彻理论联系实际的教学原则。

又如，实践观点是马克思主义首要的和基本的观点，体现在马克思主义全部思想内容之中。马克思主义以世界的物质性为前提和基础，同时，更以实践为出发点和核心，其物质观和实践观是内在统一的。马克思主义不仅承认物质世界的客观实在性和自然界对人类社会的先在性，还以科学实践观的确立为突破口，从主体和客体的相互作用中认识和把握物质世界，从而实现了人类哲学思想发展上的新突破。因此，作为马克思主义哲学区别于以往其他哲学流派的重要特点和部分，需要深入理解实践的本质、作用和规律。有鉴于此，在原理课教学中，笔者将第一章唯物论部分的实践观与认识论部分的实践观整合在一起，分别从自然界、人类社会、人们的意识和精神领域等三个角度探讨马克思主义实践观的特色之处，深刻揭示实践在自然演化与社会发展中的作用，科学把握实践的本质和规律，更全面、立体地把握马克思主义的这一基本观点。

最后，哲学部分的讲授，笔者没有停留在单一的基本原理的深入讲解和分析上，而是突破学生们在中学时已经接触到该领域的知识但又不够专业和深化的局限，着重强调世界观和方法论的统一，强调原理在实际生活中的运用，用大量的事例印证原理的基本内涵。在每个专题(一个专题是一个主要的基本原理或理论)首先作为基本原理和世界观阐述之后，着重强调它的方法论意义，实现“世界观和方法论”“知行合一”的真正统一，做到学以致用，同时也努力克服中学与大学相关知识衔接不顺畅的弊端。介绍和传播马克思主义的基本思想是思政课教师当仁不让的义务和主要的教学目的，但是，如果思想不能内化为行为，观念不能转化为行动，依然不能认为是实现了教学目的。只有实现前者向后者的有机转化，才能通过教书达到育人的目的。大学阶段，正是学生们人生观、世界观形成的重要阶段，对前途、事业、未来和社会现象有太多的困惑，处于自我内心世界剧烈冲突的阶段，思政课如果能走下神坛，不是高高在上地夸夸其谈摆出一副说教的姿态，而是循循善诱，语重心长，将马克思主义对世界的理解和认识内化为学生的世界观和方法论，成为他们认识世界、理解社会、战胜困难的工具和手段，成为他们的理想、信念和精神支柱，才真正实现了传播和学习的原有目的。这也是进一步贯彻总书记讲话中所强调的思政课教学要坚持学理性和实践性相统一的精神，把思政小课堂同社会大课堂结合起来，教育引导学生立鸿鹄志，做奋斗者。

上述几点是笔者在挖掘教材、深化对教材的理解和把握方面所做的粗浅尝试，旨在在谋求思政课内涵式发展方面做些探索，以实现内容与形式创新的有机结合。改革工作任重道远，非一日之功，也难一蹴而就，思政课教师须深练内功，奋力前行，不断开创思政课教学的新局面。

融合课程思政面向卓越工程师培养的工程图学教学改革与实践研究

吴新烨　刘中华　郑建斌*

摘要:课程思政是实现思想政治教育贯穿人才培养全过程的重要渠道,是落实教育要立德树人这一根本任务的必然要求。紧紧围绕“培养什么人、怎样培养人、为谁培养人”这一根本性问题以及卓越工程师人才培养这一中长期目标,本文从应用型人才必需的知识结构出发,结合中国工程教育认证及学校专业课时总体要求,重新规划工程图学课程教学新体系,丰富教学手段与教学方法,加强学生的爱国主义教育,强化学生的综合素质培养,涵养工科专业学生深沉的家国情怀。

关键词:课程思政;卓越工程师;工程图学;教学改革与实践;家国情怀

一、改革背景

大学生思想政治教育工作是实现全面提高高等教育人才培养质量的重要渠道。[①] 在全国高校思想政治工作会议上,习近平总书记强调,要坚持把立德树人作为中心环节,把思想政治工作贯穿教育教学全过程,各类课程与思想政治理论课同向同行,形成协同效应,实现全员全程全方位育人。

“卓越工程师培养计划”旨在促进我国高等工程教育改革和创新,全面提高我国工程教育人才培养质量,是我国高等工程教育的重大教学改革项目。[②] 在卓越工程师培养方案中工程图学是工科专业必修的基础课,也是后续专业课程、课程设计以及毕业设计的先修课程。为了实现卓越工程师培养计划的目标,工程图学教学改革与实践必须考虑优化重组现有的工程图学课程体系以及改进相应的教学方法。

二、课程目标与课程思政

卓越工程师培养方案中要求:工程图学的课程教学目标是通过画法几何及制图理论的学习和建筑工程制图实训的实践,培养用计算机手段、尺规及徒手绘制工程图样的能

---

* 吴新烨,男,福建仙游人,厦门大学建筑与土木工程学院副教授,主要研究方向为交通安全、结构安全性及评价。刘中华,男,山东胶州人,厦门大学建筑与土木工程学院教授,主要研究方向为结构随机振动。郑建斌,男,福建漳州人,建筑与土木工程学院秘书,主要研究方向为思想政治教育、党的建设。

① 崔馨丹、李平川、吴佩年等:《工程制图课程思政教学途径探讨》,《科教文汇》2019年第8期。

② 梁艳书、朱英杰、丛萌等:《面向卓越工程师培养的工程图学课程的教学改革与实践》,《教育教学论坛》2016年第9期。贾雨、王飞:《面向卓越工程师培养的工程图学课程教学改革》,《实验科学与技术》2016年第5期。

力，熟悉建筑制图国家标准的规定，掌握并应用各种图示方法来表达和阅读建筑工程图；培养良好的工程意识，贯彻、执行国家标准的意识。[①]

工程制图的教学目标有技术层面的和非技术层面的。[②] 从技术层面来说，课程的主要目标是培养学生绘制和阅读工程图样的能力、具备一定的空间想象力和空间分析能力；从非技术层面来说，主要是培养学生具有认真负责的工作态度以及严谨细致的工作作风，具备强烈的工程意识、标准化意识。[③]

在工程图学专业课程教学实践中，以立德树人为根本，充分挖掘蕴含在专业知识中的思政元素，在教学目标中增加思政育人目标，并细化成具有思政教育点的教学单元设计。根据"课程思政"目标设计相应教学环节，并将"课程思政"元素融入学生的学习任务中，体现在学习评价方案中。将价值引领与知识传授相融合，运用"翻转课堂"、专题式、案例式、混合式等教学方法，依托"在线课程""学习强国"等平台，将"课程思政"教学目标融入教学方法中，融入学生学习任务中。[④] 在形成性考核中，通过小组讨论、第二课堂实践等活动，并以学生撰写课程论文等形式考核思政教育效果；在终结性考核中，以开放的、非标准化的考题形式评价学生对内含思政教育教学的专业知识，考查思政教育的教学效果。[⑤] 整合思政教师、专业课程教师、学生辅导员和班主任，组建良性互动的课程教学团队，组织授课教师与思想政治课教师交叉备课，邀请思政教师进入专业课堂共同学习讨论，开展形式多样的"课程思政"与"思政课程"同向同行协同育人教学研究活动，最终实现专业课学习与思想政治教育的有机融合，将思想政治教育渗透、贯穿人才培养的全过程，助力学生的全面发展。

三、教学改革与实践

在教学实践过程中，在保证学生具备扎实的图学基本理论知识的前提下，着力培养学生分析问题、解决问题的能力以及在工程活动中的协作能力，同时注重提升工科学生的综合素质并具备强烈的家国情怀。为了达成相应的教学目标，开展了一系列的教学改革与实践。

（1）融合课程思政，培养工科学生的家国情怀。以绘图训练为抓手，锻炼学生的实践能力，培养学生科学的思维方法以及树立严谨负责的职业道德观。以施工图样为导向，培养学生的工程意识以及贯彻、执行国家标准的意识。以工匠精神为主线，培养学生家国情怀，力争做到作为教育者以实际行动真正回答"培养什么人、怎样培养人、为谁培养人"这一根本问题。

（2）依托翻转课堂教学理念，打造适合学生发展的优质课堂。积极开展翻转课堂教学实践，培养学生独立思考和自主学习的能力。以"大学慕课"为载体，借助"雨课堂"等现代

---

① 张正彬、汪日光、袁彬：《建筑制图教学中的课堂思政教育》，《合肥师范学院学报》2019 年第 3 期。

② 陈燕：《"工程制图"教学中"课程思政"的探索》，《现代交际》2019 年第 18 期。

③ 王瑾：《课程思政与〈工程制图与识图〉融合的策略探究》，《建材与装饰》2020 年第 11 期。

④ 邓雪莲、胡祥、刘晶：《"课程思政"视角下的〈工程制图〉教学改革与实践探索》，《教育现代化》2020 年第 37 期。李冰、陈和恩、简川霞：《工程制图课程思政融合探索与实践》，《佳木斯职业学院学报》2020 年第 6 期。

⑤ 刘德良、路慧彪、曹淑华等：《工程制图课程思政的实践与探索》，《教育现代化》2020 年第 49 期。许丽：《基于微课背景下的"课程思政"教育的探索——以"工程制图"课程为例》，《教育教学论坛》2020 年第 30 期。

教学软件，转变教师教学行为与观念，让学生克服依赖老师“教”的学习习惯，采用翻转课堂教学模式，从而做到教学相长，打造适合学生全面发展的优质、高效的课堂。

(3)工程图学课程体系教学计划调整。从应用型人才必需的知识结构出发，结合土木工程评估认证及学校专业课时总体要求，重新规划工程图学课程新体系。原来的工程图学课程主要包括画法几何、工程制图、计算机绘图，总学分为 6 学分，总课时为 96 学时。现在的工程图学课程调整为两部分：画法几何、工程制图，其中将计算机绘图穿插在工程制图中进行讲授，总为 4 学分，总课时为 64 学时。整个工程图学课程的教学内容都由工程图学教学团队来完成，因此工程图学课程学时更加合理、教学体系更加完整，教学效果提升明显，教学质量得到进一步的保障。

(4)教学模式改革。工程图学课程教学模式改变传统采用单一的常规教学方法，采用常规教学和翻转课堂教学交叉进行的教学方式。常规教学授课方式为多媒体教学，充分利用多媒体的优势来呈现空间形体和完整的作图过程，提高用平面图形表示空间形体和解决空间几何问题的能力。精心设计翻转课堂教学环节，如讲授、练习、讨论等多种实践活动。以学生动手画图、识图为主，在掌握基本理论基础上提高绘图、读图的能力，注意教与学之间的信息沟通与反馈。

(5)丰富考核形式，强化过程考核，改变一卷定成绩的格局。原来的评价方式主要是基于期末考试，并辅以一些平时作业成绩的一卷定成绩的方式。考核方式略显单一，不够科学。为了提高人才培养的质量，同时满足专业工程认证的需要，现将课程考核方式调整为：①考勤和作业成绩占 30％；②期中考试成绩占 20％；③期末考试成绩占 50％。目前的课程考核方式更加合理，考核内容更加全面，考核节点更加丰富，考核形式更加科学，能够衡量出学生在这门课程的总体表现。

(6)鼓励参加创新大赛，强化学生的综合素质培养。“卓越工程师培养计划”是为未来各行各业培养各种类型的优秀工程师，鼓励学生参与成图与建模创新大赛，鼓励学生参加技能培训和认证考试，就是为了配合“卓越工程师计划”的实现。

四、典型经验分享

(1)注重课程节点与理想信念相结合。本课程是面向大一学生开设的，是学生在大学期间最先接触的一门专业基础课程，有着育人的先机。比如在讲授课程绪论时，通过介绍宋代李诫所著的《营造法式》这一我国历史上关于建筑技术、艺术和制图的建筑典籍，引导学生树立远大理想和爱国主义情怀。

(2)注重知识传授与价值引领相结合。通过学习制图国家标准，培养学生严格遵守国家标准规定的良好习惯，增强遵纪守法的公民意识。结合绘图和读图训练，培养学生养成科学的思维方法，提高学生的职业道德修养，从而努力实现将良好的、全面的素质培养和思想品德贯穿于教学全过程中这一目标。

(3)注重专业知识与人文素养培养相合。引入我国著名的土木建筑，如介绍世界现存最大、最完整的木质结构的古建筑群——故宫等，增强专业自豪感和民族自豪感，潜移默化地进行爱国、热爱土木建筑事业的情怀教育。以工程实践中的图纸出错原因给生产带来的生产事故和巨大损失为例，来告诫学生，从而培养学生的责任感和使命感。

(4)注重规矩意识与综合评价相结合。在工程制图实践教学环节,要求学生必须严格遵守专业教室的管理规定,培养学生具备良好的行为习惯以及爱护公共财物的品德。分组讨论教学时,通过合理分工和有效组织,培养学生团队合作精神和服务意识。工程制图考核采用灵活多样的考核方式,综合全面地评价学生,而非单独评价学生的知识技能情况。

(5)树立以学生为主体的教学观念,注重创新的教学方法改革。"翻转课堂"让学生真正成为学习的主人,突破传统课堂教学的时空限制,有力增加了学习中的互动。翻转课堂最大的好处就是全面提升了课堂的互动,具体表现在教师和学生之间以及学生与学生之间。采用"翻转课堂"模式,学生在家通过教学平台先完成学习,课堂变成老师和学生之间互动的场所,包括答疑解惑、完成作业等,从而达到更好的教育效果。

五、总结

对专业课进行课程思政是落实教育要立德树人这一根本任务的必然要求,是实现"三全育人"的重要渠道。作为工程图学任课教师,得在思政教育的道路上坚定信心,树立课程思政理念,积极探索课程思政与工程制图课程的融入点,在教学改革与实践中进行大胆的尝试和创新,结合中国工程教育认证及学校专业课时总体要求,重新规划工程图学课程教学新体系,丰富教学手段与教学方法,强化学生的综合素质培养,涵养工科学生的家国情怀,切实做到"守好一段渠,种好责任田",探寻出一条具有课程特色的课程思政教育之路,努力为国家输送合格的社会主义建设者和接班人。

“航空航天材料概论”课程思政建设的若干思考

张志昊*

摘要:“航空航天材料概论”课程以培养兼具习近平新时代中国特色社会主义思想和新工科创新能力的高素质人才为思政育人目标,坚持以德育人理念,将航空航天材料的知识传授与爱国主义主题教育有机结合,积极推进以学生为中心的教学改革,深入挖掘我国航空航天材料领域蕴含的思政资源,引导学生树立并坚定中国特色社会主义道路自信、理论自信、制度自信和文化自信,立志肩负中华民族伟大复兴中国梦的时代重任。厦门大学“航空航天材料概论”课程团队,在“守正”的基础上持续“创新”,通过课堂讲授、线上线下互动、团队协作、模型制作、翻转课堂、太古飞机维修中心实地参观等多样化教学模式,学生感受真材实料,激发学生学习兴趣与爱国主义情感,让学生紧握中华民族伟大复兴航船的“风帆”与“船舵”,在中国特色社会主义新时代的星辰大海中破浪前行。

关键词:通识教育;课程思政;理工类;全方位育人

一、引子

21世纪是科技爆炸的时代,大国博弈的核心是科技;人才是科技发展的基石,为了赢得这场无硝烟战争的胜利,人才培养是关键。高等院校肩负着人才培养的重要使命,然而在既往的人才培养过程中教学多侧重于知识传授与能力培养,却往往忽视了人才价值取向的塑造,缺乏对学生世界观、人生观、价值观的正确引导。随着互联网络的高速发展,中西方文化不断交融互通,却也导致了西方发达国家通过网络对我国进行多元文化渗透。以“民主”“人权”“自由”等粉饰后的西方哲学理念、价值取向、行为方式,对涉世未深的学生造成了强烈的思想冲击,使得“许可馨辱国事件”“黄嘉毅辱国事件”“杨舒平辱国事件”频出。既让人愤慨,又令人惋惜。

中华人民共和国成立初期一穷二白、百废待兴,国民识字率不足20%,工业基础、技术水平薄弱,西方发达国家对我国进行严密的经济和技术封锁,后来同为社会主义国家的苏联也因为关系恶化而放弃了对我国的科技资助。然而,在伟人的带领下,我们自力更生、艰苦奋斗、思想统一、一心报国,坚持全国一盘棋,调动各方面积极性,集中力量办大事,取得了“两弹一星”等举世瞩目的辉煌成就。在那一时期,一大批享誉世界的杰出科学家放弃了国外优越的工作环境和生活条件,毅然回到贫穷落后的祖国,钱学森、邓稼先、钱三

* 张志昊,男,黑龙江齐齐哈尔人,厦门大学材料学院助理教授,主要研究方向为航空航天材料、器件、工艺及装备。

强、华罗庚、周培源、李四光,一个个耳熟能详的名字,令人敬佩不已,而更多的是诸如黄旭华、戚发轫、于敏、屠呦呦等我国自主培养的科学家,以及不断涌现的无名科技工作者,是这些英雄奠定了共和国的科技基础,铸就了中华人民共和国的科技基石。英雄的时代,爱国是信仰。中华民族对国土有着无限的眷恋和深情,绵延五千年的华夏精神永远铭刻在骨髓里,无论祖国多么贫穷落后,这是魂牵梦绕的故乡。

改革开放40余年来,我国打破了西方发达国家的严密制裁,持续不断地向国外派遣留学人员。通过深层次的人才交流,在科技制造领域逐渐由学习、模仿到现阶段某些领域已经取得了长足的进步甚至处于国际领先,不可否认近些年我国科技的高速发展与国家出台的一系列出国留学支持政策及留学后归国服务政策密切相关。随着近年来中外经济差距的缩小及国内经济环境的稳步提升,出国留学生归国就业比例持续走高。大数据表明,从1978年到2018年年底,各类出国留学人员累计已达585.71万人,其中完成学业的432.32万人中有365.14万人选择回国发展。[①]

然而,西方敌对势力一方面阻我统一大业,另一方面其"西化"战略图谋也不断加剧。国内一部分人受资本主义腐化之风影响以及一些网络不良媒体的错误引导,"拜金主义""享乐主义""极端个人主义"等社会思潮涌动,崇洋媚外、数典忘祖的"慕洋犬"大有其人,哗众取宠、辱国殃民的"洋奴"之声不绝于耳。少数思想不成熟的高层次、高学历人才受其影响,个人意识形态受到剧烈冲击甚至完全被颠覆。尤其在部分高等院校,攀比之风盛行,让"校园贷"等诈骗活动分子及搜集我军事情报的境外敌特分子有了可乘之机,由此引发的恶性校园事件时有发生。[②]

追根溯源,问题的根本是人才思想政治建设还有欠缺、不够完备。人才是支撑国家发展的首要资源,人才的思想政治建设影响国家长治久安,决定国家崛起和民族复兴。高等院校作为我国人才培养的主战场,在人才思想政治建设方面负有不可推卸之责任。近期教育部刊发的《高等学校课程思政建设指导纲要》中明确提出:"培养什么人、怎么培养人、为谁培养人是教育的根本问题,立德树人成效是检验高校一切工作的根本标准。"[③]事实上,我国思想政治教育从学前教育阶段起至高等教育阶段止,思想品德课一直伴随学生的成长。"热爱中国共产党、热爱祖国、热爱人民"是每一名中国少年先锋队队员的誓词,"坚决拥护中国共产党的领导、为共产主义事业而奋斗"是每一名中国共产主义青年团团员的誓言。经年累月的思想政治理论教育,甚至国家还将其作为了硕士研究生入学考试的核心内容,我国的思想政治理论教育工作不可谓不系统。然而,随着中国社会的高速发展,不同时代的社会意识形态存在一定差异,而我国的思想政治理论教育工作创新性稍显不足,缺乏切实有效的教改举措进行针对性调整,导致人才的思想政治建设略微滞后于新时

---

① 教育部:《2018年度我国出国留学人员情况统计》,http://www.moe.gov.cn/jyb_xwfb/gzdt_gzdt/s5987/ 201903/t20190327_375704.html,访问日期:2020年3月27日。

② 《"校园贷"乱象调查》,https://baijiahao.baidu.com/s? id=1655853904486891119 &wfr=spider&for=pc,访问日期:2020年1月16日。《间谍并不遥远:大学生为境外间谍收集情报》,https://weibo.com/1778455640/Gcu52nsi2? type=comment,访问日期:2020年4月17日。

③ 《教育部关于印发〈高等学校课程思政建设指导纲要〉的通知》,http://www.moe.gov.cn/srcsite/A08/s7056/202006/t20200603_462437.html,访问日期:2020年6月1日。

代中国特色社会主义的发展进程。为了培养社会主义合格的建设者和接班人，高等院校必须全面贯彻好党的教育方针，切实加强和改进人才思想政治教育工作，让人才"不忘初心、牢记使命"，"坚定道路自信、理论自信、制度自信、文化自信"，"坚定不移地实践中国特色社会主义，锲而不舍地追求中华民族伟大复兴中国梦"，"以习近平新时代中国特色社会主义思想武装头脑、统一思想、指导实践"，"努力成为德智体美劳全面发展的社会主义建设者和接班人"。①

思想政治理论课是培养学生政治观点、道德规范、形成符合我国社会生活所必需的思想品德与公民意识的课程。在思想政治理论课中，学生将系统地学习马克思列宁主义理论、毛泽东思想、邓小平理论、"三个代表"重要思想、科学发展观、习近平新时代中国特色社会主义思想，了解并掌握党的路线、方针、政策，树立辩证唯物主义和历史唯物主义的世界观等，因此在我国教育体系中思想政治理论课属于显性教育。新形势下的"课程思政"课程，则是以构建全员、全程、全方位育人格局，把"立德树人"作为教育的根本任务的一种综合教育形式，属于隐形教育。思想政治理论课是不可替代的关键性基础课，然而在过往的教育工作中似乎只有在思想政治理论课的课堂上学生才会接受思想政治教育，而课程思政是新时代思想政治理论教育工作的创新举措，其要求所有教师在所有课堂上都要承担思想政治教育的责任，将思想政治教育工作体系贯穿于整个人才培养体系中，围绕思想政治统筹各学科的人才培养工作。

思政课程的难点在于如何将思政内容有机地融入各类课程的课堂教学环节，这一方面要提高教师思政建设的意识和能力，同时也要开创新的教学视角，发掘思政教育资源，让学生能够认同思政理念。本篇后续部分为笔者根据"航空航天材料概论"的课程思政建设的具体思考。

二、"前浪"与"后浪"

2020年五四青年节何冰老师在B站青年宣言片《后浪》中的讲演，在时下各大新媒体网站中引发了激烈的讨论，其争议焦点在于：青年人配不配的上"后浪"？一个大学生认为"后浪"距离他真的非常遥远，他没出过国、没坐过飞机，也没玩过滑翔翼、跳伞、冲浪，可以说《后浪》中那些令"前浪"满怀羡慕的精彩都与他格格不入，他觉得自己配不上时代的"后浪"。是不是只有尝试过那些高端玩法的青年才配得上这个时代的"后浪"？答案显然是否定的。青年理想信念关乎国家未来。如何引导青年人怀揣理想、满怀希望、做自信的"后浪"？这是"前浪"应做的思考，更是高校教师应做的思考。

"航空航天材料概论"的绪论篇中有这样两则故事：现代宇宙航行学的奠基人苏联科学家齐奥尔科夫斯基出生于一个贫寒的家庭，童年时更是因为听觉丧失而长期辍学在家，然而家庭的困难和身体的缺陷并没有摧毁齐奥尔科夫斯基的理想，依靠刻苦钻研他自修了全部大学数理课程，并于23岁开始在大学从事科研工作，最终成为现代"航天之父"。被誉为"中国航空之父"的冯如先生出生于清朝末年广东省的一个贫困家庭，从小他就对华

① 《习近平新时代中国特色社会主义思想学习纲要》，http://theory.people.com.cn/GB/68294/428935/，访问日期：2020年6月1日。

夏飞天故事满心向往,对制作风筝等飞行玩具也极具天赋。12岁在随父亲在美国谋生时,冯如深刻地认识到想改变当时中国贫穷落后的面貌必须要在先进制造业上取得突破,因此他将自己的目光投向制造业的明珠——飞机制造。依靠刻苦的钻研和不懈的努力,最终冯如成为中国第一位飞机设计师、制造师和飞行家。

人可能无法选择自己的出身,但可以选择自己的人生。习近平总书记在给“青年红色筑梦之旅”实践活动的回复信中这样写道:在艰苦奋斗中锤炼意志品质,在亿万人民为实现中国梦而进行的伟大奋斗中实现人生价值,用青春书写无愧于时代、无愧于历史的华彩篇章。当前我国在大力推进“中国制造2025”“工业4.0”等变革性国家战略,以创新驱动、智能转型、绿色发展为核心的制造强国方略为高校实施“新工科建设”指明了方向。新工科建设的核心是高质量工程人才的培养,不同类型的高校在人才培养基础和优势上可能有所差异,然而坚持立德树人的本质不能动摇。尤其是随着我国全面进入中国特色社会主义新时代,培养兼具习近平新时代中国特色社会主义思想和新工科创新创业能力的高素质人才,将成为高校人才培养的新使命;树立正确的德育理念,在教学过程中培养学生正确的人生观、价值观和世界观,将成为新时代高校教师知识传授与技能养成以外的新任务;把握思政,树立信念,重视基础,扩展视野,强化素质,贴近生产,在多学科交叉融合中实现产学研协同育人,将成为新时代高等院校教师人才培养的新目标。

三、“守正”与“创新”

我国独特的历史、文化、国情决定了必须要走自己的高等教育发展之路,为了培养具有中国特色社会主义的“新工科”人才,“守正”与“创新”是核心。“守正”是指坚守教学的知识传授与能力养成,“创新”是指在遵循教学规律的基础上大胆变革、推陈出新。以往的工科教学工作要么重视知识传授,要么强调能力培养,却忽视了对学生思想观念、价值取向、精神风貌的塑造。习近平总书记指出:我国高等教育肩负着培养德智体美劳全面发展的社会主义事业建设者和接班人的重大任务,必须坚持正确政治方向。学生的思想政治方向关乎中国特色社会主义建设的成败,因此高校教师在“守正”的基础上,必须持续“创新”,将思想政治融入教学环节,让学生更好地理解中国、认同中国、振兴中国。

“航空航天材料概论”课程将“以实践能力养成和社会主义核心价值观形成为核心,培养创新性人才”。在授课阶段,深入挖掘航空航天材料领域的思政资源:从中华民族五千年坚持不懈的飞天探索到我党领导下取得举世瞩目的中国航空航天工程、大科学装置,从报效祖国可歌可敬的两弹一星老一辈科学家钱学森院士、邓稼先院士到新一代埋头苦干、勇攀科技高峰的材料学家卢柯院士、地球物理学已故专家黄大年教授,从太行、昆仑等国产航空发动机的研发到中国制造2025计划,在讲授航空航天材料知识和技术的基础上进行全面的爱国主义教育,培养学生爱国主义情怀和树立“科学无国界但科学家有祖国”的意识,培养学生创新创业理念,坚定实业报国信念,树立为中国实体制造业的发展贡献力量的决心和理想。

“守正”和“创新”贵在平衡。“航空航天材料概论”课程组根据教学目标、教学内容、学生知识结构、需求特点和接受习惯等进行科学的教学设计,特别是针对文科专业学生在平时提问与最终考核上设置了独立题目,避免了学生由于知识结构差异导致的专业壁垒,通过多学科学生互助交流打通学习障碍。其次,课程在知识传授和爱国主义教育的基础上,增加了实验探索、企业走访、翻转课堂等智慧教学模式，有效地将理论知识与材料学科的特点融合，在锻造学生正确的思维方式、培养职业素养与爱国情感的基础上，感受真材实料的独特魅力。图1是6S管理下的学生飞机制作课堂；所谓6S管理，即整理、整顿、清扫、清洁、素养、安全，该项管理规范可以培养学生一丝不苟与精益求精的工匠精神。再次，课程建立了无障碍反馈机制，通过线上线下互动了解学生学习兴趣和学习困难，从而实现教学问题及时发现与纠正，通过快速调整教学内容和模式，以提升学生学习效果为最终教学目标，激发学生学习热情。

2019级管理学院陈曼佳同学这样写道：“‘航空航天材料概论’这门课程最令我感到惊奇的是老师在授课过程中，完美地将理工类知识的讲解与国情教育、人文情感教育相结合，辅以新奇有趣的小组活动。不仅做到了专业知识、技能的‘冷素质’培养，同时抓到了立德树人这一教育事业的根本任务。在一学期的学习中，我不仅学到了国内外航空航天技术的发展，也认识到了航空技术的发展对于人类战争、历史的推动作用以及看似遥远的航天技术的发展对于我们生活水平提升的重要作用。我不仅学习到了我国现代材料领域、航空航天领域的发展现状，也认识到了科技兴国的重要性，树立了更加强大的民族责任感与自豪感。”2019级管理学院陈琳同学这样写道：“‘航空航天材料概论’看似是一门很硬核的较为传统的校选课，老师却利用新媒体对教学环节进行了巧妙的设计，让我们饶有兴趣地参与到课堂之中进行互动，在切身的操作、实践之中获取各类飞机构造、航空材料等相关知识，从而深刻地感受到了‘航空航天’的魅力所在。”“航空航天材料概论”课程将思政教育作为知识传授、能力养成的润滑剂，在学习航空航天材料知识中春风化雨地传递

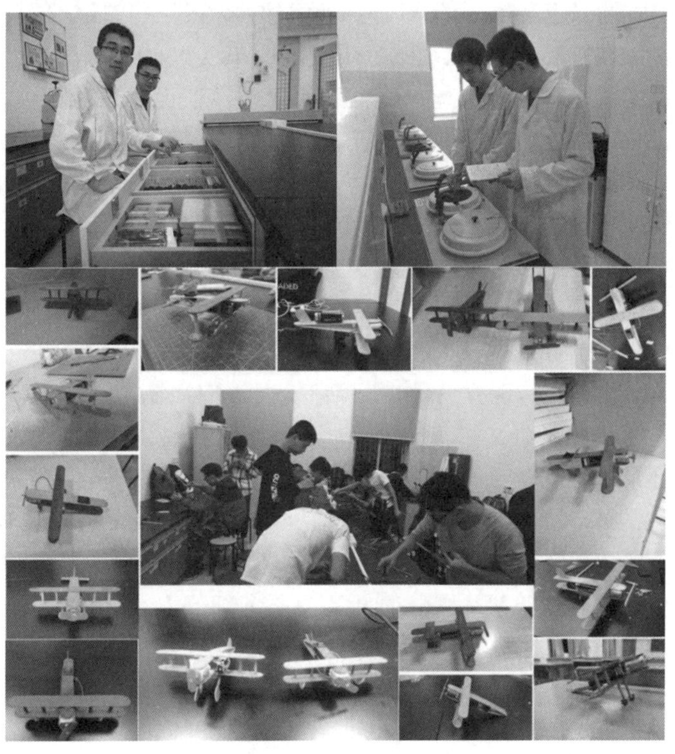

图1　6S管理下的飞机制作实验课

信仰、播种信念、阐发价值理想与追求，让知识传授、能力养成、道德教育有机结合，让学生乐于学、爱于学、善于学，让课程内容听得懂、学得会、用得上。

四、“船帆”与“船舵”

青年的未来，在星辰大海。在科技风暴席卷下，知识是助力青年乘风破浪的“船帆”，而“红船精神”是青年驾驭时代风暴的“船舵”。祖国的兴盛为青年人带来最好的时代，然而想要扬帆星辰大海，时刻要以“船舵”掌控航行的方向。随着中国特色社会主义进入新时代，青年人要具备开天辟地和敢为人先的首创精神、坚定理想和百折不挠的奋斗精神、立党为公和忠诚为民的奉献精神，而高校的思政教育是培养青年树立正确政治方向的关键。“航空航天材料概论”始终将思政作为育人根本，将“自强不息，止于至善”的厦门大学嘉庚精神与“不忘初心跟党走，科技报国为人民”的爱国之志有机结合，培养学生大国工匠精神和家国情怀。

在教学实践过程中我们始终坚持“思行善政、教书育人、不忘初心、牢记使命”助力“新工科”人才培养的目标。对教学模式的持续创新是课程组不断进步的“船帆”，而不断总结经验和教训是课程组坚持创新的“船舵”。教师作为学生引航的舵手、教书育人实施的主体、课堂教学的第一责任人，提高教师对思政育人的理解和认识，把科学的思维方法、做人做事的基本原则、社会主义核心价值观的要求、服务国家的理想和责任充分地融入课程教学中，将思想政治教育、创新创业教育与专业知识传授有机融合。利用多种教学模式提高学生在课堂教学中的参与度，强化课堂教学中的问题导向，引导学生养成独立思考的习惯、磨砺坚强的意志、勇于担当的责任意识。通过集中备课提高教学质量，创新教学载体和教学方式，着力提升教学效果。在总结思政教学改革实践的基础上，及时修订教材中的相关内容。在课程实施过程中不断地挖掘育人元素是保证课程质量的关键所在。在提升思想政治素质、教书育人能力的前提下，结合“航空航天材料概论”课程特点充分挖掘课程蕴涵的育人元素，引导学生建立正确的思维模式、批判性的思维方式以及明辨是非的能力。

2019 级会计系林依莹同学这样写道：“‘航空航天材料概论’是一门我十分喜爱的综合性通识课程，它锻炼了我获取知识的能力、思考力、判断力、合作能力以及动手能力，也让我看到了航天事业的发展和进步，对科学家更敬畏，坚定我探索新知识的信念。在课堂活动里，老师通过小组竞赛的方式，让我们在积极参与中锻炼自己口头表达能力，在与原本不大熟悉的同学相互讨论中，课堂气氛得到活跃，同学们团队意识增长，创造性思维也提高了。这种锻炼学生们积极性、主动性的活动正是其他传统课堂所缺失的。个人展示这个翻转课堂教学环节也让我学到了不少，张老师让同学们拼装坦克和飞机模型后，在课堂上分享与模型相关的知识。动手制作纸飞机以及马达雪糕棍飞机模型让我印象十分深刻，没想到一个雪糕棍飞机却要经过多重打磨，需要提前检查马达与电池的适配性，也没想到完成看似简单的雪糕棍飞机需要长时间的耐心和细心。小小的动手模型制作需要付出的功夫，更不用说真正的飞机了，动手实践让我更感受到飞机工程师的辛苦与伟大。在上课和实践之余，老师还带我们参观了科学楼实验室。让我最为惊喜的是亲眼见到了以前总是在网上听说的 3D 打印机和 3D 打印成品，可以说开阔了我的眼界。在课后参观太古飞机工程有限公司中，我直观地了解了飞机的整体构造，并且近距离地观察到了飞机动力装置、起落架和机翼,体会到飞机材料的魅力。当然,在参观中,我学到除了材料学相关知识外,我也知道了避免维修事故发生的小故事,体会到太古公司全英文管理的国际化魅力。"

五、总结

学生的反馈是衡量教学效果的核心,也是授课教师总结教学目标达成度及教改效果的重要指标。基于上述学生感悟,授课教师认为"航空航天材料概论"课程内容的实施基本达到了教书育人与立德树人的教学目标。一方面,使学生掌握了航空航天领域的基本理论、基础知识,使学生能够理性认识世界和中国航空航天事业的发展现状、理解我国航空航天制造业与欧美发达国家存在的差距与不足。另一方面,使学生正视时代责任和历史使命,在怀揣远大抱负的同时脚踏实地,坚定中国特色社会主义的道路自信、理论自信、制度自信、文化自信。让"新工科"人才培养所提倡的产学研协同育人落到实处(如图 2)。

图 2　安全管理下的企业走访与学习交流

浅谈如何将马克思主义哲学融入管理学课程教学[*]

陈福添[**]

摘要：学哲学，爱哲学，用哲学，是一种学习态度。管理活动作为人类社会实践活动，其思想演化过程蕴含着深刻的哲学思想。本文首先阐述了英雄主义、理性主义和实证主义等哲学思想对西方管理思想的影响情况，以及当前西方管理哲学研究进展情况。然后，从人的"类本质"和"类哲学"角度出发，分析了新时代马克思主义哲学的深刻内涵和构建人类命运共同体的历史必然。最后，分析了新时代马克思主义哲学对新时代企业管理思想和实践的启示意义。本文研究对于将马克思主义哲学融入管理学课程教学具有重要实践意义。

关键词：哲学思想；管理思想；马克思主义哲学；新时代；人类命运共同体

哲学(philosophy)按其词源有"爱智慧"之意，是一门古老而又充满神奇魅力的学科。哲学的奥妙在于人，它伴随着人的成长、与人一起度过了悠悠岁月，成为人类文明史上最富有生命力的学科之一。哲学具有时代性。马克思早在1842年就指出，任何真正的哲学都是自己时代精神的精华①。哲学的时代性决定了其无定性和发展性，其内容范围是无限广阔的，面对的是人和人类的生活世界，体现的是对人自身生存意义的理解和价值理想的追求。哲学的根本任务和功能，在于为人们提供适合于人和世界存在本性的、对待生活和世界的思维方式、价值理想和精神意境。人的奥妙在于哲学，哲学的奥妙在与人②。这是哲学和人之间关系的生动写照。管理活动作为人类社会一项重要实践活动，其思想演变过程镌刻着深深的哲学烙印。因此，我们需要立足于哲学视野，深刻剖析隐藏在管理思想背后的哲学根基，真正认识和把握管理思想精髓，从而更好地指导管理实践活动。

一、西方哲学思想对主流管理思想的影响

哲学与管理的内在关联性，已经得到西方学术界的研究重视。Joullie(2016)在由美国管理学会创办的《学习和教育》(AMLE)期刊发表了《管理思想的哲学基础》一文，较为深刻地剖析了西方哲学发展史及其对管理思想的影响情况；认为无论是管理概念、管理观点

---

* 基金项目：本文得到福建省哲学社会科学规划重点项目资助(NO.FJ2018MGCA032)。

** 陈福添，1980年出生，福建仙游人，厦门大学管理学院副教授，管理学博士，研究方向为组织理论与国际管理。

① 马克思：《马克思恩格斯全集》第1卷，人民出版社1956年版。

② 高清海、胡海波、贺来：《人的"类生命"与"类哲学"——走向未来的当代哲学精神》，吉林人民出版社1998年版。

和理论体系，都与哲学有着极其密切且重要的直接或者间接的关联性[①]。Lynch 与 Dicker(1988)在系列文章中阐述了管理思想与哲学思想相结合的观点。Chia(1996)评论了管理研究的哲学根基，指出任何知识创新都无法超脱哲学范畴。Laurie 与 Cherry(2001)鼓励管理评论员基于哲学视角来分析管理意识和管理语言，从而探索管理理论与管理实践的要义所在。他们于 2001 年所创办杂志现已被命名为《管理哲学杂志》(*Philosophy of Management Journal*)。另外一份基于同样目的而创办的学术刊物是《管理概念和哲学国际杂志》(*International Journal of Management Concepts and Philosophy*)。哲学有助于发展管理智慧，深化对管理实践复杂性的理解，以及提高创造性和批判性思考技能(Small，2004[②]，2006[③])。管理学者应该关注管理概念、管理观点及其理论体系的哲学根基，这有助于他们更加深入和全面地把握管理理论的内涵与精髓，更好地认识管理理论分歧的哲学根源，更好地透过实践现象来发现实践本质，从而更好地运用管理理论来指导管理实践。

(一)英雄主义与管理思想

源于荷马史诗(Homer's Poems)的英雄主义(后文称为荷马式英雄主义)是西方英雄主义重要起源。《伊利亚特》和《奥德赛》两部史诗，展示了 3000 多年前西方人对自我和世界的认识。这种认识并非局限于古希腊和西方世界，而是广泛流传到世界各地，形成了日本武道士(Bushido Japan)、北欧海盗时代(Viking-Age)和斯堪的纳维亚(Scandinavia)等文化传统。荷马式英雄主义崇尚传统，个人凭借角色和业绩在社会立足，社会不关心个人的意图和感情，仅仅在乎行为结果，体现了通过行动来展示力量的哲学思想。荷马式英雄主义倡导，个人要么业绩卓越，要么将被屠戮。在这种哲学思想下，个人业绩好坏，表现是否卓越，决定了其社会地位，是一种典型的狼性主义的结果导向文化。

荷马式英雄主义这种"只在乎结果"的哲学思想，对后代管理思想产生了深远影响。德鲁克的目标管理法就是一个例子。目标管理法折射出荷马式英雄主义，在这种管理模式下，管理者关注工作要求，而非人的需要。为了提高工作成效，组织需要建立共同语言。德鲁克认为，这必须通过清晰的目标管理才有可能得以实现。没有目标管理，管理的计划、授权、业绩管理、决策制定和雇员发展等各项工作，都将无法实现。德鲁克指出，业绩管理至关重要，管理者要么业绩卓越，要么被淘汰。德鲁克这种目标管理方法与组织创新发展存在矛盾冲突。德鲁克虽然也强调创新，但是创新在目标管理法中无法实现。创新意味着接受风险，从而意味着接受潜在失败，后者与目标管理是无法相容的。目标管理法将导致组织更加重视效率而非效果，导致无法获得在效率和效果之间取得协调发展。与德鲁克的目标管理法相一致，关键业绩指标法(KPI)也折射出荷马式英雄主义哲学思想。荷马式英雄主义哲学思想对包括科学管理原理在内的、以结果为导向的管理思想产生了深远影响。

---

① Joullie，Jean-etienne.The Philosophical Foundations of Management Thought，*Academy of Management Learning and Education*，2016，Vol. 15，No. 1，157-179.

② Small，M. W. Philosophy in Management：A New Trend in Management Development，*Journal of Management Development*，2004，23：183-196.

③ Small，M. W. A Case for Including Business Ethics and the Humanities in Management Programs，*Journal of Business Ethics*，2006，64：194-211.

（二）理性主义与管理思想

古希腊哲学家泰勒斯创立了朴素唯物主义，认为世界是由水分构成的。虽然该观点在现代人看来是幼稚的，但是其所体现的“探究世界本源”的哲学气概，深刻影响着后人。推理（reason）是理性主义的核心概念，强调通过推理探究世界本源，是理性主义的核心思想。苏格拉底和柏拉图对荷马式英雄主义提出质疑：人们为什么需要遵守那些给定的社会法则？什么是公正？什么是善良？理想王国是什么样的？该如何建立起理想王国？柏拉图认为，唯有推理（reason）而非知觉（perception）才能够带来知识并回答上述问题。在柏拉图看来，好人（good man）不再是武力斗士，而是智慧之人，能够通过对话、逻辑和争辩来达到真理（truth）。柏拉图认为，存在两个世界，一个是感官世界，即表象世界；一个是真实世界，即本源世界；真实世界隐匿于感官世界背后，只有通过推理，才可以认识和把握真实世界。在柏拉图理想王国里，只有那些探寻世界的真理、公正和知识的智慧之人，才可以主宰这个世界。柏拉图倡议，应该根据个性来选拔人员和晋升人员，并建立起了西方首个管理学院（academy），作为数学、历史和政治的研究和讲学场所和“哲学家—国王”的正规学校，其课程设置一直影响着后来管理学院的发展。作为柏拉图学生，亚里士多德在这所学院里学习并试图取代柏拉图的院长职位。柏拉图哲学思想是后来众多管理理念的开端。

法国哲学家笛卡尔意识到神学和科学之间的紧张关系。人类循环系统和呼吸系统的科学发现，促使笛卡尔认为人与世界存在相通之处，认为可以通过因果法则来解释和预测人的行为。笛卡尔那句“我思故我在”的哲学名言，折射出其深邃的哲学洞察力。作为虔诚的宗教徒和闻名于世的数学家，笛卡尔开始探索科学与神学之间的矛盾。笛卡尔所倡导的演绎分析（deductive analysis），对科学发展产生了重大影响。演绎分析法与综合推理法相结合，形成了严格推理和寻求真理的方法。按照笛卡尔分析逻辑，只要将复杂问题进行分解直至能够科学处理，思维就会是绝对可靠的和万能的，从而能够解释世间万物并揭示真理。

笛卡尔哲学思想对管理思想产生重要影响。根据笛卡尔哲学思想，管理者在为解决问题、规划项目和满足市场而采取行动前，需要采用演绎逻辑法来分析问题。与此同时，笛卡尔认为，既然思维可以从身体感觉分离出来而独立存在，人就可以是理性的，能够超乎直接语境限制而制定决策。与此同时，在笛卡尔看来，心智（psychic）或者思维（mind）是一种非物质性的、虚无的存在，而不是物质性客体，是科学无法企及的。只有上帝才可以解释人们的心智或者思维，决定人们在天堂中的命运。笛卡尔唯心主义固然有其历史局限性，但也蕴含着“经济学人”（Homo economicus）思想，进而推广为理性人假设。这种思想对于亚当·斯密在《国富论》中提出“看不见的手”以及后人对市场经济的研究和实践，产生了深远影响。市场经济吸收了笛卡尔“经济学人”思想精髓，认为人是理性的和自利的，市场经济中存在“无形之手”在调配着市场资源流动。市场经济核心在于机制设计，使得“无形之手”能够得以充分有效发挥。产业分析是一典型例子。迈克尔·波特追随笛卡尔哲学思想，在其竞争三部曲《国家竞争优势》、《竞争战略》和《竞争优势》中，分析了三个重要模型，分别是钻石模型、五力模型和价值链模型。产业分析或者战略分析，就是试图通过科学理性方法，找出（思考出）经济现象背后的内在逻辑和本质，从而不仅理解以往经济行为，而且预测未来经济行为。根据笛卡尔哲学思想，管理者在分析和采纳管理决策时需要采用演绎推理，企业经营成功源于经理人内在的神秘世界。管理成功实践案例对其他组织而言是有用的，但不是充分的。每个企业有其自身特点，管理者洞察力是企业成功的关键所在。当然，虽然笛卡尔极力倡导内在洞察力的影响作用，但是内在洞察力只有在实践中才能够得以挖掘和提升。笛卡尔忽视了实践活动的重要性，使得其哲学思想具有唯心主义内涵，这只有在马克思主义那里才能得到修正。

（三）实证主义与管理思想

作为主观唯心主义，笛卡尔哲学思想受到了约翰·洛克等哲学家的挑战。约翰·洛克指出，理念并非来自天生，如果没有逻辑概念和处理过程，思维是无法掌握理念的。大卫·休谟和奥古斯特·孔德是实证主义学派的代表性人物。实证主义产生于19世纪30—40年代的法国和英国，由法国哲学家、社会学始祖奥古斯特·孔德等提出。孔德的6卷本《实证哲学教程》是实证主义形成的标志。实证主义反对"不证自明"真理观，认为真理无法从个人内在去获取，只能通过对个人外在自然的认识来把握；倡导摈弃演绎推理逻辑方法，从经验事实收集和归纳推理方法角度去认识和把握。实证主义认为，事实必须是透过观察或感觉经验，去认识每个人身处的客观环境和外在事物。虽然每个人背景和教育不同，但他们在用来验证感觉经验的原则方面，并无太大差异。实证主义的目的，在于建立起知识的客观性。孔德指出，人类并非生而知道万事万物，必须经由学习过程，从不同的情境中获得知识。透过直接或间接的感觉、推知或体认经验，并且在学习过程中进一步推论还没有经验过的知识。超越经验或不是经验可以观察到的知识，不是真的知识。

实证主义对管理思想演化产生深远影响。在实证主义哲学思想下，西方对实证研究方法给予厚遇。我们现在所看到的诸多学术型期刊，普遍推崇实证研究方法，基于大数据的统计分析和经济计量分析，其背后的哲学根基即为实证主义。这种哲学思想强调事实，希望借用实证科学的研究方法，通过对事实的把握和统计推断来理解人的行为，并进而预测人的行为。然而，这种管理思想本身亦存在缺陷，它采用自然科学研究方法来研究人的行为，忽视了人与自然的本质差别，忽视了人的自然生命属性和价值生命属性，忽视了哲学与科学的本质差别和功能差别，因而是无法真正、深刻、全面把握人的本质，在解释人的行为方面具有局限性。这种局限性只有在马克思主义那里才能够得以修正。

（四）西方管理哲学的研究进展

纵观西方管理哲学发展史，我们可以发现，不同时代管理哲学是与其时代背景相一致的。这再次印证了"哲学是自己时代精神的精华"这一著名论断，也验证了哲学思想对于管理实践的重要影响作用。1958年，美国俄亥俄州立大学拉尔夫·戴维斯（Ralph C. Davis）在AMJ发表了《管理哲学》一文[①]，指出管理哲学是为特定管理问题提供解决方案，管理者如果缺乏哲学思维，就无法进行创造性思考。管理哲学不仅是学术研究使然，同时也是实践要求使然；认为管理哲学是建立在私有产权和市场经济从而分权制度之上，与私有资本和私有资本主义相一致，与社会主义哲学有着本质区别。Rich（1959）在AMJ发表

---

① Davis, R C. A Philosophy of Management, *Academy of Management Journal*, 1958, 25 (3):1-7.

了《商人管理哲学》一文[①],阐述了20世纪20—50年代美国经济情况,认为在商业世界里任何人都无法脱离于自身管理哲学,并认为大部分人的管理哲学是利润至上。Jones(1960)在AMJ发表了《商业哲学演化》一文[②],认为商人在决策中有意或者无意地发挥了其思想深处的哲学思维。Litzinger与Schaefer(1966)在AMJ发表了《管理哲学之谜》一文[③],认为商学院里存在的管理哲学有五个维度,分别是形而上学、逻辑学、伦理学、美学和认识论。Krishnan(1973)在AMJ发表了《商业哲学和经理人责任》一文[④],阐述了商业哲学以及经理人对所有者、雇员、顾客和公众的责任意识,发现经理人逐渐承担起对顾客、雇员和股东的责任,是商业哲学发展趋势。Auken与Ireland(1978)在AMP发表了《管理哲学的历史评论》一文[⑤],较为系统阐述了不同管理哲学流派的核心观点,阐述了效率学派、内部学派、外部学派、功能主义、团队学派、整合学派、自我实现主义、理性主义、变革主义和环境主义等管理哲学。Behling(1978)在AMR发表了《组织中科学哲学问题》一文[⑥],阐述了组织中运用科学哲学时存在的认识误区,并指出了组织研究中辩证整合"个体、群体、组织和社会"四个层次的关键。Motamedi(1978)在AMR发表了《组织行为中的哲学导向》一文[⑦],阐述了行为主义和人文主义在现实、知识和价值等哲学认知方面的差异。Seo与Creed(2002)在AMR发表了《制度矛盾、实践和制度变化:辩证视角》一文[⑧],采用辩证方法建立起分析框架,用于考察制度变化和人的实践之间的辩证关系。Kilduff, Mehra与Dunn(2011)在AMR发表了《从蓝天研究到问题解决——新知识创造的科学哲学》一文[⑨],考察了新知识创造的科学哲学内涵,从本体论(Ontology)和认识论(Epistemology)两个维度,将科学哲学及其行动逻辑分为四种,分别是理性主义和纯科学逻辑、强范式主义和开发逻辑、根本主义和归纳逻辑以及工具主义和问题解决逻辑。

西方管理哲学发展历程,刻上了时代哲学精神的深深烙印。自从古希腊哲学家苏格拉

---

① Rich, F. M.A Businessman's Management Philosophy, *Academy of Management Journal*, 1959, 2(2): 89-96.

② Jone, M.H. Evolving a Business Philosophy, *Academy of Management Journal*, 1960, 3 (2): 93-98.

③ Litzinger, S. Perspective: Management Philosophy Enigma, *Academy of Management Journal*, 1966, 9 (4): 337-343.

④ Krishnan, R. Business Philosophy and Executive Responsibility, *Academy of Management Journal*, 1973, 16 (4): 658-669.

⑤ P. M. Van Auken, R. D. Ireland, P. M. An Historical Review of Management Philosophy, *Academy of Management Proceedings*, 1978(1): 7-11.

⑥ Behling, O.Some Problems in the Philosophy of Science of Organizations, *Academy of Management Review*, 1978, 3 (2): 193-201.

⑦ Motamedi, K.K.Toward Explicating Philosophical Orientations in Organizational Behavior (OB), *Academy of Management Review*, 1978, 3(2): 354-360.

⑧ Seo, M.G., Creed, W.E.D. Institutional Contradictions, Praxis, and Institutional Change: A Dialectical Perspective, *Academy of Management Review*, 2002, 27(2): 222-247.

⑨ Kilduff, M., Mehra, A., Dunn, M.B. From Blue Sky Research to Problem Solving: A Philosophy of Science Theory of New Knowledge Production, *Academy of Management Review*, 2011, 36(2): 297-317.

底、柏拉图和亚里士多德开始，西方哲学思想结合时代背景，对管理思想产生了重要影响。例如，1911年泰罗出版了《科学管理原理》一书，其哲学根基在于理性思维，其时代背景是机械化大生产，两者决定了理性至上和效率至上的管理哲学。在大变革时代背景下，成功模式不可复制，企业唯有深谙哲学精神，结合时代背景去探索发展出路，才可能在激烈变革中推陈出新，持续生存与发展。因此，新时代背景下，我们需要基于新时代马克思主义哲学，结合新时代历史背景，把握机遇，迎接挑战，开拓创新，才能够在激烈变革中立于不败之地。

二、新时代马克思主义哲学的深刻内涵

(一)“类属性”是人类的本质特征

哲学的奥妙在于人，人的奥妙在于哲学，哲学与人密不可分。哲学与人的共通之处在于，它们都是随着人的实践活动而不断向前发展。人具有类本质特征，人的发展过程遵循“否定之否定”规律，成为“什么都是，什么都不是”的宇宙精华结晶[①]。人的本质是个奇特的存在，不同时代哲学家都试图去捕捉住人的本质，却一次次以失败而告终。马克思主义哲学从实践角度出发，捕捉到了人的本质——类本质。所谓“人的类本质”，是相对于“物的种本质”而言的。传统哲学将人简单等同于物，用物的种逻辑来定义和分析人，忽视了人的类本质，没有按照类逻辑来分析人的本质，从而只看到了人的自然生命而忽视了人的价值生命，只看到了物的种逻辑而忽视了人的类逻辑，只看到物的归宿性而忽视了人的发展性，从而导致对人的片面、僵化、抽象的理解，而不是全面、发展和具体的理解。

高清海先生在《哲学研究》期刊(1996)[②]发表文章，在谈到人与哲学的关系时指出，“人”只能按照人的方式去理解。他基于马克思主义哲学，指出人作为人的生存活动，是一种“自由性质”的活动；人作为人的存在本性，是一种“自我规定”的本性，这同自然物种的存在方式和规定方式根本不同。高清海指出，“类”作为人性原则的理念规定，具有如下特点。第一，类体现的是物种规定的超越本性，代表着一种更高的统一性，体现着不同物之间的本质性的一体关系。人同物的关系、人同人的关系、人同自我的关系，就属于这样的既有确定区别、在本质上又是一体性的“类”关系。第二，与种的自在本性不同，类属于存在的自为本性；这种最高本质性的一体关系，不可能自发地形成，只能在目的性活动中去自为地建立。这就阐明了人具有主观能动性的特性。第三，与物种规定不同，类的统一体是以个体的独立性为前提，内含自由个性差异的多样化、多元性的统一。这就奠定了文明互鉴、包容发展的人类命运共同体的哲学根基。第四，类本质具有发展性和历史性特点，这也是人类所独有的本质特征，这与“劳动创造人本身”的著名哲学论断相一致。人的类本性源于其发展性和实践性，源于其自然生命和价值生命的辩证统一，源于其对于历史和未来的辩证统一，源于其对于外在和内在的辩证统一，源于其尊重客观规律和发挥主观能动性的辩证统一。

(二)“类哲学”是马克思主义哲学的本质特征

哲学是自己时代精神的精华，其发展过程经历了“否定之否定”辩证历程，形成了不断

---

① 高清海:《人与哲学》,《求是学刊》1995年第6期。

② 高清海:《“人”只能按照人的方式去把握》,《哲学研究》1996年第6期。

发展的理论体系。人类源于自然又高于自然,关乎自然又超乎自然。不能简单采用形式逻辑方式去把握人的本质,而应当以人的方式来理解人的本质。把人作为类的存在物去考察,并以类的意识去把握现时代的人和反映现时代的精神,是"类哲学"所承担的理性使命。"类哲学"是以人的方式去关照人的一种新的哲学思维方式与思想境界。类哲学是基于辩证唯物主义和历史唯物主义的哲学精髓,综合考察农牧时代的群体(氏族)逻辑、工商时代的个体(市场)逻辑和互联时代的类的(共同体)逻辑,探究人的"类生命"、"类活动"和"类思维"的"类本质"特征及其发展规律,分析"类本质"在人的劳动实践和管理实践中的具体体现。就其实践价值来说,类哲学是揭示人的现代化发展趋势所应有的新哲学形态,是把握当代人类生存意义所依据的新价值坐标,也是指导我国人的现代化实践并实现"类人格"的自觉意识(高清海、余潇枫,1999)[①]。类哲学有助于我们深刻把握"人的发展"的本质及其规律,深刻理解组织是人的实践活动载体的本质,从而更好把握管理实践。

(三)"构建人类命运共同体"是人类发展的历史必然

遵循马克思主义哲学的历史性、发展性和实践性的理论特征,多元、开放、包容、共享是人类社会发展趋势,构建命运共同体是人类社会发展的历史必然。贺来(2016)[②]在《哲学研究》第 8 期发表了《马克思哲学的"类"概念与"人类命运共同体"》一文,解释了"人类命运共同体"的深层思想根据,为促进人们对于"人类命运共同体"的自觉提供思想力量。贺来指出,马克思通过赋予"类"概念以全新的内涵,表达对"人类命运共同体"深切的价值关怀,为理解"人类命运共同体"奠定了重要的思想基础,并为"人类命运共同体"的生成提示了现实的道路。倪培民(2017)[③]在《哲学分析》第 1 期刊发了《作为哲学理念的"命运共同体"与"合作共赢"》一文,指出"一带一路"倡议不仅仅是一个经济发展规划或者地缘政治的角逐,其背后的"命运共同体"和"合作共赢"的理念,既深植于中国传统思想,也更加切近马克思共产主义理想本意,有望引出与个体主义哲学理念主导的冲突不断的世界秩序截然不同的世界秩序。Zeng(2016)[④]在《中国国际法杂志》(CJIL)发文,对通向地区命运共同体的"一带一路"倡议进行概念分析。陈忠(2017)[⑤]从文明多样性和命运共同体角度考察了城市社会,认为宿命共同体、命运共同体、自由共同体,是共同体的主要类型。命运共同体是一种区域性和全球性的空间共同体、风险社会压力下的利益共同体、多样认识与价值共存的意义共同体。人类命运共同体这一全球价值观包含相互依存的国际权力观、共同利益观、可持续发展观和全球治理观,是指在追求本国利益时兼顾他国合理关切,在谋求本国发展中促进各国共同发展。人类只有一个地球,各国共处一个世界,要倡导"人类命运共同体"意识。2017 年 10 月 18 日,习近平总书记在十九大报告中提出,坚持和平发展道路,推动构建人类命运共同体,体现了中国领导人站在哲学高度来推动全球治理向前发展的高远智慧。

---

① 高清海、余潇枫:《"类哲学"与人的现代化》,《中国社会科学》1999 年第 1 期。

② 贺来:《马克思哲学的"类"概念与"人类命运共同体"》,《哲学研究》2016 年第 8 期。

③ 倪培民:《作为哲学理念的"命运共同体"与"合作共赢"》,《哲学分析》2017 年第 1 期。

④ Zeng, Liang Liang. Conceptual Analysis of China's Belt and Road Initiative: A Road towards A Regional Community of Common Destiny, *China Journal of International Law*, August, 2016, 517-541.

⑤ 陈忠:《城市社会:文明多样性与命运共同体》,《中国社会科学》2017 年第 1 期。

推动构建人类命运共同体，是新时代中国特色社会主义伟大事业的重要组成部分。中国特色社会主义进入新时代，这是对中国发展进入新的历史方位所作的科学判断。时代是思想之母，实践是理论之源。企业是人类发展的实践载体，企业国际化是人类发展的历史要求。习近平新时代中国特色社会主义思想是中国化、时代化和大众化的马克思主义哲学。党的十九大报告确立的指导思想和提出的基本方略，阐述了新时代中国发展实践的历史方位和战略空间，意味着中国发展实践面临着历史性的机遇和挑战。这就要求中国企业在发展实践中，扎实立足新时代历史方位，深刻领会新时代指导思想，全面洞察新时代基本方略，加强理论创新，提高趋势判断和引领能力，更好地融入于新时代中国特色社会主义伟大事业。

三、新时代马克思主义哲学视野下管理思想的创新与发展

有西方学者认为，主流管理思想源于西方血统，管理学院所教授管理理论需要溯源于西方哲学[①]。这种观点以偏概全，只看到了西方哲学对管理思想的影响，忽视了东方管理智慧及其蕴含的哲学思想；只从管理科学本身来阐述管理理论与实践，混淆了哲学与科学的辩证关系，缺乏基于辩证唯物主义和历史唯物主义来审视哲学与管理。近代以来，中国科学发展落后于西方发达国家，但这并不表明中国哲学研究亦落后于西方发达国家。西方国家基于强大的科技基础与工业实力，主导了市场经济条件下商业领域的管理理论与实践的发展，但其自身固有的管理问题亦随之呈现并不断恶化。面对这些问题，只有站在哲学高度，才有望予以解决。资本主义与社会主义、市场与计划的本质差异，一直是个讨论焦点。本文认为，市场和计划都是资源调配方式，它们既可以为资本主义所利用，也可以为社会主义所利用，市场和计划不是资本主义和社会主义的本质区别。资本主义与社会主义的本质区别，在于生产资料是公有制还是私有制，在于劳动成果是全民共享还是部分独占，在于发展理念是以人民为中心还是以资本为中心。资本主义也有计划经济，但那是建立在以资本为中心的计划经济，与社会主义计划经济有着本质差别；社会主义也有市场经济，但那是建立在以人民为中心的市场经济，与资本主义市场经济有着本质区别。我们需要吸收市场经济在资源配置方面的优越性，重视和发挥资本要素在人类发展中的重要作用，但是我们的发展实践不是拜金主义的发展实践，是以人民为导向而不是以资本为导向的发展实践。

学哲学，爱哲学，用哲学，是一种学习习惯，一种学习态度。新的历史条件下，中国智慧和中国方案日益成为解决全球治理新选择。在此背景下，中国的共商共建共享和构建人类命运共同体的哲学智慧，将日益成为全球商业哲学新选择，成为推动人类社会进步的共同治理准则。我们有必要基于中国的哲学智慧和管理思想来重新审视和丰富已有基于西方哲学精神的管理理论。管理实践者需要与哲学家和政治家进行对话沟通，以此来增进哲学视野下管理实践的认知水平，提高对动态化、复杂性营商环境的理解和把握。新时代背景下，习近平新时代中国特色社会主义思想，是中国化、时代化和大众化的马克思主

① Joullie, Jean-etienne.The Philosophical Foundations of Management Thought, Academy of Management Learning and Education, 2016, Vol. 15, No. 1, 157-179.

义，将引领中国发展实践走向新的胜利。组织是人类实践的载体，需要从人的本质出发来认识组织本质。人是不断向前发展的，我们所采取的各种具体的发展手段，也是为了更好地满足人的发展需要。发展是解决一切问题的总钥匙。人的所有关切，都是为了更好地满足人的自我发展。我们需要从“人的发展”的角度出发，充分认识到物质和意识、客观和主观、存在与发展、必然和应然、封闭与开放、孤立与共同、个体与群体、竞争与合作、自然生命与价值生命等矛盾体内在的辩证关系，从而更好地认识世界、利用世界和改造世界，实现人的全面自由发展。

为此，我们在管理学课堂教学中，需要正确把握好如下几个内容，以构建适合于新时代历史要求的管理理论体系。第一，深刻理解新时代历史内涵，将“以人民为中心”发展思想融入于管理实践当中，在公司战略制定和运营管理中始终坚持以人民为中心的发展思想。人民是历史的缔造者，我们需要始终将人民发展作为首要目标，才能够真正站在人类历史发展正确轨道上。我们要善于利用市场经济体制，发挥资本在市场经济中的积极作用，但是我们始终需要坚持“以人民为中心”的发展思想，使得市场经济和资本要素服务于人的发展需要。实际上，这与利益相关者理论在本质上是一致的。第二，坚持共商共建共享，构建人类命运共同体。这是人类社会发展趋势，也是当下处理各种复杂关系的历史性要求。我们需要把这种“开放、包容、合作、共赢”的共同体精神融入于管理全过程，融入于重大战略决策当中，融入于日常管理行为当中。实际上，这与商业生态理论在本质上是一致的。第三，处理好哲学与科学的关系，使科学更好地服务于人的发展需要，使得人工智能、大数据和数字化等科学技术更好地服务于人类社会发展需要，更好地满足人民群众日益增长的美好生活需要。科学技术发展历经机械化、自动化、信息化和智能化，未来必将朝着情感化方向发展。情感科技或者说科技情感化，是人类驾驭人化自然以实现人的类本质的必然性和应然性的结晶。科技可以造福人类，也可能给人类带来毁灭性灾难。我们需要站在人类发展的哲学高度，紧紧把握住科学技术这批黑马，使之驰骋于人类进步疆场。第四，重视组织多样化和民主化发展趋势。人类发展趋势是从必然王国走向自由王国，个体能动性将得到不断加强，这就必然导致个人对自由民主的向往和追求。组织管理只有深谙这一历史发展趋势，尊重员工个性化、民主化发展需要，才能够激发个体创造激情，提升个体创造力。第五，重视趋势，重视平台，重视跨界。管理作为人类一种实践活动，必须深深扎根于历史脉搏和时代背景，重视人类发展趋势提出来的机遇和挑战；必须重视平台化发展，将自身发展置身于更为广阔的生态平台当中；必须重视跨界变革和创新，以开放包容的心态和视野去拥抱创新变革。第六，坚持创新导向，推动社会进步。人类发展薪火生生不息，唯有创新变革才能够顺应历史发展潮流。我们需要在管理过程中始终坚持创新导向，把创新精神和创新实践融入于管理实践当中。第七，警惕制度陷阱，莫把遵循制度变成创新发展的绊脚石，莫把制度漏洞作为利益来源，莫把虚幻虚假做成公司行为，而忘却组织存在和追求的真实性。

如何通过文学讲思政
——英美文学通识课程的设计

林晶晶*

摘要：课程思政旨在将思政理念贯穿和渗透于所有课程教学中，它以课程为载体，以思政教育与课堂教学的融合为灵魂。英美文学通识类课程作为一门公共英语教学课程，应在教学中将人文素养和政治素养相结合，塑造学生正确的价值观和世界观，引导学生形成独立的价值判断能力，从而真正践行立德树人的指导方针。

关键词：思政；文学；立德树人

教育部最新版的大学英语指南中，确立了以培养学生英语综合能力为目标的改革方向，强调大学英语应致力于帮助学生树立世界性眼光，培养国际意识，提高人文素养，同时为知识创新、潜能发挥和个体全面发展打好基础，为应对全球化时代的挑战和机遇做好准备。目前，厦门大学的公共英语教学执行的是 2+2 的模式，这一模式以提高学生的自主学习能力为核心，辅以教师与学生的课外互动，课内课外有效融合，既将课内英语学习的效率最大化，同时也实现了良好的课外延展性学习的效果。在此基础上，根据学生英语能力的分级，为不同级别的学生设定相应的课程，并为具有较高级别英语能力的同学开设了选修课，以更好地根据个人兴趣爱好实现教育内容的多样化。本人开设了五学年的文学类公共英语选修课，该课程在提升语言能力、思辨能力、人文素养方面成效显著，在引导学生形成兼容并包的国际性视野和中国视角方面起到了重要的作用。2020—2021 年的新冠疫情带来百年未遇之全球格局大变化，疫情的发展，台海局势，美国大选等事件使我们面临的国际环境更复杂，我国所倡导的互利共赢的经济全球化格局受到前所未有的挑战。面对波诡云谲的国际形势，教师应如何从理论到实践，切实响应中央号召将思政教育融入课堂，在本科教育中实现立德树人显得尤为迫切和重要。要建设思政教育，首先应了解课程思政的要求。

2016 年，习总书记在全国高校思政工作会议上强调，“要坚持把立德树人作为中心环节，把思想政治工作贯穿教育教学全过程。各类课程与思想政治理论课同向同行，形成协同效应。”在 2020 年的《思政课是落实立德树人根本任务的关键课程》再次就思政课的人才培养明确了方向“办好思政课，最根本的是要全面贯彻党的教育方针，解决好培养什么人、怎样培养人、为谁培养人这个根本问题……当前形势下，办好思政课，要放在世界百年未有之大变局、党和国家事业发展全局中来看待……引导学生增强中国特色社会主义道路自信、理论自信、制度自信、文化自信，厚植爱国主义情怀，把爱国情、强国志、报国行自觉

* 林晶晶，女，浙江临海人，厦门大学外文学院讲师，主要研究方向为英美文学。

融入坚持和发展中国特色社会主义、建设社会主义现代化强国、实现中华民族伟大复兴的奋斗之中。”[①]以上习总书记对思政课的解释和定义也给课程思政定了基调。

同时，也要注意课程思政并不等同于思政课程，思政课程是以思想政治理论为教学内容的独立的课程，而课程思政并不是具体课程，属于教学体系。课程思政旨在将思政理念贯穿和渗透于所有课程教学中，并不限定于某一特定的课程，所以课程思政是泛化的课程概念。它以课程为载体，以思政教育与课堂教学的融合为灵魂。根据 2020 年 5 月教育部印发的《高等学校课程思政建设指导纲要》：“公共基础课程，要重点建设一批提高大学生思想道德修养、人文素质、科学精神、宪法法治意识、国家安全意识和认知能力的课程，注重在潜移默化中坚定学生理想信念、厚植爱国主义情怀、加强品德修养、增长知识见识、培养奋斗精神，提升学生综合素质。”高等教育应当以培养能真正担当中华民族复兴大任的时代新人作为己任。要实现这个目标，需要高水平专业课和课堂思政相结合，使学生在专业知识领域和思想意识形态领域的教育都能得到引导。

人文通识类课程在课程思政领域有很大的探索空间。笔者开设的英美文学类通识课程，几年来一直在摸索如何将人文素养和政治素养相结合，塑造学生正确的价值观和世界观，引导学生形成独立的价值判断能力，从而真正践行立德树人的指导方针。以下笔者将从英美文学通识课程的学科定位和课程设计两方面展开论述。

一、英美文学通识课的学科定位

文学涉及的边界十分宽泛，一本小说触及的领域可能包括历史、地理、政治、艺术等，但文学不对其中任何一个问题提供专业回答，它的终极指向只有人、人性和人生。对文学最准确的定义就是文学即“人学”。希腊德尔菲神庙的大门上写着一句举世闻名的名言“认识你自己”。认识自我也是英美文学自古以来的一个显著特点，他们用不同的叙事方式探索人和人性，因此文学中呈现的人物大部分为“圆形”，即人物具有复杂的多面性，难以简单地以正面还是反面去定义。而认知自我，探索自我和他者之间的关系，正是年轻学生所需要，也是他们有兴趣的。对这一话题的思考不仅能拉近经典和学生之间的距离，同时，教师通过提炼具有共性的跨文化的话题，以正确的意识形态加以引导，有助于学生形成科学理性的世界观、积极的人生观、正面的价值观。

二、课程设计

（一）应该考虑学生对该课程的期待

学生对通识课程的期待一般可以分为三个方面：(1)有助于提升职业知识；(2)有助于提升社会生活领域的能力，包括对复杂社会现象和问题的分析能力，以及如何恰当地处理与社会和他人的关系；(3)自我管理能力的提高，即如何妥善处理与自我的关系，比如，情绪管理、抗压力、对自我的认知能力等，综合来说就是处理自己生活的能力。一般而言，学生对人文类通识课的期待在第二、三点。也就是说，学生希望通过人文类公选课获取更好的人文素养和人生智慧，从而能更好认识自我，更理性地面对成长中遭遇的困惑。

---

① 习近平：《思政课是落实立德树人根本任务的关键课程》，《求是》2020 年第 17 期。

(二)如何将学科特点与课程思政相结合

有别于专业课程设计,通识课教师在引导学生进行文本解读过程中,并不需要以理论素养作为课程重心,而应该将价值观的塑造、能力的培养与知识的传授融为一体,将人文和思政相结合作为立足点,以贴近人生和社会作为问题设定的导向,引导学生从对作品的个体直觉反应过渡到人文视角的建立。课程的重点可以根据文本的特点大致分成以下三个类型:

1. 提炼文本中具有普遍意义的话题,解读时融入中国元素。提炼的话题可以涵盖人生、人性、命运、家庭伦理,以及人和社会以及他者的关系等。这些具有普遍意义的话题容易引发学生的兴趣,他们在思考问题时也会反观自身的经历,从而不仅激起阅读兴趣,使经典文本变得可感、可亲,还能通过问题引起反思从而强化了自我意识的建设。而思政理念的融入则不仅能引导学生建立正面的三观,也能对社会现象有更全面的认识。

以《哈姆雷特》为例,对这个悲剧进行解读时,可以层层递进分成两个阶段。

第(1)阶段,文化视野的拓展,提炼文本中呈现的重要主题。比如,文艺复兴时期的人文主义,个人本位意识,对理性的追求。复仇是故事的主线,可哈姆雷特在复仇过程中反复地迟疑和犹豫,使复仇计划一再被搁置。如果从复仇角度讲,他算不上一个成功的复仇者。但他行为中展现的延宕成了文本解读的关键。导致他延宕因素很复杂,其中最主要是人文主义和基督教精神构成的困境,以及他对理性的执着。作为一名文艺复兴时期的人文主义者,在生活被颠覆之前,哈姆雷特善良,单纯地相信着人性的美好和高贵。但随着叔父弑兄篡位,母亲不顾人伦转嫁叔父等一系列丑陋的真相被一一揭开,哈姆雷特的人文主义信念在现实世界中彻底破灭了。但他并没有立刻采取复仇,而是装疯。表面看他通过装疯来刺探父亲死亡的真相,实际在疯的伪装之下,他针砭人性,努力想要唤回众人的美德和良知。这同时也表现了哈姆雷特作为一名人文主义者并不愿意将复仇直接诉诸暴力而是试图通过"唤醒理性良知的非暴力方式解决问题"①。

第(2)阶段,引导学生思考普遍性问题,激发他们的共情能力,同时融入中国元素,使作品在学生心中鲜活起来。要让学生对于一部创作于16世纪英国的戏剧产生共情能力需要教师提炼出具有跨越时代和民族意义的主题,而这本身也正是经典作品的魅力所在。《哈姆雷特》中,哈姆雷特的延宕是最富有艺术张力的环节。他的延宕既体现了人文主义者对理性的坚持,对暴力的反对,也反映了人文主义者的精神困境,他们既带着文艺复兴时刺破时代的锐气,却也深受传统力量的限制,比如基督教的信仰使他一直无法果断地实施暴力复仇。而这种时代变革中的精神困境在中国的文学作品中也有不少体现,比如《红楼梦》中的贾宝玉,他的痛苦何尝不是一个时代先行者的痛苦。贾宝玉和哈姆雷特都热爱生命,珍视理想,却都以悲剧收场。他们面对的社会现实虽不同,但通过对比研究,读者不仅能思考中西文化对理想和现实的不同表达,同时也能在读者心中激起对个体困境的思考,通过叩问灵魂,实现自我成长。

2. 提炼具有争议性的人生现象和人生问题,引导学生从阅读文本到学会理解他人和世事,提高辩证思维的能力。对人性的探索是西方文学自古希腊以降一直以来的重心,区

① 杜素娟:《欧美文学简史》,北京大学出版社2019年版,第72页。

别于中国文学对人性善的认同,西方文学一直致力于从不同维度探讨人的多面性,人性的复杂性,小说中塑造的人物形象也以圆形为主(即人物性格丰满复杂,随着环境的变化而发展)。所以教师在分析作品时重点引导学生跳出两极化(非黑即白)的阅读思维,理解人性的复杂性,进而能更好地理解社会。

《简·爱》中最突出的主题是女性意识的萌芽。小说展示了一个与传统女性形象大为不同的女性。简是一个"敢怒敢言敢行,有着强烈的个人尊严意识和反抗勇气,具有暴风骤雨一般强烈的情感"[①]。简的反抗勇气和强烈的情感正是女性自我意识觉醒的标志。她希望突破传统对女性的限制,能活出真实的自我,能被社会平等以待。

对小说的解读除了从简的性格特点分析女性意识的萌芽,还有以下几个非常容易被初学者忽略的角度。

(1)罗切斯特的"疯"妻。学生在阅读过程中很容易忽略这个人物的意义,或者简单地定位为男女主角爱情路上的"绊脚石"。事实上疯妻的象征层次非常丰富,比如,罗切斯特第一次向简求婚时,两人之间的现实并不平等,简实际是以家庭教师的身份与主人结婚,这有悖于简一直追求的独立平等,但现实情况下简并没有直接拒绝的理由。正是因为疯妻的出现,及时中断了婚礼的进行,简也终于不必用尊严去交换爱情。另外,简对自由和平等的追求使她面对现实中女性所面对的种种限制时,内心充满了压抑和愤怒,而作为一个正常人简无法直接表达被压抑的愤怒,疯妻就成为简被压制的潜意识的外化,同时也象征着维多利亚时期被"囚禁"在家中的女性们反男权的社会情绪的表达。因此,疯妻和简明暗双线互相映衬,共同完成了作者的女性意识。

(2)简出走后面临的困境。简发现罗切斯特的妻子还存在的现实后,出于对自由和尊严的坚持,毅然离开了桑菲尔德庄园。然而,简却一直找不到安身立命之处,当她遇到牧师一家时,简已经被饿得奄奄一息。作者为了实现平等婚姻的理想,让简继承了一笔遗产。这种戏剧化的情节处理说明了现实中女性困境的无解,当时的女性很难通过自己的努力赢得尊严和独立,获取与男性平等的权利。就像简离开了桑菲尔德庄园后却在外面的世界中找不到任何希望。

同时也要注意简虽然具有强烈的自我意识和反抗的勇气,突破了传统女性形象的设定,但她的反抗仍然是温和而节制的。她最终还是通过婚姻与现实达成了妥协。这也是英国批判现实主义文学的特点,尽管"英国作家批判起现实来同样犀利和尖锐,但他们总是愿意在残缺的现实之上放置理想和诗意的关照"[②]。

3. 找到具有"共性"的社会现象和社会问题,引导学生从阅读文本到思考社会,提升学生的分析和思考社会问题的能力。小说很多时候反应的是作者对当时社会问题反思,因此阅读小说是了解一个国家和社会最便捷的途径。教师在解读文本时除了意识形态的引导,还应与中国社会进行跨文化解读,使学生通过西方社会的矛盾反观中国现实,从而能更理性地理解当下正在发生的现实。比如,《鼠疫》中对瘟疫的描述和正在全球爆发的抗疫现实。《红字》中女性反抗贞操观念对自我意识的绑架,同类主题可联系《祝福》中的祥

① 杜素娟:《欧美文学简史》,北京大学出版社 2019 年版,第 179 页。

② 杜素娟:《欧美文学简史》,北京大学出版社 2019 年版,第 176 页。

林嫂，对比中西方贞操观念与女性自我意识之间关系。通过文本和现实，东方和西方之间的相互阐释，对学生的人文思辨能力、中国视角的形成都大有裨益。以《伟大的盖茨比》为例。《伟大的盖茨比》中萦绕着对美国梦的执念，无论是对富家女黛西念念不忘的爱情还是对金钱力量的崇拜核心都是盖茨比对美国梦的追求。美国梦分成狭义和广义两个层面，“从广义上讲美国梦指自由民主平等的国家理想；从狭义上讲美国梦指任何人只要努力奋斗，锐意进取，就一定能在北美这个充满希望的大陆上发财致富，过上幸福生活的个人理想。”[①]小说中美国梦追求者除了盖茨比还有修车工人威尔逊。他们都出身卑微，却都坚信通过个人的努力奋斗就能实现发家致富的美国梦。盖茨比爱上了富家女黛西，把得到她的爱情当做实现梦想的象征，但肤浅的黛西无法承载梦想的重量。盖茨比却为了守护梦想，在黛西开车撞人后为她顶罪。他自信满满黛西终会被他打动，但黛西却和丈夫远走高飞，甚至连一个电话都吝于打给为她顶罪的盖茨比。除了盖茨比，另一对逐梦者修车工威尔逊夫妇一样难逃梦碎的悲剧。威尔逊的妻子茉特尔试图通过成为汤姆的情妇快速摆脱贫穷的现实，实现她的美国梦，而威尔逊则一直勤恳工作着，等待着美国梦实现的一天。然而，现实并没有给梦想实现的机会，小说结束时，这三个来自社会底层的美国梦的信徒几乎以“自相残杀”方式结束了他们的逐梦历程。而悲剧的肇始者——来自上流社会的汤姆和黛西却逍遥法外，毫发无损。

“美国梦又称美国神话，它是最能体现美国人的传统价值观和民族精神的理想。”[②]肇始于18世纪新移民对新大陆伊甸园式的幻想，美国梦经历了启蒙时代和工业革命的风云，直到20世纪世界大战和经济危机的冲击，美国梦被时代不断重新诠释，不断被赋予新的含义。

教师在讲授这部小说时，除了厘清美国梦的定义和在时代中的发展变迁，更应结合以中华民族的伟大复兴为己任的中国梦进行对比阐释。中国梦的概念由习近平总书记于2012年党的十八届全国代表大会上提出。官方从不同角度对中国梦的性质，以及中国梦与美国梦的区别都做过解读。整体而言，中国梦强调依靠中国人民的集体努力，实现国家的富强和民族的荣光，而美国梦则强调通过个人努力，最终实现个人荣耀，因此两者之间有本质的区别。通过小说进行进一步分析时，可以从历史的纵深度、实现的途径、最终的旨归等几个方面展开。同时，还可以结合当下中美当下正在发生的现实对美国梦和中国梦本质异同进行探讨。比如，2020年的美国总统大选，通过剖析发现小说早在百年前已经对美国的政治生态做了精准的预言，盖茨比心心念念要恢复一个已经褪色的“美国梦”和特朗普一心想要“让美国再次伟大”(Make America great again)何其相似。另外，美国对中国高科技企业的封杀、中美之间的贸易争端、两国对疫情处理方式的差异，以及始于美国却波及整个西方世界的“黑人的命也是命”抗议游行等。这些正在发生的事件除了直观可见的原因，是否也是中美/东西方价值观差异的体现？

如此，文本和现实之间互相映照，对一部小说的学习和分析就有了现实的维度，拉近了经典和学生之间的距离，学生通过对作品的学习，从直觉式的阅读体验上升到中外比较

---

① 王萍：《美国梦释疑》，《武汉理工大学学报》2001年第2期。

② 宗蔚：《从美国文学看美国梦的演变历程》，《湖北经济学院学报》(人文社会科学版)2009年第5期。

的思辨能力的初步形成,使学生对复杂社会现象的认识同时具备了历史的纵深度和现实的广度。

三、结语

经典文学的价值从来不是给予我们唾手可得的答案而是赋予我们广阔的思考空间,当我们面对复杂的人生和社会问题时,文学通过抒情和叙事给我们点亮了一盏叫“人性”的灯,引导我们走出自我认知的迷障,让我们面对社会和现实时更有勇气和底气。同时我们应该意识到英美文学通识课从语言到内容都选自西方,是对英语国家文学、文化的直观呈现,西方价值观也可避免。教师在讲解中结合思政理念才能避免学生产生唯西方文化独大,“外国的月亮更圆”等不正确的价值观。将思政理念与英美经典文学的解读相结合,学习外国文学,讲好中国故事,如此中国视角的建立便有了历史的厚度和现实的广度。

"一带一路"背景下的中医临床基础课程建设与实践

赖鹏华　张绍良　王玉杰　卢大为　王彦晖　陈少东*

摘要:厦门大学中医学教育具有60多年历史,依托厦大广泛的影响力和丰富的资源,吸引和培养大批具有丰富教学临床经验的师资。由于中医临床基础课程既有鲜明的理论特性,又有中医临床的实践特色,在中医教学体系中具有举足轻重作用,但受时空限制,"一带一路"相关国家中医学生无法共享厦大优秀师资,凸显基础与临床衔接过程中的教学难题。为解决该教学难题,中医临床基础课程组加强课程建设与实践,通过构建网络云教学体系、出版教辅著作、注重学生实践能力培养等途径,破解"一带一路"背景下的基础与临床衔接的教学难题,将学科建设成为培养优秀中医人才的摇篮,为"一带一路"相关国家输送高质量的中医人才。

关键词:"一带一路";中医临床基础课程;课程建设

基于中医学科多年海外教学经验,"'一带一路'背景下的中医临床基础课程建设与实践"历经五年建设,积极开展教学研究和教学改革,不断提高教育教学质量,依据"一带一路"沿线国家中医教学的不同地缘要求,培养高层次中医学人才,取得不菲成效。

一、中医临床基础课程组基本情况

2016年厦门大学响应国家"一带一路"倡议,走出国门,成立马来西亚分校,成为"一带一路"建设的一颗明珠①。中医学专业因其社会需求和深厚的海外教育背景被列为马来西亚分校第一批招生专业。自2017年始,厦门大学开始实施教学课程组制度,中医系凝练学科方向,组建中医临床基础课程组,作为沟通、联结、整合基础学科与临床学科的重要纽带,中医临床基础课程在中医教学体系中具有举足轻重作用,由于中医临床基础课程既有鲜明的理论性,又有中医临床的实践特色,在"一带一路"背景下,凸显基础与临床衔接过程中的教学难题,亟待加以解决。

中医临床基础课程组包括"中医诊断学""伤寒论""金匮要略""温病学""临床技能实训""中医英语""中医养生"等多门课程。团队成员教授3人、副教授2人、助理教授2人,

---

* 赖鹏华,女,福建漳州人,厦门大学医学院副教授,主要研究方向为中医经典的实验与临床研究。张绍良,男,黑龙江哈尔滨人,厦门大学医学院助理教授,主要研究方向为中西医结合基础与临床研究。王玉杰,男,河北邯郸人,厦门大学医学院助理教授,主要研究方向是中医方证相关。卢大为,女,福建南平人,厦门大学医学院实验师,主要研究方向为中医临床技能教学法研究。王彦晖,男,福建厦门人,厦门大学医学院教授,主要研究方向为中医经典的实验与临床研究。陈少东,男,福建晋江人,厦门大学医学院教授,主要研究方向为中西医结合基础与临床研究。

① 詹心丽:《"一带一路"与中国高等教育的对外发展——以厦门大学马来西亚分校建设为例》,《大学》(研究版)2018年第5期。

具有高级职称人数占比达 83.3%；拥有博士学位 4 人、硕士学位 2 人，50 岁以下教师博士学位占比达 100%；形成老、中、青年龄结构合理，规模恰当，学缘层次较高的学科团队。基于中医学科多年海外教学经验，中医临床基础课程在课程体系建设与实践中，强化教学工作管理、推进教学研究改革、提高教育教学质量，取得丰硕成果。

二、强化教学工作管理

（一）落实、强化教学任务

课程组成员每学年至少完整承担 3 门 2 学分以上的本科生课程的主讲任务或联合授课达到 240 学时，教学任务饱满，达到学院教学工作量平均水平之上，取得较好的教学成绩。课程组成员具有丰富的海外教学经验，作为厦门大学马来西亚分校中医学院的后方支撑力量，承担“一带一路”中医临床基础课程建设的教学、临床、科研工作。

基于“一带一路”沿线国家相关中医教学研究机构的学科建设要求，中医临床基础课程组制订明确的年度工作计划，开展年度总结，其所辖课程均严格按照培养方案开课，完成年度课程教学任务。同时积极制定教学组织和实施、建立相关课程档案、组织完成培养方案所规定的课程及其他环节的教学任务，实施教学过程管理，如教学大纲的制定和审定、教材的选用审定、课程考核审定等。

（二）注重教学质量保障

课程组加强课程教学衔接，避免实验安全责任事故及教学事故发生。完善各教学环节教学管理规范，如备课、课堂教学、课后反馈、学业评价等。建立严格的课程考核评价管理机制，如考试命题、试卷评阅、成绩复核、受理学生成绩申诉等、严格重修考试、AB 卷制度。课程组强化日常教学质量监控，三年来合计听课为 90 人次、师生座谈会 6 次，改进教学效果，教学档案检查 9 次，保证课程档案、试卷等完整、规范。

（三）加强教学研究与实践

积极探索研究型教学，及时将科学前沿成果、生产制造前沿技术成果融入教学内容，注重对学生研究能力培养与训练。注重岗位胜任力培养，开展问题导向、项目驱动等教学改革，将创新创业教育融入课程教学。主动探索 MOOC、线上＋线下混合式教学等新兴教学技术及方法应用，丰富学生学习体验，提高学生学习主动性和积极性，共计指导本科生获得各级大学生创新实验计划 19 项。

（四）提升教师发展

教学团队结构合理，规模恰当，积极组织开展各项工作。特别注重教师思政教育，按照“四有好老师”标准开展经常性的思想政治理论学习。学科五年来开展集体备课以及业务学习、教学交流等教学学术活动合计 20 次，其中教学观摩活动每年 3 次，课程思政专题活动每年 1 次。教研活动活跃，成效显著。

积极通过开展教学团队建设，以“传帮带”形式提升年轻教师教学水平与能力。如王彦晖教授、陈少东教授指导年轻教师张绍良助理教授开展“中医诊断学”“金匮要略”课程教研工作。张绍良助理教授作为课程教学团队新鲜力量以及资深教师赖鹏华副教授，积极参与学校、学院组织的教学比赛，三年来共计参与教学比赛 2 人次，团队教师给予教学经验分享。

陈少东教授作为全国第四批中医优秀人才培养对象，积极参加国家中医药管理局组织的各项培训活动，三年来累计参加教学培训次数为4次。赖鹏华副教授作为国家公派访问学者目前在美国伊利诺伊大学开展学术交流与师资培训。张绍良助理教授积极参加全国MOOC课程建设师资培训活动。教学团队教师参加各类教学培训，参与教师比例高，培训次数多，内容覆盖面广。

三、推进教学研究改革

（一）改革教学方法与内容，构建不同层次教学模式

中医临床基础课程依据“一带一路”沿线国家中医专业不同地缘的教学要求，构建厦门大学校本部、马来西亚分校中医学院、马来西亚槟城中医研究学院、泰国皇太后大学替代医学院①、印度尼西亚哈桑努丁大学医学院等不同层次的教学模式，选用不同教材，取得良好的教学效果。

突破传统单一的课堂灌输式教学模式，采用网络云教育技术，开展网络在线教学模式。同时，引入灵活多样的教学手段与方法，如以问题为中心教学法；实践教学法，如临床见习，跟师抄方，回顾性案例引入，临床实录与播放；专题讲座法，如总结概括张仲景辨证论治思维方法，介绍个人临床心得及经方运用技巧，激发“一带一路”沿线国家中医学生的学习兴趣，坚定专业思想，提高学习效率。

（二）注重理论教学结合实践教学，引导“经典回归临床”

中医临床基础课程包括了“金匮要略”“伤寒论”“温病学”等中医学经典著作，教学内容多以医古文形式表达，存在文字古奥、内容精深、学生难以掌握的教学困难。因此，通过近几年的教学改革，注重理论教学结合实践教学，采用理论教学占总学时的2/3，实践教学占总学时的1/3的教学方案。

理论教学中，在教学上不再局限于传统的“以经解经”、注重古文考证的教学方法，而是力求充分发挥该课程为基础与临床桥梁的优势，注意培养学生中医临床辨证论治思维能力，教学中适当地组织学生进行病案讨论，并开展“递进式案例”教学法，案例讨论不仅仅局限在与金匮原文完全对应的浅层次案例，还选择一些活用金匮原文辨治思维的案例，以培养学生由浅入深分析、解决问题的能力，突出了该课程的临床实用性，将理论与实践有机地结合在一起。

实践教学中，充分利用“一带一路”沿线国家中医研究教学机构的临床基地资源，如以厦门大学附属医院、马来西亚槟城中医研究学院门诊部、厦门大学马来西亚分校门诊部、泰国皇太大学医院作为临床实践教学基地，通过鲜活的临床病案，形象再现中医经典所载经方在临床实践中的魅力，激发学生的学习热情，引导学生开展原文学习。理论教学与实践教学的密切结合，有效的引导“经典回归临床”，培养、提高了学生中医临床思维能力和实践能力，受到学生的热烈欢迎与积极响应②。

（三）开展辨证论治情景模拟培训考核

开展“《金匮要略》辨证论治情景模拟培训考核”，一方面利用理论教学以外的时间，让

---

① 黄婉仪、黄妙森、杨宗保：《中泰医诊断学的系统比较研究》，《江西中医药大学学报》2020年第2期。

② 黄妙森、沈佳成、何其达、连林宇、杨宗保：《中泰中医教育体系的比较探析》，《中医药通报》2019年第1期。

学生轮流跟授课教师上临床,在临床中学习金匮方的运用和金匮辨治杂病的辩证思维方式;另一方面,结合案例编制四诊辨证及论治各环节的考核要点,让学生扮演患者和医生,模拟中医临床过程,并处以金匮中的病名诊断和治法方药,极大地丰富了教学内容,提升了教学的实用价值,激发了学生的学习热情,解除了学生如何运用课本理论知识点的困惑,真正做到传道、授业、解惑①。该教学改革内容已作为创新教材出版。

(四)利用现代教育技术,积极开展网络教学

应用现代教育技术,构建网络云教学体系,拓展课堂教学模式,改变以往黑板加粉笔的单一课堂教学方法。在近年来,紧密结合本课程组临床、科研、教学建设成果,坚持形象、互动的原则引入新的教学手段,不仅运用多媒体、PPT 等辅助手段,还借助网络课堂的平台,通过建设"金匮要略""中医养生""中医诊断学""方剂学"等核心课程,并于中国大学 MOOC 网站以及厦门大学在线课程中心开通慕课教学模块,在线与学生交流,解答教学问题,进行案例讨论等,有效地解决了大学生课后与授课教师交流少、难以深入了解教学问题的矛盾。满足了"一带一路"沿线国家中医学生对相关知识的学习需要,师生之间建立了良性的网络互动关系。目前网络课程已全球开放,深受学员好评。

四、教学成果丰富

课程组积极开展教学研究和教学改革,不断提高教育教学质量,培养高层次医学人才,取得不菲成效,具有教学特色鲜明、质量高,学生、同行、专家评价高等特点。课程建设与实践以来,累计申报并获批教改项目 4 项;出版学科著作 10 部;指导各级大学生创新学业竞赛 19 项,获得学术著作奖 2 项。

(一)开展教改研究

课程组主讲的"金匮要略""中医养生"两门课程分别于 2018 年 9 月和 2019 年 3 月获得厦门大学第七批、第九批在线开放课程立项,于中国大学 MOOC 平台开通金匮要略课程学习网站(https://www.icourse163.org/learn/XMU-1205884801? tid=1207505201#/learn/announce),网上相关教学资源丰富,包括教学大纲、本科教案、部分课堂教学录像、网络课程、练习题库、实践教学、参考书目等。其中,金匮要略自 2019 年 1 月起,网络课程面向全球开放,迄今开课四轮(含校内 SPOC 开课一轮),累计选课人数达 1.5 万人,而中医养生自 2020 年 6 月起,网络课程面向全球开放,迄今开课两轮(含校内 SPOC 开课一轮),累计选课人数超 3000 人,师生互动良好,深受学生好评。

网站对两门课程设置、教学目的、发展历程、教学内容、教学条件、教学方法、教学效果与特色、影响及教学研究等作了简要的介绍,并详细介绍师资力量配置情况及骨干教师教学特点及学术成就。同时网站囊括了五年制本科教学大纲、教案及相应的幻灯演示稿、全部章节练习题、模拟试卷及相应答案、本课程学习的主要参考书目等。

课程组承担的"中医诊断学"于 2019 年 12 月获得厦门大学线上线下混合一流课程立项,正积极推动建设中。

---

① 高丽娟、张莹莹、李泽光、张春芳、蒋宁、郑南:《"翻转课堂"教学模式在中西医结合传染病教学中的应用研究》,《中国医药导报》2019 年第 28 期。

（二）出版论著

五年来，课程组成员在整理教学心得与临床经验基础上，撰写出版著作多部，其中由陈少东教授、赖鹏华副教授主编的教辅《金匮要略速学速记》于2019年8月由化学工业出版社出版，有助于高等中医学专业学生学习并掌握中医经典著作。由陈少东教授主编的中医望诊系列挂图《观耳诊病挂图》《观舌诊病挂图》《观掌诊病挂图》《观目诊病挂图》《观面诊病挂图》，共5部，于2019年9月由福建科学技术出版社出版，有助于高等中医学专业学生提高中医诊法。由王彦晖教授主编的《观舌养生——舌诊入门一学就会》于2018年10月在福建科学技术出版社出版，成为畅销书。在新冠肺炎疫情肆虐时刻，由王彦晖教授、陈少东教授主编的《湿疫与舌象——新冠肺炎中医诊疗》于2020年2月由化学工业出版社出版，成为临床诊治新冠肺炎的参考用书，彰显厦大中医学科在温病、中诊领域的独特见解与深刻底蕴。由陆汎教授、陈少东教授主编的《观耳诊病》于2016年10月中国中医药出版社出版，成为畅销书，并拟于近期出版英文版。

（三）参加学业竞赛

中医临床基础课程是联系基础理论和临床实践的桥梁学科，但因受地理限制，"一带一路"沿线国家中医学生实践机会不如国内学生。中医临床基础课程通过岗位胜任力培养，开展问题导向、项目驱动等教学改革，将创新创业教育融入课程教学，如张绍良助理教授指导的厦门大学马来西亚分校中医学院本科生吴大庸与王静颐同学分别主持的2018年度 The 4th China College Students'"Internet+" Innovation and Entrepreneurship Competition 国际赛道项目"Display your pulse——'脉'！动起来！"以及"What's on My Tongue? 发生舌么事"。五年来，课程团队成员合计指导本科生获得各级大学生创新实验计划19项，通过鼓励、指导大学生创新实验计划，加强学生的参与感，以对具体问题的探讨研究，提高学生用实践验证理论、学以致用的能力，丰富学生学习体验，提高学生学习主动性和积极性，解决了理论与实践衔接的教学难题。

综上所述，厦门大学中医临床基础课程通过构建网络云教学体系、出版教辅著作、注重学生实践能力培养等途径，破解"一带一路"倡议背景下的基础与临床衔接的教学难题，成为培养优秀中医人才的摇篮。累计获批教改项目4项、出版著作10部、指导各级大学生创新学业竞赛19项、获得学术著作奖2项，在"一带一路"倡议背景下，有效解决时空限制、教学资料不足等难题，为"一带一路"沿线国家培养高质量中医人才奠定扎实基础。

中医临床基础课程今后将通过如下几个方面加强课程建设与实践，为"一带一路"相关国家输送更多高质量的中医人才①。首先，充分利用当前各种先进技术手段，设计多种形式的教学活动，构建师生交互环节；其次，组建线上到线下相结合的慕课堂，构建基于云平台、有教师参与、志同道合、积极向上、互通有无、共同进步的学习共同体；最后，基于云架构特定学习环境下的网络点到系统和学习过程跟踪系统，开展"课后作业"和"结课考试"模块，多管齐下，通力配合，促进"一带一路"沿线国家中医学生的学习可持续性发展。

---

① 张伟云、陈全成、钟俊、王明军：《"一带一路"战略背景下中医药文化传播传承的建议与策略》，《中国民族民间医药》2020年第7期。

一流本科课程建设背景下的大学物理课程教学实践和探索

——以厦门大学为例

吕铁羽 吴顺情 陈 进*

摘要:建设一流本科课程旨在进一步推进课程改革创新,努力提高教师教学能力,建设高质量的本科课程。“大学物理”课程教学团队在教学理念、教学内容、教学模式、教学能力、教学资源、课程评价等方面建设做了有益尝试,并取得良好的成效。

关键词:大学物理;一流本科课程;教学实践

一、课程建设背景

高校的主要任务是培养高素质的人才,而高素质人才的培养离不开高质量的课程,国家非常重视高校课程建设。2019 年 10 月 30 日,教育部印发了《关于一流本科课程建设的实施意见》,对课程建设内容做出了具体要求,并提出实施一流本科课程“双万计划”等改革举措。① “大学物理”作为大学本科非物理类理工科各专业学生的一门重要必修基础课,是非物理类理工科各专业学生学好后续专业课程及提升综合能力的重要基础,将其纳入一流本科课程建设的范畴是很有必要的。

二、课程基本现状

(一)课程定位和目标

“大学物理”课程不仅是理工科各专业学生继续学习专业课程和其他科学技术的知识基础,同时也是一门培养和提高学生科学素质、科学思维方法和科学研究能力的重要课程。该课程培养学生在中学物理的基础上,进一步掌握物理学的基础知识、基本概念、基本规律和解决问题的基本方法,培养学生树立科学世界观,增强学生分析问题和解决问题的能力,培养学生的探索精神和创新意识。通过本课程学习,学生能够将物理知识与其他自然科学、工程基础和专业知识用于解决复杂问题,且具有自主学习和终身学习的意识,以及不断学习和适应发展的能力。

(二)课程内容与教学资源

“大学物理”教学主要内容包括力学、热学、光学、电磁学和近代物理五个模块。经过

---

* 吕铁羽,男,浙江缙云人,厦门大学物理科学与技术学院副教授,主要研究方向为计算凝聚态物理。吴顺情,男,福建晋江人,厦门大学物理科学与技术学院教授,物理学系主任,主要研究方向为计算凝聚态物理。陈进,女,浙江衢州人,物理科学与技术学院助理教授,主要研究方向为生物大分子模拟计算。

① 教育部高等教育司:《教育部关于一流本科课程建设的实施意见》,教高〔2019〕8 号。

多年的实践和探索，我们已形成了一套较为规范合理的教学模式。根据教育部制定的《非物理类理工学科大学物理课程教学基本要求》，结合我校各个专业的特点和具体需求，我们开设了4类不同类型的“大学物理”课程：A类、B类、C类和医学类。我们建设了一系列大学物理在线开放课程，其中力学部分视频已经在慕课上发布。在课程建设过程中，“大学物理”课程曾获评为福建省精品课程、福建省多媒体网络课程、厦门大学优秀示范课程、厦门大学示范性网络课程、厦门大学优秀本科大类平台课程、校级一流本科课程等。我们建立了大学物理试题库。题库的应用使试卷知识覆盖面扩大，难易程度趋于合理。试题库的使用进一步规范了课程教学。为了激发学生学习大学物理的积极性，我们每年举办大学物理竞赛。

(三)教学团队

在厦门大学，每学年学习“大学物理”课程的学生约为4000人次。近3年来，平均每学年开设61.3个班级，每个班级平均学生数为65.5人。物理系大学物理课程组承担了“大学物理”课程教学任务，课程组现有老师43人，其中教授13人，副教授23人，助理教授7人。这是一支年龄结构合理，中青年教师为主的优秀教学队伍。多人次获得厦门大学青年教师讲课比赛一等奖以及国家与省级高等学校物理基础课程青年教师讲课比赛奖项。其中，黄巍老师获得了第四届全国高等学校物理基础课程青年教师讲课比赛省一等奖及国家三等奖。

(四)课程教材

根据各类“大学物理”课程的大纲和专业特点，我们选用三套教材：(1)毛骏健和顾牡主编，高等教育出版社出版的《大学物理学》(A类和B类)。该教材涵盖了《理工科非物理类专业大学物理课程教学基本要求》[①]中A类内容和大部分B类内容，强调物理图像和物理思想，文字通俗易懂，并配套丰富的教学资源。(2)赵近芳主编，北京邮电大学出版社出版的《大学物理学》(C类)。这套教材以高视点选择经典内容，注意各个知识点之间的活化联系，教材难度适宜，利用AR增强现实技术使教材立体化。(3)王磊和冀敏主编，人民卫生出版社出版的《医学物理学》(医学类)。该教材在编写过程中，把先进性、科学性、实用性结合在一起，突出基本理论，注重现代物理学与医用科技的紧密关系。这三套教材都获得了师生的认可。为了提高教学效果，大学物理课程组编撰了《大学物理习题集》。

三、课程建设中的主要问题

(一)新时代呼唤新的课程内容和课程结构

翻开不同时期的教材，我们会发现，这些教材都会带有各自时期的鲜明特征。这从一个侧面说明任何一门课程都是为培养时代所需要的人才服务的。经过改革开放，我国经济科技水平大幅提升，同时对高等教育培养的人才提出了新的要求。为了满足社会对复合型人才和创新型人才的需求，2007年，教育部联合财政部推出了“高等学校本科教学质量与教学改革工程”；2015年，启动“双一流”高校建设；2017年，教育部发布了“关于开展

---

① 教育部高等学校非物理类专业物理基础课程教学指导分委员会：《非物理类理工学科大学物理课程教学基本要求》，《物理与工程》2006年第5期。

新工科研究与实践通知";2019年,一流本科专业建设"双万计划"全面铺开。这对所有的本科课程,包括"大学物理"课程,都提出了新要求,要求课程内容和课程结构要满足培养优秀的新时代社会主义接班人的迫切需求。[①]

(二)一流本科课程建设对教师业务水平提出了更高的要求

《关于一流本科课程建设的实施意见》对任课教师提出了两项具体要求:提升能力,教师强起来;改革教法,课堂活起来。一流本科课程不仅要求老师有扎实的专业知识,还要有崇高的人文素养、过硬的思想政治素质和超强的课堂组织能力。但是,由于各种原因,部分教师在本科教学工作投入精力不足,具体表现为:知识单纯的传授知识,学生能力素质培养不够重视;信息化技术应用简单化和形式化;师生互动少,"满堂灌"的现象时有发生。

(三)教学过程中学生参与度低

首先,"大学物理"课程难度较大,部分学生存在畏难情绪。"大学物理"课程包括力学、热学、光学、电磁学和近代物理,涵盖125条知识目录。另外,"大学物理"课程的学习需要扎实的"高等数学"基础,这进一步加大了"大学物理"课程的学习难度。其次,部分学生降低了自我要求。进入大学学习后,部分学生学习的目标不明确,学习的动力严重不足。主要表现为课前预习和课后复习马虎,甚至没有,课后作业完成质量不高,课堂效率较低,师生互动响应度低,上课偷玩手机时有发生。

四、课程建设方案

针对以上问题,并结合《关于一流本科课程建设的实施意见》中的要求,我们从以下三个方面努力做好"大学物理"课程建设。

(一)优化课程内容和课程结构

"大学物理"课程不仅包含丰富的学科知识体系、思想和方法论,而且富有哲学观、人生观和价值观的德育内涵。[②] 教师不仅要从授业解惑视角发挥物理学教学的知识和能力传承功能,更要从终身教育视角审视大学物理德育功能。在课堂中,渗透唯物主义观,培养学生实事求是的科学观,通过正能量的科学家故事培养学生爱国情操,以分小组互助学习的方式,让学生体验积极上进团结协作的人生观。

"大学物理"作为一门传统的公共基础课,其课程内容相对比较固定,如何在保持物理学原有体系的基础上兼顾不同专业的学习情况,在经典内容的传承和教学内容及模式改革之间寻找合适的契合点,是课程建设面临的重大问题。我们通过对教学内容的优化整合、各专业相关案例的引入、物理学研究方法的渗透,使"大学物理"课程的教学内容真正做到为专业服务,成为衔接基础课和专业课的重要桥梁,成为培养各理工科专业应用型人才的重要推手。

(二)加强教学团队建设,提升教师业务水平

高水平的教学团队是一流本科课程的重要保障。提高教学团队的教学水平需从多个

① 顾牡:《对于重新制定的〈非物理类理工科大学物理课程教学基本要求〉的认识和体会》,《物理与工程》2007年第1期。

② 王小力:《大学物理课程思政研究与实践》,《中国大学教学》2020年第10期。

方面入手。吸引更多的科研水平高、教学经验丰富、受学生喜欢的教师加入“大学物理”教学团队，是提高课程教学水平最直接有效的方法。通过公开课和内部教学研讨，实现传、帮、带，提升教学团队的整体水平。厦门大学青年教师教学技能比赛是一个很好的锻炼和提高青年教师教学能力的平台。每年大学物理教学团队都有青年教师参加比赛。通过学院和教学团队中经验丰富老师的帮助，以及青年教师的努力，每次都能获得可喜的成绩。近五年，获得一等奖 4 项，二等奖 5 项。

对于整个教学团队，固定时间召开大学物理教学会议，集中学习和教学研讨，布置下一阶段教学任务，进行试卷分析，集中反馈学生意见。强化教学研究，学习新的教学理念和教学方法。定期集体备课，研讨课程设计，杜绝单纯知识传递、忽视能力素质培养的现象。改变教学过程中过于强调接受式学习，机械训练。使教学过程能够成为学生主动参与、探究、解决问题的学习过程，进而培养学生的收集信息、获取知识、合作交流以及参与的能力。

强化现代信息技术与教育教学深度融合。为了增进师生之间课堂上实时互动，提高了课堂效率。我们正在着手开发一套大学物理课堂互动系统。针对某节课所讲授的知识点，老师在系统题库中选择相应的题目，课堂上通过手机发给学生练习。老师可以控制答题时间，系统自动地统计和分析学生答题情况，让老师能够了解学生整体掌握情况，也能够让学生及时发现自己的知识漏洞，进而查缺补漏。另外，学生可以通过课堂互动系统随时向老师提问，老师把学生的典型问题投放到多媒体屏幕上，让所有学生一起思考，把遇到的问题当堂解决。“大学物理”课程以课堂面授为主，在线课程为辅。我们鼓励学生使用在线课程，部分解决大学教育中师生面对面交流偏少的问题。通过大学物理教学网站，发布课程电子教案，以及其他学习资料。

（三）细分课程评价机制，调动学生学习积极性

课程的评价不应该仅仅是考查学生知识掌握的情况。同时我们更应该关注评价所具有的反馈和调节功能。通过课程评价，学生和老师互相尊重、使教学活动组织的更为有效、调动大多数学生的积极性、促使学生主动学习，探究式学习。“大学物理”课程考核分为三大块：期中成绩考核（30%），期末成绩考核（30%），过程考核（40%）。过程考核包括：课堂表现、作业、平时测试、小论文。在期中考前和期末考前增加两次平时测试，目的在于让学生平时能重视大学物理的学习，加强过程考核，也便于老师掌握学生学习情况。小论文要求查阅资料了解当今最新科技进展，理解最新科技背后的物理知识，并以小论文的形式与同学们交流，促进学生对物理与相应学科关系的思考和理解。

为了检验细分课程评价机制的效果，在 2019—2020 学年第一学期，针对“大学物理”B类课程进行了对比实验，其结果令人满意。我们选择了 5 个班共 205 人（分布在 4 个不同学院）采用细分课程评价机制，其他“大学物理”B 类班级（14 个班级共 651 人）采用传统课程评价机制，即期中成绩考核（40%）、期末成绩考核（50%）、平时成绩考核（10%）。比较两种评价机制发现：采用细分课程评价机制，学生成绩及格率提升了约 7%，平均分提升了约 2.4 分。两种不同课程评价机制下，具体学生考核成绩分布如图 1 所示。

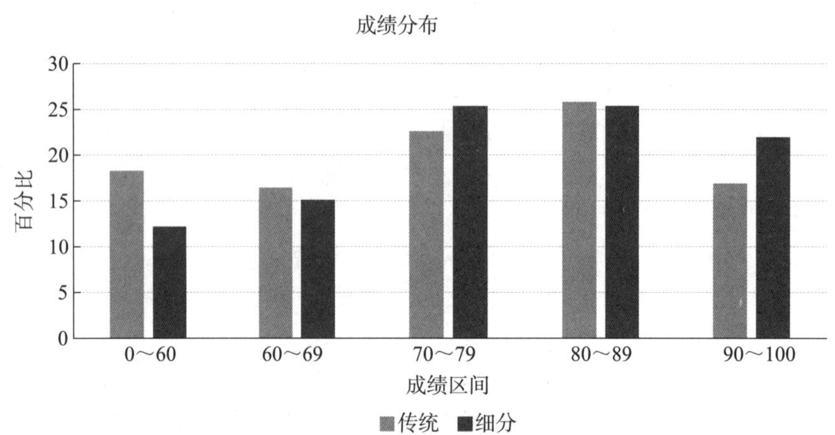

图1　传统课程评价机制与细分课程评价机制成绩比较

新评价机制下，学生平均成绩的提升得益于低分段学生比例降低，高分段学生比例增加。学生对细分课程评价机制的反馈归纳起来有如下几点：增加的两次小测，有点类似于高中的月考，增加了学习的压力，但也增加了学习"大学物理"课程的动力。平时成绩比例的提高，让学生重视平时"大学物理"的学习，在作业和考勤上比以前上心。期中、期末考试成绩占比下降让学生感觉考试压力下降，特别是期末考。也有学生反馈，在新的评价机制下拿高分要付出更多的努力。

五、结束语

一流本科课程建设的最终目标是培养出一流的本科毕业生。而一流本科课程建设需要在教学理念、教学内容、教学模式、教学能力、课程设计、课程评价、教学资源等方面努力做到一流。厦门大学"大学物理"课程团队在一流本科课程建设方面做了一些有益的尝试。

新文科背景下旅游管理专业课程改革研究

李山石　伍晓奕*

摘要：在我国高等教育大力倡导新文科教育改革的背景下，本文以厦门大学管理学院旅游管理专业的课程改革为例，探索旅游管理课程改革的可行路径与发展方向。本文根据新文科的新交叉、新范式、新路径特征，从课程设置、资源整合、授课方式、实践渠道等方面提出诸多方案与举措，指出旅游管理专业课程改革需要跳出传统文科的教学模式，以跨学科融合、协同创新为主要途径，着力提升学生解决复杂问题的综合能力与创新能力，培养旅游创意策划、旅游投资方向的新型复合类人才。本课程改革思路为其他高等院校旅游管理专业及相关文科专业的课程改革提供有益的借鉴。

关键词：新文科；旅游管理；课程改革

一、引言

2018年8月以来，我国教育部全面部署新文科建设，全力推进新文科教育改革实践①。在现代高新技术发展的背景下，新文科建设是现代化教育的新探索和新实践，是突破传统文科思维、促进多学科创新融合发展的创新之路。旅游管理作为一门跨学科领域、综合性与实践性强的管理类学科，实行课程改革是顺应新文科发展的必要之举。

然而，在旅游产业高增长的背景下，目前我国高等院校的旅游管理专业课程教育仍存在一些问题，教育的变革与行业需求不匹配，难以满足当前市场对复合型旅游专业人才的需求，主要表现为：专业课程设置存在一定盲目性，内容过于粗浅，综合性不足，不能满足学生个性化与多元化的发展需求；原有的教学模式缺乏信息化技术的融入，不能适应当前智慧旅游的发展趋势；教学多在纸上谈兵，理论教育与实践锻炼容易脱节。

基于我国“新文科”建设的历史机遇和旅游课程发展遇到的挑战，本文以厦门大学管理学院旅游管理专业的课程改革为例，基于新文科思路探索旅游管理课程改革、复合型人才培养的可行路径：为其他高等院校及相关文科专业的课程改革提供一定的借鉴作用。

---

* 李山石，厦门大学管理学院副教授，硕士生导师，研究方向为旅游目的地营销与生理大数据。伍晓奕，厦门大学管理学院教授、硕士生导师，旅游与酒店管理系副主任，研究方向为旅游企业人力资源管理。

① 张清俐：《全力推进新文科教育改革实践》，http://news.cssn.cn/zx/bwyc/202011/t20201106_5212136.shtml，访问日期：2020年11月14日。

二、新文科的定义和特征

(一)新文科的定义

何谓“新文科”？美国希拉姆学院指出新文科是在传统文科的基础上，进行学科中的各专业重组，通过文理交叉将现代信息技术与哲学、文学等课程有机结合，实现培养综合性强的跨学科人才，达到知识扩展和创新思维的培养目标[①]。西方新文科概念在2017年提出，基于欧美国家传统文科式微的背景，更多强调的是通过专业重组拯救传统文科。

在我国，“新文科”的提出与传统文科的式微并无直接关联，其重点在于强调专业交叉融合带来的创新与质量提升。尽管我国学者对新文科的定义仍未达成一致意见[②]。中国的“新文科”区别于传统文科，基于传统基础进行革新，它突破传统文科的思维模式，以继承与创新、交叉与融合、协同与共享为主要途径，促进多学科交叉与深度融合，推动传统文科的更新升级，学科的理论教育向市场需求倾斜，专业从割裂状态走向学科交叉，从适应服务转向支撑引领，从而提高文科专业整体的教育质量[③]。

(二)新文科的特征

1. 新交叉

从定义上看，新文科的“新”，首先体现在打破专业壁垒，学科交叉融合上。目前的主要做法是推进人文社会科学领域内的文史哲等专业的整合融通，如通过选拔传统文科中的优秀生源，为他们设置独立的人才培养方案或课程组合模块来进行跨专业的人才培养实践[④]。这种在人文社会科学领域内的学科交叉可以看作新文科升级改造的一次初步尝试，未来还应在更广泛的学科领域内进行交叉学科的人才培养，如文科与理工科的交叉、文科与最新技术的融合等[⑤]。

从这一意义上说，新文科并不是简单地将两个独立的学科或专业拼凑在一起，而是要通过学科交叉和知识融合形成新的知识体系，以此孕育出完善的新型人才培养模式[⑥]。结合中国特色发展需求，新文科的职责是要能培养出具有文化自信的新型文科人才，真正实现“厚基础、宽口径”的贯通培养目标，推动新时代文化的多样化发展[⑦]。

2. 新范式

受益于信息技术的快速发展，教学工作中不断涌现如移动课堂、网上教学、线上线下互动等新式的教学范式，学术科研中也兴起了现代化的“跨学科”科研团队和科研平台[⑧]。新文科建设强调打破传统文科迷信书本、单打独斗的封闭教育与研究模式，建立更为开放

---

① 麦可思、王慧：《一场新文科的尝试》，《北京日报》2018年9月19日第19版。

② 黄启兵、田晓明：《“新文科”的来源、特性及建设路径》，《苏州大学学报》(教育科学版)2020年第2期。

③ 麦可思、王慧：《一场新文科的尝试》，《北京日报》2018年9月19日第19版。

④ 周毅、李卓卓：《新文科建设的理路与设计》，《中国大学教学》2019年第6期。

⑤ 李凤林：《加快建设“新文科”主动引领新时代》，《中国高等教育》2020年第1期。

⑥ 邱汉琴、陈东芝：《以新文科建设引领中国旅游类本科教育的改革创新》，《旅游学刊》2020年第5期。

⑦ 樊丽明：《“新文科”：时代需求与建设重点》，《中国大学教学》2020年第5期。

⑧ 樊丽明：《“新文科”：时代需求与建设重点》，《中国大学教学》2020年第5期。

共享的协作学习关系，应用现代信息技术，变革传统的教学范式①。

3. 新路径

新文科从模式上有两种新型实施路径：一是升级改造现有传统学科，构建指向性强的新文科课程，对学生的多元发展提出新的要求，树立培养拔尖创新人才的学科建设总目标，引导现有文科人才在专业领域内实现知识创新和发挥领头作用；二是突破既定的路径依赖，瞄准并对接中国实业的新时代需求，强化现代发展意识，打造新文科人才成长体系，以适应新兴领域对新文科人才的思想与技能要求，构筑起由学科端知识生产到产业端知识运用的价值链条②。

三、旅游管理专业课程改革的具体措施

依据新文科建设的基本思路，旅游管理专业课程改革需要跳出传统文科的教学模式，以跨学科融合、协同创新为主要途径，着力提升学生解决复杂问题的综合能力与创新能力，培养旅游创意策划、旅游投资方向的新型复合类人才。本课程改革项目致力于构建一个高效的人才教育新模式，从课程设置、资源整合、授课方式、实践渠道等方面提出诸多方案与举措，以期促进课程改革项目的成功实施，同时解决传统教学中的诸多积弊，强化专业学生的创新意识培养与完善学科的知识体系建设。具体方法措施如下：

(1)在课程设置方面，改革了传统的旅游管理专业课程体系，推进跨学科领域的课程建设，探索交叉学科人才培养模式。旅游管理专业的课程设置中删除了部分传统的操作类课程，邀请建筑、大数据和艺术设计等跨专业教师授课，开设了"旅游创意""旅游策划""旅游产品设计""酒店设计""旅游空间分析与GIS应用""旅游资本运营""智慧旅游"等跨学科领域的课程，推动交叉学科人才培养。在课程设置方面，该专业支持学生跨学科、跨专业学习，着重培养学生的创新创业能力，努力实现"厚基础、宽口径"的贯通培养目标。

(2)在资源整合方面，开展与境内外院校、科研机构的教学联合培养。旅游管理专业教师团队加强与境内外教学科研机构的合作，增设高校交流活动与"境外移动课堂"。在授课方面，邀请我国台湾地区高校与本专业教师合力培养旅游管理专业的高端人才，目前已成功与台湾静宜大学、高雄餐旅大学、台湾暨南大学、高雄应用科技大学等高校陆续开展了常态化的教学交流与科研合作。自2016年起，台湾高校也每年选派学生前往厦门大学进行旅游管理专业方向的交流访问，通过两岸的旅游思想碰撞，实现教育理念的真正协同发展。据统计，迄今两岸交流的学生已达400多人。

此外，该专业在国内高校旅游管理专业中率先开展台湾地区移动课堂，迄今为止已连续开展两年，带领本科生到台湾对相关旅游院校以及观光文创企业进行为期一周的参访和学习。每次行程长达到2200公里，从知名大学到文创园区、休闲农场，学生在行程中开阔眼界，接触更多元化的教学方式，学习借鉴台湾观光旅游与文创行业发展的新趋势。该

---

① 田晓明、徐维英：《思考与探索：大学人文社会科学研究管理》，《苏州大学学报》(哲学社会科学版)2014年第3期。

② 马费成：《推进大数据、人工智能等信息技术与人文社会科学研究深度融合》，《评价与管理》2018年第2期。

项目目前已成为厦门大学旅游管理专业的特色项目，获得学生的一致好评。

移动课堂结合旅游管理实践，将实际生活融入课堂，颠覆了传统的理论教学方式。与“静态的教育学”不同，移动课堂的精髓是“动态的教育学”，重在培养学生自动、自主、充满活力地发展自己，促进学生对旅游行业的主动探索与深入分析。带队教师因势利导地带领学生展开讨论，启发他们从多层次、多角度进行批判思考与案例分析。例如，参观完卓也小屋，同学们思考如何打造高知名度的田园综合体和休闲农业；参观完馥兰朵，同学们思考如何让艺术成为酒店生活仪式；参观完石鼓文创园，同学们思考如何把旧的工业基地打造为新型的休闲文化创意园，吸引游客的参与体验。移动课堂让教育所学可以真正地应用到实践中，让学生通过实践更深入地理解知识。

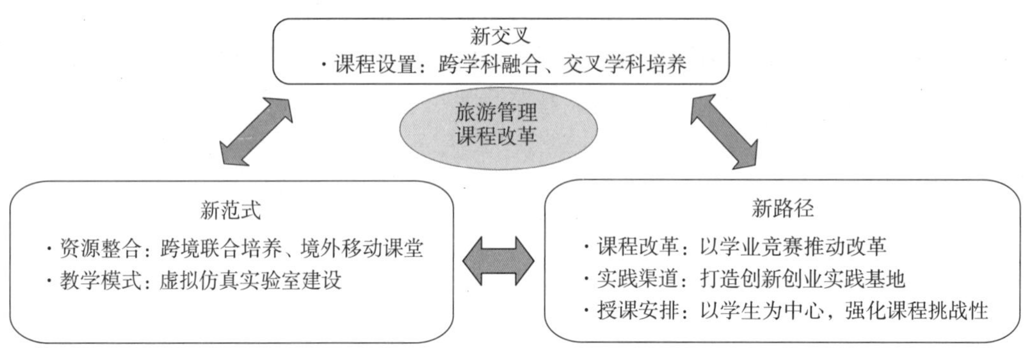

图 1　基于“新文科”思路的旅游管理课程改革措施

(3)在教学模式方面，建立新型旅游虚拟仿真教学实验室，通过可视化、场景化和交互式的教学模式创新，探索“教学促进科研、科研反哺教学”的新路径。课程组大力推广现代信息技术，以此变革传统的教学范式，推进大数据、人工智能等新技术的应用，从教学和科研模式出发，推动网络化、智能化、个性化的教育，进而全方位地建构数字化的旅游管理知识体系。该专业建立了新型旅游虚拟仿真教学实验室，提供多智能体仿真(Multi-agent Simulation)、地理信息系统(Global Information System)、全球定位系统(Global Positioning System)、虚拟现实技术(Virtual Reality)、增强现实技术(Augmented Reality)、皮肤电和眼球追踪等多种现代技术。该实验室综合集成了信息科学、地理信息科学和旅游管理等跨学科理论和方法，实现了教学、科研、人才培养的有效融合。

(4)鼓励学生参与创新创业类竞赛、学术论坛，推动课程改革。该专业自 2018 年以来连续三年举办全国大学生旅游设计创意大赛，积极促进旅游策划、旅游创意、旅游产品开发等相关课程的建设，形成了良好的“课程改革—学科竞赛—创新融合”的链条式互动模式。通过举办和指导学生参与相关赛事，推动课程改革，学生达到“知行合一、学以致用”，将课堂所学扎根于中国实业中。

在课程改革方面，不少课程也与行业大赛紧密联系，鼓励学生主动学习、用创新思考方式解决实践问题，提升学生的综合素养。以“旅游资本经营”课程为例，授课教师采用芬兰 CESIM 公司开发的线上模拟案例平台，让学生组成小组进行竞赛，不仅让学生通过旅游企业经营模拟将投资管理的基础知识点融会贯通，而且培养团队协作，启发同学分析旅游企业经营特点，提升学生的理论与实践结合能力。近三年来，旅游管理专业教师指导本科生成功申请并完成16项国家及省级大学生创新创业训练计划、在CESIM“尖烽时刻”酒店管理模拟大赛获得包括冠军在内的20项荣誉。

在学术教育方面，该专业持续举办学术论坛，辅助课程建设，打造思想交流平台。该专业每双周举行学术论坛，合计超过120次，鼓励学生参与；连续两年成功举办第一届与第二届“中国旅游论坛暨旅游30人论坛”，为学生提供近距离接触学术界与业界的大师，提供进一步交流与学习的机会。一大批优秀本科生提前进入老师研究课题组，本科生多次在国际会议汇报论文，在旅游管理专业最优国际期刊 *Tourism Management* 发表2篇论文，展现出较好的科研潜力。

(5)在实践渠道方面，与旅游科技企业展开合作，提升学生的实践与创新能力。近年来，旅游管理专业积极与一批旅游科技公司(例如科技谷有限公司、小签科技等)签署相关战略合作协议，在实验室建设、学生实习、行业导师、科研课题等方面展开密切合作，为学生熟悉并运用旅游行业的高科技手段提供契机，为学生的创新创业提供实践平台。

随着校内教学实践平台厦门大学国际学术交流中心林梧桐楼顺利落成，厦门大学的旅游管理专业教育跳出了大学的象牙塔，成为中国大陆第一所拥有属于自己的教学酒店的“985”高校。这一教学实践平台成为学生创新创业的平台孵化器，于2018年被共青团中央授予“创新创业实践基地”，真正实现理论和实践一体化。在教学上，教学酒店提供现场教学场地，成为酒店管理各主题的行业调查和实践试验平台，例如把现有的酒店管理、战略管理、营销、人力资源等多门课程与酒店运营项目相结合，让学生在酒店实际运营过程中掌握与应用相关理论。以2019年短学期为例，多组学生在专业教师与酒店经理人员“双导师”的指导下，完成了“酒店品牌塑造及知名度提升方案”“酒店整体服务质量提升方案”等课题的调研报告，实现了将个人知识转化为实际产出的融会贯通。在实践上，教学酒店除了为学生提供专业实习的机会，还推出职业经理人计划，由酒店各部门经理亲自一对一指导，培养和提高学生综合管理能力。

(6)在授课安排方面，教师的“传道受业解惑”更加强调学生需求导向，课程设计致力于提升课堂活跃度和强化学业挑战性。授课教师将旅游创新创意和科学化融入本科教学课堂中，强化课堂师生互动探讨、增强课堂活吸引力，学生“上课气氛活跃，精力集中”。部分课程引入国际上先进的模拟案例教学平台、采用情景模拟教学和案例教学相结合的混合教学模式，并贯穿于整个课程教学过程，强化课程全局评价以增强学业挑战性，强调作业的创新性和思辨性，重视独立思考和协调能力，帮助学生树立自我学习和终身学习的理念。

以“智慧旅游”课程为例，该课程采用“理论知识＋案例讲解＋课程作业”的方式，目的是让学生了解大数据时代的新形势背景下，以旅游行业为依托，应用互联网的创新思路破局，实现传统旅游行业与互联网跨界融合，解构和重塑旅游业务流程等问题。同学们组成小组、设计项目，在授课教师的指导下学习智能优化算法、计算机仿真、GIS技术、网络爬虫、VR技术等计算机知识，完成旅游线路设计、智能导览、旅游资源优化配置等项目任务。这门课程对大多数为文科背景的同学而言有较大难度，授课过程对学生与教师都是较大挑战，但学习收获颇丰，极大增强了专业学生的自信心，强化了学生把技术融入文科专业知识的能力。近三年来借助该课程的成果，修课学生有三个项目获省级大学生创新创业项目的立项，其中一个项目获得国家级立项。

综上所述，旅游管理专业基于“新文科”建设的整体思路，在新交叉、新范式、新路径等方面进行相应的变革，以跨学科融合、协同创新为主要途径，培养旅游管理专业的复合型人才。

四、下一阶段旅游管理课程建设的改革思路

下一阶段旅游管理的课程建设还需要在以下方面不断完善：一是在课程内容方面，进一步追踪旅游大数据、智慧旅游、数字化营销等新趋势，改革现有课程体系使之反映旅游管理前沿性和时代性；二是在教学形式方面，聚焦学科建设，加强与人工智能、大数据、虚拟仿真技术等最新技术的融合，完善旅游虚拟仿真实验室的建设，使教学形式呈现先进性和互动性；三是在师资队伍方面，要进一步整合资源优势，用于人才投资，实现高校与境内外教学科研机构、著名企业的联合培养。

总之，基于“新文科”的建设思路，旅游管理专业充分发挥厦门大学作为一流大学的平台优势，结合高校学科众多、功能泛化的优势基础，积极联合两岸创新力量，有效聚集创新要素和资源，构建一个高效的协同创新的新模式。该模式将教学课堂、校外实践、能力拓展等多方面要素有效融合，使旅游管理学科建设向新型的旅游创意、旅游科学化方向发展，为新文科背景下旅游管理学科的建设提供新的发展途径。这种教学改革模式为双一流高校旅游管理人才培养提供新思路，具有很好的指导借鉴意义。旅游管理专业的课程建设任重道远，将随着市场发展需求不断变革调整，培养适应新时代背景，打造“新文科”建设导向的复合型人才。

"新工科"背景下高分子材料方向"综合实验"的教学设计与实践

曾碧榕　郑　薇　刘新瑜　戴李宗*

摘要:实验教学是高等教育的重要组成内容,是衔接理论知识与工程实际的重要通道,在人才培养方面发挥十分重要的作用和地位。"新工科"建设对创新型工程人才培养提出新的要求,建设和优化改革材料科学与工程专业的实验教学课程是大势所趋。本文以高分子材料领域的"综合实验"课程为例,从课程的教学内容设计、实施方式、保障措施、多元化评分标准几个方面阐述了本课程设置要求、特色与实践。通过多年的优化改革,综合实验课程整体呈现出良好的教学质量和效果,在提升学生的学习主动性、增强实操技能、培养工程思维、设计思维和系统思维、提升自主终身学习能力和创新创业的能力、增强解决复杂工程实践问题的自信心等方面具有显著效果,符合工程教育认证的发展理念,为输送适应时代新需求的创新型卓越工程人才提供了有力支撑。

关键词:综合实验;创新能力;教学实践;工程意识;工程教育认证

在高等教育中,实验教学具有十分积极的意义,是衔接理论知识与工程实际的重要通道,也是培养在校学生创新能力、实操技能和工程综合能力的重要方式。[①] 然而,长期以来,高校课程的实验教学同课堂教学相比,一直处于次等位置。实验教学被看作对理论课程课堂的一种补充,一般被放在理论课程教学之后。由于对实验教学重要性认知的不足,这种非主导地位导致实验教学课程的师资和仪器等配套资源和设备的投入不足,因此实验老师在实验教学的内容涉及与改革创新方面无法提供足够的精力和时间,最终违背了开设综合实验教学课堂的初衷。因此,高等教育改革迫切的重要任务是对实验教学项目的深化改革并对教学综合质量加以提升。为了能够适应"新工科"人才建设的发展理念,急需切实有效地对实验教学项目进行创新设计和优化改革。

教育部于2017年启动实施了"新工科"建设项目,主要是为了实现工程教育的创新和优化改革,该项目主动服务于"中国制造2025"、"互联网+"、国家创新驱动发展等战略以及"一带一路"倡议,培养出适应时代新需求的创新型卓越工程人才,为各行各业的转型升

---

* 曾碧榕,女,福建莆田人,厦门大学材料学院副教授,主要研究方向为高分子材料。郑薇,女,福建宁德人,厦门大学材料学院高级工程师,主要研究方向为实验教学与管理。刘新瑜,女,福建惠安人,厦门大学材料学院高级工程师,主要研究方向为实验教学与管理。戴李宗,男,福建南安人,厦门大学材料学院教授,主要研究方向为高分子材料。

① 鲁明波、刘亚丰、杨英、余龙江:《大学生创新能力培养与实验教学模式改革实践》,《教育教学论坛》2020年第7期。

级提供智力支持。[①] 可见,“新工科”之新不仅在于对未来业态崭新模式的理解与应对,还在于对传统工程教育理念、课程体系和教育体制的新革命。

厦门大学有5个学科入选了双一流学科建设名单,是国家公布的A类世界一流大学建设高校之一,担任着向国家输送适应时代新需求的创新型卓越工程人才的重任。2007年,厦门大学的材料科学与工程专业获批为国家级“第二类特色专业建设点”,经过十多年的全面发展,发展为国家级专业实验教学示范中心。[②] 该专业的本科毕业生具备从事材料科学与工程领域各项工作的能力,包括管理技术经济、控制材料的质量、改进材料性能以及开发新技术、新材料和新工艺等。但是,由于历史原因,厦门大学材料科学与工程学科整体上还存在着工科教学理科化的缺陷。为了更好地对接产业需求,促进厦门大学工科发展,探索应用CDIO工程教育新理念开展材料科学与工程专业的实验教学设计与实践是一件非常有意义的工作。CDIO是构思(Conceive)、设计(Design)、实现(Implement)和运作(Operate)的集合,在CDIO的模式下学生的学习方式更主动并且以实践为主,实现课程内容的有机联系和应用[③]。从实际需要出发,学生的能力可分为以下几个方面:个人能力、人际团队能力、工程基础知识和工程系统能力,为了实现学生综合能力的培养,毕业生在这四个方面需要达到预计目标。这高度符合当前培养材料科学与工程专业具备国际竞争力的、创新能力和工程实操技能强的“新工科”卓越工程人才的目标[④]。

材料科学将实践操作与理论知识紧密结合,是一门以实验为基础的学科。综合性实验将知识和技术能够有机地结合起来成为一个整体,是在学生已经掌握了基本的理论知识和基本实验仪器设备操作的基础上而开设,主要是为了提升学生的实践操作能力、培养学生分析、解决和综合思考问题的能力、增强学生的创新能力等。[⑤] 众多教学研究实践证明,开展综合性实验是培养学生良好专业技能的有效手段,能够促进学生构建科学严谨的思维体系,从而提升综合能力和素质。[⑥] 在厦门大学材料科学与工程专业培养方案中,“综

---

① 刘婉颖、贺站锋、李星、林元华、侯铎、高婷艳、陈龙:《新工科背景下材料学科实验室建设的研究》,《实验科学与技术》2020年第5期。

② 沈晓红、肖祖法、任磊、刘兴军、彭栋梁:《材料科学与工程特色专业的建设与思考》,《大学教育》2014年第8期。

③ Kamilla Kohn Rådberg, Ulrika Lundqvist, Johan Malmqvist, Oskar Hagvall Svensson. From CDIO to challenge-based learning experiences - expanding student learning as well as societal impact?, European Journal of Engineering Education, 2020, 45(1): 22-37, DOI: 10.1080/03043797.2018.1441265. 凌敏、伍玉娇、周登凤:《基于CDIO的材料科学与工程专业项目化课程体系改革》,《当代教育实践与教学研究》2015年第7期。

④ 朱磊、李博解、魏鹏任、颜永斌、汪连生:《基于CDIO模式的材料科学与工程专业应用型人才培养研究》,《教育教学论坛》2020年第30期。

⑤ 官玉梅、郭静、赵秒、王艳、管福成:《高分子〈创新探究试验〉课程改革的思考》,《广州化工》2019年第19期。李顺、王震、暨波、温柳、叶益聪:《以能力塑造为核心的材料学科实验教学改革研究》,《高等教育研究学报》2019年2期。

⑥ 方正军、易兵、李靖、邬峰:《基于新工科理念的高分子材料专业综合教学实验探索》,《实验室研究与探索》2020年第10期。陈珺、钱浩、赵青华、杨乐、陈晓闽:《多层次高分子专业综合实验教学体系构建与探索》,《高分子通报》2020年第7期。

合实验”课时数为 96 学时，设置了无机材料方向、高分子材料方向和生物材料方向三个模块，分别为各专业学生其提供丰富的综合性实验课程。本文介绍我们在综合实验中高分子材料方向模块的教学设计与实践。

一、综合性实验项目的教学内容设计

由于目前实验教学存在的诸多问题，比如教学选用的教材和仪器随着社会科技的发展显得有些过时陈旧，也缺乏与时俱进的改变与更替，学生的学习兴趣难以被激发。为此，有效设计并优化整合实验内容是关键。实验项目设计要注重实验教学和科研的结合，教师如果将具有先进性和前沿性的研究成果转变为适合实验教学的知识和技能，以科研促进实验教学，有益于开发学生的研究、总结、探索、创新的科研兴趣，培养理论转化为实践的能力，有助于学生的就业和进一步深造。

首先，本课程从高分子材料领域的热门研究中，确定了 6 个主题作为综合实验的实验项目，分别是阻燃环氧树脂、聚苯胺电容器、高分子微球光子晶体、壳聚糖膜、异形结构聚合物基复合纳米材料和聚合物药物载体。这些实验项目属于功能高分子材料范畴，代表着特定领域的研究热点，与产业化结合较为紧密，符合时代发展的需求，因而具有较高的吸引力。其次，每个实验项目都具备独立完整、闭环式、模块化的实验环节，涵盖从材料制备、成型加工、性能表征到数据分析的全套内容。学生无论选取哪个项目，都可以保障其获得系统性训练。最后，我们还引入了特色的安全教育内容，以 6S 管理理念渗透到教学的全过程，6S 指整顿（SEITON）、整理（SEIRI）、清扫（SEISO）、清洁（SEIKETSU）、素养（SHITSUKE）、安全（SECURITY）。通过 2 个课时的安全教育，学生树立起对实验的风险评估与控制意识，并且通过 6S 管理形成了良好的实验习惯。

以主题为“有机钛/磷改性的环氧树脂的制备及其表征”的实验项目设计为例，环氧树脂属于热固性树脂，由于其具有各种优异的特性（机械强度高、电绝缘强、黏结性好）而广泛应用于电子材料的各个方面等。然而，环氧树脂在高温下极易燃烧，而且燃烧火焰会快速蔓延，极大地阻碍了环氧树脂的实际应用。为了提升我国电子电气产业国际市场竞争力，应对电子电气领域对阻燃性能提出的高要求，研发出阻燃性能好、热稳定性高、韧性好的新型环氧树脂已成为国内外环氧树脂领域急需解决的问题，对我国综合竞争实力的提升意义非凡。基于此背景，本实验项目设计以环氧树脂复合材料为主线的实验任务，要求学生完成热固性树脂固化、改性，树脂制品设计、制备与加工、性能测试与分析等综合性内容，具体制定了 8 项任务单元：①环氧树脂成型的模具设计与制作；②探究不同类型固化剂对环氧树脂固化条件的影响；③钛功能助剂的选择、优化与应用；④钛/磷改性环氧树脂标准样条制备；⑤环氧复合材料的热稳定性能与阻燃性能的研究；⑥复合材料的介电性能、冲击性能和表面接触角测定；⑦复合材料燃烧产物形貌和机理探究；⑧兼具装饰性和功能性的环氧树脂材料的制备及其在生活中的应用。针对这 8 个任务单元规定了独立的教学目标、考察点和问题思考等。总之，该实验项目以产品设计、研发到产品应用的周期为载体，覆盖了环氧树脂用品生产的全过程和全流程，在实验内容安排上不仅层层递进、上下承接，而且逻辑清晰，系统性和灵活性并存，充分体现了 CDIO 工程教育理念以及“科研反哺教学”的指导思想，极大程度上赋予学生充分的创新和实践机会，因而是实验教学上的一种创新性尝试。

二、综合实验的实施方式及保障措施

传统的实验教学项目一般由教师演示实验和学生验证实验构成，帮助学生弄清课程的理论知识，但学生在解决问题和动手操作方面的综合能力提升效果甚微，通常学生只是机械地、按部就班完成实验课程安排。为了提高传统实验教学的综合实力，本综合实验课程减少教师的演示性实验，加大研究性探索内容，注重开拓学生的发散和创新思维，鼓励探索性的尝试，接纳多样化的结果，并给予深入的分析引导。在实验实施过程中，我们尤其注重问题引导，以点带面，促进学生触类旁通，从而对相关内容形成自己的知识体系，实现提高理解和解决问题能力的教学目标。

首先，本综合实验课程的选课方式灵活自由，尽可能地尊重每位学生的自身兴趣。高分子材料方向的学生可以从 6 个主题项目中选取 2 个作为自己的实践内容。为保证教学效果，学生分小组进行，每组人数控制在 1～2 人，每个主题项目集中在 8 周内完成。最终，学生需要提交综合性实验报告，并进行 PPT 演示来展示本实验的最终成果，而且在实验完成后一周还需进行集中研讨课。其次，本课程采用“开放式”教学方法。开放式教学模式转变了教学活动中的师生关系，即学生转变为知识的主动建构者，教师从知识的传输者变为指导者和参与者。例如，在环氧树脂成型的模具设计与制作单元中，教师只给出该题目和标准样条的尺寸需求，而对于具体的实施方案则布置由学生提出。学生自由组成小组后需要经过查阅文献资料去认识模具材料的种类和制作手段，进而设计出本小组的模具制备实验方案及步骤。由于模具选材可以是硅胶、木板、塑料片、铝箔片、钢片等多种材质，设计空间很大。老师对学生提出的方案进行指导以确保方案的可行性，随后在老师的指导下学生独自完成实验。这样学生不仅觉得设计实验新鲜有趣，也视为挑战，从而大大调动了学生的主动性和积极性，加强了学生团队协作能力和实践能力。同理，固化剂是环氧树脂固化的重要因素，在探究不同类型固化剂对环氧树脂固化条件的影响时，老师准备几种固化剂供学生选择，不同组的学生通过尝试，获得最佳固化条件，还可以通过对各组数据进行分析，得到固化剂类型和用量对环氧树脂固化条件的影响规律。又如，在钛功能助剂的选择与优化应用单元中，含钛功能助剂分成无机钛如二氧化钛和有机钛如钛酸丁酯。由于无机钛纳米粒子易团聚，需要对其进行表面改性，有机钛易分散能起到交联作用，但是加快了固化速度，对实验操作则提出了更高要求。学生通过分组进行实验条件的变化和应用，有利于掌握功能助剂对环氧树脂复合材料的改性原理和作用机制。此外，在钛/磷改性环氧树脂标准样条制备单元，将磷系阻燃剂配合钛功能助剂用以改性环氧树脂分别提升其阻燃和力学性能，但是这种单一改性作用在两者共同使用时又能得到很大增强，即协同效应。因而学生可以变化多种配方，获得添加型改性剂改性技术的特点。在实验结束后由于大家的方法、改性剂都不尽相同，因此实验结果也会多种多样。随后，各组的学生可以根据实验结果进行探讨从而获得各类实验条件对实验结果的影响规律。相比于传统演示性实验和验证性实验，这种开放式的实施方式完全突破了传统教学的局限，融合了基础技能训练和复杂问题延伸的优势，极大提升了思维水平和实验水准，同时很好地调动学生的积极性，激发了学生对高分子材料学习的兴趣和对科学研究的向往与追求，全面提升学生的科研素质和探究精神。最后，对综合设计性实验课程进行有效的协调管理和组织以顺利开展该综合实验教学。本课程由教师组负责综合设计性实验课程的开展，指定专任教师负责课程开设时间设置、实验项目设计和筛选、实验大纲撰写和实验计划安排，由教辅成员负责安全教育、6S管理监督、仪器设备准备以及相关的突发事件处理等，极大保障了实验的顺利进行。

三、综合实验的多元化评分标准

为了与综合实验课程设置的教学目标相匹配，综合实验的评分也要求取代单一标准，形成一个系统性评分标准。有效的考核标准可以反映学生对实验原理是否清楚，实验步骤是否明了，实验技能的掌握是否娴熟，对有缺陷的地方能否有效发现并给予机会弥补。以往的实验课大多按照平时的实验报告给分，这样并不能够全面而真实地体现学生的实际实验能力。在教学的整个过程中，有些学生通常会把精力全放在实验报告的成绩上，而忽视了实验的动手操作，违背了开设综合实验教学课的初衷。为此，我们开展考核评价方式的优化，避免让学生为了做实验而做实验，积极促进学生真正将理论与实践有效融合，切实培养学生的综合能力，以满足当前“新工科”人才建设的发展需求。

我们制定的本实验课程的评分依据有5个部分，具体包括：①预习，占比10%，评分办法是根据预习报告的书写及课堂提问的回应情况而定。②实验操作，占比30%，根据实验操作的规范程度对学生进行评价，实验现象记录是否仔细、认真，仪器使用是否正确，能否独立完成实验，仪器是否完好。③实验结果，占比30%，根据产品产量和质量或实验数据的准确度及精度几个方面对学生进行等级评定。④实验报告，占比20%，其依据是实验报告是否按时交，书写是否清楚，格式是否规范，实验报告的条理性，实验数据的探讨是否正确和深入。⑤出勤、纪律、态度、6S习惯，占比10%。在“有机钛/磷改性的环氧树脂的制备及其表征”的实验项目中，不仅在材料制备方面对操作提出了严格的要求，比如搭建回流反应装置，正确使用加热搅拌器和烘箱；而且对性能表征所需的仪器分析设备，如差示扫描量热仪、红外光谱仪、扫描电镜、热重分析仪、接触角测定仪、摆锤冲击测试仪和氧指数仪器等，同样在其操作上也提出了要求。对于这些仪器设备的使用，只有规范的操作，才能获得可信的结果。因而，对照评分标准，老师在每周实验进行过程中应予及时考察和记录学生在第①、②和⑤的完成情况。对于第③和④的分数评定，需要结合学生的PPT答辩汇报情况。学生可以以个人或小组为单位进行总结，主讲教师和教辅作为答辩评委，根据学生的实验产品质量、数据结果和PPT答辩的情况给定成绩。实践证明，这种评定方式，有利于学生重新回顾和梳理整个实验项目的内容，对实验结果的成败可以提前做好自我评价，对一些不足的地方，愿意优化的同学还可以在答辩之前找老师补做实验，或者提出一些改进意见。为了鼓励学生勤于思考、大胆创新，对于在实验过程中能够提出创新性观点和见解的学生，应该给予适当的加分。

本综合实验课程的考核方式是多元化的，其中学生需要进行PPT汇报，该考核方式极大提升了学生与他人交流与分享的能力。学生通过实验总结汇报PPT进行集中交流，不仅利于学生互相分享经验，拓展思维，启发创新，还锻炼了学生的表达与答辩能力。同时，通过听取、评价其他同学的实验汇报，互相取长补短，增强了交流，实现了共同进步，提升了教学质量。同时,学生也能重新体会并重视实验中的团结协作和踏实运作精神,为将来勇于承担并出色完成工作岗位的任务打下扎实的基础。

四、总结

本综合设计性实验课程弥补了传统实验课程的不足,在促进教学相长方面发挥了积极作用,是进行实验教学改革、增强实验教学质量、培养材料科学与工程专业具备国际竞争力的、创新能力和工程实操技能强的“新工科”卓越工程人才的重要方式。通过多年的改革优化,厦门大学高分子材料方向的《综合实验》项目从教学内容设计、实施方式、保障措施、评分考核体系优化等几个方面开展了许多富有成效的改革和实践,教学质量得到极大提升。从教师角度和学生角度的反馈结果表明,该课程对培养学生的设计思维、工程思维和系统思维,提升学生的创新创业能力和自主终身学习的能力,提高学生处理复杂工程实践问题的自信心等方面都起到了积极作用,符合工程教育认证的发展理念,为培养适应“新工科”建设需求的创新型卓越工程专业人才提供了有力保障和支撑作用。

数学类专业课程建设的若干思考和实践

金贤安　黄晨龙*

摘要：人才培养是大学的本质职能，本科教育是大学的根和本。本文围绕厦门大学数学科学学院数学类专业学科通修课程和专业方向课程的课程建设，落实立德树人根本任务，推动专业建设和本科人才培养工作，介绍我们的若干思考以及实践情况。

关键词：数学类专业；课程建设；思考；实践

党的十八大以来，以习近平同志为核心的党中央高度重视教育工作，对高等教育作出一系列重大决策部署，科学回答了中国特色高等教育走什么道路以及培养什么人、怎样培养人、为谁培养人等根本问题。本科教育在高等教育中是具有战略地位的教育，本科不牢，地动山摇。人才培养是大学的本质职能，本科教育是大学的根和本。如何结合数学学科和专业的特点，落实立德树人根本任务，建设一流本科教育，培养德智体美劳全面发展的社会主义建设者和接班人，这是每一位大学数学教育工作者应认真思考回答的问题。

厦门大学数学学科源自 1923 年成立的算学系，是国内最早成立数学学科的几个高校之一，有近百年的历史，有重视本科教育和人才培养的传统，曾培养出以陈景润院士等为杰出代表的一批优秀人才。学院现有数学与应用数学、信息与计算科学和统计学三个本科专业。2008 年入选国家“理科基础科学研究和教学人才培养基地”，2010 年入选国家“基础学科拔尖学生培养试验计划”。

十九大报告提出了中国发展新的历史方位——中国特色社会主义进入了新时代。新时代、新要求、新使命、新征程。在前人工作基础上，我们不懈努力，2019 年数学与应用数学专业入选国家级一流本科专业建设点，2020 年数学类专业入选教育部“强基计划”，2021 年景润拔尖班—数学拔尖学生培养基地入选教育部基础学科拔尖学生培养计划 2.0 基地。

本文围绕数学类专业学科通修课程和专业方向课程的课程建设，推动本科专业建设和人才培养工作，结合 2017 年以来厦门大学数学科学学院本科教学工作，谈一谈我们的若干思考和实践。

一、数学、数学学科和数学类专业

恩格斯说：“数学是研究现实世界中的数量关系和空间形式的一门科学。”数学具有抽象性、精确性和应用广泛性的特点。数学总体上可分为纯粹数学和应用数学，与物理学、

---

* 金贤安，男，山东聊城人，厦门大学数学科学学院教授，主要研究方向为图论、纽结论和数学化学等。黄晨龙，男，福建厦门人，厦门大学数学科学学院本科教学秘书。

经济学、计算机和生物学等密切相连。马克思曾经说过："一门科学，只有当它成功地运用数学时，才能达到真正完善的地步。"当今时代，世界上主要发达国家都将保持数学方面的领先地位作为一项国家战略目标。习近平总书记在十九大报告中指出："要瞄准世界科技前沿，强化基础研究，实现前瞻性基础研究、引领性原创成果重大突破。"国务院 2018 年 1 月印发的《关于全面加强基础科学研究的若干意见》强调："与建设世界科技强国的要求相比，我国基础科学研究短板依然突出，数学等基础学科仍是最薄弱的环节"，"坚持从教育抓起，潜心加强基础科学研究，对数学、物理等重点基础学科给予更多倾斜"。由此可见，建设一流数学学科和一流数学本科教育意义重大。

数学一级学科下分基础数学、应用数学、计算数学、概率论与数理统计、运筹学与控制论五个二级学科。根据教育部普通高等学校本科专业目录(2012 年)，与数学学科密切相关的专业有：(1)在理学学科门类下数学类有两个专业：数学与应用数学(专业代码为 070101)和信息与计算科学(专业代码为 070102)；(2)在理学学科门类下统计学类有两个专业：统计学(专业代码为 071201)和应用统计学(专业代码为 071202)；(3)2016 年新设置数据科学与大数据技术本科专业，专业代码为 080910T，学位授予门类为工学、理学。

另外，在经济学学科门类下经济学类有两个专业：经济学(专业代码为 020101)和经济统计学(专业代码为 020102)。

二、课程建设、学科建设和专业建设

学科建设和专业建设是高校建设的基本内容。2015 年 8 月，中央全面深化改革领导小组会议审议通过《统筹推进世界一流大学和一流学科建设总体方案》，10 月国务院印发《统筹推进世界一流大学和一流学科建设总体方案》。2017 年 1 月，教育部、财政部、国家发展和改革委员会印发《统筹推进世界一流大学和一流学科建设实施办法(暂行)》。建设世界一流大学和一流学科(简称"双一流")，是中共中央、国务院作出的重大战略决策，也是中国高等教育领域继"211 工程""985 工程"之后的又一国家战略。2018 年 9 月，教育部《关于加快建设高水平本科教育，全面提高人才培养能力的意见》提出：大力推进一流专业建设，实施一流专业建设"双万计划"，即建设 1 万个国家级一流专业点和 1 万个省级一流专业点，引领支撑高水平本科教育。

学科建设往往以科学研究为目标，专业建设主要以人才培养为己任。① 传统上一般认为学科建设只涉及研究生，专业建设只涉及本科生。这一传统正慢慢被打破。比如在第五轮学科评估中"在校生代表性成果"和"代表性毕业生"的学生可以是研究生也可以是本科生，而在第四轮学科评估中"学生"均不包含本科生。

课程建设是学科建设和专业建设的联系中介。② 专业在某种程度上是一个为实现一定的人才培养目标和规格将一些课程按一定逻辑关系(或顺序)组合起来的课程体系，课程是构成专业这个体系集合的元素，从这个意义上，课程建设是专业建设的基石。另一方

---

① 刘海燕、曾晓虹：《学科与专业、学科建设与专业建设关系辨析》，《高等教育研究学报》2007 年第 4 期。

② 刘智运：《论学科专业课程建设的关系》，《大学教育科学》2004 年第 1 期。

面，课程内容源自学科知识，对课程内容的新要求往往需要学科发展的新成果，从而起到拉动学科发展的作用。

可见，课程建设不仅是专业建设的重要组成部分，也对学科建设起重要促进作用。更重要的是，课程是人才培养的核心要素，课程质量直接决定人才培养质量。2019 年 10 月，教育部下发《关于一流本科课程建设的实施意见》，实施一流课程“双万计划”（五大金课建设计划）即建设 1 万门左右国家级一流课程和 1 万门左右省级一流课程。

三、数学类专业课程建设的思考和实践

目前国内主要高校数学学院一般都设有数学与应用数学、信息与计算科学和统计学三个本科专业，在课程体系设置上一般也都分为公共基本课程、通识教育课程、学科通修课程和专业方向课程等。本节主要就学科通修课程和专业方向课程如何加强课程建设，结合厦门大学数学科学学院本科教学工作，谈一下我们的思考和实践。

（一）推进课程思政建设

2018 年 9 月全国教育大会上，习近平总书记发表重要讲话，强调“培养什么人，是教育的首要问题”。要培养德智体美劳全面发展的社会主义建设者和接班人，需要解决专业教育和思政教育“两张皮”的问题，需要将价值塑造、知识传授和能力培养三者融为一体，寓价值观引导于知识传授和能力培养之中。在课程思政内容上主要围绕政治认同、家国情怀、文化素养、宪法法治意识、道德修养等进行，结合学院情况我们着力推动数学传统教育、科学精神教育和数学强国梦教育，注重学生科学思维方法的训练，培养学生探索未知、追求真理、勇攀科学高峰的责任感和使命感。

以教工党支部为主，系级行政组织为辅，组织课程思政学习和研讨，强化每一位教师的课程思政意识和提高每一位教师的课程思政能力。推动课程思政的理念形成广泛共识，构建全员全程全方位育人大格局。努力在每一门课程中有机融入思想政治教育元素，形成“课程门门讲思政，教师人人讲育人”的局面。目前学院已有 3 门本科课程入选厦门大学课程思政示范课程立项。根据不同专业人才培养特点和专业能力素质要求，学院每个专业都正在努力打造属于自己专业的 1 门示范课、1 个示范课堂和 1 位示范教师。在开展课程思政建设过程中，学院注意树立正面典型，以点带面。在课程思政方式方法上强调“潜移默化”和“润物细无声”。

（二）深化课程体系建设

立足经济社会发展需求，确定人才培养目标。根据培养目标，修订培养方案，优化重构课程体系。杜绝因人设课，淘汰“水课”。以《普通高等学校本科专业类教学质量国家标准》等国家标准为基础，对标一流大学，根据《厦门大学本科培养方案修订总则》，2018 年赴中国科学技术大学和佐治亚理工学院实地调研，在全面总结过去基础上，广泛听取社会各界和学院师生意见，与境内外 10 余所高校进行了对照比较，立足自身特色，对课程体系进行了优化重构。

对必修课进行了凝练，降低了必修课比例，增加了选修课比例，意在扩大学生选课自主权；根据“厚基础”的要求，在低年级主要设置学科通修课，以夯实学生基础；根据“宽口径”的要求，设置“经济学基础”“算法与数据结构”，新设“计算机图形学”等跨学科课程；根

据“多层次、个性化”要求，在一、二年级设置拔尖小班课程和普通班课程，在三、四年级新设“交换代数”“半单李代数及其表示”“代数几何”“黎曼曲面”“微分流形”“多复变函数论”“随机分析”“数据分析与矩阵计算”“高等数值分析”“偏微分方程数值分析”“刚性微分方程数值方法”“数值最优化”等前沿课程，接轨研究生教育和《Python编程和数据分析》等应用型课程，满足学生就业需要。

基础学科拔尖学生培养试验计划(数学)特设的短课程、为厦门大学“景润杯”数学竞赛、全国大学数学生数学竞赛和丘成桐大学生数学竞赛等开设的讲座或培训短课程等在开设若干年后，待课程成熟时，就不断地将它们融入正常的本科生课程体系中。

(三)实施精品课程建设

精品课程是高等学校教学质量与教学改革工程的重要内容之一。学院重视各类精品课程的建设，希望通过精品课程建设达到示范和引领课程建设的作用。“高等代数”和“数学建模”是数学科学院传统的两门国家精品课程，也是国家级精品资源共享课，在全国都有相当的影响。例如，“高等代数”课程网站2014年平均日访问量估计1000人次。“数学建模”在中国大学慕课平台上选课人数已超过20万人次。

2017年“数学建模”入选首批国家精品在线开放课程，2018年《偏微分方程》入选国家精品在线开放课程。2020年“高等代数”“数学建模”“偏微分方程”均入选首批国家一流课程。在“高等代数”“数学建模”等带动下，2017—2019年，“数学分析Ⅲ”“线性代数”“信息安全”“离散数学”等先后入选省级精品在线开放课程或省级一流本科课程，“拓扑学”等一批课程入选校级在线开放课程或一流本科课程。

(四)修订课程教学大纲

每门课程的教学大纲设计是课程建设的重要的一环。2019年，学院对23门学科通修或专业必修课课程教学大纲进行了修订。由各系系主任负责组织，每门课程成立教学大纲修订小组，设组长1人，组员3人或以上。每个小组调研了3个或以上国内外著名高校该课程情况，从课程内容和课程考核方式等方面入手进行了修订。

课程内容应有相当的广度和深度，体现前沿性与时代性。学院鼓励教师将科学研究新进展、实践发展新经验、社会需求新变化纳入课程内容，增加研究性、创新性、综合性内容，加大学生学习投入，科学“增负”，让学生体验“跳一跳才能够得着”的学习挑战。

在课程考核方式方面，学院普遍实行期末考试占比不超过50%，出勤情况占比不超过10%的学校规定，同时通过普遍增加小测等方式加强了课程的过程考核。鼓励教师综合应用笔试、口试、非标准答案考试等多种形式，全面考核学生对知识的掌握和运用；严格考试纪律，严把考试出口关，坚决取消“清考”，相应地积极做好课程重修各项工作。

(五)推动课程教学改革

学院积极推动以学生为主体、教师为主导的教学模式。强化师生互动、生生互动，坚决杜绝课堂教学教师满堂灌、学生被动听的现象，推动教学从以教师为中心向以学生为中心的转化。

学院大力推进现代信息技术与教育教学深度融合。目前普遍采用了板书和课件相结合的教学方式；积极推动慕课建设，推动混合式教学、翻转课堂，双校区同步授课，构建线上线下相结合的教学模式。

对若干基础课程和前沿课程实行“小班教学”。通过习题课、论文、报告、小课题，积极引导学生探究式与个性化学习，提升学生自主学习能力。注重科研反哺教学，突出研究型教学，培养学生的批判性思维和创新能力。

（六）优化课程师资配置

学院有一批在国内外有一定影响力的资深教授和一批以国家级高层次青年人才为代表的发展潜力巨大的青年骨干教师队伍，但缺乏院士、长江和杰青等国家级高层次人才。一方面，无论从学院发展角度，还是青年教师个人发展角度，青年教师都有承担科学研究取得高水平科研成果的任务。另一方面，数学科学学院教学任务异常繁重，除了学院研究生教学和本科生教学，还承担了全校公共数学教学（占本科教学课时的70%）任务。

在积极引进师资的同时，合理配置好已有师资非常重要。学院鼓励教学经验丰富的45岁及以上教学为主型的教师承担较大量（270课时或288课时等）的公共数学课程教学工作；教学科研并重型的资深教师尽可能多的承担专业基础课程教学工作；科研上优秀或有前途的青年教师承担少量（72课时或144课时等）专业前沿课程教学工作。从而既确保既完成学校教学任务，又支持青年教师（特别是有科研潜力的）把主要精力和时间放在科研上。

（七）加强课程组织建设

通过引培并举，增加了一批国家级高层次青年人才为代表的高水平科研人才，以高水平科研为基础，构建了以学术带头人为主导，中青年学术骨干为主体的教学团队。以教学名师带头，政策鼓励，浓厚“热爱教学、倾心教学、研究教学”的文化氛围。学院2018年获批省级数学专业本科教学团队，2019年获批省级数学建模慕课应用型本科教学团队。学院正在努力建设“数学分析”等课程教学团队。

学院努力提高教师教学水平和人才培养能力。学院对课程组进行了细化，现有“分析”“代数”“几何与复变”“方程”“离散数学与运筹学”“数值分析”“数值代数与优化”“计算编程及应用”“概率与精算”“统计学”10个课程组。推动集体备课、开展教学研讨、设立示范岗、进行教学培训和指导教学比赛等对青年教师进行传帮带，提升青年教师教学水平，促进青年教师迅速成长。2017—2020年，学院获全国高校数学微课程教学设计竞赛精英赛全国金奖1项，厦门大学教学比赛特等奖1项、一等奖4项、二等奖7项、最佳教案或课件奖3项和组织奖4项。

（八）完善课程制度建设

不参与本科教学的教授不是合格的教授，连续三年不承担本科课程的教授、副教授，转出教师系列。2017—2020年，教授授课平均课时大幅度增加。学院严格执行教授为本科生授课制度和院系党政领导听课制度。学院《专任教师岗位绩效考核评价实施细则》教师岗位绩效考核评价指标充分考虑了课程建设及相关工作。学院近期出台了《厦门大学数学科学学院课程教学评价办法》，正在逐步建立教师相关课程授课资格准入退出机制。

学院重视政策鼓励，教师年度超工作量补贴会优先向本科教学工作倾斜。学院年度考核、学校和学院评奖和评优等单列一定的教学工作方面的指标。学院每年根据情况对《数学科学学院教师工作量核算方法办法》进行修订，从2019年开始对课程项目、教改项目和大创项目负责人或指导教师给予核算一定的工作量。

四、总结

新时代数学的重要性愈发凸显。课程建设是专业建设的一个抓手,与学科建设也密切相关,是人才培养的重要元素。近年来,厦门大学数学科学学院全面贯彻党的教育方针,落实立德树人根本任务,努力培养德智体美全面发展的社会主义建设者和接班人,坚持"以本为本",推进"四个回归",激励学生刻苦读书学习,引导教师潜心教书育人,大力推动课程建设,打造一流专业,建设一流课程。我们分别从八个方面总结了2017年厦门大学数学科学学院在课程建设相关方面的一些思考和做法。

路漫漫其修远兮,吾将上下而求索,课程建设永远在路上,需要持之以恒,不懈努力,我们任重而道远,让我们一起探索,共同努力做好一流数学本科教育和一流数学人才培养工作。

基于工程教育专业认证理念的“工程制图”课程目标达成评价实践与思考*

沈 亮 叶李艺**

摘要：以化工类专业基础课程“工程制图”课程为例，对工程教育专业认证“以学生为中心”、“产出导向”和“持续改进”三大理念在课程目标达成评价中的映射体现进行阐述，对教学实践中发现的课程目标达成评价方法存在的问题进行梳理和分析，以期通过合理、科学、规范的课程目标达成评价实现精准的工程教育质量控制。

关键词：工程教育认证；课程目标达成；评价；工程制图

一、前言

世界正经历百年未有之大变局，新一轮科技革命和产业变革蓄势待发，而我国建设科技强国的关键要素之一即培养高水平工程技术人才。工程教育专业认证正是判别不同学校同一工科专业教育质量等效的通用评价体系，为工程技术人才进入工业界从业提供预备教育质量保证。2005 年，我国开始启动国际实质等效的工程教育认证工作，2015 年成立中国工程教育专业认证协会正式负责组织实施这项工作。随着 2016 年我国正式加入《华盛顿协议》，通过认证的专业也意味着毕业生学位获得国际同行认可，极大提升了我国工程教育认证的国际影响力。回溯工程教育认证的发展历程，专业评价的焦点可以归结为全体毕业生达到认证标准规定的毕业要求和专业制定的培养目标。但是毕业要求需要拆分为不同指标点，依托课程体系以类似金字塔结构向下延伸实施。换言之，对课程目标的达成评价，构成了工程教育专业评价的基石。前不久，中国工程教育专业认证协会对 2020 版申请书进行了修订，最新的《工程教育认证申请书(2021 版)》特别重点强调评价机制的达成，特别是课程目标达成情况的评价的要求，指出“课程目标达成情况评价的关键是所基于数据的合理性，包括数据内容、数据来源、收集方法，重点在课程目标与毕业要求的匹配，教学内容、考核内容与方式及其质量标准与课程目标的匹配”①。因此，如何选择合理的课程目标达成评价方法，直接影响到工程教育专业认证理念宗旨(以学生为中心、产出导向和持续改进)是否得以贯彻，评价方法的科学性也关乎专业认证结论的准确度，本文以化工类专业基础课程“工程制图”为例对这一问题进行了探讨。

---

* 基金项目：厦门大学 2019 年教改项目(项目编号：JG20190118)。

** 沈亮，女，重庆人，厦门大学化学化工学院副教授。叶李艺，女，福建漳州人，厦门大学化学化工学院副教授，主要研究方向为生物质的材料转化技术、吸附分离、化工教育。

① 中国工程教育专业认证协会：《2021 年工程教育认证申请注意事项》，https://www.ceeaa.org.cn/gcjyzyrzxh/xwdt/tzgg56/621176/index.html，访问日期：2020 年 12 月 16 日。

二、“工程制图”课程简介

“工程制图”是高等工科院校本科生必修的一门技术基础课，厦门大学化学工程与工艺、生物工程专业在大一第一学期开设此课，总共 48 学时，教学内容涵盖画法几何、机械制图和计算机绘图基础等三个部分，隶属于支撑“工程知识”、“设计/开发解决方案”和“使用现代工具”三项工程教育通用毕业要求的课程。课程目标与专业毕业要求的对应关系如表 1。

表 1　课程目标与毕业要求的对应关系

序号	课程目标	毕业要求指标点
1	课程目标 1：掌握正投影规律，能求解空间基本元素（点、线、面、体）的二面投影图和三面投影图。	1-3 掌握工程基础知识，结合数学、自然科学知识描述面向复杂化工/生物工程的工程基础问题并予以解决。
2	课程目标 2：掌握工程图样绘制和阅读的原理和方法，能绘制和阅读常见的非机类工程图样。	3-1 能够针对化工/生物工程任务需要，进行设备、单元、工艺的设计，了解影响设计目标和技术方案的因素。
3	课程目标 3：掌握 AutoCAD 软件的二维绘图操作。	5-2 能够开发、选择与使用现代工程工具、信息技术工具、信息资源及其软件对复杂化工/生物工程问题进行设计和开发，分析其局限性。

“工程制图”课程要求学生通过课程的学习，掌握画法几何基础知识和工程制图基本规则，具有读图和计算机绘图的能力。为全面考查学生的学习效果，课程考核总成绩登记方式采用百分制，由“随堂小测 60％＋综合大作业 40％”构成。对学生个体而言，期末的总成绩是他们最关注乃至唯一关注的评价结果，总成绩对学生个体学习情况充分起到鼓励或者警醒的综合反馈效果。但是对于老师来说，仅凭总成绩评估课程实施效果是不够的，需要在教学过程中不断对标工程教育认证三大理念，以实现对教学质量把控的初衷。

三、“以学生为中心”理念在课程目标评价中的体现

教学是存在于师生二元之间的信息授受。以学生为中心（Student-Centered）的概念最早出现在学生主导的团体学习中。1950 年芝加哥的洛约拉大学（Loyola University Chicago）护理系将学生分为 12～27 人的学习组，一周两次进行护理专业课程的团体学习，当时就已经包括了自我评价（Self-Evaluation）这一评价方法，但是早期教育工作者也明确了自我评价不会影响学生考核成绩，制订课程评价规则的主体仍然是施教方①。工程教育认证将以学生为中心作为核心理念之一，容易被误解为以取悦学生为中心，从而在成绩、分数这类学生关注的产出指标上向学生倾斜。但是以学生为中心的本意是以提升学生能力为中心，在评定学生成绩时，理解这一点尤为重要。笔者在教学过程中，选择 7 位同学对某次统一布置的作业进行自评和排除本人的互评，评分结果和老师打分进行比较，结果如图 1

① Dollie Lewis Sparmacher, Student-Centered Teaching, *The American Journal of Nursing*, 1950, Vol. 50, No. 12, pp. 787-789.

所示。可以看出，学生普遍对自己的作业评分过高，排除学生本人的互评平均分 7 人中仅 3 人成绩与老师评分接近，其余 4 人与老师评分出入较大，但同时存在过高和过低的趋势。这个案例再次印证了课程考核不宜采用学生为主体的评价方式，以学生为中心的课程目标考核首先就要求老师以客观公正的立场进行成绩评定，在此基础上通过学生成绩分析获得的课程目标达成分析才具有指导价值。

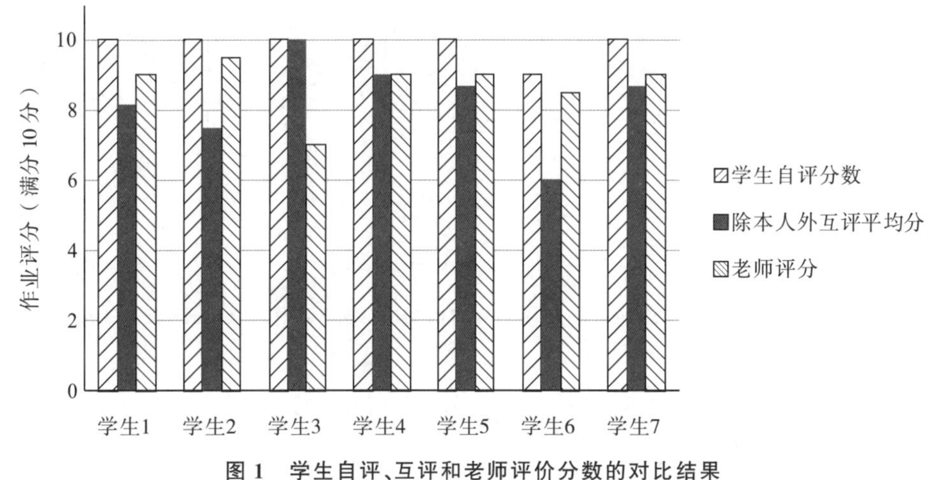

图 1　学生自评、互评和老师评价分数的对比结果

四、“产出导向”理念在课程目标评价中的体现

产出导向(Outcome-Based)理念首先需厘清产出的含义。对于所有课程来说，成绩始终是评价课程的重要数据。尽管获得分数也许是学生最关切的课程结果，但通过学习学生获得知识、思想和技能才是课程教育真正产出的效用。“工程制图”是一门实践性较强的课程，三个课程目标分别指向三种能力：空间想象力、读图绘图和软件使用，课程目标达成评价也可以看作学生对这三种能力的掌握程度。对技能的评价首先需区分“会不会”(基础)和“熟不熟”(提升)两个层次，课程的评价也可将通常使用的平时成绩细分为强制性基础作业(规定动作)和考核性作业(加分项)。“工程制图”课程中针对某个知识点，相应布置量大、不限时完成的平时作业和限量、限时完成的课堂小测，分别对学生技能掌握的覆盖面和纵深度进行考察。同时要求学生不完成平时作业不能参加小测，以保证最后以小测作为总成绩组成部分可以兼顾基础和提升两个层次，使学生成绩更有区分度，课程目标达成评价效率更高。

以课程目标 3“掌握 AutoCAD 软件的二维绘图操作”为例，为使学生掌握 AutoCAD 基本绘图、编辑命令，某次课后作业布置画 10 个以上简单的几何图形，接着下一次课进行随堂小测，要求画 1 个较复杂的图案，都按 10 分计，46 名学生的平时作业成绩和小测成绩的分布如图 2 所示。可以看出平时成绩分布区间较窄，平均值(8.4)较高，符合要求学生普遍掌握基础能力的预期。小测成绩则分布在 80%的区间，平均值(6.5)也偏低，便于对学生排序。此外，利用分层次的成绩评价，可以很快锁定需要特殊帮扶的学生个体，如图 2 画圈处所示，使学生能力的培养更有针对性。

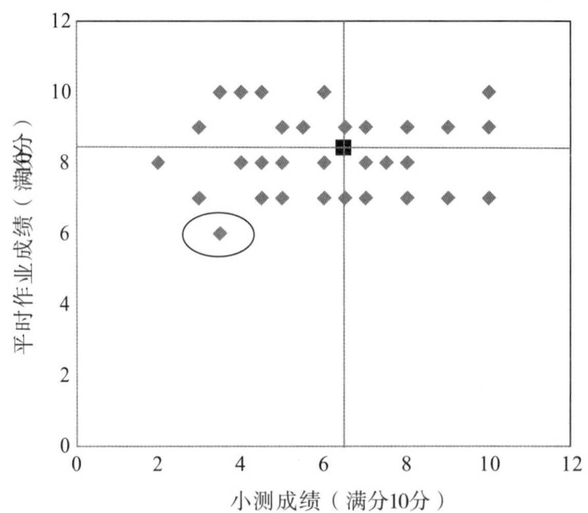

图 2　针对同一知识点的平时作业和小测成绩的样本数据(直线表示平均值,画圈表示重点关注学生)

五、"持续改进"理念在课程目标评价中的体现

工程教育认证中的持续改进(Continuous Improvement)是指利用评价结果反馈对课程教学、课程体系、毕业要求和培养目标进行修正,使专业建设的实施结果和设计结果相匹配的过程。因此课程目标达成评价是课程教学持续改进的重要教学环节,这是显而易见的。反过来,如何在课程目标达成评价程序和方法中体现"持续改进"理念呢？一般地,课程目标达成采用计算法,但需该课程所有教学环节结束后才能计算,如某校"工程制图"课程目标 1 达成度计算为:[①]

$$TCG1 = [CG1(1) + CG1(2) + \cdots + CG1(m)] / m \quad \text{(公式 1)}$$

其中:CG1 是某个学生的课程目标 1 达成度值,由公式 2 计算;m 是班级学生总数。

$$CG1 = G1(A)ave \times a\% + G1(B) \times b\% + G1(C) \times c\% + G1(D) \times d\% \quad \text{(公式 2)}$$

其中:A、B、C 和 D 分别指代平时作业、专项训练、计算机绘图和期末考试四项考核手段;G1(A)、G1(B)、G1(C)和 G1(D)是这四项考核的百分数成绩,由于平时作业有多次,取平均值 G1(A)ave 代入计算;a、b、c 和 d 是它们各自的百分率权重,a+b+c+d=100。

这种分批次、静态的课程目标达成度评价方法对于教学过程中的质量却无法监测。因此,受"迭代式能力培养课程体系"[②]的启发,笔者在课程进行过程中建立反馈内循环,具体做法是将平时作业从课程目标达成度计算公式中抽出,通过每次作业的原始分数追踪课程目标达成情况。此外,可以利用同时段相关课程的学习效果作为教学过程中的持续改进反馈输入项。"工程制图"课程开设学期,学生会进行集中"机械制造实训",这是检验学生读图能力(本课程的课程目标 2)的好契机。图 3 将某学期参加实训的 38 名同学的

---

① 卢科青、王文、杨贺:《面向 OBE 的课程目标达成度评价方法——以〈工程制图〉为例》,《教育教学论坛》2020 年第 8 期。

② 李薇、黑新宏、王磊:《学习成果监控与评价机制的探索与实践》,《高等工程教育研究》2020 年第 2 期。

“机械制造实训”成绩(百分制)全部合格,平均分 88 分。将学生实训成绩从低到高排列,可以看出课程目标 2 达成度评价数值(换算为百分制)基本围绕实训成绩趋势线分布,偏差约为 10%,因此相关平行课程的考核成绩是“工程制图”课程达成评价的良好佐证。

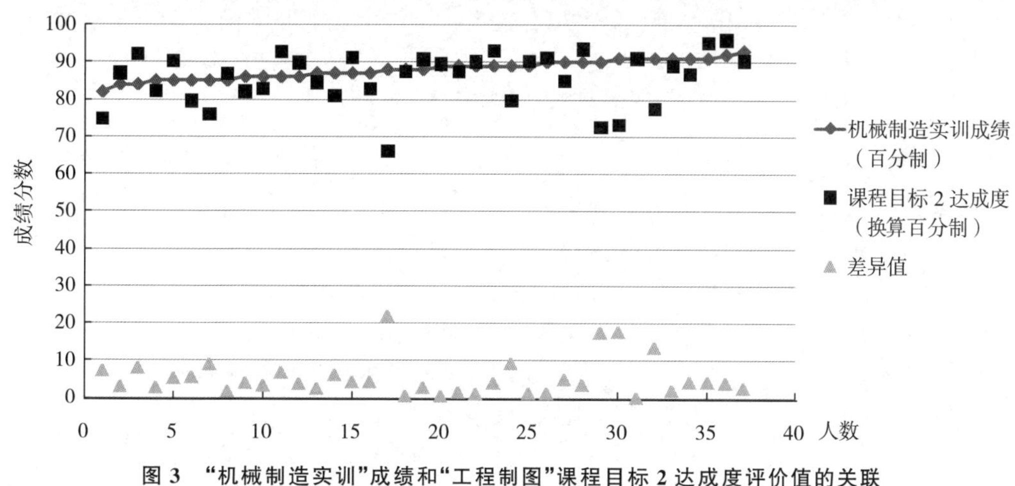

图 3 “机械制造实训”成绩和“工程制图”课程目标 2 达成度评价值的关联

六、结束语

工程教育专业认证的核心理念是以学生为中心(Student-Centered),产出导向(Outcome-Based)和持续改进(Continuous Improvement)。课程目标达成评价是构成专业培养目标达成评价的基本单元,将工程教育认证理念贯穿到课程质量评价中对于精准的专业评价十分必要。根据教学活动二元性、持续性和系统性的特点,“工程制图”课程坚持以老师视角客观公正的评判,对技能分层次考核,追踪学生平时成绩并借助相关联平行课程成绩检验学生能力形成情况,通过各项创新举措较好地完成了课程目标达成评价,进一步促进了教和学的统一,也为不断进行课程建设和提高课程质量提供了努力方向。

通识教育课程教学改革与创新的探索*

——以“食品安全与健康饮食”为例

王兆守　俞若涵　张霖梦　雷钰莹**

摘要:通识教育作为一种教育理念、一种新兴的人才培养模式,已经成为大学教育中不可或缺的一部分。然而,在我国通识教育广泛开展的过程中,也出现了许多的问题。本文以“食品安全与健康饮食”课程为例,对标教育部一流课程建设要求,结合“互联网+”与慕课的教育理念和方法,在优化通识课程体系、教学内容和教学方法等方面探讨通识课程教学的改革与创新,目的是激发学生的学习热情,进而提高教学质量和教学效果。

关键词:通识教育;课程改革;教学模式;教学方法;慕课

通识教育是教育的一种,也有学者将它称作“通才教育”“一般教育”等。通识教育是当下普遍存在的一种教育模式,其目标是在现代多元化的社会中,传授给大学生基本且实用的社会常识,这种社会常识不止停留在知识层面上,也在认识问题的观念和处理问题的方法上,致力于促进大学生形成完整的知识体系和框架,帮助其树立自己的人生观、世界观、价值观,更好地认识世界,建立起常识和科学的思维方法以独立进行思考。① 自我国各高校实施通识教育以来,学生的知识面得到了显著的拓展,赢得了明显的成效。然而,在我国高校通识教育课程的实施过程中,存在着一些问题,比如现阶段很多高校的通识课程大多侧重课本知识的传授,课堂教学单纯以教师“传道受业”为主,教学模式相对单一,对学生的吸引力不足,学生参与度低,课堂活跃度不高等。因此,改革完善我国的通识教育课程体系是一项极其艰难的任务,我们绝不能直接照搬照抄西方国家的通识教育模式,必须立足于中国教育体制的具体情况,从中西方的教育传统中“取其精华,去其糟粕”,脚踏实地地探索合理的、高效的、具有中国特色的通识教育模式,明确改革与创新目标,改进教学观念和方法,同时要具有足够的耐心,一步一个脚印地解决问题,才能提供给学生更好的更实用的教育。② 通识教育是新时期大学高等教育的重要组成部分之一,不同学校对于

---

* 基金项目:厦门大学“翻转课堂”教学改革研究项目(JG20170403,JG20180206)和厦门大学第七批校级在线开放课程立项项目资助。

** 王兆守,男,福建尤溪人,助理教授,博士,主要从事生物化工研究。俞若涵,厦门大学材料学院2016级材料科学与工程专业本科生。张霖梦,厦门大学外文学院2017级日语专业本科生。雷钰莹,厦门大学化学化工学院2017级化学专业本科生。

① 吴春岩:《大类招生背景下通识教育课程与专业培养课程在课程体系中关系的研究》,《科技与创新》2020年第22期。

② 秦春华:《我们需要什么样的通识教育》,《中国大学教学》2016年第11期。

通识教育的理解是不完全一致的，在具体实践中也必然呈现出不同的模式和形态。① 本文以厦门大学“食品安全与健康饮食”这门通识教育课程为例，在优化通识课程体系、教学内容和教学方法等方面探讨通识教育课程的教学改革与创新。

一、“食品安全与健康饮食”课程教学的特点、目标及现有教学模式

（一）课程教学特点与目标

“食品安全与健康饮食”课程教学内容包括绪论、野外求生与食品安全、食品生产中的不安全因素、食品添加剂与食品安全、绿色食品与有机食品、抗氧化食品、转基因食品及其安全性、国内外食品安全保障制度比较分析、饮食文化艺术与世界各地特色美食、饮食与保健、美容、健身及长寿的关系、食品营养素的有效利用、烹饪方法与营养的关系、食物的相辅与相克、食疗作用与常见病的饮食治疗指导。该课程为通识教育课程，面向各个专业的学生，不要求学生掌握深奥的食品学专业知识，内容涵盖面较广且通俗易懂，旨在帮助学生树立正确的食品安全观，在大学生中传播食品营养学知识，合理膳食，帮助他们了解食物与疾病的联系并能够树立正确的饮食理念。

（二）课程现有的教学模式

1. 专题式教学法

“食品安全与健康饮食”课程采用专题式教学，每节课围绕一个不同的专题展开。本课程目前采用口头讲授、PPT 汇报展示与播放相关视频三者相结合的课堂授课模式。

2. 互动式教学法

课前提问互动，考查学生对课堂内容的吸收掌握情况，活跃课堂氛围。此外，在课后要求学生上交听课反馈，包括学生听课过程中的一些收获、个人感悟及建议，提高学生的主动性和积极性，也便于根据学生的需要调整授课模式。

3. 互换式教学法

教师鼓励学生上台进行分享展示，采取学生自愿报名的形式，学生独立查阅相关资料并完成 PPT 制作然后进行课堂展示，在每位学生模拟授课结束后，教师针对性地给予点评。如此，可以使学生参与到课程教学中来，旨在培养学生的自主学习能力和表达能力，也有利于学生对课程内容有更深入的理解，达到良好的教学效果。

二、课程的教学改革与创新

“食品安全与健康饮食”是一门全校性选修课，对于如何培养非专业学生的学习兴趣，激发学生学习热情，取得良好的教学效果是授课教师从未停止思考的问题。传统的“教师灌输—学生接受”的教学模式下，课堂教学难免会有诸多问题，比如课程教学目标过于偏重理论与知识，而忽视了对学生探索精神、动手实践能力、创造性思维的激发。基于此，针对“食品安全与健康饮食”这门课程的教学特点与现状，对课程教学进行初步改革探索，目标是优化现有的课程体系，从教学内容和教学方法两方面，改进现有的教学模式，以追求

---

① 曹俊勇：《高校通识教育改革探索与实践——以五邑大学为例》，《五邑大学学报》（社会科学版）2020 年第 4 期。

更好的教学效果，提升教学质量，完成教学目标。

（一）教学内容方面

在教学内容方面，可以从专业性和实用性两个角度出发，对课程体系进行完善和创新，具体可以归纳到三个方面，见图 1：

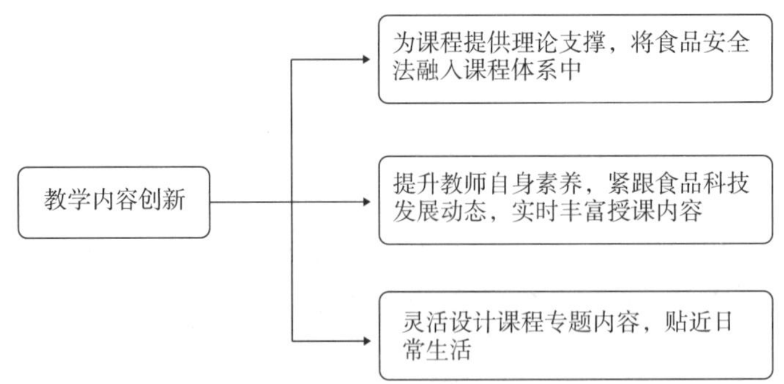

图 1 “食品安全与健康饮食”课程教学内容创新要点

1. 为课程提供理论支撑，将食品安全法融入课程体系中

《中华人民共和国食品安全法》是为保证食品安全，保障公民身体健康和生命安全而制定的一部法律，是我国针对食品安全最权威的法律条文，于 2009 年 2 月 28 日首次通过，于 2015 年 4 月 24 日进行了校改与修订，自 2015 年 10 月 1 日起开始正式实施。最新版的食品安全法从食品安全标准的制定、食品的生产经营、食品进出口、食品检验、食品安全事故的处理等方面进行了详细的阐述与解释，每一章都注明了适用范围，并列举出了一些典型的食品犯罪的案例。课堂上将《中华人民共和国食品安全法》融入“食品安全与健康饮食”的课程内容，能够使学生更好地理解课程内容，并且使课程内容更具权威性和说服力。比如说，在讲第八章“国内外食品安全保障制度比较分析”时，学生可能会产生一些疑问：我国的食品安全标准究竟是怎样的？哪些标准被用于衡量食品是否安全？这时需要引导学生认真阅读食品安全法第三章，食品安全风险标准中的第二十四条、第二十六条，这些疑惑就可以解开。

此外，理论毕竟是抽象乏味的，《中华人民共和国食品安全法》中列举了诸多有关食品安全的典型案例分析，譬如“上海味利皇食品有限公司与上海市卫生局行政处罚案”等，这些生动的案例分析可以让学生在理论的基础上，加深对食品安全的认识和理解，树立忧患意识，从内心深处对食品安全给予重视，以达到本课程的教学目的。

2. 提升教师自身素养，紧跟食品科技发展动态，实时丰富授课内容

在很大程度上，通识教育发展进步的核心因素在于师资，教师是决定通识教育课程质量的关键性因素。在信息和科技高速发展的今天，食品也是日新月异，不论是食品种类、食品加工与保存技术、各地饮食文化，还是针对食品安全的法律法规，都在随社会的发展不断更新换代。因此，教师应紧跟食品领域发展的动向和社会的需求，不断提高自身，广泛阅读国内外的文献资料，以提升自身专业素养，将新理念、新技术、新知识融会贯通，知识的学习与传授做到与时俱进[①]，时刻关注时代及食品行业的发展动态，课件要不断完善，及时增补、校正相关章节的相关内容，以带给学生不一样的学习体验。此外，提升教师的授课水平也格外重要。承担通识课程的教育教学工作对于教师知识储备和教学水平实际上提出了更高的要求。由于学生来自不同专业，知识背景和思维模式都是存在一定差异的，因而产生的学习疑问也不尽相同，教师要做到很好地答疑解惑确实面临着不小的挑战。[②]

3. 灵活设计课程专题内容，贴近日常生活

设计课程内容时，除了让学生掌握食品科学领域的基础知识、基础理论以及研究方法外，可以增加一些贴近日常生活的专题。我们知道，通识教育的核心和宗旨是促进学生形成多元化、多学科的视角，培养其敏锐的社会嗅觉和问题意识，提升解决现实问题的能力，因此，课程内容和现实生活相联系是十分有必要的。比如，针对大学生住校这一现实因素，可以增加"在食堂怎样吃得更健康""如何弥补长期在食堂用餐造成的营养漏洞"等专题，从"食品安全"和"健康饮食"的角度出发，结合我国居民膳食指南和膳食结构设计，指导大学生在日常生活中学会平衡营养摄入，建立更加均衡的饮食结构，帮助大学生收获健康的人生。

（二）教学方法方面

在改革教学方法时，要尽可能做到以学生为本，从而更好地实现教学目标。可以归纳为以下三个方面，见图 2：

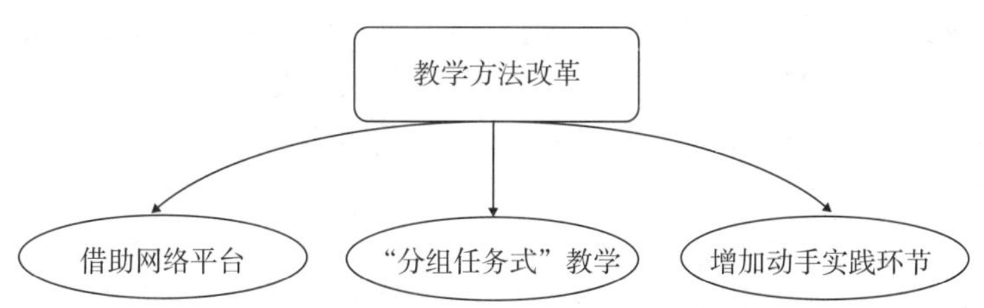

图 2 "食品安全与健康饮食"课程教学方法改革纲要

1. 借助网络平台，线上线下相辅相成

近年来，随着"互联网＋"的发展进步，互联网在教育体系中应用的不断深化，借助各种网络平台的数字化学习在全世界范围内已经成为促进包括通识教育在内的各级各类教育教学改革与发展的重要手段，像慕课（MOOC）这样的大规模在线课程教学平台在国内外也迅速兴起。[③] 慕课作为"互联网＋教育"的产物，已经成为教育体系中一种逐渐流行起来的技术形态，可以兼容文字、图像以及视频等诸多要素，利用计算机显示屏来完整展现生动而具体的学习情境。

慕课作为一个线上的学习平台，不受时间和空间的限制。慕课对于学生而言，是一种

① 黄爱兰、别子俊、陈晓嫚等：《"食品安全导论"课程教学改革与探索》，《农产品加工》2018 年第 20 期。

② 蒋香仙、洪大用：《创新通识教育 促进学生全面发展》，《中国大学教学》2012 年第 12 期。

③ 戴红、安继芳、常子冠等：《基于网络学堂的通识教育课程的教学优化》，《中国电化教育》2014 年第 7 期。

方便展开自主学习的平台,对于教师而言,则是引导学生自主学习的良好教学辅助工具之一。① 教师可以将其作为课前预习、课后复习的考核工具,作为传统课堂延伸和拓展的平台。慕课平台上有大量的教学资源可以获取,教师可以安排学生课后以慕课形式进行知识拓展,增加一些课堂上来不及播放的趣味性视频,如世界各地风味美食的制作,要求学生思考、讨论并将学生慕课完成情况作为平时考核的一部。另外,慕课还可以帮助教师了解学生的学习情况,例如根据点击率和关键词的数量统计,可以大致确定学生对哪方面的知识掌握还不到位,然后再有针对性地对不同的学生进行解答和指导。

相比于传统的课堂,慕课对课程的每个方面都进行了考量和合理的安排,不仅有对课堂难点的进一步解答,还有课后的练习等一系列环节,更加系统和全面。此外,利用慕课平台提供的评价与反馈机制,可以要求学生提交自己的听课收获及建议,以提高学生参与积极性,更好地掌握学生的听课情况。并可根据学生的反馈信息及时改进教学内容与课堂教学的不足,使课程体系趋于完善。在此基础上,采取线上线下混合等新型教学组织形式,开展教学活动,以提高教学效果。

除了慕课平台之外,微信公众号也可以作为一种安全可靠的网络教学工具。随着微信逐渐成为人们日常生活中不可或缺的一种通讯方式,微信公众号的影响力和实用性也受到了社会各界的关注和认可。近年来,微信公众号越来越多地被应用于教学中,其最强大之处在于这个“微”字。众所周知,现代社会的工作学习节奏快,大学生们也不例外,他们往往很难有集中而大把的时间花在通识教育课程上,大量占用学生学习专业课的时间会让学生们觉得力不从心,这也有违通识教育的初衷,而学生们通过微信公众号可以充分利用课余的碎片化的时间,比如坐公交车、在食堂排队等餐的时间等,去完成教师布置的一件件小任务,这样,在通识教育课堂组织过程中,既不占用学生过多的时间,还能达到良好的学习效果。

微信公众平台在大学通识教育课堂中的具体应用,主要有四个方面,见图3。

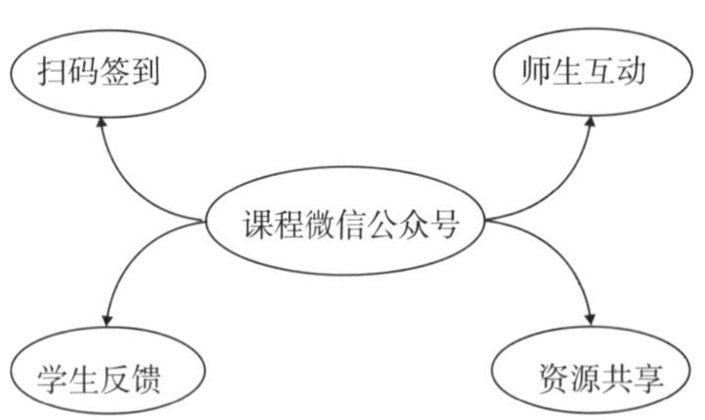

图3 课程微信公众号的四个主要功能

首先,可以利用其“扫码签到”功能,代替传统的点名方式,这样不仅能避免传统点名方式中学生“代答”的情况发生,从而保证出勤率,还能很大程度上节约宝贵的课堂时间。其次,在每学期刚开始,不妨要求每位学生在关注课程微信公众号,绑定本人的学生账号,并上传一张有辨识度的相片。教师经过这种方式可以快速熟悉班级里的学生,将名字与

① 万志华、翟彤、严清华:《基于慕课平台的机械制图课外辅导模式研究》,《科技视界》2020年第32期。

学生对应起来,在课堂上与学生互动起来会更加方便,学生在课堂中的参与度更高,对课程的兴趣也会大大提高,这对于学生来说也能够起到很好的激励作用。另外,校选课大多是来自不同院系的陌生学生,通过这个互动平台,学生之间可以快速熟悉起来,互相交流互相学习,在沟通交流中树立友谊和默契,从而让班级气氛更加活跃。[①] 此外,利用微信公众号平台,还可以让教师及时获得学生的反馈,这一功能有些类似慕课平台,在每次上课之前的几天里,可以在微信公众号发起关于教学主题和内容的投票,由学生们自己选择自己感兴趣的课堂形式,这样的课堂可以达到大多数学生的期望值,课堂的效果自然也是最佳的。最后,教师还可以利用微信公众平台发布课程学习视频或文字资料,实现资源共享,使课程内容更加丰满立体,督促学生自主学习。

2."分组任务式"教学,增加互动研讨环节

通识教育课程往往人数众多,且学生大多来自不同院系的不同专业,使得班级管理较为松散,因此,教师应对学生进行分组,每组选派一位组长负责该组相关事宜,让学生彼此快速熟悉起来,同时也更好地把教师布置的任务落实到位。除了课前课后提问、提交听课反馈,还应增加更多的互动环节。根据教学内容的不同,采用分组讨论、学生展示、教师和学生点评等方式,通过参与体验、互动讨论、探究研讨,把课堂交给学生,实现"以学生为中心",充分发挥学生的主体地位。

教师可以将课堂的重难点设计成一个个任务,让学生以小组为单位完成,然后进行课堂讨论和评价。[②] 可根据课程特点和教学大纲要求,给学生布置 2～5 次课外作业,作业形式可以根据学生的兴趣和特点进行灵活调整。对学生进行分组之后,为每组成员分派不同的任务。比如,可让学生事先了解"食品营养与健康"等相关知识,然后让其用 200～500 字总结该知识的重点,最后在课堂上让学生对自己感兴趣的点进行演示,或者发表自己对课程知识的见解;再比如,可让学生比较各个国家饮食文化的异同及其中的主要影响因素,或探索某些食品添加剂可能存在的隐患及防控办法等,要求其课后查找相关背景知识,并对资料和数据进行整理、归纳,然后每组派出代表以 PPT 的形式在课堂上进行答辩,同时回答台下学生以及教师提出的问题,最后由教师对其中错误或有争议的地方进行纠正。这样的师生互动不仅能增强课堂的活跃度,促进师生之间的思想交流和思维碰撞,而且在完成任务的同时,学生会主动去学习获得相关的知识,并归纳出在这过程中出现的有疑虑、不明白的知识点。同时,以小组为单位,还有利于培养学生的团队精神和竞争精神,让每一个成员为团队而战。[③] 这种"分组任务式"的授课模式能很好地调动学生的主动性和创造力,使深入思考其所学的知识,达到融会贯通,这比起单纯在台下听课记笔记效果更佳,同时也让学生和教师能站在彼此的角度思考问题,产生思维的碰撞与融合。[④]

此外,教学场所不要拘泥于传统的教室,应尽量做到多样化,营造适合学生讨论与展

---

① 王兆守、张帆:《基于微信平台的大学课堂组织管理探讨》,《高等理科教育》2017 年第 4 期。

② 王兆守、吴雪玉、孙志杰等:《生物工程专业英语教学改革的实践与思考》,《高等理科教育》2018 年第 2 期。

③ 张汇、熊智强、艾连中:《"饮食与健康"课程教学模式与评价体系研究》,《食品工业》2018 年第 11 期。

④ 刘琪、李跑、蒋立文等:《浅谈食品质量与安全专业的"食品工艺学"课程改革》,《农产品加工》2018 年第 16 期。

示的空间。[①] 比如，在讲第七章“转基因食品及其安全性”时，可以选择在多媒体教室组织学生进行“转基因食品是利大于弊还是弊大于利”的辩论活动，使学生从被动学习向主动学习转变，增强课堂存在感，从而充分调动其积极性。

最后，在课堂上，引入权威性研究成果和传统养生经验，通过二者观点的碰撞，启发学生进行思考讨论。比如，在讲第十一章“食物营养素的有效利用”时，提出营养学界的“糖与蛋白质”之争，让学生参与讨论人类的营养需求中究竟是糖重要还是蛋白质重要，通过讨论，学生明白糖和蛋白质在人体健康中分别起到什么作用[②]；在讲到人体免疫力时，提出人体的免疫力与食物的关系，为什么需要通过食疗来提升人体免疫力，以及饮食结构是通过怎样的机制影响人体免疫功能的。这种研讨式的课堂模式，不仅能提高学生的学习参与度和积极性，同时能让学生勤于思考日常生活中的点滴小事，做生活的有心人。

总而言之，课堂形式应该摒弃原先单一的理论讲授，根据学生的兴趣及专题的特点进行灵活调整，本着“以学生为中心”的原则，在了解学生学习需求与学习兴趣的基础上，合理安排教学活动与任务形式。

3. 增加动手实践环节，重视实践教学

通识教育课程由于受到客观条件的限制，往往无法像专业课程那样受到足够的重视，因此，教学中常常缺少动手实践环节的设计。而学生要真正达到对课程知识的准确理解与融会贯通，动手实践环节是其学习中极其重要的一环。所以，为更好地达到教学目标，通识教育课程也应改变以往轻视动手实践环节的局面，重视实践教学。

“食品安全与健康饮食”是一门实践性和应用性占很大比重的通识教育课程，仅依靠理论知识和书面作业，是远远达不到教学预期目标的。

为了增强课程的趣味性和实用性，有效达成教学目标，可以增加一些课外的动手实践环节，比如安排学生进行酸奶等健康食品的制作、营养标签的设计与制作、到食品厂参观、到市场上进行食品安全调研等，然后在课堂上进行交流展示及讨论。这样，不仅能促进学生与学生之间、教师与学生间的思维碰撞，而且学生对于食品安全、饮食与健康之间的关系等也会有更深入、切身的理解和认识，从而对课程内容更感兴趣，更好地参与到课程学习中来。

三、结语

通识教育不仅教授学生课本上的相关知识和相关理论，更是对学生的思维模式、道德修养、思想境界等整体素质的多维培养，教学效果不应仅体现在考试成绩上，更应该体现在学生综合素养和解决实际问题能力的提升。因此，对通识教育进行改革与创新至关重要。随着我国经济社会的快速发展，人们生活水平的逐步提高，人们对饮食方面的要求也越来越高，不单要求吃得好，还要求吃得安全，吃得健康。“食品安全与健康饮食”作为一门全校性通识教育课程，是在大学生中普及食品安全、食品营养学、食物与健康的关系等

---

① 袁宏：《论高校通识课程的专题式教学》，《当代教育科学》2014年第15期。

② 万志华、翟彤、严清华：《基于慕课平台的机械制图课外辅导模式研究》，《科技视界》2020年第32期。

与人们生活密切相关的知识进而帮助学生树立正确饮食习惯的重要平台，近几年备受学生们的欢迎，选课人数也是逐年递增。在这种趋势下，授课教师更应适时对教学内容及模式进行改革和创新，在讲授食品安全及食品营养知识的过程中，不仅把基础理论传授给学生，还要将理论知识与实际问题、实际生活相结合，激发学生的探索欲望，开阔学生的眼界，提高学生的综合素养，以达到通识教育的理想效果。

工程认证背景下"化工设计"课程建设的实施与思考*

朱爱梅　叶李艺**

摘要:"化工设计"课程是高等学校化工及相关专业的专业课程。工程认证背景下,"化工设计"课程的地位达到了前所未有的高度。本文以"化工设计"课程教学实践为例,探讨了"化工设计"课程建设的实施及取得的效果,并在此基础上提出了几点改革建议,以适应新形势下"化工设计"课程教学的需要。

关键词:化工设计;实施;教学;建议

"化工设计"课程是一门面向化学工程与工艺专业的学科方向性课程,是一门理论与实践相结合的课程,是一门让学生从理论衔接实际生产的课程。在高等学校的化学工程与工艺专业中逐步受到重视,被列为一门重要的专业必修课程。① 化工设计是化工过程开发中科技转化为生产力的重要环节②。现代化工工艺过程设计,不仅是个别单元的简单组合,而是在"三传一反"基础上发展起来的过程工程学。通过本课程的理论学习和实践环节,培养学生综合运用所学知识分析和解决实际工程问题的能力,增强学生的工程概念和技术经济意识,熟悉化工设计的常用规范,学生具备化学工程师的基本素质。化学工程师必须适应化工形势和市场经济的要求,在设计过程中,不断地从技术、经济、安全等视角审视化工过程,具备一定的洞察化学工业全局的能力,对化工过程进行全面的技术经济评价,善于将技术与经济结合并用以指导设计和处理工程设计中的具体问题。

随着我国化学工程与工艺专业建立具有国际实质等效性工程教育专业认证制度的完善与推广③,为化工类学生的专业认证提供夯实的专业知识储备,并使其掌握具有时代特色的工程技能就显得尤为迫切④。在工程认证背景下,化工设计课程的地位达到了前所未有的高度。在课时紧、课程工作量大的情况下,如何组织好"化工设计"课程教学工作?如何保证教学质量?对化工设计课程教学进行改革很有必要。本文以"化工设计"课程教学

* 基金项目:厦门大学教学研究改革项目(JG20190118);厦门大学 2020 年一流本科课程建设计划预立项(序号 70)。

** 朱爱梅,女,湖北江陵人,厦门大学化学化工学院副教授,主要研究方向为水处理技术。叶李艺,女,福建漳州人,厦门大学化学化工学院副教授,主要研究方向为生物质的材料转化技术、吸附分离、化工教育。

① 刘秀清、于如军:《贯穿于物理化学热力学教学中的普遍化公式》,《化工高等教育》2007 年第 4 期。

② 傅杨武、陈明君、牟新利等:《化学热力学教学的思考与实践》,《教育与人才》2009 年第 23 期。

③ 张文雪、王孙禺:《建立专业认证制度推进高等工程教育改革》,《中国高等教育》2008 年第 18 期。

④ 张凤宝、王静康:《参与化工类专业认证的思考和体会》,《中国高等教育》2009 年第 2 期。

实践为基础，谈谈"化工设计"课程建设的实施与思考。

一、课程建设背景

"化工设计"课程开设前期，有相关的选修课"化工工艺设计基础"，1 学分。根据修订的教学大纲要求，"化工设计"课程于 2016—2017 学年第一学期对 2013 级化学工程与工艺专业大四年级学生首次开设。2018 年厦门大学化学工程与工艺专业通过工程认证。

"化工设计"课程开设时，原来开设选修课"化工工艺设计基础"课程，具有丰富工程设计经验的教师已经退休，课程开设初期面临的困难和挑战可想而知。本来该课程的课程容量和课程跨度就很大，有丰富工程经验的师资力量匮乏是面临的突出问题。针对新的教学改革，"化工设计"课程是首先开设的，而设计涉及的一些先期课程开设课时不足，或者没有开设（比如 Auto CAD，ASPEN），就造成所有压力都压在了这门课程。而且，存在课程难度大、涉及知识面广，而学生的知识储备不足的矛盾冲突。"化工设计"课程的教学工作是一直在边学边教、边教边学中打磨。

二、课程内容与资源建设及应用情况

课程选定"十二五"普通高等教育本科国家级规划教材《化工设计》（第四版，梁志武、陈声宗主编，化学工业出版社出版）作为教材，《化工流程模拟实训——Aspen Plus 教程》（孙兰义主编，化学工业出版社出版）作为辅助教材。课程教学材料和过程材料也越来越丰富和完善。但设计的硬件有待进一步改善，目前还没有专门的设计用平台。

强化"化工设计"课程讲授团队，已由课程开设之初的一位教师单独授课，变成现在的两位教师合作授课的模式。并且于 2019—2020 年开始聘请校外具有丰富工程经验的研究院的设计人员作为校外指导，在中期考核环节、设计作品答辩环节和设计报告评价环节进行指导，提供了建设性的意见和公正的评价，丰富了教学内容、提高了教学质量。于 2020—2021 年开始直接聘请具有丰富工程经验的设计人员走上讲台，讲授"化工设计"课程的相关章节。

为解决设计过程所需知识广与学生知识储备不足的矛盾冲突问题，在新的教改计划中，拟增开化工软件类课程，弥补学生软件设计能力不足，为"化工设计"课程的顺利开设提供良好的基础。进一步完善"化工设计"课程评价体系，充分调动学生的积极性，挖掘每个学生在设计过程中的潜能。

三、课程教学内容及组织实施情况

课程内容主要包括：了解工艺路线选择和工艺流程设计的基本方法和步骤；能够运用物料衡算与能量衡算的基本原理对化工过程进行物料衡算与能量衡算，使用化工模拟软件进行流程模拟；掌握设备工艺设计与选型的原则和方法；了解化工厂厂址选择和总平面布置的基本程序与要求，熟悉车间厂房和设备布置设计的基本要求和内容，掌握典型化工设备的布置方案；掌握化工管道设计的内容和方法，能进行典型化工设备的管道布置设计；明确设计过程中向非工艺专业提供哪些设计条件并及时有效地与相关人员进行沟通协调，保证项目按照计划进度保质保量完成；熟悉化工设计中常用的标准和规范，重视做好安全生产、环境保护和工业卫生；熟悉设计概算的内容、编制依据和编制方法，掌握投资和生产成本估算方法，并能够运用技术经济学的基本原理和方法进行项目的经济评价。

课程教学组织实施采取单兵作战＋团队合作的模式。理论部分采取正常的课堂教学，ASPEN 软件学习采用课堂引导与课后自学相结合的模式。随着理论教学的进行，设计工作逐步铺展开。课程组织实施过程中，注重过程环节的监管和评价，如定期的设计进展汇报、设计进展中期考核等。“化工设计”课程开设之初，设计报告的提交采用与化工设计大赛的完全相同的模式，然而，这种模式不能很好地符合工程认证要求。因此，自2018—2019 学年开始，根据工程认证要求，设计团队中的每位成员都需要根据自己的设计内容提交一份设计报告，包括设计的每一个环节(如流程模拟，设计图、可行性分析、经济评价等)，但个人仅需完成每个设计环节中的部分工作，同一设计环节中的不同任务分配给不同的成员完成。每位同学的设计报告与团队的设计内容成为一个有机的结合体，鼓励学有余力的设计团队根据组内队员的设计情况整理一份完成的团队设计报告。设计作品答辩环节给学生提供了很好的展示平台，不仅是设计能力，学生的综合素养也得到培养。

四、课程成绩评定方式

根据“化工设计”课程的特点，该课程的成绩评定采用了与传统课程不同的方式，具体情况如表 1 所示。因为课程教学组织实施采取单兵作战＋团队合作的模式，自然而然课程成绩的包括个人成绩和团队成绩两部分，简单地说课程成绩既要体现个人能力，也要体现团队协作效果。理论部分是个人成绩，设计报告和答辩部分是个人成绩与团队成绩相结合的办法，团队整体表现是基础，根据在设计过程中的分工和贡献率来计算个人的得分。采用课程大纲制定的考核方式和评分标准对学生进行课程学习效果的考核与评价。从表 1 可以看出，课程总成绩由平时成绩(40％)、设计报告成绩(50％)、答辩成绩(10％)三部分构成。每个课程目标在三部分成绩中所占比重有所差异，这是由于不同部分着重考核的目标有所不同，这是比较难以非常准确的界定，因此需要在教学实践过程中，根据具体情况进一步的进行调整和完善。平时成绩包括的内容很多，如课后作业、课堂小测、平时设计进展汇报、设计进展中期考核等。每次平时成绩都采用 10 分制，最后根据一定的规则进行换算。设计报告成绩和设计作品答辩成绩均是根据其在总成绩中的占比，满分分别是 50 分和 10 分。多人评分时，取算术平均值作为最后成绩。将依据各项成绩得到的总成绩换算成等级制，最后总成绩登记方式采用等级制。

表 1　课程成绩的构成与课程目标的权重

权　　重	课程目标 1	课程目标 2	课程目标 3	课程目标 4	课程目标 5
平时成绩(40％)	0.35	0.30	0.55	0.45	0.35
设计报告成绩(50％)	0.50	0.50	0.40	0.50	0.60
答辩成绩(10％)	0.15	0.20	0.05	0.05	0.05
总成绩	1.00	1.00	1.00	1.00	1.00

五、课程建设成效

根据总成绩和平时成绩、报告成绩、答辩成绩进行基于 OBE 的课程质量评价分析，结果如图 1 所示。设计报告成绩和平时成绩基本决定了总成绩，这是因为这两项成绩的占比之和达到了 90％。

从图 1a(2016—2017 年)可以看出，平时成绩的课程目标达成度最高、答辩环节的课程目标达成度最低。因为这是“化工设计”课程第一年开设，学生对答辩这种考核方式还比较陌生，学生缺乏这方面的锻炼，对学生提出了更高的要求，需要学生在平时加强综合素养的提高。平时成绩的课程目标达成度高，与平时成绩各个环节的准确评价困难，设计过程中学生确实表现积极有关。

从图 1b(2018—2019 年)可以看出，平时表现的课程目标达成度最高、设计报告与答辩环节的课程目标达成度基本一致。这与对平时表现进行准确评价的难度大有关，且学生在设计过程表现积极，然而存在眼高手低、设计投入不足。比较图中各课程目标达成情况可以看出，课程目标 1 的达成情况最低，这与学生在知识储备、设计软件的应用能力不足有关。学生应该在平时加强综合素养的锻炼和提升。此外，分析学生在整个课程的学习情况看，对于团队协作、提交设计报告类课程如何合理地评价学生的表现，加强各个环节的监管和评价，对教师提出了挑战。

从图 1c(2019—2020 年)可以看出，平时成绩和答辩成绩的课程目标达成度较高、设计报告的课程目标达成度最低。究其原因，与我们引入设计院的专家参与报告评分有关，因为他们更着重于是否与实际相符。设计工作中存在的不符合工程预期的地方，设计院的专家们更容易准确把握。而且，当年因为有几组学生的经济评价不尽合理，盈利状况欠佳，也是得分较低的因素之一。工程师介入“化工设计”课程评价，这对我们的教学工作是很好的促进。另外，改变了往年平时成绩的课程目标达成度总是最高的状况，这与引入课程设计中期考核汇报、专家参与共同评价有关。平时成绩的评价更加合理。

从图 1 还可以看到工程认证前(2016—2017 年)和工程认证后(2018—2019 年、2019—2020 年)的数据对指标点的支撑情况是存在一些差异的。这是由于认证前的数据根据以前存在的原始数据来反推指标点的达成情况，会发现各个环节对应的不同课程目标达成度是一样的，没有变化，这是由数据的处理方式决定的。而认证后的数据，是直接对各个指标点判分，表明同一环节各个课程目标的达成度是不一致的，更好地反映实际情况，更真实地反映学生的状况。

进一步分析了课程对毕业要求指标点的支撑情况，如图 2 所示。从图 2 可以看出课程目标对毕业要求指标点的支撑度都接近甚至超过 0.8，提供了有效支撑。此外，注意到工程认证前(2016—2017 年)和工程认证后(2018—2019 年、2019—2020 年)的数据是对指标点的支撑情况是存在一些差异的。认证前各个指标点的达成度一致性高，变化小；认证后的各个指标点的达成度一致性差些，变化大些。这与数据的处理方式有一定的关系，因为认证前的数据是根据存在的原始数据来反推指标点的达成情况，而认证后的数据，是直接对各个指标点判分。很明显后者更直接、更真实地反映学生的状况。

“化工设计”课程是化学工程与工艺专业学生的一次大练兵。既检验学生已学知识，

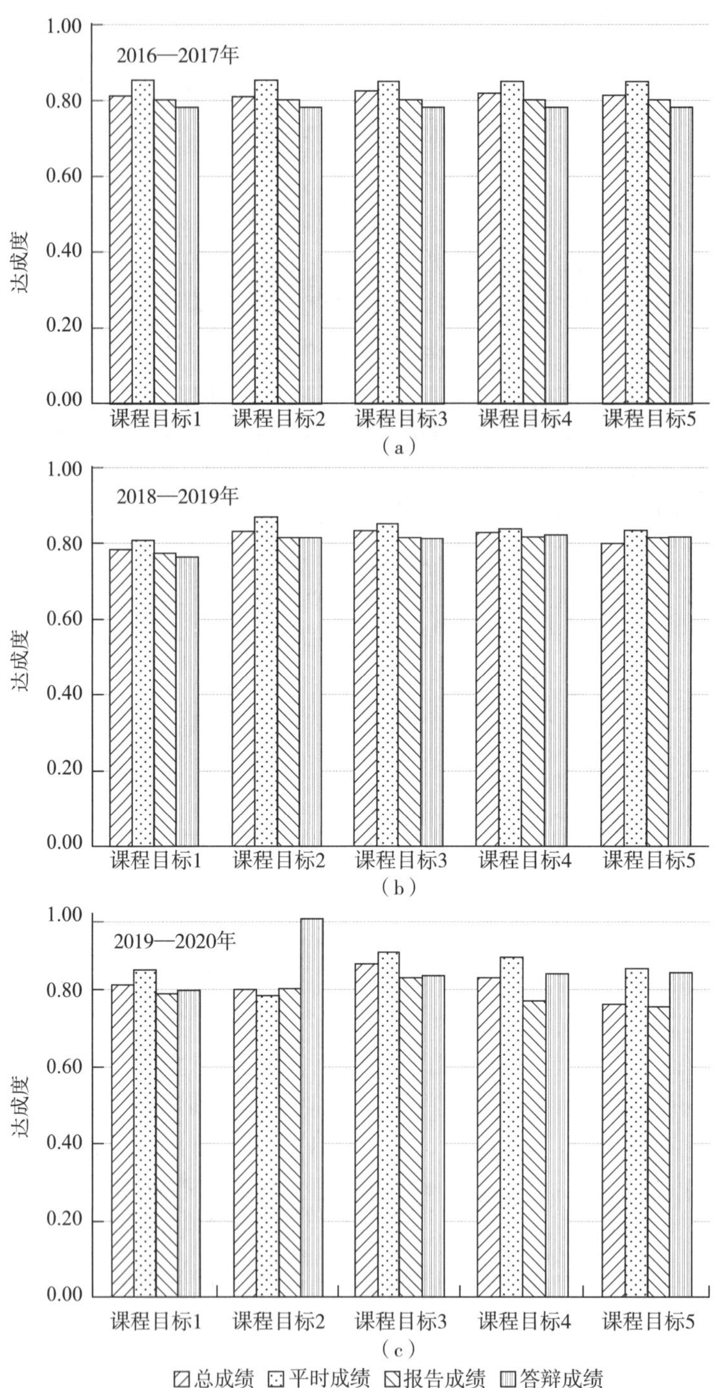

图1 基于OBE的课程考核结果分析

又考查学生主动获取新知识的能力。既考查学生的专业知识,也考查学生的非专业知识能力。既是对学生的挑战,也对师资提出了更高的要求。

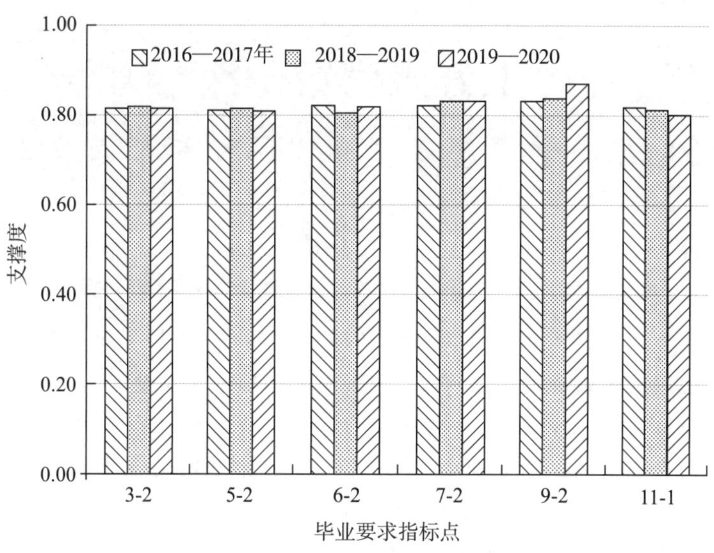

图 2 课程对毕业要求指标点支撑情况

不管是从“化工设计”课程开设之初(2016—2017 年),还是工程认证后的课程继续开设,经过师生的共同努力,课程目标达成度都接近 0.8 及以上,较好地完成了课程开设的任务目标。当然在“化工设计”课程的教学实践中也暴露出来一些问题,比如如何充分调动学生的积极性,挖掘每个学生在设计过程中的潜能?如何更客观地评价学生的表现?如何加强设计过程中任课教师与学生的有效沟通?如何解决任课教师、学生负担过重,学生设计积极性受挫的问题?根据课程目标达成评价以及对毕业要求指标点的支撑情况分析,主要的改进建议和措施有:

(1)逐步完善“化工设计”课程讲授团队,充实有实际设计经验的教师,加强教师队伍的整体实力。

(2)进一步完善“化工设计”课程评价体系,充分调动学生的积极性。

(3)在先修课程中,加强专业知识和非专业知识技能储备,提高综合素养。

(4)以赛促学,促进“化工设计大赛”和“化工设计”课程的衔接。

上好入学第一课

——班杜拉社会学习理论视角下军训教育实效性的提高

谢素蓉　楚湘江*

摘要:军训作为高校新生入学的第一堂必修课,不仅是高校军事国防教育的重要组成部分,也是高校思想政治教育的重要平台。要提高军训的育人效果,不仅要依据教学大纲制定严密教学计划,由专业的教官来实施课程,也要以军训这个新生大型团体活动为载体,在组织管理上有意识地运用专业的社会学习理论,来加强新生军训教育的实效性。

关键词:军训;团体实践课程;班杜拉社会学习理论

一、影响新生军训教育实效性的主要问题

正如习近平总书记在北大师生座谈会所指出的,人生的扣子从一开始就要扣好。新生军训作为新生入学的“第一课”,其特殊的教育内容、教育方式以及教育环境,蕴含了丰富的思想政治教育资源,可以说军训就是高校新生入学思想政治教育的有机组成部分,具有国防教育和思想政治教育的双重效果。为保障教学效果,教育部、中央军委国防动员部联合制订了《普通高等学校军事课教学大纲》,对于军事技能课程,明确规定,军事课包括“军事理论”和“军事技能”,“军事技能”实际训练时间不得少于14天112学时,记2学分,并对教学内容和要点做了系统的规定。“军事技能”作为公共必修课程,也在我国普通高校中普遍开展。相对于高校其他课程,有统一的教学大纲,严密的教学计划、专业的承训教官,成熟的组织管理机制。

然而军训的课程组织上,与高校一般理论课程不同,它主要是实践性课程;理论性的课程主要在课堂相对可控的教育环境中完成,教学目的、教学计划和教师这些关键环节是保障课程质量的主要渠道。而实践性的课程,教学环境是开放多变的,不仅要抓好教师、教学目的、教学计划,更要抓好课堂的组织和管理。这就对军训的组织者、管理者和实施者都提出了要求。特别是军训与其他社会实践课程不同,它是一个大型团体实践活动。以军训为活动载体,通过这个大型新生团体活动的实施,学生不仅是学习单兵战术等个人基本的军事技能,更重要的是通过共同协作,来提升集体整体的军事技能水平。例如走队列,首先学生个人要把行进、入列、停止、方向变换等队列动作练习好,才能有整体队列水平的提高,但是要真正走好队列,更需要他们彼此之间的协作、关照。每个单兵队列动作标准,但整体步调不一致也是不行的,所以队列训练的主要目的不是个人单兵技术的掌

---

* 谢素蓉,女,厦门大学马克思主义学院军事教研室副教授。楚湘江,女,厦门大学教育研究院国防教育学硕士研究生。

握，更是通过这些实践活动为载体来培养学生的集体主义、团结协作精神等等。反过来也是通过这种集体的社会性学习，学生互为榜样，在团体中受到熏陶、感染和提高。所以军训并不是教官专管技能训练，辅导员辅助思政教育和心理疏导、学校相关管理部门负责统筹协调，对外联络，做好后勤保障这么简单。而是组织者、实施者、管理者和学生共同意识到这种团体学习的意义，从而共同配合，有意识地完成这项大型的团体实践活动，从中学习提高。这就需要从社会学习理论的角度来有意识地指导完善军训的课程实施。

二、与军训相关的班杜拉社会学习理论

班杜拉是社会学习理论的主要代表，他在继承和发扬传统行为主义的基础上，去粗取精，提出了相对完整而独特且影响巨大的社会学习理论。该理论重视环境与个人认知对个体行为的影响，关注观察学习与自我调节对行为获得的作用，其主要观点如下。

（一）三元交互决定论

三元交互决定论也叫三方互惠决定论，是班杜拉社会学习理论的核心，强调人类行为与各类因素的相互作用关系。三元交互决定论中的三元指的是环境、个体认知和个体行为。其中，班杜拉认为学习环境的影响作用是占绝对优势的，但他并不认为个体行为是简单地由环境或个体认知单独决定，他既反对内因决定论也反对外因决定论。在班杜拉看来，个体的认知、行为和环境三者之间是既相互独立，又相互作用，相互影响，相互决定，共同构成一个动态的互动系统（见图 1）。

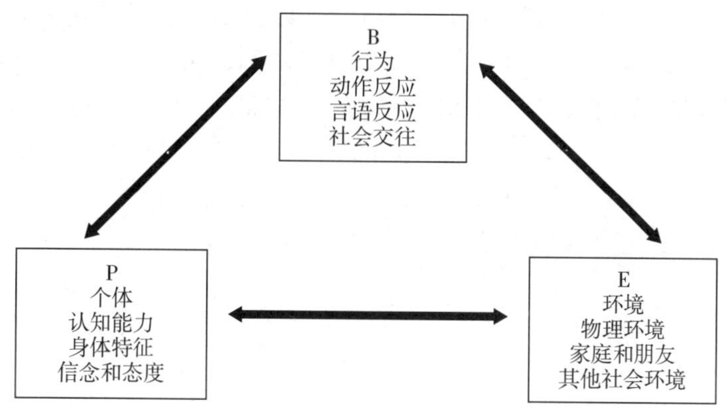

图 1　班杜拉的三元交互决定论模型(Bandura,1978)

（二）观察学习

班杜拉的观察学习也称之为替代学习或社会学习，他认为个体习得某种行为主要有两种学习方式，一种是“通过反应的结果”进行的学习即直接经验的学习，另一种是“通过榜样的示范”进行的学习即间接经验的学习。班杜拉认为：“很多社会学习都是通过观察他人实际表现及其带来的相应后果而获得的。”[①]班杜拉的社会学习理论所强调的也就是这种观察学习。

---

① 洪显利：《教育心理学的经典理论及其应用》，北京大学出版社 2011 年版。

（三）自我效能感

所谓自我效能感，是指个体在进行某一活动之前，对自己是否能够成功地完成某一成就行为的主观判断。① 这一概念最早是由班杜拉提出来的。班杜拉进而在他的动机理论中指出，个体的行为受行为的结果因素和先行因素的影响。行为的结果因素就是我们通常提到的强化，而行为的先行因素就是期待，包括结果期待和效能期待。结果期待是指个体对自己的某种行为会导致某一结果的推测；效能期待则是指个体对自己能否实施某种成就行为的能力的判断，它意味着个体是否确信自己能够成功地进行带来某一结果的行为，当个体确信自己有能力进行某一活动时，他就会产生高度的"自我效能感"，并去实施该活动。自我效能感的作用表现为：影响个体对活动的选择和对活动的坚持性，影响个体在困难面前的态度，影响个体对新行为的获得和习得行为的表现，影响个体在活动中的情绪等。

三、班杜拉社会学习理论视角下提高新生军训中教育实效的对策

班杜拉社会学习理论细致深入地剖析了个体的学习行为，对军训这种实践训练为主的学习活动具有很好的指导作用。通过运用班杜拉社会学习理论，对新生军训的主体、客体以及教育环境、内容、过程等进行分析，提出实施对策，进一步提升军训的教育实效性。

（一）强化新生军训中"三方"因素的营造与整合

班杜拉社会学习理论中的三元交互决定论认为，个体行为是个体、行为与环境三者交互作用的产物。与此相呼应，新生军训中受教育的个体、行为和环境三者之间也必然存在着天然的内在"交互"，从而形成新生军训中的教育体系（见图 2）。三元交互决定论认为个体、行为和环境三者之间处于不平衡状态之中，但总的来看，班杜拉认为环境对个体的影响是较大的。在探讨如何提高新生军训教育成效的过程中，可以借鉴三元交互决定论的观点，注意处理军训过程中个体认知、行为与环境三者之间的合理关系，共同促进学生的发展。

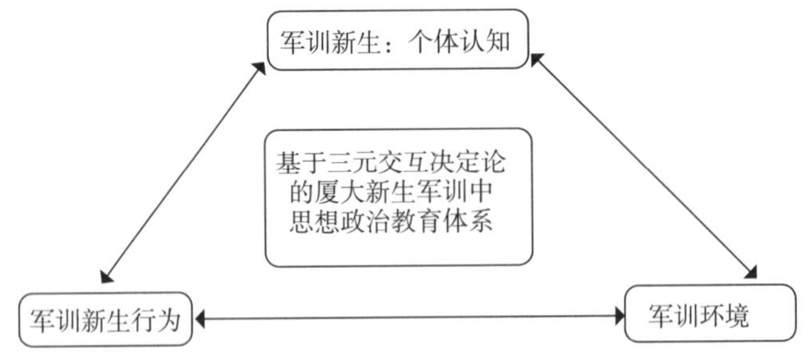

图 2 基于三元交互决定论的新生军训教育体系

首先，可以从军训新生个体的认知出发，树立"大军训"的观念。班杜拉社会学习理论十分重视个体认知的作用及其与行为、环境的交互作用。就军训而言，其参训学生对军训的重视程度往往决定了其参训态度。大部分新生都参加过中学军训，存在认为大学军训与中学军训并无本质区别，都是太阳底下站军姿、走队列、整内务的片面看法。基于此，相

① 王金剑、陈春晓：《班杜拉社会学习理论视域下的大学生创业教育研究》，《中国成人教育》2014 年第 10 期。

关教育管理人员应当注意向学生渗透军训的重要程度,如厦大新生军训之前就通过军训动员大会告知学生军训的重要意义,学生从认知上重视军训,防止学生出现轻视的态度。学校应该让学生从认知上意识到军训不仅是简单的锻炼体魄,获得两个必修学分的实践课程,而且要弘扬爱国主义精神,提高学生的综合国防素质,进行集体主义教育、革命英雄主义教育,增强学生的组织性纪律性,提高学生的思想政治道德等素质。而从军训中思想政治教育内容设计的角度,不同时代的学生关注点存在差异,这种时代性的差别是军训中思想政治教育内容设计者需要考量的。在设计军训中思想政治教育内容时,理应重视"人"这一因素,根据新生所处时代特点将思想政治教育融入军训训练项目中,能够更好地吸引学生注意力,改善军训中思想政治教育效果。

其次,构建良好的军训环境。三元交互决定论认为,环境决定着个体行为的方向和强度,而行为反过来也可以通过改变环境来适应人的需要。在新生军训过程中,周围环境也在时刻影响着学生。对于刚刚踏入一个陌生环境的新生来说,训练中的环境与氛围对他们的影响力是不可忽略的,甚至会影响到最后的训练效果。[①] 基于此,我们一方面要做到科学严谨,另一方面又要灵活运用各种手段营造一个良好的军训环境与氛围。比如,要求所有教官、参训学生统一着装,规范参训学生仪容举止,在军训场地悬挂积极正能量的横幅,在严格的军事训练之后进行适当的文娱活动等。通过营造一个最适合新生军训的良好环境,潜移默化地影响学生,学生们在"集体辛苦"的训练过程中收获快乐,提高思想认识。

最后,严格规范军训新生的行为。军训作为一种军事化管理的训练课程,具有强制性、组织性、纪律性、规范性等特点。初入大学的新生刚刚经历过漫长的暑假时光,大部分还处于懒散的状态,很难在短时间内做到自律。所以军训过程中必须把自律教育融入进去,培养新生的自律意识。教官在军训过程中应该以严格的要求规范新生的行为,建立良好的生活状态。通过这种严格的军事化管理模式,潜移默化地影响学生,学生养成良好的生活习惯,磨炼学生意志力,培养组织性、纪律性以及良好作风。

(二)充分发挥"榜样示范"在厦大新生军训中的教育作用

榜样示范是观察学习的主要内容。从心理学的角度来看,学生具有天然的"向师性",所以要提高新生军训的教育效能,就要给学生树立良好的榜样,充分发挥榜样示范教育的作用。

首先,突显军训教官的模范表率作用。新生在军训期间每天都有意或无意地接触大量信息,这也就意味着军训环境中有着大量的示范刺激物(即能够引起学生注意的学习榜样)可以成为新生的学习或模仿对象,而新生选择注意哪些示范刺激物就取决于哪些示范刺激物能够引起新生的注意。根据班杜拉的观察学习原理,示范刺激物的显著性是引起学习者注意的因素之一。从示范刺激物的显著性来看,显然军训过程中教官的身份就是一个显著的榜样,其言行举止都会对学生产生重要的影响。所以要加强军训过程中的思想政治教育,尤为重要的一点就是教官必须做到以身作则,言传身教,规范自身的言谈举止,做好带头表率的模范作用,才能给学生带来正面的影响。军训过程中队列训练、格斗基础、战术基础、野外拉练等一系列项目都是气候炎热、要求严格并且训练强度大的环境

---

① 刘伟:《浅谈大学新生军训工作中的思想政治工作》,《天津职业院校联合学报》2019年第11期。

中进行的。军训教官要想调动学生的积极性，就必须做好榜样示范作用，全身心地与学生共同参与到军训中。军训过程中，学生可以近距离地接触到真正的军人生活，看到真正的军人姿态，通过教官展现的军人榜样，能够很好地激发学生的爱国主义情怀，学习军人的吃苦精神，增强组织性纪律性，提升国防素质。

其次，发挥身边优秀同学的榜样示范作用。在军训过程中，除了教官之外，身边的优秀同学也具有重要的榜样示范作用。军训作为一种团体性的实践训练课程，团体成员之间的相互学习、相互鼓励、相互支持对个人以及团体的成长都具有重要作用。在军训过程中，很多训练项目都是需要集体合作共同完成的，如队列训练、拉歌比赛、阅兵仪式等都是需要个体融入集体之中，共同合作完成任务。在军训过程中，教官对于表现好的同学也要适当给予表扬，给同学们提供优秀的学习榜样，通过个人影响集体，集体影响个体，整个团体的学生之间互为学习榜样，共同促进个人与集体的成长。通过同学之间的榜样示范作用，军训的每一项训练项目都可以在无形中培养学生的集体合作精神，加强学生的归属感和集体荣誉感。

最后，提供多样化的革命英雄学习榜样。班杜拉认为，示范刺激物的情感诱发力也是引起个体注意的因素之一。诱发个人情感的因素的有很多，如他人情感、声音、图像色彩等。军训过程中，还可以通过提供具有情感诱发力的各种革命英雄榜样，促进学生思想情感的发展。比如厦大新生军训中就通过教官讲解革命英雄事迹，开展相关讲座以及观看相关电影等活动，提供具有声音、色彩图像等诱发学生情感因素的榜样，吸引学生的注意力，潜移默化地诱发学生的内心情感，激发学生从军尚武的政治热情，培养爱国主义情怀和革命优良传统，增强民族自信心和荣誉感。

（三）充分发挥“自我效能感”在新生军训中的教育作用

根据班杜拉社会学习理论的自我效能感论，军训新生的自我效能感在军训过程中发挥着重要的作用，它影响新生对军训活动坚持，影响新生在军训过程中的情绪，影响新生面对军训困难时的态度等。军训作为一种磨炼意志的高强度训练活动，需要新生具有高度的自我效能感。因此，军训过程中引导新生提升自我效能感就显得尤为重要。在军训前，教官及其他相关教育工作者要合理引导学生增强自信，消除学生的畏难情绪；军训过程中，教官要适当鼓励学生，肯定学生在军训期间取得的优秀成绩，让学生在军训过程中不仅锻炼体魄，也培养了自信心，提高了思想素质。在军训评分上，要改变以往由教官和辅导员凭军训期间对学生的主观感受来评分的做法，设立具体的评分标准。比如走队列，整体效果的好坏只是集体努力的结果，具体考核要列出一些标准，让学生一个一个在教官面前走一遍，根据实际情况来评分，学生才会对自己的训练成果有具体的感受，提高他的自我效能感，否则容易走形式，随大流，甚至滥竽充数。

潜心探索自我,笃志超越竞争
——关于研究型大学人才核心竞争力培养模式的思考

王亚梅*

摘要:21世纪开启了知识经济的时代,世界科学技术迅猛发展,科技创新成为国家核心竞争力的重要组成部分,为经济持续增长提供动力。而衡量国家核心竞争力的关键指标归根结底还在于人才核心竞争力。研究型大学作为国家科技研发和高层次人才培养基地,以科技研发和教书育人为根本,肩负着为国家培养社会急需的高素质专业技术人才的重任。笔者在明晰人才核心竞争力构成及特征的基础上,探讨目前研究型大学在培养人才核心竞争力时所面临的困境,并结合自身在生命科学学院"新生研讨课"的教学探索与实践中的思考,对研究型大学在校学生核心竞争力培养模式提出个人的观点和建议。

关键词:人才核心竞争力;研究型大学;新生研讨课;探索自我;超越竞争

21世纪开启了知识经济的时代,世界科学技术迅猛发展,科技创新成为国家核心竞争力的重要组成部分,为经济持续增长提供动力。2020年9月11日,习近平总书记在科学家座谈会上强调指出我国现阶段比以往任何时候都更需要增强创新能力。① 当下,我国发展所面临的内外部环境都发生了巨大的变化,比其他任何时期都更迫切地需要加快科技创新的步伐。

研究型大学作为国家科技研发和高层次人才培养基地,以科技研发和教书育人为根本,肩负着为国家培养社会急需的高素质专业技术人才的重任。因此,习总书记在科学家座谈会上特别指出高等院校未来要加强基础学科的建设,并把学生创新意识和创新能力的培养放在重要的地位②,为研究型大学今后办学指明了方向。而创新意识和创新能力正是人才核心竞争力的重要组成部分,培养学生创新意识和创新能力正是研究型大学在人才核心竞争力培养过程中需要花大力气、长期坚持的工作重点。

一、人才核心竞争力的内涵

核心竞争力的概念首先是由美国密西根大学商学院教授普拉哈拉德(C. K.Prahalad)和英国伦敦商学院教授加里·哈默尔(G. Hamel)于1990年在两人合著的《企业核心竞争力》中提出的。核心竞争力有丰富的内涵和外延,常常被用到不同的领域和组织机构。通

---

* 王亚梅,女,吉林长春人,厦门大学生命科学学院副教授,主要研究方向为遗传的分子机制。

① 习近平:《在科学家座谈会上的讲话》,http://www.xinhuanet.com/politics/leaders/2020-09/11/c_1126483997.htm,访问日期:2020年11月1日。

② 习近平:《在科学家座谈会上的讲话》,http://www.xinhuanet.com/politics/leaders/2020-09/11/c_1126483997.htm,访问日期:2020年11月1日。

常认为核心竞争力是企业或个人相较于竞争对手而言所具备的竞争优势与核心能力差异。对于企业核心竞争力而言，有四个重要的判断标准：首先是价值性，它能为企业带来竞争优势，如提高服务效率和产品质量，或显著降低生产成本等。其次是稀缺性，指仅少数企业才拥有它。再次是不可替代性，指竞争对手所具备的其他能力无法替代它。最后是难以模仿性，指它不像材料或设备那样，可以购买到、转移或复制，因而是竞争对手难以模仿的，能为企业带来超过平均水平的利润。①

随着经济和管理学学者对核心竞争力研究的不断深入，个体核心竞争力也成为教育学家们研究的热点。不同学者普遍认为，个体核心竞争力是个人在成长过程中长期积累学习的结果，是很难被他人学习、模仿和替代的。② 更具体地说，人才核心竞争力是个人通过自身努力和接受学校教育而获得的多种基本素质、能力，并经过不断整合而形成的，它是个人最独特、最突出、最具竞争优势的素质和能力，被社会所认同和需要。③

二、人才核心竞争力的构成及其特征

虽然国内有不少学者探讨和研究了人才核心竞争力的构成模型，但目前还未形成一种被广泛认可的理论。人们对人才核心竞争力的认识存在着广义与狭义的分歧，对其具体构成的认识也不可避免地存在着偏差。有学者在研究和归纳了相关研究成果后，将人才核心竞争力总结为健全的人格、创新能力、学习能力、社会适应能力、实践能力与健康的心理素质这六个方面的能力。④

笔者认为在当今科技快速发展、经济全球化的时代，人才核心竞争力具体表现为以下几种能力：

（一）健全的人格是人才核心竞争力可持续的根本

人格是人品和性格的集合，是一个人所特有而又相对稳定的心理行为模式。健全的人格包含独立生存的自信心、蓬勃向上的进取心、百折不回的坚韧心和胸怀天下的责任心，是人才核心竞争力可持续的根本。

正如习总书记在 2020 年 9 月 11 日科学家座谈会上指出科学家应该有家国情怀，应该向老一辈科学家们学习，为了国家和人民的利益而奉献自己的聪明才智。⑤ 崇高的理想和志向不仅可以激励个人拿出勇气面对各种困难和挑战，还可以感召他人共同努力来成就更伟大的事业。

（二）创新能力是形成人才竞争优势的源泉

创新能力就是发现问题，提出问题、研究问题、解决问题的能力，是形成人才竞争优势的源泉。客观世界瞬息万变，想要在竞争中立于不败之地，任何人的学习实践活动都不能

---

① Prahalad C.K., Hamel G.The Core Competence of the Corporation, *Harvard Business Review*, 1990,68(3):79-91. 胡雅静：《关于核心竞争力的综述》，《中国商贸》2011 年第 17 期。

② 豆明瑛：《大学生核心能力的发展变迁及培养思考》，《教育教学论坛》2018 年第 7 期。

③ 曾剑雄、宋丹：《基于第二课堂的大学生核心竞争力培养探索》，《教育与教学研究》2018 年第 2 期。

④ 曾剑雄、宋丹：《基于第二课堂的大学生核心竞争力培养探索》，《教育与教学研究》2018 年第 2 期。

⑤ 习近平：《在科学家座谈会上的讲话》，http://www.xinhuanet.com/politics/leaders/2020-09/11/c_1126483997.htm，访问日期：2020 年 11 月 1 日。

简单地重复过去，而是要持续表现出创新的意愿，永远站在新起点上，与时俱进，不断地解放自己的思想，敢于突破常规和旧框框。在2020年9月11日科学家座谈会上，习总书记在阐述创新精神时曾多次提到科学家的好奇心对科学发现的重要性。[①] 好奇心能够引发一个人的探索行为，并使其从中感受到愉悦，进而有助于困难问题的解决。爱因斯坦就曾明确指出，他的成功得益于他具有狂热的好奇心。

(三)终身学习能力使人才核心竞争力得以持续

虽然核心竞争力是个人所独有的知识和技能，但是这些知识与技能通常会随着环境的改变而丧失竞争优势。此时，个体如果仅仅聚焦在维持自身的核心竞争力上，常常会使自己产生惰性，不仅不利于个体的发展，还可能缩短核心竞争力的持续时间。因而，个人想要保持自身的核心竞争力，就需要在替代技术到来时，及时发展与更新个人核心竞争力。保持核心竞争力的最佳方法则是通过终身学习，不断发展自身的竞争力。[②] 在互联网时代，网络学习资源极其丰富，在线自学的方式方便又经济，让身处其中的每个人都有平等提升自己的机会，真正使终身学习成为可能。

(四)团队合作能力使人才扩展自身核心竞争力

在知识经济的新时代，信息极速变化，每个人所面对的情形纷繁复杂。个人想要抓住机遇并快速地解决问题，就需要在自身能力不足时，去寻求外部资源的帮助，这就是团队合作。团队合作能力使个体能及时获取外部资源，扩展自身核心竞争力。例如，与专业人士合作，与之形成一个团队，可以将其竞争力要素快速吸收。在团队中，个人的短板可以被团队中其他成员的竞争优势所弥补。此时，与具有核心专业知识与技能的个人或组织建立合作关系，是获取外部资源的重要途径。具体做法有自己加入其他组织或团队中，或是吸纳所需技能的人才加入自己的团队。[③]

(五)人际沟通能力是个人核心竞争力发挥作用的保障

随着经济全球化的进一步推进，对话和沟通成为时代的特征，人际沟通能力已成为人才竞争力的重要指标之一。沟通能力包含着表达能力、争辩能力、倾听能力和设计能力，它可以反映出一个人的品德、能力以及知识储备。具有较强的表达能力，才能与他人建立起顺畅的交流渠道。只有与他人及时、准确地沟通，才能长久保持和谐的人际关系。此外，在人际交往中，应始终秉持诚实守信、互利、平等相处的原则。与人交往中，应以诚待人，为自身的言行负责，应相互帮助、支持，互利共赢，在他人需要帮助时，及时伸出援手，而在自身面临困境时，也积极向他人寻求帮助，并充分认识到他人人格的独立性，彼此理解、尊重，力求做到己所不欲，勿施于人。[④]

---

① 习近平：《在科学家座谈会上的讲话》，http://www.xinhuanet.com/politics/leaders/2020-09/11/c_1126483997.htm，访问日期：2020年11月1日。

② 杜英俊：《互联网思维下学习型组织个体核心竞争力探究》，《教育教学论坛》2020年第8期。

③ 杜英俊：《互联网思维下学习型组织个体核心竞争力探究》，《教育教学论坛》2020年第8期。

④ 严予培、曲海琴、马文卿：《大学生人际交往与沟通能力的缺失与重建》，《湖北农机化》2019年第53期。

三、研究型大学在培养人才核心竞争力时所面临的困境

（一）评价单一的学校教育长期忽视学生创新能力的培养

传统学校教育普遍注重对学生灌输前人的知识，而长期忽视了学生想象力、创造力的培养。在“高考指挥棒”下，应试教育从根本上扼杀了学生的想象力和创造力。在教学中，教师往往把教材作为评判标准，要求所有问题都有统一的标准答案，忽视学生偶有的独特见解，导致学生只能循规蹈矩。[①] 相关调查显示，我国青少年的观察力和想象力随着年龄的增长日渐削弱，而思维定式和对权威的服从却日益增强。[②]

（二）家庭教育问题阻碍大学生核心竞争力培养

目前在校大学生许多来自独生子女家庭，其家庭教育中普遍存在一些问题：家长溺爱孩子，使孩子不自觉地养成了以自我为中心的习惯，普遍缺乏合作意识；家长过于注重孩子的学习成绩，忽视对孩子独立生活能力和性格的培养；亲子之间缺乏情感的交流和平等的沟通，孩子的精神需求得不到满足，心理承受能力较差等。家庭教育中存在的诸多弊端，从源头阻碍了学生综合能力的发展，也造就了不少“精致的利己主义者”。

（三）研究型大学的不少学生自身轻视综合能力培养

在应试教育的影响下，学生过早进入紧张应试状态，并形成了以下思维习惯：只要能提升分数，其他能力的培养都可以忽视。在这种思维范式影响下，学生的学习目的明显实用化、功利化。虽然学生在大学期间有更多的自由时间和选课机会，但由于过于注重记忆书本内容，缺乏对知识的理解和运用，不习惯深入思考和提出问题，因而发散和创新思维得不到培养，出现了不少“高分低能”的学生。

（四）大学教育制度存在的问题不利于人才核心竞争力培养

许多高等学校长期以来忽视了学生的个体独立性和差异性，统一安排课程内容和教学时间，在教学模式上也表现为僵化、缺乏灵活性。过于强调对学生的规范化管理，虽然有助于学生养成良好的行为习惯，却阻碍了学生创新能力的培养。同时，不少高等学校的教学质量评价体系过于单一，仅注重考查学生对课本知识的记忆，而忽视了对学生自主学习、独立思考能力的培养。[③] 另外，研究型大学因科研任务重，教师无时间和精力给学生充分的指导。上述问题都十分不利于人才核心竞争力的培养。

四、关于研究型大学人才核心竞争力培养模式的思考

为了能够克服传统教学模式的弊端，着力培养学生的核心竞争力，生命科学学院自2013年9月开设了“新生研讨课”，至今已有8个学期。其他研究型大学“新生研讨课”的经验与笔者8年的课程探索和实践表明，“新生研讨课”除了培养学生的表达和沟通能力以及团队合作精神，还能启发他们探求未知世界的兴趣，并初步培养他们提出问题的能力，使他们从入学伊始就体验到研究型学习方法和学习氛围，为他们尽快改变应试思维习惯、

---

① 游庆军：《“钱学森之问”对中国教育的启示》，《辽宁教育行政学院学报》2012年第4期。

② 卢晓静：《由“钱学森之问”引发的对中国教育的思考》，《教育理论研究》2012年第4期。

③ 王程乙、田丹、朱明仕：《论大学生创新能力培养的问题与对策》，《长春师范大学学报》2020年第3期。

适应研究型大学的学习环境奠定了基础。[①]

(一)小班上课、师生互动多，增进师生情感交流

“新生研讨课”在每年新生入学的秋季学期开课，全年级分为7～8个班，每班少于30人，由1位指导教师负责，20学时，共1学分。正式上课前，笔者都会组织学生开一个见面会，同学们介绍自己的个性、爱好和特长，交流自己对课程的希望和大学期间要实现的愿望。由于班级人数少，在以后的课程中，笔者很快就能叫得出同学们的名字，还了解他们的个人情况。“亲其师、信其道”，有不少同学无论就课程学习的疑问，还是未来的人生规划都会与笔者在课余进行商讨，这种关系甚至持续了整个四年大学生活。

(二)广泛的研讨题目提升学生专业兴趣

“新生研讨课”的研讨题目除了教师建议，也鼓励同学提出自己感兴趣的题目。研讨题目涵盖生命科学各个领域，与人类生活息息相关，拓宽了学生的视野，加深了他们对生命科学重要性的认识，因而提升了他们对专业的兴趣。研讨题目包括：(1)致敬大师——诺贝尔奖与生命科学；(2)生活方式与健康；(3)现代生物学技术；(4)病菌、病毒与人类社会命运；(5)神奇的信号分子；(6)基因与疾病；(7)草木传奇——植物如何改变世界；(8)有趣的动物行为；(9)地球上生命演化历程；(10)人与生态环境……其中，有些研讨题目涉及科学家的研究经历和科学发现，能激发和培养学生的科学精神和科学思维，有些倡导健康的生活方式，有些涉及最新的生命科学技术以及自然界各种生物与人类命运的关系。

全班同学分为10个小组，每个小组2～3人。整个课程分为两轮演讲，所以全部的小组演讲会涉及20个不同的研讨题目。在“新生研讨课”上，同学们可以从彼此的演讲中学习到许多新知识，加深了对生命科学研究的认识。当学生明确所学专业在整个人类知识体系中的位置后，就会热爱自己的专业，并能在以后的学习中制定明确的学习目标和有效的时间规划，有可能进一步超越自我，产生意义感。[②]

(三)自由选题鼓励学生探索自我、超越竞争

“新生研讨课”各小组可以根据自己喜好在众多的研讨题目中加以选择，教师不会加以评判。在自由选题的过程中，每个小组成员都会积极思考，努力找到自己的兴趣，学生们逐渐开始认识自己，了解自己的兴趣所在，找到自我成长的路径和动力。笔者非常赞同要培养、提升个人核心竞争力，前提是要了解自己，以及自己所处的环境，深刻地把握个体的特征和优势。[③] 正如芬兰作家山穆利·帕洛南精辟地指出：“真正的赢家，从来不竞争。”

(四)师生角色互换激发学生自主学习热情

“新生研讨课”除了第一次课由教师讲解课程要求，其他九次课都是由每个小组的三位学生围绕自己选择的研讨题目进行演讲。小组成员分头收集相关资料，制作成PPT后，

---

① 张雁、卢湘婉：《生物学新生研讨课的“MINE”教育范式》，《高校生物学教学研究》(电子版)2019年第6期。邴杰、王友军：《发育生物学与人类健康课程建设研究》，《高等理科教育》2018年第3期。喻凯、黄新河、李萍：《本科新生研讨课〈遗传密码——生命与自然〉的教学实践探索》，《高教论坛》2017年第2期。

② 孙志凤、张红霞、郑昱：《研究型大学新生研讨课开设效果初探——南京大学案例调查研究》，《清华大学教育研究》2010年第6期。

③ 盛沛锋、楼文军：《“马太效应”与大学生核心竞争力培养》，《经济师》2008年第6期。

讲解给班级的同学,把他们从“台下听众”转变为“场上主角”,实现了师生角色的互换。在课程中,教师扮演主持人、观察者、组织者和引导者的角色,只在必要时给予学生及时的帮助和指导,而学生自主学习的热情得到了最大限度地释放。

(五)研讨课鼓励争论,培养学生质疑精神

“新生研讨课”每个小组演讲后都有问答环节。起初同学们还羞于表达,但在教师的鼓励下,他们开始提出自己的疑问和思考,有时是补充和点评。有些大家都很关心的问题,讨论场面非常热烈。此时,笔者会认真倾听学生的意见,注意不打断学生的话,让他们自由表达自己的看法,并及时给予中肯的评价和回应,以使学生从“被动地听”转变为“积极质疑、反思”。当学生给出答案时,笔者一般不会简单地肯定或否定学生的意见,而是启发和鼓励更多的学生阐述自己的见解和理由,然后再加以评论。课堂上的生生、师生互动产生思维碰撞,使学生质疑精神得到鼓励、创新思维逐渐得到发展。

(六)“7-2-1”学习法则培养学生沟通表达能力

“7-2-1”学习法则(图1)重点强调了实践在学习中的重要性,学生在课堂学习中所获得的知识,要通过同伴或导师的反馈并在不断实践的过程中才能最终转化为能力。[①]

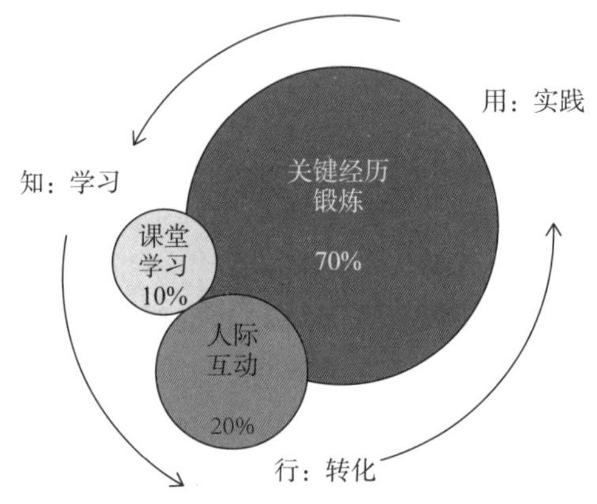

图1 “7-2-1”学习法则

“新生研讨课”的第一节课,指导教师会讲解PPT制作、资料收集和查询及公众演讲的相关注意事项。在以后的课程中,教师会对每一小组演讲时使用的PPT及演讲内容、技巧等方面存在的问题加以点评,并给出相应改进意见。经过一轮演讲后,各小组的PPT制作和演讲技巧都在第二轮演讲中得到了改进和提高。小组演讲活动使学生们更能站在听众的角度思考,沟通和表达能力得到了提高,增强了他们对公众演讲的自信心。这个学习过程正体现了“7-2-1”学习法则“在做中学”的要旨。

(七)小组学习培养团队合作精神、改善个人心智模式

“新生研讨课”每轮演讲都以三人小组为单位进行,一学期共两轮演讲,每位同学就有机会和其他四位同学在两个小组里共同学习。每个小组演讲前,小组成员要共同选择研讨题目、制定演讲提纲,再分头收集和查阅资料,制作PPT以及写演讲稿。演讲时还要控

① 吴振利:《论自我指导性大学教师教学发展——以“721”学习法则和自我指导性学习过程为基础》,《黑龙江高教研究》2012年第9期。

制好演讲时间,记录和回答同学提出的问题。完成这些任务要求小组成员之间明确分工、密切合作,学生的团队合作能力得到了锻炼和提高。

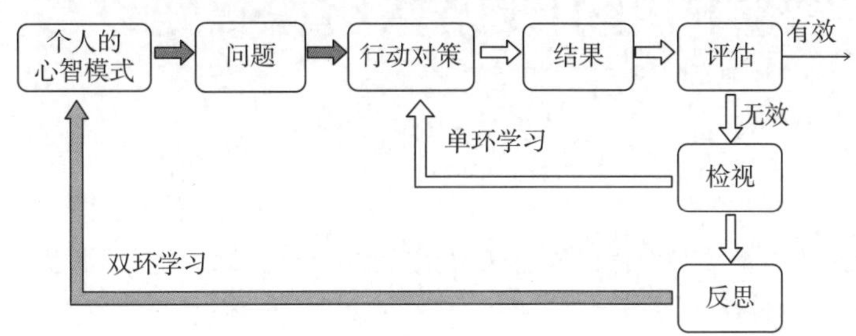

图 2 Argyris-Schon 的"单—双环型"学习模型(1978)

根据 Argyris-Schon 的"单—双环学习"模型(图 2),人们可以通过单环学习和双环学习发现和纠正自己的错误,而双环学习更是较高水平的学习过程,因为个人通过自我认知来认识和改善自己的心智模式十分困难,往往需经过多次失败和多次单环学习之后,才能检视到心智模式的缺陷。[①] 而在小组学习中,具有不同心智模式的学生在倾听、交流和共同学习工作中,不同的行为方式和效果很容易进行对照,个人的心智模式就有可能得到改善。[②]

"新生研讨课"以探索和研究为基础、师生互动、激发学生自主学习的研究型教学模式为研究型大学培养在校大学生核心竞争力提供了一些借鉴。尽管"新生研讨课"的小班、研讨形式不可能移植到所有专业课中,但其注重学生参与、鼓励探索自我、倡导质疑和独立思考的教学理念值得推广到更多课程中,这样才能使研究型大学真正成为培养创新型人才的重要场所。

五、结语

"新生研讨课"的探索和实践说明研讨类课程的教学模式有助于引导学生改变思维方式,提高学生的核心竞争力,其教学目标、理念、方法与措施等都具有重要的示范作用。建议今后在本科其他年级陆续开设更多的研讨类课程,并希望能有更多的教师在更多的课程教学中体现教学思想观念的转变,为国家培养出更多能够适应社会发展、具有创新精神的优秀人才。

① 吴振利:《论自我指导性大学教师教学发展——以"721"学习法则和自我指导性学习过程为基础》,《黑龙江高教研究》2012 年第 9 期。

② 李栓久、陈维政:《个人学习、团队学习和组织学习的机理研究》,《西南民族大学学报》(人文社科版)2007 年第 9 期。

线上教学的电子线路实验课程建设与实践

刘恺之 刘舜奎*

摘要:电子线路实验,作为传统电子学的基础教学内容,一直以来紧紧围绕"实验"这个课程的核心环节,着重培养和锻炼学生通过观察、分析现实状况,运用电子学专业知识与技能解决或优化有关电子系统实际问题的综合能力。疫情期间的线上化电子线路实验教学,是一次难能可贵的教学实践。课程组一方面高效而有针对性地完成线上教学建设、满足课程需要,另一方面在课程结束后进行全面梳理,分析教学行为,研判得出:不论采用何种教学形态,学生的认知与接受程度,与其对教学内容的掌握程度呈正相关,与教师的解答有效程度呈正相关。线上或线下的教学,均应更加注重互动式教学设计,即更加注重聚焦学生提出的问题、有针对性的答疑解惑,以提升教学交流广度和深度,使综合教学效果更具质量成效。

关键词:电子线路实验;线上教学;课程建设与实践

一、引言

"劳动创造人本身。"实践活动是人类文明不断演化推进的重要动力来源。科学的探索、技术的升级,离不开推演与检验,同样离不开假设与尝试——这,就是实验。好的实验构造,有助于理解已知、探究未知。如何设置方法可靠、目的性强、有针对性的有效实验课程,是教育工作者们面临的工作难点与工作重点,也恰是教育工作者们展现职业素养、传递教育理念的大舞台。

线上教学,对很多教育工作者而言并不陌生,有很多教师在这方面已有多年的实践与积累,自然也分享了许多体会与见解。近年来,随着信息技术的不断提升与发展,结合着核心技术的掌握,涌现出多种多样的虚拟仿真实验平台建设与应用;这诚然是很好的辅助手段,尤其在实验实践类教学组织中,不断融合发展,丰富了教学体验。

实验教学,既是一门课程,更是一个独立思考、解决问题的能力培养过程;虽突出动手能力,但亦离不开正确的思想与有效的方法。电子线路实验,作为传统电子学的核心基础实验环节,本身是一项培养和锻炼学生通过观察、分析现实状况,运用电子学专业知识与技能解决有关电子系统实际问题的教学过程。强调的是对现实场景的直观感受、捕捉信息,具有很强的实时操作性,带有浓厚的现实体验感。一直以来,电子线路实验紧紧围绕"实验"这个课程的核心环节,着重培养学生的"观察、纠错、优化"三样能力。同时,在完整的实验课程组织中,

* 刘恺之,男,福建惠安人,厦门大学电子科学与技术学院工程师,主要研究方向为电子技术应用、控制系统。刘舜奎,男,福建惠安人,厦门大学电子科学与技术学院高级工程师,主要研究方向为应用电子学。

设置了“预习”与“仿真”的课前自学环节及“总结”的课后知识体系回顾梳理环节，保证整个学习过程，贯穿着由已知的“分析”过程到未知的“设计”过程。借助于EDA软件等电子系统仿真平台的不断升级，在越来越多的场景下，软件上的仿真结果与现实情况吻合度逐步提高，“仿真”这一自学环节对学生在基础理论的理解加深和实验构造与故障排除的能力提升上，贡献度也逐步加大。在近几年的课程综合改革与建设中，“仿真”比重也逐步加大，这为课程的线上化教学铺垫了广泛的学生参与度这一有力的基础条件。

二、课程线上化组织与实施

一场突如其来的疫情，是对全民素质、社会管理的综合考验，也是民族凝聚、紧密团结的诠释呈现。各行各业，单位个人，可以看到从各个维度为抗疫事业的不懈努力和持续付出。教育工作者，在不断提升个人公共卫生素养之余，同样应该积极响应国家“停课不停学”的主导思想，在课程教学“线上化”的过程中，既要一如既往地诠释好“教书育人”的本质属性，也要不断调整优化线上教学的方式方法，努力营造宽松愉悦的教学氛围、努力确保扎实充分的教学内容、努力兑现行之有效的教学质量。

疫情期间的教学，从需求的角度推动了电子线路实验课程组全体人员面向线上教学的精心准备与协作演练，无形中助力了这一过程的实质性实施，电子线路实验也迎来了历史性的全程网课模式。回顾这一过程，必须注意的是，本次实施的线上教学，是在疫情期间的大背景下，本身是一次被动的实施驱动。如何尽快化“被动”为“主动”，是摆在课程组面前的首要任务。课程组第一时间确立了“一个统一”和“两个确保”作为保障线上教学质量的两项工作重点，并同步开展。

（一）“一个统一”

即统一的教学途径。广泛兼顾学生现有信息化条件有利于缓解学生应对教学方式变化的负担和抵触心理，这有助于课程组织。现有可供线上教学使用的公共平台有课程中心、SPOC课程平台、慕课、腾讯、钉钉等，课程组经比较筛选，最终确定采用QQ课程群作为线上教学的统一途径。其一，绝大多数学生与教师均拥有QQ号，有着广泛的社交优势；其二，QQ本身提供了便捷的交互形式，涵盖语音、图像、视频、文本等多种方式；其三，依托腾讯公司强大的开发能力，QQ课程群的功能开发迭代效率高，一个群内可以完成公告、成员签到、资料共享、课堂直播、开启和关闭群内发言、作业提交、问题答疑等一系列教学组织。

（二）“两个确保”

即“第一时间确保全体上课学生能参与线上教学”与“第一时间确保课程内容能在线上顺利开展”，可分解为从“学生主体”与“课程主体”这两个“主体”的“第一时间”为切入点：

$$\left\{\begin{matrix}\text{第一时间确保全体上课学生能参与线上教学}\\ \text{第一时间确保课程内容能在线上顺利开展}\end{matrix}\right\}=\text{第一时间}\times\left\{\begin{matrix}\text{学生主体}\\ \text{课程主体}\end{matrix}\right\}$$

针对“学生主体”的确保方面，课程组通过多元方式，先从学院、学校层面，在课程开始前一周统一发布线上教学采用QQ课程群的通知，提供群号由学生自主入群。个别学生未能及时入群，课程组再次通过教学秘书、辅导员及已入群的学生多方联系，确保一个教学班的所有学生都按时入群且群内无其他无关人员。通过群公告,发布线上教学预演的通知,和线上教学所需的工具和平台,并要求每一名学生私信任课教师,确保每一名学生都能准时参加教学预演,同时收集统计学生参加线上教学所存在的各项问题,以便课程组制订对应措施、保障教学。通过教学预演,依次完成一堂完整的课程线上化的教学组织过程:

(1)课前至少 15 分钟,任课教师提前到位;(2)课前 15 分钟,开启定时群接龙功能,学生在规定时段(30 分钟)内陆续完成接龙签到;(3)上课时间到,任课教师介绍课程安排;(4)1 分钟后,开启群发言,课堂时间内,学生可在群内发表与课程有关的消息或问题,任课教师进行有针对性的答疑;(5)课堂时间到,任课教师发布本堂课程的教学总结,启动群作业,发布作业内容与要求;(6)关闭群发言,学生的其他课程问题以私信形式继续与任课教师交流。

针对"课程主体"的确保方面,课程组在收到学校关于线上授课的通知时,第一时间组织课程组成员进行线上研讨,针对课程的线上化及时调整课程组织形式与课堂内容的适配与论证。模拟线上教学可能存在的问题,逐一制定应对措施,根据学校要求在允许进校工作期间,以分小组形式组织线下的组员探讨,进一步落实课程线上化的调整与论证工作,再通过线上研讨形式完成课程组内部的统一与确认。在原有教学 PPT 基础上,补充多媒体文件;针对实验的重点、难点,以及线下实验教学中容易出现的故障或错误,提前准备出图像材料;部分综合性强的实验项目,提前准备出视频材料;在适当的教学节点,供学生参考比较、以强化认知与理解。保证了在课程开始前完成课堂纪律、课程资料、教学目标、评价体系的线上化迁移。在具体的教学过程中,课程组不断通过答疑、批改作业,及时了解学生存在的普遍性问题或典型问题个案,在后续的课堂上突出解答。

三、线上教学行为分析

线上教学,教师与学生的互动增加了。强化交流,对教师的具体教学行为实质上提出了更高的付出要求。这也更丰满了"师者,所以传道受业解惑也"的诠释。课程结束后,全面梳理并分析教学行为,有助于研判教学质量。

疫情期间,共有 3 个班级合计 205 人参加电子线路实验课程。其中,电子线路实验(下)课程 1 班 57 人,电子线路实验(下)课程 2 班 65 人,数字电子技术实验课程班 83 人。电子线路实验(下)的教学进度为 16 周,每周 3 学时;数字电子技术实验的教学进度为 12 周,因五一放假,实际上课周数为 11 周,每周 3 学时。课堂时间内,开启群发言功能;课堂时间外,关闭群发言功能。高效严格的课程组织确保了课堂上的师生交流互动紧扣实验教学主题,不出现与教学无关的信息数据。通过群消息记录进行统计,电子线路实验(下)课程 1 班群内发言总字数 67357 字,发布图像 167 幅、视频 6 份;其中,教师发言 704 条。电子线路实验(下)课程 2 班群内发言总字数 61382 字,发布图像 152 幅、视频 15 份;其中,教师发言 653 条。数字电子技术实验课程班群内发言总字数 56850 字,发布图像 171 幅、视频 3 份;其中,教师发言 606 条。各班群内互动总体情况如表 1 所示。

表 1 各班群内互动总体情况

班级	发言字数(字)	图像(幅)	视频(份)	教师发言(条)
电子线路实验(下)课程 1 班	67357	167	6	704
电子线路实验(下)课程 2 班	61382	152	15	653
数字电子技术实验课程班	56850	171	3	606

折算每堂课师生互动交流的过程数据,电子线路实验(下)课程 1 班 4210 字,平均每人发言 73 字,教师发言 44 条;电子线路实验(下)课程 2 班 3836 字,平均每人发言 58 字,教师发言 41 条;数字电子技术实验课程班 5168 字,平均每人发言 62 字,教师发言 55 条。各班群内平均每堂课互动情况如表 2 和图 1 所示。

表 2 各班群内平均每堂课互动情况

班级	平均每堂课发言字数(字)	每堂课人均发言字数(字)	平均每堂课教师发言条数(条)
电子线路实验(下)课程 1 班	4210	73	44
电子线路实验(下)课程 2 班	3836	58	41
数字电子技术实验课程班	5168	62	55

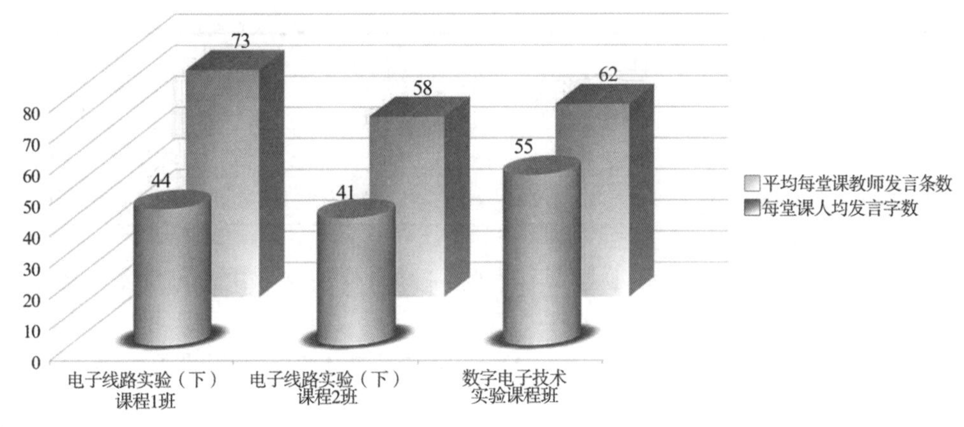

图 1 各班群内平均每堂课互动情况

由图 1 不难看出,教师平均每堂课的发言次数,数字电子技术实验课程班最多,其次是电子线路实验(下)课程 1 班,电子线路实验(下)课程 2 班最少。意味着在数字电子技术实验课程班上有针对性的答疑解惑最多,而在电子线路实验(下)课程 2 班最少。每堂课人均发言字数,表征群内互动交流的积极性,电子线路实验(下)课程 1 班最高,数字电子技术实验课程班次之,电子线路实验(下)课程 2 班最低。结合以上互动情况,课程组提出“解答率”概念,用 δ 表示。“解答率”由教师发言次数和人均发言字数共同表征。记教师发言次数为 λ ,人均发言字数为 θ ,取总数最大归一化,并定义:

$$\delta=\frac{\lambda}{\theta}$$

其中，$\begin{cases}\lambda_{电1}=\dfrac{44}{55}=0.80\\ \lambda_{电2}=\dfrac{41}{55}=0.75\\ \lambda_{数电}=\dfrac{55}{55}=1.00\end{cases}$，$\begin{cases}\theta_{电1}=\dfrac{73}{73}=1.00\\ \theta_{电2}=\dfrac{58}{73}=0.79\\ \theta_{数电}=\dfrac{63}{73}=0.85\end{cases}$

则有，$\begin{cases}\delta_{电1}=\dfrac{0.80}{1.00}=0.80\\ \delta_{电2}=\dfrac{0.75}{0.79}=0.94\\ \delta_{数电}=\dfrac{1.00}{0.85}=1.18\end{cases}$

由上述“解答率”δ的结果可见，虽然电子线路实验(下)课程1班的互动情况最活跃，但“解答率”最低。这可以理解为从学生提出问题，到教师解答至学生理解，需要花费更多的交流环节。假设同一时间段内，教师的发言次数固定，则“解答率”最高的班级教师能达成最多问题的解答，反之，“解答率”最低的班级教师能达成最少问题的解答。从“解答率”、教师发言次数和人均发言字数3个维度对各班级进行评价排序，如表3所示。

表3 各班多维度评价排序

班级	人均发言字数	教师发言次数	解答率
电子线路实验(下)课程1班	1	2	3
电子线路实验(下)课程2班	3	3	2
数字电子技术实验课程班	2	1	1

本学期的电子线路实验课程均为线上教学，成绩评定直接取决于每次实验完成的情况。结合3个班本学期的最终成绩，按平均值计算，电子线路实验(下)课程1班平均分79分，电子线路实验(下)课程2班平均分80分，数字电子技术实验课程班平均分81分。这一结果的评价排序，与“解答率”评价排序吻合。如表4所示。

表4 各班平均分与解答率评价排序

班级	平均分	解答率
电子线路实验(下)课程1班	3	3
电子线路实验(下)课程2班	2	2
数字电子技术实验课程班	1	1

上述结果也从一个角度印证了课程组的基本判断：不论采用何种教学形态，学生的认知与接受程度，与其对教学内容的掌握程度呈正相关，与教师的解答有效程度呈正相关。这在互动式教学形式如翻转课堂的设计上，需要课程组更加注重聚焦学生提出的问题，有

针对性地答疑解惑,将在教学质量的把控上,存在显著提升的潜力。

课堂时间,学生除了在群内发言,同样会私信教师提出问题与交流。另外,课外时间,学生无法在群内发言,便只能通过私信教师进行交流。这对于学习与探讨意愿更强烈的学生而言,无疑增添了其提高自身学习质量的一条重要途径。是一个"因材施教"的窗口。这方面的工作实质上对教师是提出了更严格的要求。这也映射了教师的职业素养与教学情怀。据不完全统计,本学期的电子线路实验课程,课程组面向不少于 88 名学生进行私信交流,探讨教学内容。针对学生的提问,平均回复每名学生不少于 70 条。课堂内外的实际私信回复条数是课堂时间群内回复条数的 3 倍以上。另一方面,从成绩上看,3 个班取得 90 分及以上成绩的学生有 19 人。这 19 名学生,无一例外,均是私信交流探讨的活跃者。也从一个侧面反映出互动式教学形式,交流越具有广度和深度,综合教学效果更有质量成效。

四、总结

在当前的技术实力大背景下,全面开展电子线路实验的线上教学或大范围替代线下教学的做法,尚缺乏科学性合理性的论证,线上实验教学也远远达不到媲美线下实验教学的现实体验感。疫情期间的实验教学线上化,虽为时所迫但也是时代化发展进程的表现,是一次难能可贵的教学实践。课程组高效而有针对性地完成线上教学建设、满足课程需要,并在课程结束后进行全面梳理,分析教学行为。从目标、流程、导向上重新理解教学形态,不论线上或线下的教学形式,均应更加注重互动式教学设计;对后续持续开展实验教学的理论与实施改革建设,丰富了探索的维度,积累了多样的体会。

面向工程教育认证和一流课程建设的本科课程达成度分析方法及其程序实现

张建国*

摘要：在本科专业工程教育认证过程中，毕业要求的达成是认证通过的必要条件，学生所学各门课程的达成度是毕业要求达成度的重要数据来源，如何科学地评价课程在各个指标点上的达成程度，进而获得合理可信的毕业要求达成度，就显得尤为重要。另外，在本科一流课程建设中，通过分析学生在课程预设的各课程目标上的达成度，可以快速获知学生对各重要知识点的掌握程度，从而有的放矢，抓住重点，制定改进措施，着实提高教学效果，真正贯彻"以学生为中心"的教学理念。本文基于工程教育认证和一流课程建设的需要，提出了一种课程达成度的分析方法，并利用 VBA 编程技术，在 Excel 中编制了快速计算课程达成度的程序。该程序操作简单，所得结果既可为毕业要求达成度提供基础数据，也可为课程的持续改进提供准确建议，助力一流课程建设。

关键词：工程教育认证；一流课程建设；课程达成度；课程目标；VBA 编程技术

一、引言

2016 年我国正式成为国际本科工程学位互认协议《华盛顿协议》的正式会员，国家成立了由教育部主管的社会团体工程教育专业认证协会，负责我国工程教育认证的组织实施。在认证过程中，各校各专业须按照基于学习产出的教育模式（Outcomes-based Education，OBE），撰写并递交自评报告，从"学生、培养目标、毕业要求、持续改进、课程体系、师资队伍、支持条件"等七个方面自证本专业达到了工程教育认证的要求，并申请进入下一步认证的流程。

在上述的七个方面中，毕业要求的达成度须以具体的数据形式给出，但认证协会和其他权威机构都没有给出具体计算该达成度的方法和公式，各校各专业只要给出的分析方法和数据结果合理可信，都能被认证专家接受。目前，大多数学校和专业均是以学生所学课程对毕业要求的贡献度为主，以第二课堂的贡献度为辅来计算毕业要求的达成度。由此可见，各门课程的达成度是毕业要求达成度的基础数据，课程达成度的分析方法及其达成结果的科学性和合理性就显得极其重要。

2018 年 11 月，教育部宣布到 2022 年，要建设一万门国家级一流课程和一万门省部级一流课程。一流课程是一流专业和一流学科甚至一流大学的基础保障，没有课程和专业，

---

* 张建国，男，湖北长阳人，厦门大学建筑与土木工程学院副教授，主要研究方向为结构动力学、工程结构抗震抗风、结构数值仿真等。

一流学科和一流大学终将是无源之水。一流课程建设的本质是建设"以学生为中心"的高质量金课,应该在"课程体系、教学能力、教学方法、课程评价、课程管理"等方面深入改革,构建符合中国特色的高水平人才培养体系。

在课程的评价方法中,除了传统的学生评教、同行听课打分等外部评价,授课教师的自我评价在提高教学效果和教学水平上也起着显著的作用。通过对期中试卷的细致分析,可检查前半学期的教学效果,有针对性地调整教学方法和教学进度;通过对综合作业和期末试卷的细致分析,可获知学生对整门课程的掌握程度,对哪些知识点的理解不够透彻,从而在下一学年的教学中参照改进,实现课程水平的持续提高。

可以看出,针对学生课程试卷达成度的分析,是工程教育认证中毕业要求达成度的数据需要,同时也是一流课程建设中课程评价与质量提高的重要手段。本文基于二者的需要,提出了一种课程达成度的分析方法,并运用 VBA 编程技术,在 Excel 软件中编制了快速计算课程达成度的程序,既可为毕业要求达成度提供数据,同时也可为教师自我评价教学效果,有针对性地改进教学方法提供指导建议。

二、课程达成度分析思路和方法

通过深入理解工程教育认证通用标准①,各工科专业一般需将毕业要求分解为多个一级指标分项和二级指标点,可用代号 i.j 表示,其中 i 表示一级指标分项,j 表示二级指标点。所有 i.j 的综合须覆盖通用标准中的 12 项毕业要求内容。如引言所述,毕业要求达成度的主要数据来源为各门课程的达成度,因此,需逐一指定各门课程对应的毕业要求指标点,并采用适当的方法确定各门课程在各指标点上的权数,从而得到各门课程对各指标点的贡献度。每门课程可对应多个指标点,对应的指标点及其加权值根据该门课程的类型和性质,并结合与其他课程的关系统筹确定。

另外,参照工程教育认证的精神,大多数专业课和专业基础课的考核方式须由以下四部分内容组成:平时成绩、综合作业成绩、期中考试成绩和期末考试成绩,成绩均用百分制的形式给出;最终考核成绩则由这四部分的成绩加权求得。也就是说,课程的达成分析需要从四部分考核过程中分别提取数据,而不是仅仅依据期末试卷来进行分析。

在一流课程的建设中,让学生掌握并能熟练运用每个知识点是课程教与学的最终目的。在教学过程中,教师须根据课程内容,制定若干课程目标,并明确指出学生针对每个知识点应该掌握的程度,这些课程目标将涵盖课程的所有知识点,一般可为 3～6 条。当学生完成了上述四个部分的考核后,教师应该可以从各次考核中获取学生对每个知识点的实际掌握程度,从而衡量教学水平和教学效果,并为后续的教学过程提供持续改进的方向和依据。

基于上述三个方面内容的考虑,每门课程的教学大纲都必须明确指明课程对应的毕业要求指标点及其在毕业要求达成度中的权值、课程所包含的课程目标具体内容、考核方式及其在总成绩中的权值等三个方面的内容。这为后续的课程达成度分析及其程序实现提供了必要的条件。

---

① 中国工程教育专业认证协会:《中国工程教育专业认证通用标准(2015 版)》,2015 年。

基于课程内容的逻辑关系，可进一步指明毕业要求指标点与课程目标的对应关系，将课程对应的一个或者若干个毕业要求指标点直接挂钩到各个课程目标上，这样显得更有合理性，即学生如果掌握了某个知识点，则在该课程目标对应的毕业要求指标点上就可表示达成，针对性更强，指对性更精确。课程目标与毕业要求达成度的矩阵关系实例可如表1所示，其中 n 为课程目标的个数，m 为课程对应毕业要求指标点的数目。这样的对应关系也需要在教学大纲中明确指出。

表 1　课程目标与毕业要求指标点的对应关系

	毕业要求指标点			
	$i_1.j_1$	$i_2.j_2$	…	$i_m.j_m$
课程目标 1	√			√
课程目标 2		√		√
…			…	
课程目标 n	√	√		√

从表1可以看出，如果能从各种考核结果中分析得到学生在各个课程目标上的达成情况，根据表中的对应关系，则可得到课程对应的各个毕业要求指标点的达成情况，从而为毕业要求总达成度提供基础数据。另外，教师根据学生在各个课程目标上的达成情况，也可直接获知学生对各个知识点的掌握程度，有的放矢，在未达成的课程目标上增加课时，改进教学方法，从而达到提高教学效果的目的。

如何从考核结果中细致分析出各个课程目标是否达成呢？在期中和期末试卷中，可指定试卷中的每个题目具体对应的课程目标，一个题目可以对应多个课程目标，也可以多个题目对应某一个课程目标。在平时作业和综合作业分析时，可根据实际情况确定对应的课程目标，或指定这两者对应所有的课程目标。各种考核方式与对应的课程目标的矩阵关系实例可如表2所示，其中 n 为课程目标的个数，p 和 q 分别为期中和期末考试的题目个数。表2还同时给出了学生成绩输入的方式，其中 s 为该门课程的选修学生总人数。

表 2　课程目标与各种考核方式的对应关系以及学生成绩输入方式

	平时成绩	综合作业	期中成绩				期末成绩			
			1	2	…	p	1	2	…	q
课程目标 1	√	√	√				√	√		√
课程目标 2	√	√		√		√		√		√
…	√	√								
课程目标 n	√	√	√			√	√	√		
学生 1 姓名										
学生 2 姓名										
…										
学生 s 姓名										

从表 2 可以看出，如果知道并输入所有学生在各种考核方式中的成绩，特别是期中期末考试中每个题目的得分，根据各考核方式占总成绩的权值，可得到每个学生在各个课程目标上的得分。首先将学生在每个题目上的得分平均分配给对应的课程目标，然后将各个课程目标的得分进行求和得到各个课程目标的真实得分，该得分小于等于该课程目标的满分值，同时也必然小于等于该门课程的总成绩满分值。为后续评价方便，可根据每个课程目标的满分值，将各个学生在每个课程目标上的得分换算成百分制的形式。

对每位学生而言，可直接根据每个课程目标上的得分，获知本人对各个知识点的掌握程度，如若在某个课程目标上的得分为 90 分以上，说明对该课程目标所对应的知识点掌握良好，如若在某个课程目标上的得分为 60 分以下，说明对该课程目标所对应的知识点掌握较差，需要加以注意，并及时花时间学习掌握。

对整个课程班总体而言，授课教师可对所有学生在每个课程目标上的得分进行统计分析，统计值可包括均值、方差、偏离度、不及格率和优秀率等。根据统计值，授课教师可对学生在某个知识点上的掌握程度有一个整体的把握，了解在课程教与学的过程中的得失，为后续的教学持续改进指明方向。如在某个课程目标上的不及格率高、均值低，说明学生对该知识点的掌握较差，或者题目难度大；如在某个课程目标上的优秀率高、均值高，说明学生对该知识点的掌握良好，或者题目难度小；如在某个课程目标上的均值较为合适，但方差太大，说明学生对该知识点的掌握存在着两极分化的情况；如在某个课程目标上的均值较为合适，方差在合理范围内，则说明学生对该知识点的掌握情况较好，题目难度适中。

在得到各个课程目标的得分情况并进行分析后，可按照表 1 中的课程目标与毕业要求指标点的对应关系，进一步得到各毕业要求指标点的得分。首先将每个学生在各个课程目标上的得分平均分配给对应的指标点，其次将各个指标点的得分进行求和得到各个指标点的真实得分，最后同样将该得分转换成百分制即可。

可根据课程目标和毕业要求指标点的百分制得分分别进行多种方式的课程目标和毕业要求指标点的达成度分析，得到具体的达成度数值。本文作者所在单位针对各门课程采用了李少泉教授提出的多参数分级评价法①，该方法综合考虑了学生成绩的各项统计值，可得到整门课程、课程包含的各课程目标以及课程对应的各毕业要求指标点的达成度值，均为小于 1 的数值，该方法可较为科学地反映该门课程对毕业要求总达成度的贡献。

三、课程达成度分析程序的编制

上述课程达成度的分析方法，需要处理大量的学生成绩数据，当学生人数越多时，计算就越为烦琐，手工处理显然不太现实。本文选用目前常用的办公软件 Excel，并利用 VBA 技术，编制了课程目标和毕业要求指标点达成度的分析程序，教师只需要指定课程名

---

① 李少泉、高婧、王东东、张建国、王晓虹：《多参数分级课程达成度评价方法》，《实践"成果导向"提升专业教学质量——土木工程专业认证（评估）论文集》，同济大学出版社 2019 年版，第 134～138 页。陈东霞、王东东、高婧、李少泉：《土木工程专业工程教育认证持续改进机制的健全与实践》，《厦门大学学报》（哲社版）2018 年增刊。

称，指明各类考试题目的个数，输入学生的具体成绩，程序就可以自动计算各课程目标和毕业要求指标点的百分制分数及其概率统计值，并可进一步得到相应的达成度数值及等级。程序主要包括如下所述三个页面，分别存放在Excel软件的三个表格之中。

1. 课程及其考核配置页面，某门课程实例如图1(a)所示。打开Excel文件后，会自动显示此页面，首先选择正确的课程名称，程序自动按照该门课程教学大纲的内容，指定课程目标和毕业要求指标点的个数，并建立两者的关系矩阵，同时，程序也会根据教学大纲的内容，自动给出课程考核的方式及各自占总成绩的权值；其次学生人数和手工输入期中期末考试的题目数，为第二个页面的成绩数据输入提供必要的变量；最后点击“配置完成”，进入成绩输入页面。

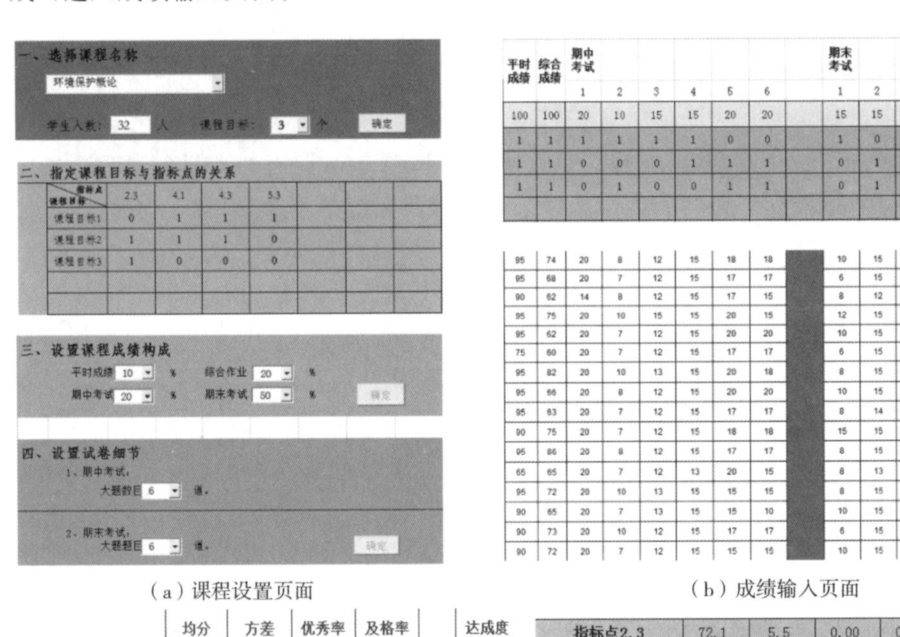

指标点 / 课程目标	2.3	4.1	4.3	5.3			
课程目标1	0	1	1	1			
课程目标2	1	1	1	0			
课程目标3	1	0	0	0			

(a) 课程设置页面

平时成绩	综合成绩	期中考试							期末考试					
		1	2	3	4	5	6		1	2	3	4	5	6
100	100	20	10	15	15	20	20		15	15	15	15	20	20
1	1	1	1	1	1	0	0		1	0	0	0	0	0
1	1	0	0	0	1	1	1		0	1	1	1	1	1
1	1	0	1	0	0	1	1		0	1	1	1	1	1

95	74	20	8	12	15	18	18		10	15	8	10	10	14
95	68	20	7	12	15	17	17		6	15	10	8	8	14
90	62	14	8	12	15	17	15		8	12	10	10	8	14
95	75	20	10	15	15	20	15		12	15	12	12	15	15
95	62	20	7	12	15	20	20		10	15	12	8	12	10
75	60	20	7	12	15	17	17		6	15	10	8	6	12
95	82	20	10	13	15	20	18		8	15	13	8	18	10
95	66	20	8	12	15	20	20		10	15	10	8	16	16
95	63	20	7	12	15	17	17		8	14	8	10	10	16
90	75	20	7	12	15	18	18		15	15	10	6	10	12
95	86	20	8	12	15	17	17		8	15	12	10	15	14
65	65	20	7	12	13	20	15		8	13	10	8	12	10
95	72	20	10	13	15	15	15		8	15	10	8	8	12
90	65	20	7	13	15	15	10		10	15	10	8	6	10
90	73	20	10	12	15	17	17		6	15	8	8	12	12
90	72	20	7	12	15	15	15		10	15	10	8	12	16

(b) 成绩输入页面

	均分	方差	优秀率	及格率		达成度
课程总体	73.1	5.9	0.00	0.97		0.69
课程目标1	75.3	8.5	0.06	0.97		1.00
课程目标2	72.8	5.7	0.00	0.97		0.68
课程目标3	71.9	5.5	0.00	0.97		0.62

指标点2.3	72.1	5.5	0.00	0.97		0.66
指标点4.1	73.8	6.4	0.03	0.97		0.74
指标点4.3	73.8	6.4	0.03	0.97		0.74
指标点5.3	75.3	8.5	0.06	0.97		1.00

(c) 结果输出页面

图1 课程达成度分析程序的页面

2. 考核题目属性及成绩输入页面，某门课程实例如图1(b)所示。进入成绩输入页面后，程序会根据页面一中设置的变量自动布置本页面，包括题目与课程目标对应关系的空白矩阵、学生成绩输入的空白位置。使用者首先设置并检查各类考试各题目的满分值，检查无误后，建立如图2所示的各题对应的课程目标，此处的矩阵配置是课程目标和毕业要求达成度结论是否正确的关键，需由授课教师认真输入，检查无误后，点击“确定”按钮；其次逐一输入每位学生对应在每题上的得分，此步骤可先在另一个Excel文件中输入学生成绩，此时拷贝过来即可；最后点击“生成达成度结果”，进行计算并进入结果输出页面。

3. 课程目标及毕业要求指标点达成度结果输出页面，某门课程实例如图1(c)所示。

该页面共显示三个部分的成绩统计值，分别是课程总体、各课程目标和各毕业要求指标点。每个部分的统计值又包括均分、方差、优秀率、及格率和达成度五个部分的内容。该输出结果可直接为毕业要求总达成度提供数据，同时也可供授课教师对课程目标是否达成、学生对各知识点的掌握程度如何进行详细分析，为后续的持续改进措施指明正确的方向。

四、课程达成度分析案例

以土木工程专业的专业基础课程“环境保护概论”为例，该课程主要介绍土木工程学科中的环境污染问题和各种技术解决方法，培养学生的环保意识，将可持续发展理念融入本学科的学习和工作中。该课程对应的毕业要求达成度指标点包括 2.3、4.1、4.3、5.3，课程的课程目标总共有 3 个。在课程的教学大纲中，建立了课程目标与毕业要求达成度指标点的关系矩阵。同时，课程大纲中还规定了学生的考核方式以及各自所占总成绩的比重。为简便起见，这里不针对本课程的毕业要求达成度指标点和课程目标进行具体的描述。

本文进行了 2016 级学生在本门课程上的达成度分析，该年级共有 32 名学生选修了本门课程，考核方式包括平时成绩、综合作业、期中考试和期末考试，其中期中和期末考试的题目数均为 6 道。考试结束后，授课教师首先指定了各题与课程目标的对应关系，建立了两者的关系矩阵，其次输入了每位学生的具体成绩，最后得到了该年级学生在本课程总体、各课程目标以及各毕业要求指标点上的达成度，其结果如表 3 所示。

表 3　2016 级学生“环境保护概论”课程达成度结果

	均分	方差	优秀率	及格率	达成度
课程总体	73.1	5.9	0.00	0.97	0.69
课程目标 1	75.3	8.5	0.06	0.97	1.00
课程目标 2	72.8	5.7	0.00	0.97	0.68
课程目标 3	71.9	5.5	0.00	0.97	0.62
指标点 2.3	72.1	5.5	0.00	0.97	0.66
指标点 4.1	73.8	6.4	0.03	0.97	0.74
指标点 4.3	73.8	6.4	0.03	0.97	0.74
指标点 5.3	75.3	8.5	0.06	0.97	1.00

由表 1 可以看出，对学生的成绩进行分析和计算后，可得到各项内容的统计值及达成度数值，各指标点的达成度数值可为总体毕业要求达成度提供可靠的数据，各课程目标的均分、方差等统计值可为授课教师分析教学效果、了解学生知识点掌握程度以及制定持续改进措施提供有用的数据。对本课程而言，学生在课程目标 1 上的均分和方差均较为合适，说明题目难度适中，学生掌握程度较好；学生在课程目标 2 和课程目标 3 上的均分稍低，方差也较小，说明题目难度区分度较小，学生总体掌握程度还有待改进。授课教师可据此制定持续改进措施，为提高下一学年同门课程的教学做好准备。

五、结论

本文从工程教育认证和一流课程建设的需要出发,提出了一种课程达成度的分析方法,并利用 VBA 编程技术,在 Excel 中编制了快速计算课程达成度的程序。该方法基于学生各阶段的考核成绩,通过建立考核题目与课程目标的关系矩阵,可以较为全面地分析学生对课程内容的掌握程度,有利于授课教师改进教学方法,提高教学质量,助力建设一流课程。同时,通过建立毕业要求指标点与课程目标的关系矩阵,可直接为工程认证中的毕业要求总达成度提供科学可靠的数据。

建筑历史与理论“通—专—精”课程体系的教学理念与方法

杨 哲 邓 欢*

摘要：建筑历史是人类对于自身生存环境以及人与自然关系不断改进和变革的过程，也是自然、人文及社会科学综合发展的物化成果与精神财富。新时代大学生要具备新发展历史使命下的新理念，不断扎实学科知识体系的通识基础与才能。厦门大学建筑学开设的“建筑通史”“中国建筑史”“外国建筑史”“当代建筑思潮与流派”，创立了建筑历史与理论“通—专—精”结合的三维立体课程体系，注重历史唯物主义基本观念，以全人类建筑文明的精粹与经典，来构筑思想政治、技术文化都过硬的通才培养。

关键词：建筑历史与理论；课程体系；通—专—精；

一、引言

建筑历史是建筑学课程体系中富有吸引力、基础性强的课程，也是建筑学人一生的功课。从19世纪布扎以古典建筑美学为主线的建筑史，到20世纪包豪斯学校拒绝开设建筑史的短暂历史，再到当代建筑系各种建筑史课群的丰富发展，不难发现，涉及人类古往今来建筑活动及其评判的建筑史学，始终活跃于讲台上，生生不息，不断刷新着建筑史学教学体系的观念和方法，丰富着建筑史教学的内容和体系。对于建筑史课程体系的开发，体现着建筑学专业的办学思想和特色。厦门大学在建筑历史与理论课程教学体系设置上，形成了“通—专—精”的三维立体化建筑史课程体系。

二、三维立体化课程体系建设历程

与国内众多开创于1980年代后期的建筑院系相似，厦门大学建筑系自开办以来，建筑史课程就作为专业主干课加以设立。开办之初，限于师资，并没有分成中国建筑史和外国建筑史两部分。1996年起，正式形成“中国建筑史”（大二下）和“外国建筑史”（大三上）两门课程。当时，“建筑初步”（现为“建筑设计基础”）课程中常常设立“中外建筑史”单元，作为大一学生建筑学历史和理论的入门。2013年，建筑与土木工程学院开始大类招生，即入学时建筑学、城市规划、土木工程三个系打通，不分专业，一年级结束时根据志愿或成绩选择专业。学院在大一专门开设了“建筑通史”，既作为土建类本科生建筑学科基础与建筑历史文化的专业科普性课程，也便于培养学生对建筑学专业的兴趣，更可以为大三建筑学

* 杨哲，厦门大学建筑与土木工程学院副教授，城市规划系副系主任（主持工作）。邓欢，厦门大学建筑与土木工程学院2018级硕士研究生，研究方向为建筑历史与理论。

的中、外两门建筑史课程奠定一个全球视野的建筑历史基础。于是，就形成了本科生大一大二大三建筑史的系统教学不断线、从全景的通史向中外分野的专史相结合的二次元建筑史课程体系。这是通往三维立体化课程体系建设的第一步。

图 1　厦门大学建筑历史与理论课程群课件的封面

注：左起 2020 年“建筑通史”、2019 年“外国建筑史”、2020 年“当代建筑思潮与流派”

1999 年，厦门大学建筑系开始招收硕士研究生，包括建筑设计及其理论、建筑历史与理论、建筑技术三个专业方向。面向这三个方向开设了硕士学位课程“当代建筑思潮与流派”。这门课中设立了关于近现代为主的建筑历史回顾与重新审视的教学单元，作为理解当下建筑发展的基础背景。而作为建筑思潮与流派的回溯和梳理，也必然涉及非常多的建筑史内容。例如，在课程一开始就通过所谓“建筑学江湖图”的方式来勾勒世界范围建筑学界的发展类型场景，一直回溯到古希腊、古罗马构成的“古典建筑”各学派（图 2），并贯穿世界各地建筑发展的历史渊源。这个图景的展示，帮助研究生面临各种课题时的历史梳理与思想定位。具体内容则在“当代建筑思潮与流派”几个专题讲座及后续专题研讨中加以对应、深挖。

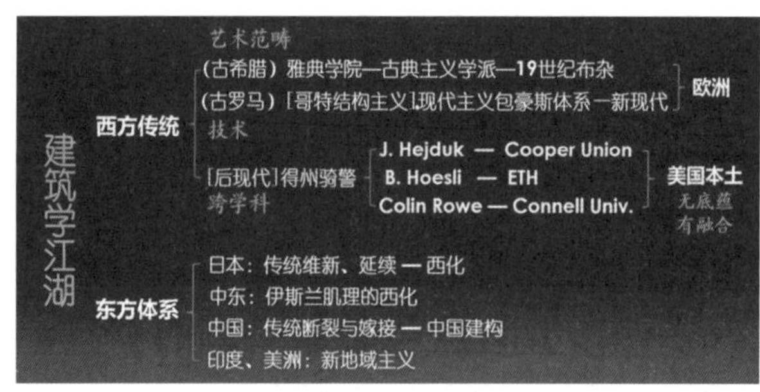

图 2　厦门大学“当代建筑思潮与流派”关于“建筑学江湖”图景的课件

这样，进入 21 世纪的厦大建筑系建筑史课群已然形成本科“建筑通史”“中国建筑史”“外国建筑史”的二次元“通”“专”结合体系。再结合研究生（硕博）“当代建筑思潮与流派”，形成了完整、连续的“一通二专三精”的三维立体化建筑史课群体系。

三、通：以“建筑通史”贯通古今中外

所谓建筑通史，这个“通”字强调的是“打通中外”“贯通古今”“融通学科”。通史就是一个国家或地区或世界的从最早文明到现在的历史。对于从高中毕业来的大一学生来说，以大历史观但较短篇幅（18 学时）的通史课作为引导性课程的特点在于：

（1）通中外。注重共时性内容叙述，涵盖面广，所有重要事件和研究课题（政治、军事、

文化、艺术）涉及深度虽然有限，但采用中外直观对比，便于中国大学生理解。例如，在讲述欧洲中世纪重要建筑成就哥特式大教堂时，可能普遍都会大讲特讲巴黎圣母院在建筑史上的成就和地位。然而，同时期甚至更早，在中华大地上，同样属于宗教建筑类型、以应县木塔为代表的佛塔也达到了非常成熟和高超的技艺水平。还有同时期的吴哥窟建筑，与巴黎圣母院、应县木塔一起，东西方宗教建筑都达到了67米高度，无论木构还是石砌，无论外观还是内装，都堪称世界建筑史上技术精湛、艺术巅峰的上乘之作（图3）。

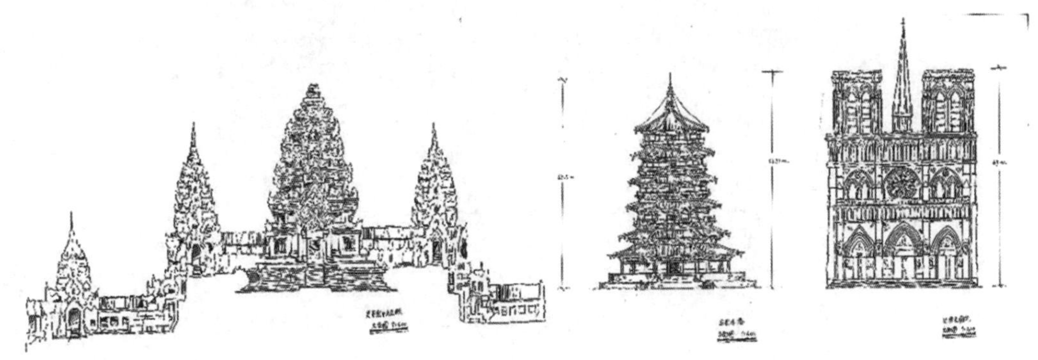

图3　公元1100年左右世界经典“宗教/高层建筑”手绘范例（绘图：邓欢，2020）

（2）通古今。注重历时性总结贯穿，勾勒历史发展脉络，拎出贯穿其中的若干线索，建立一种整体的认知。在课程中适当引介ARCHIHISTOMAP（世界建筑样貌史）方法给世界建筑史以全景化、可视化、可量化的直观呈现。在各历史时期中，也会标识前后时期的借鉴或变革关系。以古今相通的建筑思想与技术手段来昭示学科本质或核心。例如，世界建筑样貌史图可以清晰展现中华建筑文化在世界历史长河中源远流长、生生不息、灿烂辉煌的历史地位。这是世界上其他文明所不具备的特殊形态与现象。值得研究，值得宣传。也是今天的高等教育应该教给学生的基本通识，直观弘扬民族自信、文化自信。

（3）通学科。2019年以来，围绕“双一流”建设目标，厦门大学建筑学科创立了“一轴两翼”新工科培养体系（图4），意在把技术、人文作为主干课业不可或缺的两大支撑。“建筑通史”在贯通古今中外历史脉络基础上，将政治军事、社会经济、人文地理、工程技术等多学科领域的成就融会其中，力求贯通文、理、工等学科，让学生从一开始建立起核心价值与综合体系的认知观念和评判方法。

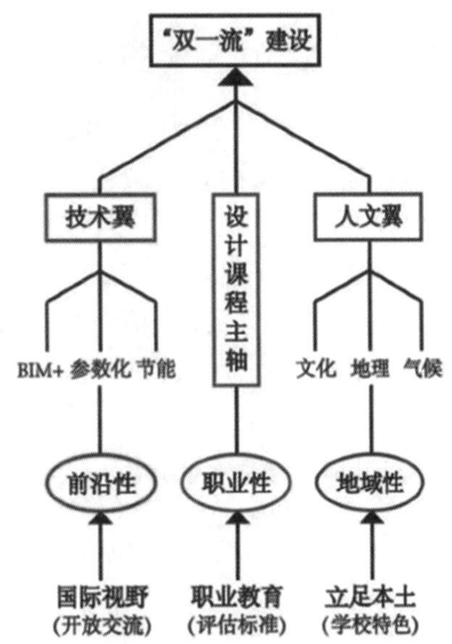

图4　厦门大学建筑学“一轴两翼”新工科双一流培养体系，2019

“建筑通史”这门“短小精悍”的课程，让历史不再是枯燥的数字、人名、概念和风格形式的演变，而是生动可观的画面、故事和亲手绘制的古今中外经典。我们将宏阔丰厚的世界建筑史分成6个教学单元(图 5),每个单元按大的历史段落把全球建筑面貌勾勒出来。

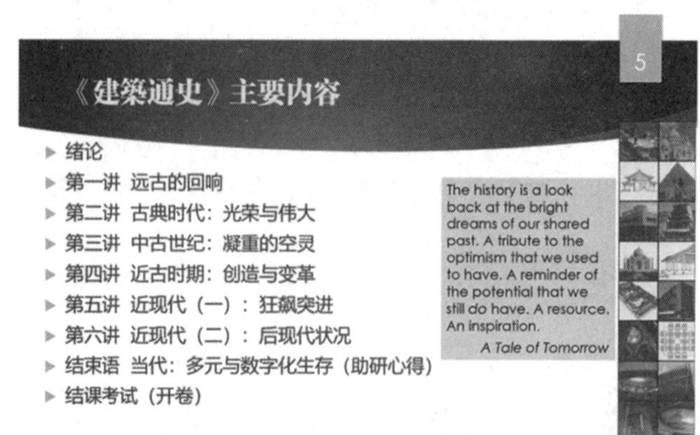

图 5 厦门大学"建筑通史"关于课程单元的课件

其实,某种程度上说,给大学一年级"高中生"讲授专业课,比起给高年级建筑学生讲授理论课程来要难得多,需要更多的深入浅出、融会贯通。在相当有限的课时条件下,必须提纲挈领中有具体细节,脉络清晰中能生动有趣,还要锻炼学生快速手绘、课外小组学习、课堂演讲的能力。总之,在课程各环节中贯彻一个"通"字。这个"通"字具体体现在古今中外建筑历史贯通,建筑学、城乡规划学与其他学科在人类聚落建成环境上贯通。

建筑历史的背后是人类对于自身生存环境以及人与自然关系不断改进和变革的过程,也是自然、人文及社会科学综合发展的物化成果与精神财富。新时代大学生要具备新发展历史使命下的新理念,不断扎实学科知识体系的通识基础与才能。"建筑通史"在有限的课时中,注重历史唯物主义基本观念的立场,以全人类建筑文明的精粹与经典,来构筑思想政治、技术文化都过硬的通才培养。

四、专:以"中国建筑史""外国建筑史"进行专业化开拓

将建筑史分割为"中国建筑史"与"外国建筑史"本国与外国两个部分,这大概是民族感比较强的国家的普遍做法。然而,这并不有利于建立全面的建筑史观。比如前面提到的自宋辽屹立至今的应县木塔,一般中国人不太联想到此时世界上其他建筑文明的状况(图 3、图 6)。反之,当我们向外国人介绍唐宋元明清朝代时期,也必须辅以相应的公元纪年,才能有个具体的时间概念。显然,把中外建筑历史截然分开成为两门课程,必须以清晰、完整的世界建筑发展史(通史)为基础。

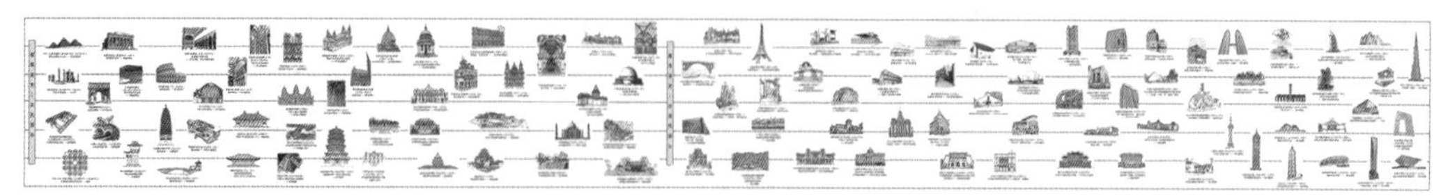

图 6 建筑通史手册(绘制:吴婕、杨哲,2013)

诚然,有了大一"建筑通史"对这类重要时间节点的对比和强调,在比较"专"的中、外建筑史课程中,也就有了对于各个时期或地区的建筑文化进行比较深入讲授或讨论的教

学基础。无论是教材或参考书的使用，还是课堂内容的深广度设置，在通史基础上，可以较为灵活地进行设置及改变。例如，“外国建筑史”因为覆盖范围太广，肯定要有重点突出的时期，是为“专”，也会有一笔掠过甚至放弃的部分(图 7)。

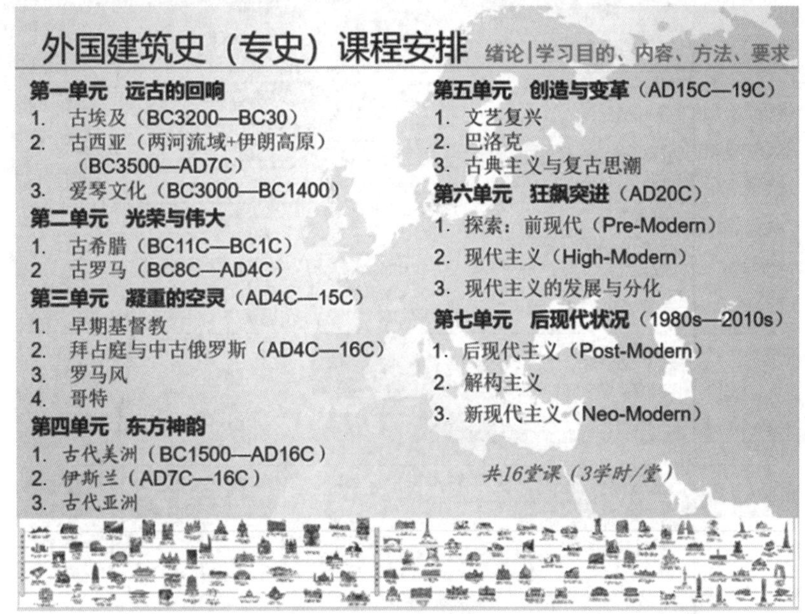

图 7　厦门大学“外国建筑史”(专史)有关课程单元计划的课件

再如，我们在“外国建筑史”课程中已连续施行了三届名为“ArchiHistoMap”(世界建筑史样貌图)的研究式教学体系，就是根据学生兴趣、教师组研究进展等情况，确定本届学研的重点时期，不断深化课题(图 8)。很难想象，如果没有一年级的通史作基础，大三学生进入相对较短时段的史学和理论研究会是怎样的情形。必定要先花时间“补课”不说，频繁在“通”“专”之间穿梭，恐怕也不是理想的教学之路。

五、精：以“当代建筑思潮与流派”局部深入、再次融合

1999 年 9 月以来，厦大建筑系开设了研究生(硕博)学位课“当代建筑思潮与流派”，并获得了 2008 年“厦门大学优质硕士学位课”，2019 年研究生“课程思政”示范建设课程立项。课程设置基础和目标就是建筑历史与理论“通—专”之上的“精”。2011 年以来，系统开展了主题研讨公开课(图 9)，目前已形成课前海报预告(吸引学院内外师生参与)、课堂研讨会方式(特邀嘉宾点评)、课后公众号推送(社会监督批评)的成熟的“三部曲”模式。《弗莱彻建筑史》以及弗兰姆普敦、柯蒂斯、舒尔茨等人的建筑史名著都会出现在研讨的论证中。几乎每个课题都会涉及建筑历史与理论内容的重温和深化，切实促进研究生对于基础建筑理论乃至设计方法理论的学习和掌握，拒绝充当“思想平庸的绘图高手”(也是本科教育目标)。

图 8　中古时代世界建筑史样貌图(绘制:李健,2017)

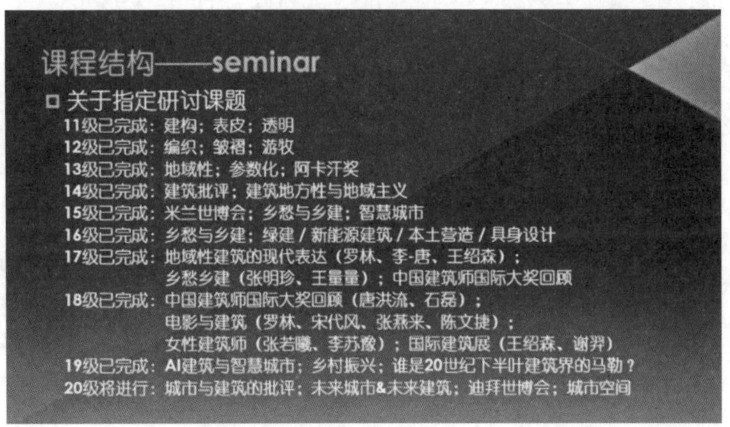

图 9　厦门大学《当代建筑思潮与流派》主题研讨公开课选题一览(2020)

至此，厦门大学建筑学科围绕建筑历史与理论的“通—专—精”三维立体课程体系创建完成并连续运转了 8 年。本科一年级开始到三年级下学期，会同研究生一年级，在建筑历史与理论方面随时都能获得相应的知识体系与技能(图 10)。这个体系的成功运转也为厦大建筑学专业评估取得优秀成绩、入选国家级一流专业奠定了扎实的专业基础。

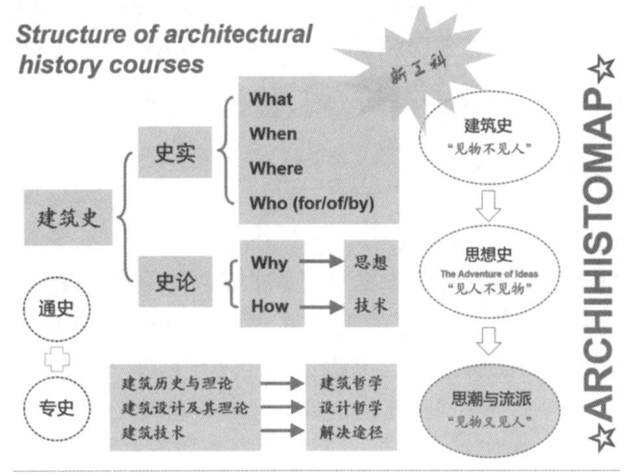

图 10　2013—2020 年建筑历史与理论“通—专—精”课程体系(绘制：杨哲)

六、“通—专—精”对参考书目群落的整合

建筑历史与理论课程群的“通—专—精”体系设置，所涉及的教材或参考书目一定有所交叉和偏重(图 11)。那些经年沉淀下来、反复交叉的就是经典之作，也必须反复阅读。阅读经典名著，或许是相当长时间以来建筑学教育所欠缺的。建筑学子往往对名师名设计趋之若鹜，但对于其理论著作以及铸就巅峰的理论背景则较少关注。利用“当代建筑思潮与流派”课堂主题讲座以及主题研讨，重温经典，追溯并建构理论，加强基本功训练。在主题研讨公开课环节，特别要求主讲同学对参考文献有所解读，发挥名著经典作用，培养

学术诚信和素养。本科高年级借助“中国建筑史”“外国建筑史”两门专史大量参考书的系统阅读，既奠定历史与理论基础，也有助于建筑设计课程及竞赛，更为海内外读研深造建立完整的聚落与建筑经典知识储备。而本科一年级“建筑通史”引荐的贯通古今中外的建筑史名著，试图从一开始引导学生对于建筑历史与理论的认知和兴趣，至少在今后反复研读中建立一个坐标体系。

图 11　厦门大学建筑历史与理论“通—专—精”课程参考书目群

七、结语

建筑历史涵盖面之广之深，可谓无穷止境。在有限的课程及课时中如何尽可能多地传导建筑史精粹和魅力，特别是建筑历史与理论的学习和研究方法，在课程群设置、内容匹配、参考书指定、教学方法等方面，结合时代需求可以有很多解决方案。厦门大学通过20 多年来建筑史课群的建设，形成了以“建筑通史”“中国建筑史”“外国建筑史”“当代建筑思潮与流派”为代表的、“通—专—精”相结合的三维立体教学体系。这里所总结的教学理念与方法实践经验，保证了建筑历史与理论课程的教学效果，对于厦门大学建筑学以全优成绩通过建筑学专业评估以及国家级一流专业也起到了基础性保障作用。当然，这些观念和方法在新时代新发展理念下仍然需要不断改进与更新，特别是新技术条件下历史与理论课程教学方法的新途径，有着无比广阔的发展前景和空间。让我们继续共同努力，将五千年人类辉煌灿烂的建筑文化再次全方位、更精彩地呈现出来。

以分析性写作能力培养为导向的知识论课程教学改革

郑伟平*

摘要：哲学专业的核心技能是写作，尤其是分析性写作。如何通过课程设置与施行以培养学生的分析性写作能力，一直是哲学学科课程教学的重点与难点。作为厦门大学哲学学术品牌方向的知识论团队，为此开展了诸多教学探索。具体举措包括：第一，通过经典知识论论文的阅读，体会学术论文的结构，了解学术研究的基本要素；第二，通过转述与评论具体理论，习得以句子为中心的写作方式；第三，通过独立开展学术批评与理论建构，掌握论点、论据、论证、论述的呈现方式。除此之外，包括短视频库、翻转课堂、互联网＋等新教学技术与理念的运用也起到了有力的支撑作用。

关键词：分析性写作；知识论课程；哲学专业

中国高校的哲学专业，长久以来都在追求善读、会思与能写的所谓“三元”能力模式。这种培养模式，非常匹配于“文史哲不分家”的传统理念，但却违背于现代专业教育的理念。这种悖谬和困境，可以总结为两点：(1)哲学专业没有鲜明的技能特征。文史哲的毕业生彼此之间的能力相近，专业能力区分度不够。人文专业学生大多读过一些人文书籍，写过若干文章或论文，做过一些课程报告。这种类似于全能全才的培养状态不是专业教育所追求的理想状态。(2)从用人单位的反馈上看，他们所希望的哲学毕业生的写作能力与现实供给之间存在着不小的差距。公文写作、商业报告、学术论文、调研汇报等高度依赖分析性写作能力的写作形式，在哲学专业培养中的比重过低，毕业生们往往要通过不同方式的回炉再造才能获得这些工作技能。

针对如何通过课程设置与施行以培养分析性写作能力这个问题，作为厦门大学哲学学术品牌方向的知识论团队，为此开展了诸多教学探索。厦门大学的知识论研究在多年积累之后，已经实现了“国内第一、国际知名”的既定科研目标。在教学领域，厦门大学哲学系也率先在本、硕、博三个层面分别开设了“知识论”“当代知识论原著选读”“当代知识论专题研究”系列课程。对于如何上好知识论课程，培养专业人才，通过从2012年开始的十几轮知识论相关课程的教学工作，知识论团队积累了相当的经验，完成了相应的教学改革研究，也取得了一些以分析性写作能力培养为导向的教学思路。

一、知识论课程与分析性写作

知识论是哲学学科的核心理论，也是哲学专业的核心课程。国内高校的哲学专业基

* 郑伟平，福建诏安人，厦门大学哲学系教授、博士生导师，厦门大学知识论与认知科学研究中心主任。

本上都开设了知识论课程。通过不完全调研，笔者发现这些知识论课程大多都没有摆脱传统哲学理论课程的弊病：记忆重于思考，灌输多于训练，背诵胜于写作。具体地，在课程施行上，教师讲授的时间和比例过大，整个课程都是教师在讲解，辅以课堂问答或师生讨论。在课程考核上，过多依赖于期末闭卷考试的答题成绩，考试成绩的核定也取决于学生对于相关知识点的记忆程度。这种教学模式的弊端是众所周知的，属于多输局面，教师、学生、教务对此都不满意。近年来教育界所提出的"翻转课堂""互联网＋"等新理念也是对这类病症的一些药方。不过它们是否适用于哲学专业，是否适用于知识论课程，是否有利于分析性写作能力的培养，这仍是有待探索研究的。

分析性写作是知识论课程的工作重点与改革方向。写作的形态各不相同，小说、故事、诗歌、公文、论文等等，侧重于不同的写作形式。各个不同学科专业也都强调自己的学生要有写作能力。具体到哲学专业，哲学学生应该具有什么样的写作能力呢？哲学毕业生所需要掌握的写作技能，既包括叙事能力，更在于论证能力，因此分析性写作被视为哲学的核心写作能力。写作训练也是长期以来哲学专业教育的弱点，由于受到中国传统教育思想的影响，哲学专业学生时常把自己视为读书人，阅读量很大，也经常思考，但有时候也会陷入读书上的一知半解和思想上的天马行空。哲学是一门思想的工夫，但是思想的摄入是需要阅读技能的，思想的呈现是需要写作技能的。光读不写，等同于光说不练，借用黑格尔的比喻，这就是"岸边的游泳术"。与艺术写作不同，分析性写作讲究概念清晰、推理严谨、论证有效，这对于哲学毕业生从事公文写作、商业报告或学术论文写作都是很有裨益的。

就知识论课程而言，它是一门分析性课程，它的课程论文应当是一份分析性写作的文本。采用更多的课堂时间来分析知识论的经典分析性论文，教授分析性写作的原则与技巧，修改学生的分析性写作论文，这是本课程的基本导向。分析性论文的写作，也是从事知识论研究的前提条件。只有完成一个完整的研究流程，从选题、阅读、笔记、讲演、写作、修改、定稿等诸环节入手，手把手地教会学生分析性写作的各个环节的要点，才会使得学生体会哲学教育所带来的技能更新与变化。本课程在分析性写作训练上采用了先普遍后个别的原则，通过先讲授基本理念与写作方法，然后提供标准化模板让学生进行模仿，最后对于习作的改进提供建议。

二、通过分析性阅读建立正确的写作观念

正如绘画专业的学生需要时常观摩名画一样，分析性写作能力的培养也要求学生研读分析性论文。笔者精选了八到十篇分析性知识论论文作为课程读物，要求学生通过阅读，勾勒出文章的研究问题、写作目的、写作思路、研究结论。对于原作者的写作手法与具体行文，要进行揣摩与练习。

当代知识论论文的特点是严谨与风趣并存。第一，严谨性体现在以论证为核心的写作模式。分析性论文要求作者在陈述观点的同时，要为观点提供论证。知识论论文中存在着许多论证典范，例如认知闭合论证、格雷挽歌论证等。有些论证是明晰的，原作者会采用规范的形式表达出来；有些论证是隐晦的，读者需要学会识别它们的论点、前提、结论、论证类型等论证要素。第二，风趣性展现为思想实验的研究方法以及随之产生的许多反事实场景。知识论论文中存在着大量的思想场景，例如谷仓案例、葛梯尔案例等。这种场景写作方式可以提升学

生的文字描绘能力与想象力，并在其中注入理论思考。值得注意的是，思想实验是作为否定性证据存在的，类似于一只白乌鸦之于“天下乌鸦一般黑”的作用。

在知识论课程的具体施行中，我们将“分析性阅读”模块分为三个部分：范文解读、主题讲演与读书报告。在范文解读环节，我们选取了当代知识论最重要的论文——葛梯尔(Edmund Gettier)的《辩护的真信念是知识吗?》。在这篇只有三页的论文中，葛梯尔勾勒了知识三元分析模型，并通过两个思想反例，驳倒了这种知识三元定义。任课教师着重分析了该文的论证与论据，并将其详细呈现出来，让学生体会这种写作方法。在主题讲演环节，学生将在教师指导下进行包括选题、阅读、PPT 制作、讲解词等步骤。学生的选题是匹配课程角度进度进行的，例如如果该周的教学内容是社会知识论，那么该生的选题就是某位知识论学家的某份经典社会知识论文献。通过彻底读懂某份文献，并在指定时间内将其复述出来，这对于学生的学术输出能力的训练，是极有裨益的。读书报告环节也是从事分析性写作与学术研究的必要训练，学术训练要求学生习得如何准确精练地复述某个理论。它是一种分析性写作的初级训练，从中学生也能掌握相关的阅读与解读技巧。任课教师要求学生在主题讲演的讲解词写作中就要注意对于各种研究要素的涵盖。一篇 20 页左右的当代知识论重要论文要被整合为 5000 字左右的读书报告，这份报告要包括相关文献的基本方面，基本目的是通过这份读书报告，学生本人和听众们能够了解一篇经典文献及其理论内容。

三、分析性写作：从模仿到独立

通过参与多轮主题讲演与多篇读书报告的写作，知识论课程学生在课程二分之一的时间点上大多已经掌握了正确的分析性写作理念与一定的分析性写作时间。借用知识论的“命题知识”(Knowing-that)与“技能知识”(Knowing-how)的区分，反理智主义主张，再多的命题知识也无法达到技能知识。例如，一个熟读菜谱但从未做菜的家伙是不知道如何做菜的。一个永远在模仿或批评他人文本的学生是无法成长为一个知识论学家的。在本项目中，由于理论输入环节放在了线上或课下去完成，宝贵的课堂时间可以被用来较好地完成通过理论输出达到技能训练的教学任务。之前的分析性阅读模块的目标是分析他人的文本，独立运用分析性写作方式进行具体知识论观点的建构，因此成了下一阶段的目标，并相应地分解为选题、写作与修改三个环节。

第一，独立选题环节意在使学生获得正确的科研观念，对于研究要素有着正确的理解。在分析性阅读模块中，学生已经初步了解何为研究问题、研究背景、文献综述、研究思路、研究方法、研究结论等研究要素。与此同时，他们也通过阅读课程读物中的分析性知识论论文，加深了对于选题的认识。知识论课程还相应设计了分析性论文选题表，赋予研究要素不同的分值，学生通过教师对其选题表的打分就明了自己的选题工作的不足之处。选题工作一定要遵循一定的专业规范，例如具体知识论问题的客观性与可行性、问题—方法—结论的对应性等。独立选题环节是整个分析性写作模块中最重要和最耗时的，因为选题的不足将直接导致整个写作工作的坍塌，恰当的选择则使得写作事半功倍。

第二，独立写作环节要求学生正确建构论点、论据、论证与论述。这是分析性写作的核心。许多学生经常把学术论文写成阅读体验，这是因为他们缺失分析性写作的理念与训练。学生通过批评目标理论,写作文献综述环节的时候,就逐渐形成了自己的论点。有了自己的论点和立场,这只是起点。学生一定要习得找寻论据与建构论证。一般而言,来自他人的文献证据都是己方论点的论据或对立论点的反论据。在找寻论据的过程中,学生要学会直接引文与间接引文的区别。思想实验往往是一种否定性论据,而基于认知直觉的知识论实验却被一些知识论学家视为可以提供支持性论据。在知识论课程读物的阅读过程中,学生们体会到何为论证与如何论证。哲学专业的另一门核心课程——逻辑学课程,已经详细解释了推理论证的建构形式。知识论课程的作用是在具体的哲学科研中实践推理论证的建构。通过解释一个论证的诸前提,通过阐明前提与结论之间的推理关系,学生可以极大地提升自身的论证能力。

即使学生已经明确了己方论点,找寻到了一定论据,构建了推理论证,任课教师仍然要求进一步提升写作的分析性。在论述步骤,分析性写作一方面要求学生考虑可能的反对意见,这促使学生学会反思平衡的技巧;另一方面,分析性写作要求学生体现对话意识,在此专指与理论对手之间的对话。以上写作要求,大量出现在当代知识论的诸多论文之中。

第三,团队修改环节帮助学生提升批判性思维与锻炼意志品质。在分析性写作的规范训练中,选题、写作与修改三个环节各占比例大致相同。好文章是改出来的。任课教师将主题相近的学生组建了写作团队,团队成员彼此要从研究要素与写作方式两个维度对于初稿提出修改意见。必须承认,修改是一件非常消耗精力的事情。在日常教学中,笔者发现,学生们对于修改环节有所懈怠。这应该也是正常的,恰如体力需要锻炼,脑力也需要锻炼,尤其是意志品质。任课教师为分析性知识论文章的修改提供了一份评分表,这有助于修改团队找到修改的方向。

四、作为有力支撑的第二课堂

知识论课程不能单纯地进行理论教学,不能通过课堂教学简单地告知学生们有哪些知识论学家与哪些知识论理论。知识论课程应当体现哲学专业的教育价值——理性论证与分析性思维。具体而言就是通过思想实验拓展学生的理论场景化能力,通过理论论辩强化学生的推理论证能力,通过解答专业问题训练学生的分析性写作能力。知识论课程的目的,不仅是教给学生当代知识论的基本理论,更在于教会学生如何运用当代知识论中的专业方法去进行哲学研究。作为哲学本科教育的一部分,知识论课程还应当体现出哲学教育的价值。因此,本项目的课程设计环节与传统哲学课程有了较大的变化,表现为第二课堂为课程学习提供了有力的支撑。

首先,知识论的短视频教学库的建立方便了学生的自主理论学习。如果理论研习和技能训练都放在课堂上进行,那么一门课程的五十多个学时是远远不够的。受限于此,如果理论研习放在优先位的话,那么传统的课堂讲解也就成了主流选择。包括知识论在内的导论层面上的哲学课程实际上是不需要进行大量讲解的,学生完全可以通过自学掌握包括知识论在内的哲学理论与哲学史的基本问题与基本理论。结合现代教育技术,知识论课程力图完成理论的线上平台建构。具体地,通过PPT讲解,录制成一个个的知识点视频,上传至相关线上平台。每个知识点大约十分钟,每节课设计三到四个知识点,由教师在备课环节完成PPT设计、讲解、录制与上传工作。每周学生需要自学六到八个视频教学点，整个课程多达90个知识点(视频教学点)。通过这样的方法，学生完成了课程预习工作。因此知识论课程将重要的理论讲解与学习任务放在了线上进行，线下或课堂的主要工作则是训练。不同于传统的精品课程视频(一个视频单位的时长从四十五分钟到两个小时)，本视频库是以知识点为结点建立的短视频(十分钟以内)网络。短视频与长时频的不同之处在于其更为贴合快节奏与网络时代。由于疫情期间学生接受了许多网课，学生们也逐渐适应了线上学习的方式。通过课前浏览若干个十分钟的短视频，学生可以很好地进行课前预习。

其次，"翻转课堂"的教育理念推进了学生的主动参与热情。知识论课程着重于从输出角度来训练学生的哲学技能。无论是读书、听课还是看视频，都是属于哲学理论的输入。学生通过输入活动，获得了一些专业信息，但这是远远不够的，读得再多看得再多，也不一定知道如何从事哲学研究，不能体会哲学教育的价值。"翻转课堂"的本义就是要重新调整课堂内外的时间，将学习的主导权从教师转移给学生。它打破了传统的学生课上学习课下作业的模式，创造学生课下学习课上练习巩固的一种新的课堂模式。翻转课堂要求学生要有一定的自学能力，能够自己搭建微课程(有明确教学目标的十分钟内的教学单位)，进而凸显自身学习的主动性。翻转课堂最大的难点不在于搭建短视频库，而在于教师的组织与引导能力。

最后，"互联网＋"技术的广泛应用提高了教学效率。线上课堂的缺点在于情感与氛围，好的课堂要求具有好的氛围，这其中师生之间的情感沟通也是很重要的。例如，当学生出现思维卡顿或阻碍的时候，由于线上教学的不同步，教师无法及时捕捉到这些变化并加以及时引导。因此，一门优秀的哲学课程，应当是线上线下混合型课程。哲学教学，本质上是教会一门手艺，它需要教师以一种直接的方式和学生进行沟通，这其中的异步环节要尽可能地减少。运用公众号或各个宣传平台，逐步开放知识论课程的教学短视频，展示教学成果，可以获得更大的公众影响力。疫情期间，各个高校的教学视频呈现出了大幅度增长的态势，因此迎接这种新趋势，加大我校知识论教学成果的公共宣传，是未来的一个工作重点。

浅谈高等院校开设全校性健康教育公共课程的必要性与可行性

叶本兰*

摘要:当前中国已经"把人民健康放在优先发展的战略地位",全国人民都应努力做到树立"大健康、大卫生"理念,因此,高等院校除了培养为社会服务的各类专业性人才之外,还在提高全民健康素养中肩负着重要的教育重任,而开设全校性健康教育公共课程是完成好这一重任的一个很好的途径。本文对此进行了初步的探讨。

关键词:健康教育;公共课程;全校性

《"健康中国 2030"规划纲要》中明确指明,要"推进全民健康生活方式行动,强化家庭和高危个体健康生活方式指导及干预",要"加强健康教育",高等院校是重要的教育阵地,因此,有必要在高等院校中开设全校性健康教育公共课程。本文对其在国内外的现状加以分析,并探讨开设全校性健康教育公共课程的可行性。

一、健康教育的重要性

习近平总书记在全国卫生与健康大会上强调"把人民健康放在优先发展战略地位"①,因为"没有全民健康,就没有全面小康","健康是促进人的全面发展的必然要求,是经济社会发展的基础条件,是民族昌盛和国家富强的重要标志,也是广大人民群众的共同追求"。所以,在中共中央、国务院印发的《"健康中国 2030"规划纲要》的第一章"指导思想"中明确地指出了要"坚持正确的卫生与健康工作方针,以提高人民健康水平为核心,以体制机制改革创新为动力,以普及健康生活、优化健康服务、完善健康保障、建设健康环境、发展健康产业为重点,把健康融入所有政策,加快转变健康领域发展方式,全方位、全周期维护和保障人民健康,大幅提高健康水平,显著改善健康公平,为实现'两个一百年'奋斗目标和中华民族伟大复兴的中国梦提供坚实健康基础"。而且,在第二章"战略主题"中明确"共建共享、全民健康",是建设健康中国的战略主题。核心是以人民健康为中心,坚持以基层为重点,以改革创新为动力,预防为主,中西医并重,把健康融入所有政策,人民共建共享的卫生与健康工作方针,针对生活行为方式、生产生活环境以及医疗卫生服务等健康影响因素,坚持政府主导与调动社会、个人的积极性相结合,推动人人参与、人人尽力、人人享有,落实预防为主,推行健康生活方式,减少疾病发生,强化早诊断、早治疗、早康复,实现

---

* 叶本兰,女,湖北武汉人,厦门大学医学院教授,护理系系主任,主要研究方向为循环生理。

① 《习近平:把人民健康放在优先发展战略地位》,http://politics.people.com.cn/n1/2016/0820/c1024-28651997.html,访问日期:2020 年 12 月 20 日。

全民健康[①]。

在上述总书记的指示和国务院印发的发展纲要中，十分明确地指明了当前深化医改的重点工作任务是紧紧围绕“把以治病为中心转变为以人民健康为中心”，落实预防为主，加强疾病预防和健康促进[②]，而且，发展纲要的第四章中要求我们加强健康教育，要“提高全民健康素养”和“加大学校健康教育力度”，要“将健康教育纳入国民教育体系，把健康教育作为所有教育阶段素质教育的重要内容[③]。”这也明确地指明我们的大学教育要担负起加强健康教育的任务。

二、国内健康教育现状分析

我们已经实现了将健康教育纳入国民教育体系，健康教育已成为是所有教育阶段素质教育的重要内容，但是，还存在不少需要完善之处。

目前的国民健康教育是以中小学为重点，其内容主要包括体育课以及科普教育。在大学教育中与健康有关的教学，除了医学院的专业性、系统性的医科教学，针对非医学专业的学生主要进行了以下几个方面内容的教学：(1)开设体育课为全校性公共课程；(2)开设健康理论相关的选修课程；(3)开设不定期的关于健康保健知识讲座。这些课程对青年学生起到了很好健康教育效果，尤其是在体育课程方面，各高等院校的体育教研室也在顺应社会的发展需求进行教学改革，针对自己的条件和特点开设各类的体育运动教学，例如，厦门大学还利用自身的优势为学生开设了爬树、攀岩、帆船等深受年轻人喜爱的运动项目，这些体育运动课程发挥了很好的指导学生锻炼健身的作用。但是，仅仅是运动锻炼还很不够，一些健康理论相关的选修课程与讲座也是很好补充，不足的是其受众面很局限，而且，对健康知识传播的系统性和完整性远远不够。此外，随着网络的普遍应用，各类APP各类帖子经常给大众提供一些有关健康的资讯与指导，但它同时也存在一些问题，尤其是很多指导性资讯在内容上欠专业、欠正确，或者片面的甚至曲解的、矛盾的讲解，不仅起不到健康指导的作用，反而产生了误导、干扰的效应。

三、高等院校开设健康教育公共课程的必要性

正如前文所说，各高等院校都有体育教研室，开设了形式多样、内容丰富的体育运动课程，是健康教育的重要部分，但体育运动不能涵盖健康教育的全部内容，而且，很多优秀的运动员的健康状况并非良好。另外，健康包括身体健康、心理健康等不同的方面，健康学包括身体学、生理学和心理学等内容[④]，因此，要全面地掌握健康知识，更好地维护国人的健康，给广大的青年学生开设健康教育课程，使年轻的一代人系统地、全面地掌握好健康理论知识是非常必要的，这也将对社会的经济、国家的发展有着非常重要的影响。

---

① 《中共中央 国务院印发〈“健康中国 2030”规划纲要〉》，http://www.gov.cn/gongbao/content/2016/content_5133024.htm，访问日期：2020 年 12 月 20 日。

② 《把以治病为中心转变为以人民健康为中心》，http://www.gov.cn/xinwen/2019-06/10/content_5398937.htm，访问日期：2020 年 12 月 20 日。

③ 《中共中央 国务院印发〈“健康中国 2030”规划纲要〉》，http://www.gov.cn/gongbao/content/2016/content_5133024.htm，访问日期：2020 年 12 月 20 日。

④ 郭学志：《健康学概论》，中国科学技术出版社 2012 年版。

可能有人会疑问，既然我们已经有了医学教育，而且，医学事业在不断发展，为什么还要对广大的本科生开设健康教育公共课？健康教育与医学教育是否重叠？回答这些问题，需要弄清楚：(1)健康教育不等于医学教育。学好医学确实要学好健康学，但是，医学教育与健康教育是两个不同的范畴，健康教育的目的是保持健康不生病，是预防疾病，而医学的对象恰恰是疾病，不健康了、得病了才需要去医院找专业的医生治病。(2)医学教育资源有限，不可能也没必要全面铺开医学教育。因此，维持健康不得病，需要我们自己提高健康素养，在日常生活中养成健康的生活理念和健康的生活习惯，而健康教育则是提高健康素养的正确途径。

另一方面，我们的传统文化中有句著名的"上医医未病，中医医欲病，下医医已病"[①]也是强调保持健康的重要。健康时要预防疾病，亚健康时要注意养生，疾病时要及时治疗。在现行的条件下，我们在未病时除了体检一般不去医院不见医生，因此，维护健康的重任往往落在我们每个人自己的肩上，可见健康教育对每一个人都是非常重要的，具有非常重要的实际应用意义。

当前全球对新冠疫情的控制情况，也从另一个侧面体现了重视健康教育的重要性。我们中华文化传统中就注重"医未病"、注重养生保健，加上我们的优越制度，泱泱十几亿人口的大国能较好地把原本十分凶险的疫情控制住。反观境外的某些国家，虽然疫情出现的时间比较延后，且国家的经济实力也很好，本应在控制疫情方面做得更好，但是，他们反而控制疫情的效果令人十分失望，他们很多人坚持不戴口罩、不重视隔离，甚至不顾疫情依然聚会狂欢，导致感染、死亡人数不断飙升，这一方面源于他们民众狂放不羁、张扬自我的个性，乃至缺少社会责任感，同时也暴露了他们对流行性传染病的预防知识的匮乏，连戴口罩、少聚会等如此简单有效的常识性的防御措施都强烈抵触。可见开展大众性普及性的健康教育的社会意义是非常重大的。

四、国外健康教育的新进展

由于社会的高速变革与发展，特别是这次新冠疫情带给人们很多的启示，给人们敲响了警钟，使得跨专业广泛地开展健康教育的改革已经在多个国家受到重视。但是，在不同的地方人们对跨专业健康教育的界定有所不同，有些人将其定位于大医学范围内的不同专业之间的相互融合相互渗透的专业教育[②]，而更多人的观点与本文比较接近，认为广大的年轻学子都需要接受相关的健康知识教育[③]。从下文列举的一些近期在健康教育领域的专业文献中可以了解到一些国家开展健康教育的大致进展。

---

① 张鲁原：《中华古谚语大辞典》，上海大学出版社2011年版，第245页。

② Tina Patel Gunaldo, Allison Augustus-Wallace, Kari Fitzmorris Brisolara, Marquita N. Hicks, Donald E. Mercante, Tracee Synco, Joseph A. Zorek, Denise Schilling. Improving Stereotypes: The Impact of Interprofessional Education in Pre-Health Students. Journal of Interprofessional Care, Published online: 24 Aug 2020. Maree O'Keefe, Dawn Forman, Monica Moran, Carole Steketee. Governance Options for Effective Interprofessional Education: Exposing the Gap between Education and Healthcare Services. Medical Teacher, Published online: 24 Jul 2020.

③ Sylvia Langlois, Andreas Xyrichis, Brittany J. Daulton, John Gilbert, Kelly Lackie, Dean Lising, Kathleen MacMillan, Ghaidaa Najjar, Andrea L. Pfeiflen, and Hossein Khalili. The COVID-19 Crisis Silver Lining: Interprofessional Education to Guide Future Innovation. Journal Of Interprofessional Care, Published online: 18 Aug 2020.

巴西已在联邦管理范围内实施国家永久健康教育政策(Política Nacional de Educação Permanente em Saúde,PNEPS),Oliveira 等人在论文中介绍了巴西政府将永久健康教育作为一项体制政策,并视之为实现统一卫生系统进程转型的战略潜力支柱之一①。Rodrigo Guimarães dos Santos Almeida 等人在论文中详细描述了巴西在实施国家永久健康教育政策的过程中是如何将其纳入政府议程的,并分析了实现该政策建议的文件内容、实施过程中面临的不足,以及最近采取的新举措②。Cláudia Brandão Gonçalves③、Lima Luanda de Oliveira④ 等人的论文则报告了巴西实施国家永久健康教育政策所取得的成效。澳大利亚于 2018 年通过国家心理健康教育中心(the Australian National Mental Health in Education Initiative)启动了"Be You"倡议,该倡议审查和整合了其国家层面之前的促进心理健康教育构架,并在此基础上制定了与现有的州和地区教育、社会和情感福祉框架以及澳大利亚课程相协调的课程,其目的是在整个澳大利亚促进心理健康学习⑤。挪威学者 Bente Storm Mowatt Haugland 等人通过对挪威 18—25 岁年轻人的调研,呼吁要在挪威加强年轻人的健康教育⑥。波兰学者 Dominika Guzek 则通过对新冠疫情期间其国内青少年的健康教育现状进行调研与统计分析后,提出在波兰加强健康教育是非常必要的⑦。意大利学者 Spica Vincenzo Romano 呼吁运动领域的专家积极参与到全民的健康教育中⑧。

---

① Oliveira, Israel Victor de, Santos, Joacira Mota Matos, Almeida, Fernanda Campos Sousa de, Oliveira, Rogério Nogueira de. Permanent Health Education and National Program for Improving Access and Quality of Primary Care: A Cross-Sectional and Descriptive Study. Saúde em Debate 2020,44(124):47-57.

② Rodrigo Guimarães dos Santos Almeida, Elen Ferraz Teston, Arthur de Almeida Medeiros. The interface between Education through Work for Health Program / Interprofessionality and the National Policy of Permanent Education in Health. Saúde em Debate 2019,43. Epub Sep 16, 2019.

③ Cláudia Brandão Gonçalves, Isabela Cardoso de Matos Pinto, Tania França, Carmen Fontes Teixeira. The resumption of the implementation process of the National Permanent Health Education Policy in Brazil. Saúde em Debate 2019,43. Epub Sep 16, 2019.

④ Luanda de Oliveira Lima, Maria Rocineide Ferreira da Silva, Pedro José Santos Carneiro Cruz, Renata Pekelman, Vanderleia Laodete Pulga, Vera Lúcia de Azevedo Dantas. Perspectives of Popular Education in Health and its Thematic Group at the Brazilian Association of Public Health.Ciência & Saúde Coletiva 2020;25(7) Epub July 8, 2020.

⑤ Erin Hoare, Andrew Thorp, Nadine Bartholomeusz-Raymond, Alicia McCoy, Helen Butler, Michael Berk. Be You: A national education initiative to support the mental health of Australian children and young people. Aust N Z J Psychiatry. 2020 Aug 14;4867420946840. doi: 10.1177/0004867420946840. Online ahead of print https://pubmed.ncbi.nlm.nih.gov/32794411/

⑥ Bente Storm Mowatt Haugland, Mari Hysing, Børge Sivertsen. The Burden of Care: A National Survey on the Prevalence, Demographic Characteristics and Health Problems Among Young Adult Carers Attending Higher Education in Norway. Front. Psychol., 23 January 2020 https://doi.org/10.3389/fpsyg.2019.02859 .

⑦ Dominika Guzek, Dominika Skolmowska, Dominika Glabska. Analysis of Gender-Dependent Personal Protective Behaviors in a National Sample: Polish Adolescents' COVID-19 Experience (PLACE-19) Study. Int. J. Environ. Res. Public Health 2020, 17(16), 5770; https://doi.org/10.3390/ijerph17165770.

⑧ Liguori G, Galle F, Di Onofrio V, Valeriani F, Romano Spica V. Higher education on physical activity and sport: The Movement Sciences graduate as a resource to promote healthy lifestyles in the National Health System. Annali di igiene: medicina preventiva e di comunita 2019;31(6):642-648.

美国自2012年以来，国家跨专业实践和教育中心已经与70多个网站合作，在美国实施了100多个跨专业教育及合作实践(IPECP)项目①。英国学者Smith Sarah Jane则以老年痴呆症为例阐述在英国关于健康培训局限性的教训②。

尤其令人瞩目的是，不光是学者、健康领域相关的教育者们在呼吁、推进健康教育的拓展与改革，不少大学生作为被教育群体本人也热切关注着健康教育的发展、思考着当今的健康教育将会对社会产生的深远影响。例如，伦敦圣乔治大学的Regwaan Imtiaz Choudhury等本科生学习小组近期在著名的BMC Medical Education上发表了一篇题为“从医学学生的角度看跨专业教育如何有益于医疗保健的未来”的论文(How interprofessional education could benefit the future of healthcare-medical students’ perspective)③。该文的作者们认为“作为英国医学院的学生，我们相信跨专业教育对医疗保健的未来会产生积极的影响”。他们写这篇文章的动机来自于作者自己的跨专业学习(interprofessional education, IPE)体验，认为随着医学领域技术的不断进步，健康教育也需要相应的革新，并以英国的国民保健服务为例，展示了公众健康教育将如何对一个国家的医疗体系产生积极影响。

五、大学开设健康教育公共课程的可行性与实施方案

在综合性的大学里开设全校性健康教育公共课程的可行性具体体现在：(1)师资方面，综合性大学有较好的教师资源，尤其是在生物学、医学、预防医学等学科专业比较齐全的大学，良好的教师资源得天独厚，拥有身体健康相关的各专业背景的教师、心理学教师和心理咨询师，还有附属的临床医生作为专业的指导老师。这些优质的教师资源合理地组织起来，进行认真的教学研讨，制定合适的健康教育公共课程的教学内容，相信他们完全有能力为广大青年学子做好健康教育公共课程的教学。(2)学生能力方面，能够进入综合性大学学习的青年人一般具备较好的学习能力，且多数都在中小学阶段已经学习了不少与健康有关的科普知识、生物学基础知识，如果加以正确引导，发挥学生主动学习的能动性，相信学生们有能力在不影响自己的专业学习的前提下同时学好健康教学课程知识。这将对每个学生做好维护自身健康起到一生的指导作用。

在教学内容上，要注意全校性的健康教育公共课程不是医学课程的普及，要在课程内容方面做好周密、细致的安排，做好符合当前社会发展需求的公共健康教育。

具体的实施方案可以采用多种形式相结合：根据不同专业学生的具体情况，分别开设

---

① Connie White Delaney, Ahmad AbuSalah, Mark Yeazel, Jennifer Stumpf Kertz, Laura Pejsa, Barbara F. Brandt. National center for interprofessional practice and education IPE core data set and information exchange for knowledge generation. Journal of Interprofessional Care Published online: 18 Aug 2020. https://doi.org/10.1080/13561820.2020.1798897.

② Smith, SJ, Parveen, S, Sass, C, Drury, M, Oyebode, JR, Surr, CA. An audit of dementia education and training in UK health and social care: a comparison with national benchmark standards. BMC Health Services Research 2019;19(1) DOI: 10.1186/s12913-019-4510-6.

③ Regwaan Imtiaz Choudhury, Muhammed Aizaz us Salam, Jai Mathur, Sharfraz Riaz Choudhury. How interprofessional education could benefit the future of healthcare - medical students' perspective. BMC Medical Education 2020;20. Https://doi.org/10.1186/s12909-020-02170-w.

健康教育的必修课、选修课、研讨课等，可采用大课教学、按专业背景分组的教学讨论、线上教学、自学加考核等多种方式，以灵活多样的形式满足广大学生健康教育的需要。

综上所述，在高等院校开设全校性健康教育公共课程对于贯彻把人民健康放在优先发展的战略地位、树立"大健康、大卫生"理念、实施《"健康中国 2030"规划纲要》是非常重要的，也是切实可行的。这项健康教育课程的普及也将有助于当前大力推进"以治病为中心"向"以人民健康为中心"的转变。

什么是好的学术研究?怎么做好的学术研究?
——“传播研究方法”课程教学心得

李 展*

摘要:本文分析和总结笔者自2008年秋季学期开始在厦门大学本部用中文和马来西亚校区用英文讲授“传播研究方法”课的经验,认为这门课程对学生最大的帮助在于注重培养学生的学术判断力和进行实证研究的能力,为学生本科毕业论文的研究和写作打下了坚实的基础,为培养一流本科毕业生做出了一定的贡献。

关键词:“传播研究方法”;学术判断力;实证研究;本科毕业论文

“传播研究方法”是新闻传播学大类各专业的必修课,但是在笔者2007年博士毕业回到新闻传播学院之前,学院并没有开设这门课程,同一时期,国内其他高校的新闻传播学院系也大都没有开设这门课程。2008年秋季学期笔者首次在学院给本科生开设这门课程,至今已经连续授课12轮,在马来西亚分校用英语授课1轮,课程被评为学校的一流课程,并得到学校资助,将面向全国大学生开设网络课程,可以说教学效果较为理想。笔者在十几年的“传播研究方法”教学工作中,注重培养学生的学术判断力和进行实证研究的能力,为学生的本科毕业论文研究和写作打下坚实的基础,为培养一流本科毕业生而做出努力。下面从两个方面总结笔者的教学理念和心得。

一、培养学生的学术判断力和进行实证研究的能力

新闻学在我国高校已有一个多世纪的历史,一直归属于“文学”大类,研究方法主要是人文学科(humanities)的思辨研究方法;传播学作为一个全新的独立学科进入我国高等教育体系始自1983年厦门大学新闻传播系的建立①,历史较短,因此可以理解在相当长的时间里缺乏受到传播学专业训练的师资来讲授传播学研究所运用的社会科学(social sciences)的研究方法,大多数本科生对社会科学的研究方法从概念上也比较陌生。因此,笔者在设计课程的时候,力求做到概括然而系统地讲授社会科学研究的基本逻辑和研究过程在传播学研究中的应用,也就是首先讲授社会科学的研究逻辑,培养学生的学术判断力,知道什么是好的传播学研究,然后再讲授传播学研究的具体方法,培养学生进行实证研究的能力。

英国教育学研究者Hinchliffe在专门讨论教育哲学的一篇文章中指出,学术判断力(academic judgement)“是我们作为学者和老师特别想要我们的学生掌握的东西”,是“批

* 李展,女,黑龙江哈尔滨人,厦门大学新闻传播学院副教授,主要研究方向为媒介评价、媒介理论。

① 王怡红、胡冀青主编:《中国传播学30年》,中国大百科全书出版社2010年版。

判性学习”(critical learning)的一部分，“理应成为大学教育的核心”。这个观点看似是不证自明的，但实际上，正如 Hinchliffe 所指出的，很多教育决策者、教师乃至学生却认为“学习只能是展示性的”(demonstrative learning)①，即认为教学最重要的结果是学生能把老师教的内容原样在考试中回答出来，但是缺乏培养学生通过独立思考去提出论点并运用推理和证据建立自己的理论观点的意识，也就是缺乏培养学术判断力的自觉。

Hinchliffe 认为，作为批判性学习的一种形式，学术判断力“不是什么神秘的事情”，而是判断“不论是一年级新生的论文还是一流学术期刊的论文”所依据的“共性”的标准，是通过学术实践(academic practice)，通过对“研究过程”的剖析去判断一篇学术论文声称的发现是否可以做到“每个人用同样的研究方法都能达成同样的结论”。② 对于在应对高考的过程中普遍强化“展示性学习”的本科生，学术实践应该首先是透彻地理解社会科学的研究逻辑，然后才是运用适当的研究方法去回答传播学领域的新问题。基于这个认知，笔者把“传播研究方法”课程的教学安排分为三个大的模块：第一模块是介绍社会科学的研究逻辑，分析为什么按照社会科学的研究逻辑去探究与媒体相关的研究问题能够得到可靠的研究发现，以及学术论文的结构和写作规范；第二模块是介绍传播研究方法在报纸和杂志、广播和电视、广告和公共关系以及新媒体的研究中是如何被运用的，拓展学生的学术视野；第三模块是介绍具体的研究方法，并辅之以作业，培养学生进行实证研究的能力。

在介绍社会科学的研究逻辑这个部分，学生通过上课和阅读，学习到为什么从认识论的角度来说，科学方法是获取知识的最可靠的方法，以及从方法论的角度来说，要获得有信度和效度的研究结果必须经由的科学步骤。通过这个模块的学习，学生就能够领会到为什么所有的研究(特别是他们未来的本科毕业论文的研究和写作)的逻辑起点必须是一个有待通过经验测量回答的“真问题”，并且必须通过“文献综述”环节对过往的相关研究进行分析和批评来推导出这是值得研究的真问题。对过往研究进行批评性分析的能力体现的就是学术判断力，通过这个模块的学习，学生可以培养自己以科学的眼光阅读专业文献的能力，对于什么是“好”的学术研究有了明确的判断标准，也可以说是为学生作为未来的研究者树立了理想的标准。

十几年的教学过程中，很多学生反馈说，学术判断力的培养对他们的帮助特别大。本科生入校前的高中学习本质上是展示性学习，追求的是对固定的知识的掌握，所有高中课本的知识都是毋庸置疑的权威信息，学生要做的就是在考试中展示出不论题目是什么，多项选择也好，问答题也好，他们都知道这些题目在本质上要用哪些权威信息来回答。而进入大学的专业学习后，面对数量庞大的学术期刊论文，很多学生有不知所措之感，不知道要怎样判断和评价专业文献，自己要做研究写论文时模仿其他人的结构和写法，但是并不真正理解其中的原因，因此“传播研究方法”课程的学习，让他们从逻辑上明白了如何去判断一个研究的信度和效度，这个能力的建立，对所有的专业课学习都助益良多。

---

① G. Hinchliffe. What Is an Academic Judgement? *Journal of Philosophy of Education*, 2020, Vol. 54, No. 5, 1206-1219.

② G. Hinchliffe. What Is an Academic Judgement? *Journal of Philosophy of Education*, 2020, Vol. 54, No. 5, 1206-1219.

通过这个模块的学习，学生明白了学术研究与常识性的知识判断的区别，也就是说，只有按照严格的逻辑过程，不论对一个研究议题的兴趣是由读书引发的还是由个人的主观经验引发的，进入研究程序后，首先都要经过文献综述的过程全面了解和判断，找出在这个议题的研究上真正未知答案的研究问题，然后选择合适回答这个问题的研究方法展开研究过程，然后收集数据和分析数据，得到研究结果。我们说的"论文"在本质上其实是"研究报告"，首先是做一个逻辑严谨的研究，然后把这个过程按照学术规范写下来呈现给读者，这样一来，学生就明白了论文的各个章节之间的逻辑联系。而我们判断一个研究是否站得住脚、得到的研究发现是否可靠的"信度"和"效度"概念，是日常生活中并不会使用的概念，通过研究逻辑这个模块的学习，学生就能够很好地理解并运用这两个概念去评析专业文献了。

社会科学的研究方法与自然科学的研究方法没有不同，只要是通过经验测量才能发现的新知，都必须经过同样的八个步骤：(1)选择研究问题；(2)评析相关文献和理论；(3)建立研究假设或提出研究问题；(4)决定合适的研究方法；(5)收集数据；(6)分析数据和解释结果；(7)用合适的方式呈现研究结果；(8)有必要时重复研究。社会科学的研究对象与自然科学的研究对象有非常大的不同，是政治、经济、文化背景方面差异殊胜的人和人类社会，因此要得到可靠的新知，就必须将抽象的理论概念变成可以经验测量的"操作定义"，让所有人都能够判断测量得对不对、准不准，前者即测量的"效度"，后者即测量的"信度"。[①] 习近平总书记指出，"博学之，审问之，慎思之，明辨之，笃行之"是青年人"坚持求真务实"的成长之路[②]，笔者认为通过"传播研究方法"课程的学习培养学生从学理上学会用信度和效度概念对研究文献做学术评价有助于学生在学术研究上学会求真务实。

在传播研究方法的运用这个模块，学生主要阅读和学习的是传播业界运用传播研究方法所回答的研究问题，不论是报纸和杂志的研究，广播和电视的研究，广告和公共关系的研究，还是以互联网为载体的新媒体的研究，学生都可以了解到传播业界为了让经营决策建立在科学的基础上以取得最佳效果从20世纪初开始始终与时俱进地运用和拓展新的研究方法。这个部分的学习有助于学生反思过往学习的新闻传播学的相关理论的建立过程，对本领域的理论从知其然到知其所以然，有了更深入的领会；同时，这个部分的学习还拓展了学生的学术视野，让他们积极地思考作为未来的媒体工作者或是代表政府、企事业单位等与媒体打交道的传播工作者，他们将会需要解决什么样的问题以及怎么解决。

在介绍具体的传播研究方法的这个模块，学生通过上课和阅读，学习到实验方法、调查方法和内容分析方法等三种量化研究方法以及量化研究的数据分析方法，还学习到包括参与性观察、深度访谈和焦点小组访谈方法在内的质化研究方法，以及分析质化研究数据的方法。这个模块的学时分配最多，力求让学生通过阅读运用每种研究方法的典型文献，切实体会每种研究方法的测量信度如何测量，以及对于所有研究，如何通过逻辑推理

---

① R. Wimmer, J. Dominick. *Mass Media Research: An Introduction* (10th ed.): Wadsworth, 2014.

② 万鹏：《习近平的"青年成才"观：让增长本领成为青春搏击的能量》，cpc.people.com.cn/xuexi/n/2015/0504/c385474-26942849.html，访问日期：2020 年 12 月 3 日。

去判断研究的效度；同时，通过作业进行相应的课后练习，培养学生进行实证研究的能力。在多年的教学中，笔者发现学生对于量化研究的几种方法比较容易理解，而对于起源于人类学、发展和成熟于社会学的质化研究方法，或者有时称为“民族志”的研究方法在理解上有难度，因此在这部分的教学中，笔者着重从质化研究方法的历史发展来为学生讲解传播学的质化研究与社会学和人类学的质化研究的根本差异，帮助学生更好地理解质化研究方法。

质化研究，或叫做“民族志”(ethnography)的研究方法，起源于欧洲殖民主义者在全球的殖民扩张过程中，为了统治的需要而对迥异于西欧国家的殖民地国家的研究，是站在欧洲中心主义或说种族中心主义的视角对异质文化的研究，根本目的是为殖民统治服务①，但是这个非正义的研究目的在历史发展的过程中逐渐被隐去，而逐渐发展为以美国芝加哥大学社会学派倡导的社会学的主导研究方法之一，测量的数据和结果都是用文字呈现，而非量化研究的数字形式的数据。② 田野观察、深度访谈、焦点小组访谈等质化研究的方法在传播学研究中和社会学或人类学的研究中，其形式看上去是一样的，但是遵循的逻辑有根本的差异。也就是说，在传播学研究中，研究问题的提出，是从对过往研究的评析中逻辑地推导出来的，研究者是根据研究问题选定研究方法，当研究问题必须通过对特殊情境下生活的研究对象的观察或访谈才能得到回答时才采用质化研究的方法，以文字方式呈现的数据是为了回答研究问题，没有明确的研究问题，来自观察的描述或来自访谈的人们讲述的故事就没有立足的根基。在这个基础之上，才谈得到研究的信度和效度，也就是体现为“可信性”(credibility)对研究水平的学术判断。

换句话说，传播学研究在本质上是演绎推理，研究问题是怎么提出的，为什么要回答这个研究问题必须去到这个环境中、观察或访谈这些研究对象而非其他，是一步一步严格推理出来的，在此基础上，我们才根据研究者对研究过程的报告来判定其可信度。比较而言，运用质化研究方法的社会学和人类学研究者采用的是归纳推理，不论是社会学的经典著作《街角社会》③还是表述质化研究方法的另一个流行概念“扎根理论”④，在本质上都是要通过对研究者所选择的某个自然环境下的人们的生活和互动的观察和访谈来归纳出解释性的理论，从研究的逻辑上来说，读者永远可以诘问：为什么要去到这个环境观察、访谈这些研究对象而非其他，并且难以得到逻辑上完全自洽的回答。但是，这个差异并不是要说明传播学研究比社会学和人类学研究更高明，只是让学生领会到不同的学科领域由于历史发展等原因，在研究逻辑和研究方法上的差异，让他们更进一步理解做学术判断需要考虑的研究领域等因素。

在这十几年的教学中，笔者发现通过研究逻辑、研究方法的运用和具体的研究方法三

① A. Sadi. Colonialism and Surveillance. In: *Routledge Handbook of Surveillance Studies* (151-158), Ed. K. Ball, K. Haggerty, D. Lyon, London: Routledge, 2012.

② G. Hinchliffe. What Is an Academic Judgement? *Journal of Philosophy of Education*, 2020, Vol. 54, No. 5, 1206-1219.

③ W. Whyte. *Street Corner Society*, Chicago University Press, 1955.

④ B. Glaser, A. Strauss. *The Discovery of Grounded Theory*, London: Weidenfeld & Nicholson, 1965.

个模块的学习，学生对学术研究产生了兴趣，跃跃欲试。学生在修这门课时，往往也同时在进行“大创”项目或参加各种学业竞赛，他们会很有意识地把学到的这些研究方法运用项目中，以学者的眼光去评析文献，以学者的自信开展自己的研究，笔者也非常乐于回应学生就研究方法提出的问题，为学生的科学态度和用实证研究方法解决问题的能力感到高兴。

二、指导本科毕业论文培养一流的本科毕业生

近年来，高校师生中有关本科生是否需要写作毕业论文时有争议，《中青在线》在 2018 年的毕业季推出的报道《建议本科毕业论文取消，这些人为何不答应？》[①]和《北京青年报》2019 年毕业季推出的评论《“本科毕业论文要不要取消”为何长期无解》[②]都反映了这种争议并倾向于应该取消，而我们新闻传播学科中，深圳大学新闻传播学院连续几年以毕业设计取代毕业论文也得到了一些院系的响应，认为毕业设计取代毕业论文是“实战项目取代了坐而论道”[③]。对于这个问题，笔者的态度很鲜明，认为本科毕业论文写作是本科教育特别重要的一环，不能取消。

本科毕业论文的研究和写作是培养一流本科毕业生特别重要的一环，这个重要性不是说期待本科生的毕业论文能取得多大的理论突破或重大的科学发现，因为虽然不排除少数极为优秀的自然科学领域的本科毕业生可能借助院校的科研设备和导师组的带领在本科毕业论文的研究中取得重大的科学发现，绝大多数社会科学领域的本科生因其能接触到的研究文献的局限，很难提出真正最具理论前沿性的研究问题，这是不言而喻的。但是尽管如此，本科毕业论文的研究和写作是可以让学生完整地体验一次如何用社会科学的逻辑去做一个具体的研究，也就是通过经验测量回答一个未知问题的答案，并且能够自我判定研究的信度和效度，自己能够清楚地知道自己的工作的优势和局限。

这个过程首先会让学生全面地回顾自己在大学四年中所学到的各种理论和研究方法，以及过往的研究用这些理论和研究方法解决了哪些问题，接下来，进行独立的思考，真正地反思作为一个即将完成第一阶高等教育的本科生，社会未来的主人翁，在所学领域里，真正让自己关注的问题是什么？然后通过严谨的研究过程找出问题的答案，并在撰写研究报告的过程中体会严谨的学术规范。虽然是较为初级的探索，但这一系列过程走下来，会让学生把四年所学的理论、研究逻辑和方法，自我对社会的关切和对未来的期许等，都贯通起来，不仅仅是学会学术研究的规范，更重要的是培养学生成为有学术判断力的、有可持续进行批判性学习能力的社会栋梁。

基于这个认知，笔者指导论文的过程一般都是如下的步骤：(1)与学生讨论所有感兴趣的问题，启发学生找到最关切的研究问题；(2)指导学生评析过往研究文献，学习可借鉴

---

① 田沐冉：《建议本科毕业论文取消，这些人为何不答应？》，http://news.cyol.com/content/2018-04/21/content_17119076.htm，访问日期：2020 年 12 月 3 日。

② 蒋理：《“本科毕业论文要不要取消”为何长期无解》，《北京青年报》2019 年 6 月 20 日第 A2 版。

③ 朱杰：《新传十年，薪火相传，朱杰副教授自 2018 届本科毕业答辩闭幕式上的致辞》，http://cms.xbmu.edu.cn/frontContent.action? siteId=59&articleClassId=1863&articleId=63465，访问日期：2020 年 12 月 3 日。

的理论框架和研究方法；(3)及时回答学生在研究过程中的疑问；(4)给学生写出的论文提出逻辑上的质疑和写作规范方面的修改建议。这样，经过研究过程中的不断交流和最终论文内容的两到三次的修改，认真的学生一般会觉得自己的毕业论文是大学四年最有意义的学业成就。这样的学生从选题开始到最终论文定稿会特别深刻地体会到社会科学探索的艰辛和乐趣，而笔者作为指导教师在学生积极探索的过程中给予因势利导的帮助也体会到职业成就感。笔者认为那些觉得本科毕业论文只是"坐而论道"，不如做毕业设计来得更激励学生的创造性的想法其实是误解了社会科学的研究过程，因而没有看到学术判断力才是大学博雅教育的核心①，也没有看到通晓研究逻辑因而对于任何新任务都能找到解决路径的能力才是滋养持续的创造力，即我们通常所说的"后劲"的根本。

---

① G. Hinchliffe. What Is an Academic Judgement? Journal of Philosophy of Education，2020，Vol. 54，No. 5，1206-1219.

金属材料及热处理虚拟仿真实验

邱　虹　张英干　宋春晓*

摘要：金属材料及热处理是机械、车辆和材料类各专业的一门重要的专业基础课。实验课程内容主要包括金相试样的制备、碳钢的热处理、硬度测定、碳钢显微组织观察等。受实验设备台套数的制约以及热处理加热温度高有一定危险性的影响，实验课无法满足每个学生动手操作。基于以上缘由，厦门大学材料学院实验教学中心开发了基于虚拟技术的金属材料及热处理虚拟仿真实验。

关键词：金属材料及热处理；虚拟仿真；实验教学

一、引言

近几年来，国内许多高校根据自身科研和教学的需要，开发虚拟仿真实验项目并建立虚拟仿真实验室。[①] 实验者可以在模拟的实验环境中，完成各种实验项目，获得直观真实的实验效果，展现不可视的结构或原理，从而满足实验教学的需要。虚拟仿真实验具有效率高、操作安全、可扩展性强、高度开放等特点。虚拟仿真实验有利于培养学生的创新意识，实现实验教学中的虚实结合，因此成为当前实验室建设的一个发展方向。[②]

二、建设的必要性

金属材料及热处理这门课程的主要任务是从金属材料应用角度出发，阐明热处理的基本理论以及材料的化学成分、热处理工艺以及组织结构与性能之间的关系。设立金属材料及热处理实验课的目的是使学生通过实践，掌握金属材料热处理的基本理论知识基础。金属材料及热处理实验课内容主要包括金相试样的制备、普通碳钢的退火、正火、淬火和回火等常规热处理工艺、硬度的测定、碳钢显微组织的观察等内容。受实验设备台套数的制约以及热处理加热温度高有一定危险性的影响，学生无法每个实验都动手操作，实

* 邱虹，女，福建厦门人，厦门大学材料学院实验教学中心高级工程师，主要研究方向为无机材料的物理性能。张英干，男，福建三明人，厦门大学材料学院实验教学中心工程师，主要研究方向为金属材料工艺。宋春晓，女，福建南平人，厦门大学材料学院实验教学中心工程师，主要研究方向为无机材料合成及工艺。

① 石松泉、沈红、梁伟等：《虚实结合的电工电子实验教学体系的设计》，《实验技术与管理》2008 年第 8 期。

② 李亮亮、赵玉珍、李正操等：《材料科学与工程虚拟仿真实验教学中心的建设》，《实验室技术与管理》2014 年第 2 期。

验过后一点印象都没有，不能在更深层次上理解热处理的基本原理知识，缺乏对金属材料及热处理课程的全面认知能力。虚拟仿真实验教学方式对于上述问题提供了良好的解决方案。

学生在进行实际的实验操作之前可以先在虚拟仿真实验中心进行预演，开展安全教育，针对实验项目进行实验风险评估，让学生对仪器的操作及使用进行反复练习，当出现错误操作或发生危险时既不损害实际仪器又不伤害人身安全。学生完成实际的实验操作之后，还可以继续进行虚拟仿真实验，这样可以进一步掌握实验内容中所涉及的知识点，有效提高实验教学效果。①

三、虚拟仿真内容

金属材料及热处理虚拟仿真实验主要面向材料科学与工程、机械设计制造及自动化等专业的本科生，为理论课和实验教学提供实验支撑。虚拟仿真实验内容主要包括金相试样制备仿真实验、硬度测定仿真实验、综合热处理仿真实验、金相显微镜的使用及铁碳材料显微组织观察仿真实验等。

金属材料及热处理虚拟仿真实验参照现实的实验场地、仪器设备、实验项目进行设计，把实验所涉及的实验室、仪器设备、实验工具、实验样品等内容进行虚拟化。学生在场景中，通过鼠标、键盘的交互，实现在场景中走动，通过视角旋转、拉近观察场景元素中的细节，如同在现实的实验室中进行实验操作。

（一）金相试样制备仿真实验

该实验主要分磨光、抛光、浸蚀三个步骤。磨光可选手工磨光或者机械磨光，常用的水砂纸为 200～800 号，金相砂纸为 1～5 号，实验还演示了打磨过程可能出现的 5 种情况，分别是多面、部分未磨到、弧面、磨痕不一致、砂纸损坏。抛光采用机械抛光，分粗抛和精抛。粗抛：转速一般在 150～600 n/mm，抛光布可选帆布、粗呢；精抛：转速要保持在 150～200n/mm，抛光布可选绒布、细呢。抛光过程中可选择洗瓶机加水，湿润抛光布；选择抛光膏或选择抛光喷雾向抛光机的中心转盘喷洒喷雾。浸蚀：选择竹夹夹着棉球蘸取腐蚀剂反复擦拭试样，观察面由亮变灰变暗后，立刻冲洗观察面；浸蚀程度不够，需继续擦拭浸蚀（如图 1 所示）。

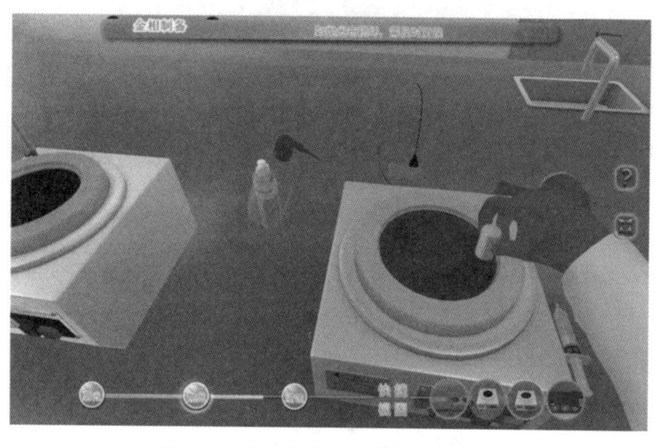

图 1　金相试样制备仿真实验

（二）硬度测定仿真实验

该实验有退火 45 钢和淬火 45 钢两种试样供选择测试，选择试样后选择相应的压头和

① 卢艳丽、董文强、王永欣等：《材料类专业虚拟仿真实验教学中心的建设与实践》，《实验室研究与探索》2018 年第 11 期。

校准块进行实验。先校准，放置试样后，依次进行提升载物台、调零、调整主载荷手柄、卸载、记录硬度值。点击试样换个位置继续测量。实验结束，可以选择另一个试样重新实验（如图 2 所示）。

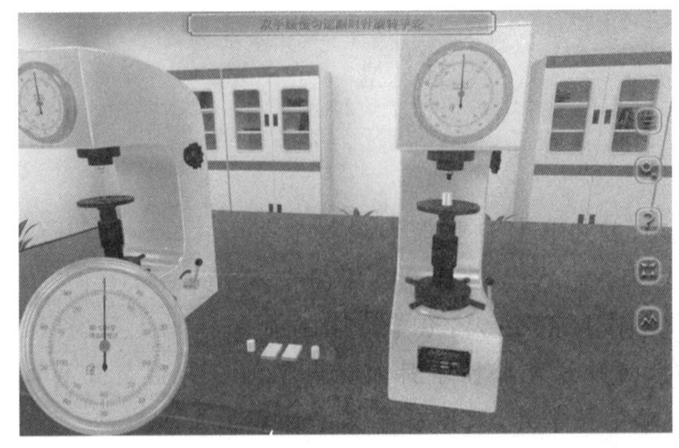

图 2 硬度测定仿真实验

（三）综合热处理仿真实验

首先是工艺选择，选择材料、相应的加热温度和冷却方式。可选的材料有 40CrNi、20 钢、45 钢、T8 钢、T10 钢和 T12 钢，冷却方式有空冷、炉冷、水淬、水淬＋200℃回火、水淬＋400℃回火、水淬＋600℃回火、油淬等。该实验包括了高温箱式炉的参数设置、如何使用铁钳夹取试样、使用硬度计测量硬度、磨制金相并在显微镜下观察等（如图 3 所示）。

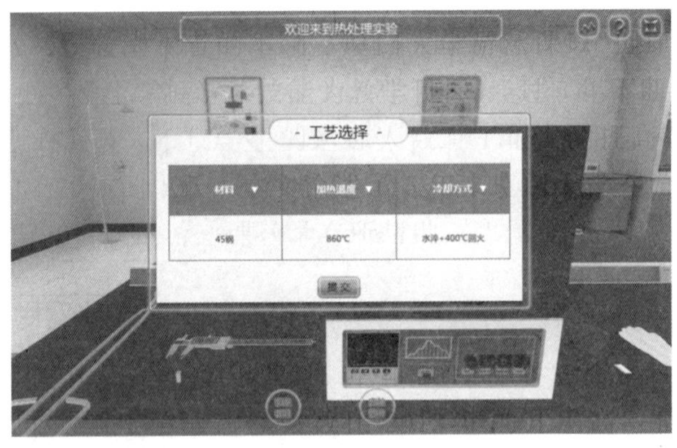

图 3 综合热处理仿真实验

（四）金相显微镜的使用及铁碳材料显微组织观察仿真实验

实验界面有原理学习功能，学生可以学习显微镜的原理；有构件认知功能，学生可以学习显微镜构造，例如倒置金相显微镜介绍了 11 个构件，分别是光源、物镜、目镜、视场光阑、底座、孔径光阑、载物台、粗调焦距、光强调节钮、显微镜主开关、载物台方向螺旋杆，学生可以点击任意构件按钮进行学习；有操作使用功能，学生可以根据文字提示依次进行：打开开关、调节光强、放置样品、调整目镜、粗调焦距、细调焦距、更换倍镜、细调焦距、更换

倍镜、细调焦距、更换倍镜、调节光强、调节孔径光阑、取下试样、恢复显微镜等操作。

实验中的铁碳相图包括了7种铁碳合金冷却过程的组织变化。分别是工业纯铁、亚共析钢、共析钢、过共析钢、亚共晶白口铁、共晶白口铁、过共晶白口铁。在铁碳相图中，鼠标悬停在相图的任意区域即可显示该区域的组成结构，学生也可以点击任意合金的按钮学习和观察该合金的冷却过程(如图4所示)。

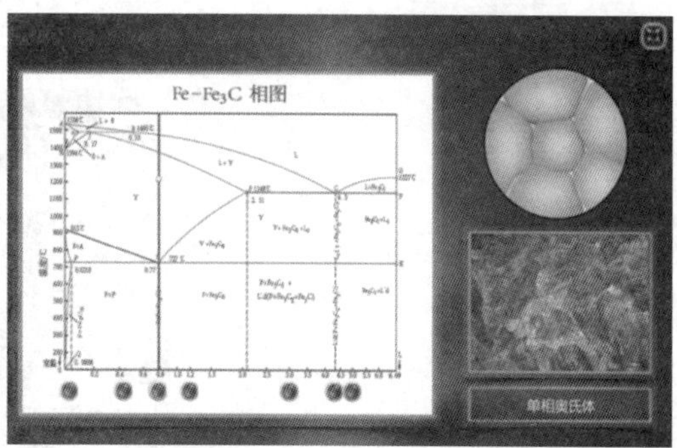

图4　金相显微镜的使用及铁碳材料显微组织观察仿真实验

四、项目特色

(一)虚拟仿真实验教学管理平台

金属材料与热处理虚拟实验室软件的开放运行依托于开放式虚拟仿真实验教学管理平台，学生通过平台进行理论学习、实验预习、虚拟仿真实验操作、提交实验报告、查看成绩，教师通过平台进行开课管理、实验库维护、实验安排、实验批改、成绩统计(如图5所示)。

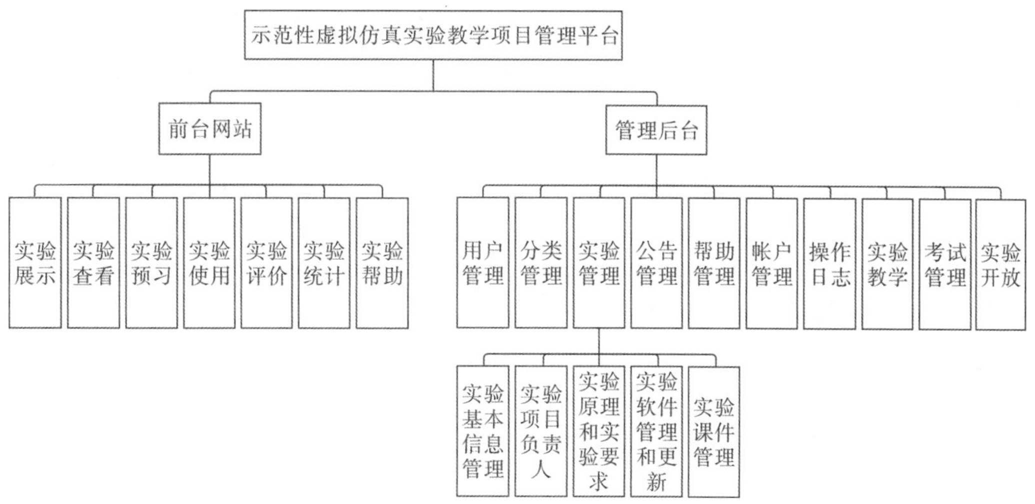

图5　虚拟仿真实验教学项目管理平台架构图

(二)安全教育模块

传统的实验安全教育多采用文字描述和图片展示的方式进行，无法全面展示实际的实验场景，学生对实验中存在的风险认识较为抽象。虚拟仿真手段开展安全教育，可以让学生身临其境，对实验事故及风险有更深刻的认识。

在实验安全教育模块中，首先介绍什么是实验室风险评估与风险控制，如何对实验项目进行风险值评估以及应采用什么措施对存在的风险进行控制。

风险值＝发生的概率(likelihood)×严重程度(severity)

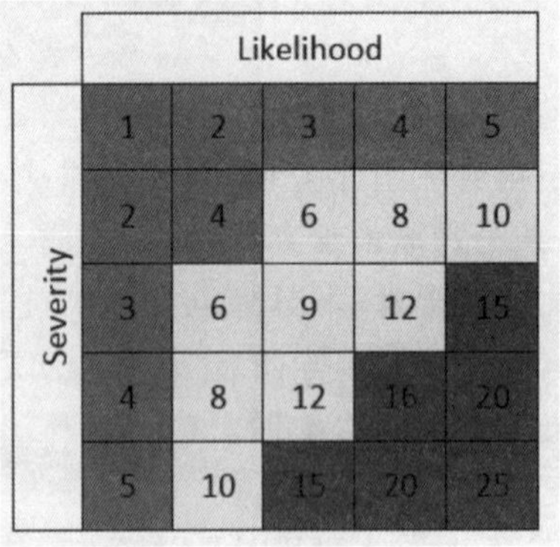

	Likelihood				
Severity	1	2	3	4	5
	2	4	6	8	10
	3	6	9	12	15
	4	8	12	16	20
	5	10	15	20	25

图 6　风险等级示意图

注：风险等级＜5 为可以接受的低风险；6＜风险等级＜12 为中级风险，可能需要确定额外的风险控制；13＜风险等级＜15 为高风险，必须确定额外的风险控制以降低风险等级。

然后，画面依次出现实验中的各个场景，学生在画面中寻找有存在安全隐患的部分，点击画面，点击到正确的位置，画面弹出此风险的相关信息，在与软件的交互响应过程中，列出此次实验存在的所有实验风险。最后学生根据寻找到的实验风险，判断其严重程度以及风险发生的可能性，进行风险评估，并提出控制风险的措施。

实验安全教育模块采用交互的教学模式，改善学生单方面听课的被动状况，将讲授—学习—应用三者结合起来，建立直观的感性认识和安全意识。

五、总结

基于网络的金属材料及热处理虚拟仿真实验，改变了传统的实验教学模式，且不受场地、设备、经费、时间的限制。虚拟仿真实验的三维、动态、交互操作模式激发了学生的学习积极性，提高了学生的实验操作技能，并在虚拟仿真平台中加入实验安全教育模块，交互的教学模式，增强学生的安全意识。

普通高校高尔夫公共体育课的发展现状与展望

傅 亮 林致诚 刘文涛 颜六亿*

摘要：本文采用了文献资料法、逻辑分析法、专家访谈法、调查问卷法等研究方法，对近20年中国高校高尔夫公体课的发展进行了梳理和分析，认为其有了一定的发展规模，但整体尚处于起步阶段，面临着场地条件简陋和短缺、师资和教材软资源建设不到位、课程设置与高尔夫运动本质脱钩以及教学效果不理想等困境，并对影响高尔夫发展的相关因素进行了分析，提出了可以PPP模式、"练习场"球道、教具改革等思路开拓场地的完善；促进成立大体协高尔夫分会、院校合作交流及培训等加强软资源建设；明确高尔夫公体课课程定位，突出其健身和育人功能；发挥高尔夫社团功效，促进课内外一体化等建议和展望，以期对高校高尔夫公体课的改善和健康发展提供一定的借鉴意义。

关键词：高校；公体课；高尔夫；现状；展望

高尔夫运动是一项极具魅力的国际化运动，在欧美等发达国家相对比较普及。中国社会经济的快速发展，人民生活水平的提高及休闲意识的不断增强，高尔夫入奥及中国球员在国际舞台上不断崭露头角，高尔夫运动在国内逐步得到推广和发展。伴随着高尔夫运动的普及，2002年以厦门大学为代表的部分高校，率先将高尔夫球课引入公共体育课堂，让身处象牙塔的学子们可以近距离接触高尔夫这项运动。目前，高尔夫公共体育课经过近20年的发展，推动了这项运动的开展，扩大了参与人群，毕竟发展的时间较短，高尔夫公体课教学总体上还处于"摸着石头过河"的阶段，一边摸索一边前行。本文拟对高尔夫公共体育课在高校的开展情况进行梳理与剖析，发现发展过程中遇到的困境，并对未来的发展提出建议，以期对高校公共体育课的改善和促进高尔夫运动在高校的开展提供一定的借鉴意义。

一、高尔夫公共体育课开设的背景

1. 高尔夫运动项目的魅力

现代高尔夫运动属于舶来品，进入中国的时间仅仅只有三十几年的时间，虽然发展迅速，但尚属于新兴项目和小众项目，但是放眼到全球来看，高尔夫却是一项世界性的运动

* 傅亮，男，山东淄博人，厦门大学体育教学部讲师，主要研究方向为体育教育训练学。林致诚，男，福建福清人，厦门大学体育教学部教授，主要研究方向为体育人文社会科学。颜六亿，男，浙江舟山人，厦门大学体育教学部副教授，主要研究方向为体育教育训练学。刘文涛，男，云南昆明人，厦门大学体育部副教授，主要研究方向体育教育训练学。

项目，与足球、网球并称为“世界三大运动”。2009年10月9日，国际奥委会在哥本哈根召开的第121次全会上宣布，高尔夫球将成为2016年和2020年两届奥运会的正式比赛项目。[①] 高尔夫项目时隔百年后再次回归奥运大家庭，也足以证明高尔夫项目在全世界的影响力。

高尔夫运动之所以深受大众的欢迎，与这项运动独特的魅力和特点是分不开的。首先高尔夫运动拥有深厚的历史底蕴，公认的现代高尔夫运动起源于15世纪的苏格兰，是由当初牧羊人的一种木棍打石子的游戏演变而来，距今已经有500多年的发展历史，高尔夫最古老的赛事“英国公开赛”至2019年已经举办了148届，也是世界上最为悠久的体育赛事之一，历经几个世纪流传下来足以证明高尔夫运动的根基和生命力。其次是高尔夫项目本身的运动特点，休闲与健身，高尔夫运动是在阳光、碧水、青草、绿树环境下，与大自然为伴，慢打快走，挥杆击球，挑战大自然，挑战自我，在休闲娱乐中锻炼身体，同时高尔夫的技术特征是绝对强度低，运动量适中，运动创伤少，老少皆宜，是一项可以长久坚持适合终身的运动项目。最后，是高尔夫的运动精神，高尔夫运动从运动安全、着装、下场打球规则等方面处处体现出“诚信、自律、谦让及为他人着想”的运动精神，具有高尚的礼仪文化和绅士文化内涵。

2. 高校公共体育课程的改革需要

2002年，教育部颁布了《全国普通高等学校体育课程教学指导纲要》，明确指出：做好现有运动项目的改造和对新兴体育项目的利用，开发运动项目资源。鼓励高校要根据自己实际情况，对一些健身价值高、教育意义强的新兴体育项目要积极引入高校体育课堂。新时代的背景下，基于素质教育和终身体育的教改理念，高校体育教育的目标已经由单一的体育竞赛向体育兴趣和终身体育转变，更加关注在体育课教学中心理健康目标和社会适应目标的转变。伴随中国经济的飞速发展、传播媒介的丰富，当代大学生对体育课的需求日益多元化和个性化，不再满足于传统的田径、体操、足篮排三大球的体育课程，需要高校丰富公共体育课的教学内容，满足学生多样化的体育课需求。

3. 高校开设高尔夫公共体育课的价值

高尔夫球作为一项体育运动，首先具有强身健体、增强体质的作用，要实现远距离的击球，需要身体各部位协调发力，可以提高身体力量素质、协调性、柔韧性和平衡感；在下场完成18洞，需要持续运动4个小时左右、步行达到1万米的距离，具有鲜明的有氧运动的特点，可以提高心肺功能和体能。其次高尔夫运动所推崇的礼仪规范和行为自律的运动精神恰恰与高校借助体育塑造健全人格、提高社会适应能力的培养目标相一致。在人格方面，高尔夫球特有的大多在没有裁判和他人监督下完成击球进洞，可以培养诚实守信与自律的良好品质；礼仪方面可以培养学生尊重他人、礼貌谦让的风范；在球场上需要球员独立面对各种球位，正确的判断、缜密的思考，并勇于承担后果，在担当方面高尔夫球运动教会学生们怎么调节情绪，克服挫折感，培养良好的心理素质和不断追求进步的积极心态；在社交方面运动强度下、漫步走的运动形式，利于运动中交流与商谈，从而有助于交际

---

① 林玉青、林波萍：《广东高校开设高尔夫课程的可行性分析及对策研究》，《广州体育学院学报》2013年第11期。

能力的培养。再次当前高尔夫运动对于我国的体育运动项目是一项相对比较陌生的，平常比较少接触到的运动，如今的大学生喜欢尝鲜，也敢于接受新鲜的事物，愿意去接触不同类型的运动项目，也是当代大学生个性化需求的一种体现。

综上可以看到，高尔夫运动的独特魅力、高校公共体育课程的改革需要，以及高尔夫运动与高校体育课堂的教育功能的吻合，在高校中开设高尔夫课程具有很高的教育意义，对现代大学生形成健康和谐的生活方式有着重要的指导意义，正是基于以上思路，高校高尔夫公共体育课就应运而生。

二、高校高尔夫公共体育课的发展历程与现状

高尔夫进校园首推 1995 年深圳大学开设的高尔夫相关课程，标志着我国高尔夫教育的开端。早期的高校高尔夫教育的培养方向为高尔夫的从业者，比如高尔夫俱乐部运营与管理、场地草坪管理维护等，课程设计侧重于培养高尔夫球场管理与服务的应用型人才，并没有把高尔夫运动作为一门体育课来设计和开展。较早将高尔夫运动引入课堂作为一门公共体育课进行试水的是 2003 年的厦门大学和华南理工大学，两所学校同一年开设了高尔夫体育选修课，标志着高尔夫公体课的开端。

在发展过程中，两件社会舆论事件大大提高了高尔夫与高校的曝光度，2006 年时任厦门大学朱崇实校长在山东大学举办的一次研讨会上阐述高等教育大众化阶段发展精英教育的必要性时提到了高尔夫运动，被某些媒体错误解读为高尔夫等同于“精英教育”，引起社会广泛讨论；2007 年北京大学准备在东操场建造高尔夫练习场，因争议太大而被迫搁浅。“高尔夫精英教育论”和“北大兴建练习场”风波，当时在社会上都造成较大反响，却大大推动了高尔夫运动与高校的结合，也间接促进了高尔夫进校园的步伐。随后，同济大学、中山大学、东华大学、上海大学等高校也相继开展了高尔夫公体课的教学。

发展至今，开展高尔夫公体课教学的高校已经形成一定的规模。(1)从数量上来讲，据不完全统计，目前开设高尔夫课高校的数量超过了 100 所，2008 年高尔夫权威调查机构朝向高尔夫公司发布的《朝向高尔夫白皮书》调查数据显示，我国开设高尔夫体育课程教育的高校达到了 83 所，其中，本科院校 31 所，专科院校 25 所，中等学校 27 所①。2009 年增加 19 所，2010 年增加 22 所，2012 年增加 11 所②。2018 年西藏农学院在条件艰苦的情况尝试开设了高尔夫选修课程，让藏区的学生也能接触这项运动。(2)开设高校的地区范围广，北至东北师范大学，南到海南大学三亚学院，东及厦门大学、上海大学等，西达西藏农学院等各地区的高校均有开设高尔夫体育课程，遍布到全国各个地区，但总体上主要还是集中在北京、上海、广东、海南等地区的高校。(3)高尔夫教学方面看，结合高校大学体育课程的规章制度，课程性质基本为体育选修课，或者体育院校、师范类院校为其他专业学生开设的体育选修课。教学内容为高尔夫各项技术动作，主要为铁杆全挥杆技术动作。高尔夫体育课与其他运动项目体育课学时进度安排大体一样，多为一学期，总学时在 30～36 学时，一周 1 次课，时长为 90 分钟，少数高校有两个学期的教学安排，课程容纳人数规

---

① 王鹏飞：《我国高校高尔夫专业教育现状及其发展前景的研究》，湖南大学硕士学位论文，2010 年。

② 张新江、万发达：《普通高校高尔夫体育课发展研究》，《湖北体育科技》2015 年第 7 期。

模多为30人左右为一个班级。师资方面早期主要为其他体育运动项目老师通过自学或参加短期培训班获得高尔夫专业知识和技能兼授或者聘请校外高尔夫教练。

三、高校高尔夫公共体育课发展中遇到的问题与困境

高尔夫进入中国的时间较短，高尔夫教育的基础薄弱，没有同传统体育项目课程一样的教学体系，基本上各个高校根据学校的实际条件进行高尔夫公体课课程的探索，统筹来看相对处于杂乱的状态，高尔夫体育课程的高校发展过程中面临着诸多的困境。

1. 高尔夫场地的短缺

高尔夫场地是高校开展高尔夫教学的物质基础，直接影响到教学活动的顺利有效实施。目前国内高校开展高尔夫教学的场地设施主要有高尔夫球场、高尔夫练习场、租用校外高尔夫场地、室内模拟器以及简易打击笼等几种。高尔夫球场因为占地较大和建造成本很高，现阶段拥有高尔夫球场的只有极少数几个高尔夫专业院校中，所占比例很低，如湖南涉外经济学院(9洞，独立)、辽宁职业技术学院(18洞，非独立)，山东南山学院(18洞，独立)，高校建造高尔夫球场在我国当前国情下暂时很难实现；高尔夫练习场相对于高尔夫球场在占地和建造成本上会较低，是高校开展高尔夫体育课程比较理想的场所，但总体上拥有自己独立高尔夫练习场的数量也很少，所占比例也较低，只有厦门大学2片、广东外语外贸学院1片、深圳大学1片、华南理工大学水上练习场1片、南京体育学院1片等不超过10所的高校拥有自己的练习场地。更多的高校开展高尔夫教学的场所是租用校外高尔夫球场、室内高尔夫模拟器和简易打击笼的方式，比例至少达到了七成，虽然说这些场所也可以开展高尔夫体育课的教学，但是存在着各方面的现实弊端，比如租用校外场地的会有安全、授课时间、师资管理、上课成本等方面的困扰，室内模拟器会有打位不足、无法感知高尔夫击球的真实轨迹，简易打击笼则更放大了室内模拟器的弊端，很难让学生对高尔夫运动有全面的认知。当前虽然有众多的高校开展了高尔夫体育课的教学，但受限于场地的限制，巧妇难为无米之炊，实际教学效果会大打折扣，高校高尔夫设施的简陋和短缺成为高校高尔夫球体育课教学所无法回避的难题，成为制约高尔夫运动在高校开展的主要因素。

2. 课程设置与高尔夫运动本质脱钩

高尔夫体育课归属于大学体育课程，是高校中众多体育课程中的一门，但高尔夫运动与其他运动项目又有一定的区别，那就是高尔夫的真正运动形式在于场下击球进洞，相关的规则、礼仪、教育和锻炼价值更多体现在场下击球的过程中。而当前国内高校高尔夫体育课程的设置却没有或者很难实现高尔夫下场击球进洞的接轨。首先，从教学内容上来看，目前绝大多数高校高尔夫体育课分为理论课与实践课两大部分。理论课学时较少，主要是高尔夫基本常识、规则礼仪的介绍，但由于高尔夫运动进入中国较晚，也不普及，绝大多数学生在没有接触过这项运动的前提下，在接受理论知识时感觉比较空洞，难以形成正确的概念；实践课主要内容为铁杆全挥杆技术动作，这是高尔夫运动的基本功，教学多数是停留在全挥杆技术动作的教授上，但受制于场地、器材、时间等各方面的原因，学习的高尔夫技术动作难以跨到下场实践运用的门里来，只能称之为“练习场高尔夫”或者“动作高尔夫”。其次，从学时安排上，大多数高校的学时为一学期30～36学时，也就是一周练习一

次、一次90分钟的练习时间，而高尔夫技术动作要求高，上手难度较大，从练习的频度与强度上都难以实现掌握和提升高尔夫技术能力的效果，技能学习并不扎实。

3. 师资和教材等软资源建设不到位

师资和教材可以称之为高尔夫体育课的软资源，两者也是相辅相成的，对高尔夫体育课上进行科学性教授和传导具有重要的作用，当前高校体育课的软资源建设还难以对高尔夫公体课的开展提供有效的支撑。从师资方面来看，因为高尔夫进入中国的时间还比较短，高尔夫专业教育也还没有系统的建立起来，所以科班出身的高尔夫任课老师非常少，大多是半路出家，由原来从事其他运动项目的老师兼任，通常是自学高尔夫或者参加短期培训班获得相关的专业知识和技能，但是毕竟没有接受过高尔夫系统教育，在高尔夫挥杆原理、挥杆教学方法、高尔夫规则与实践方面还缺乏系统全面的知识体系，高尔夫教学能力上有待进一步提高。部分高校会聘请校外练习场或球场的教练员进行授课，虽然这部分代课老师在高尔夫教学经验上丰富，可以很好进行技能教学，但是也有良莠不齐和教师管理不方便的问题，不利于高水平师资队伍的建设。从高尔夫教材资源来看，当前社会上的高尔夫的书籍并不少，包括很多翻译类的高尔夫技能书籍，但是针对高校高尔夫公共体育课这种大课形式的大学高尔夫教程的书籍较少，或者没有权威性。再就是高校开展高尔夫教学的条件大不相同，大多高校会依据本校开展高尔夫体育课的条件参考相关的高尔夫教材或者书籍，依据自己的经验自行制定高尔夫球体育课课程标准，这些课程标准和教材没有经过相关专家的评审和论证，难免闭门造车，缺乏科学性和系统性[①]。

4. 学生选课积极性与教学效果不理想的矛盾

高尔夫运动的独特魅力，即具有稀缺性以及时尚性，简言之，就是“高大上”，在开设高尔夫体育课的高校中，学生选修高尔夫体育课的热情相当高，甚至出现了排队抢课或者拼运气的现象，如厦门大学选课系统刚开通，高尔夫课程就秒满，首都经济贸易大学由于学习高尔夫的学生较多，选课人数大大高于课程容量，采用选课系统随机抽签的方式[②]，这些都说明了学生选修高尔夫体育课的积极性非常高，选课之前表现出对高尔夫课程浓厚的兴趣。但是实际的教学效果却不是很理想，通过一学期的教学，同学们对高尔夫还不是很了解，对高尔夫技术动作的掌握一般，其中大部分同学在课程结束时才能刚刚将球击打起来，更不用说可以打出距离和击球的稳定性。在上海开展高尔夫课程的高校中调查472名大学生，有49.16%的学生对于学习高尔夫课程总体效果满意度表示不满意，有31.78%的学生表示一般。[③]

最主要的原因是，所学内容与高尔夫运动本质的距离较远，上了高尔夫课，学了技术动作，却没有实践的条件，存在学了高尔夫运动却不知道高尔夫怎么玩的尴尬境地。单纯的技术教学，也没有体现出来高尔夫运动真正的育人价值，运动所提倡的“诚信、自律、礼让、尊重”的精神仅仅在技术教学中难以体现和熏陶，与开展这门课的初衷并不相吻合。

---

① 幺蕊：《普通高校高尔夫球体育课教学应把握的四个环节》，《湖北体育科技》2011年第7期。

② 束景丹：《高校开设高尔夫课程的可行性分析——以北京高校为例》，《北京体育大学学报》2009年第9期。

③ 李康、张洁、汤伊乐：《上海高校大学生高尔夫球运动发展模式研究》，《河北体育学院学报》2012年第7期。

四、高尔夫在高校开展的影响因素

1. 国人对高尔夫运动观念的转变

高尔夫运动在进入我国发展的初期，门槛高、消费高，往往被人们称之为“贵族运动”，有的更是将高尔夫运动等同于有钱人的运动，被定义为奢侈性运动，被贴上了并不是很光彩的标签，“高尔夫等同于精英教育”和“北大练习场建设风波”这些事件都反映了当时国人对高尔夫运动的观念，可以说最初高尔夫运动并不受国人的理解和认同。社会发展到当前，高尔夫运动在中国逐渐开展起来，尤其是高尔夫运动项目重返奥运会大家庭，我国女子球员冯珊珊获得奥运会女子高尔夫银牌以及梁文冲、李昊桐等球员在国际赛场的良好表现，高尔夫运动开始慢慢地被国人所理解和接受。2016 年 10 月 20 日，北京大学高尔夫球馆揭牌启用，虽然是室内馆，并不是 10 年前的室外练习场，但高尔夫与北京大学这样高等学府的再次结缘却再也没有引起 2007 年那样的社会轰动。社会在发展，时代在变化，国人对高尔夫的观念已经没有以前那么敏感，开始慢慢理解和接受这项运动，并有更多的人开始参与到这项运动中来。

2. 国家政策的影响

高尔夫这项运动可以说受国家政策关注比较多的运动项目之一，从 1999 年起，国家开始对高尔夫球运动产业出台了一系列限制性政策，高尔夫球场被列为限制用地。2004 年国务院 1 号文件要求地方各级政府暂停新建高尔夫球场项目，清理和规范已建、在建的高尔夫球场的运营。2006 年 4 月 1 日起，财政部和国家税务总局颁布新的消费税政策，取消高尔夫行业各种优惠政策，提高营业税率等。[①] 可以说，这些政策的出台让全国高尔夫行业进入了一个寒冬期，对高校开展高尔夫教育，发展高尔夫运动也会有很大的影响。国家政策当前在规范国内高尔夫球场，表面看大大限制了高尔夫运动的发展，但事物往往具有两面性，正是因为高尔夫运动在中国近 30 年的高速发展中出现了问题，经过这一次的整顿，保护了土地资源，遏制了高尔夫球场盲目建设的歪风，肃清了发展中的一些乱象，从长远看有利于高尔夫运动在中国的健康发展。

五、思考与建议

1. 在场地完善上积极开拓思路

高尔夫场地可以说是在高校中开展高尔夫运动教学的硬伤，高校高尔夫设施的简陋和短缺严重影响了高校高尔夫公体课的高效开展。目前，开设有高尔夫球公体课的高校当中，受到学校面积、资金投入等诸多因素限制，没有相对规范的高尔夫教学场所，大多高校通常采用租用社会上的球场或者练习场、修建简易打击笼等方式开展高尔夫体育课的教学活动。此外，可以积极开阔思路，高校可以结合自身条件进行场地的创新，在未来的规划和发展过程中可以在以下方面进行突破：(1)以 PPP 模式开展与校外企业的合作，高校可以利用校园的闲置地块，吸引社会投资，建造高尔夫练习场，与社会力量共同开发高尔夫练习场，白天时间段主要进行学生的高尔夫教学，而晚上时间段则对社会开放，从而

---

① 李军晶：《历年高尔夫相关政策摘要》，《中国地产市场》2011 年第 7 期。

促进场地的综合使用。(2)建造结合高尔夫练习场的综合运动馆,高尔夫练习场建在其他运动项目场馆背面,练习场搭建围网,场地可以与足球、棒球等项目共用,合理排课,避免场地的浪费。(3)结合现代化的设备,进行高尔夫室内模拟器教学,室内模拟器占地小,通过先进的设备和技术手段模拟出高尔夫球的飞行状况,还可以模拟球场、球道,可以在屏幕前实现下场的体验和实战,对完全没有场地条件的高校比较适用。(4)建议实在没有条件的高校至少建造高尔夫果岭或者利用足球场、田径场等场地条件模拟高尔夫果岭进行教学,毕竟高尔夫的很多精华和礼仪主要体现在果岭上。

拥有自有高尔夫练习场的高校,在进行挥杆教学的同时,可以利用练习场场地条件,设计短的高尔夫球道和球洞,创造条件还原高尔夫本质的运动形式。如厦门大学利用现有的练习场场地条件,结合初学者打不远、打不准的现状,设计 50～100 码左右的球道和增大球洞直径的方式,降低下场击球的技术难度,进行高尔夫的场下教学和实践,虽然较于正规的高尔夫球场,草地条件简陋、距离很短,但对于高尔夫课的实践教学具有很高的提升效果,是值得推广的方式。

除了在球场上寻求突破,还可以在教具上寻求创新,真正的高尔夫球是实心硬橡胶,打出去的球冲击力大,危险性较高,可以利用网球球软、球大的特点,在普通的田径场一端,放上打击垫,击打网球,创立“网球高尔夫”的概念,也可以开展接近高尔夫运动形式的高尔夫教学。

2. 明确课程定位,完善高尔夫体育课的课程设计

当前高尔夫课的教学内容和课程设计主要围绕高尔夫的技能开展教学,但高尔夫运动项目有其特殊性,就是所学技能与实践还有一段距离,与网球、羽毛球等运动项目相比,不能将所学技能立即呈现在场地实践上,所以学生对所学习的技能没有形成正确的概念,存在打得远的球就是好球的观念。另外,单纯的挥杆击球比较单调,高尔夫体育课存在着“三分钟热度”的现象,初上课情绪较高,随着课程的开展、挥杆难度的增加,教学内容比较单一,学生上课的积极性会随之降低,兴趣会越来越淡。同时,单纯的技能教学,也没有体现出来高尔夫运动真正的育人价值,高尔夫运动提倡的“诚信、自律、礼让、尊重”的精神仅仅在技能教学中难以体现。不能按照专业运动员的标准要求普通学生进行运动技能的学习,那会使大多数学生产生畏难情绪和挫折感,甚至厌学。① 为此,要明确高校高尔夫体育课的定位,并不是培养专业运动员,从注重动作规范程度、动作标准化积极调整,遵循球类运动的特点,重击球效果,创造条件让学生体验到这项运动的乐趣,提供给学生一种健身的方式,培养高尔夫运动兴趣。

3. 强化师资教材等软资源的建设

由于开展高尔夫公体课教学的高校的基础条件不一样,高尔夫专业教育也没有形成一个规范的体系,教学处于良莠不齐的杂乱状态,虽然存在就有其合理性,但为了规范高尔夫公体课的教学,急需在师资和教材上下功夫。为此可以在以下方面积极行动:(1)当前还没有大学生体育协会高尔夫分会,有条件的高校可以积极申请并促进高尔夫分会的成立,开展推动和规范国内高校高尔夫运动的相关活动与赛事。(2)定期开展高校之间的

① 季浏:《中国健康体育课程模式的思考与构建》,《北京体育大学学报》2015 年第 9 期。

交流与合作,就教学理念、教学内容、教学组织与实施、教学困惑与经验进行交流合作,实现资源共享。(3)定期开展高尔夫师资培训班,最好由中国大学生体协牵头主办的培训活动,邀请一些国内外有名的教练、高校教师或专家对高校教师进行培训,提高高尔夫教学水平,强化师资队伍建设。(4)狠抓教材建设,这方面可以由中国高球协会下的高尔夫高等教育教学与科研专业委员会牵头或者立项,组织高尔夫相关方面的专家学者,就高尔夫公体课教材,尤其是适用于高校大班性质的教材进行建设,形成有质量、有科学、有权威的大学高尔夫教材体系。

4. 发挥学生社团功效,促进课内外一体化

大学生体育社团是有着相同兴趣爱好的学生组织在一起,通过体育这个平台,开展相关的活动和赛事,学生社团是高校校园文化的有效载体,是高校体育第二课堂重要组成部分。在高校中要积极发挥高尔夫社团的作用,推动校园高尔夫的开展,具体可以从以下几个方面进行考虑:(1)有条件的高校鼓励成立高尔夫学生社团或者协会,并配备指导老师进行技能、规则礼仪等方面的指导,满足社团学生更深层次的高尔夫需求。(2)社团应充分举办高尔夫沙龙、高尔夫赛事观摩、高尔夫规则礼仪讲座、技能讲座等活动,扩大社团影响力,吸引更多的大学生参与高尔夫运动。(3)社团可以开展与校外企业合作或者高校高尔夫社团间的交流,举办不同类型的高尔夫赛事,搭建好切磋球技、以球会友的良好平台。

检验体育课教学效果的方式不在于学生体育成绩的高低,而在于学生离开课堂后还能回到练习场继续坚持运动和练习,以及在运动中所形成良好的体育素养,无疑高尔夫社团则成为学生课外参与高尔夫运动和活动的较佳平台。高尔夫社团拓展了高尔夫公体课活动的时间和空间,课内外并举的高尔夫活动的开展,可以促进具有共同爱好的学生持续的坚持锻炼,共同进步,利于促进学生养成良好的锻炼习惯,锻炼的成果有展示的舞台,形成良性循环。

六、结论

高尔夫运动是人文价值含量较高的运动之一,在高校中开设高尔夫公体课不仅发展丰富了体育课教学内容,满足学生日益多元化的体育课程需求,而且高尔夫的独特价值也有效地改变体育人文教育缺失的现状,是高校全面提升学生核心素养的有效手段之一。任何新生事物的产生和发展不会一帆风顺,其发展不能一蹴而就,当前高尔夫公体课教学尚属于起步阶段,难免存在着诸多现实问题需要去探索和克服。伴随着中国新时代的到来,经济的发展,社会的进步,人民群众需求的多样性,具有深厚历史底蕴和人文价值的高尔夫运动会逐渐得到发展和推广,在这过程中作为普及面最广的高校高尔夫公共体育课必然“有可为,且可有大为”。

普通高校公共体育课程建设“六化合一”模式研究

——以厦门大学为例

曾秀端*

摘要：采用文献法、个案法、逻辑法等研究方法，以厦门大学为例，从六个专业化发展角度出发，结合校情与地域优势对我校公共体育课程建设进行一体化整合，提出“六化合一”模式，概括总结其特色与经验，以期使高校公共体育课程建设更好地为学校培养高素质研究型人才服务，同时也给其他高校公共体育课程建设提供一定的借鉴与参考。研究结果表明：(1)纵观十几年来我校公共体育课程建设的历程，始终围绕着课程建设促进学生身心健康的宗旨，遵循体育教育发展规律，结合校情与地域优势，把高校体育课程建设做出水平、做出特色，为学生身心健康和谐发展服务。(2)“六化合一”模式的高校公共体育课程建设特点：①课程理念时代化：确立与新时代高等教育相一致的课程理念，以健康为指导将体育理论与运动实践相互融合，帮助学生增强体质，树立健康意识，掌握维护健康的知识与技能，养成健康参与体育锻炼的习惯，促进学生身心全面发展。②课程模式一体化：做到课内课外一体化、线上线下一体化、体医融合一体化，充分发挥体育运动健体育智育心的功效。③课程设置个性化：经过十几年体育课程建设的改革与发展，形成了球类、操舞类、武术类、户外拓展类、水上项目、体育养生等系列课程，门数达到52门，打造丰富多彩的“体育课程超市”；特色课程开设丰富了体育的内涵，挖掘体育的强大功能，让学生学习于课堂，服务于社会，愉悦于身心。④课程考核规范化：考核内容包括专项成绩、身体素质、课堂表现三部分。⑤师资队伍多元化：我校体育师资队伍建设以在编为主、外聘为辅的多元组合形式，以多渠道、多元化的方式补充师资力量，构架起传承有序的师资梯队。⑥教材建设信息化：随着信息化时代的发展，在编写教材上不仅注重内容质量，而且将体育课程专项技术动作拍成教学视频并生成二维码，便于学习与传播。

关键词：体育课程建设；六化合一模式；公共体育；普通高校

2018年9月10日，习近平总书记在全国教育大会上重要讲话中指出：“树立健康第一的教育理念，开齐开足体育课，帮助学生在体育锻炼中享受乐趣、增强体质、健全人格、锤炼意志。”[①]体育课程建设是高校教育教学改革的重要组成部分之一，它对高校教育和人才培养质量有着举足轻重的影响。大学体育课程是一门可操作性较强的实践类课程，决定了它在培养大学生德智体美劳五育全面发展的过程中具备一定的特殊性。因此，本文在

---

* 曾秀端，女，福建省厦门市，厦门大学体育教学部副教授，主要研究方向为高校体育教学与健康养生。

① 《习近平出席全国教育大会并发表重要讲话》，http://www.gov.cn/xinwen/2018-09/10/content_5320835.htm，访问日期：2020年9月15日。

纵观十几年来我校体育课程建设历程的基础上，以增进学生身心健康的宗旨，遵循高校体育教育的发展规律，从六个专业化发展角度出发，结合校情与地域优势，对高校公共体育课程建设进行一体化整合，提出“六化合一”模式，并概括总结其特色与经验，以期使体育课程建设更好地为厦门大学培养高素质研究型人才服务，同时也为其他高校公共体育课程建设提供参考与借鉴。

一、研究方法

1. 文献法

通过查阅与高校公共体育课程建设相关的书籍、文献及国家政策文件，对其进行整理分析，为本研究提供思路和理论基础。

2. 个案法

以厦门大学为个案，对高校公共体育课程建设进行整合研究。

3. 逻辑法

运用逻辑分析法对高校公共体育课程建设模式进行深入分析。

二、结果与分析

1. 课程理念时代化

一直以来，在全面贯彻党的教育方针，按照《国家中长期教育改革和发展规划纲要(2010—2020 年)》和《“健康中国 2030”规划纲要》的部署和要求，体育教学部不断改变思想，更新观念，创新形式，完善制度，全方位、多途径、多形式开展我校体育教学改革，确立了与新时代高等教育发展相一致的体育课程理念：一是构建“以人为本，健康第一”的体育课程体系；二是将运动参与、运动技能、身体健康、心理健康、社会适应五个体育课程领域目标真正落实到运动实践中，注重学生身心和谐发展，让学生真正体验流汗的欢畅，享受运动的快乐；三是注重培养学生的体育兴趣，在大学期间掌握一至两项运动技能，进而培养终生体育意识。

2. 课程模式一体化

目前，我校体育课程模式建设力争做到课内课外一体化、线上线下一体化、体医融合一体化、学生身体心理和谐化，充分发挥体育运动健身育智育心的功效。

(1)课内课外一体化

在体育课程模式建设过程中，我们坚持课内教学与课外锻炼相结合，让更多的学生走出教室，走向操场。首先，全面改革全校运动会，弱化竞技性较强的运动项目，增设群众性广、趣味性浓的运动项目，且每个项目成绩录取前 50 名，极大地推动了全校性群体活动的开展。其次，大力开展学生体育社团，目前我校社团数量有 30 多个，社团成员高达 4000 多人，年均开展全校性体育赛事在 20 场左右，每年吸引上万名学生参加，深受广大师生好评。最后，推行“阳光体育”课外锻炼，与课内教学评价一体化，大大增强了学生参加体育锻炼的热情，促进学生体质健康。

(2)线上线下一体化

在体育课程建设方面，我们不仅注重线下教学的质量，同时也注重建设网络平台，精品课程、课程中心平台、一流本科课程的建设有力地推动了体育课程网络教学平台的建设和教学质量的提高。首先，为了适应信息化社会发展和学校教学改革的需求，我们打造了一批过硬的精品课程，“民族传统体育课程”2005 年被评为校级精品课程，2009 年被评为省级精品课程；“形体塑造与健身系列课程”、“现代小球课程”、“户外拓展训练课程”以及“游泳”等四个系列课程 2008 年被评为校级精品课程。其次，为促进学生开展自主性、实践性、探索性学习，推进信息技术与教育教学的深度融合，学校 2016 年启动实施“本科生全部课程上网工程”，体育课程上网为学生课前课后自主学习与锻炼提供了交流互动平台，促使体育课线上线下教学相长。最后，为全面提升课程教学质量，打造线下“金课”和线上线下混合式“金课”，2019 年学校启动了一流本科课程建设计划，体育部已经申请了量批校级一流本科课程建设，共计 19 门。

(3)体医融合一体化

2008 年我们成立了“厦门大学体质健康测试中心”，专门负责全校学生体质健康测试工作。2018 年，我们与学校医科建设与管理办公室、学校附属医院、医学院、公共卫生学院、信息学院等单位联合成立了“厦门大学体医融合师生健康促进中心”，中心的宗旨：一是针对康复保健班学生，结合学生具体的医学特征开设健康、安全、有效的体育课程；二是针对过胖、过瘦等身体形态不标准的学生开展体质训练营，开具运动处方，以运动方式改善行为方法，增强体质健康；三是制定增强在校大学生体质的长效机制，通过体质健康测试收集师生健康大数据，建立师生个人健康管理档案平台，为全校师生健康服务。

3. 课程设置个性化

近年来，体育部围绕学校培养德智体美劳全面发展的人才需求，不断修订和完善体育课程教学大纲和教学计划，不断拓展课程内容。目前，我校的体育课程基本涵盖了竞技体育、休闲体育、时尚体育、民族传统体育等各个领域，形成了大球类、小球类、操舞类、户外拓展类、水上项目、民族传统体育等系列课程，构建了一个体现时代性、教育性、发展性、实用性、多样性、民族性等有特色的现代大学体育课程体系。

(1)课程门类多样化

“敢为人先，勇于创新”是我校体育课程设置的一大特色。2005—2020 年，我校新开设体育课程 22 门，其中攀树运动、橄榄球、潜水、帆船、赛艇、皮划艇、击剑、三边足球、桨板、动感单车等项目在全国高校中独树一帜，受到各级新闻媒体多次采访报道，在全国产生了较大影响力。目前，我校体育课程门数达到 52 门，居全国同类高校前列，打造了更加丰富多彩的“体育课程超市”。实践证明，多样化的体育课程门类和不断创新与改革的体育教学能激发学生参与体育锻炼，养成运动习惯，推动我校学生体质健康水平不断提升，近 6 年来我校学生体质总体及格率从 74%提高到 95%，优良率也从 23%提升到 32%，仍需继续努力。

(2)课程设置特色化

我校本科生必须修满 4 个体育学分方可毕业，为了使学生获取体育学分的途径更加多样化、个性化，鼓励有运动特长的学生坚持锻炼身体，从 2009 年开始，我校根据地域优势设置了“马拉松”和“游泳”两个特色学分；从 2011 级新生开始，又将游泳列为每个本科生的体育必修学分。特色课程开设丰富了体育的内涵，挖掘出体育的强大功能，让学生学习于课堂，服务于社会，愉悦于身心。如野外生存、定向越野、拓展训练、攀树运动在强台风过后积极为救助与重建所做出的重大贡献得到了社会各界的好评；帆船、潜水和皮划艇、桨板课为我校海上出海考察的学院提供了实践保障；学会游泳让学生掌握了一项生存技能；接轨国际赛事的马拉松课程，让学生体验了征服自己的成就感，爱上了跑步；高雅的贵族运动——高尔夫球，让学生体验并享受了运动的优雅；民族传统课程让学生感受到了中华民族体育的韵味和精髓……

4. 课程考核规范化

我校学生可在大学四年里任何一个学期“三自主”选修体育课，规定从 2011 级本科生开始，4 个体育学分中必须有 1 个游泳学分。体育课教学采用集中分班分项目授课的形式，大部分项目分基础班和提高班。体育课每学期考核以百分制计算成绩，除生病住院或出国在外可申请缓考（游泳课均可申请缓考），学期考核不合格的学生必须重修；学生缺课三分之一以上者（含三分之一），不予评定体育课成绩，一律重修。学生每学期体育课程的考核项目和评分标准是根据教育部《全国普通高等学校体育课程教学指导纲要》和《国家学生体质健康标准（2014 年新修订）》的要求结合我校具体情况制定的；考核内容包括专项成绩、身体素质、课堂表现三部分。为了增强学生体质，增进学生健康，我校体育课教学规定学生的耐力项目达不到学生体测中规定的及格标准，那学期体育课成绩最高为 59 分。

5. 师资队伍多元化

目前，我校拥有一支朝气蓬勃、技术精湛、团结合作、年轻有为的高学历、高水平、高素质的教师队伍，在配合学校培养高素质的德智体美劳全面发展的研究型人才过程中发挥着极为重要的作用。近几年来，我校体育师资队伍建设都以在编为主、外聘为辅的多元组合形式，共同承担着全校体育课教学、群体竞赛活动、高水平运动队训练等各项学校体育工作。在师资队伍建设规划上，一是通过教学改革和课程体系的优化，合理制定教师岗位和工作量。二是广纳贤才，重点引进专业带头人、名师、骨干教师，优化教师队伍结构。三是建立和完善教师培养培训制度，鼓励教师积极提高自身能力，注重师资队伍整体素质的提高，特别是在学历结构上，截至 2020 年，博士研究生已经达到 13 人，在读 4 人，且已获硕士及以上学位的人数占专任教师总数的 95%，高学历比例显著提高。职称上，教授 4 人，副教授 25 人，高职称比例占专任教师总数的 54%；国际级裁判 5 人，国家级裁判 11 人。多年来，我们所有的教授、副教授为本科生授课率一直保持在 100%，从每学年学生评教结果看，体育课深受学生欢迎，连续几年教学测评分数稳居全校第一。

6. 教材建设信息化

2020 年 10 月 15 日，中共中央办公厅、国务院办公厅印发《关于全面加强和改进新时代学校体育工作的意见》中明确指出：“学校体育教材体系建设要扎根中国、融通中外，充分体现思想性、教育性、创新性、实践性……围绕课程目标和运动项目特点，精选教学素材，丰富教学资源。”教材是体育教师课堂教学活动的一个重要组成部分，2007 年体育部林建华教授等学者主编出版了普通高等学校公共体育课程教材《现代大学体育教程》，作为当时我校体育课程教学的重要参考教材。2018 年体育部组织本单位各门课程组组长编写出版了厦门大学本科教材资助项目《大学体育》，主要包含水上项目、户外冒险、球类、武术类、操舞类、体育养生六大类运动 35 门体育课程。2019 年，体育部再度联合医学院、附属医院，在2018年版本基础上增加了体育与健康的相关理论，同时将35门课程的运动动作拍成教学视频并生成二维码，学生通过手机扫描即可清晰地观看任课教师的技术动作视频，既直观又明了，学生课前课后学习起来更轻松，信息化的《大学体育与健康教程》受到学生的广泛好评。

三、结论与建议

纵观十几年来我校公共体育课程建设的历程，始终围绕着课程建设促进学生身心健康的宗旨，遵循高校教育和学校体育教育的发展规律，结合校情与地域优势，切切实实把我校体育课程建设做出水平、做出特色、做出精彩，为学生身心健康服务，为我校“双一流”大学培养“五育并举”的研究型人才服务。

高校公共体育课程建设“六化合一”模式即课程理念时代化、课程模式一体化、课程设置个性化、课程考核规范化、师资队伍多元化、教材建设信息化。

高校公共体育课程建设是高校提高整体体育教学水平和人才培养质量的重要举措，它涉及体育师资队伍、体育教学资源、体育教学方法与手段、体育教学管理等诸多方面，是一项整体性体育教学改革和建设的系统工程，我们必须紧跟时代步伐，全面认识，深刻理解，这样才能以更高的水平、更加清晰的思路来建设体育课程，从而更好地发挥高校公共课程建设对“五育并举”全面发展的高素质研究型人才培养的重要作用。

大学游泳教学改革探析

翁兴和　曹　瑾*

摘要：由于游泳的特殊性，只有学会了游泳才能进行健身锻炼，只有不断提高游泳技术水平才能更好地掌握自救和拯救溺水者的本领。厦门大学游泳课以“健康第一、终身体育”为指导思想，2009 年规定为我校的特色体育学分，从 2011 级新生开始，游泳为我校学生的必修体育学分，学生要又快又好地掌握游泳技术对体育教师的游泳教学技能提出了挑战，在此基础上，经过 5 年不断的游泳教学改革与实践，教学质量取得了很大的突破，学生不仅在游泳距离上有很大的进步，而且游泳动作技术水平也有了质的飞跃，每年的达标及格率越来越高。

关键词：游泳课；教学改革；教学实践；大学

大学体育是学校体育与社会体育的连接点，也是形成终身体育习惯的关键环节。游泳是在水的特殊环境中进行的一种运动，它在生产建设、军事和人们的日常生活中都具有很高的实用价值。它不仅是适合男女老少进行锻炼的项目，也是一种有效的体育医疗手段。由于游泳的特殊性，只有学会了游泳才能进行健身锻炼，只有不断提高游泳技术水平才能更好地掌握自救和拯救溺水者的本领。厦门大学游泳课以“健康第一、终身体育”为指导思想，确立了让更多学生掌握游泳技能为教学目标，经过 5 年不断的教学改革和实践，教学质量取得了很大的突破。不仅学生的达标人数有了很大的提高，而且学生的游泳距离和动作技术水平都有了质的飞跃。本文论述了 5 年来厦门大学在游泳课所做的教学改革和实践，希望能对兄弟院校的游泳课教学有所帮助。

一、游泳教学改革对比

笔者随意抽取了厦门大学 2013 年、2015 年和 2017 年各 5 个本科生游泳教学班作为比较（如表 1）：2015 年的学生游泳达标人数比 2013 年的几乎高一倍，游泳达标率也从 2013 年的 60.2％提高到 2015 年的 81.3％，2015 年与 2017 年的游泳达标率也有所增长，从 2015 年的 81.3％提高到 2017 年的 90.7％。厦门大学游泳教学经过 5 年的改革历程，教学效果取得了质的飞跃。

---

* 翁兴和，厦门大学体育教学部副教授，研究方向为体育教学与训练。曹瑾，嘉庚学院体育教学部讲师，研究方向为民族传统体育。

表 1　厦门大学 2013 年、2015 年、2017 年各 5 个游泳教学班教学效果比较

项目	2013 年	2015 年	2017 年
达标要求	男 50 米，女 25 米 （不限泳姿）	男 100 米，女 50 米 （蛙泳）	男 100 米，女 50 米 （蛙泳）
达标人数	97	122	136
总人数	161	150	150
达标率	60.2%	81.3%	90.7%

二、游泳教学改革进程分析

理论指导实践，实践是检验真理的唯一标准，厦门大学的游泳教学改革正是以游泳教学理论为指导，在教学实践中不断探索游泳的教学规律，并结合厦门大学现有的教学资源，形成自己独特的游泳教学模式。

1. 发现游泳教学存在的主要问题

经过 2013 年和 2014 年的游泳教学实践，发现教学效果不尽如人意。随意抽取 5 个游泳教学班进行统计，在达标要求为男生 50 米、女生 25 米（不限泳姿）的情况下，学生的达标率只有 60.2%。与 2013 级和 2014 级部分学生进行座谈，组织了 3 次游泳骨干教师教学研讨会，经过深入的调查和分析，总结出以下几个主要问题：

（1）总体师资队伍游泳教学水平参差不齐。由于要求每个教师都得上游泳课，而游泳专项的教师比较少，甚至有些教师自己才刚学会游泳不久，许多教师本身的游泳技术水平相对较差，而且缺乏游泳教学的理论和方法。

（2）游泳教学时数足够，但安排上过于分散，导致教学缺乏连续性。游泳受季节的影响，把 24 个学时分配到第一、三学期的九月初和第二、四学期的六月末进行教授，破坏了游泳教学应集中教授较的特点。很多研究表明，根据游泳项目的特点，进行集中、连续性的教学效果比分散、断断续续的教学效果要明显好。

（3）教学目标不够明确。虽然有强调游泳教学很重要，但教学目标低，学生只要求男生能游 50 米、女生 25 米（不限游姿），并且如果游不到也没关系，只把游泳教学当作体育课程内容的一部分，这样学生和教师都缺少了目标。

2. 专门成立游泳教学小组，并强化提高小组成员的游泳技术水平与教学理论方法

教师本身的游泳技术和教学水平对游泳教学质量有着直接的影响。我校游泳专项的教师只有 2 名，为了保证有一个过硬的游泳教学师资队伍，在单位中挑选了总共 10 位教师成立游泳教学小组，专门负责我校的游泳教学任务。针对教师游泳专项业务目标，在暑假，用了 3 周的时间对游泳教学小组进行游泳教法研究和游泳技术及安全救生知识的强化培训。在游泳教学过程期间，坚持每周一次集体业务学习，为提高游泳教学质量提供了可靠的保证。

3. 顺应学校课程改革，在第三学期开设游泳课程

根据学校设置的三学期制特点，把游泳课程安排在第三学期。由于第三学期比较短，大约在每年 6 月中旬到 7 月底，有 5～6 周的时间，把游泳课设在小学期是非常适合的。根

据厦门的气候特点,在这期间的水温、气温等是最适合学游泳的。在小学期里安排5周的游泳课,每周2次课,即4个学时,游泳课总共有20个学时。教学内容就是只教授蛙泳,这样,学生在5周10次课内掌握一种泳式(蛙泳)就比较容易了。一是学生有足够的时间理解并掌握课上老师教的内容,课内掌握不好的,在课外还有充足的时间进行练习。二是课程时间的安排相对比较集中,抓住了要想快速掌握好游泳运动技术就得在短时间期内多加练习的特点,克服了以往在每个学期只上3周(每周1次)的游泳课,整个游泳教学时间跨度漫长的缺点。

4. 制定合理的教学目标

以"健康第一、终身体育"为指导思想,确立了让不会游泳的学生掌握蛙泳,且男生能游100米、女生能游50米为教学目标。在没实施游泳教学改革之前,我校的游泳课教学目标不明确,只是说要让学生掌握好游泳运动技术,教学目标太泛,老师在教和学生在学的过程中都没有明确的目标。以"让不会游泳的学生掌握蛙泳,且男生能游100米、女生能游50米"为教学目标,就是明确了已经会游泳的学生不必再去选修游泳课,要把这课程资源让给不会游泳的学生,明确了第三学期的游泳课只教授比较实用的蛙泳技术,明确了男女学生学完游泳课后游泳技能应该达到的具体目标。

5. 游泳教学方法的改革与创新

构建了"先集中后分层程序式"的教学方法。把整个的蛙泳教学分为四个步骤,第一步是熟悉水性和呼吸的教学,第二步是蛙泳腿部技术的教学,第三步是蛙泳手臂技术教学,第四步是蛙泳配合技术教学。在教学过程中,以4个班为团体,在第一、二次课中各班教师进行各自独立的集中式教学,教学内容为熟悉水性和呼吸。从第三次课开始分层教学,熟悉水性和呼吸技术没过关的学生由一位教师负责教授,过关的学生由其他3位教师负责开始教授蛙泳腿部技术,等学习腿部技术的学生出现分化后又进行分层教学,腿部技术没过关的学生继续留下学习,过关了的学生则进行下一步骤(手臂技术)的学习。这样每个学生必须掌握了前一步骤的动作技术才能进行下一步骤的学习,整个学习过程实行程序化。

经过教学实验,与传统的教学方法(各班按教学大纲独立进行教学)进行比较,整个教学效果非常显著。男生用蛙泳能持续游进100米,女生能持续游进50米为达标,反之则为不达标。用传统教学方法进行教学的达标率为78.63%,而用"先集中后分层程序式"的教学方法进行教学的达标率为90.83%。运用SPSS 19.0经卡方检验,卡方为11.666,P值为0.001,即$P<0.01$,可以认为两种不同教学方法的教学效果存在非常显著性差异(见表2、表3),说明新教学方法非常适合游泳项目教学,值得推广运用。

表2 两种教学方法教学效果比较

教学方法	班级	达标人数	不达标人数	班级人数	总达标率
"先集中后分层程序式"教学方法	新1班	28	2	30	
	新2班	27	3	30	
	新3班	26	4	30	
	新4班	28	2	30	
	总人数	109	11	120	90.83%

续表

教学方法	班级	达标人数	不达标人数	班级人数	总达标率
传统的教学方法	传统1班	24	7	31	
	传统2班	22	6	28	
	传统3班	22	5	27	
	传统4班	24	7	31	
	总人数	92	25	117	78.63%

表3 卡方检验

	值	df	渐进 Sig.（双侧）	精确 Sig.（双侧）	精确 Sig.（单侧）
Pearson 卡方	11.666[a]	1	.001		
连续校正[b]	10.434	1	.001		
似然比	12.172	1	.000		
Fisher 的精确检验				.001	.001
有效案例中的 N	237				

注：a. 0 单元格(.0%)的期望计数少于 5。最小期望计数为 16.78。b.仅对 2x2 表计算

6. 利用大学校园网络，开展网络游泳教学

随着多媒体现代教学手段的广泛应用，网络技术的发展极大地拓展了教学的时空界限，使教师的教和学生的学可以不受时空的限制，与传统教学方式形成很好的互补作用。广泛的研究和实例证明，在体育教学中应用网络教学资源，能够提高教学效率、丰富教学内容，弥补教师精力的不足。

以厦门大学的校园网络为平台，建立游泳课的网络教学。游泳教学中一些复杂的动作技术，通过教师的讲解、示范，学生经过思考与动作练习，要想建立动作概念和形成动力定型则需要较长时间，而且，学生在练习过程中缺乏生动性和对局部细节的深化理解，容易出现对知识和技术的理解偏差，教师往往需要花费大量实践进行纠正和指导。运用网络游泳教学，通过视频技术演播某一知识体系和技术过程，采用多媒体动画形式表现出来，展示完整的快慢过程，从而加深学生的感性认识，使学生的认知过程从感性上升到理性。学生在教师的指导和网络技术辅助下，清晰认识了游泳技术的特点，学生正是通过“实践→认识→再实践→再认识”的过程，很好地完成对所学知识的掌握。

由于网络技术的介入教学因素之中，教师和学生之间的交流联系更加广泛，网络技术教学使学生还可以突破时间和空间的限制，更具自主性和能动性地接收来自网络中的有关课程内容的知识，而且这些信息内容非常丰富、生动。这样，学生通过网络建立课后与教师的固定联系，对每节课的学习内容可以反复观看影像分析、细节和难点解答，从而形成了网络技术下的师生互动的学习过程。

三、结论

厦门大学通过5年的游泳教学改革与实践,取得了很大的成就,游泳达标率从2013年的60.2%提高到2015年的81.3%,又从2015年的81.3%提高到2017年的90.7%。游泳教学改革途径主要是通过加强教学师资力量建设、制定合理的课程时间安排、制定合理的教学目标、游泳教学方法的创新和校园游泳网络教学的开发。

实验广告学及其学科地位

王　霏　赵美玲*

摘要：广告实践有很长的过去，但广告研究只有很短的历史。广告研究受到美学、心理学、传播学等多个学科的影响，研究手段和主题多样。但也正是因为研究方法的不确定性，所以导致了广告学科地位受到质疑、广告发展逡巡不前。针对于此，厦门大学新闻传播学院提出了对应的解决之道——建立实验广告学。实验广告学可以凭借科学的实证研究探究不同变量之间的因果关系，促进广告理论研究，检验广告学中发现的理论与事实，以便获得普适性的结论，可以说是整个广告学知识谱系中不可分割的一部分，是广告学研究和学习的基石。

关键词：实验法；广告研究；科学方法；学科地位

广告学是一门年轻的学科，也是一门综合性学科，受到美学、心理学、经济学、社会学、营销学等诸多学科的影响①，因而注定了其理论与研究手段来源驳杂，彼此交叉。在国内外教育教学实践中，广告学通常被纳入传播学范畴，也自然讲授及使用传播学所提倡的各种研究方法。在多个学科的综合影响下，广告研究的发展也有赖于其他学科的深度发展。然而，在其来源学科都在高速发展的同时，广告研究却没有同步发展，究其原因，正是由于这种驳杂的来源，广告研究的主题非常宽泛，并且所使用的研究方法也纷繁复杂，学科内部缺乏交流对话的基础，更无法以整体的面貌向外界展示和沟通。结果就是，广告学的学术地位也经常受到外部质疑，甚至在广告学研究的学术共同体(community)内部，采用哪些研究方法也未达成共识。因而，广告学的学科地位受到了严重的质疑。科学研究方法的引入可以使纷杂的主题统一起来，不但使不同分支有了对话的基础，而且为理论发展、实践指导和科学管理提供必要的工具。因此，引入科学研究方法成为目前广告学发展的迫切需求。而在科学研究方法的选择上，实验法又理应成为框架基础的那一个。

一、实验法的应用

广告实践是科学与艺术的结合，要研究广告中科学的部分，就需要引入科学的研究方法，尤其是实验法。所幸的是，对于实验法，我们不需要另起炉灶，独自创造一套新的手段与规则。实验法本身已经相对完备与成熟，并以心理学实验为起点，向社会科学研究逐步

* 王霏，厦门大学新闻传播学院副教授，主要研究课题为品牌、消费者心理和风险传播。赵美玲，厦门大学新闻传播学院硕士，研究方向为广告效果。

① 陈培爱：《广告学概论》，高等教育出版社2014年版。

辐射与渗透。以实验法为代表的研究方法对于许多独立的社会科学门类来说，已经是必不可少的基础和组成部分。传统学科如物理、化学自不用说，就连 1879 年才确立学科地位的心理学，由于科学研究方法特别是实验法的引入，分支领域繁杂的学科统一在科学方法的大旗之下[①]，得以繁荣发展，甚至可以说，实验心理学的确立才使心理学成为一门独立的学科[②]。实验法对非实验传统的学科也多有渗透，实验法与这些学科相结合产生了以"实验某某学"命名的新方向，比如实验伦理学，即采用科学的实验理论和方法来探索伦理问题，特别是道德行为的心理机制，情境、社会和文化的制约因素及其影响和对策等[③]；再如实验经济学，萨缪尔森曾经认为，经济学是无法进行主动受控实验操纵现象的，只能像天文学家那样被动等待现象发生了再进行观察[④]。不久之后，萨缪尔森承认实验经济学是一项令人兴奋的进展[⑤]。甚至，被认为最不可能被实验法所征服的、充满智慧思辨的哲学也出现了实验哲学[⑥]，比如大量的对所谓自由意志的研究。实验法的深刻介入使这些学科获得了崭新的强劲动力，焕发出勃勃生机。那么同样，我们想要广告学的理论和实践进一步发展，将实验法引入到广告学中成为一种可以采取且应当采取的措施。

实际上，零星地使用实验法去研究广告的现象在广告学界早已存在，也不乏使用实验法的优秀范例，比如关璐和张曼玲利用自然实验法对密闭空间和自然空间的传播效果进行对比分析[⑦]；喻国明等人利用眼动仪测量受众的视觉注意并建构理论模型[⑧]。但是这些零星的研究如萤虫之火，分散而微弱，实验法的使用仅仅处于自发阶段，实验法还远不是广告学研究中主流的研究方法。当前使用实验法的广告学研究还比较初步，仅仅聚焦部分研究设计类型，而另外一些在其他学科中早已司空见惯的设计类型和技术手段在广告研究中尚不多见，这样就出现了某个实验设计纲领之下，在现实中没有广告学研究作为对应实际研究案例填充的尴尬。由此，建立实验广告学，并使得实验法成为广告研究领域中的主流研究方法，正是本门课程倾心争取之所在。

二、科学的研究方法在广告研究中面临的挑战

在广告学科中，理论与研究方法多从其他学科特别是从心理学的移植得来的，虽然这意味着广告学研究的源头至少部分地根植于科学研究方法中，但远非稳定的传统。广告学研究人员来源于多个学科，未必都受过科学方法的训练，对科学研究方法存在一些似是

---

① Stanovich, K. E. *How to Think Straight about Psychology*，人民邮电出版社 2017 年版。

② 朱滢：《实验心理学》，北京大学出版社 2000 年版。

③ 彭凯平、喻丰、柏阳：《实验伦理学：研究、贡献与挑战》，《中国社会科学》2011 年第 6 期。

④ Samuelson, P., Nordhaus, W. *Principles of Economics* (12 ed.). New York: McCraw-Hill Education, 1985.

⑤ Samuelson, P., Nordhaus, W. *Principles of Economics* (14 ed.). New York: McCraw-Hill Education, 1992.

⑥ Appiah, K. A. Experimental Philosophy. *Experimental Ethics: Toward an Empirical Moral Philosophy*, 2014, 7-25. doi:10.1057/9781137409805.

⑦ 关璐、张曼玲：《密闭空间的传播优势分析》，《新闻界》2010 年第 2 期。

⑧ 喻国明：《电视广告视觉注意模型建构基于眼动实验的研究》，《国际新闻界》2013 年第 6 期。

而非的误解和批评。

（一）科学研究方法不能解决广告学所有问题，并且很多现象也难以应用实证研究

广告学是一门综合性学科，不仅涉及效果是否存在（“真假”）的问题，还可能涉及广告设计是否具有艺术性（“美丑”）以及广告活动是否符合法律规定和道德要求（“善恶”）等问题。科学研究方法的确不能解决广告学所涉及的所有问题，涉及“美丑”的问题可以借鉴美学的研究方法解决，涉及“善恶”的问题可以借鉴伦理学的研究方法解决，而凡是涉及“真假”的问题，科学研究方法都可以加以解决。

也有人认为，即使对于“真假”问题，实验法也不足以解决某些问题，因而引入科学的研究方法是无益的。这种看法没有认识到科学研究是一个渐进的过程，包括科学研究方法的演化也遵循同样的规律。对于某些具体问题，可能一时缺乏相应的研究手段，但不意味着科学研究方法永远不能解决该类问题。其中，有些问题不需要研究方法多大的改变，仅仅需要技术的进步甚至设备的更新换代就足以解决该问题。比如，以前，要了解一则广告或品牌刺激对消费者的头脑产生了什么样的影响，通常需要消费者安静地躺在脑磁成像（magnetoencephalography）设备里，以便扫描大脑的脑区。而这样的设备严格要求限制身体和头部运动，此外还有诸多限制，现在可以移动的脑磁设备被发明出来[①]，摆脱了这些限制，研究应用范围和适用人群更广泛。当然，还有一些问题，不是简单的技术进步就能成功解决的，不过，随着学科融合，不同学科背景的人深入合作，新的研究方法被引入或发展，有些原来看起来无法解决的问题最终会得以圆满解决。比如，历史学家怀疑美国国父杰斐逊（Thomas Jefferson，1743—1826）与他的一名黑奴私通后育有后代，这样的争议在基因相关理论和技术发展出来之前难以解决。到了1998年，该争议被基因技术所解决[②]。

（二）实证研究的结果不过是常识而已，既然通过经验就可以得出常识，何必花人力、财力和精力去研究它们

不可否认的是，广告业界甚至学界的某些研究者，仍然倾向于倚重个人经验进行广告实践或者总结规律，甚至有人认为这样的经验总结更贴近现实，更靠近真理。然而，不计其数的研究已经发现，依赖经验总结的常识经常是错误的，至少是不可靠的。这一点，传播学鼻祖之一的拉扎斯菲尔德甚至早在1949年就已经给出了明确的例证[③]，例如，人们往往认为：①受过良好教育的士兵比教育水平低的士兵更难以适应军队环境，学校教育环境单一，哪如“社会大学”环境复杂；②南方士兵比北方士兵更适应炎热的气候；③多年的压迫造成成就动机减弱，黑人士兵与白人士兵相比，不那么热衷晋升。然而，上述每一条常识都与事实相反。经验的鲜活性、模糊性和诠释的灵活性等与生俱来的缺陷导致个人的

① Boto, et al. Moving Magnetoencephalography towards Real-world Applications with a Wearable System. *Nature*., 2018, doi: 10.1038/nature26147

② Stanovich, K. E. *How to Think Straight about Psychology*，人民邮电出版社2017年版。

③ Lazarsfeld, P. F. The American Solidier—An Expository Review. *Public Opinion Quarterly*, 1949, 13(3), 377-404.

经验总结是不可靠的[①],更糟糕的是,人类总结经验所依赖的认知加工过程——从感知到问题解决等一系列认知活动——都充满了偏差和错误。另外,常识经常是矛盾的,对于同一现象,不同观察者可能有不同的经验,甚至同一观察者在不同状态下也会产生不同的经验,这些经验常常是互相抵牾的,观察者之间莫衷一是,因而,依赖常识不能推进广告学的发展与繁荣,使用科学研究方法才可能去伪存真。

实际上,广告学研究经过若干年的发展,已经逐步走上了抛弃个人经验思辨,使用科学研究方法对自己的理论进行检验的道路。目前,许多广告学理论早已超过了常识所能触及的范围。但人们为什么仍然认为实证结果不过是常识呢?其实,这种现象源于人类的一种被称为事后聪明(hindsight bias)的认知偏差,即我们的记忆系统会自动更新过期的认识,将已经发生的事情看作是不可避免和显而易见的,有意无意地忽视自己后来的判断已经受到了已知结果的影响[②]。当然,这种现象也可以用常识"事后诸葛亮"来描述——这个常识也已经通过了科学方法的检验[③]。

(三)科学研究方法只能验证广告短期的效果,对于长期效果无能为力,或者,只能检验广告对个体的影响,无法研究对社会的影响

首先,应该明确的是,无论长期效果还是短期效果,无论对个体受众的影响还是对社会层面的影响都是值得研究的问题。一个研究问题的价值取决于该问题本身,而不是根据研究效果是长期、短期还是个人、社会等来区分优劣。实际上,无论长期还是短期效果,科学研究方法都擅长解决,媒体暴力对受众的影响即是一例。关于媒体上展现暴力情节与受众暴力思想和行为的关系一直以来争论不休,为此,不计其数的研究人员使用各类科学研究方法对此进行了广泛而精心的研究,其中不乏追踪儿童长达数十年研究案例,例如,有发现 8 岁时的暴力接触情况能够预测其 19 岁的攻击行为甚至 30 岁时因罪入狱的可能性,还有研究发现 8 岁时观看暴力电视最多的前 20%的人,15 年后家庭暴力可能性更高。也正是通过系统的科学研究,研究者总结了影视暴力对人思想影响的三个可能路径[④]。关于长期追踪的研究比较有名的还有始于 1966 年关于自控研究的棉花糖实验[⑤],始于 1938 年被称为格兰特研究(The Grant Study)关于幸福的研究[⑥]。由于长期纵向追踪研究往往收集多个方面的数据,除了一些预设的研究问题,还会催生一些原来未曾想到的丰硕成果。另外,使用科学研究方法对较宏观的社会层面的研究也为数不少,例如,金等人使用实验法研究发现,新闻媒体接触能够促使人们对特定问题采取公众立场,并参与到国

---

① 马奇:《经验的疆界》,东方出版社 2011 年版。

② 普劳斯:《决策与判断》,人民邮电出版社 2004 年版。

③ Fischhoff, B., Beyth, R. *I Knew It Would Happen: Remembered Probabilities of once—Future Things. Organizational Behavior and Human Performance*, 1975,13(1), 1-16.

④ Myers, D. G. *Social Psychology*: McGraw-Hill, 2010.

⑤ 米歇尔:《棉花糖实验》,北京联合出版公司 2016 年版。

⑥ Vaillant, G. E. *Aging Well: Surprising Guideposts to a Happier Life from the Landmark Harvard Study of Adult Development*: Little, Brown and Company,2003.

家政策的讨论中，公开发表个人观点[①]。

由于长期和社会宏观效果因果链条长，影响因素多，即使使用科学方法仍然需要面对极其复杂的状况，但为什么我们要相信，比起系统的科学方法，比起数以百人的通力合作，个人的洞察更能发现其中的规律？

(四)科学研究方法只能研究少量因素之间的关系，忽视了现实中复杂的关系

研究是循序渐进的，当我们最初发现两个因素直接存在特定关系时，通过系统地使用科学研究方法，有可能发现更多隐含的其他因素交叉影响，甚至发现通过某个特定的因素才能影响第三个因素。用实验法的术语，即不过是发现主效应、调节作用以及中介机制而已。正是通过持续的使用科学研究方法深入挖掘，逐渐明晰不同因素之间的关系，拼凑起比较完整的因素关系图谱，无穷接近现实中的复杂关系。比如，典型的恐惧诉求的研究。最初，研究者可能仅仅发现某些特定的情感诉求比较有效，进而发现恐惧诉求能够增加受众对信息的接受，随着研究的深入，发现建议行为的反应效能(response efficacy)、威胁的严重性(perceived severity)、易感性(perceived susceptibility)以及受众的自我效能(self-efficacy)等都可能调节恐惧诉求的效果，并且，由此激发的保护或者防御动机(protection/defensive motivation)影响了后面的应对行为[②]。因此，可以看出科学研究方法不仅适用于几个变量之间关系的研究，还适用于比较复杂的因素之间关系模型的构建，反倒是单纯靠经验总结很难说清这么多因素间的关系。

三、实验广告学的必要性和意义

与调查法、内容分析法一道，实验法作为一项普通的研究方法被引入传播学中[③]。目前，由于广告学被纳入传播学学科体系中，其研究方法也就基本上沿袭了传播学研究方法。然而，广告学学术共同体对于实验法的重要性重视程度普遍不够，相关书籍对于实验法的介绍较为简略，甚至流于表面，初学者甚至不能全面了解相关术语，无法读懂使用实验法研究的论文，更不要说独立设计实验、检验与发展相关理论了。有鉴于此，实验法需要被单独列出来进行深入探讨，成为新的研究方向——实验广告学。

(一)实验广告学确立的必要性

在科学研究方法中，实验法一直享有崇高地位。著名物理学家费曼甚至认为“科学原则，就其定义来讲，即，对于知识的检验唯有实验法。实验是判断科学‘事实’的唯一依据”[④]。与其他研究方法相比，实验法具有特别的优势，首先，实验可以主动创造条件，产生新现象，而不必像天文学研究那样被动地等待研究现象自然发生。也正由于可以创造现

---

① King, G., Schneer, B., White, A. *How the News Media Activate Public Expression and Influence National Agendas*. *Science*, 2017, 776-780.

② Maloney, E. K., Lapinski, M. K., Witte, K. Fear Appeals and Persuasion: A Review and Update of the Extended Parallel Process Model. *Social and Personality Psychology Compass*, 2011,5, 206-219. doi:10.1111/j.1751-9004.2011.00341.x

③ 郭庆光:《传播学教程》，中国人民大学出版社1999年版。

④ Feynman, R. P., Leighton, R. B., Sands, M. (1963). *Feynman lectures on physics. vol. 1: Mainly mechanics, radiation and heat*: Addison-Wesley Pub. Co.

象,研究者就可以有充足的准备,无论是在理论准备还是物资准备上,充足的准备为研究者观察和记录现象创造了最优条件,可以使测量更加精确。其次,实验具有可控性,研究者可以排除或者控制一切不感兴趣的因素,仅仅研究感兴趣的因素,并且每次仅仅改变少量条件,因而可以获得明确而严谨的因果关系。设定明确的实验条件还可以使其他研究者重复并检验自己实验的结果,得以重复验证的结论更加可靠,便于推广应用。再次,实验法最重要的优势不在于实验设计本身与现实情景有多少相像,而在于实验设计可以获得明确的因果关系,这几乎是所有其他方法都不具有的优势。明确的因果关系是理论发展的坚实基础,实践应用的有力指导。最后,一般的实验研究成本相对低廉,仅用少量样本(sample)就可以获得有关总体(population)的确定结果。实验法在诸学科中的广泛应用,正如前文所说,使这些学科获得了崭新的强劲动力,焕发出勃勃生机。

实验广告学的确立可以促进广告理论研究,检验广告学中发现的理论与事实,以便获得普适性的结论。例如,实验法应用于恐惧诉求的效果研究中,可以获得最普遍意义上的恐惧诉求效果,而不论广告中的恐惧诉求以何种具体形式表现,可以是平面的,也可以是视频的,可以是生理恐惧,也可以是社会恐惧。除了广告理论研究,实验广告学还可以在广告实践应用中起到重要指导作用。实验法可以成为检验某一特定广告促销方案的效果的工具,甚至可以检验具体广告以及更具体的某些特定元素,如特定的传播者(某明星)、特定媒介(如某电视台或某张报纸)的效果或影响。由于实验法设计严格,可以获得准确因果关系,因此对于指导后续的广告活动有重要的价值。同样道理,研究技术的引介是为实验设计服务的,其最根本目的在于辅助实验,大部分技术是实验中自变量操控、因变量的测量工具,但这并不排除可以把这些技术应用到具体广告活动效果的触发和测量的可能。恰当地使用这些技术可以为广告实践活动提供全方面、多角度的指导。

实验广告学是整个广告学知识谱系中不可分割的一部分,而且是广告学研究和学习的基石。研究者对于科学研究方法掌握的越牢靠,对其学科所涉及的理论与实践理解就更充分,也更能以批判思维来审视既定研究与理论。当然,在广告研究中,实验法也有其局限。广告现象是复杂的传播、社会、经济和文化现象,不应该也不可能使用一种研究方法就可以穷尽其所有问题,以单一方法套用在一切广告学的研究中无异于削足适履。经验内省、案例研究等方法在此后很长一段时间内都仍然具有一定生存空间和价值。实验法作为众多实证研究方法中的一种,对于适切对象的研究是强大武器,对于非适切对象错误地使用则是明珠暗投。

(二)实验广告学的界定与使命

实验广告学,简言之,就是研究广告实验的基本理论、基本技术并介绍广告学领域中具有标杆意义的实验研究成果的科学。

从定义可以看出,实验广告学至少包含了三个方面的使命,这三个方面的使命相对独立又彼此交叉,有机地构成了整个实验广告学的研究范畴:

1. 探讨科学的实验设计方案,为研究各类广告现象提供方法论基础和工具支持

实验广告学并不直接研究广告现象,不会罗列广告学研究中已经发现的若干事实和理论,更不会发明新的理论,而是探索引入实验方法检验已有理论或新理论的可能性。那么,哪些广告现象可以使用实验方法来研究呢?本质上,广告活动不过是商业信息的传播以及有目的的说服过程，这个过程包含了广告代言人、广告信息本身、广告媒介、受众以及整个广告活动所处的环境等诸多元素。结合拉斯维尔(Lasswell)的 5W 模型[①]及社会心理学中说服模型[②]，可以获得图 1 所示范畴。

实验法可以应用于图 1 任何一个元素的研究，比如受众特征的研究。还可以研究多个因素如何共同交互作用，比如广告信息特征与媒介特征如何共同影响广告效果。需要特别说明的是，实验法不仅可以研究传统的单向关系，还可以研究双向的影响，例如，我们既可以研究广告信息如何影响受众，又可以研究受众如何影响广告信息的制作。另外，广告活动并非发生的真空中，其所处的环境以及环境与其他元素间的双向影响也是实验法研究的对象。总之，广告现象中，所有涉及"真假"的问题都可以使用实验法来检验。

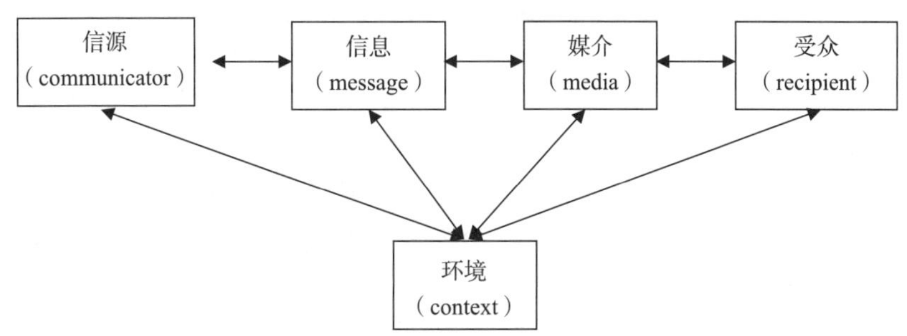

图 1　实验法适用的广告研究范畴

2. 引入各类新技术，探讨使用新技术进行广告研究的可能性

日新月异的新技术不仅更高效地解决了以往研究中需要花费大量精力解决的问题，还解决了以往研究中没有办法解决的问题。正是依靠新技术的引入，许多学科得以蓬勃发展。这些工具包括言语报告、一般行为观察、内隐测量、神经、生理及生化测量等几大类。广告研究对象与人类经济活动密切相关，应该更有能力跟上新技术发展的步伐。实际上，有些技术已经在广告实践中被应用，如得克萨斯的一家公司在 2008 年超级碗比赛中，应用脑电(EEG)技术测量受众观看广告时的神经活动[③]，但广告研究的学术共同体，对这些技术的重要性还没有比较充分的认识。还有一些技术，无论对于广告学界还是业界都是陌生的，更需要被引入和介绍，以促使其在广告研究和实践中应用。

3. 介绍广告学研究领域中具有标杆意义的实验研究成果

实验广告学虽然不以罗列广告学的发现与理论为目的，仍然会以实验方法和技术为纲领，选择广告研究领域中一些经典或前沿的实验研究成果作为实例来填充，以加深读者对实验设计模板或者技术的了解。由于广告学的实验研究并不能涵盖所有的实验设计类型，也没有涉及所有的实验技术，与广告学关系密切的学科，如心理学、传播学和消费行为学方面的实验研究，也会被作为具体实例被引入分析。这些具体实例的引入，一方面可以

---

① 郭庆光：《传播学教程》，中国人民大学出版社 1999 年版。

② Myers, D. G. *Social Psychology*: McGraw-Hill, 2010.

③ [美] 乔治・贝尔奇、迈克尔・贝尔奇：《广告与促销：整合营销传播视角》，中国人民大学出版社 2014 年版。

更具体而直观地说明如何做设计和使用某些实验设计模式以及特定的技术，对后学者的研究设计起到榜样示范的作用，另一方面还可以启发研究者研究未曾使用过的方法和技术，开辟新的研究方向。

四、总结

对于广告专业的学生，无论从理论学习还是实用角度，都有必要学习实验广告学。第一，作为以探讨研究方法为使命的实验广告学是广告学知识谱系组成的重要部分，方法学在任何学科中都占有基础性、支柱性地位。第二，该课程可以辅助学生对广告学其他课程的学习，广告学大部分规律是建立在科学研究方法的基础之上的，对于研究方法特别是实验法理解得越深刻，学生就越能牢固掌握其他课程的内容。第三，该课程还可以训练学生的批判性思维(critical thinking)。凭借实验广告学中的方法和手段，学生可以对既有理论进行批判式学习和检验，甚至从中发现问题，独立展开实验来检验既有理论，发展新理论。第四，学习实验广告学可以为将来独立开展研究打下坚实的基础，独立展开研究是进入研究生阶段和工作阶段都必须具备的品质；第五，即使将来仅从事广告实践方面的工作，实验广告学的学习也可以指导部分广告实践，比如如何追踪衡量广告效果等。第六，可以成为明智的广告受众。现代社会充满了各式各样的广告，各种力量都在试图明显地或者暗中说服受众，掌握了实验广告学中的方法和技术手段，受众就具备了对这些说服信息的抵御能力。

总之，实验广告学的建立和课程的开启，是面对广告学科受到质疑、广告研究方法混杂、广告发展踌躇不前的问题，厦门大学新闻传播学院所拿出的解决之道。实验广告学的确立，从理论角度来说，为发现广告现象的一般规律提供了坚实的理论武器，从现实角度来说，为测量广告效果，准确地操纵广告活动提供了强大的实用工具。实验广告学的出现，可能会深刻地改变广告学研究的面貌，促进广告学研究繁荣发展，为广告学各个分支理论研究的深化和扩展奠定基础。无论从理论角度还是从实用角度，广告专业学生都可以从该分支学科的学习中获益。

以评促教,教学相乐

——"广告文案写作"课程的学生调研反馈及改革思路

周 雨*

摘要:获评为2019年福建省一流线下本科课程的"广告文案写作"立足学生测评和调研,及时总结学生反馈并加以吸收和落实,实现"以评促教"的目标。课程内容、教学方式和考评设计均采取针对性的改革措施。在此基础上,"教学相乐"是教学改革的进一步境界,以塑造学生和教师的"共同体"意识。本课程从两个方面进行探索:学生积极参与案例库建设、引导学生开展学术研究反哺教学。未来提出线上教学和线上线下教学的专有方案,是教学改革的重点。

关键词:以评促教;教学相乐;广告文案写作

"广告文案写作"是新闻传播学院广告学系本科生的专业必修课程,是为培养具备高素质,熟悉和掌握广告综合业务,并适应新媒体传播环境的高级人才而设立。该课程旨在培养学生运用传播的思维,依据广告策划的主题,结合已有的修辞表达训练,掌握运用语言文字进行沟通说服的能力。笔者从2009年开始教授此课,至今十年有余,并产出了一些成果。2019年出版了新教材《广告文案写作进阶指南》,发表了数篇教学论文,如《移动媒体广告文案写作的教学探索》《图书腰封广告语的特色及创作策略研究》《段子营销中的幽默手法分析》。该课程也被评为2019年度福建省一流线下本科课程。

十余年教学经历的主要启发是,课程建设及教学质量提升,必须紧密贴近学生的需求,不断追踪学生的反馈,才能培养出符合国家和行业需要的人才。具体而言,以评促教是第一阶段,教学相长乃至教学相乐则是进一步的境界。

一、以评促教

"广告文案写作"课程已有的学生评价体系主要是每学期末开展的学生测评,本课程近五年的平均分为4.87(5分制),这一定程度上反映了学生的肯定态度。但仅靠这个简单的数字,无法测评出学生的具体意见,更无法有的放矢地提出改进措施。因此,笔者每年会在期末最后一堂课开展随堂测评,近三年来更是将课程意见及建议作为期末作业或考试的一道题目,给予相应的评分加权,由此大大激发学生的参与热情。反馈的意见,无论是量还是质,都有了大幅度的提升。

总的来说,学生的反馈意见集中在三个方面:课程内容、教学方式和考评设计。

* 周雨,厦门大学新闻传播学院广告学系副教授,主要研究方向为广告语言文化、广告与艺术。

(一)课程内容的反馈及措施

在课程内容方面,新闻传播学院的专业建设基础较为扎实深厚,因此学生普遍反映教学体系完整、逻辑清晰、内容齐备。1983年厦门大学设立了全国第一个广告学专业,为全国教育界贡献了第一个培养方案、撰写了第一本教材、培养了第一批专业学生,奠定了我国广告学教育的基本模式。因此,新闻传播学院的广告学专业也被誉为"中国广告教育的摇篮""广告学专业的黄埔军校"。"广告文案写作"课程于1986年开设,授课教师有陈培爱教授和张国才副教授,教材陆续出版了《如何成为杰出的广告文案撰稿人》(陈培爱,厦门大学出版社1995年初版,2002年修订版)以及《广告文案创作》(陈培爱,厦门大学出版社2008年版)。笔者于2019年出版的新教材,是在上述教材基础上的发展和更新,显示了这门课程的教学体系建设持续不断。

有同学这样评价道:"这学期广告文案课程内容很丰富,且教学框架形成比较严谨的体系,理论方面给我们带来了很多启示和知识补充,抛开因线上教学对学习效果产生的影响因素,从课程安排角度而言,笔者认为目前文案课的课程内容安排是比较合理的。"

课程内容的主要改进意见,来自新媒体环境下的广告文案写作。大部分同学都感受到社交媒体、移动媒体和短视频等技术发展带给营销界的冲击,并直接影响到广告文案的写作策略。他们呼吁道:"互联网世界瞬息万变,热点也千变万化,在今后的课程教学中,可以结合当时的时事热点与流行用语、'梗'等,以更好地把握热点,达到与时俱进的教学效果。"有的同学希望多一些关于抖音、B站(哔哩哔哩)、微博、公众号等新文案形式的训练。相应地,他们认为前期广告策略的提炼部分,已经在其他课程中训练过,应该减少这部分的教学量。

为了响应和满足学生的需求,近两年的课程内容及案例,以及新教材的体系,都补充了大量的移动媒介、公众号和短视频文案的内容。

但是,在综合考虑学生的反馈以及作业考评的表现之后,笔者发现,学生由于天然地生长于新媒体环境下,耳濡目染各种新式文案,他们很容易模仿出一篇像模像样的知乎体文案、公众号文案或者小红书文案。然而,这些模仿的文案,有的不够优秀,原因仍然在于前期的诉求提炼、品牌个性把握以及消费者洞察等环节的训练不够熟练,因此学生所提出的减少策略训练教学量,笔者认为并不可取。因此,学生测评是教师改进教学的一个重要依据,但不是唯一依据。以评促教是可行的,但完全以评设教,教学效果并不是最佳。

(二)教学方式的反馈及措施

学生对于教学方式的意见及建议,数量较多。这些意见不仅中肯,而且可行性很强。具体而言,关于教学方式的反馈集中在三个方面:合理布局课程内容、提高实践能力训练以及增强课堂互动性和调动积极性。具体来说:

在布局课程内容方面,学生提出适当缩短理论学习时长,但应强化基础知识点,因此可以通过快问快答方式,来让同学们巩固基础知识。增加学生课外预习的时间,节省课堂上的讲解时间,从而留出时间用于文案写作训练。还有的学生提出,适当增加针对性的文案写作训练,比如微博运营文案、抖音广告文案、游戏类广告文案、房地产类文案、奢侈品文案等。

在实践能力提升方面,学生们主张模仿现场提案比稿的形式,通过命题写作的竞争赛事,来增强学生的临场感。或者设置短时间的头脑风暴训练,根据既定的产品类别、目标受众和品牌调性等,在5～10分钟内让学生快速创作文案。还有的建议设立学生的演示和演讲环节,比如5分钟之内让一个小组介绍最新的案例。种种努力都是尽量向业界靠拢,最大限度地挖掘学生潜力。

在课堂气氛调动方面,学生们都认识到文案写作需要全程动脑动手,特别耗体,课堂能够“嗨起来”是非常必要的。因此,他们主动想出很多解决办法,比如游戏式练习的设置。第一节课上,笔者设计了图文猜猜乐游戏,让同学们从图像来猜测其所指称的概念,从而更好地理解图文关系配合,这个游戏得到了同学们的一致好评。笔者还借鉴了赴美访学期间,弗吉尼亚联邦大学传媒与文化学院开设的广告策划课程的教学方式,教师真正让学生动起来,不同小组同学打乱座位,重新结组,互评互改,很好地活跃了气氛。

值得一提的是,由于新冠肺炎疫情影响,2020年上半学期改为线上授课,这对重视互动与交流的文案写作课程提出了严峻的挑战。同学们反映,笔者线上讲话语速过慢,没有面对面的交流后,他们极易走神,而且文案的修改和点评都不能像以前那样充分。教学向线上与线下结合发展,这是许多课程的未来走向。经过春季学期的检验,笔者发现,线上授课方式,不能完全照搬线下,必须结合学生的网络使用习惯来调整,这是今后改进教学的主要着力点。

(三)考评设计的反馈及措施

广告学专业课程大都以小组作为完成作业训练的单位,这与业界实操模式接轨。因为大多数广告从业人员都以团队形式来合作,共同完成头脑风暴、提案及策划等流程。“广告文案写作”课程也采用了这一方式,并且近年来与“视听广告创作”“广告策划”课程协同设计,打通部分课程内容。特别是小组服务的选题,尽量与大广赛和学院奖衔接,以便学生能集中精力地经历一个完整的广告战役流程。

然而,这以小组作业为主,个人作业为辅的设计,得到的反馈却不尽如人意。学生的理由:第一,小组作业为追求成绩最优化,往往是特长突出的同学作为主导,例如文案底子好的同学每次都操刀写作,其他同学则得不到锻炼;第二,小组成员中总有浑水摸鱼之辈,无法公平地评价个人贡献;第三,文案从业者有特殊之处,就业后,文案撰稿人大都是个人独立作业。经过数年的调查,笔者汲取了学生的建议,近年来逐渐修改了考评机制,提出一个“期末个人作业＋平时个人练习＋平时小组练习＋考勤及课堂表现”的加权评分方案。平时小组作业体量较大,数量少,需要每位同学参与,发挥各自所长。个人练习的数量多,但体量小,多为笔头训练。并且,课堂环节设计一些小练习或小测试,教与练均衡搭配。个人期末作业则重点考察个体的写作水平,并且笔者对每一份同学的期末文案写作均作出详细的点评,不只是给予一个简单的分数,去年仅期末点评意见的字数就超过了1.5万字。学生们普遍反映新的考评体系更为合理。

二、教学相乐

教学相长,学生与教师共同参与到课程建设,学生发挥主观能动性,变被动听讲为主动贡献,这样教与学才能形成良性互动关系。笔者认为这一经典原则的普适性和有效性,已得到了教学实践和学生测评的检验。在此基础上,笔者更尝试性地提出,教学不仅相长，还应追求相乐[①]，即学生和教师均能从教学的集体行动和互动行为中，获得心理的满足感、愉悦感，这样的境界会比目标导向型、绩效考核型的教学相长方针，更具有生命力，真正能培育出可持续发展的良好育人生态。

为实现这一长远目标，笔者认为关键之处在于提高学生在教学活动中的主体地位，让学生意识到自己是教学中教师一方的对等方，增加学生对教学的贡献力，肯定其参与行为给教学质量提升所带来的贡献，最终教师与学生双方都树立起两者的“共同体”意识。

近几年来，笔者如是做出一些探索。

（一）学生积极参与案例库建设

案例库的建设，对于“广告文案写作”课程至关重要。因为文案写作能力的提升，必须建立在大量阅读和鉴赏的基础上，许多文案大师，如广告名人堂入选者、美国知名广告撰稿人乔治・葛里宾(George Gribbin)这样分享其成功经验：我比一般正常的孩子更倾向于书本，我读了很多书，我认为我在写作技巧方面比我正常应该有的要多得多。

传统上，案例挑选都是教师主导，但实际上教师不能像学生那样原生于新媒体环境，所接触到的案例数量和新颖度，都落后于学生。因此，笔者增设了一个“学生收集好文案”的活动，作为练习的一个环节加以考评，最初设置于学期末，后来改为每两周设置一次收集打卡。调查发现，学生并没有视为负担，反而乐于完成，因为他们每天浸淫于广告环境中，收集案例是随手之劳。通过这种方式收集而来的案例，用于三个目的：第一，作为延伸阅读材料供全班同学共享，每周我会挑选约20则典型案例上传到本科教学平台。第二，作为课程讲解的典型案例进行演示和点评。有些同学收集的案例正好能解释和验证课程内容的知识点，笔者特意挑出予以点评，这时提供案例的同学会觉得自己特别有面子。第三，作为练习和作业的阅读材料，这些案例成为问题的分析样本。

通过上述方式，课程内容变得丰富、新颖，学生因为自身的贡献受益，同时一年年的案例收集和翻新，使得课程的案例库建设日趋完备。

（二）引导学生开展学术研究反哺教学

业界和学生都对前沿热点尤为关注。业界希望应届毕业生能马上写出最流行的文案，学生担心自己进入职场就过时，两者都提出课程教学应特别重视前沿和热点。然而，从教学的自身规律而言，教学主要教授的是规律性知识，而规律需要从大量的现象中进行提炼。对于方兴未艾、尚未定型的某些广告文案技法，其规律和效果均还未显现，评价标准因而不确定，在此情形下，该如何不误导学生，向学生传授准确的知识和前瞻的指导呢？

笔者的应对办法：吸收和借鉴学术研究成果。因为学术研究采用较为科学规范的方法，面对较大规模的样本，得出的结果能被重复检验，所以具有一定的预测性。因此，课程内容上，笔者借鉴了大量语用学、营销学科的研究发现。然而，许多文案形式太过新颖，学界尚未开展充分的研究。这时，笔者带领和引导学生自主开展学术研究，并争取发表研究成果，反哺教学。

学术研究通常结合毕业论文写作和大创竞赛项目，这样的方式既能获得一定的经费

---

① “教学相乐”一语系笔者化用“美善相乐”一词。“美善相乐”语出《荀子・乐论》：“故乐行而志清，礼修而行成，耳目聪明，血气和平，移风易俗，天下皆宁，美善相乐。”“相乐”是最高境界的表现。

支持，又解决了毕业选题的问题。所产出的成果的走向包括竞赛获奖、期刊发表和奖学金评选，因而学生拥有极大的动力，积极投入。同时，学生的研究成果制作成简要的PPT和案例，作为辅助教学内容，传授给下一年级的学生。当学长学姐们看到自己的研究发现能直接惠泽学弟学妹，所激发的自豪感和满足感，与惠及自身的心理相比，又有不同。如此的良性循环，就真正实现笔者所提出的教学相乐。

据不完全统计，最近五年，笔者引领学生开展了针对段子营销、公众号植入广告、图书腰封广告、游戏广告、短视频广告、移动应用服务简介等诸多新颖文案形式的学术研究，这些研究多采用定量方法，采集较多的样本或案例，从而一定程度缓解了当前教材和教学落后于实践的问题。

其中，笔者与学生合作开展了影响微信公众号植入广告的效果维度研究，由于微信公众号软文广告是目前盛行的文案形态，而学界的关注还很少。我们首先通过理论辨析，界定微信公众号广告的本质策略是植入，从而援引植入广告效果影响因素的研究发现作为支持，总结出文案写作的基本原则。在此基础上，借助学界成果和一手资料研究的发现，归纳了移动媒体广告文案写作的六大影响维度，最后细化给出广告标题和叙事层面的写作建议。在严谨的科学研究发现上所提出的写作指导意见，才能真正帮助学生掌握技能。这个研究发现也写入了笔者的新教材《广告文案写作进阶指南》。

部分研究成果还发表于核心刊物，并获得奖项，如下所示：

1. 周雨、张文琪：《移动应用商店中APP简介文案的诉求及修辞策略》，《现代广告(学刊)》2021年第7期，第42～47页。

2. 周雨、邹晴鑫：《移动媒体广告文案写作的教学探索》，《现代广告(学刊)》2020年第9期，第53～59页。

3. 周雨、王倩芸：《微博营销和微信营销的传播策略比较——以时尚行业为例》，杨先顺主编：《使命与责任——中国广告的创新与未来》，暨南大学出版社2018年版，第200～209页。该文还获得2016ACAE(中国广告教育学术年会)优秀学术论文奖三等奖，奖金2000元。

4. 周雨、申屠名琛：《图书腰封广告语的特色及创作策略研究》，《现代广告学术季刊》2017年第21期，第28～45页。

5. 周雨、林琳：《段子营销中的幽默手法分析》，《现代广告学术季刊》，2014年第21期，第80～88页。

上述心得体会是笔者基于“广告文案写作”课程多年来的教学调研和教学经验的总结，未来的教学改革方向，笔者认为应积极探索如何让线上教学也变得同样的快乐。线上和线下教学如何互为补充，发挥各自的特长及优势？例如，新媒体工具和社交软件的普遍流行，可以将线下烦琐的考勤签到、作业统计等工作变得轻松容易，也因此提供了更丰富的随堂测试机会，这就启发教师多设置一些测试环节。还有，某些数据图形化软件能将课堂练习或测试结果，以极其生动可感的方式展示出来，能显著地活跃课堂气氛。如果采用线上直播的方式授课，教师们需加强学习口语传播、提案演示方面的能力技巧，最大限度地发挥人际传播的魅力。总之，随着教学环境、教学技术的改进，课程建设应该，并且能够从中受益，让学生充分享受到高水平研究型大学的专业建设成果。

基于PBL教学法的高校思政课线上线下混合式教学模式探索与实践*

——以参加厦门大学第五届翻转课堂教学比赛为例

王亚群　原宗丽　吴文琦　庄三红**

摘要:十八大以来,以习近平同志为核心的党中央高度重视思政课建设,思政课建设取得显著成效。同时,随着经济全球化的不断推进,国内外信息爆炸式传播、科技飞速发展、新冠疫情在世界范围内蔓延等各种因素影响,思政课堂教学效果还需提升。PBL教学法结合热点问题创设情景、激发学生自主学习兴趣、具有突出学生主体性地位,调动学生积极性,学生深入思考并且讨论得出的结论能够使得思政成果入脑入心,从而提升思政课的教学效果。笔者以《毛泽东思想和中国特色社会主义理论体系概论》中的教学专题《大力弘扬伟大的抗疫精神》为例,将PBL教学法与思政课线上线下混合式教学进行融合,参加厦门大学第五届翻转课堂教学比赛,并且将该模式应用于实际课堂教学中,取得较好效果。

关键词:PBL教学法;高校思政课;线上线下;混合式教学改革

一、引言

2019年3月,习近平总书记在学校思想政治理论课教师座谈会上指出:思想政治理论课是落实立德树人根本任务的关键课程。推动思想政治理论课改革创新,要坚持"八个相统一",不断增强思政课的思想性、理论性和亲和力、针对性。2019年9月,中共教育部党组《"新时代高校思想政治理论课创优行动"工作方案》中指出,要深入推进思政课思路创优、教材创优和教法创优,还特别指出,要深入实施思政课教学方法改革项目择优推广,定期遴选教学方法新、教学效果好、受学生欢迎的优秀思政课教学方法改革项目,鼓励高校基于优质在线开放课程,应用线上线下混合式教学模式讲授思政课,激发思政课课堂活力。2020年厦门大学出台文件《厦门大学深化新时代学校思想政治理论课改革创新先行

---

* 基金项目:福建省社科规划项目:基于PBL教学法的高校思政课线上线下混合式教学改革研究(项目编号:FJ2020B009)。厦门大学教学改革研究项目(思政类专项):新时代高校思想政治理论课线上线下融合式教学研究——PBL项目式教学法在高校思想政治课中的应用研究(项目编号:2020MJY02)。思政课线上线下混合式教学模式的探索和研究——以"形势与政策"课"模块化+PBL"教学模式探索为例(项目编号:2021MJY04)。

** 王亚群,女,山西太原人,厦门大学马克思主义学院副教授。原宗丽,厦门大学马克思主义学院副教授,副院长,主要研究方向为马克思主义与当代中国政治发展、当代民主理论。吴文琦,厦门大学马克思主义学院副教授,研究方向为思政教育、法治教育、马克思主义中国化。庄三红,厦门大学马克思主义学院助理教授,研究方向为马克思主义中国化、中国特色社会主义市场经济理论与实践。

试点工作实施方案》，其中就提出要针对学生思想和认知特点，结合思政课教学规律，在以学生为主体的情况下，注重课堂互动式教学、问题引导式教学。

高校思想政治课教学改革中的一个重要方面就是教学方法的改革，以何种教学方法使思想政治课程教学内容"入耳、入脑、入心"也将成为影响教学效果的重要问题。PBL 教学法是以问题为基础、以学生为中心的教育方法。PBL 即"Problem Based Learning"，又称作"基于项目式学习"的教学方法或"基于问题"的教学方法，指教师精心准备和预先设计特定的问题，指导和组织学生围绕特定的问题收集材料，分析资料并发布自己的见解，让学生在辩论和讨论中得出结论，以实现预期教学目标的教学方法。笔者以《毛泽东思想和中国特色社会主义理论体系概论》（简称"概论"课）中教学专题《大力弘扬伟大的抗疫精神》为例，将 PBL 教学法与思政课线上线下混合式教学进行融合，参加厦门大学第五届翻转课堂教学比赛，并将该模式应用于实际课堂教学中，取得较好效果。

二、探索 PBL 教学法的思政课线上线下混合式教学改革

通过梳理专题教学的课程内容、主要目标、教学重难点、解决方法等环节，提出将 PBL 教学法与线上线下混合式教学改革具体应用的六个环节。

（一）课程内容

深入学习伟大抗疫精神、抗疫斗争的深刻启示，能够做以下几点：首先，讲清楚伟大抗疫精神的深刻内涵；其次，讲清楚疫情防控斗争带给我们的启示，尤其是所彰显的中国共产党的领导和中国特色社会主义制度的显著优势；最后，讲清楚疫情防控斗争中所彰显的中国力量、中国精神、中国担当。

（二）主要目标

讲好中国抗疫故事，充分阐释中国抗疫所取得的巨大胜利和宝贵经验，让学生深入透彻理解中国能够在较短时间内遏制疫情蔓延，根本在于中国共产党的坚强领导。通过对比中西方抗疫答卷，学生深刻认识到，中国特色社会主义制度几乎在所有可比的领域都明显胜出，让学生更加坚定"四个自信"，更加自觉做"两个维护"，最终引发学生积极思考，结合自身如何做才能无愧于时代重任，担当起民族复兴之任。

（三）教学重点难点

1. 重点：深入学习伟大抗疫精神、抗疫斗争的深刻启示。

2. 难点：充分阐释中国在抗疫大考中取得好成绩的根本原因。引导学生将伟大的抗疫精神转化为全面建设社会主义现代化国家、实现中华民族伟大复兴的实际行动中去。

（四）解决方法

课程采用 PBL 教学法与线上线下混合式教学相结合的模式，通过运用"慕课""翻转课堂""无领导小组"的新型教学模式，结合互动教学的技术等手段完成。教师提前将理论内容录制成微课，上传至相关网络平台，使学生通过现代信息技术的辅助，在线上完成理论的学习。线下采用多种方式丰富教学，包括创设情境、引导自主认知，探究专题，强化问题导向，辅助以社会实践、现场教学、调研等活动进行体验式教学。

具体的 PBL 教学法与线上线下混合式教学的思路框架见图 1。

PBL 教学法的线上线下混合式教学可分为以下六个环节：(1)由教师提前录制微课，上传

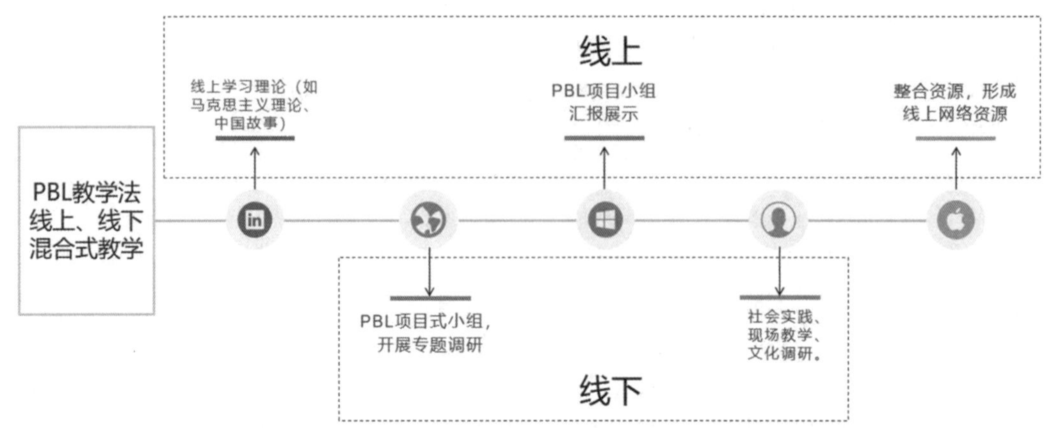

图 1　PBL 教学法与线上线下混合式教学的思路框架

至“厦门大学网络课程”或“易班”平台;(2)由学生自行网上学习;(3)在课堂课上分组讨论;(4)在线下分组调研;(5)在课堂完成汇报展示;(6)在小学期或寒暑假完成体验式教学。

三、高校思政课 PBL 教学法的线上教学

以教学专题“大力弘扬伟大的抗疫精神”为例,梳理出“概论”课 PBL 教学法的思政课线上教学的步骤,主要体现:(1)教师选取关键知识点进行理论内容的视频呈现;(2)学生线上学习理论知识点。具体如下:

1. 环节一:教师课前视频录制准备

PBL 教学法注重问题导向,以学生为中心,因此,选好问题就是关键的第一步。抓住几个关键问题来设计专题。围绕“抗疫精神”这一专题,教师课前对知识点进行反复思考求证,最后拟定教学的重点,即深入学习伟大抗疫精神以及抗疫斗争的深刻启示,充分阐释中国在抗疫大考中取得好成绩的根本原因。引导学生将伟大的抗疫精神转化为全面建设社会主义现代化国家、实现中华民族伟大复兴的实际行动中去。围绕如何引导学生,将伟大的抗疫精神转化为全面建设社会主义现代化国家、实现中华民族伟大复兴的实际行动中去这一难点,选取素材梳理知识点,课前录制 3 段微课视频,提前上传至“厦门大学网络课程”平台。(1)大力弘扬伟大抗疫精神——如何理解 20 字的抗疫精神(10 分钟);(2)“大战大考”炼真金——系统总结抗疫斗争取得的重要启示(10 分钟);(3)抗疫斗争伟大实践彰显中国精神、力量和担当(10 分钟)。

2. 环节二:学生线上学习理论知识点

教师将提前录制好的视频,上传网络平台供学生课前学习。除了老师授课理论视频,还可以上传若干组简短的相关视频:“中国抗疫图鉴”“中国战疫制胜之道”“中国战疫是全民抗疫”“中国支援助力全球抗疫”“冯秀军——战‘疫’中的最美青春——中国青年的责任与担当”“焦点访谈——如何理解伟大的抗疫精神?”“人权至上,这样的人权很中国”……

视频播放结束后教师提出系列问题,引导学生思考:“作为新时代的大学生,你是如何理解伟大的抗疫精神的?”“中国取得抗疫胜利的根本原因是什么?对比中西方抗疫答卷,

我们的制度有哪些显著优势?”“大学生在后疫情时代要如何践行自己的责任和担当?”“为什么要学习伟大的抗疫精神?”……

四、高校思政课 PBL 教学法的线下翻转课堂设计

课前请同学通过线上理论知识的学习,深入进行思考,带着自己的思考进入到线下翻转课堂的学习中来。线下翻转课堂通过环节三、四、五来实现,以教学专题“大力弘扬伟大的抗疫精神”为例,具体实践运用如下:

1. 环节三:课堂分组专题讨论

结合网络平台资源,由教师介绍专题相关背景,由讲述相关中国故事或结合当前热点问题导入,引导学生进入情境,之后以学生为主体,展开小组专题讨论。讨论后由小组长做主题发言,阐述本组观点,其他组同学进行提问。教师在讨论过程中对学生予以积极引导,及时的补充、修正。最后,教师结合教学大纲及重难点,对核心问题展开阐述,进行归纳总结。

分组讨论是 PBL 教学模式的重要环节之一,依据专业和人数(约 5～8 人)将学生分为若干组,选出小组负责人,负责组织小组成员分工等,接着小组成员间互相学习与交流并讨论,共同准备发言提纲,并推荐 1 人准备代表小组发言。分组可以请学生在课下提前完成。讨论形式可以采取无领导小组、辩论等丰富多样的形式,最大限度地调动同学们参与发言的积极性,使得思政课的内容能够真正入脑入心。

在参加厦门大学第五届翻转课堂的线下课堂展示中,教师从“人间值得”照片引入,由眺望夕阳的照片引出伟大抗疫精神,引导学生进行线上知识点回顾,通过雨课堂弹幕互动,生成词云投屏展示学生所思所想。在案例讨论中采取“无领导小组讨论”的形式,让每位学生积极参与到课堂教学和讨论中,案例针对是否不惜一切代价尽全力救治 96 岁新冠肺炎老人,进行 10 分钟自由发言和 2 分钟展示,教师对学生的发言进行点评,引出生命至上的意义,引导学生思考为什么要学习伟大的抗疫精神,通过数据总结并进行中西方抗疫对比,加深理解学习抗疫精神的意义。

2. 环节四:PBL 项目式小组调研

课堂讨论之后,请各个小组选取课堂讨论后拟解决的关键问题开展专题调研,以小组为单位在课下组织进行。

3. 环节五:PBL 项目汇报展示

结合课堂讨论和 PBL 小组调研成果,各小组通过如报告会、展览会、研讨会、辩论会等丰富多样的形式进行展示。项目汇报后,各小组对汇报自评、互评和老师点评,师生对所做的项目进行复盘总结。

环节四、环节五的 PBL 项目式小组调研及汇报展示是与传统翻转课堂最大的区别所在,也是将 PBL 教学法与思政课线上线下混合式教学改革的关键一步。通过线上理论知识的学习,线下课堂进行针对性的讨论,学生们在讨论中获得思想上的碰撞,观点的交锋,也会因此发现很多值得去深入探讨和调研的问题,通过 PBL 项目式小组完成相关的问题调研,实现学习、讨论、发现问题、解决问题的一个闭环。

五、延伸——环节六:体验式教学

基于PBL教学法思政课线上线下混合式教学改革的延伸,在寒暑假和小学期开展如社会实践、现场教学、文化调研等丰富的体验式教学,理论联系实际。例如,可选择在寒暑假或者小学期,完成一次关于“抗疫”的社会实践或者调研,主题可以包括(“中国力量”——疫情防控中中国制度的优势、中国政府的作用、中国百姓的力量;“中国速度”——疫情防控中的各种快速有力的应对;“中国温度”——疫情防控中的感人瞬间、感人事迹;“中国声音”——疫情防控中舆论媒体的不同声音、中国对世界的声音、世界对中国的声音)形成一份完整的调研报告,作为成绩评定的一个组成部分。

教师将收集各小组优秀的社会实践、调研报告、视频等材料上传到网络教学平台上,供师生学习借鉴。在这个网络平台上,学生也可以互相提出问题并留言解答,教师参与解答并提供学生参考书目,以帮助学生巩固知识,开拓视野。

通过“体验式教学”“社会实践”等方式打通教学环节的最后一公里问题,这个环节是使得学生的学习从线上到线下,理论到实践,线下再回到线上,实践再回到理论的再次提升环节,最终真正实现线上线下混合式教学改革的闭环。

六、结语

本文将PBL教学法与高校思政课线上线下混合式教学改革相结合,实现了教学方法的创新,经过初期的实践与探索,取得较好的效果。在今后的工作中,将搭建一套PBL教学法在高校思政课线上线下混合式教学中的应用框架,并使之体系化,包括提出课程PBL教学大纲、线上线下混合式教学设计与教案一套,设计出一套能复制、可推广的教学改革方案。

同时,采用PBL教学方法还体现了教学方法理念的创新。PBL教学法强调“以问题为基础、以学生为中心”,是建立在“以生为本”“基于学而设计教”的现代性视野下的教学理念下的教学方法改革,不仅是对“教法”的创新,也是对学生“学法”的创新,与线上线下混合式教学的结合更是对“教法”与“学法”协同创新。思政课混合式教学改革还体现开放的“大思政”的教育理念,是第一课堂与第二课堂、理论教学与实践教学、课堂教学与网络教学互相支撑的完备的教学方法体系。

最后,经过教学理念和教学方法的改革,未来的努力的方向期待能够带来体制层面的创新,思想政治理论课教学方法创新涉及主管思想政治教育理论课程的部门领导、决策部门从顶层设计的意义上如何决策、组织和管理思想政治理论课。涉及框架、结构规划、贯彻落实等不同任务,需要解决好局部与整体协调统一的问题。因此,在今后的工作中,将实践和探索的经验进一步总结提升,搭建一套PBL教学法在高校思政课线上线下混合式教学中的应用框架,形成调研报告,要提供给相关主管部门用于制度的顶层设计,提供给各高校教务部门,使教学改革成果具有可行性和推广性。

建设优质慕课

——线上课程“医学免疫学”经验分享

庄国洪　高丰光　苟立新　王逸难*

摘要：医疗卫生事业事关人民健康、社会稳定、经济发展、国家安全，医学教育是医疗卫生事业发展的重要基石。助力健康中国战略、促进医学教育发展至关重要。优质课程可为医学人才培养提供基础保障，课程质量直接影响人才培养质量。为推动课堂教学改革、主动适应“互联网+”的新挑战、推进信息技术与教育教学深度融合，探索线上—线下混合教学组织形式，基于线上教学创新实践、建设优质 MOOC 在线课程资源是必要的。在加快推进新医科建设进程中，本课程教师积极参与教学改革，在厦门大学支持下，我们建设完成了“医学免疫学”线上 MOOC，并在疫情期间正式上线。目前已经完成一期的在线学习，现在是第二期在线开放。第一期的应用及评价反馈可以明确我们的线上 MOOC 建设已经顺利完成并较好地应用到课程改革中。本文根据我们完成慕课制作中的实践分别从课程的定位、展现形式、课程特点、制作课程的宗旨、评价方法、准备工作以及上线平台七个方面予以阐述。期望更多优质慕课的建设可以积极推动形成新的教育形态，促进学生自主性、探索性、研究性学习。

关键词：医学免疫学；线上—线下混合教学；金课；慕课(MOOC)；大医科

2020 年，高等教育要在中华民族伟大复兴战略全局、世界百年未有之大变局“两个大局”中，主动适应我国高等教育进入普及化阶段的新形势新要求，收好官、开好局。[①] 目前中国高等教育迈入普及化，整体进入世界第一方阵。本科生培养是基础中的基础、核心中的核心，关键中的关键。[②] 本科生从大学里受益的最直接、最核心、最显效的是课程。课程是人才培养的核心要素。课程也是中国大学普遍存在的短板、瓶颈、软肋，是一个关键问题，是关乎宏观的战略大问题。课程是体现“以学生发展为中心”理念的“最后一公里”。[③]

---

* 庄国洪，女，吉林省吉林市人，厦门大学医学院副教授、硕士生导师，医学免疫学博士。高丰光，男，江苏省徐州市人，厦门大学医学院教授、硕士生导师，肿瘤学博士。苟立新，男，吉林省吉林人，厦门大学生命科学学院工程师。王逸难，女，新疆维吾尔自治区乌鲁木齐人，厦门大学医学院高级实验师。

① 吴岩：《谋大局 应变局 开新局——落实落实再落实 提高提高再提高》，https://www.edu.cn/xxh/focus/li_lun_yj/202006/t20200616_1733501.shtml，访问日期：2020 年 7 月 16 日。

② 吴岩：《谋大局应变局开新局——加快推进医学教育创新发展》，https://www.sohu.com/a/424860018_414933，访问日期：2020 年 10 月 16 日。

③ 吴岩：《建设中国“金课”》，https://www.sohu.com/a/306088598_387114，访问日期：2020 年 7 月 16 日。

立德树人作为教育的根本任务[①]，而课程是落实“立德树人”根本任务的具体化、操作化和目标化的基石。所以，全面推出一流课程建设“双万计划”，建设中国大学“金课”，使大学里的“水课”越来越少，直至消失；使“金课”越来越多，让每一个学生都能够享受“金课”[②]。尤其抗击新冠肺炎疫情以来，各地各高校组织开展大规模在线教学情况，实现停课不停教、停课不停学，交出了一份有温度、有技术的答卷。[③]

线上 MOOC 可以把传统的课堂讲授通过微视频上线的形式进行前移，给予学生充分的学习时间，尽可能让每个学生都带着较好的知识基础走进教室，从而充分保障课堂教学的质量。通过“线上”+“线下”两种教学组织形式的有机结合，可以把学习者的学习由浅到深地引向深度学习。因此，线上 MOOC 改变了教师的教、学生的学[④]，也有效提升绝大部分学生学习的深度，使学习者主动参与到学习过程中[⑤]。与此同时，线上 MOOC 也深入改变了课堂教学过程中以教师过分讲授为主的状况，提高学生学习的主动性、认知参与度，并缩小不同学生的学习结果差异过大等问题。以教学内容优化为核心，以教学模式创新为手段，以教学团队发展为基础，以现代信息技术为支撑，全面提升课程高阶性、创新性和挑战度，充分激发学生学习潜力，充分调动学生的学习积极性，同时可以受众更多学生、与其他学院及学科交叉融合建立核心课程加快大医科建设，同时转变学生的角色，促进学生自主性、探索性、研究性学习，提高学习质量。

“医学免疫学”为 2019 年福建省线下一流课程，为进一步优化本科课程体系，推进课程共建共享，全面提升课程质量，推动课堂教学改革迈出坚实的一步。我们应用现代技术及互联网来实施教学改革，积极开展线上教学创新实践、建设优质慕课，把我们线下教学的优势及经验充分在线上体现。为此，我们和人卫慕课制作中心合作，齐力建设优质慕课“医学免疫学”。我们的课程在 2020 年 2 月正式上线，在同学不能返校完成课堂授课的特殊教学环境下，“医学免疫学”线上 MOOC 为学生自主学习提供了很好的线上资源，对于学生顺利较好地完成该课程的学习起到良好的作用。在此，我们分享“医学免疫学”线上 MOOC 的一些心得。

一、准确定位——按照教学大纲要求阐明知识点

建设线上课程的宗旨是为医学生提供自主学习的资源，针对医学相关专业的本科教学的要求组织我们的课程内容。因此，课程要做到针对人群明确、讲授内容全面。

---

① 《立德树人，习近平这样阐释教育的根本任务》，http://www.xinhuanet.com/politics/xxjxs/2019-03/18/c_1124247058.htm，访问日期：2020 年 7 月 16 日。

② 吴岩：《建设中国“金课”》，https://www.sohu.com/a/306088598_387114，访问日期：2020 年 7 月 16 日。

③ 吴岩：《谋大局 应变局 开新局——落实落实再落实 提高提高再提高》，https://www.edu.cn/xxh/focus/li_lun_yj/202006/t20200616_1733501.shtml，访问日期：2020 年 7 月 16 日。

④ 吴岩：《谋大局 应变局 开新局——落实落实再落实 提高提高再提高》，https://www.edu.cn/xxh/focus/li_lun_yj/202006/t20200616_1733501.shtml，访问日期：2020 年 7 月 16 日。

⑤ 王运武、黄荣怀、彭梓涵、张尧、徐怡：《打造新时代中国“金课”培养“卓越拔尖”人才》，《中国医学教育技术》2019 年第 4 期。

“线上”教学是教学的必备活动，而不是辅助成分。在建设线上 MOOC 时，阐述的内容是学习者需要掌握的基本内容，我们将课堂教学的内容完全搬到线上，通过微视频的形式展现教师在教室授课的实况，并且语言更为精炼、简洁，减少了课堂教学的语言重复及非专业词语。

教学内容覆盖了“医学免疫学”教材的全部章节，包括基础免疫学和临床免疫学两大部分。讲授难度以本科教学大纲的要求进行组织。基础免疫学围绕参与免疫应答的各个组分逐个展开，最后综合在免疫应答，同时也讲授了免疫调节及免疫耐受的内容。临床免疫学部分，我们讲授了超敏反应、自身免疫病、肿瘤免疫、移植免疫及感染免疫和黏膜免疫。同时，鉴于免疫学技术已经在疾病的预防、诊断及治疗中的广泛应用，免疫学技术的相关内容及进展在课程中也一一予以阐明。真正做到线上资源可以完全替代课堂讲授。

二、展现形式更为生动——配有相应的动画，图文并茂

“医学免疫学”对于阐明疾病的发生及预防、诊断和治疗都起到重要作用。但是免疫学理论内容抽象、难以理解，专业名词多，并且多是英文缩写，难以记忆。免疫学的理论具有较好的系统性，前面的内容还是理解掌握后面知识的基础，所以，一旦有落课、不理解的情况就会影响后面知识的学习和掌握。同时，该课程以免疫应答为根本，参与免疫应答的免疫细胞、免疫分子都是微观的，必须借助一定的仪器及方法才可以观察。这些特点对教师授课及学生理解都有一定难度。为使抽象的理论具体化、简单化和可视化，我们投入了大量精力，查找相关的资料、图解，反复修改课件，将较难理解的知识点以图解、动画形式展现，做到直观、具体、生动、图文并茂。这样的阐述方式可以把抽象问题具体化、直观化，将复杂的理论及机制简单化，加强学生对复杂内容的理解和掌握。增强同学的理解力、激发同学的学习兴趣、提高学习效率。

三、重点突出，高效学习——拆分知识点，分解讲述

按照教材的架构，首先概述医学免疫学以及免疫应答，行使免疫应答功能的是免疫系统，免疫系统包括免疫器官、免疫分子和免疫细胞，遇到病原体及异物等抗原入侵时，这些成分有机结合启动免疫应答。整个内容都是抽象的，缺乏直观性，并且每个小的知识点都至关重要，如果基础内容不能掌握就很难理解有机整合后的免疫应答。针对这样的问题，我们采取拆分知识点的方法来突出重点、难点内容。将每章内容根据知识点的不同拆分为不同的小节，每个小节就是一个完整的内容。并且每一小节视频展示时间以 5～10 分钟为宜，这样可以抓住学生的兴趣，避免视听疲劳及走神，提高学习效果。比如，在讲解抗体章节时，我们把整章分为 6 个部分，根据大纲要求需要掌握抗体与免疫球蛋白的概念(第一部分：抗体的概述)，抗体的基本结构、功能区、辅助成分及水解片段(第二部分：抗体的结构)，抗体的功能(第四部分：抗体的功能)，熟悉抗体的多样性和免疫原性(第三部分：抗体的多样性)。了解各类抗体的特性与功能(第五部分：五类抗体的功能)，单克隆抗体的基本概念和特点(第六部分：人工制备抗体)。因为结构决定功能，所以本章针对抗体结构及功能制作了大量的动画便于同学理解。

四、引导学生自主学习、终身学习

教学的目的是在学习掌握知识点的基础上，促成和培养学生自主学习和终身学习能力，这对学生成长至关重要。良好的学习习惯不是为了应对考试突击学习，而是在学习过程中把相关内容融会贯通。学习兴趣的激发，学习方法的探讨需要一定的时间来培养。

以习近平新时代中国特色社会主义思想为指导，贯彻落实党的十九大精神，全面落实立德树人根本任务，主动适应国家社会经济发展需要和建设世界一流大学的要求，以提升学生学习能力为核心，以提升课程质量为抓手，优化课程体系，加强课程建设，持续推动人才培养范式变革和"学习革命"，深入开展课堂教学革命和学习革命，完善质量保障和教学激励机制，为学生创造良好的教育教学生态，促进学生全面发展和个性成长[①]。为此，我们的课程内容每节时间不长，可以使同学利用碎片化时间高效学习，并且将需要掌握的知识点以单选题的形式呈现在相关章节，要求同学带着问题去看视频、做笔记。培养同学们预习及自学的习惯，将课后复习的时间转换为课前预习、自主学习，通过自学解决问题，对于不能理解的内容在平台留言，老师随时查看学生的提问并给予解答。对于理解力强、需要知识拓展的同学，我们通过在平台发布需要综合分析知识点并结合疾病相关内容的讨论题。这种互动的学习方式既可以充分调动学生的学习积极性又可以帮助学生养成良好的自学习惯，从而将为"以生为中心、以学为中心、个性化培养"的教育教学理念应用到教学实践中。

五、激发师生互动提高——采用形成性评价方法

形成性评价指教师对学生的学习和学生对自己的学习进行评价时所进行的活动，这些活动为教学活动的改进提供信息。[②] 在具备较好线上资源的基础上，如何调动学生学习积极性、培养学生自主学习习惯对提高教学质量至关重要。形成性评价可以识别教师教了什么、学生学了什么，其目的是促进学生学习。对教师而言，其目标是如何改进教学方法或者教学模式。[③] 我们在线教学平台根据每节课中需要掌握的基本内容提炼问题，然后通过观看视频自学并回答，同学答题结束后可以校对正确答案，教师可以在线上核对答题情况，随时了解学生对知识点的掌握情况，分析调整线下需要讲述的内容。这种评价方法及时给予学生反馈学习效果，可以起到很好的鼓励、督促作用。为此，我们在人卫慕课平台针对每一小节教学内容提出 3～5 个小测题目，同时也列出激发同学发散学习的讨论题。我们把这些小测试的结果作为形成性评价的重要依据。

这些反馈可以让学生很好地判断哪些问题没有掌握，使得学习更具有针对性。同时，在学习过程中对学习的效果给予及时的反馈可以使同学适时调整学习方法，来获得更高

---

① 吴昊、娄爽、张华忠等：《线上线下混合式"金课"的构建与探索》，《南京医科大学学报》(社会科学版)2017 年第 4 期。

② Cowie，B.，Bell，B. A Model of Formative Assessment in Science Education，*Assessment in Education*，1999(6).

③ The Teaching Assessment and Evaluation Guide，http://www.yorku.ca/secretariat/senate/committees/scotl/tevguide.Pdf，2002，访问日期：2020 年 7 月 16 日。

的学习效率。也可以使教师及时了解学生对各章节内容的掌握情况，判断学习效果。及时了解发现共性问题、难点问题，根据存在的问题随时调整课程的时间安排，调整线下需要重点阐述的知识点，使得我们的教学活动更有针对性。

六、准备视频脚本——教师需要付出较多的时间和精力

线上课程的建设需要视频制作，视频录制及制作过程需要相关的技术人员协助。视频录制及制作人员不了解专业内容，如何和视频技术人员无缝对接至关重要。为此，线上视频的录制需要教师提前准备授课内容，这种授课不同于课堂授课，因为录制视频时间的限制，教授内容既要具有科学性、重点突出，授课语言又要简洁，精炼。授课教师需要根据内容制作 PPT，同时针对每页 PPT 要适配讲稿。录制视频的 PPT 尽可能全面、重点突出；根据授课内容挑选具有说明性的图片或者动画，这些工作需要教师花费大量的时间和精力去完成，同时要求教师对教学内容全面掌握，做好视频脚本是录制视频的前提，并且内容清晰、全面，这些工作的充分完成可以为视频的顺利录制提供保障。

七、上线大平台，提升大流量，建设大医科

中国高教迈入提质创新发展新阶段，以"大国计、大民生、大学科、大专业"的新定位推进医学教育改革创新发展，服务健康中国建设和教育强国建设。[①] 教学改革要重视优化本科课程体系，凝练核心课程、打造学科通修课程。"医学免疫学"作为一门重要的基础课程，如何深化课程改革、理顺课程逻辑，推进课程拓宽口径、夯实基础、交叉融合至关重要。"医学免疫学"与其他学科如"细胞生物学""分子生物学"等有着密切联系和交叉，免疫学理论也直接引领科技创新。对于基本原理的掌握可以引导学生在内容上循序渐进、由通入专、由浅入深。

人民卫生出版社作为专门行业出版社，其出版物在国内医疗教育界得到广泛的认可、具有较高的声誉。人民卫生出版社联合吉林大学白求恩医学院、上海交通大学医学院、四川大学华西医学院、中山大学医学院等 53 家国内一流医学院校及中华医学会、中国医师协会等协会组织，共同作为发起单位，组建的中国医学教育慕课联盟并建设中国医学教育慕课平台，目前联盟单位已达到近 200 家，几乎涵盖了国内所有的医学院校，该慕课平台的线上课程也如人民卫生出版社出版物一样，享有较高声誉和较广的受众。

我们的"医学免疫学"MOOC 建设完成之际，时逢新型冠状病毒肺炎暴发流行，各高校学生都不能到校学习。此时良好的线上教学资源为医学生的教学解了燃眉之急。到目前为止，注册学习"医学免疫学"MOOC 的人数为 1894 人次，除本校学生约 400 人，其余近 1500 注册者多来自国内其他医学院校。我们建设的"医学免疫学"慕课，为 2020 年的抗疫斗争贡献了一份"厦大力量"。[②]

---

① 国务院办公厅《关于加快医学教育创新发展的指导意见》，http://www.gov.cn/xinwen/2020-09/23/content_5546479. htm，访问日期：2020 年 10 月 23 日。

② 《助力抗疫，〈医学免疫学〉人卫慕课正式上线》，https://news. xmu. edu. cn /2020/0220/c19196a395042/page.htm，访问日期：2020 年 2 月 25 日。

八、展望

2020 年 9 月，国务院办公厅《关于加快医学教育创新发展的指导意见》指出以新医科统领医学教育创新。优化学科专业结构，体现“大健康”理念和新科技革命内涵，对现有专业建设提出理念内容、方法技术、标准评价的新要求，强力推进医科与多学科深度交叉融合。[①] 目前进入 5G 时代，电子产品普及，如何调动学生的学习积极性，充分利用线上资源自主学习显得尤为重要。我们课程组从 2019 年 12 月份开始建设“医学免疫学”线上课程，在建设线上课程过程中，精心准备脚本及动画设计，经过近 1 年的建设，线上课程基本完成并 2 次开课。截至目前，第 2 次选课超过 850 人次。在信息化的时代以及 5G 广泛应用的普及，我们的线上课程将为医学生及广大医学爱好者自学“医学免疫学”提供较好的帮助。力争做到优化课程结构，理顺课程逻辑，凝练核心课程，实现课程体系应生所需、因学而建、因生而立，打造以立德树人为根本、以学生能力塑造为核心的课程体系。

---

① The Teaching Assessment and Evaluation Guide，http://www.yorku.ca/secretariat/senate/committees/scotl/tevguide.Pdf，2002，访问日期：2020 年 7 月 16 日。

"专题教学＋翻转课堂"的混合教学模式探索*

——以"马克思主义基本原理概论"课为例

李 欣**

摘要：基于多年来"三位一体"教学改革实践探索的经验与问题，立足于当前思政课教学工作的新特点与新要求，笔者重新设计规划了"专题教学＋翻转课堂"的混合教学模式。本文基于"课堂派"教学平台，以"马克思主义基本原理概论"课为例，详细介绍了"专题教学＋翻转课堂"混合教学模式运作流程的几个主要环节，并指出该教学模式应该注意的五大问题。

关键词：专题教学；翻转课堂；混合教学模式

一、"三位一体"教学模式存在的问题

厦门大学马克思主义学院自2014年起启动了"三位一体"教学改革，即构建"课堂教学(专题教学)＋网络教学＋实践教学"的"三位一体"教学体系和教学模式，取得了不错的效果，但该模式仍然存在一些问题，值得进一步探讨和改进。

以《马克思主义基本原理概论》课(以下简称"原理"课)为例，"原理"课教学内容和相关知识点太多，而这门课只有48学时，扣除社会实践等其他因素，课堂专题授课时间就更少，要把高度概括、凝练的马克思主义基本理论讲细讲透难度极大。因此，教师应该深入挖掘教材的知识内容因材施教，并及时将中央最新精神融入专题。课堂教学的专题设计不仅应注重以问题为导向，专题内容还应注重吸收教师的学术研究成果。

表1 课堂教学效果的总体评价(%)

	非常好	比较好	一般	不太好	非常不好
专题教学内容	49.2	40.6	9.1	0.8	0.2
师生之间的互动	34.0	37.9	23.6	3.8	0.6

从表1可以看出，学生对"思想政治理论课专题教学内容"的评价较高，有49.2%的学生认为教学内容"非常好"，有40.6%的学生认为"比较好"。① 至于师生之间的互动和课堂

* 基金项目：国家社科基金高校思政课研究专项"推动高校思政课专题教学改革创新研究"(20VSZ120)，厦门大学2020年教改项目"'互联网＋'背景下思政课专题教学的守正创新——以'马克思主义基本原理概论'课为例"(2020MJY03)的阶段性成果。

** 李欣，男，福建永春人，厦门大学马克思主义学院副教授。

① 2019年度厦门大学学生思想政治理论课教学现状网络调查。

气氛的评价,结果则不尽如人意,有23.6%左右的学生认为一般,更有3.8%左右的学生认为不太好!这说明有相当一部分学生对思政课课堂教学互动效果并不满意。目前的专题教学方式仍然较多采用传统的讲授灌输方式,课堂上师生互动不足,教师偏重学生对知识的掌握,而缺乏对学生运用基本原理解决问题能力的培养,这种以教师为中心,以应试为导向的模式,教学效果并不大理想。

2017年,马克思主义学院曾经上线了慕课视频,经过一段时间的运行,这种SPOC教学模式效果有待改进。"原理"课安排在大三学期上课,大三的学生需要花费大量时间学习专业课、准备四六级考试,课业负担繁重,很多学生还面临着考研和就业的双重压力,因此,在部分学生眼中,"原理"课这样的公共课是不大重要的课程。如果没有好的机制设计,试图让学生主动、自觉地上网进行慕课视频观看并进行相关资料的学习,存在一定的难度。有的学生可能疲于应付,学习效果不好,有的学生甚至通过技术手段逃避学习。另外,网络资源更新不够及时、教学反馈不够迅速,这些问题无疑会在一定程度上影响到慕课翻转课堂的效果。

不可否认的是,随着手机移动终端的普及、无线网络的覆盖以及流量资费的降低,移动互联技术在教育领域的运用得到了可靠的技术支持,这极大地突破了传统思想政治理论课面临的时空条件限制。移动互联技术的飞速发展深刻地影响着大学生群体,他们视野开阔、思维活跃、喜欢短视频等非文字的阅读,对思想教育的自主选择性、趣味互动性要求越来越高。

正如习近平总书记在全国高校思想政治工作会议上强调,要运用新媒体新技术使工作活起来,推动思想政治工作传统优势同信息技术高度融合。[①] 同时,总书记也指出要用好课堂教学这个主渠道,提升思想政治理论课的亲和力和针对性,满足学生成长发展需求和期待。[②] 因此,在现有"三位一体"教学模式的基础上,整合优化现有资源,探索"专题教学+翻转课堂"的混合教学模式就显得十分重要。

二、"专题教学+翻转课堂"的混合教学模式流程

笔者对原有"三位一体"教学模式进行升级改造,重新设计了"专题教学+翻转课堂"的混合教学模式。"混合"并非教学技术层面的简单混合,而是以教师为主导、以学生为主体,打破时空界限,细化教学环节,利用教学活动的线上线下联动,实现不同的教学手段、评价方式的深度融合。

"专题教学+翻转课堂"混合教学模式具体包括:网络资料库建设、学生在线自主学习、教师专题精讲、师生课堂研讨、课后答疑等五个主要环节。在此,笔者以"课堂派"教学平台为例进行介绍。

(一)课前准备阶段

课前准备阶段是混合式教学的前提和基础,重点要做好凝练专题和建设网络资料库

① 习近平:《把思想政治工作贯穿教育教学全过程 开创我国高等教育事业发展新局面》,《人民日报》2016年12月9日。

② 习近平:《思政课是落实立德树人根本任务的关键课程》,《求是》2020年第17期。

这两个环节。

1. 凝练专题

通过调查问卷,了解学生关注的重点、难点以及兴趣点等问题,利用集体备课的形式,教师做好前期的专题设计,主要任务是精心设计问题链,将"原理"课的知识点设计成逐层递进,带有系统性、启发性的一连串教学问题。如在"马克思主义劳动价值论"专题教学时,教师可以结合教材内容设计不同的问题,引导学生开展诸如"马克思为什么是伟大的经济学家?马克思劳动价值论的基本观点有哪一些?有什么现实意义?劳动价值论与效用价值论建立的理论基础差别在哪里?货币有哪些基本的职能?网络购物货币执行的是哪一种职能?人民币国际化有哪一些具体的表现?价值规律的作用及其现实意义是什么?如何处理好政府与市场关系这一世界性的难题?"等系列问题的研讨。

2. 建设网络资料库

教师以课程大纲为依据,围绕教学知识点,录制15分钟左右的微课视频。学生需要观看慕课视频并完成视频中插入的客观题,还要完成相应章节测试,确保"翻转课堂"教学之前学生对基本原理有一个大体的掌握。

另外,着力打造一个能辅助教师课堂教学、能促进学生进行自主学习的立体化教学辅助资源平台,提高学生学习的主动性,变"要我学"为"我要学"。提前将微课教学视频、PPT课件、课外延伸阅读资料、小组讨论话题等教学资料上传,供学生自主学习、反复观看。

立体化教学辅助资源的建设将依托"课堂派"平台,除了在该平台上上传教学大纲,电子课件以及模拟试题,主要建设四个创新板块(视角新、观点新、材料新):

(1)时代哲思:梳理十八大以来,尤其是近两年发表的相关理论文献,深入挖掘习近平新时代中国特色社会主义思想的哲学意蕴和政治经济学基础,让学生从理论经典中更好地理解马克思主义基本原理在我国的实践与应用。

(2)考研辅导:收集、整理历年的考研涉及的马克思主义基本原理的真题和相关知识点,并加以解读。

(3)视听天地:收集、剪辑、制作3分钟左右的微视频。将微电影、广告、动画、影视片段、电视新闻等作为微视频案例库,并附上相关案例的知识点以及案例解读。微视频以短小、精炼、有趣等为原则,并按课本的章节和知识点归类上传,该案例库既可作为教师上课的案例教学内容,也可作为学生课后自学的材料。

(4)他山之石:收集、整理学生课内社会实践的优秀课题报告、课堂展示PPT、微电影等,优秀社会实践课题展示,让学生互相学习、互相促进,引导学生正确分析热点的成因、影响、趋势和性质。

总之,教师提前将微课教学视频、PPT课件、课外延伸阅读资料、小组讨论话题等教学资料上传,供学生自主学习、反复观看。同时,教师发布课堂讨论主题,为"翻转课堂"课上互动谈论做准备。

(二)课堂教学组织阶段

教师根据课前凝练的专题开展深度的理论讲解,并辅之以时政或社会热点的解读,创设一个与课程内容相关的情境,引导学生积极参与课程互动,强化学生对知识的吸收与内化,使学生融入其中并成为学习的主体,达成"专题教学+翻转课堂"混合式教学。

基于移动互联技术的课堂派教学平台能够快速简单地实现了“全员互动、全程参与”,便于案例教学、问题导向教学、师生专题研讨等翻转课堂教学方法的展开,从而营造出“人本化互动、深入性探究、创新性思考”的课堂氛围,适应了大学生在网络时代的心理需求,变单向、单一的传统教学模式为立体、互动的教学模式。

在具体操作层面,开通课堂派的弹幕功能,学生可以即时通过弹幕发表自己的观点和看法,这些内容都将会以弹幕的方式实时出现在屏幕课件上,教师可以及时关注并作出回应,实现与学生的双向沟通。另外,通过预先创设的问题进行课堂提问也能活跃课堂气氛,提问功能分为“点名提问”和“随机提问”两种方式。“随机提问”通过系统随机抽取学生回答问题,这种非指定性的选人方式能够把注意力分散的学生从开小差的状态中拉回来,既提升了学生紧张感,又增加了课堂的趣味性。在讲解完一个知识点后,还可以设置课堂互动习题测试,即时检验学习效果。通过向学生手机终端推送预设的习题并限时作答,答题完毕将学生的答题情况予以投影公布,答题情况通过柱状图能直观地展现出学习成效。

在开展专题研讨过程中,组织学生专题研讨要留出一定的时间进行,让学生真正将理论知识消化、理解并加以运用。通过前期设置分组、查阅资料、小组交流等准备工作,组织学生在课堂时间开展专题讨论。根据安排,由几个小组代表上台讲解本组的观点,其他小组的学生可以发送弹幕等方式补充发言或提问。最后,教师根据各组演示和讨论情况进行精准的点评与总结。整个研讨过程教师不能将自己置身事外,而应全程加以掌控和引导,对学生的研讨方向和结果进行分析和补充。专题研讨深化了小组成员之间的合作,既能增进学生对马克思主义基本原理的掌握和运用,又能提升学生运用理论分析问题和解决问题的能力。

(三)课后的答疑与反馈

在完成课内教学任务之后,教师还需通过课堂派的私信功能给予学生答疑解惑。教师要通过个别谈话、问卷调查和私信交流等多种形式与学生沟通,及时了解学生的反馈信息,掌握学生的思想动向和学习情况,为进一步调整并改进专题教学提供依据,也有利于今后教学计划的优化和教学效果的提升。

三、混合教学模式还应注意的几个问题

(一)网络资料库注重少而精

由于大三学生课业负担非常繁重,全校不同专业学生的学习基础也各不相同,网络教学资料库,应该做到分门别类且少而精。四大创新板块既有知识性、理论性,又不失趣味性。这些精挑细选出来的资料要能够满足不同层次的学生的需求,做到因材施教。比如,“时代哲思”让学生牢牢抓住辩证唯物主义和历史唯物主义这一马克思主义的世界观和方法论,坚持把马克思主义基本原理与中国具体实际相结合,深入学习和践行习近平新时代中国特色社会主义思想。“考研辅导”既能满足部分打算考研学生的需要,也能满足其他学生自学课程的需要。“视听天地”的视频以短小、精炼、有趣等为原则,并按课本的章节和知识点上传,增强了视频对基本原理案例解读的针对性,“他山之石”的社会实践项目帮助学生提高运用马克思主义基本原理解释现实问题的能力,让学生从日常生活的案例中感受马克思主义理论的魅力,最终树立正确的价值观念。

（二）专题设计凝练多管齐下

发挥教师各自的学科优势，组建教学研究团队，以培训研讨、集体备课等形式设计和凝练专题，并实现资源共享。

建立学院和教研部两级集体备课制度。学院层面主要邀请马克思主义学科领域的顶尖专家，针对当前的时政热点问题、思想政治理论课教育教学方法问题等开展相关的导学和专题讲座，启发教师推进思政课改革创新。教研部层面则将专题化教学落实落细。每个教师针对他所负责的专题进行教学演示，仔细梳理、分享相应专题教学模块的重难点问题和教学思路，其他老师针对该专题展开了热烈的交流讨论，主要聚焦如何将教材体系向教学体系更好地转化。通过集体备课制度、教学观摩、经验交流等多种方式，设计、凝练出一套教学专题，以此打破原有教材体系的逻辑建构，以学生关注的问题为导向，以全面系统的专题内容回应学生的现实关切，开展行之有效的专题教学及翻转课堂活动。

（三）专题注重以问题为导向

在传统的灌输式教学模式中，教学仅仅停留在知识的传授层面，而没有深化到价值引领的层面。因此，教师要注重强化问题意识，尤其把握学生关注的学习、情感、就业等现实问题，运用马克思主义基本理论、观点和方法，解答学生心中之惑，让学生切实感受到马克思主义的理论魅力。例如，2020 年突如其来的疫情，深刻改变了我们生活的方方面面。以讲述福建援鄂医疗队队员以及社区志愿者的故事作为切入点，让学生领悟抗击疫情是一场全民行动，人民群众是这场斗争中的主体力量。随后，进一步指出疫情防控的中国实践体现出的唯物史观，引导学生把握人类历史的发展规律，让学生发自内心地感受中国特色社会主义的制度优势。

（四）强调翻转课堂互动研讨

翻转课堂应该将传统的教师主讲的课堂变为师生研讨、展示的互动平台。着力改变"我讲你听"的灌输式教学方法，更多采取案例分析、课堂研讨等互动式手段。要贯彻"以学生为中心"的理念，充分调动学生课堂参与的积极性和主动性，引导学生充分表达自己的观点，让师生在课堂中形成情感的共鸣，并且碰撞出思想的火花。

无论是面对面课堂讨论环节，还是线上答疑，互动研讨都对教师的综合素养提出了更高的要求，教师不仅要有深厚的学术积淀和理论功底，还要有灵活应对学生各种突发问题的课堂掌控能力，才能主动答疑解惑，应对自如。比如，教师讲授相关专题内容时，安排小组的成员展示他们的观点和看法，教师应能切中要害进行分析、点评，提出中肯的意见，以便于学生进行总结和反思。

（五）考核方式注重全面精准

思政课不仅是知识的传授，更是价值的引领，其学习效果无法通过一张期末试卷得到完整的呈现，因此，在考核方式上需要灵活处理，将过程考核与最终考核相结合，应该尝试"考勤签到+课堂发言+小组讨论+网络测试+期末考试+社会实践"的全面精准的评价模式。要加大平时成绩在总成绩中的比重，注重学习过程的考核。课堂派教学平台可以全面记录并掌握学生的学习情况，将平时成绩考核分解为出勤成绩、课堂发言成绩、小组讨论成绩和课堂及课后网络测试成绩、社会实践成绩等多个细项，鼓励学生积极参与到课堂教学中，这样，不仅能约束学生行为，还能充分调动学生的学习热情。

基于欣赏式探询的行动学习法在课程教学中的应用效果探究*

余 璇 唐炎钊 张印轩**

摘要：本文结合欣赏式探询和行动学习法二者的优势，将基于欣赏式探询的行动学习法应用在"培训与开发"的课程教学上。本文分析结果显示，在以欣赏式探询为基础的行动学习模式下，学生发言机会增多，课堂气氛活跃；老师在课堂中的地位弱化，师生关系更加融洽；激发了学生的主动性和创新性，学习效果显著提升；大部分学生能够适应以欣赏式探询为基础的行动学习方法。总体而言，以欣赏式探询为基础的行动学习模式效果显著，已经被大部分学生所接受，可行性较高。与此同时，此模式仍存在待改进之处，基于此，本文针对分析结果提出了相应的对策。

关键词：欣赏式探询；行动学习法；课程教学

一、引言

欣赏式探询(Appreciative Inquiry，简称 AI)是一种全新的积极变革方法。欣赏式探询承认积极语言的力量，聚焦于优势而不是问题或弱点。① 虽然欣赏式探询没有公式可循，但大多数公司的变革过程都遵循如图 1 所示的 4D 循环：发现(discovery)—梦想(dream)—设计(design)—实现(destiny)。它是对以问题为基础的管理方法的彻底背离，并可从根本上重塑战略规划、文化变革、组织整合以及考核评价系统、调查方法等。②

行动学习是一种发展、智力、情感或物理的手段，需要通过负责任地参与一些真实、复

---

* 基金项目：中国儿童少年基金会青春启航计划——大学生创新创业公益项目"基于校企合作的高校创新创业教育研究"；福建省社会科学规划重大项目"新时代政府科技资助与企业创新效率研究"(FJ2018MGCZ010)；2019 年校级教育教学改革研究项目"管理类本科'全程多维递进'品格优势管理工程的探索与实践"(2019102)；重庆市教育科学规划课题"大学生品格优势对个体产出的影响及其管理对策研究"(2019—GX-123)；重庆市高等教育学会高等教育科学研究课题"立德树人背景下大学生品格优势的效能发挥及保障机制研究"(CQGJ19B40)。

** 余璇，男，湖北天门人，博士，博士后，重庆工商大学工商管理学院副教授、硕士生导师，研究方向为积极心理学和人力资源开发。唐炎钊，男，湖北安陆人，博士，厦门大学管理学院教授、博士生导师，研究方向为创新创业管理、科技管理。张印轩，男，河北衡水人，上海交通大学安泰经济与管理学院博士研究生，研究方向为人力资源管理、创新创业管理。

① Kotarba, J.A. Realities and Relationships: Soundings in Social Construction. *Contemporary Sociology*, 1996, Vol.25, No.5, p.676.

② White, T.H. Working in Interesting Times. *Vital Speeches of the Day*, 1996, Vol.62, No.15, pp.472-474.

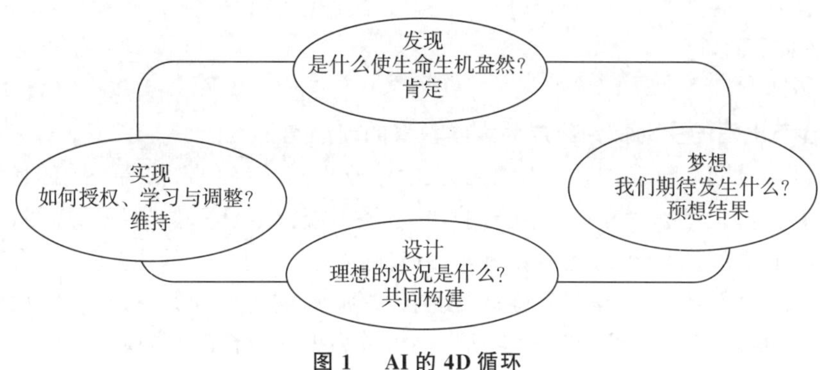

图1　AI的4D循环

杂和紧张的问题,实现预期的变革,改善被试者今后在问题领域的可观察行为。① 行动学习法(Action Learning,简称AL)是包括学习知识、分享经验、创造性地研究和解决问题、展开实际行动的"四位一体"学习方法,强调学习者主动探询问题、采用不同的方法解决问题的精神。

欣赏式探询与行动学习法有着非常本质的共同点,即以小组或团队为单位,通过探讨共同的话题来实现最佳效果。两者的不同点在于欣赏式探询从积极角度探询巅峰体验,从而让优势最优,行动学习法则需要预先确定需要完成的目标,然后经过小组成员的讨论,以解决完成目标过程中所遇到的困难。如果能将二者的优势结合起来,把欣赏式探询运用在采用行动学习法的课堂中,欣赏式探询将会为行动学习提供新的上升路径,从而使从优势出发的主动探询成为大学教育的新趋势。基于此,本文将欣赏式探询与行动学习法结合,探究基于欣赏式探询的行动学习法在课程教学中的应用效果。

二、基于欣赏式探询的行动学习法在工商管理类课程应用的思路及必要性

(一)思路

1. 以欣赏式探询为行动学习法的基础

行动学习法要求以小组为单位,通过质疑和主动问询解决问题,强调了主动和行动的重要性。而欣赏式探询要求在此基础上以积极的话题展开讨论,探讨自己最成功的经历,从中发现优势行为,使得优势最大化。欣赏式探询能够激发学生讨论的兴趣,提升学生的创造力,因而有效地提升了学生基于行动学习法的学习效率,二者具有兼容性和互补性。

2. 以行动学习法为课堂教学的基础

任何好的学习方法都离不开学生的主动性和具体的行动,课堂教学以行动学习法为基础才能有效进展,通过学生自发地发现问题、分析问题、解决问题,学生主动参与到课堂讨论,是提高学习效率的基础。在工商管理类课堂教学中,对学生的实践能力和理解能力

① Revans, R.W. *Action Learning: New Techniques for Management*, London: Blond & Briggs, 1980.

要求较高，课堂上的高效学习能够从根本上提升学生的专业素质，以行动学习法为基础的课堂教学是必要的。

（二）必要性

1. 从优势出发的主动探询将成为大学教育的新趋势

在新时代背景下，随着企业分工细化，大学专业也随之细化，“精通一个领域”比“涉猎多个领域”更受企业青睐，“专业顶尖人才”更是供不应求。从每位学生的优势出发，激发学生的兴趣和主动性，不断的激励和启发，有助于学生找到自己的优势并逐步培养，成为社会需要的“专业人才”。大学教育强调“创造力”和“影响力”，应是基于个体优势的培养，而不是批量复制，因而从优势出发的主动探询将成为大学教育的新趋势。

2. 欣赏式探询为行动学习提供了新的上升路径

欣赏式探询为枯燥的课堂提供了积极的话题，使得参与人员憧憬美好未来，同时又能够采取具体的行动来实现这一梦想。以欣赏式探询为基础的行动学习法可以称之为“带着梦想行动”，一方面参与者根据自己对某一话题的高峰体验设定自己的预期目标；另一方面，团队成员交换意见后以最合理可行的方式逐步实现目标。

三、实施过程与数据收集

人力资源管理作为工商管理学科的核心课程之一，其中的培训模块是学生在日常学习生活中接触得最多的，同时也是最易于理解的。因而“培训与开发”课程在工商管理类课程中非常具有代表性，选择这门课程作示范具有普适意义。因此，本研究以基于欣赏式探询的行动学习法在“培训与开发”课堂教学中的应用为起点，对人力资源管理专业的100个学生进行了一个周期的培训。首先，教师在课程的具体案例讲授和讨论环节采用基于欣赏式探询的行动学习法。在课程学习结束后，让同学们根据他们在课程学习过程中的真实体验，填答欣赏式探询在课堂教学中实施效果的调查问卷。在问卷的设计上，本文主要参考史蒂文斯和利维编制的《评价量表：快捷有效的教学评价工具》[①]，并结合课堂实际情况，采用李克特5点量表法从课堂氛围、师生关系、学习效果、态度评价和课堂讲授五个维度来确定欣赏式探询在行动学习中的应用效果。

四、数据分析与结果

本文将从课堂氛围、师生关系、学习效果、态度评价和课堂讲授五个维度共计25个题项来确定欣赏式探询在行动学习中的应用效果。

（一）课堂氛围维度

A1：我觉得欣赏式探询模式下的教学课堂讨论气氛活跃，我能认真听讲。

经调查发现，在以欣赏式探询为基础的行动学习模式下，大部分同学能融入课堂认真听讲，积极参加课堂讨论，但仍有大约25%的同学不确定或者不能认真听讲。

A2：欣赏式探询模式下，我在课堂上发言的机会增多。

---

① ［美］史蒂文斯、［美］利维：《评价量表：快捷有效的教学评价工具》，陈定刚译，华南理工大学出版社2014年版，第35～170页。

经调查发现，在以欣赏式探询为基础的行动学习模式下，约 44％的学生对自己发言机会是否增加持不确定态度，约 43％的同学认为自己在课堂上的发言机会增加，但也有少数同学认为发言机会没有增加。从总体来看，欣赏式探询的学习模式有助于学生发言机会的增多。

A3：欣赏式探询模式下，我与同学交流的机会增多。

经调查发现，在以欣赏式探询为基础的行动学习模式下，学生与学生的沟通频率有所提高。大部分同学认为自己与同学交流的机会增多，但少部分同学则持否定态度，认为与同学交流的机会没有增多。

A4：欣赏式探询模式下，我愿意在课堂上发表自己的真实想法、意见及建议。

经调查发现，在以欣赏式探询为基础的行动学习模式下，大部分学生愿意在课堂上发表自己的真实想法、意见及建议，但是少部分同学不愿意在课堂上发言。能否发表真实的看法体现了上课听讲的认真程度，超过一半的学生愿意与组员沟通自己的真实想法、提出自己的意见和建议。

A5：欣赏式探询模式下，玩手机或者做其他与课堂无关事情的次数减少。

经调查发现，在以欣赏式探询为基础的行动学习模式下，玩手机或者做其他与课堂无关事情的次数有减少的趋势，但是少部分同学认为玩手机或者做其他与课堂无关事情的次数没有减少。从百分比来看，约 24％的同学认为在欣赏式探询的教学模式下，仍有同学不能专心听讲，不能积极参与到课堂讨论中来。

（二）师生关系维度

A6：欣赏式探询模式下，老师更像是我的朋友。

经调查发现，在以欣赏式探询为基础的行动学习模式下，大部分学生认为老师更像朋友，师生关系融洽，但是极少数同学否认这一观点。

A7：欣赏式探询模式下，老师更加注重倾听学生的想法。

经调查发现，在以欣赏式探询为基础的行动学习模式下，大部分学生认为老师非常注重倾听学生的想法，尊重学生的建议及意见。

A8：欣赏式探询模式下，我与老师的关系比以往更加亲近。

经调查发现，以欣赏式探询为基础的行动学习模式有效地改善了师生关系。大部分学生认为与老师的关系比以往更加亲近，少部分学生则认为师生关系没有显著改善。

A9：欣赏式探询模式下，我愿意主动找老师探讨问题。

经调查发现，以欣赏式探询为基础的行动学习模式激发了学生提问的积极性。约 45％的学生愿意主动找老师探讨问题，但是少部分学生较少主动与老师探讨问题。一方面与“培训与开发”更加注重实践的课堂性质有关，学生实践经验较少，相关问题就相对较少；另一方面，因为大学课堂课时较为紧张，传统课堂以老师讲授为主，很少有提问环节，所以学生在较短时间内难以以开放的思维向老师提问。

A10：欣赏式探询模式下，我与老师的节日问候增多。

经调查发现，在以欣赏式探询为基础的行动学习模式下，大部分同学不确定与老师的节日问候是否增多，节日问候增多的学生人数与节日问候没有增多的人数大致相当。28.6％的学生认为自己与老师的节日问候增多。

(三)学习效果维度

A11:如果同一老师、同一教材,改用传统课堂的讲授模式,我认为我的学习效果会更好。

经调查发现,在以欣赏式探询为基础的行动学习模式下,大部分学生不确定如果同一老师、同一教材,改用传统课堂的讲授模式,学习效果是否会更好。

A12:欣赏式探询教学模式提升了我学习的积极性和主动性。

经调查发现,在以欣赏式探询为基础的行动学习模式下,大部分学生认为自己学习的积极性和主动性有所提高,这也是行动学习法最为核心的要素,即主动问询,积极探讨。从这一点来说,将欣赏式探询作为行动学习法的基础是成功的,老师再优秀也不能将不主动不积极的学生变得好学,老师只能引导学生主动探索,教学模式的改变加强了学生的主动性。

A13:欣赏式探询的教学模式对我而言是枯燥、乏味的。

经调查发现,在以欣赏式探询为基础的行动学习模式下,学生学习的趣味性增加,仍有少部分学生认为这种学习模式枯燥、乏味。欣赏式探询要求学生从积极的方面讨论自己的巅峰体验,并分享经验给同组的学生,在交流和沟通中提升学习效率,在分享和愉悦中完成学习目标,这相比传统课堂而言趣味性大大提升。

A14:欣赏式探询要经历发现、设计、梦想及实现四个环节。在"实现"环节结束后,我认为我实现了"梦想"阶段制定的目标。

经调查发现,在以欣赏式探询为基础的行动学习模式下,39%的学生完成了自己预先设想的学习任务,有效提高自身的学习效率以及加强了所学知识的完整性。17.1%的学生没有达到自己的预期目标,45.7%的学生不确定是否完成了自己的预期目标。

A15:欣赏式探询教学模式下的课堂学习激发了我的创新思维。

经调查发现,在以欣赏式探询为基础的行动学习模式下,大部分学生能够开发大脑思维,从不同的角度看待问题,具有创新性,15.2%的学生持否定态度。

A16:通过欣赏式探询教学模式下的课堂学习,我对其他课程的学习也充满了信心。

经调查发现,在以欣赏式探询为基础的行动学习模式下,能够使学生的学习效果发生迁移,从而全面提升学生的学习效果。这也说明,在"培训与开发"以外的其他课堂上,也仍可以采用这种教学模式,使学生的学习效果普遍上升。但具体的课程设置还是要根据不同的学科特点以及学科性质来做调整,切不可一概而论。

A17:同学都能主动而创造性地提出自己的想法。

经调查发现,在以欣赏式探询为基础的行动学习模式下,学生愿意主动提出自己创造性的想法,从积极的角度改善学习效果。在课堂上,学生的创新思维被激发,又有一定的时间和机会来发表自己的看法,所以学生愿意主动而创造性地提出自己的想法。

A18:课堂上,每位同学都有同等发言权并得到同等重视。

经调查发现,在欣赏式探询的模式下,大部分学生的话语权都得到尊重,课堂气氛活跃,能够使大部分学生充分参与到课堂的讨论中来,这反映了欣赏式探询与行动学习法中小组模式的成功。

(四)态度评价维度

A19:欣赏式探询试图通过弱化老师的主导地位,不断加强老师与学生之间的互动,从而激发学生自主学习的内在动力。我认同这个目标。

经调查发现,86.7%的学生认同欣赏式探询弱化了老师的主导地位,以行动学习的方法加强了师生互动,提高了学生的学习效果,有利于学生更好地吸收课堂知识。这是对新的教学模式的极大肯定。

A20:对自己在和老师互动、激发学习的内在动力方面的表现进行评分。

经调查发现,大部分学生对自己在和老师互动、激发学习的内在动力方面的表现持肯定态度。

A21:我能够适应欣赏式探询这种自主学习的新模式。

经调查发现,大部分学生能够适应在以欣赏式探询为基础的行动学习方法。

A22:我对欣赏式探询模式下的学习效果持肯定态度,希望未来继续使用。

经调查发现,大部分学生对以欣赏式探询为基础的行动学习模式下的学习效果持肯定态度,希望未来继续使用,少部分同学则持否定态度,认为欣赏式探询的教学模式值得商榷。

(五)课堂讲授维度

A23:通过与同伴分享最佳体验,我学到了很多有价值的学习方法。

通过调查发现,欣赏式探询的教学模式要求小组成员之间互相分享高峰体验是非常有效果的,大家从不同的学习方法中汲取适合自己的方法,从而保持高峰体验,使得小组成员共同进步。

A24:正面的、肯定的话题使我对未来的学习与生活充满希望。

经调查发现,正面的、肯定的话题能够使得大部分同学对未来的学习与生活充满希望,从而重新审视自己过去的学习方法,对之后的学习生活信心满满。这非常有利于学生将“培训与开发”课堂上的学习效果迁移到自己的日常生活当中,改善学生的学习习惯,提升生活满意度。

A25:与传统讲授式课堂相比,总体上,我支持欣赏式探询教学模式。

经调查发现,大部分学生支持欣赏式探询的教学模式,仍有约40%的学生保持中立,少部分同学反对这种教学模式。

五、结论与对策

(一)结论分析

本研究得出以下结论:在以欣赏式探询为基础的行动学习模式下,学生发言机会增多,课堂气氛活跃;老师在课堂中的地位有所弱化,师生关系更加融洽;激发了学生的主动性和创新性,学习效果显著提升;大部分学生能够适应在以欣赏式探询为基础的行动学习方法;总体而言,以欣赏式探询为基础的行动学习模式仍存在可完善之处,但这种教育模式已经被大部分学生所接受,可行性较高。

(二)对策

1. 学校领导和教师对基于欣赏式探询的行动学习法要高度重视、有效管理,确保充分的资源投入。每一种课堂教学模式的推广都离不开学校管理者的认可和推广,“自上而下”的改革有助于教学环境的良性发展,学校领导和教师对基于欣赏式探询的行动学习法要高度重视、有效管理,确保充分的资源投入,是推广以欣赏式探询为基础的行动学习法教学模式的基础,也是学生能够快速适应新教学模式的前提。

2. 教师和学生的角色转变,教师要转变为"倾听者"的角色,学生要转变为"主人翁"的角色。与"建构学习法"理念相同,强调教师为学习者服务,学习者是学习的主体,以学习的主动性和积极性发现问题、分析问题、解决问题,教师起辅助和协作的作用,引导学生深入思考,积极讨论,把握讨论的节奏和进度,优化课堂体验。

3. 教学程序设计要素转变,科学规划课堂时间。教学程序包括学习知识、分享经验、创造性研究和解决问题、展开实际行动四个步骤,每个步骤所用时间都要在课堂中灵活控制。在保证课堂相对自由、公平的同时,有效控制和把握课堂时间,确保在与学生充分沟通交流的同时完成课堂教学任务,提升学生的学习效果。

高校基础生态学课程教学模式改革*

——以逻辑斯蒂模型教学为例

柳　欣　郑舒萍　许天云　陈胤达**

摘要：生态学是一门理论学科，基础性强，研究范围广，又兼具应用性、实验性、实践性。在新冠肺炎疫情影响背景下，本文在网络线上教学基础上，结合翻转课堂、实验式课堂及讲授式课堂的优点，针对当前普通高校基础生态学课程教学的主要问题，提出了“理论＋应用＋实践”综合性教学模式。该教学模式采用“线上＋线下”混合式教学方式，利用翻转课堂减少教师课上理论讲授的时间占比，采取案例分析、汇报展示、实验操作的教学手段提升基础理论知识的教学效果。课程结束后，通过向课程班103位同学发放调查问卷，并结合厦门大学发布的118191份大学生线上学习调查报告结果，发现这在网络教学模式上进一步改革能有效提高了学生的学习兴趣。这在培养学生的学习自主性、增强创新意识与综合素质方面，也起着积极的作用。

关键词：案例教学；翻转课堂；基础生态学；Logistic 模型；线上教学

从2020年1月末起，新冠肺炎疫情暴发流行，人民的正常生产、生活受到一定影响。为贯彻落实教育部关于在疫情期间“停课不停学、停课不停教”的要求，全国各高校积极组织线上教学。① 当前，在疫情防控常态化的现状下，线上教学具有长期性和必要性。

生态学是研究有机体及其周围环境相互关系的科学。② 现如今，人类活动对地球环境的负面影响上升到了一个新的高度，甚至威胁到了人类自身的生存与发展。为了全面贯彻可持续的绿色发展理念，建设生态文明，生态学知识的普及尤为重要。③ 基础生态学是生态学、生物学和环境科学等相关学科课程体系中最基础的部分，扎实掌握基础生态学知

---

* 基金项目：本文受中央高校基本科研业务费项目“厦门大学校长基金”（项目编号：20720180102）资助。

** 柳欣，男，湖南岳阳人，厦门大学环境与生态学院副教授，环境科学博士，研究方向为海洋生态学。郑舒萍，女，福建漳州人，厦门大学环境与生态学院2018级本科生，主要研究方向为环境科学。许天云，女，广东汕头人，厦门大学环境与生态学院2018级本科生，主要研究方向为生态可持续发展。陈胤达，男，浙江台州人，厦门大学环境与生态学院2018级本科生，主要研究方向为计算摄影学、遥感科学。

① 艾训儒、姚兰、王柏泉：《基础生态学课程教学模式改革实践与探索》，《教育教学论坛》2011年第21期。

② 《关于在疫情防控期间做好普通高等学校在线教学组织与管理工作的指导意见》，http://www.moe.gov.cn/jyb_xwfb/gzdt_gzdt/s5987/202002/t20200205_418131.html，访问日期：2020年3月25日。

③ 孙儒泳、李庆芬、牛翠娟等：《基础生态学》，高等教育出版社2015年版，第1页。

识是学好生态学及相关学科的关键。因此，不断改革和创新基础生态学教学模式，探索出更满足新时代社会对人才培养要求的教学体系，具有重大的意义。

在此背景下，为了克服基础生态学课程传统教学模式的弊端，我们结合线上教学模式，以Logistic模型的教学为例，提出并实践了一种创新性综合教学模式。该模式借鉴翻转课堂这一形式，采用“线上＋线下”混合性教学方式，增大案例教学、实验教学等实践性教学力度，旨在全面提高学生的综合能力。

一、课程特点及教学中存在的弊端

生态学是一门理论学科，基础性强，研究范围广，又兼具应用性、实验性、实践性。基础生态学以生态学基础理论知识为主，旨在培养学生的生态学思维，为学习其余相关课程打下良好的基础。长期以来，该课程以教师为课堂主体，采用“课前学生预习＋课堂老师讲授＋课后作业布置”的教学模式。该传统教学模式主要具有以下弊端：

(1)教师是课堂的主体，学生配合教师，在教师提供的思路下完成对知识的学习。学生是知识的被动接受者，自主性低，不利于培养主动学习意识及创新思维。在该被动学习课堂中，学生满足于在教师给定的统一思路下完成课堂任务，缺乏对知识的自主学习内化过程，长此以往易养成思维惰性，不利于提高独立思考能力及创新精神。

(2)理论知识讲授抽象、枯燥，课堂氛围较差，难以引起学生的学习兴趣。基础生态学课程涵盖了众多生态学基础理论知识，在传统的教学模式下，由于高密度的理论知识讲授，即使教师结合多媒体技术授课，也难免于使课堂氛围变得枯燥乏味，进而无法激发起学生的学习兴趣与学习热情。

(3)理论与实际应用分离，教学与实践的结合度低。生态学是一门兼具理论性、应用性、实践性的学科。在传统课堂中，教师在重视理论知识讲授的同时往往忽视了生态学知识应用性与实践性的特点，普遍出现了课堂知识与实际应用分离的现象。在培养学生将理论知识联系生活实际的过程中离不开教学与实践的结合，传统的理论教学模式不利于使学生养成运用理论知识解决实际问题的能力。

(4)不利于对学生综合能力的培养。在运用生态学知识解决问题的过程中往往要求具有一定的综合能力，例如在运用逻辑斯蒂(Logistic)数学模型解决实际问题时，需要具备良好的数据收集、分析、处理能力，在拟合模型时对软件基础操作能力有一定的要求。传统教学模式无法实现对学生综合素质的培养这一目标。

由于以上问题，教学效果无法满足教学目标，学生难以真正做到将知识吸收内化并最终应用于实际。由此可见，改革基础生态学课堂传统教学模式具有必要性与重要性。

二、课程改革：“理论＋应用＋实践”教学模式

2011年，翻转课堂这一概念由可汗(Khan)在演讲报告中首次提及。在翻转课堂形式下，知识传授通过信息技术的辅助在课后完成，知识内化则在课堂中经老师的帮助与同学的协助而完成。[①] 借鉴翻转课堂模式，我们希望结合多种教学手段，使教学内容涵盖知识

---

① 张金磊、王颖、张宝辉：《翻转课堂教学模式研究》，《远程教育杂志》2012年第4期。

点的理论讲授、实际应用及实践操作。如图 1 所示,该教学模式由课前、课中、课后三部分组成,其中课中的实验课堂部分及课后部分为非必要环节,可根据教学实际灵活调整。

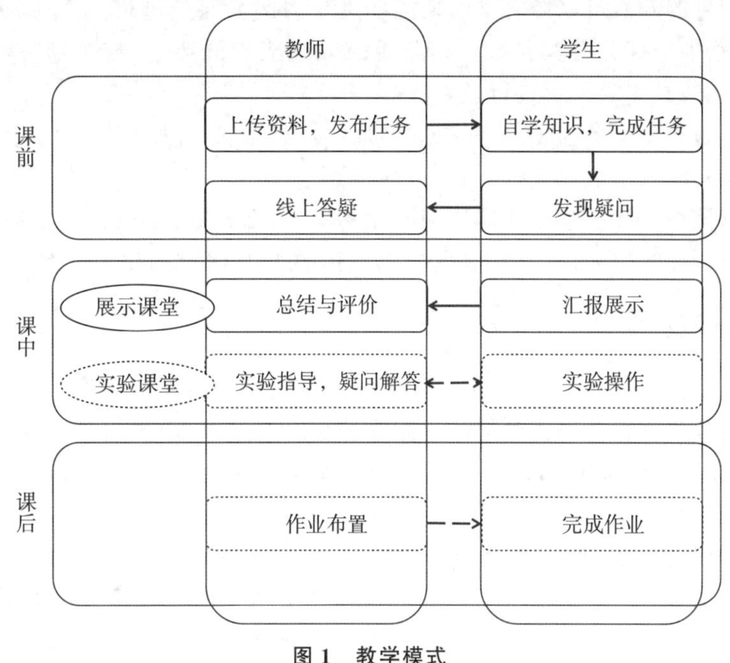

图 1 教学模式

课前,师生互动借助线上教学平台完成。在课堂正式开始前一周左右的时间,教师将本次课堂相关材料如教学课件、教学视频、拓展资料等上传至线上平台,学生根据自身的学习情况自行下载材料完成学习任务。在学习过程中,遇到任何疑问可以利用线上平台随时向授课教师寻求帮助。同时,教师还将布置本次展示课堂的汇报主题,发布展示任务。展示课堂主要开展方式是以小组为单位的 PPT 汇报展示,展示内容主要由教师根据本次课堂的知识点决定,可以是案例分析,也可以是研究进展总结、文献综述等多种形式。需要注意的是,展示内容的选择依据为该形式能否让学生更好地深入学习并应用本次课堂的重要知识点,在满足该条件的情况下,我们鼓励教师选择案例分析作为任务形式,以加强理论知识与实际应用的结合度。

课中,课堂教学主要通过展示课堂及实验课堂两种形式来完成。展示课堂以学生为课堂主体,该课堂可以在线上开展也可以在线下开展。展示课堂开始时,首先是由要进行汇报的小组代表轮流上台在规定时间内以 PPT 汇报展示的方式分享自己小组的课前任务完成成果,每一小组汇报结束后都留有一定的师生提问答疑互动时间。同时,在每一小组展示结束后,其余小组以及任课教师在评分表上对该小组的汇报情况进行打分,教师将该分数计入平时成绩。所有汇报都结束后,授课教师对同学们的汇报进行点评。在点评结束后,教师对课堂的重难点做进一步的强调或讲解,并让学生自由提问,为学生答疑。

实验课堂是以让学生进行实验操作的形式来加深学生对知识点的理解与应用,该课堂主要在实验室开展,有时也可在室外、野外开展。实验课堂的考核载体为实验报告,教师将实验报告的分数计入平时成绩。需要说明的是,实验课堂不是该教学模式的必需环节,可根据不同知识点的学习需要以及不同高校的教学条件而定。由于实验课堂的开展需要较多的前期准备以及资源调动,单独为基础生态学课程开设一门实验课显然不太实际,建议实验课堂的开展可以结合本学期同期进行的实验课来进行。例如,可以在原有实验课的基础上增加一部分有关基础生态学重点知识应用的实验,在个别特殊情况下也可以使用线上虚拟仿真实验平台进行教学。

课后,教师布置课后作业让学生独立完成。同样需要说明的是,该环节并不是必需的,教师可根据实际教学情况选择是否布置课后作业。

总的来说,该综合性教学模式借鉴翻转课堂模式,结合案例分析、汇报展示、实验操作这三种教学手段,让学生从理论中、应用中、实践中更好地吸收内化知识点。

三、教学实践及效果

以 Logistic 模型的教学课堂为例。该教学课堂包括展示课堂和实验课堂。正式上课前一周,教师将教学材料及案例分析的具体要求在线上发布,学生自学材料并通过团队协作完成任务。在展示课堂中,学生汇报新冠疫情案例分析结果。在实验课堂中,学生进行微藻生长计数实验。

(一)展示课堂:新冠疫情案例分析

2020 年 3 月底,我们利用腾讯会议平台在线上开展实践了基于新冠疫情案例分析的展示课堂。Logistic 模型及其修正模型应用在自然科学及社会科学的众多分支领域中,包括在流行病学中的应用。① 距离该课程授课不久前的一段时间,由于防疫措施到位,我国大部分地区新冠疫情迈入较为稳定的阶段。在该背景下,选择此次疫情作为分析案例,关切社会热点,贴近生活实际,在激发起学生学习兴趣的同时,引导学生对国家安全或社会局势的关注,起到了加深学生对此次新冠疫情的正确认识以及呼吁科学防疫的作用。

案例分析及汇报以小组为单位进行,每 3 名学生为一组。主要要求为选取国内外 2 组新冠肺炎感染数据计算分析,使用计算机软件绘制逻辑斯蒂曲线,分析数据拟合显著度并进行两组数据的对比。在完成任务的过程中,各小组成员间应积极合作、充分讨论,同时鼓励有能力的小组结合其他数学模型进行分析。在案例分析中,大部分小组都得到了拟合效果较好的 Logistic 曲线图。如图 2 所示,该图以时间(天数)为横坐标,累计确诊人数为纵坐标进行拟合。

展示课堂为 2 个课时,共 90 分钟。在展示课堂中,教师随机抽取 3～5 个小组在腾讯会议平台对新冠疫情案例分析结果进行汇报展示。每一小组限制用时 15 分钟(10 分钟 PPT 汇报＋5 分钟互动),在互动环节中,其余小组及教师可就汇报内容进行提问,由汇报小组进行解答。课堂展示结束后,教师对展示情况进行评价总结并对 Logistic 模型学习重难点做进一步的强调和讲解,并让学生自由提问,为学生答疑。课后,每一小组制作的 PPT 在线上提交给教师。被抽选到汇报的小组,汇报结束后,由其余小组和教师在评分表上为其打分,最终分数计入平时成绩。没有被抽选到汇报的小组,教师对其上交的 PPT 进行打分,最终分数计入平时成绩。从传统课堂与展示课堂各要素的对比情况(如表 1 所示)

① 余爱华:《Logistic 模型的研究》,南京林业大学硕士学位论文,2003 年。

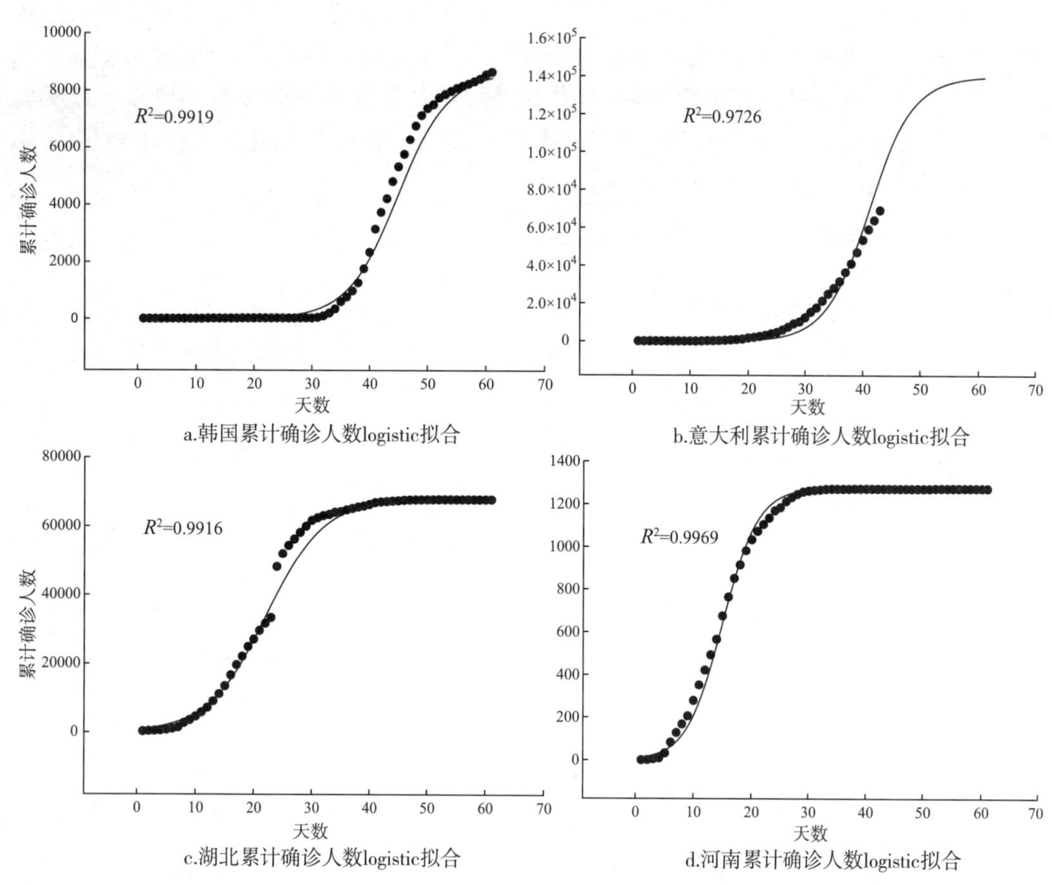

a.韩国累计确诊人数logistic拟合 b.意大利累计确诊人数logistic拟合

c.湖北累计确诊人数logistic拟合 d.河南累计确诊人数logistic拟合

图 2 累计确诊人数拟合图(截至 2020 年 3 月 20 日)

可知,改革后的课堂能达到更好的教学效果。

表 1 传统课堂与展示课堂对比表

项目	传统课堂	展示课堂
学生	被动学习	主动学习、自主研究
教师	课堂主体、知识讲授	课堂引导、学习指导
课堂内容	理论知识讲解	案例探究、重点讲解
教学方式	理论讲解+作业布置	案例分析+汇报讨论+重点精讲
能力培养	无	分工协作、软件应用、数据处理
考核评价	教师为评价者	学生参与评价

(二)实验课堂:微藻生长计数实验

在实验课堂中,学生进行微藻生长计数实验。选用的实验材料为铜绿微囊藻(*Microcystis aeruginosa*),具体操作分为三个步骤:准备培养器具、接种培养、观测。使用的培养液为BG11培养液①，光照培养条件为光照强度6000 Lux，温度25℃②。培养完毕后取样测定640nm波长的OD值，为培养学生的独立思考能力，由学生自行设计实验将OD值转化为藻类密度。最后以培养天数为横坐标，藻类种群数量为纵坐标进行模型拟合。实验报告作为课后作业完成，实验报告分数计入平时成绩。在新冠肺炎疫情特殊背景下，学生返校后再开展实验课堂。

四、合理性分析

（一）问卷调查结果

课程结束后，我们向两个教学班级共103名同学发放了基于本次课程的调查问卷。该调查问卷包括三种题型，共计13道题。经筛查，我们共收到92份有效问卷，问卷统计结果如图3所示。其中，在图3a统计的几个问题中，我们将评价分为三个等级（1、2、3），等级越高代表评价越积极或者程度越深，图中的数值为均值。

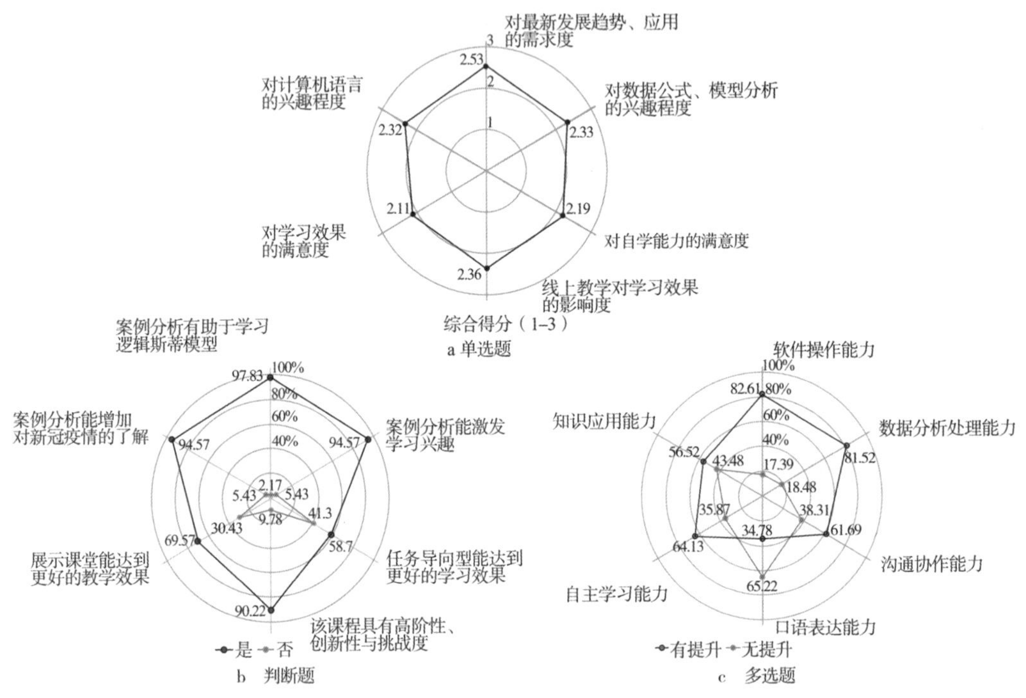

图3 问卷统计结果

从图3a可知，对最新发展趋势及应用、数据公式和模型分析、计算机语言感兴趣的程度均在2.3以上，可见采取案例分析的教学手段迎合了学生的学习需求。课前任务的完成

① 霍书豪、陈玉碧、刘宇鹏等：《添加沼液的BG11营养液微藻培养试验》，《农业工程学报》2012年第8期。

② 吴溶、崔莉凤、卢珊等：《温度光照对铜绿微囊藻生长及藻毒素释放的影响》，《环境科学与技术》2010年第S1期。

要求学生具有一定的自学能力，学生对自学能力满意度的均值为2.19，为中等及以上水平，说明该教学模式具有一定的可行性。我们对线上教学的学习效果进行了询问，结果显示，对线上教学的评价均值为2.36，学生对线上教学总体呈现出积极的态度。从图3b可知，采用案例分析教学手段具有一定的积极作用。例如，此次案例分析任务选取新冠疫情作为分析案例，从统计结果可知，绝大部分同学通过此次案例分析对新冠疫情有了更加深入的科学认识，可见该教学手段有助于学生对社会热点、最新发展趋势及应用的了解。同时，近70%的学生认为展示课堂能达到更好的教学效果。从图3c可知，学生普遍认为除了掌握课堂知识外，其余方面的能力也有所提高。其中，选择比例最高的前三种能力依次为软件操作能力、数据分析处理能力、自主学习能力。在最后两问中，我们分别询问了学生对此次课程的总体态度以及对此次自己总体学习效果的满意度，约90%的学生认为此次课程具有高阶性、创新性与挑战度，学习效果满意度评价均值为2.109，总体持较满意的态度。从问卷调查结果可知，此次课堂改革起到了不错的效果，说明综合性教学模式具有一定的可行性。

在传统教学模式中，教师采取线下方式进行授课。在该创新型教学模式下，教师采取线上教学与线下教学相融合的教学方式，除了实验操作环节外，其余教学环节均可以选择在线上进行。全国高等学校质量保障机构联盟秘书处委托厦门大学教师发展中心开展线上教学情况调查以深入了解各高校在疫情期间的线上教学情况，截至3月17日上午共收集到学生有效问卷118191份。调查显示，学生对线上教学的正面积极评价高于负面消极评价，且相比于疫情过后不采用线上教学和继续采用线上教学，学生更希望采用“线上+线下”混合式教学模式。[①] 该问卷的调查结果说明了混合式教学具有一定的可行性。该份问卷以及本次课程问卷的调查结果综合体现了该教学模式的合理性。

（二）改革后教学模式的合理性

通过与传统教学模式对比，并结合已有的课堂实践和问卷调查结果，我们认为该综合性教学模式很好地解决了高校基础生态学传统教学模式的弊端，与传统教学模式对比，其合理性主要体现在以下五个方面。

1. 提高学生学习主动性及独立思考能力

完成展示课堂的汇报任务需要运用课程理论知识，这有效促使学生课前自主学习、主动学习。且该任务需由小组成员间分工合作共同完成，同学间的相互督促会使得课前学习更加认真积极。同时，任务导向性的汇报展示虽指定了具体任务，但如何完成任务等内容并无具体说明，学生需要进行一定的独立思考，因此该教学模式还有利于增强学生的独立思考能力。

2. 提升学习效果

采取多种教学手段，改变传统课堂单一型理论授课方式，将理论知识与实际应用结合，避免知识传授过于理论化、抽象化，多种教学手段的融合有利于增加师生互动与交流的机会，营造出较好的课堂氛围。在进行案例分析时，选取贴近生活实际或社会热点的事

---

① 薛成龙、谢作栩、邬大光等：《疫情期间大学生线上学习调查报告》，https://mp.weixin.qq.com/s/BN6o3qqUU0dJIksYQHxztw，访问日期：2020年3月25日。

例作为分析对象,在激发起学生学习兴趣的同时还能锻炼学生将理论知识应用于实际的问题解决能力。[①] 在实验课堂中,学生动手进行实验操作,在实践中加深对知识的理解。学习兴趣的提高以及多种教学手段的融合可以让学生达到更好的学习效果。

3. 促进对学生综合能力的培养

传统课堂往往注重理论知识的吸收,忽略培养学生的综合能力。改革后的教学模式采取展示课堂或实验课堂或两种课堂兼具的教学方式,不仅能让达到使学生对课本知识更好地吸收内化与应用的目的,还能培养学生的数据分析处理能力、计算机软件操作能力、实验操作能力、口语表达能力、分工协作能力。

4. 增强学生的创新意识及社会责任感

在布置展示课堂的汇报任务时,选取当下社会热点或科学研究热点作为任务背景或主题,在完成任务的过程中,能够促进学生对最新发展趋势及应用的认识,与时俱进,培养学生的创新意识及科学看待事物的辩证意识,养成关心时事的良好习惯,培养社会责任感。

5. 实现教师角色转型

在传统课堂的角色定位中,教师是课堂主体即课堂的主导者,知识传授的方式为教师理论授课。而在改革后的课堂中,以学生为主体,知识传授采用教师与学生共同参与的互动型教学模式。该模式在起到更好的教学效果的同时减轻了教师的负担,促进教师从课堂主导者向课堂引导者的角色转型。[②]

五、结语

针对基础生态学的课程特点,结合特殊情况下“停课不停学”的学习需求,提出了一种“理论+应用+实践”综合性教学模式。该教学模式采取“线上+线下”混合式教学,加强案例分析与讨论互动,增加实验操作与软件应用,强调以学生为主体,改变传统单一型理论课堂以教师为主体的现状。课堂实践和问卷调查结果表明,课程改革不但提升了教学效果,而且有助于培养学生的综合素质、创新意识以及自主学习能力,体现了新教学模式的合理性。

---

① 王华荣:《以案例教学推动大学课堂教学模式改革的实践与探索》,《中国大学教学》2011年第4期。

② 张学新:《对分课堂:大学课堂教学改革的新探索》,《复旦教育论坛》2014年第5期。

运用类比法学习和理解化工单元操作设备工作原理初探*

李天昊 叶李艺**

摘要:学习化工单元操作设备是化工原理课程重要的知识内容学习任务之一,但一些知识点对初学者来说难度较高。本文针对这个问题,以离心泵、往复泵、真空转筒过滤机为例,探讨了类比法在这几种化工单元设备原理学习中的应用实例,以期让学生对相关知识有更为直观形象的理解。

关键词:类比法;单元操作设备;工作原理;学习

类比法的一个常见定义就是指依据两个事物的已知相似性,把两种事物的相关知识联系起来,从而获得对新事物的新知识的逻辑方法。① 简单地说,类比法是比较两种概念相似性的方法。具体到研究机械设备的方面,我们则可以把某一个首次接触的机械结构联系到一个熟悉的生活中常见的机械结构,比如把涡轮类比成风扇、把扇叶类比成桨等。类比法常常被用在很多的课程教学中,有研究表明,类比法在理工科相关课程学习上的应用是有效的,如在化学课程的应用中发现学生喜欢在课堂上使用类比法,认为类比教学对理解新概念有积极的作用②;在运用到物理化学的教学当中时,类比法的应用可使繁杂的知识变得简练、清晰,大大提高了学生的学习效率,教学效果显著③。

在厦门大学化工类本科专业的"传递过程与单元操作(一)"(由原来的"化工原理(上)"课程整合传递原理部分内容)这门课中,主要涉及的化工单元操作设备有泵类设备、过滤设备、传热设备等,其中某些设备的工作原理较为复杂,学生首次学习时会感觉较为困难。目前国内外已经有不少关于运用类比法联想进行学习、教学的研究,在"传递过程与单元操作"或"化工原理"等相关课程的教材中也将"三传类比"应用于传动、传热、传质过程的分析中。但是类比法在化工类课程学习的应用总结相关文献报道较少,而侧重用于化工单元操作设备原理分析的文献更是少之又少。本文受进行课程研究型教学课题

* 基金项目:厦门大学2019年及福建省2020年一流本科课程"传递过程与单元操作(一)"建设项目;厦门大学教学研究改革项目(JG20190118)。

** 李天昊,男,湖北武汉人,厦门大学化学化工学院2017级本科生。叶李艺,女,福建漳州人,厦门大学化学化工学院副教授,主要研究方向为生物质的材料转化技术、吸附分离、化工教育,本文通讯联系人。

① 王文春、李雪春、郑殊等:《在大学物理课堂中采用类比法教学有利于拓展学生思维能力》,《物理与工程》2017年增刊第1期。

② Rr. Riskiani Yustika Rahayu, Hari Sutrisno, The Analysis of Analogy Use in Chemistry Teaching, *Journal of Physics*: *Conference Series*, 2019(1233): 1-8.

③ 张业、周建敏、周鹏等:《类比法在物理化学教学中的应用》,《化工高等教育》2016年第5期。

“‘互联网+’时代学习单元操作的方法研究——以流体输送单元操作为例”的研究学习结果启发,从学生的视角阐述运用类比法学习有关知识,把一些复杂的事物类比成生活中常见的事物,以便于简化模型,使复杂的事物更加形象,便于理解记忆。通过与生活中的实例进行类比,对其中几种单元操作设备的原理进行较深入和具体的分析,不仅可以让读者更轻松地理解这些设备,让教师在课堂上更有效地进行教学,也可以启发大家用类似的方法去理解别的知识,从而培养一种拓展思维的能力。

一、采用类比法解释化工设备的原理

我们选取了课程中几个比较典型而且不易理解的化工设备(如离心泵、往复泵以及真空转筒过滤机),采用类比法进行其工作原理和工作机制的解释。

(一)离心泵的工作原理

离心泵是最常用的液体输送机械,对于离心泵因“离心力”而得名却不是单靠离心力作用而“吸液”的原理,初学者往往不易理解。下面我们用类比法结合图片来理解为什么离心泵能产生“吸力”。图1是离心泵的核心部件之一“叶轮”的结构示意图[①],叶轮浸没在液体当中,随着动力带动叶轮旋转,叶轮带动液体产生运动,产生一股吸力。

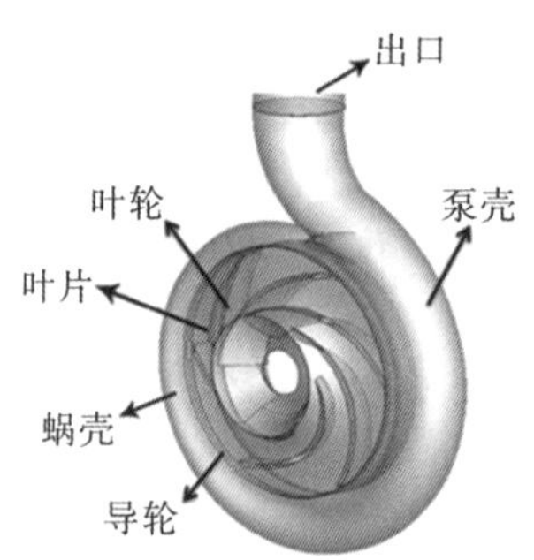

图1 离心泵叶轮

图片来源:Hossein Yousefi, Younes Noorollahi, Mojtaba Tahani, et al, Numerical Simulation for Obtaining Optimal Impeller's Blade Parameters of A Centrifugal Pump for High-Viscosity Fluid Pumping, *Sustainable Energy Technologies and Assessments*, 2019(34): 16-26.

现在我们用类比法的思路来仔细看这个过程。首先我们单独看叶轮上的每一个叶片,我们可以把叶片类比于铲子(见图2),当我们向右挥动铲子的时候(图2中实心箭头指向),只要速度足够快,由于沙土本身的惯性,沙土会被铲到铲子上面。在这个过程中,沙土相对地面的水平速度近似为零,但是相对于铲子是有速度的(图2中向左的空心箭头指向),所以沙土“滑”上了铲

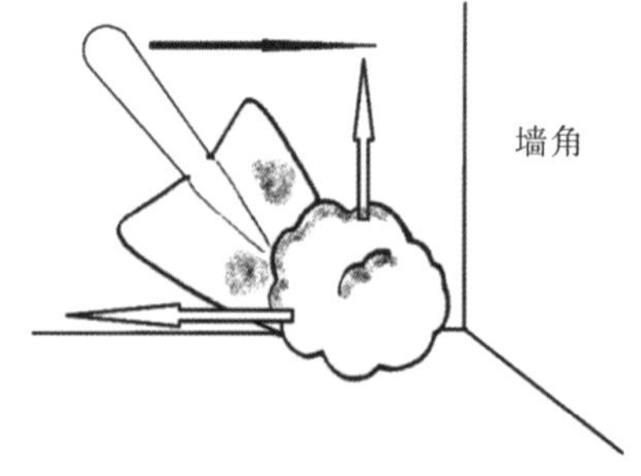

图2 铲子铲土示意图

① Hossein Yousefi, Younes Noorollahi, Mojtaba Tahani, et al, Numerical Simulation for Obtaining Optimal Impeller's Blade Parameters of A Centrifugal Pump for High-Viscosity Fluid Pumping, *Sustainable Energy Technologies and Assessments*, 2019(34): 16-26.

子。此外,在这个过程当中,沙土还会有一个向上的速度(图 2 中向上的空心箭头指向)。我们再回头看离心泵叶轮上的叶片,也就像这个铲子,在叶轮旋转时,叶片就和这个铲子一样有一个切向的速度,但是由于叶轮本身的角度,液体在叶片的导向作用下会有别的方向的速度分量。很多个叶片围成一圈,就是叶轮了,只要我们设计好叶片的角度,就可以善加利用这个速度分量,达到产生负压而"吸入"液体,从而达到输送液体的目的。

图 1 当中的叶轮属于叶片后弯的叶轮(叶片弯曲方向与旋转方向相反),叶轮逆时针旋转;与图 1 中情况相反,如果叶片弯曲方向顺着旋转方向,则属于叶片前弯的叶轮。叶片后弯可以有效增加液体的静压能,这就像是图 2 中的铲土的动作,只有这样铲子才能把沙土铲起来;而叶片前弯主要是增加液体的动压能,我们可以想象这就像是把图 2 中的铲子铲面(凹面)朝下,拖着沙土向前,这样肯定更容易移动沙土,增加其动能,却永远不可能把沙土铲起来。

然后,我们也可以继续来看泵壳的作用。当叶轮在旋转时,液体获得了动能,但是液体的运动方向却是杂乱的,这时候泵壳就可以对液体进行一个汇集和导流的作用,有效地应用叶轮的能量。这就像我们在铲沙土时,如果沙土堆靠着墙角会更容易被铲起来一样,墙角对沙土有一个引导和限制的作用,会大大增加铲子铲土的效率。

最后用类比法来解释离心泵气缚现象产生的原因。离心泵中的气缚现象定义:"当泵内未灌满液体而存在大量气体,则由于空气的密度远小于液体的密度,且液体具有难以压缩的性质,叶轮旋转的离心作用产生的力很小,因而叶轮中心处不能形成吸入液体所需的真空度。"[①]这句话本身已经较容易理解了,但是用生活中常见的东西类比来理解会更加深印象,从而在离心泵的使用中会注意规范操作,避免气缚现象的产生。比如,直升机飞行需要一个巨大的螺旋桨才能产生足够的升力,而巨型游艇也只需要差不多大的螺旋桨就可以了;刹车一般都是液压刹车,几乎就没有"气压刹车"这种设备。这都是因为气体密度小易压缩,传递能量的能力远小于液体。这样的类比,能够加深对"离心泵启动前要灌满所输送液体"的理解。

(二)往复泵的工作原理

往复泵是靠活塞的往复运动,使泵缸内的空间(工作室)发生变化,从而把液体排出输送到所需场所。图 3 是单动往复泵工作的原理示意图。[②] 往复泵的工作原理非常简单,它就像是针筒,抽拉活塞的时候吸入液体,推进活塞的时候排出液体。但是连续工作的往复泵只有活塞是不够的,如果往复泵设计和针筒一样,那么它吸入液体和排出液体都在同一个管路出口,这显然是不合理的,所以往复泵还需要能够单向通过液体的入口阀和出口阀。对单向阀作用的理解可以采用类比法,如与单向阀有类似结构的物品也有很多,生活中很常见的外开防盗门即是其中的一种。它就是只能单向打开的门,如果限制门的打开角度小于 90°,我们也知道如果有风从门内吹出去,风可以通过,而如果有风从门外吹来,门将会关闭。单向阀就是类似这样进行工作的。

---

① 刘锐:《理实一体教学模式在化工单元操作技术课程中的应用研究——以离心泵气缚判断与处理为例》,《山东化工》2018 年第 21 期。

② 俞日坤:《往复泵、离心泵操作的教学探讨》,《科技视界》2012 年第 17 期。

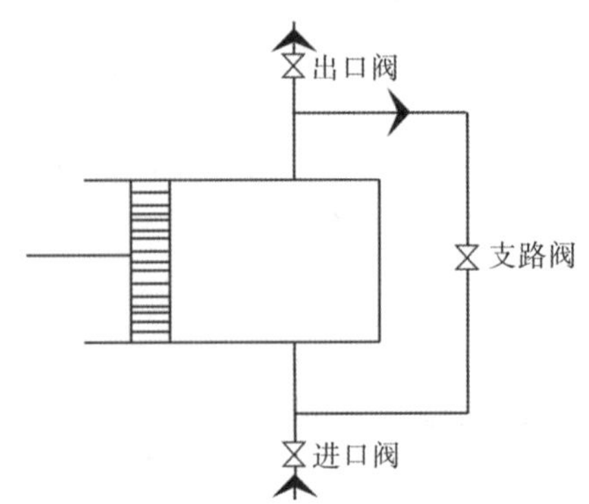

图3 单动往复泵工作原理示意图

图片来源:俞日坤:《往复泵、离心泵操作的教学探讨》,《科技视界》2012年第17期。

此外,隔膜泵的工作原理与往复泵相似,只是把往复泵的活塞换成了一个有弹性的隔膜,充当了往复泵活塞的作用。

(三)真空转筒过滤机的工作过程

真空转筒过滤机是连续工作的过滤设备,如图4所示,图形中间的圆筒即为过滤转鼓,转鼓上面覆盖有滤网[①]。转鼓上面对应有多个扇形区,在旋转一周的过程中,转鼓所处的工作状态对应的角度,分为了滤饼生成区、一次脱水区、洗涤区、二次脱水区、下料和反洗区。

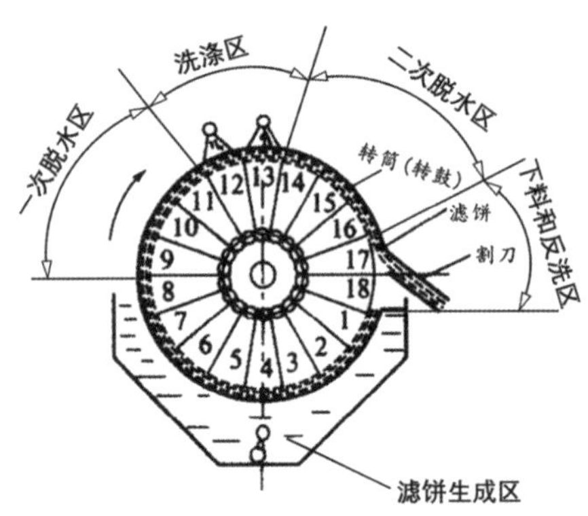

图4 真空转筒过滤机分区示意图

图片来源:柴诚敬、张国亮:《化工流体流动与传热》,化学工业出版社2007年版。

为形象理解这个真空过滤过程,我们可以用乘客乘坐摩天轮(图5)来进行类比,把真空转筒过滤机的转鼓比作摩天轮。这样,转鼓上有很多扇形区,就好像摩天轮上面有很多个吊篮。

滤浆槽(滤饼生成区)就像是乘客上下区域。转鼓在不断旋转的过程中,旋转到了滤

① 柴诚敬、张国亮:《化工流体流动与传热》,化学工业出版社2007年版。

浆槽当中被浸泡，被浸泡的过程当中，滤液被真空吸力吸入中间轴心处的固定盘内，滤饼留在了转鼓外侧覆盖的滤网上；这就像是当摩天轮吊篮转到上下乘客区的时候，乘客就会保持和摩天轮一样的速度缓慢进入吊篮。

转鼓上对应的扇形区转到了图4中的一次脱水区，滤液被中间的真空区吸走，进入固定盘内对应的孔。这就像是上了乘客的吊篮旋转到图5的位置1。而转鼓旋转到了图4中的洗涤区时，洗水冲刷滤饼，并且固定盘上对应的孔吸走洗液；旋转到图4中的二次脱水区时洗液被真空吸走。这可想象为上了乘客的吊篮旋转到图5中的位置2时感觉到突然下雨了，而转到图5中的位置3时，感觉到雨又突然停了。

然后滤鼓转到了图4中的下料和反洗区，压缩空气吹出，吹松滤网外的滤饼，随后刮刀把滤饼刮下来。这就像吊篮转到图5中的位置4时，乘客的游玩马上就要结束了，乘客开始进行做好离开吊篮的准备并在适当的位置有序缓慢走出吊篮。

最后这个转鼓开始了下一次循环以实现过滤操作的连续进行。就像摩天轮上的吊篮转回到了地面时，老乘客下来，新乘客进入吊篮。

对于教材上的解释方法——圆周上不同角度是不同的分区①，这种解释方法容易让初学者产生误解。因为这种解释就好像是在说，转筒真空过滤机的转筒的一圈360°当中，转筒本身不同的角度是不同的结构。而实际上转筒本身是由许多个完全相同的扇形区组成的，是转筒外围一周布置了不同的装置，有不同的结构，以完成对应的功能。

此外，我们再看一看转速对过滤效果的影响。我们知道滤饼的形成对于过滤的效果是十分重要的，所以如果转鼓转速过快，滤饼和滤液都很容易因为离心作用被甩出去，所形成的滤饼太薄，也不利于刮下来，大大降低过滤效率；反过来说，如果转速过慢，一个扇形区已经完成了过滤的过程，转鼓却迟迟还未转到洗涤区，这样效率也是很低的。所以选择合适的转速是很重要的。这也像游客在乘坐摩天轮时，如果摩天轮转速过快游客会有被甩出去的感觉，会不舒服；转速过慢游客会则会感到无聊，游玩乐趣就会大大降低。

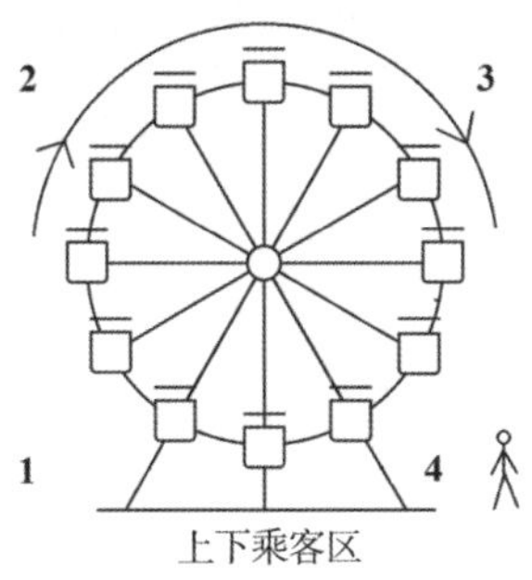

图5　真空转筒过滤机类比成摩天轮示意图

二、类比法运用的模式分析

如表1所示，在运用类比法进行学习之后，我们也可以用列表的方式对我们类比的过

① 柴诚敬、张国亮：《化工流体流动与传热》，化学工业出版社2007年版。

程进行一个总结,以加深学习的系统性。

表1 类比法的类比对象

设备	原物体	类比物
离心泵	叶片	铲子
	液体	沙土
	旋转	铲沙
往复泵	活塞	注射器
	单向阀	限制打开角度的门
真空转筒过滤机	转筒	摩天轮
	转筒上的过滤扇形区	摩天轮吊篮
	转筒外围的功能分区作用	摩天轮旋转一周乘客的经历

可以看到对本文所列举的三种设备的类比都有一个共同的模式方法。首先,要学会拆分。比如一辆汽车,在运用类比法之前,就不能仅仅把它看作一辆汽车,而是要把它拆分成引擎、悬挂、车身等结构。而对于引擎来说,又涉及动力部分、传热部分、润滑部分等。落实到化工单元操作设备也是如此,把一个事物拆分得足够细致,拆分的过程本身就是加深理解的过程,再对每个部分一一进行类比,即可进一步加深记忆和理解。其次,类比的对象应尽量选择生活中比较常见的,只有这样才能达到用老知识去学习类比新知识的目的。最后,关键是要敢于想象。类比法虽然名称中有"类"字,但是在这个类比联系的过程中,不一定要局限于事物所在的"类别"当中。就比如我们经常会听到人们把心脏类比作发动机一样,一个是器官,而另一个是非生物,一般情况下它们是不会被认为是一类事物的,但是它们确有相似性。所以说,类比不一定要局限于"同类"。

类比法虽然有利用旧知识来理解新知识的好处,但有时也会有"科学性"不够强的感觉,但利用生活中的常识和经历类比来加深对一些设备功能的理解,不失为一种常规方式外的补充学习方法。

三、结语

总体来说,本文传达了学习化工单元操作设备的一个思想方法——运用类比法,从细节入手,通过类比联系熟悉的知识,弄懂化工单元操作设备的原理和概念。此外,需要强调的是,在学习新知识时既要敢于大胆地想象和关联,也要认识类比法存在的局限性,尽量使运用类比法来学习具备正确性和科学性。本文只是针对几种设备讲述了一些具体的类比方法,但是如果觉得合适,不妨以这些方法为例,用相同的方法去学习别的化工单元操作设备,甚至是别的新概念或是别的科目的知识。指导学生采用类比法进行学习,也可为有效进行课程教学内容组织、教学方式和教学效果评价方式等的改变提供有益的尝试。

以培养新工科人才为目标的“材料合成及工艺实验”教学改革初探

宋春晓　张志昊　薛　昊　邱　虹　罗学涛*

摘要：培养高素质、复合型、创新型的新工科工程科技人才，是高校人才培养的重要目标。为实现这一目标，厦门大学材料学院在“无机材料合成及工艺实验”课程教学过程中不断进行课程改革，提高教学质量。课程引入“构建主义”自下而上的教学理念，用实验安全评估的手段深化课前学习，优化实验项目的结构，强调实验结果与讨论对实验项目的重要性，实现了学生综合素质、实验操作能力和创新研究能力的提高。

关键词：实验教学；人才培养；构建主义；实验安全评估

教育部在《关于开展新工科研究与实践的通知》中指出：“深化工程教育改革、建设工程教育强国，对服务和支撑我国经济转型升级意义重大。”“以新技术、新业态、新模式、新产业为代表的新经济蓬勃发展，对工程科技人才提出了更高要求。”为满足经济发展的需求，适应国际化市场对新材料专业人才的需要，培养具备国际竞争力的高素质复合型新工科工程技术人才，厦门大学材料学院在本科生教育与人才培养的过程中，坚持将基础理论知识教育、实验操作能力训练以及科研创新能力培养三者有机结合，融会贯通至每一个教学环节中。

一、课程背景

在材料专业基础实验课程中，“无机材料合成及工艺实验”课程综合了无机材料专业各方面的基础知识，将材料的成分、结构、形貌和性能与其反应原理、合成方法、制备工艺相联系，以完整的研究项目的形式将探索研究新材料的方法融入实验课程。实验课程既加深了学生对材料学科理论知识的理解，又培养了实际动手能力，并且在学习的过程中，学生与前沿热门课题接触从而开阔了视野，对学生的综合素质的提高起到了重要的作用。

“无机材料合成及工艺实验”课程的实验项目包括固相法合成钛酸钡粉体、共沉淀法制备氧化镁部分稳定的氧化锆微细粉末、水热法制备 SnO_2 纳米粉体、溶胶凝胶法制备银纳米颗粒以及注浆成型工艺等多种材料的合成及制备方法，并且运用各种分析检测手段，对材料的结构、形貌和性能进行分析和讨论，学生通过对实验结果的探讨，进而更加深入

---

* 宋春晓，女，福建南平人，厦门大学材料学院实验教学中心工程师，主要研究方向为无机材料合成及工艺。张志昊，男，黑龙江齐齐哈尔人，厦门大学材料学院助理教授，主要研究方向为航空航天材料、器件、工艺及装备。薛昊，男，辽宁锦州人，厦门大学材料学院副教授，主要研究方向为功能陶瓷材料与器件。邱虹，女，福建厦门人，厦门大学材料学院实验教学中心高级工程师，主要研究方向为无机材料的物理性能。罗学涛，男，湖北麻城人，厦门大学材料学院教授，主要研究方向为材料科学与工程。

的理解实验原理和掌握合成方法。

二、课程改革的目的

“无机材料合成及工艺实验”课程的教学过程中,始终着重关注于充分调动学生的积极性,促进学生主动思考。为了进一步激发学生学习兴趣和潜能,增强创新精神、实践能力,让学生在实验过程中能够带着问题、带着好奇心去进行实验,而不是按部就班,仅满足于重复讲义中的操作步骤。近几年来,教师对实验课程采取了一系列的改革措施,来实现新工科工程技术人才培养的目的。

三、课程改革的内容

1. 引入“构建主义”教学理念,将被动灌输和主动探索相结合,以充分调动学生的主动学习积极性、培养学习能力创新能力为目的,开展实验教学活动。所谓的构建主义,指的是通过学习者与环境的交互,逐步建构起对知识的认知,并在实践过程中,不断对知识内容进行丰富与修正。构建主义的学习,是一种自下而上的过程,与传统的教学侧重于教师的自上而下的知识的灌输不同,构建主义更加侧重于学生自己的探索。建构主义强调学习者的主动性在知识的获取过程中的作用,认为学习是学习者基于原有的知识经验生成意义、建构理解的过程。建构主义提倡通过学生自身的探索与认知从而获得知识,通过学生自己去做实验来发现一些规律,并且通过小组讨论来解决问题。[①]

“材料合成及工艺实验”开课的对象是大四的本科生,这个阶段的学生,已经通过“自上而下”的学习,掌握了材料学的相关基础知识。在“材料合成及工艺实验”课程的开展过程,教师将自上而下的教学和自下而上的探索相结合,强调让学生自下而上,通过解决实验过程中遇到的问题,来获得实验操作技能的掌握和实验原理的理解。在给学生讲解了实验原理和实验步骤之后,提供给学生不同的实验配方,而制备方法的参数部分给学生一个开放性的建议,由学生自行决定。同时,学生以小组的形式完成实验,鼓励学生以小组合作的形式,通过小组讨论来解决问题确定实验参数。

通过构建主义教学与传统的知识讲授两种教学方法相结合,教师在放手让学生自由探索的同时给予学生及时的引导与帮助,这种教学方式既能使学生快速进入良好的实验状态,深化对材料学科基础知识的理解,同时学生在团队合作的探索模式中发现问题、解决问题,很好地培养了自主学习能力和创新思维能力。学生带着问题去完成实验项目,在学习实验原理、寻求答案的过程中更加牢固地掌握了的知识,这对学生活跃的思维能力以及创新能力的培养,起到了积极的作用。

2. 通过实验风险评估深化课前学习。实验课程教育中,安全教育一直是不可或缺的重要一环,它是实验课程安全顺利展开的前提。[②] 而用实验风险评估的安全教育方法来进行安全教育,不仅强调了实验安全,同时还强化对实验原理及过程的深入理解。在课程改

① 李竹青、李平、刘莹等:《“双一流”高校挑战性学习课程的探索与实践》,《高等教育评论》2019 年第 2 期。

② 杨蔚青、史莹:《对高校实验室安全教育的一些思考》,《现代预防医学》2018 年第 22 期。

革过程中，将实验项目的风险评估这一概念与课程内容预习工作有机结合起来，学生在预习课程内容的同时，对实验中用到的药品、材料、设备有更充分的了解，更加有利于带着问题、带着思考去进行实验。

实验风险评估指的是指针对实验项目中的每一个实验步骤，对使用的原料、耗材、设备等所有可能与操作者发生接触的物品，作为评估对象，对其潜在风险进行评估。① 评估过程中首先找出存在的风险，例如药品带来的腐蚀性、毒性等风险，高温设备带来的烫伤的风险，电气设备带来的触电的风险等将所有可能发生的潜在危险因素列出。然后对其风险进行量化评估，设定危险发生的可能性(likelihood)值由几乎不可能发生到必定发生，其数值设为 1～5，而危险发生后造成伤害的严重程度(severity)也设定为 1～5，两者的乘积即为此实验内容的风险值。

风险值＝发生的概率＊严重程度

得到风险值后，根据风险值的大小来制定相应的控制风险的措施，降低过高的风险值，保证实验课程在安全的实验环境中进行。② 当风险值小于等于 5 时，属于可以接受的低风险；风险值在 6～12 之间时，为中级风险，可能需要确定额外的风险控制措施；而风险值大于 13，判断这是一个高风险实验，必须确定额外的风险控制以降低风险等级。

“材料合成及工艺实验”的实验项目“固相法合成钛酸钡粉体”中，其部分实验步骤的风险评估报告见表 1 所示。

表 1 “固相法合成钛酸钡粉体”实验风险评估

实验步骤	危害	可能结果	现存的危险控制方法	严重程度	发生概率	风险值	风险描述
称取 TiO_2 和 $BaCO_3$ 粉体，装入球磨罐中	化学药品危害-TiO_2	吸入：吸入可能有害。可能引起呼吸道刺激。摄入：误吞对人体有害。皮肤：通过皮肤吸收可能有害。可能引起皮肤刺激。眼睛：可能引起眼睛刺激	转移化学品时正确使用容器盖；在实验过程中穿戴丁腈手套以及实验服	1	2	2	可以接受的低风险
	化学药品危害-$BaCO_3$	吸入：吸入可能有害。可能引起呼吸道刺激。摄入：吞咽有害。皮肤：通过皮肤吸收可能有害。可能引起皮肤刺激。眼睛：可能引起眼睛刺激	转移化学品时正确使用容器盖；在实验过程中穿戴丁腈手套以及实验服	1	2	2	可以接受的低风险
	电子天平导致触电	触电	使用前的操作培训，使用过程中戴上手套	1	1	1	可以接受的低风险

① 包艳华、陆春华：《实验风险评估在实验室安全准入中的探索应用》，《中国现代教育装备》2018 年第 10 期。

② 曹国庆、王荣、王栋：《生物安全实验室设施设备适用风险评估技术分析》，《暖通空调》2018 年第 7 期。

续表

实验步骤	危害	可能结果	现存的危险控制方法	严重程度	发生概率	风险值	风险描述
加入蒸馏水约 40 克	玻璃仪器的破损	割伤	在实验过程中穿戴丁腈手套	2	2	4	可以接受的低风险
设定球磨程序,球磨 2 小时	球磨机导致触电	触电	使用前的操作培训,使用过程中戴上手套	1	1	1	可以接受的低风险
	球磨罐或配件飞出	砸伤	使用前的操作培训,双人操作,仪器放置在单独的空间	5	1	5	可以接受的低风险

在实验课前,要求学生在预习过程中对实验项目的安全性主动进行评估,是对学生安全教育有效的一环,将对学生被动灌输型的安全教育变为主动分析吸收的安全评估过程,大大提高了学生的实验安全性,同时提高了学生预习工作的质量,对实验中用到的药品、材料、设备有充分的了解,更加有利于带着问题、带着思考去进行实验。

3. 优化实验项目中的实验流程结构,强调实验结果与讨论部分在实验项目中的重要性。材料合成及工艺实验的项目课时数为 6 学时,在有限的上课时间内,学需要完成样品的合成、性能测试和结果讨论部分。传统的实验课程进度安排中,作为一个材料合成实验往往侧重于样品的制备及合成,但样品的性能测试部分受限于学时不足、大型测试仪器设备的数量有限等因素,往往只能有较短时时间进行。而考虑到四年级本科生知识架构特点,他们已经学习掌握了多方面的材料类基础知识,但还没有进行深入的研究探索训练,专业知识"广而浅"。所以要将实验过程、现象、结论结合起来,对获得的样品进行仔细的性能测试分析,深入讨论是提升实验课程教学效果的有效的方法。

我们在 6 学时的实验课堂上,让学生专心完成样品制备的实验步骤。另外,开放其他预约机时,安排约一周的时间,让学生根据自己的时间安排进行预约,在保证每组同学有 2 小时的测试机时。并且在测试结束时针对测试结果开展小组内讨论和答疑,帮助学生及时讨论实验结果,引导学生加深对实验原理的理解。新工科人才培养过程中,团队合作小组讨论这一教学方式,对学生的综合素质培养是否重要,团队成员一起开展实践工作,共同寻找、发现、解决问题,互相鼓励,互相帮助,增强克服困难的信心,是人才教育中不可或缺的一环。[①]

四、课程改革的成果

通过几年来对材料专业基础实验课程"材料合成及工艺实验课"的课程改革的探索与实践,实验课程的教学效果十分显著。通过实验课程的学习,学生的专业知识、实验技能以及探索创新的能力的培养效果得到了显著的提升。实验课程开展过程中,引入"构建主义"作为教学理念的指导,将"自上而下"和"自下而上"两者有机结合,引导学生边思考、边

① 施永清、顾振宇、王向阳等:《新工科背景下系列专业课程联动改革探索》,《人才培养与教学改革——浙江工商大学教学改革论文集》,2017 年,第 126~130 页。

实践，边学习、边创新，通过对实验项目的安全评估教育加深课前对实验内容的理解，调整实验内容的结构，增加结果讨论部分的比重，巧妙地将原理、操作与性能分析相结合，将培养创新思维与夯实基本技能与知识相结合，培养了及具有实践能力又具有创新性的新工科新人才。

以创建一流课程为契机,加强“生物化学实验”课程教学模式和教学方法改革

石 艳 杨春燕*

摘要:作为双一流高校的双一流专业的主干课程“生物化学实验”,在教育部大力开展一流本科课程建设的时机,进一步加大对课程的教学模式和教学方法的改革,争取尽早建设达到一流本科课程的标准,成为一门“金课”。本文从实验内容的改革、学生角色的改变、教学模式的改革、学生实验评价全面化多元化、教学团队的建设五个方面来阐述本课程进行的改革和取得的成效。

关键词:一流课程;生物化学实验;教学模式;学生为中心

课程是人才培养的核心要素,课程质量直接决定人才培养质量。为贯彻落实习近平总书记关于教育的重要论述和全国教育大会精神,落实新时代全国高等学校本科教育工作会议要求,必须深化教育教学改革,把教学改革成果落实到课程建设上,因此教育部2019年10月印发了《关于一流本科课程建设的实施意见》,指出一流本科课程建设的总体目标是全面开展一流本科课程建设,树立课程建设新理念,推进课程改革创新,实施科学课程评价,严格课程管理,立起教授上课、消灭“水课”、取消“清考”等硬规矩,夯实基层教学组织,提高教师教学能力,完善以质量为导向的课程建设激励机制,形成多类型、多样化的教学内容与课程体系。经过三年左右时间,建成万门左右国家级和万门左右省级一流本科课程(简称一流本科课程“双万计划”)。国家级一流本科课程注重创新型、复合型、应用型人才培养课程建设的创新性、示范引领性和推广性;省级一流课程建设突出针对性和有效性,因地制宜、因校制宜、因课制宜解决当地高校长期存在的教育教学问题,推动高校教师全员参与课程与教学改革。一流本科课程“双万计划”将全面覆盖所有类型高校、所有类型课程,推动我国本科教育质量整体提升。①

在教育部提出建设一流课程“双万计划”的背景下,作为双一流高校的双一流专业生物科学的主干课程“生物化学实验”,抓住创建一流课程的契机,进一步加大对课程的教学模式和教学方法的改革,争取尽早建设达到一流本科课程的标准,成为一门具备高阶性、创新性、挑战度“两性一度”的“金课”②。

---

* 石艳,女,上海人,厦门大学生命科学学院副教授,主要从事生物化学教学与科研工作。杨春燕,女,福建厦门人,厦门大学生命科学学院助理教授,主要研究方向为分子毒理学。

① 《教育部关于一流本科课程建设的实施意见》,http://www.moe.gov.cn/srcsite/A08/s7056/201910/t20191031_406269.html,访问日期:2020年12月10日。

② 《教育部高教司司长吴岩:中国“金课”要具备高阶性、创新性与挑战度》http://www.moe.gov.cn/s78/A08/moe_745/201811/t20181129_361868.html,访问日期:2020年12月10日。

“生物化学实验”课程的改革开始于2010年,早期课程内容设置是按照生物大分子的性质进行模块教学,例如蛋白质模块实验,包括蛋白质定量实验、氨基酸纸层析实验、细胞色素C的制备实验、电泳实验等;酶模块实验,包括淀粉酶性质实验、碱性磷酸酶米氏常数测定实验,虽然是把相关的一些实验按照所研究的生物大分子性质组合成模块,同一模块实验的实验对象有共同点,都是蛋白质或者酶,但实验项目较分散,验证性实验项目较多,且缺乏连续性和系统性。因此,学生只是单独学习了各实验方法技术,对这些方法是如何应用于生物化学领域的研究没有一点了解,更不要说自己运用这些方法技术来探究感兴趣的课题。另外,学生上实验课,都是由教师事先准备好实验试剂、材料和仪器,学生上课时对着实验步骤操作即可,学生甚至不知道实验试剂是事先需要配制的,更不要说自己动手配制实验试剂。这些在生物化学实验教学中存在的各种问题激发了笔者开始着手进行生物化学实验课程的改革。经过多年来的课程改革,笔者认为生物化学实验课程最有成效的改革主要是以下几个方面。

一、实验内容的改革

生物化学实验的改革围绕对学生进行知识、能力、素质全面培养的宗旨,首先从教学内容方面开始着手进行改革。为了培养学生良好的实验素质和实验习惯,在实验内容中加入了学生参与实验前准备的内容,例如配制试剂。同时还在实验过程中加强对实验基本技术的考核,例如考核学生移液器使用的准确性。将实验内容进行更新,取消了原有的按照实验对象设置的实验模块,将实验模块按照递进式模块教学进行内容设置,实验模块调整为基础生物化学实验技术训练模块以及综合训练模块,并增加了自主设计实验模块。

基本生物化学实验技术训练模块内容包括离心技术、分光光度技术,沉淀技术,层析技术等基本实验技术,由几个较简单的实验组成,包含上述方法技术。综合训练模块是模拟科研的牡蛎碱性磷酸酶研究,由几个连续实验组成,内容包括碱性磷酸酶的分离纯化、酶活力测定方法、比活力测定方法、蛋白质纯度的鉴定方法以及酶学性质研究的基本方法。通过这两个模块的实验学习,学生具备了基本的生物化学实验技能,又具有一定的综合分析及解决问题的能力,因此可以进入下一个自主设计实验模块的学习。自主设计实验模块的设置让学生获得了进一步提升能力的机会,学生运用所学知识,通过查找参考文献等手段,自主设计感兴趣的实验方案,并和教师讨论后修改确定实验方案,独立完成实验,分析处理实验结果,并在课堂上展示自己的研究成果。该模块给了学生自主探索的机会,又培养了学生分析问题、解决问题及创新能力。

通过对实验内容的改革,既培养了学生良好的实验习惯,又夯实学生的生物化学实验技术的基础,还可以激发学生探索生命科学的兴趣,培养学生解决复杂问题的综合能力和创新思维。该课程内容设置符合金课的“高阶性”和“创新性”的特征,既是知识能力素质的有机融合,又具有探究性和个性化。[①]

---

① 《教育部高教司司长吴岩:中国“金课”要具备高阶性、创新性与挑战度》http://www.moe.gov.cn/s78/A08/moe_745/201811/t20181129_361868.html,访问日期:2020年12月10日。

二、学生角色的改变

传统实验课都是教师主导的，教师安排好实验内容，准备好实验试剂、材料和实验仪器，学生上课时对着实验步骤操作即可，学生甚至不知道实验试剂是事先需要配制的，试剂是怎么配制的，更不要说自己设计实验方案了。这样的实验课上下来，给学生留下的印象不深，非常容易遗忘，而且不能调动学生的主观能动性。近年来，学生为中心的教学模式已成为国内外教改研究的热点，并取得了一定的成效。[①] 教育部颁布的普通高等学校本科专业类教学质量国家标准将“学生中心”为遵循的三大基本原则之首，突出学生中心，注重激发学生的学习兴趣和潜能，创新形式、改革教法、强化实践，推动本科教学从“教得好”向“学得好”转变。[②] 学生中心理念包括以提高人才培养质量为中心，以促进学生终身发展为中心，以引导学生主动学习为中心，以提高学生学习效果为中心四个层面的含义。[③] 因为本课程在本院学生实验课体系中的重要地位，本课程不能只关注于让学生掌握生物化学基本实验技能，在教学过程中，还必须引导学生主动学习，充分调动学生的积极性，提高他们的实验兴趣，并培养他们的创新能力。因此本课程也引入了以学生为中心的教学理念，改变了完全由教师主导的方式，以学生为中心。因此本课程是按照基础—综合—自主设计递进式模块教学方式设置实验，学生的角色逐渐转变成以学生为中心。本课程的递进式模块三部曲的训练，可以既夯实学生的生物化学实验技术的基础，又激发学生探索生命科学的兴趣，并培养学生综合能力和创新能力。为了充分引导学生主动学习，以学生为中心，本课程主要采取以下三个措施。

首先，课程建立了线上的慕课，每个实验均制作了教师授课视频及实验操作视频，因此本课程要求学生课前必须通过慕课预习并进行自测，培养学生主动学习的好习惯及自主学习的能力。而且通过自己的学习，学生可以发现问题，带着问题上课，既可以激发学生的兴趣，又能加深印象。

其次，生物化学实验在基础实验技术模块基础上设置了综合实验模块和自主设计模块。综合实验模块是由一个科研课题转化成教学实验的几个连续实验，因此该模块的教学是模拟科研过程进行的，学生自己制备碱性磷酸酶并纯化，再进行纯度分析，最后进行酶性质研究。虽然起始的实验材料和实验方法是一样的，但每个学生的最终的实验结果可能相差很大。因为这个模块几个实验具有连续性，上个实验获得的结果是下一个实验的材料，所以每个学生第一个实验的结果可能不尽相同，而下一个实验的情况也各不相同。如果上一个实验出现问题，就无法继续进行下一个实验。因此，他们需要对自己的实

---

① 葛海燕、陈火英、方心葵、陈鲁勇、俞沛初：《以学生为中心的高校实验教学模式研究与探索》，《高校生物学教学研究》(电子版)2017 年第 3 期。阎欲晓、栗桂娇、冯家勋、白先放、李小梅、莫祺红：《以学生为中心，提高实验教学质量》，《实验室科学》2009 年第 3 期。

② 《〈普通高等学校本科专业类教学质量国家标准〉有关情况介绍》，http://www.moe.gov.cn/jyb_xwfb/xw_fbh/moe_2069/xwfbh_2018n/xwfb_20180130/sfcl/201801/t20180130_325921.html，访问日期：2020 年 12 月 10 日。

③ 何名芳、周德志、曹小华、王萍萍、钟婵娟：《“以学生为中心”的普通化学课程教学模式探索与实践》，《化学教育》2020 年第 16 期。

验结果负责，非常认真地进行实验，思考每一个步骤的目的，避免出现错误。实验结束后，还需要自己运用理论知识，查找资料，才能对实验结果进行分析判断，是否这次实验成功了，可以继续进行下一个实验。如果确定实验失败，还要想办法补救。经过综合实验模块的训练，培养了学生分析问题、解决问题的综合能力，还使学生具备了一定的主动学习能力和积极性。自主设计实验模块则完全以学生为中心，学生通过查找资料，结合自己学过的生物化学实验技术，选择感兴趣的研究内容并设计实验方案，和教师沟通实验方案的可行性并进行修改，最后自己完成实验，分析处理实验结果，在课堂进行实验展示。该模块的设置可以激发学生对生命科学的学习兴趣和潜能，同时进一步培养学生分析问题解决问题能力以及创新能力。综合实验模块和自主设计模块的设置，不仅引导学生主动学习，提高学生学习的效果，还让课程具有一定的难度和挑战度，“挑战度”即“金课”标准“两性一度”之一。①

最后，以学生为中心，还体现在生物化学实验课注重培养学生实验素质。本课程有目的地让学生参与实验前的准备工作，自己配制试剂，从最基础的实验技能开始训练他们，同时也让他们学会对自己的实验负责，万一试剂配制出错，就会影响实验。实验课同时还要求学生真实准确地进行实验记录，真实完整地进行实验记录，是进行科学研究的最基本要求，同时严谨诚实是从事科学研究最基本的素养。因此，生物化学实验课程通过培养学生实验素质，有利于促进学生终身发展。

三、教学模式的改革

本课程在大二上学期开设，是生命科学学院学生第一门真正意义上的学习生物科学实验技能的课程，本课程的学习可以为后续实验课程的学习以及学生进入科研实验室打好基础。但传统的实验教学方法，教师虽然很详细地介绍了原理和操作，但很抽象，学生很难很好地掌握第一次接触的实验操作并且获得较好的实验结果。因此，本课程先精心制作了授课视频以及实验操作视频，同时配套建立了测试题库，在中国大学 MOOC 网建立了线上的慕课，然后采用线上线下相结合的混合式教学模式，布置学生课前先通过预习线上慕课的教师授课以及实验操作视频，还可以利用慕课的测试题进行测试自己是否掌握学习的内容，再结合线下教师对重点难点及注意事项的讲解，并亲自动手实验，就可以提高实验操作的准确率和成功率，大大提高学生对生物化学实验技术的掌握程度，既提高了教学效率，又提升了教学质量。由于采用了线上线下相结合的混合式教学，不仅缩短了教师授课的时间，还由于学生事先观看过实验操作视频，动手时也比较有信心，不会畏首畏尾的，因此也缩短学生做实验的时间，并提高实验的成功率。教师在课内就有时间组织学生进行讨论，还可以对实验内容进行延伸性的介绍。

四、学生实验过程管理严格，评价全面化多元化

学生实验过程管理严格，评价全面化多元化也让本课程的通过具有一定的挑战度，不

---

① 《教育部高教司司长吴岩：中国“金课”要具备高阶性、创新性与挑战度》http://www.moe.gov.cn/s78/A08/moe_745/201811/t20181129_361868.html，访问日期：2020 年 12 月 10 日。

是只要做了实验,写了实验报告就可以通过课程。本课程成绩评定由20%平时表现、10%慕课、35%实验报告、35%笔试组成。平时成绩评价贯穿教学过程的各个环节,考核内容包括学生出勤、课前预习、实验操作表现、实验习惯表现等。慕课成绩作为本课程成绩的一部分的设置是为了督促学生通过慕课进行课前自主学习,并通过单元测试检验自己观看慕课的预习效果,带着问题来上课,提高上课效率。实验报告由课前预习报告和实验中结果记录,实验后结果分析处理、讨论及思考题几部分组成。完成实验报告,可以督促学生认真预习,并训练学生真实且完整地进行实验记录,对结果进行处理和分析,并对该实验项目加以进一步思考。例如,首先他必须分析实验结果是否合理,如果发现实验结果不理想时,他必须进一步分析找出原因并提出改进的办法。如果学生做完实验后,不去分析得到的实验结果,或者不知如何分析实验结果,那么学生就难以从实验教学中得到锻炼和提高。因此,本课程实验报告评分改变了以往的只注重结果好坏,而转变为注重学生对结果的分析和讨论。这个评分标准的改变可以促进学生思考,达到提高他们分析和解决问题能力的目的。笔试内容包括实验原理、实验操作、注意事项以及实验分析题等,可以全面考查学生对实验方法技术的掌握和分析解决问题的能力,同时也可以督促学生认真学习本课程。

五、教学团队的建设

在本课程的建设中,还非常注意教学团队的建设。本课程教学团队人员结构及任务分工合理。笔者从教20多年,已经担任十年以上的生物化学实验课程负责人,具备良好的师德师风,具有丰富的实验教学经验,已经主持建设了一门国家精品资源共享课,出版了两门实验课的数字课程。在科研方面,笔者也长期从事生物化学领域的科研工作,因此具有较先进的教学理念和较高的学术造诣。团队的其他成员也在生物化学领域具有丰富的科研和教学经验,既有教授、副教授,还吸收了年轻的助理教授,通过教学研讨,观摩及跟课,培养年轻教师,他们能够迅速成长,独立主讲实验。同时年轻教师的引入,也可以帮助本课程更好地利用现代教学新技术进行辅助教学,例如他们可以充分利用网络资源,在慕课的制作上也更有经验。因此,建设一流课程,也离不开教学团队的建设。本课程教学团队人员组成合理,形成年龄梯队,不会因为人员的变动而使教学效果不稳定。

生物化学实验围绕上述五个方面进行的课程教学模式和教学方法改革已经取得了一定的效果。对学生进行调查,大部分学生认为自主设计实验对他们很具有挑战性,收获也很大。近年来学生测评成绩也有所提高,并已经获得校级一流课程建设的立项。

无人机技术在生态学野外教学实践中的应用探索

朱旭东　黄敏敏　黄群腾*

摘要：在大数据时代下，随着生态学科的发展，生态数据的时间和空间尺度日趋变大，无人机技术在生态学野外教学实践中起着重要的作用。无人机技术进入生态学野外教学实践赶上了现代生态学与信息技术交叉发展的潮流，为生态学的教学带来了便利。本文针对当前生态学野外教学实践中存在的一些问题进行了分析，探讨了以无人机技术为代表的现代信息技术在生态学野外教学实践中的应用潜力，并尝试通过创新教学方法来构建"教学、实践、科研"三位一体的生态学野外教学体系。

关键词：生态学；野外教学；无人机；信息技术

一、引言

生态数据具有多源性、数量大的特点，呈现出典型的大数据特征。在大数据时代下，随着生态学科的发展，生态数据的时间和空间尺度日趋变大。现代生态学的研究整体体现出跨区域性和复杂性的特征，而反观生态学教学，往往还局限在传统的个体、群落层面。不过信息技术的发展与应用促进了生态学教学过程中生态数据的获取、管理和分析方法的转变，使得生态学教学实践与现代信息技术融合更加密切。而且生态学与其他相关学科的结合也促进了生态学外延的扩大，生态学的交叉领域逐渐成为极具潜力的方向，也使生态学具有极强的综合性[①]。尤其是生态学与遥感学科的结合，使得现代生态学朝着宏观尺度的方向发展。特别是遥感技术，不仅在生态环境监测工作中被广泛使用，也对生态学野外教学起重要作用。在此大趋势下，无人机（Unmanned Aerial Vehicle，UAV）技术在生态学野外教学实践中的作用也受到了很多关注。

近年来，无人机技术发展迅速，配置越来越高，功能越来越多，在各个领域的发展潜力也被挖掘出来。应用领域从一开始的军用逐渐扩展到民用，因为中大型的无人机平台运营成本高，无法满足很多生态研究需求，同时小型无人机市场被打开，价格也越来越亲民，

* 朱旭东，男，福建闽清人，厦门大学环境与生态学院副教授，主要研究方向为海岸带生态遥感与碳循环。黄敏敏，女，福建连江人，厦门大学环境与生态学院硕士研究生，主要研究方向为海岸带湿地遥感。黄群腾，男，福建龙海人，厦门大学环境与生态学院工程师，主要从事环境生态工程专业本科实验教学工作。

① 王晓锋、刘婷婷、龚小杰：《生态文明视角下生态学教学改革的思考与探索》，《西部素质教育》2018年第16期。

从几百万的工业级无人机到普通的航模产品，无人机类型越来越多。[①] 正是因为如此，无人机进入教学赶上了现代生态学发展潮流，为生态学的教学带来了便利。

因为传统的地面观测执行起来非常困难，工作量很大，而无人机可以提供最佳获取信息的方式，完成大面积的同步观测，能第一时间获取地表观测数据，并且不受地形的限制，也弥补了卫星图像分辨率低或者因天气原因无法获取地面影像的缺陷，为生态学提供丰富且重要的数据基础。而且生态学本身也在发展，其交叉领域如景观生态学、全球变化生态学等，这些学科分支对大尺度的生态学规律的需求也越来越大，无人机正好能够为此提供帮助，能够从较为宏观的尺度，以一种新视角去认识生态学。

总的来说，无人机在生态学野外教学中主要可以应用到三个层次：物种及种群层次、植物群落层次、生态系统层次。在物种和种群层次，学生可以针对单个或几个物种的识别以及其空间分布进行研究。如进行野生动物的识别及分布区预测研究，这样既可以获取学生难以到达地区的数据，又能在不干扰或者最低程度干扰对栖息地进行监测。在植物群落层次，学生可以利用无人机进行植物群落的分类、植物群落生物量的估测等。在生态系统层次，学生通过无人机可以收集气温、湿度等数据，同时结合数字正射影像、数字高程模型等数据，进行有效分析。与此同时，无人机还可以进行生态系统的评价、生态系统演替等方面的研究。

本文针对当前生态学野外教学实践中存在的一些问题进行了分析，探讨了以无人机技术为代表的现代信息技术在生态学野外教学实践中的应用潜力，并尝试通过创新教学方法来构建“教学、实践、科研”三位一体的生态学野外教学体系。[②] 生态学野外教学方法的创新有利于培养生态学专业学生的科研思维，有利于教师科研工作的进行，同时也符合国家对生态学人才培养的战略需求。

二、生态学野外实践教学现状

生态学是一门实践性比较强的学科，而野外调查更是生态学教学中的重要组成部分，在学生提高实践能力和培养创新思维方面发挥了重要作用[③]。在野外实践教学中，学生通过观察与分析野外生态现象，可以提高自身利用理论知识解决实际问题的能力和实践创新能力。

（一）传统野外调查方法存在一些局限性

生态学野外实践主要包含环境因子的观测与采集、动植物种群群落调查和样本采集等，主要目的就是让学生将生态学理论知识应用到实践调查中，有效地掌握获取生态数据的基本途径和常规方法，让学生能够对个体、种群、群落及生态系统中常见指标进行实地调查[④]。这些方法对于生态学教学确实极具效果，且经过前人的验证在各大高校教学中已

---

① Karen Anderson, Kevin J Gaston. Lightweight Unmanned Aerial Vehicles will Revolutionize Spatial Ecology. *Frontiers in Ecology and the Environment*. 2013, 11(3): 138-146. Meg Lowman, Bryson Voirin. Drones — Our Eyes on the Environment. *Frontiers in Ecology and the Environment*, 2016, 14(5): 231.

② 刘晓丽、孙涛：《生态学野外实习教学体系的探索与改革》，《河西学院学报》2019 年第 5 期。

③ 胡刚、张忠华：《生态学教学改革的思考与探索》，《大学教育》2013 年第 10 期。

④ 秦钟、章家恩、赵本良等：《生态学野外实践教学体系的设计与实施探讨》，《广东农业科学》2011 年第 7 期。

经十分普及。虽然传统的方法在大多数生态学野外调查中发挥了不可替代的作用，但是在一些方面的调查还有所欠缺。

传统生态学野外教学主要靠人力进行实地调查，主要依靠定点观测来获得数据，这些数据数量较少，数据内容相对单一，且局限于个体至生态系统层面，无法完整地展示在区域平面上，而且人工操作易出现误差。在无人机还没应用到教学领域前，学生对植被、土壤、地形地貌的认知还集中在小尺度的理解上，在大尺度上的野外实习新视角比较少，对于宏观尺度的理解还不够深刻，不利于科研素养的提高。而现代生态学的研究主要集中在生态系统水平，时间和空间跨度较大，传统的生态学方法无法解决，而运用无人机遥感可以弥补传统生态学中的不足。以生态学野外教学实践中的植物样方法为例，要先在植物群落中设置样方大小，记录样方中乔木、灌木等数据，包括植物的名称、数量、高度、冠幅等，再将样方数据进行进一步的处理和分析，在中小尺度的高精度要求下，人工测量工作量太大，且学生上课时间有限，调查范围较小，加之受主观影响，测量结果误差较大。传统的生态学野外实践方法较为烦琐，给生态学野外教学工作增加难度，而无人机遥感技术可以很好地解决这个问题，同时对提高学生动手操作的积极性和主动性等也具有积极推动意义。

（二）教与学的一些不足

随着科技发展，近年来生态学发展迅猛，因其本身学科范围较广、内容复杂、方法丰富，加之理论内容不断与时俱进，使其知识领域不断扩大，但在教学方法上仍然存在一些局限性，没有进行及时更新。正是生态学学科范围广、内容丰富这个特点，导致教师在实践教学过程中，较难做到重点知识突出，学生把握不住学习重点。通常，为了野外实习有序展开，都会由教师组织部署实习计划，而后开展实习活动，再对学生进行最后的成绩评定，往往忽视了学生在实习中的主体性，不利于激发学生参与实习的内在动力①。此外，对于野外实践课程来说，有些学校通常会因为经费、安全等因素，把野外实践课程的量缩减，导致学生实践的内容受到限制，理论知识不能完美地运用到实际中②，而且部分教师无法将最新的理论与技术方面的生态学成果结合到教学过程中，学生好奇心无法得到激发，学习的积极主动性不高③。就目前看来，大部分高校生态学野外实践的教学过程仍然以说教为主，学生对老师课前设计好的实践方案按部就班，实习模式固化，缺乏批判思维，也很少依靠自己解决问题并从失败中汲取经验④，对于科研创新方面还存在一些不足。

现代生态学越来越注重实践，一方面是生态学本身具有极强的实践性，一方面是就业需要实践型人才，再者是国家越来越重视生态文明建设，理论知识必须落到实处。所以不仅是教师要重视起野外实践课程的教学质量，学生也要全身心投入课程中，双方相互配合才能达到理想效果。

---

① 刘俊华、夏江宝：《生态学野外实习教学模式的改革与探索》，《安徽农学通报》2014 年第 22 期。

② 章家恩、骆世明、叶延琼等：《生态学专业实践教学的改革与实践——以华南农业大学生态学专业为例》，《大学教育》2012 年第 11 期。

③ 马明、杜红霞、王定勇：《生态学教学改革方式探讨》，《西南师范大学学报》（自然科学版）2014 年第 3 期。

④ 阿里穆斯、张淑萍、沈光涛：《生态学野外实践教学新模式探究》，《实验技术与管理》2009 年第 3 期。

三、无人机遥感教学方法的探索与实践

(一)实践课程:作为一种科研工具,有利于提高课程效果

生态学野外教学主要考察学生的生态学知识应用、获取数据和分析数据的科研能力。而无人机作为一种遥感手段,不仅为生态现象分析提供了条件,也为生态学教学开拓了一个新的更为广阔的领域。

显然,在实践课程中使用无人机有较大的好处——风险低,相对便宜,而且见效快。无人机实验作为厦门大学生态学专业本科生课程"生态学基础实验"新开设的一个专题,能够在中小尺度上提取地表生态数据并对实验对象进行生态学分析,为学生开辟出一个学习的新视角。在教学过程中,教师可以把学习资源——无人机,在有限的教学时间里提供给学生,在课堂外现场传授无人机操作方式,如图 1(a),直观生动,既吸引了学生的注意力,激发学生好奇心,也提高了教学效果。飞行结束,学生通过对无人机航拍影像的处理分析,如图 1(b),不仅能巩固生态学知识,也能够对无人机这种新技术有进一步的认知。以本次课程为例,让学生分析对比无人机所获取的影像和现场测量植被结构参数这两种方法,可以使学生深入体会到无人机摄影测量技术在小尺度研究、高精度定位与地物成像中的优势。无人机不仅能够快速收集物候、植物多样性等方面的数据,也让学生对科学研究、工程应用和生态保护等未来职业重新产生一种期待。

(a)

(b)

图 1 无人机实验课现场图

(二)野外实习:无人机具有大量优势,有利于野外实习的进行

在生态学野外实习中,无人机可以更加及时有效地监测环境,并且能够近距离观察单个生物体及其时空变化,比较方便。相对于传统的生态学方法,无人机系统的空间覆盖较广,而且能提供更高的时间和空间分辨率。在时间分辨率上,无人机受到飞行次数以及电源供应、电池容量的限制,但可以通过增加飞行次数来解决。在空间分辨率上,无人机具有高精度,能够达到厘米级。在野外实习中,学生可以自行设定合适的高度与时间,对无人机进行操控来获取实习所需影像,再对影像进行一系列处理,最终可以提取出所要的数据信息。

除了高时空分辨率,无人机还有几个额外的优点。第一,它们可以快速获取环境数据,对于要在有限的实习时间里对环境进行调查的学生来说,非常之便捷,能够大大提高实习效率。第二,无人机可以解决人身安全和障碍问题,以便对学生无法进入的调查地点进行检查或进行危险探测,虽说出于对学生安全的考虑,实习地点一般不会太过危险,但

是也不可避免会出现一些突发意外情况，相对于传统的生态学野外实习，无人机野外实习的安全系数相对较高。第三，基于无人机的遥感监测一般由三部分组成，分别是航拍前期准备、航拍数据获取以及后期数据处理与分析，这三部分的操作目前均已经较为成熟，学生们可以利用多余出来的时间去思考更多的科研问题。第四，生态学专业的学生通常缺乏地理信息系统(GIS)方向的知识，无人机影像处理相对于其他遥感影像处理较为简单，影像的处理分析，可以直观地让他们感受到无人机遥感技术的便利之处，方便以后的科研学习。

无人机可以根据实习需求搭载不同的传感器，如可见光数码相机、多光谱传感器、激光雷达传感器等。无人机搭载不同传感器可以产出不同的数据产品，在生态学研究中发挥重要作用。以搭载多光谱传感器为例：由于飞行高度较低，单幅影像的成像面积较小，需要将所有影像进行图像拼接来获取大幅完整的拼接影像以及一系列的光谱指数图像数据。如图 2 所示，在漳江口红树林国家级自然保护区实习时，学生们将无人机拍摄的漳江口红树林国家级自然保护区图像拼接为六张不同波段下的正射影像，截取局部进行对比，通过对比多波段和可见光图像效果，可以提取出一些地表信息，学生通过自己动手提取无人机遥感中所需的数据，可以更好地理解无人机遥感技术在生态学调查中的应用。

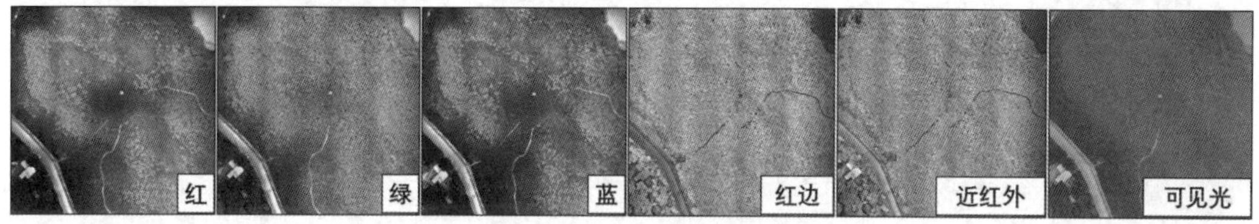

图 2　无人机多光谱六种波段影像

无人机的野外应用还包括地形测绘、植被结构和生理参数反演、病虫害监测等。以图 3 的地形测绘为例，在漳江口红树林国家级自然保护区实习中，学生通过无人机航拍漳江口红树林国家级自然保护区，得到大量的无人机影像，将这些影像导入到专门处理无人机影像的软件(如 Agisoft PhotoScan)中进行图像拼接、生成密集点云和数字表面模型，再对影像上的两条路线进行进一步分析，得到路线上的高度变化图，这个过程让学生有了更直观的感受，这是传统的生态学野外调查无法做到的。

图 3　漳江口红树林国家级自然保护区数字表面模型与线路高度变化

无人机能够实时准确地获取地表信息,而对于较大尺度的区域来说,传统的测量方法则耗时费力。例如,在漳江口红树林国家级自然保护区实习中,无人机遥感图像真实形象地反映地物类型空间分布的状况(如图4显示了红树林物种白骨壤的空间分布),学生通过影像可以快速且直观地看出白骨壤分布状况。因此,无人机的引入为生态学的野外实习提供了便利。在不久的将来无人机会有更多的技术进步,对提高生态学研究能力具有巨大潜力。

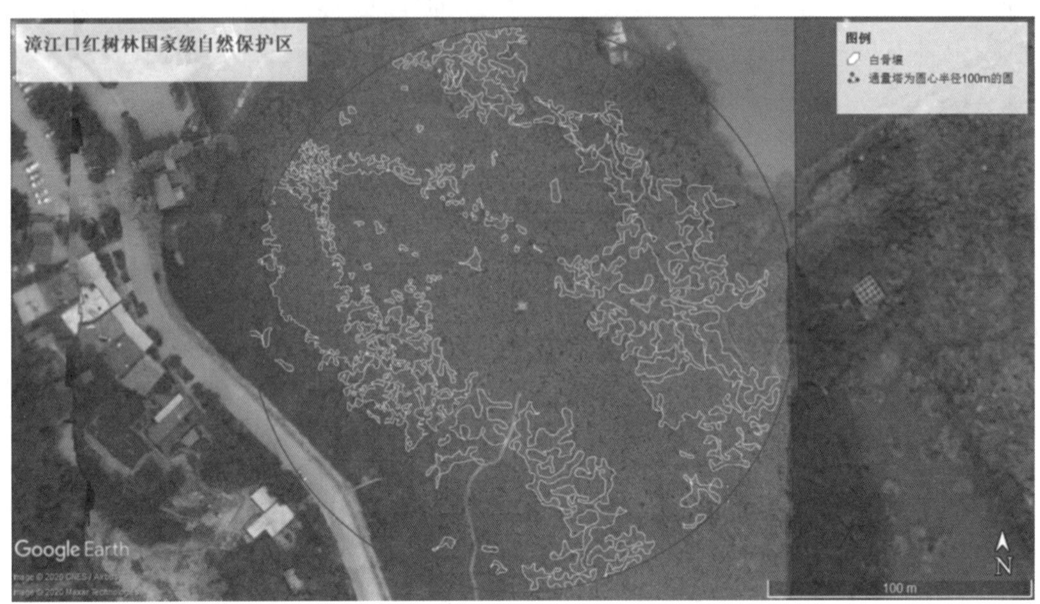

图4 基于无人机航拍拼接的正射影像(白线勾勒区域为白骨壤分布区)

(三)大创项目:作为一种新技术,无人机有利于打开创新思维

大学生创新训练项目(简称"大创项目")目的在于激发大学生的创造力、培养大学生的科研素养。大创项目是以学生自己独立提出科学问题并提供研究方案为主,导师的指导为辅,通过个人或者团队合作来解决提出的科学问题①。学生拥有了更多的自主权,而教师的角色将逐渐淡化。由于大多数的大创项目都涉及最新的理论内容或技术,再加上导师的指导,在此次大创项目中,学生可以了解到生态学领域最前沿的科研信息,对科研产生兴趣与热情,为以后的科研工作打下基础。

无人机本身作为一种新兴科技,被学生应用在所学领域,也符合创新的一种定义。在厦门大学"校园绿化调查"大创项目中,以翔安校区为调查对象,校园的空间范围适合使用无人机来做调查(如图5所示,学生利用无人机对校园进行航拍)。学生通过查阅大量相关文献,发现过去校园植被调查项目也不在少数,但大部分都是利用传统方法在个体尺度上研究,缺乏空间和遥感信息,无法进行有效的数据管理。而无人机的出现可以为此提供充足的遥感信息,为解决问题提供了一个创新点。学生利用无人机分析校园常见植物的空

① 李春林、张保卫:《生态学创新训练项目与实践教学相结合的培养模式探索》,《滁州学院学报》2020年第2期。

间分布状况，并构建厦门大学翔安校区数据模型，对常见植物进行准确定位，制作常见植物图鉴，再对所采集的信息进行整合，形成校园植物分布虚拟系统，为增加校园植物多样性提出建议。通过这个大创项目，学生感受到了遥感技术的便捷，同时也发现遥感技术还可以应用到生态学领域的其他方面，将来还可再基于遥感手段进行更深入的科学研究。

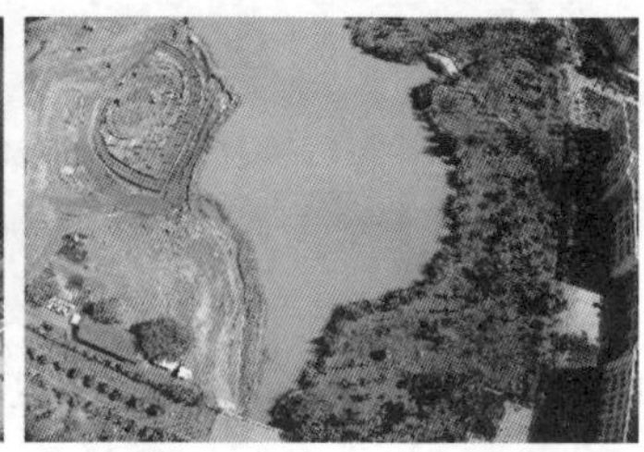

图 5　厦门大学翔安校区校园航拍示意图

四、总结与思考

不可否认，无人机技术顺应了现代生态学与信息技术融合发展的大趋势，有了新技术的支持，为解决大尺度的生态环境问题提供可能，有望填补许多研究领域中的知识空白。传统的生态学方法常从测量个体层次出发，再扩展到区域层次分析，尺度由小变大。无人机遥感则恰恰相反，从较大尺度区域观测出发，再选择小尺度进行验证。这种方法不仅减少了学生的工作量，提高了学习效率，也提高了教师教学工作的质量。但由于现阶段无人机价格也相对较高，无法普及到每个学生，学生不能经常性接触无人机，因此对无人机的操作可能存在不够熟悉的情况。无人机作为一种技术，能为生态学教学提供助力的方面也存在限制，为了能够更好地发展生态学，应综合使用各种传统与现代技术手段，既不能盲目追求技术的先进性，也不能与时代脱节，与时俱进才能更好地为生态学教学服务。

在应用无人机时，也要注意与其他观测手段的搭配使用，提高生态学野外教学的效率。与此同时，教师也应学会与时俱进，不仅教学方法要创新，教学内容也需创新，了解时下生态学发展的最新动态，结合学生的专业需求和兴趣传授给学生，例如基于无人机影像还可以使用 GIS 和遥感专业软件向外延伸处理，学生可以学到更多新技术，进一步扩充新视角[①]。通过调整教学方法，教师给学生提供新兴的科技设备，能够在较大程度上提高学生对生态学课程的关注度，使学生能够跟上信息技术时代发展的步伐。

生态学正逐渐变得更加广泛化、一体化。因此，在生态学野外实践的调查、教学、科研方法上，急需新技术的支持。以无人机技术为例，可以将生态学与更多学科联结起来，研究视角不断扩大，不仅有益于学生的学习，也有益于教师的科研，带来的是双赢的局面。无人机作为一种新兴的教学工具，对于教师来说，不仅丰富了教学方法，也充实了教学内容；对学生来说，无人机将他们的视线带离地面，能从更加宏观的角度去认识生态学，有利于科研思维的培养；对于国家来说，无人机在教学中的应用正好符合国家战略需求，带动科研前进的同时，也为生态文明建设出了一分力。

---

① 徐驰、刘茂松、杨雪姣等：《生态学野外实习的多样化教学模式探讨》，《实验室研究与探索》2012 年第 5 期。

环境生物学与健康教育相结合的教学方式初探

周克夫 苏劲红*

摘要:本文针对环境生态学专业的专业课程“环境生物学”如何在保证课程大纲要求基础上,将课程特点和目前大众社会对美好健康生活的需求相结合,将课程内容与疾病预防、健康行为方式有机结合,达到既完成课程内容,又提升了课程实践性、吸引学生上课注意力、有效提高课程授课效果的目的。本文同时就课程授课经验、授课效果加以探讨,供大家借鉴。

关键词:环境;生物学;健康

一、引言

环境生物学是环境生态专业的基础课程之一,课程主要探讨生物与受损环境之间的相互作用和调控机制,突出基础性和应用性,着眼于环境生物学领域中的主要概念、理论体系及其应用途径,同时包括一些前沿领域和热点问题贯穿相关课程内容中。课程内容丰富,涉及环境科学、生物学、态学和毒理学甚至工程学方面的知识。尤其涉及和人们的生活、人类的健康以及所从事的社会生产实践活动密切相关的内容,不仅与当今社会强化自然生态环境保护的理念相符合,同时也直接关系到个人的行为和健康甚至生命。传统的教学模式按部就班进行授课,老师讲得辛苦,缺乏吸引力,学生也感觉枯燥无味,课堂效果欠佳。针对上述情况,要保证教学质量,必须在保证教材教学内容完整前提下。做到既要符合教学大纲,又结合课程内容特色,增加与实践例子尤其是身边例子相结合,达到既学到专业知识,又能够对专业以外不同的知识有所涉猎,达到培养知识融会贯通、人格健全、博学多识具有综合素质的综合性、复合型人才的培养目标。① 下面我们就课程部分章节涉及的健康教育内容以及如何有机穿插巧妙结合进行分别阐述。

二、结合全球环境变化造成的影响加强学生健康防病教育

在环境生物学课程中涉及全球气候变化的内容主要包括温室效应、臭氧空洞和酸雨。其中臭氧空洞的影响与对人类的健康危害息息相关。

为了说明臭氧层破坏对人体的危害,笔者首先以电影《非诚勿扰》中孙红雷饰演的香山患黑色素瘤为例说明皮肤癌的危害。正是这个影片的播出,国内掀起了到皮肤科检查

---

* 周克夫,男,厦门大学环境与生态学院副教授。苏劲红,女,厦门大学图书馆馆员。

① 付登高、吴晓妮、段昌群:《复合型人才培养模式下“环境生物学”课程教学改革与实践》,《高教学刊》2019 年第 1 期。

的热潮，由此诊断出不少患者或者癌前病变的患者，通过及时治疗挽救了病人生命的例子也有报道。由此引出皮肤癌的诱发原因主要包括：第一，物理因素；第二，化学因素；第三，病毒因素；第四，癌前疾病。其中物理因素中的紫外线照射值得注意，世界范围的流行病学研究表明，紫外线是皮肤癌最主要致癌物，尤其是中波紫外线与皮肤癌的发生密切相关。臭氧层指大气层的平流层中臭氧浓度相对较高的部分，其主要作用是吸收短波紫外线，太阳光是由可见光、紫外线、红外线三部分组成，而紫外线又分为长波、中波、短波紫外线，长波紫外线能够杀菌。但是波长为200～315纳米的中短波紫外线对人体和生物有害。当它穿过平流层时，绝大部分被臭氧层吸收，因此，臭氧层就成为地球的一道天然屏障，使地球上的生命免遭强烈的紫外线伤害，被誉为“地球生命活动的保护伞”，臭氧层被破坏，通过的紫外线就会伤害人类和其他生物，如使人类患皮肤癌和白内障等疾病。臭氧层减少1%，紫外线对地球表面的辐射量增加2%，皮肤癌患者增加4%～6%，主要是黑色素癌。增加大气光化学氧化剂导致的健康危害，同时还可能削弱免疫力，增加传染病患者。环境生态的学生免不了要到野外采样实践，为了预防皮肤癌，不仅日常生活要避免暴晒，还要做好防护，比如戴墨镜、帽子以及涂抹有效的防晒霜等措施。

前面的科学叙述，强调了臭氧层的重要性，在这个基础上进一步讲述科学研究结果，证明卤化碳理论是为大多数科学家接受的臭氧层空洞形成理论，由人类排放的氯氟烷烃和含溴卤代烷烃化合物引起，如冷冻机、空调和清洗剂等。因此，减少直至禁止使用含氯氟烃（chlorofluorocarbon CFCs，又称氟利昂）和溴代氟烃（哈龙）对保护臭氧层具有重要意义。最后，跟同学们讲述目前全世界为了保护臭氧层所提出的各种公约、议定书以及我国在这方面所做的承诺。比如，1985年《保护臭氧层维也纳公约》，1987年《关于消耗臭氧层物质的蒙特利尔议定书》，1989年中国加入《保护臭氧层维也纳公约》，1990年修订《关于消耗臭氧层物质的蒙特利尔议定书》，增加受控物质，1991年中国宣布加入修订后的《关于消耗臭氧层物质的蒙特利尔议定书》。1994年，联合国大会通过决议，确定每年的9月16日为“国际保护臭氧层日”。

通过结合实践实例讲述全球气候变化带来的危害，讲述产生这个结果的原因和机制，进一步强调科学有效防止产生这个结果的措施和方法，以及如何采取措施让全世界人民共同行动起来，保护我们赖以生存的地球，促进人类的可持续发展。这种通过身边现实生活实例结合课程内容进行讲述，增加学生对科学的认识，以及苛求掌握科学方法保护我们人类自己的责任。与照本宣科讲述课程内容相比，教学效果明显提升。

三、推广如何防止污染物进入人体

从污染物的形态来分主要有固态、气态和液态三种形式，此外还有一种电离辐射的放射性物质，如α射线、β射线和γ射线等。这些污染物它们主要通过人体的口腔、鼻腔和皮肤等进入人体，而射线则可以不要直接接触就可能引起人体危害。绝大部分经过接触的污染物通过人体外部屏障后进入人体，经过细胞代谢等过程，或是减毒或是完全降解成无毒而排出体外，也有经过体内代谢后由原来毒性弱而成为毒性更强的产物，如芴本身毒性不强但是进入体内经过代谢产生硫酸芴则具有强烈的致癌毒性。防止污染物对人体的危害最关键的是防止污染物进入体内。因此，本节课程我们在讲述完污染物在生态系统行为之后，着重给同学们进行一小段如何防止污染物进入人体的卫生健康教育。尤其针对这次全世界的新冠肺炎疫情暴发，如何防止病毒通过口腔和鼻腔进入人体是关键。把住鼻腔关口关键是在人多聚集的地方或者危险地区，使用各种型号符合标准的医用口罩达到阻止病毒通过空气经鼻腔传播，这个同学们一般比较好理解。而病从口入这个关键途径一般人都认为很好做到，不就是勤洗手吗？实际上在非常时期，正规的洗手是要有讲究的，除了要流水洗手，而不是静水洗手，要使用肥皂或洗手液洗手，最关键的应该是要有一个正确的洗手步骤，科学正确的洗手步骤为七字口诀，即“内外夹弓大立腕”，就是要全面清洗，包括手心、手背、指甲、指缝和手腕等部位通过这七字口诀步骤完成。这学期新冠肺炎疫情仍然是热点，我通过多次课前课后手把手给学生示范，按照七字口诀的洗手步骤，几次下来学生都能够很好掌握这个规范的洗手方法，说明教学起到了效果。当然，不仅针对新冠疫情等生物污染，生态环境的学生平时生活尤其是实验过程中往往都会接触到一些化学试剂，包括有毒有害化学品污染，实验过后通过这个洗手方法也能够很好地将这些污染物清洗干净，有效防止污染物进入人体造成健康危害。

结合与课程相关内容开展健康行为教育不仅学到专业只是同时增强了保护健康的意识，同时提高了知识的实用性。教学效果明显提高，学生听课兴趣也明显增加。

四、纠正学生关于野生动物更有营养的错误饮食方式和习惯

污染物对生物的作用，除非突发事件，比如有毒有害化学物质爆炸，泄露造成大剂量污染物污染环境并接触周围的人，造成人体大剂量污染引起急性毒性作用。这种情况全世界都有发生，但是毕竟少数。很多情况是由于平常经常低剂量接触摄入，不会马上表现症状，但是经过日积月累，不断富集，由蓄毒进入慢性发作再到急性发作，甚至经过长期诱变作用造成致畸致癌致突变最后造成死亡的严重后果。早年日本富山甲基汞中毒事件并不是突然发生，而是由于化工厂排出的无机汞进入环境在环境微生物作用下转化为甲基汞等毒性非常强的有机汞，在生物链中不断富集放大，最后进入鱼水禽等高营养级别的生物体内，生活在这个区域的人们提高日常饮食把富含甲基汞的动物食入体内，日积月累最终造成神经系统疾病，严重造成死亡。生物富集作用在自然界中是普遍现象，以水生生物为例，由于野生自然界中生物链复杂，生物群落多样性明显比养殖要多，在顶级层面产生生物放大的情况也增多。此外，有许多寄生虫的生活史往往需要多个中间宿主才能够最终完成整个生活史过程，因此民间中所谓的野生动物一定比养殖的有营养这种观点从某种意义上说是不科学的。

通过了解污染物的行为以及对人体效应的规律，严格遵守日常生活方式，保持良好的卫生习惯，作为人类不仅保护好野生动物，同时也要严禁与野生动物相关的买卖行为，达到保护环境保护生物多样性就是保护我们人类自己的目的。同时也达到有效堵住污染物进入人体的路径，为人类健康守住门户的效果。

五、警示同学们防止长期小剂量慢性染毒，预防慢性病和癌症的发生

致突变(mutagenesis)、致癌(carcinogenesis)和致畸(teratogenesis)效应称为遗传毒理的三致效应。药物及环境中的化学药品可以起基因突变或染色体畸变而造成对人体的潜

在危害。以水为例，这些污染物主要来自工业废水、生活污水、农业排污等对水体的污染以及消毒副产物污染，其中主要是有毒有机物。国际癌症研究所所长希金森（Higginson）认为，80%～90%的人类癌症和环境因素有关，其中主要是化学因素，约占90%以上。

课堂上我们以生活中最常见的洗发水和洗衣粉、洗手液为例，这些都是我们日常生活中最常见的日用品，但是如果我们将它们用来做染色体突变实验中的微核实验，可以发现一定浓度的以上日用品处理过的松滋青皮豆，培养一定时间后，通过常规制作观察根尖染色体方法发现，其微核率明显比正常自来水培育的要多，差异极显著（$P<0.01$），说明这些日用品对正常分裂细胞是有一定的致突变作用的。虽然不是说用了这些一定就会让人产生严重后果，但是，如果长期大剂量接触这些有潜在危害的化学药品，日积月累产生健康问题甚至引起疾病的危险就会增加。这个实验学生在三年级环境大实验课程中会亲自实践。理论课堂上给学生讲授这个实验的目的不仅解释其中的作用机理，同时进一步强调日常生活中使用这些化学日用品时要正确使用，不能够太频繁，使用后要用清水及时清洗干净。

致畸作用往往是指由于外源化学物的干扰，胎儿出生时，某种器官表现形态结构异常。致畸作用所表现的形态结构异常，在出生后立即可被发现。器官形态结构的异常称为畸形。胎儿出生时即具有整个身体或某一部分的外形或器官的解剖学上的形态结构：常称为先天畸形。凡在一定剂量下，能通过母体对胚胎正常发育过程造成干扰，使子代出生后具有畸形的化合物称为致畸物或致畸原。影响因素包括敏感期、剂量、遗传类型和母体状况。

课程中我们有一个章节讲到环境雌激素的危害，也叫内分泌干扰物。在讲述它的作用机理前，我给大家引用了钟南山院士曾经在一个讲座上说过的话："食品安全问题已经是一个很严重的问题，如果不采取相应的解决办法，再过50年，很多人将生不了孩子。"①目前，我国大规模使用农药已经有20多年了，中国蔬菜农药残留超过国家标准的比例为22.15%，部分地区超标比例为80%。而在国际组织确定的70种环境激素中，农药就有40种，约占到环境激素总数的60%。

不仅农药，其他比如化妆品、洗浴剂、洗洁剂、瓜果、蔬菜、肉类、食品等，如果这些日常物品含有环境激素类物质，当它们进入人体时，会让人体内的内分泌系统误认为是天然荷尔蒙，而加以吸收，占据了在人体细胞中正常荷尔蒙的位置，从而引发内分泌紊乱，造成人体正常激素调节失常。

环境激素危害主要表现在发育障碍、生殖异常、器官病变、畸胎率增加、母乳减少、男性精子数下降以及精神、情绪等多个方面的问题。多数环境激素也属于"持久性有机污染物"（POPs），在环境中十分稳定而难以分解，因此可存在很长的时间，不易清除。

钟南山院士是著名的医学专家，在"非典"期间尤其是这次新冠疫情期间，他的作用得到社会各界的普遍认可，关于他对环境激素危害情况的判断我们不能说一定会出现，但是他的警示作用让我们大家不得不提高这方面的意识，尤其是青年学生需要格外注意，有数据表明，现在的年轻男性精子的数量比40年前同年龄男性精子数量减少一半，这是大量流

① 《钟南山：正视食品安全问题50年后许多人难生育》，https://news.sina.com.cn/o/2004-03-27/13172155747s.shtml，访问日期：2020年12月10日。

行病学数据得到的结论，流行病学数据也支持了钟南山院士的观点。

通过以上讲述，同学们对环境激素的危害进一步提高认识，对它们的作用机制有了更多的兴趣。这为我们下一阶段的深入讲述奠定基础。

环境生物学中涉及与健康相关的内容还不止以上提到的，我们通过部分典型章节和实例结合课程相关章节进行讲解，达到完成教学大纲的同时，增加健康教育的内容，不仅增加了知识，更关键的是提高了专业课对学生的吸引力，加深对专业知识的认识和了解，此外，随着互联网技术的发展，环境问题又是全球性的问题，世界各地各种环境问题的典型案例层出不穷，因此，环境生物学课程还可以充分利用互联网技术，提供给同学各种相关网站、链接，让学生课后通过网络线上观看相关视频资料包括相关网络课程、慕课资料等，了解环境生态以及生物相关的资料和实际例子，结合书本理论知识，达到融会贯通、联系实际提出解决实践问题的效果①。这些知识不仅和人们的生活、健康以及所从事的社会生产实践活动密切相关，同时也与当今社会强化自然生态环境保护的理念相符合。

环境生物学课程知识面广、实践性强，需要学生有扎实的知识基础。同时，随着环境科学的快速发展，对环境生物学的理解和学习还要有与之相配套的实验课程，在理论知识、研究方法、技术手段等方面不断更新才能够适应新的需要。包括模拟仿真等教学方式的加入，对学生理解环境污染物的行为和作用都有重要的意义。② 此外，由于该课程与生物学医学密切相关，而厦门大学医学生物学以及公共卫生学科都是国内顶尖的学科，在讲授环境生物学这个课程中，我们可以适当选择一些时段到这些学科参观实践，尤其是一些用于生物毒理病理研究的先进的设备技术方法，通过对这些现代化设备的了解，学生今后开展相关研究和学习都将受益匪浅。

此外，笔者一直在学校上通识课程疾病与健康，在人体健康和疾病方面具有一定的基础和经验，因此，如果能够有效地将环境生物学和健康教育结合在一起，授课老师不仅需要有环境，生物方面的扎实功底，同时最好能够同时了解相关的人体健康与疾病方面的知识，这样环境生物学的教学就能够得心应手，相互融合，把专业课程融入日常生活，取得较好的教学效果。

以上是笔者对环境生物学课程建设几年来授课过程总结的经验和感受，随着环境生态问题逐渐被大家重视，尤其是十八大以来生态文明建设被提到国家五位一体的高度，环境与生物以及人类的关系越来越密切，通过课程改革，目前已经有学者对环境生物学提出有益的建议和思路③，希望通过探索环境生物学的创新性课程体系，达到既能够保持原来课程纲要，同时又能够结合实践要求，多种方式丰富课程内容，使得课程学习达到理论和实践相辅相成目的。也希望本文能够为创新性环境生物学课程建设献计献策，使得课程建设为创新性人才培养做贡献。

---

① 谢春、张华、杨光红、蒋芝月、潘莎、金庭旭：《环境生物学网络课程应用启示》，《中国继续医学教育》2017年第16期。

② 李梅、尹颖、王晓琳、蒋丽娟：《创新实验教学模式，提升学生实践技能——基于南京大学“三三制”教改的环境生物学实验教学探索与实践》，《生态毒理学报》2018年第2期。

③ 赵晓祥、杨再福、宋新山：《“环境生物学”创新性课程体系建设探索》，《大学教育》2013年第8期。雷泽湘、陶雪琴、李永胜、肖相政：《环境生物学课程教学的改革与探索》，《教育教学论坛》2015年第30期。

新文科背景下美国史课程学生自主学习模式探讨

胡锦山*

摘要：本文通过论述新文科建设中美国史教学采用学生自主学习模式，强调翻转课堂和“做历史”对培养学生的历史思维能力与探究精神的重要性，并分析论述了在新文科背景下必须对现有的美国史教学效果评价机制做出相应改革，通过灵活多样的考核方式形成“以学生为主”的科学导向，有利于培养新时代文科人才。

关键词：新文科；学生自主学习模式；美国史教学

“新文科”是2018年10月由教育部等部门共同提出的，首次将历史学等人文学科列入基础学科拔尖学生培养计划。“新文科”概念旋即引发高校文科教学改革。“新文科”这一概念的提出为历史本科专业发展提出了挑战，更为历史学科的改革发展提供了更广阔的空间。近些年，厦门大学美国史等相关课程采用学生自主学习教学模式，课堂教学充分利用现有的信息网络技术和手段，结合美国历史自身的特点和学习历史的一般规律，响应新文科建设的需要，通过“翻转课堂”和“做历史”对传统的美国历史教学模式进行改革，并辅之以灵活多样的“以学生为主”的教学评估以期获得教改的效果，从而为历史教学模式的进一步改革提供参考。

一、采取翻转课堂教学法为主的教学新模式，注重培养学生自主学习和研究能力

新文科建设要求教师立足当前，知行合一，力学笃行，利用高科技更新人文社会科学的学科理念，注重核心素养培育，与时俱进，随着科技发展，开拓创新学科研究方法，更有效地进行人文社科研究，着力改造和提升现有人文社会科学，对课程结构做必要调整，使人文社会科学的发展适应时代发展的需要，承担起推进中国特色社会主义文化发展的重任。

作为与传统的接受学习相对应的一种现代化学习方式，翻转课堂(Flipped Classroom)教学“实际上是翻转了教育的理念”①，教师不再是知识的灌输者，而是意义建构的帮助者，学生的角色也因此发生了不同于传统课堂教学的转变，他们由以前教学内容的被动接受者，转变成为知识的主动获取与建构者。随之而来的就是课堂中教师和学生的角色实质性的转换，学生成为课堂的中心。也就是说，翻转课堂学习的主体是学生，强调学生自主学习，通过学生对学习内容的独立分析、探索、实践、质疑、创造等方法来实现学习目标，提

---

* 胡锦山，浙江省乐清市人，厦门大学人文学院历史系教授。

① 董奇：《“翻转课堂”是解放学生学习力的革命》，《中国教育学刊》2014年第10期。

升学生们的自主学习能力。这是目前广受青睐的开放式教学模式。厦门大学美国史等课程较早便改变了单一的传统教学方法，采用传统与现代教学手段相结合的方法，在教学中利用一些现代教育技术方法，如通过多媒体、互联网等手段，利用档案、影像等资料作为历史教学的重要辅助手段，在建构的历史情境中进行美国史的课堂教学，所以很适宜采用翻转课堂这种新颖的教学方式。2020 年春季新冠肺炎疫情期间，学校课堂教学普遍通过钉钉、腾讯、雨课堂等平台进行网上授课，学校网站提供了“课程中心平台”，内外因素共同作用加速了美国史等相关课程采用以学生自主学习为主导的翻转课堂教学方式。实践验证了已有论点，“翻转课堂不仅有利于学生间的合作学习，提高了学生的效率，也有利于教师为学生提供个性化辅导，节省教学时间并提高教学效率”①。

在美国史等相关课程中应用翻转课堂教学中，在课堂教学时间内，教师主要是通过学生在课前构建起来的知识进行加深知识的学习。这就要求学生课前必须预先完成相应专题知识的构建，每次课前，授课老师均预先将要讲的内容制成课件放在课程平台上，向学生公布教学计划、教学内容、参考文献和思考问题，并有针对性地引导学生从网络上获取相应的资源进行课前预习。美国史课堂时间内的加深知识学习通过两个步骤来完成：(1)在课前所布置的思考问题基础上，教师先提出需要学生深入思考的问题，如关于南部奴隶制的课前问题是“种植园经济对南部发展有哪些影响？”课上会提问“种植园经济的发展，是否一定要采用奴隶制？在奴隶制与种植园之间，是否存在着必然的内在联系？”学生如未完成课前的知识学习，则很难回答这类需要分析性思维的问题，教师从学生的回答中大致能了解学生对哪些史实尚不清楚，又对哪些历史问题深感兴趣，进而可以在随后的授课中有的放矢进行分析论述。(2)在课程结束前教师要再向学生提出一两个进一步思考的问题。这对激发学生的学习兴趣，培养学生分析问题解决问题的能力十分必要。如就上面问题再启发学生们思考“棉价下跌，南部如何从奴隶劳动力得到利润？内战前奴隶制的发展是否已经达到了极限？”引导学生跟随教师的叙述、分析与论证加深对专题的了解，并能促使学生思考他们课后应该再查找资料，深入钻研这一专题。实际上，教师基本上对修课学生都会有基本的了解，也会知晓学生对专题的问题与兴趣，但课上对学生进行提问也经常会有意想不到的收获，学生的回答启发教师的思考，促使教师进行全新的研究。

在钉钉上授课并保存上课内容，据此学生可根据自己的学习水平和进度多次观看上述教学资料。一学期的网络授课，使教学形式更加新颖，授课内容更加丰富，较为全面的转入翻转课堂模式。文字、图片、影像、声音等信息直接作用于人的感官，给学生留下了更深刻的印象，激发了他们的学习兴趣，课后更主动地学习；同时，由于多媒体所包含的知识内容更加丰富、形象、知识面更广，相应地提高了学生对社会上存在的一些问题和现象的关注度，激发了他们用所学专业知识分析问题，并尝试着提出解决这些问题的方法。另外，疫情期间所有课程都建了学生群，学生还以此作为交互学习的平台，在群里提出问题，和同学与老师进行分析探讨，很多同学还将自己在网上看到相关文献发布到群里，与同学们共享。无论在课堂还是课程群，教师所做的并不是对历史事件与书本的阐释，而是引导学生如何查找阅读史学论著与史料，通过对论著和史料的深入阅读，学生能够知道，尽管

---

① 张新民、何文涛：《支持翻转课堂的网络教学系统模型研究》，《现代教育技术》2013 年第 8 期。

使用同一史料，但因史家的观点立场不同，不同的人对相同的史料进行解读分析却可以得出截然相反的观点或认识。也因如此，史学学习和研究才魅力无穷。正是这种魅力才能激发学生对史学研究的兴趣，真正掌握学习历史的科学方法和路径。而且翻转课堂教学还能使历史课堂得到无限扩展和丰富，更好地培养学生的问题意识和质疑能力，使历史教学真正深入对历史发展规律与学生正确历史价值观、良好的历史素养、创新能力的培养。

翻转课堂作为一种行之有效教学方法新的教学方法，充分体现了"以学生为本"的教育理念。在美国史教学中，翻转课堂将美国史课程整合为一种知识体系，对学生自主学习能力的提高产生了积极的效果。而且，翻转课堂并非只是简单地将新技术运用于史学教学组织形式上的创新，事实证明它给美国史的教学带来实质性变革，相应也带动了史学教学策略的革新。

二、通过史料教育，倡导学生"做历史"，提升学生的思辨能力

新文科旨在培养超越传统文科专业局限与学科局限，专业素养高、学术能力精、综合实力强、有创造视野的新人才。作为传统学科的历史学属于新文科的重要组成部分。在新文科建设的背景下，厦门大学历史学科应如何适应时代发展的需要，更好地培养高层次、高素质人才是当下美国史等相关课程建设和教学改革的重要课题。因此，为了充分发挥历史学科作为"有用学科"的社会功能，并使其功能最大化，突显文科专业基础的通融性，适应新文科的培养模式，有必要通过"做历史"帮助学生打下坚实的史学基础，引导学生渐次进入专业学习，方便以后进一步的专业深造。

"做历史"(doing history)是近些年在历史教学中逐渐受到重视的教学方法，它要求教师引导学生本着科学研究的态度，在实践中学习，通过自身的探究活动来学习历史，包括探索历史的本来面貌和掌握一定的历史研究方法。正如一位美国历史教师所说："对于当下的我们来说，过去，是由无数个历史资料组成的，它本身是没有意义的。只有通过历史学家的能力来考察、想象、推论，才能尽力去赋予它相对真实的意义。"①"做历史"就是要求学生像历史学家一样，注重史料，注重田野调查，通过亲身参与检验并运用自己所学的分析技能，提高历史思维能力。因此，"做历史"的关键在于学生对于历史与史料本质的理解。

具体到美国史学生自主学习教学实践中，"做历史"要求教师在上述翻转课堂教学的基础上，进一步强化史料的分析与运用，"学生通过分析史料学习历史的最大收获，就是他们也将参与到历史进程中来。与教师和同学就史料的分析展开争论，学会质疑，并寻找新的证据来支撑自己的观点"。② 在"做历史"过程中，教师要循循善诱，利用多元化材料(档案、文献、照片、录音带、电影等)尽可能地再现美国历史原貌，使美国史的教学具有强烈的历史感和切实感。学生在此过程中通过各种史料主动地分析历史，而不是被动地接受教科书中的阐释，从而在思考与理解中感受历史并认识历史。这也是学生自主学习模式的

---

① Kaya Yilmaz, A Vision of History Teaching and Learning: Thoughts on History Education in Secondary Schools, *The High School Journal*, 2008(92), pp. 38-39.

② Kaya Yilmaz, A Vision of History Teaching and Learning: Thoughts on History Education in Secondary Schools,"*The High School Journal*, 2008(92), pp. 42-43.

进一步提升。随着互联网的普及，美国历史教学中可资利用的史料极其丰富，保证了足够的信息和大容量的教学内容，非常方便学生"做历史"，通过大量阅读、撰写读书报告和论文，学生们提高文字表达、逻辑认证及创造性认识等诸多方面的能力。美国史史料毕竟皆为英语，学生的语言能力参差不齐，一些学生尚不能熟练地运用史料，因此，在美国史的史料教学活动中，教师的引导作用尤为关键。教师应在"做历史"的过程中培养学生掌握研究历史的方法以及处理各类史料的方法，在信息貌似过剩的时代，学生需要的是对史料的筛选和判断能力，需要去粗取精的甄别能力和融会贯通的批判能力。教师要引导学生在已有的书面材料基础上由浅入深查阅第一手资料，通过多种史料的阅读和分析验证史实，判断资料的可靠性，判断作者的立场和偏见，不盲从权威，通过分析归纳，总结出自己对问题的认识，再指导学生拟定提纲，撰写论文，让学生真正体会柯林伍德历史哲学中的核心理念——"史学家必须在自己的心灵中重演过去"。[①]

作为新文科建设中的一种重要的自主学习模式，"做历史"对学生认识、整理、分析史料的能力以及历史思维都提出了非常高的要求，"做历史"这种学习历史方法的最大受益者是学生。通过"做历史"，学生不仅对所做专题内容印象深刻，而且在像历史学家一样思考分析的过程中，充分理解史实与史料的关系及其历史意义。

三、改革现有的美国史教学效果评价机制，通过灵活多样的考核方式形成"以学生为主"的科学导向

新文科建设的目的就是要培养大批高水平高素质的符合时代发展需要的人才。高校人才的培养与教学密不可分，因此美国史等相关课程必须高度重视教学，改革现有教学效果评价机制，以更好地激发教师投入更多时间精力进行教学。

一直以来，历史学科的教学评价都是以学生的课程成绩，特别是期末试卷成绩，作为评定教学效果的一个重要指标。这种过于重视卷面成绩的教学效果评估方式给历史学科教学质量的提高带来一些负面的影响，不利于学生改变中学时代形成的应试学习的观念，更不利于新文科倡导的素质教育的开展，同时也不利于激发教师对教学方法进行改革与创新。因此，美国史等相关课程有必要采用"以学生发展为中心、以学生学习为中心、以学习效果为中心"的教学评价机制。[②] 在美国史教学中，这种"以学生为中心"的教学评价体现在下面三个方面。

第一，教学评估必须要以考核学生的"做历史"能力为重要依据，要尽量真实反映出学生运用历史、分析问题、解决问题的能力。"新文科"着力于对传统文科的突破与创新，强调文科专业基础的通融性，突破原有文科专业过细的培养体制，促进多学科交叉与深度融合，这也意味着有必要对传统的考核体系做出相应的改革，从而进一步推动有创造力新型文科人才的培养。因此，美国史等相关课程的考核体系必须摒弃长期以来实施的课程闭卷考试为主的考核方式，采取新文科倡导的综合素质考核方式，整合课程知识，提高学生

---

① 柯林伍德：《历史的观念》，北京大学出版社 2010 年版，第 278 页。

② 赵炬明：《论新三中心：概念与历史——美国 SC 本科教学改革研究之一》，《高等工程教育研究》2016 年第 3 期。

课程认识高度，拓宽课程知识的广度，探究学科深度，从而充分体现学生运用历史知识的能力。唯此，才会进一步促进学生的批判思维、形成创新精神并提高独立探究与协作能力，改变学生简单被动接受教师的知识灌输、盲从书本、相信标准答案的消极学习习惯。其实进入21世纪以来，美国史等相关课程的考核方式已基本不采用期末闭卷考试，而是要求学生在一学期的时间里完成一篇读书报告和一篇小论文，这种强调"做历史"的能力考核促使学生真正注重通过史料对历史现象进行分析与探究，教师的教学观念、教学方法亦因此不断改进提升。

第二，突出学生在课程评价中的主体性地位。以往的课程教学效果评估过于强调外在的行政管理力量，学生的学习和教师的教学都处于一种被动的状态，双方都未能参与评价标准的制定过程。"以学生为中心"的教学评价立足于学生课堂学习和学生学业发展，学生在学校能力素质的培养被放在了首位，在教学评估中体现出来的就是，学生应该对自身学习最有发言权。改革教学评估方式就是要让学生确定学习目标和评价标准，通过自我评价成为自我负责的学习者。这种"以学生为中心"的教学评价可以通过厦门大学教务处提供的"智慧教务(本科)"平台来进行。这种网上即时评价已不是让学生对一些抽象模糊的概念进行等级评价，每次上课前教师在自己课程下发起投票，选课学生可就"课程满意度""课程参与度""课程掌握程度"发起投票，这种评价的重点由传统关注教师转移到更加关心学生的学习效果，强调通过学生的真实回答状况反映教师的教学质量。任课教师还可在此平台发起课堂反馈，设置反馈题目(选择题或问答题)，课堂反馈题目的设计要涵盖教师课堂教学的整个过程，并能突出反映出学生课上的收获，还要兼顾到美国史等相关课程的自身特色。反馈题目还需易于理解，方便回答。学生亦可匿名投票，保护学生隐私，且能更好地实现学生反馈意见的真实性。"智慧教务"所涉及的这些教学效果评价内容能够细微观察到任课教师实时教学状况、学生对教师课堂教学的各种感受、学生实际课堂参与情况，及学生学习效果与收获。教师据此可知悉学生掌握、理解、史学思维能力，每门课自始至终都能密切关注学生学习过程和成果，方便教师指导学生"做历史"，让学生对学习历史真正感兴趣。相信通过不断完善，"智慧教务"将建立起全新的、方便操作的、具体而全面的教学评估指标体系，必将提高厦门大学教学效果评价的真实性和科学性，为教师改进教学提供可靠的参考依据，伸进教师不断深入细化专业化教学。

第三，加强课程评价体系中的学生反馈机制。"就教学评价而言，教学活动是高等复杂的专业性活动，难以简单地量化评价。"[①]新文科建设要求课程评价的标准和对象都要多元化，然而，传统历史教学方式形成了以试卷分数的量化等级进行教学评价，这种单一的评价方式却难以有效地对"翻转课堂"和"做历史"的教学效果做出全面真实的评估，也难以反映学生在这种"以学生为中心"的教学中收效的全貌。"以学生为中心"的教学评价观突出学生因何而学、学了什么、教师应该怎么教、学生应该怎么学等动态指标，这就要求教学效果的评价要改变以往单一量化指标评价模式，做到真正关注学生的学业发展和学习成果。由于"智慧教务"评价标准更加多元，操作性更强，评价内容关注学生学习效果、学业收获、将学生的学科理论知识掌握情况、学习态度、兴趣、学生创造性、批判思维能力发

① 戚业国:《学校管理中的评价争议及其解决方法》,《思想理论育》2009年第16期。

展都纳入评价体系加以考察,能够对学生总体学习情况有完整、立体的了解,最大限度地发挥评价对教学的改进功能。"智慧教务"及时将每次课的评价结果反馈给教师和学生,良好反馈机制的确立有利于教师合理备课,并进行有效课后辅导,能够充分发挥教师的促进者、辅助者的作用,进而充分发挥评价对教师改进教学、学生增强学习效果的服务支持作用。

新文科建设标志着系科之间的藩篱被打破,实现了专业融合,专业融合则意味着学生可能根据自己的兴趣与规划在不同的系科选修相关课程。在此背景下,高校历史学科面临新挑战,必须改变传统的课堂教授模式和教学评估模式,适应信息技术快速发展对高素质、能力型人才的需要,将培养学生自主学习能力作为学生综合竞争力提升的重要基础,为此,美国史相关课程力争在教学模式中不断创新,在保证美国史本科基础训练的基础上,构建适合学生自主学习需求特征的模式,推动美国历史课程向实现学生自主专业训练、跨学科视野引导与国际国内学术交流融合的"新文科"美国史教学模式转向。

新文科背景下本科生创新能力教学探索与实践

——以“设计思维”课程为例

郭艳婷*

摘要:学生创新能力培养对于建设创新型国家、实现人才引领的高质量发展至关重要。新文科建设战略从国家发展、产业革命和社会进步的整体需要出发,旨在改变现有文科教育的创新人才培养模式,深刻地影响着个体能力发展和提升过程。结合笔者所授的“设计思维”课程,探讨了新文科背景下的探索与尝试——如何通过教学模式改革培养本科生创新思维与能力,并提出了相关的经验启示。

关键词:新文科;创新能力;设计思维;教学改革

一、引言

作为教育部“四新”建设的重要组成部分,学界对“新文科”建设的概念内涵、目标动力以及基本路径已进行了一定探索,旨在“按照立足中国、借鉴国外,挖掘历史、把握当代,关怀人类、面向未来的思路,着力构建中国特色哲学社会科学”①。新文科建设要求在保证现有专业素养和能力的基础上,突破专业壁垒实现交叉学科相互融合,适应科学技术和社会发展的新需求,实现创新性高质量文科人才培养。② 毫无疑问,新文科将显著地改变传统文科教育模式,通过紧密地联系人文社会学科建设与我国经济社会发展的实际需求,推动文科人才培养模式和教育组织形式的变革。③

创新能力培养一直是国内外教育界关注的问题,对于建设创新型国家、支撑高质量人才战略具有战略意义。本科生课程既是高校开展高质量创新教育的基础,也是学生探索和实践创新能力的主要载体。创新能力的核心是塑造学生的创新思维和意识,并在问题解决的过程中逐渐形成的一种系统能力。④ 新文科战略性、创新性、融合性和发展性特征要求对文科学生的思维、能力和素养的全面升级,⑤通过教学模式和课程形式等方面实现

---

* 郭艳婷,博士,厦门大学企业管理系助理教授,斯坦福大学访问学者。研究领域为创新与战略管理,研究兴趣包括新兴经济体企业创新能力提升与后发追赶、数字化创新等。

① 《习近平总书记在哲学社会科学工作座谈会上的讲话》,http://www.xinhuanet.com/politics/2016-05/18/c_1118891128.htm,访问日期:2020 年 5 月 17 日。

② 权培培、段禹、崔延强:《文科之“新”与文科之“道”——关于新文科建设的思考》,《重庆大学学报》(社会科学版)2021 年第 1 期。

③ 周毅、李卓卓:《新文科建设的理路与设计》,《中国大学教学》2019 年第 6 期。

④ 褚宏启:《学生创新能力发展的整体设计与策略组合》,《教育研究》2017 年第 10 期。

⑤ 王铭玉:《高校“新文科”建设:概念与行动》,《中国社会科学报》2019 年 3 月 21 日第 4 版。

全方位改革以增强学生理论基础和实践能力结合，培养学生的思辨能力与合作精神等，从而实现创新能力的综合提升。

“设计思维”（也称为“Design Thinking”）作为创新创意与创造力开发的基本课程，已成为斯坦福大学、哈佛大学、MIT等世界名校的核心课程之一。同时，设计思维作为一种创新落地的流程、工具和方法论，在华为、西门子、宝马、辉瑞制药等领先企业中广泛采用，麦肯锡、IBM等全球顶级咨询公司也将设计思维作为企业咨询的一个战略工具。可以说，设计思维是全球创新创业者的共同语言，从“以人为本”的角度出发，发现问题并找到复杂问题解决方案的创新思维方式、流程、工具和方法论，对培养本科生创新能力有重要作用。因此，本文结合笔者所授的“设计思维”课程，探讨新文科背景下学生创新能力培养的教学改革实践与启示。

二、设计思维课程定位与目标

作为以培养管理大类学生创新思维和创造力的特色课程，“设计思维”面向建设创新型国家的战略需求，旨在将国际前沿的设计思维方法（Design Thinking）与发明问题解决原理（Theory of Inventive Problem Solving，简称TRIZ）的系统创新理论相结合，帮助学生构建“设计思维＋发明创造”的创新知识体系、方法与和实践技能，围绕人本价值（desirability）、技术可行性（feasibility）和商业可能性（viability）的整体目标提升学生的分析并解决实际问题能力，培养其创新创业综合素养。

课程内容涵盖两个部分：一是围绕以人为本的设计理念，介绍为什么要学习设计思维，设计思维的基本步骤、工具及实践案例，学生系统理解设计思维的五个阶段，即“需求理解—问题定义—创意发想—原型制作—测试迭代”（如图1所示）。二是聚焦发明问题解决原理（TRIZ）的系统创新方法，从技术难题和技术发展规律出发，通过介绍40个发明原理和解决矛盾的一般思路，学生理解和应用技术创新的内在逻辑。

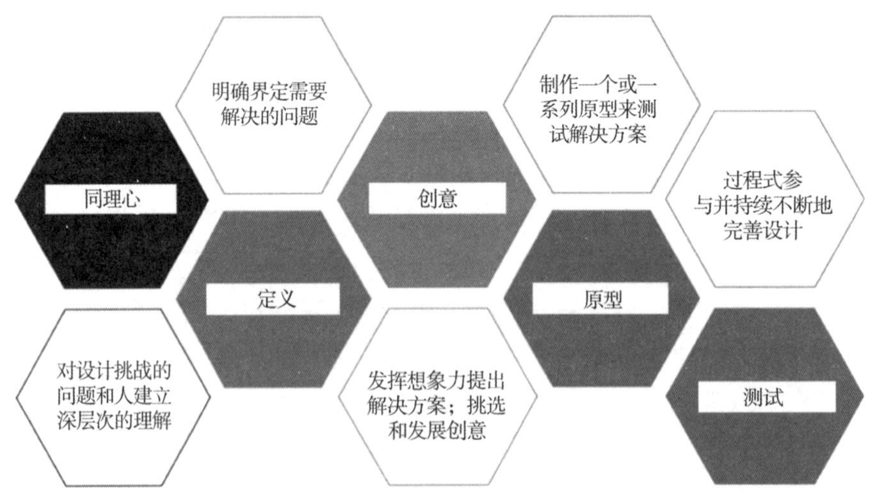

图1 设计思维的五个阶段

图片来源：https://static1.squarespace.com/static/57c6b79629687fde090a0fdd/t/5b19b2f2aa4a99e99b26b6bb/1528410876119/dschool_bootleg_deck_2018_final_sm+%282%29.pdf，访问日期：2020年12月13日。

区别于以老师为中心的单向灌输式传统教学，“设计思维”课程创新性地结合“课堂讲授＋体验式工作坊＋课堂实践＋案例分析＋学生分组分享＋嘉宾讲座”等多样化的混合学习方式，让每位同学都能从互动式学习中得到多维度的收获，推进以学生为中心、在体验中学(learn by experiencing)、在实践中学(learn by doing)的全新授课理念。

三、新文科背景下培养本科生创新思维和能力的探索

“设计思维”通过五个步骤让学生形成解决复杂问题的创新能力。第一，需求理解能力，也称为共情(empathize)能力。对于设计思维这种“以人为本”的创新方法来说，共情使设计者抛开偏见和既有假设，以“初学者”的心态深入了解目标用户及其潜在需求。因此，培养这种能力需要学生主动参与、收集、观察和访谈等方式了解用户体验与行为，理解用户真正关心的是什么。例如，在课堂上指导学生通过同理心地图(empathy map)进行换位思考，尝试描述用户所说、所做、所想、所感等，建立对目标群体的基本认识。

第二，问题定义(define)能力。分析所收集的信息以识别用户痛点，理解特定行为背后的真实需求，从而提炼出要解决的问题。这一阶段重点培养学生对各类信息的综合和分析技能，尝试用“以人为本”而不是以产品或服务为中心的方式来定义问题。例如，根据job-to-be-done 理论，不论是出租车还是快车或拼车，都能完成用户“到达目的地”的功能性任务(functional jobs)，尽管在效率或舒适度等情感性任务(emotional jobs)方面存在差异。由此让学生明白，用户购买产品或服务的目的是完成一些特定任务。当讨论发现一个好的任务解决方案并不存在，就意味着有很大的创新机会。

第三，创意发想(ideate)能力。鼓励学生学会提出尽可能多、大胆的创意，不拒绝任何疯狂的想法。除了常见的头脑风暴方法，将在课堂上组织更多练习(如类比方法、角色扮演等)帮助学生打破惯有的思维局限。许多好的点子都是建立在坏点子或者别人想法的基础上，目的是激发学生自由思维并扩大问题空间，采用逆向思考等方式寻求新的设计想法。

第四，原型制作(prototype)能力。使创意可视化(visualize)是设计思维的核心理念之一，有助于帮助学生在实践中思考和进步。首先需要从创意池中选择几个优先考虑的解决方案，并制作成可供测试的原型以获得用户反馈。显然，这些蕴藏在原型之中的创新创意有可能受到用户认可或拒绝，得到诸如哪些环节体验好或不佳、对产品的疑惑和新想法等不同类型的反馈信息，为学生进一步结合用户意见并优化和再检验打下基础。这一过程有助于弥补传统文科教育强调理论基础、忽视实践操作和动手能力的不足，鼓励学生“用手思考”，学会如何“快速、廉价地失败”。

第五，测试迭代(test)能力。在真实的用户身上进行原型测试，并根据用户反馈对原型进行修改，反复这个过程直至得到一个可以推向市场的产品。显然，创新并不是一蹴而就的过程，需要在现有想法的基础上不断改进以得到用户体验更好、技术新颖性更高和商业价值更优的解决方案，这对于培养学生持续创新的动力和能力具有十分重要的意义。

总体来看，设计思维方法论具有非线性、高度迭代的特征，因而上述步骤在实际操作过程中通常以更灵活的方式进行，例如可以同时进行多个阶段，或者将后期原型制作和测试得到的知识反馈到早期的需求理解与创意阶段。尤其对于本科阶段的学习而言，审视

现有产品和服务的不足并发现潜在创新机会，在问题和兴趣驱动下自主探索问题，并在创新迭代中不断获得反馈和新的启示，这个过程将有益于推动学生创新能力的螺旋上升。这种以人为本、问题驱动的能力培养模式将会为新文科背景下人才培养提供有益的经验启示。

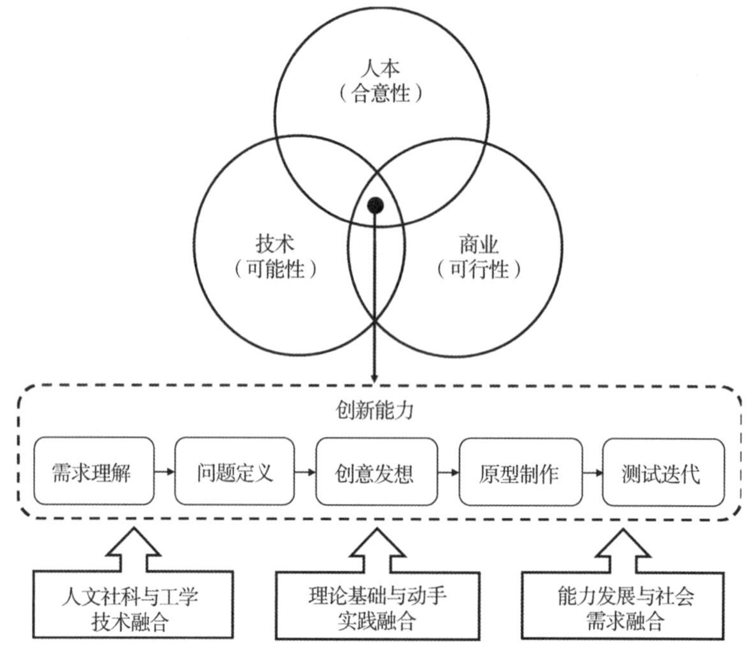

图2　新文科背景下基于设计思维的创新能力培养

概括来说，新文科背景下“设计思维”课程的特色体现在三个方面：

(1)通过结合知识体系设计，帮助学生塑造人文社会科学与工学交叉融合的创新思维和方法基础。课程前半部分的设计思维是一种“以人为本”的创新方法(human-centered approach)，要求学生通过观察和访谈等方式建立同理心(empathy)，识别用户的真实需求和行为背后的动机，有助于激发学生内在的好奇心、创造力和想象力元素，增进对社会研究和社会现实问题的感性认识。相较而言，课程后半部分的TRIZ创新方法则阐述了发明创造的基本原理，是从技术发明和工科思维出发，开发学生的逻辑推理和对科学技术规律的掌握。两者结合不仅突破了传统人文社科课程囿于单一学科的限制，提供跨学科的创新方法和思维训练，相互促进以带来创新能力的全面提升。

(2)以学生为中心的体验式、互动式教学，授课方式多元化实现理论与实践互补协同。例如。在授课过程中，教师将围绕本节内容的重点或难点组织课堂小组讨论，并在讨论过程中及时、有针对性地予以反馈和答疑，从而改善学生的学习体验，提升学生积极参与和讨论创造性问题的积极性。此外，教学过程中还设置了课堂内专家讲座与小组汇报、课堂外调研访谈和原型测试等互动环节，兼顾知识、经验传授、技能训练和素质提升，形成新文科背景下“以成效为导向”的人才培养闭环系统。

(3)在课程教学过程中将创新创业能力提升和社会需求结合起来，学以致用。比如，课程采用团队形式汇报创新设计项目，要求学生从实际问题出发，以社会需求为导向深入了解社会、经济和技术环境的历史与现实，思考当前存在的问题挑战与可能的创新解决方案。这种项目化形式有助于学生在创新能力开发过程中打破“单枪匹马”的封闭学习模式，转而走向以团队为基础的开放协作和相互促进，提升沟通能力和合作能力，并且可以有效带动成果产出与创新创业大赛结合，多措并举打造以创新能力为核心的综合素养。因此，通过从教学改革层面主动适应不断发展的新技术、新产业和新业态，践行人才创新能力培养与社会发展相匹配的新理念。

综上所述，“设计思维”课程教学改革的创新点包括：第一，提升高阶性。本课程内容强调创新思维训练方法的深度和广度，目的是为学生提供认识问题和探索未知的新视角，突破惯有的认知模式并培养学生理解需求、大胆质疑和勇于创新的精神与能力。第二，突出创新性。在教学设计方面，引入并融合了商业案例、研究发现和前沿科技成果等丰富内容，体现了设计思维方法论的时代性与前沿性。第三，增加挑战度。课程最后作业是以团队为单位进行创新项目 Demo day 展示形式，需要学生动手完成产品原型和用户测试，模拟创新创业大赛实战过程，激发持续创新动力。

四、结语

本文以厦门大学管理学院开设的“设计思维”课程为例，围绕设计思维的五个步骤初步探讨了如何培养本科生创新思维与能力，提出新文科背景下人文社科与工学知识相结合、理论方法与实践能力相结合、创新能力与社会需求相结合的特色教学理念和设计。另外，课程通过改变教学模式提升课程的高阶性、创新性和挑战度，进而激发以学生探索的好奇心和主观能动性，为发展创新能力注入持续的活力和动力。

植物生物学学生自主设计实验翻转教学的优化与提升*

朱学艺**

摘要:学生自主设计性实验的实施与建设是培养学生创新意识和综合实践能力的重要举措。厦门大学植物生物学实验教学自2008年始,改变单一的、以演示和验证为主的传统实验模式,增加了学生自主设计性实验,经过不断建设与改进,在学生自主设计实验教学方面积累了一定的经验,在此基础上结合翻转教学,进一步强化了对学生实践能力和创新能力的培养,使学生的综合科研素养得到一定程度的提升。本文对植物生物学实验教学中学生自主实验的建设思路与方法,以及教学实施过程进行了详细的解读,并对学生自主实验翻转教学实施中存在的难点、问题提出针对性的优化与提升任务和相应的改革举措,冀望通过优化和改革,进一步丰富和完善实验教学模式,保证实验教学质量与效果符合新时期实验教学发展的变化和要求。

关键词:学生自主实验;翻转教学;课程建设;植物生物学实验

加强学生实践能力和创新能力培养、实现素质教育和创新人才培养是实验教学的重要环节和核心目标,其中,综合性、设计性、自主开放实验是实验教学内容、方法和手段改革的重要内容之一。从某种意义上讲,传统实验只是对前人知识的验证、重复和再现,虽然这种实验对锻炼学生的动手能力和掌握基本仪器的使用方面,以及加深对实验原理的理解方面有一定的作用,但对于培养学生综合分析问题和解决实际问题的能力方面是远远不够的。为改革以往实验教学中,学生主要是被动地按操作步骤程序化完成实验教学的传统教学模式,厦门大学植物生物学实验课程自2008年开始改变单一的、以演示和验证为主的传统实验形式,推行学生自主设计性综合实验,经过不断建设和完善,形成完全开放的学生自主设计实验模块,成为实验教学中的一个亮点。

为进一步优化植物生物学实验课程体系,提高课程教学质量,打造以提升学生能力为核心的课程体系,近年来,我们在课时不变,圆满完成基础实验和综合实验内容的基础上,实施了以学生自主实验为核心的实验教学翻转课堂,使学生实际完成的实验内容翻增,使课程从横向上拓宽了口径、纵向上夯实了基础。综合性自主设计翻转实验教学体现了基本理论和基础知识的交叉融合,由学生独立自主地进行实验设计和实施整个实验,使学生在整个实验技能的掌握上达到了由模仿学习向完全自主实践的能力提升,落实了实验课程注重培养学生灵活应用和掌握技能,培养独立思考、分析问题和解决问题能力的宗旨,

---

* 基金项目:本文获得2020年厦门大学教学改革研究项目立项支持。

** 朱学艺,女,河南平舆人,厦门大学环生院副教授。

为学生自主性、探索性、研究性学习提供了平台。

一、改革背景、意义与思路

自主创新能力是国家竞争力的核心，是人才培养的关键，如何适应时代发展的需要，培养高素质创新人才，是推动双一流学科建设中专业基础实验课程不断提升和发展所面临的挑战。植物生物学是一门实践性、直观性很强的课程，无论形态解剖学、植物生长发育及其对环境的响应调节、植物系统分类学，都要求理论和实践的紧密结合。植物生物学实践教学体系包括实验教学和野外实习两大部分，是植物生物学课程建设体系中不可或缺的重要组成部分，对学生分析问题和解决问题能力的培养，尤其对学生综合素质的提高和实践能力的培养具有独到作用，是课堂教学无法替代的。然而，传统的实验教学在注重强化与巩固课堂理论知识的同时，无法全面顾及对学生创新能力和综合科研素质的培养，因为传统的实验教学主要采用课前教师介绍实验背景知识、实验目的和要求、实验原理、操作步骤及注意事项等，学生遵从实验教材和教师的指导进行实验操作，获得实验数据并完成实验报告，在整个实验教学环节中，学生处于相对被动的状态，缺乏自主学习意识，不利于学生创新思维和创新能力的培养。此外，由于传统实验教学考核方式单一，学生更注重于如何完成一份漂亮的实验报告而忽视实验过程本身，致使其在实验过程中不愿意多动手，不能积极、投入地参与到整个实验环节中，进而束缚了学生独立思考和创新能力的培养。

为了激发学生对植物生物学相关科学实验的兴趣、鼓励学生积极参与整个实验教学过程，近年来，厦门大学植物生物学实验教学小组致力于优化整合实验教学内容，在将实验教学划分为技能性实验模块、形态解剖实验模块、植物多样性实验模块的基础上，充分发挥厦门大学植物生物学课程在全国为数不多的植物生物学精品课程中，始终保持实验和实习课时占比较大的优势①，将植物多样性实验模块与野外实习实践整合，相对增加了综合实验内容的教学时数，特别是大胆探索开展学生自主设计实验，加大了以学生为主体的、自由开放的研究型教学力度，初步形成了以“开放实验、团队合作、自主设计、乐学创新”为主旨的植物生物学实验翻转教学模式，极大地激发了学生的科研兴趣，取得了良好的效果。但在自主实验的具体实施过程中，我们也发现存在一些问题，亟待教师团队不断进行总结和改革，进一步优化和提升学生自主实验翻转教学，为培养学生的创新思维、创新能力和综合科学素养发挥核心作用。

二、学生自主设计综合性探究实验的主要环节

以学生为主、自愿组合为 5 人左右的研究小组，小组成员分工协作、共同制定研究方案、完成整个实验、共同分享研究成果。整个实验中，教师团队起指导和辅助作用。开放实验室，实验实施过程中需要额外投入大量课余时间。自主设计综合性探究实验的主要

---

① 徐恒戬、赵凤云：《我国本科植物科学课程教学现状及对策》，《生物学通报》2016 年第 5 期。朱学艺：《优化教学方法，提升教学质量——植物生物学综合教学策略探索和实践》，《厦门大学学报》(哲学社会科学版)2018 年增刊。

环节如下：

（一）自主选题

选题是关键，是进行小组科研工作的第一步。根据植物生物学基础理论涉及的科学小问题、植物生物学科研文献报道的前沿问题以及植物与环境互作应用领域的实际问题等，都可以作为学生选题参考的出发点。但选题不宜过大，研究内容尽可能涵盖较多的技能训练和知识点，从而得到更全面的训练。

（二）查阅文献

结合题目和需要使用的材料，查阅相关文献的技术路线，实验材料、试剂和设备等。

（三）设计实验方案

实验方案应涵盖植物生物学相关科学研究的所有环节，包括实验目的、实验方法及原理、实验材料及设备、实验流程、预期结果和参考文献等。

（四）开题报告

拟定好的实验设计方案由小组以开题报告的形式，通过 PPT 报告首先提交给教师，经师生之间的沟通、修改后，小组以口头开题报告的形式（PPT）展示给全体师生，汇报结束后针对方案提出问题并进行讨论，便于小组进一步改进和提高。

（五）实施研究

修改完善试验方案后，准备材料，按实验设计开始实施自主实验。处理、观测必须按时进行，结果、现象、数据应如实记录，尤其是原始实验数据和资料，要妥善保存，不得改动。实验中发现问题要及时与老师沟通或查阅文献解决，必要时对原设计实验方案进行一定的调整或修改，以严谨的科研态度顺利完成整个实验过程。

（六）统计数据，整理结果

实验完成后，对所有数据资料进行统计分析、归类汇总。选择恰当的统计方法处理和分析数据，并尽可能以可视化的照片、图或表展示实验结果。

（七）分析总结，撰写研究报告

讨论研究结果，给出明确结论，并以学术论文格式完成实验报告，包括题目、姓名和组别、摘要、关键词、正文（前言、实验方法及材料、实验结果、讨论和结论）、参考文献。同时，以 PPT 现场报告形式汇报小组实验结果，师生按自主实验综合评分标准表进行评分。

总之，在整个实施过程中，充分发挥学生主导作用，教师团队予以指导与辅助。

三、优化与提升的任务和相应主要改革举措

以学生为主体的自主探究实验为学生提供了自主思考和学习、自主探索和创新的实验平台与宽松环境，有利于激发学生的兴趣和探索内动力，让学生的主体意识和创新意识在独立思考、自主学习和实验设计、主动探究过程中得以充分发挥和萌芽生长，充分发掘学生的潜能，提高实验教学的效果和质量，受到学生的欢迎和好评，成为厦大植物生物学实验课程改革的一大特色。在推行自主实验翻转教学的改革中，建立新的、科学的学生自主实验教学体系是实验教学改革的重要环节和关键任务，所以，在学生自主实验翻转教学的不同层次和各个环节中抓住改革的任务，并落实相应的改革举措是目前我们植物生物学实验教学改革项目立项的核心，具体可从以下项目实施不同阶段的优化和提升任务，以

及对应环节上进行的主要改革措施逐条对标、强化落实。

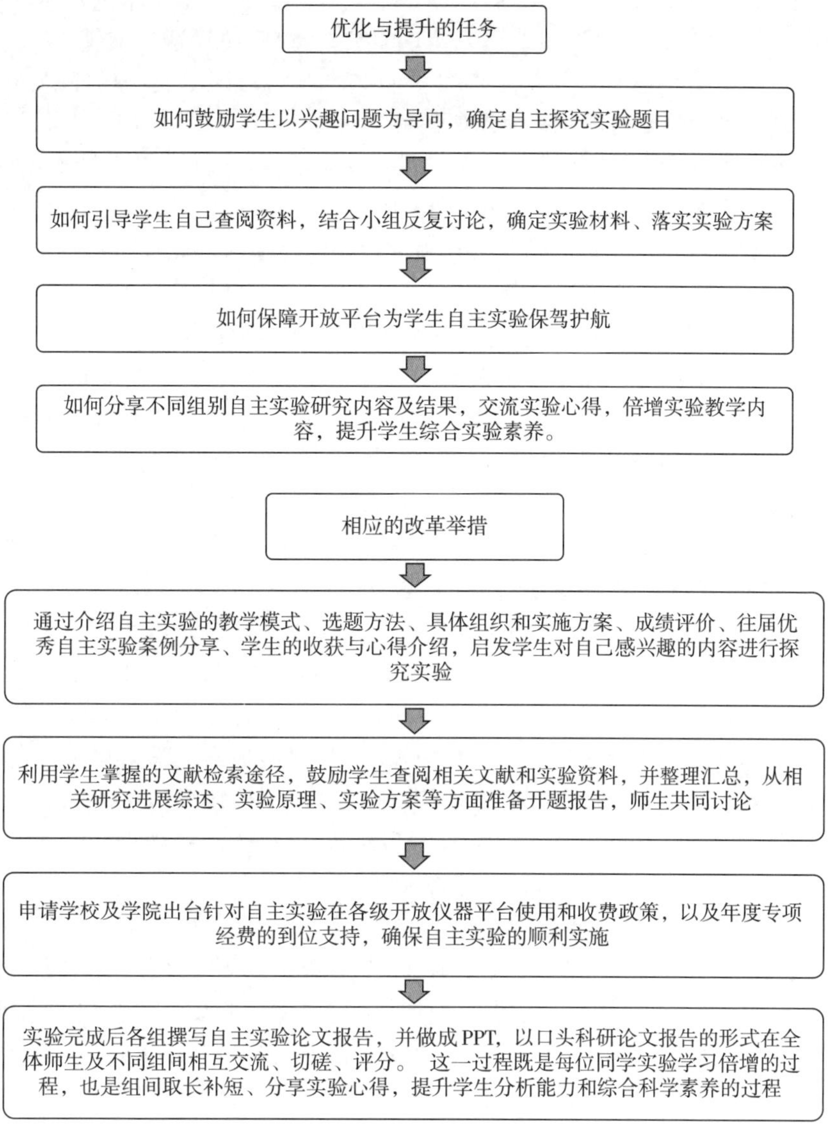

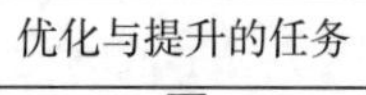

如何鼓励学生以兴趣问题为导向，确定自主探究实验题目

如何引导学生自己查阅资料，结合小组反复讨论，确定实验材料、落实实验方案

如何保障开放平台为学生自主实验保驾护航

如何分享不同组别自主实验研究内容及结果，交流实验心得，倍增实验教学内容，提升学生综合实验素养。

相应的改革举措

通过介绍自主实验的教学模式、选题方法、具体组织和实施方案、成绩评价、往届优秀自主实验案例分享、学生的收获与心得介绍，启发学生对自己感兴趣的内容进行探究实验

利用学生掌握的文献检索途径，鼓励学生查阅相关文献和实验资料，并整理汇总，从相关研究进展综述、实验原理、实验方案等方面准备开题报告，师生共同讨论

申请学校及学院出台针对自主实验在各级开放仪器平台使用和收费政策，以及年度专项经费的到位支持，确保自主实验的顺利实施

实验完成后各组撰写自主实验论文报告，并做成PPT，以口头科研论文报告的形式在全体师生及不同组间相互交流、切磋、评分。 这一过程既是每位同学实验学习倍增的过程，也是组间取长补短、分享实验心得，提升学生分析能力和综合科学素养的过程

图1　提升任务与改革举措

四、改革的创新点与难点

（一）创新点

学生自主实验是一种模拟科研过程的翻转教学新模式，其创新点在于将学生从传统实验教学的被动学习推向自我、主动参与科研的主体舞台。它既可以使学生初步掌握植物生物学相关研究的整个过程，又能激发学生的科研兴趣。通过营造开放创新的自主探究氛围，调动学生的积极性、主动性和学习潜能，为学生提供独立解决问题、自由探究的实验平台和宽松环境，培养学生的问题意识、质疑精神和创新思维，提高学生的综合实验技

能。自主实验开题和结题汇报均采用科研学术交流报告的方式，使学生从本科阶段就受到规范的学术交流训练，有利于学生综合科研素养的培养，为学生将来进行系统的科学研究奠定基础。

（二）难点

1. 学生自主实验需要的硬件平台无法保障

鉴于学校和学院科研仪器设备平台尚未完全对本科实验教学免费开放，平台所辖部分仪器设备学生无法预约使用或需缴费使用，使得学生自主实验在实施过程中面临一定的困难，一些研究指标的测试因相关仪器设备的使用限制而无法完成。

2. 学生自主实验的经费无法保障

学生自主实验翻转教学的推行受到了学生的普遍欢迎和认可，然而，也存在自主实验方案由于经费无法保障，学生不得不更改或者放弃其中部分关键实验指标的分析测定，有时甚至学生们的优秀设计实验方案局限于纸上谈兵，这在一定程度上影响了学生的积极性，不利于翻转教学的可持续发展。

五、实施改革的保障措施

（一）教学组织和理论指导软实力的保障

学生自主实验从选题到完成都需要师生投入比传统实验多几倍甚至数十倍的时间和精力，由于时间长、实验强度相对较大，在整个自主实验实施过程中，教师都要通过多种渠道（如面谈、邮件、QQ、微信等）与学生保持互动，及时讨论实验过程中不确定因素导致可能出现的问题，同时，在实验室条件允许的情况下，尽可能地满足学生自主实验的各方面要求。经过对学生自主实验翻转教学的总结，植物生物学教师团队在学生自主实验整体运行的把控、理论与实验指导、团队分工合作等方面已积累有一定经验，可以保障优化与提升自主实验的改革过程顺利进行。具体表现在以下方面：

1. 实验开展前

教师团队（3名主讲教师+1名实验教师1+1名博士或硕士助教）对学生自主设计的实验进行审阅和指导，形成指导性建议，以保证学生整体实验设计的合理性和可操作性。要求学生在充分阅读文献的基础上，经过小组多次讨论、完善，利用多媒体技术整合资源，将内容繁复且抽象的实验原理及步骤进行讲解、演示，并向全体师生以研究开题报告的形式进行口头讲解陈述，同时，根据老师和同学们现场提出的问题和建议再次进行讨论并修改。

2. 实验实施中

在实验实施过程中，教师团队需视不同实验组的需要对学生进行必要的指导和支持，以免学生产生畏难情绪，保证实验的顺利实施。在教师辅助指导下，学生在实际操作前有整体的思路和预期；同时，在实验过程中鼓励学生敢于主动探索、互相讨论，达到应用知识、解决实际问题的目的，提高学生的综合实验能力和协作能力。

3. 实验完成后

评价学生的自主实验学习效果，在学生的积极性调动方面起着十分重要的作用。鉴于探究实验过程和结果都是不可预知的，成绩评价不以成功或失败作为主要依据，注重过程，允许失败、宽容失败，但一定让学生了解失败的原因和改进的环节。为此，我们将自主实验的考核方式由单纯的“实验结果为主”改为“实验方案思路、技术路线和实验结果的综合评估”，并且结合开题和结题汇报，集体参与评估，以学生实验操作、参与度、实验过程记录、结果等多方面作为依据，使整个实验考核真正从注重结果转向为注重过程，形成合理、公正、综合的考核方式，强化了学生对整个自主实验整个过程的参与和投入程度。

（二）共享实验仪器平台的硬实力保障和专项经费的到位支持

通过向学院和学校申请年度专项经费，并允许专项经费可跨年滚动使用，以确保植物生物学自主实验的经费支持；同时申请学院和学校出台为本科生实验教学开放仪器平台的相关政策，并形成制度保障，确保植物生物学自主实验的可持续发展。

六、结语

鉴于学生自主设计实验在加强学生实践能力和创新能力培养、实现素质教育和创新人才培养的重要性和实效性，植物生物学学生自主设计实验翻转教学的优化与提升项目已获得 2020 年厦门大学教改项目支持，这为确保人（教师团队）、财（专项经费）、物（仪器平台开放）到位，顺利实施自主实验项目的优化和改革提供了一定保障。冀望通过总结优化成熟的自主实验成果，形成可以推广和示范的实验翻转教学范例，为其他高校的实验教学借鉴和参考。

两条腿走路:基于"内容+方法"双途径提升线上教学效果的思路

李丛杉*

摘要:"互联网+"背景下,提升线上教学效果成为实现"优化本科课程体系,推进课程共建共享"目标的新挑战。本文基于愿景和行动导向发现,通过构建学生个人愿景与课程内容间的联系,以及通过设计/添加游戏等方式开展行动式课堂,能够在一定程度上缓解线上学习的时空阻碍,最终提升学生的课堂专注度和参与度。以上研究能够从"内容+方法"双途径为教学实践提供优化线上教学效果的新思路,具有较强的理论价值与实践意义。

关键词:线上教学;个人愿景;行动式课堂;学生专注度;学生参与度

2019年10月,中国教育部在《教育部关于一流本科课程建设的实施意见》中指出,高校及高校教师应担负起"让课程优起来、教师强起来、学生忙起来、管理严起来、效果实起来"的责任。其中,关于"实施一流本科课程双万计划"的部分强调了线上课程开设的必要性和线上课程质量的重要性。与此同时,全球范围内的高校在新冠肺炎疫情的冲击下纷纷开设线上教学,尝试通过录播、直播、混合等方式,保证学生的学习进度,使线上教学的进一步推广与普及具备了现实必要性。然而,与线下教学相比,无论何种形式的线上教学其效果均有些不尽如人意:美国一个专注大学教育的研究机构"爱可信与高校反馈"(Axiom and College Reflection)于2020年4月,对超过800名在校大学生的在线学习情况进行调查,发现90%的大学生对线上教学持负面态度,并且77%的大学生认为线上学习效果要明显劣于线下学习。调查结果还显示,除去技术问题(包括硬件和网络平台的使用),注意力、时间管理和驱动力是影响大学生线上学习效果的主要因素。此结果与巴诺书店(Barnes & Noble College Insights)在2020年3月对超过400名大学生的调查结果相一致,在巴诺书店的调查中,64%的大学生对自己在线上学习时的专注力和自律能力表示担忧。

由此可见,学生参与度和专注度低是线上教学效果差的主要原因。具体而言,肢体语言是人日常交流活动中信息承载和信息传递的主要形式。而囿于时间和空间的限制,线上教学中学生与教师间的肢体语言交流有限,从而使得学生维持其课程专注度及参与感变得困难。基于线上教学经验我们不难发现,大多数学生在网课期间倾向于开启静音模式并关闭摄像头,此行为严重阻断了学生与教师间的即时互动,从而使学生的面部表情、肢体动作、语言语调等信息难以被教师有效捕捉,进而无法据此动态性的调整课堂教学的节奏与内容。进一步的,设定性和不变性的教学内容与教学节奏难以满足学生的课程预期,而期望差距的不断扩大会进一步恶化学生对线上课堂的关注和参与,形成难以被察觉和修复的恶性循环。因此,

* 李丛杉,河南开封人,管理学院助理教授,研究方向为科技创新创业。

随着线上教育的广泛普及，提升线上教学效果成为亟待解决的问题。

考虑到触发学生学习的主观能动性和课堂行动力是帮助其摆脱线上教学的时空阻断，提高其课堂专注度和参与度的必要途径，因此，本文将从愿景导向和行动导向出发，基于授课内容和授课方法阐释线上教学效果的提升思路，以期为提升线上课程质量、落实一流本科课程建设提供指导。

一、愿景导向下线上教学效果的提升方案分析

就目前而言，观看视频和浏览资料是线上教学的主要手段。而日常活动和学习活动在实施以上行为时的目标、态度等存在差异，进而使得学生日常的行为惯性难以满足甚至阻碍线上课堂的学习需求。就日常活动而言，人们观看视频和浏览网页的目的通常在于放松和娱乐。因此在观看娱乐内容的过程中，人们倾向于被动的、不经思考的接受节目中的直接信息，并无须刻意对此进行系统的收集、分类、处理和吸收。与此不同，学习活动过程中的视频观看和资料浏览行为则需要学生专注于大量的、专业的和具有一定复杂性的信息，并通过与大脑中已有的知识构建联系以形成新的认知与记忆。特别的，当课堂知识的难度或专业性更高时，其会对学生的专注度提出更高的要求。由此可见，线上学习效果提升的难点在于学生需克服自身的行为惯性，提高其课堂专注力。然而，来自外界的要求和压力无法为学生提供长期的、改变行为模式以专注线上学习的持续动力。因此，只有引导学生找到课程内容和个人愿景间的稳定联结，让学生构建内源性的学习动力并形成自发性的学习行为，才能真正解决由线上教学注意力分散和自律性低所产生的一系列低效问题①。本部分将从理论基础和实践方案两个方面，分析个人愿景与线上教学效果提升间的关系。

（一）理论基础

学生的个人愿景是指学生对未来的憧憬与画像，与学生自身的价值观、使命、目标等密切相关，具有长期性、稳定性和激励性特征，并能够对学生的行为、态度产生导向作用②。教师可基于课程内容设计，首先帮助学生明确人生愿景，并进一步聚焦于课程愿景，最终通过提高学生线上学习的专注度和参与度，实现线上教学效果的提升。具体而言，当学生将课程内容与个人愿景建立联系时，学生会在线上学习过程中表现出相对积极的情绪。这种积极的情绪具有以下作用：(1)增强学生在学习过程中克服困难的信心；(2)寻找和尝试各种克服困难的办法；(3)加快学生在遭遇挫折后的自我修复，使其快速回归到正常的学习状态③。并且，学生追求个人愿景的长期性特征使得由此产生的原动力可以持续调动学生对线上学习的积极情绪。

建立个人愿景的过程主要包含以下三个步骤：第一，引导学生认识到对他们而言什么是最重要的以及想要成为什么样的人；第二，引导学生认识到真实的自我是什么样的；第

---

① McKee, Annie, Richard E. Boyatzis, and Fran Johnston. *Becoming a Resonant Leader: Develop Your Emotional Intelligence, Renew Your Relationships, Sustain Your Effectiveness*. Boston, Mass, 2008.

② 史根林：《道德领导的目标与策略》，《教育发展研究》2007 年第 Z2 期。

③ 安妮·麦基、理查德·伯亚斯、弗朗西斯·约翰斯顿：《高情商领导力》，中国人民大学出版社 2012 年版。

三，引导学生学会缩小理想自我与真实自我间的差距①。完成以上步骤后，教师可以引导学生找到授课内容与个人愿景间的联系，使得学生进一步明确能够从这门课程中获得什么。而这种联系能够实现由个人愿景向持续性积极情绪进而向线上参与度和专注度的有效转化，最终提升学生的线上学习效果。个人愿景对线上教学效果提升路径的理论模型如图1所示。

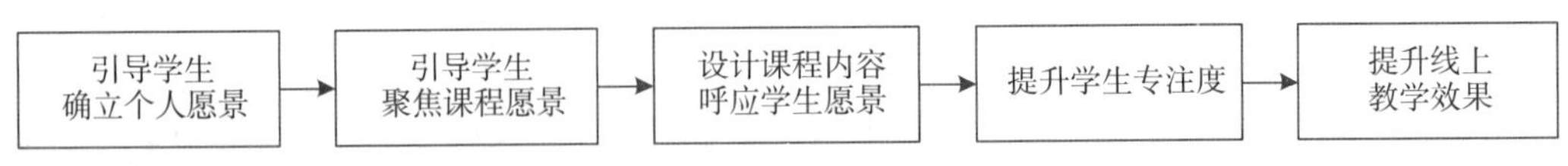

图1 个人愿景对线上教学效果提升路径的理论模型

（二）实践方案——以授课方法服务授课内容

在线上教学实践中，发挥"个人愿景提升学生线上学习专注度"效力的重点在于，时时让学生感受到课程内容与个人愿景实现间的联系，并创建一种能够激发每位学生课堂参与最大化的氛围。这不仅能使学生感受到自身愿景的积极影响，亦能够被周围其他学生的积极情绪所辐射，产生一种类似于"近朱者赤""见贤思齐"的同群效应(Peer Effect)②。最终每个学生的学习热情会源源不断地为整个教学班级提供积极向上的持续动力，并使班内学生沉浸在积极向上的学习氛围之中。具体的教学实践措施如下所示。

1. 引导学生明确个人愿景与课程价值

学生从学习中获得的乐趣越多，在这门课程中获得成功的概率就越大。如果学生认为上课学习只是在完成老师布置的任务，而学习本身对自己毫无用处，那么他将永远不会从学习中得到乐趣。让个人愿景所产生的积极情绪发挥到线上教学的一个重要环节就是，让学生找到授课内容对实现个人愿景的作用，从而使其自发地关注并参与到线上学习活动之中。因每位学生的个人愿景存在差异，所以课程内容对不同学生的作用也不尽相同。因此，成功实施该措施的先决条件是，在保证公平公正的前提下使教学成绩评估结构有足够多的灵活度，并允许学生依据自身需求建立定制化、个人化的学习目标与学习计划。

2. 谨慎应用教师的课程领导力

如果每个教学班级是一个组织，那么授课教师就是这个组织的领导者。教师应明确自身的领导者身份，并通过提升和恰当使用自身的领导力，激发学生个人愿景对线上学习的积极效用。具体而言，围绕社会关系网络"传染效应"(*Contagion*)的相关研究认为，个体行为会受到网络中他人行为的影响③。教师作为课程的主导者，其对学生的影响力将显著大于一般同学。这意味着教师备课、授课及课后反馈时的行为、态度、情绪等会直观地传递给学生，并进一步影响学生对课程及线上学习的专注度、参与度等。因此，虽然线上学

---

① Goleman, Daniel, Richard E. Boyatzis, Annie McKee. *Primal Leadership: Unleashing the Power of Emotional Intelligence*. Harvard Business Press, 2013.

② 刘斌：《高校大班教学的同群效应——基于对经济学课程教学中"小团体"的实证观察》，《重庆高教研究》2020年第3期。

③ 刘柏、卢家锐：《"顺应潮流"还是"投机取巧"：企业社会责任的传染机制研究》，《南开管理评论》2018年第4期。

习使得授课教师与学生间存在一定程度上的空间间隔，但教师依然可以通过优化备课内容、调整授课情绪、保证及时反馈等手段，调动学生基于课堂愿景所产生的积极情绪，鼓励学生自主完成既定目标并对其适时提供帮助。

3. 培养学生的课堂反馈习惯

许多教授会要求学生在每节课结束后对当天的课程学习内容进行反馈，以回顾当天课程所学到的知识，思考课堂知识在实践中的真实应用，以及反思课程学习还存在的问题或疑惑等。此方法对线上教学更为适用。对教师而言，学生对线上课堂的及时反馈，能够缓解时空间隔所造成的师生互动反馈不足问题，帮助教师优化后续的课程设计与活动安排。对学生而言，首先，学生为保质保量地完成课堂反馈，必然会提高自身对课堂教学内容的专注度和参与度，以求“学有所得”。其次，及时性的、连续性的课堂反馈能够帮助学生不断强化课堂学习与个人愿景之间的联系，这种联系有助于帮助知识在大脑中形成记忆，最终提升学生的学习效果。

4. 触发并强化团队的共鸣效应

团队共鸣是一种有效的集体力量，可以使行为在群体中不断被强化[①]。因此，教师应于教学方案中设计一定比例的团队任务，以期使学生在建立—实现共同目标的过程中相互影响，从而产生“见贤思齐，见不贤而内自省”的教学效果。即团队小组的建立以及团队成员间的充分合作，能够强化师生、生生以及组内、组间等形式的互动，进而通过彼此启发而充分调动并培养每一位学生创新性、批判性和全面性的思维模式，避免“教师满堂灌，学生被动听”的现象，并真正实现“让学生忙起来，让课程优起来”。

二、行动导向与线上教学效果的关系分析

美国著名作家、诗人玛雅·安吉罗(Maya Angelou)曾说：“人们会忘记你说了什么，做了什么，但是不会忘记你让他们产生的感觉。”因此，在学习活动中被学生长久记忆的知识总是与学习过程中的强烈情感，特别是积极情感密切相关。现代教育学认为，将课程内容与情感产生联结的最有效的方式是在传递知识的同时，将社会、情绪和认知过程融入其中。在这种理念的指引下，基于行动导向的教学方案能够让学生产生更多的有效记忆并实现深度学习，这对提升线上教学效果至关重要。此外，与传统的在线讲座和发放阅读材料相比，基于行动导向的教学方案能够使学生区别于日常活动的线上行为，减少因既往娱乐习惯对线上学习产生的负面影响。本部分将从理论基础和实践方案两个方面，分析行动式课堂与线上教学效果提升间的关系。

（一）理论基础

基于行动的教学方式是将教学内容依照游戏的设计元素和游戏的设计格式进行安排，使学生从参与游戏的一系列行动中实现高效果学习[②]。与传统的授课式教学相比，行

① Goleman, Daniel, Richard E. Boyatzis, Annie McKee. *Primal Leadership: Unleashing the Power of Emotional Intelligence*. Harvard Business Press, 2013.

② Meyers, Game-based Learning and Adult Learning Styles, https://elearningindustry.com/game-based-learning-and-adult-learning-styles, 2016，访问日期：2020 年 12 月 10 日。

动式教学对学生不同的学习方式具有广泛的适应性,并能够使学生产生体验式的学习效果。成年人的学习类型可被大致划分为视觉型、听觉型和动觉型三种。其中,视觉型学习者擅长以视觉传递的渠道来获取信息,例如图表等。听觉型学习者则擅长在聆听的过程中获取、消化并吸收有用的信息,因此他们倾向于在听课、讨论及大声朗读的过程中实现高效学习。动觉型学习者,亦可被称作觉醒学习者,在接收感知或体验相关的信息时更能够实现高效学习,因此他们通常会通过书写、图画等方式来辅助自身的学习活动。此三种学习类型存在差异但并无本质上的优劣之分。

然而,传统的教学方式大多采用单一的渠道开展教学活动,无法满足不同学习类型学生的需求。而基于行动的教学方式能够协调、融合多种信息传递渠道,使学生自主性选择最适合的方式来获取—处理—吸收信息,从而大大提高知识的传递效率,为不同学习类型学生的有效学习提供便利。并且,线上教学所依靠的多媒体网络平台为多渠道化信息传递提供了更多的可能。因此,相较于传统教学,线上教学更具备行动导向教学方案的实施条件。行动式课堂对线上教学效果提升路径的理论模型如图 2 所示。

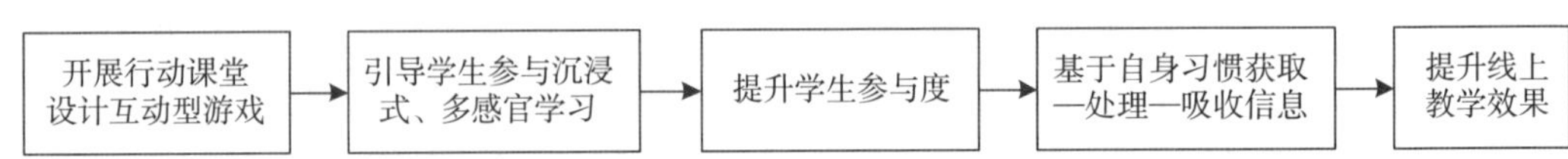

图 2 行动式课堂对线上教学效果提升路径的理论模型

(二)实践方案——以授课内容支撑授课方法

采用行动导向、游戏模式的教学方案的关键在于依据游戏设计、安排教学内容,并推动学生进入到课堂游戏之中。即利用游戏的结构或模式使学生在学习过程中产生多种情绪,从而提高学生的课堂参与度。例如,通过将知识寓教于趣味性游戏之中,以激发学生产生轻松感、愉悦感等积极情绪来提高其参与度。再如,规定游戏时间和进度,以激发学生产生紧迫感和胜负欲等情绪来提高学生的专注度。或如,设计悬疑、戏剧化的游戏效果,以激发学生产生疑惑、好奇等情绪来强化游戏与知识点间的联系,最终强化学生对课堂知识的记忆。具体的行动式教学方案如下所示。

1. 添加引领性问题与“民意调查”

在每节课开始的时候和课程中间加入几个引领性的问题来激发学生对即将学习内容的思考,是种简单易行的提高学生参与度和主动性的方法。此外,学生对引领性问题的思考过程能够帮助其主动建立起新知识与旧知识间的联结,而有效的学习往往是通过新旧知识耦合来实现的。“民意调查”是提高学生课堂注意力和学习兴趣的另一举措。学生在构建自身答案、审视他人答案和反思两者差异的过程中,参与到课堂学习之中,并对课堂知识进行反复琢磨与处理,是激发学生多种情绪进而优化其学习效果的有效途径。

2. 设置游戏比赛与奖惩机制

将课堂练习包装成游戏比赛的关键在于设置排名和奖罚机制。就目前而言,网络上存在多种在线应用或离线软件,可供教师自行选择并设置游戏模式的课堂练习。并且,现存应用或软件大多可以提供实时的排名榜单或积分情况,从而实现课程游戏为激发学生胜负欲和时间观而需要的[①]排名功能。最后,设置与学生的切身关注和真实需求密切相关的游戏奖惩机制同样至关重要。并可将“奖优不惩劣”的薪酬粘性理念[②]延伸至课堂游戏的设计之中,即通过给出平时成绩高分、设置小奖品等实质性的方式奖励表现良好的团队及队内 MVP,并以“小组出节目”或“下课擦黑板”等非实质性、无伤大雅的方式,“惩罚”表现相对不好的团队,激励学生主动并高质量参与课堂活动。

3. 开展互动式案例学习

案例教学法一直是商科、法学、工程学等多个学科在教学过程中所采用的,行之有效的教学方法。与传统的案例教学相比,行动导向的、游戏模式的教学案例是以学生为故事主角设计展开的。这种教学模式更像是以案例为背景的沉浸式情景游戏,学生对案例的思考,对知识的应用,以及最后得出的决策会最终影响案例故事的走向。即学生能够采用角色扮演的方式,组内辩论、角色谈判等活动推动故事的发展,使其在更接近真实的环境中理解和运用课内知识并迅速得到反馈。相较于传统问题导向的案例阅读模式,行动导向的案例游戏模式不仅可以提高学生对知识的应用和理解,亦可以使教师获得更为即时、全面的课堂反馈信息。愿景及行动导向下,“内容＋方法”双途径提升线上教学效果的思路如图 3 所示。

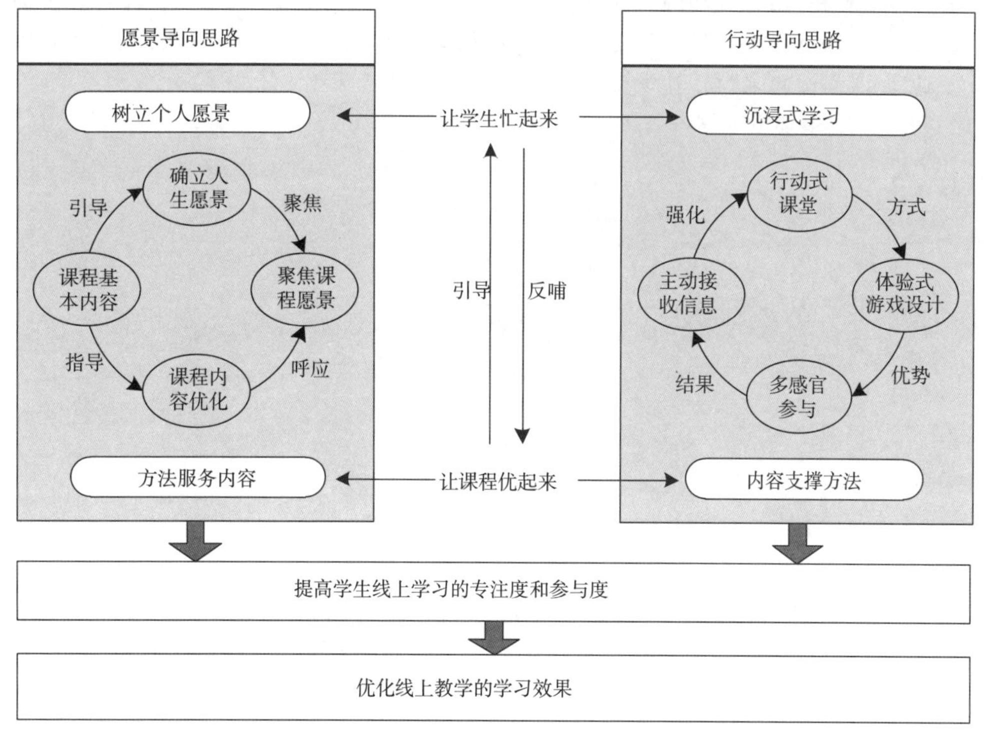

图 3 “内容＋方法”双途径提升线上教学效果的思路

---

① 杰西·谢尔:《游戏设计艺术》,电子工业出版社 2016 年版。

② 雷宇、郭剑花:《规则公平与员工效率——基于高管和员工薪酬粘性差距的研究》,《管理世界》2017 年第 1 期。

三、结论与启示

“互联网+”时代,线上教学成为教学模式创新与发展的必然途径,而通过科学有效的方法,提升线上教学效果更是迫在眉睫。因此,本文坚持两条腿走路,基于愿景导向和行动导向,从“内容—方法”双途径提供优化线上教学效果的思路,具有较强的理论与实践意义。具体而言,本文将社会学领域的“同群效应”“共鸣效应”等理论以及管理学领域的“领导力”“薪酬粘性”等概念延伸至线上教学的课程设计思路之中,通过帮助学生构建个人愿景与课程学习间的联系,以及采取行动式教学和游戏型课堂的方式,摆脱线上学习的时空阻碍并提高学生的专注度和参与度,最终优化在线教育的学习效果。以上思路符合最新脑神经科学的研究结果,即信息接收者在接收信息时的情绪和情感状态会在很大程度上影响他对信息的吸收能力,并具有较强的可行性。

本文的研究对“一流本科课程建设”亦具有较强的指导作用。具体而言,无论是愿景导向还是行动导向下的课程内容与方法设计,均要求教师全程参与并致力于实现课程在理念、内容及模式等维度的创新,有助于打造“让课程优起来”的教学改革氛围。而两种途径的教学模式同样对学生的全程参与、及时反馈等提出了更高的要求,真正做到通过提升本科课程的高阶性、创新性和挑战度而“让学生忙起来”。并且,良好的课程设计能够激发学生的课堂参与和信息反馈,而学生的参与及反馈同样会反哺于教师的课程设计,最终有利于实现“让课程优起来”与“让学生忙起来”间良性循环。

疫情背景下基于慕课的大学英语学习模式研究*

黄玲毅 姚舜禹**

摘要:2020年新冠肺炎疫情促使高校大规模开展线上教学,作为传统线下教学的替代,远程授课成为疫情期间各大高校贯彻"停课不停教"的主要手段。除教师直接线上授课,慕课以其时空的便利性成为课程的重要补充和教学资源。本文从学生主体出发,以问卷的方式调研了疫情期间学生对大学英语慕课课程使用情况的反馈与评估,将慕课学习分成课程选择、课程参与和课后反馈三个阶段,从学习模式特征这一角度对大学英语慕课学习的有效性与学生受众差异进行了分析,并将其与传统线下课程学习进行对比,探究疫情期间高校大学生大学英语慕课学习的体验,并针对存在问题提出意见和建议。

关键词:大学英语慕课;新冠肺炎疫情;学习模式;问卷调查;受众差异

2020年春在新冠肺炎疫情冲击下,在教育部"停课不停教、停课不停学"的要求下,众多高校在学生无法到校学习的情况下及时调整了教学方式。过往只是作为教学补充或课外自主学习的慕课课程,在这次线上授课的大背景下得到迅猛发展,而大学英语作为大学公共基础课,选修人数众多,覆盖面广,其配套慕课也成为各高校课程的重要补充。因此,对疫情背景下的大学英语慕课发展进行相关研究,既有理论发展的实际需求,也有对现实教学的指导意义。

一、疫情背景下大学英语慕课相关研究及其发展情况

(一)研究综述

自新冠疫情发生后,大学英语教学由线下转到线上,且逐渐多样化,教学的新形态促进了教学新机制的形成。① 线上教学模式的重要性和意义被进一步肯定,在疫情前便受到许多专家学者支持的混合式教学模式改革,引发更大范围的讨论。② 在众多云端教学方式

---

* 基金项目:本文是国家社科基金项目"基于人工智能多模态信息融合的大学英语口语评估理论与技术研究"(19BYY222)阶段研究成果。

** 黄玲毅,女,福建泉州人,厦门大学外文学院副教授,主要研究方向为应用语言学、人工智能与语言学交叉研究。姚舜禹,男,江西赣州人,厦门大学外文学院硕士研究生,主要研究方向为多模态口语测试与人工智能融合。

① 俞洪亮、杨晓春:《关于教育教学新形态推动形成大学英语教学建设新机制的若干思考》,《中国大学教学》2020年第10期。

② 杨港:《"立体化教材+互联网资源"驱动的大学英语教学设计研究》,《外语电化教学》2019年第1期。张梅、何曦:《混合式大学英语学习适应性调查研究》,《外语电化教学》2020年第4期。

中，网络直播授课虽是新冠肺炎疫情期间的主流，但其模式与线下授课相似，而慕课作为线上教学的重要课程资源，得到了更多的关注。疫情前学界就开始重视大学英语在线课程的建设[①]，并发出了"技术驱动学习，打造外语金课"的倡导[②]，在疫情期间大力倡导自主学习的背景下，对课程开发设置进行反思与革新的需求显得更加迫切。

目前，关于大学英语线上教学的实证研究更多着眼于线上教学资源与平台的利用，关注高校大学英语教师如何利用线上平台进行教学设计[③]。另一方面，为了保证教学质量、实现既定的教学目标，教师视角下各类具体教学方法与工具策略也散见于部分研究之中，翻转课堂[④]等概念已为众多教育工作者了解和应用。在此类实证研究中，视角往往固定在课程设计者和教师身上，比如从教师的角色转变[⑤]以及构建教学生态[⑥]等角度对教师课堂设计提出建设性的建议，以便学生更好地适应和接受线上授课模式。然而，作为云端教学的另一参与者，同时是教学目标的终端对象，学生在疫情期间有着更高的自主学习需要和要求，他们的在线学习行为与模式值得进一步探究。[⑦] 因此，从学生视角出发，探索他们在大学英语线上课程中学习模式的特征及学习体验，可以为评估慕课质量提供重要标准。[⑧]同时，大学英语慕课是新冠肺炎疫情中重要的教学补充作用，一线学生的学习反馈有助于推动大学英语教学模式改革。

（二）疫情期间大学英语慕课发展情况——以中国大学 MOOC 平台为例

新冠肺炎疫情期间，各大平台上线了一系列新课程，对各高校提供免费选课并给予技术支持。大学英语因为选修学生数量大，制作精良的配套慕课也受到众多高校欢迎。以国内规模最大、影响范围最广的在线教育平台——中国大学 MOOC 平台为例，疫情背景下，英语类课程总数已达 255 门，疫情前后在平台上开设大学英语慕课课程的院校现达到了 28 个，课程数 52 门。

从参与规模来看，选课人数以及开课次数也稳步增长。最近一次结课人数超过 10 万人次的课程有 3 门，分别是大学英语（口语）、大学英语（口语）CAP，大学英语自学课程

---

① 杨永林：《大学英语在线课程及其建设》，《外语教学》2019 年第 1 期。黄开胜、周新平：《我国外语类慕课的建设与应用现状调查》，《现代教育技术》2017 年第 12 期。韩艳辉：《国内慕课建设评议——兼论外语类课程的慕课适用性》，《外语电化教学》2019 年第 5 期。

② 覃军：《技术驱动学习，打造外语"金课"——外语类国家精品在线开放课程建设现状、问题及对策研究》，《外语电化教学》2019 年第 3 期。

③ 程云艳：《直面挑战"翻转"自我——新教育范式下大学外语教师的机遇与挑战》，《外语电化教学》2014 年第 3 期。

④ 胡杰辉、李京南、伍忠杰：《外语翻转课堂教学有效性影响因素实证研究》，《中国外语教育》2016 年第 3 期。罗莎：《基于慕课的大学英语翻转课堂环境评价》，《外语电化教学》2018 年第 4 期。

⑤ 雷丹、柳华妮：《外语教师角色与教师生态位研究》，《外语电化教学》2015 年第 2 期。琳达·哈拉西姆、肖俊洪：《协作学习理论与实践——在线教育质量的根本保证》，《中国远程教育》2015 年第 8 期。

⑥ 李霞：《基于互联网的大学英语生态课程研究》，《中国外语》2017 年第 5 期。洪常春：《人工智能时代大学英语生态教学模式构建研究》，《外语电化教学》2018 年第 6 期。

⑦ 马艳云：《新冠疫情下大学生慕课学习研究——基于疫情防控期间与疫情前慕课学习人数的比较》，《中国特殊教育》2020 年第 5 期。

⑧ 吕婷婷：《基于翻转课堂的大学英语自主学习模式研究》，《中国外语》2016 年第 1 期。

(上),超过 2 万人次有 17 门,超过 1 万人次有 20 门。在开课次数方面,达到 3 次及以上(最多 6 次)的课程数约 43%。值得一提的是,除中国大学 MOOC 平台,爱课程、学堂在线、中国高校外语慕课平台等也提供了大量英语类课程,开设院校的数量与课程数量均逐年上升。

二、疫情背景下的大学英语慕课——以厦门大学"大学英语进阶课程"为例

(一)厦门大学"大学英语进阶课程"基本情况

厦大外文学院制作的慕课课程"大学英语进阶课程"于 2017 年 9 月在中国大学 MOOC 平台上线,已上线 7 期,选课人数最高达到单期 26690 人,累计选课人数 87316 人。课程选用上海外语教育出版社的《全新版大学英语综合教程》第四册(第二版)作为主要教材。课程上线后,与校内"大学英语三级"课程相配套,成为本校学生的重要学习平台,以及教师翻转课堂的重要素材来源。课程同时也是福建省教育厅的共享课程及 2019 年福建省精品在线开放课程,被不少省内外高校纳入选课范围。

(二)疫情期间选课与完课情况

新冠肺炎疫情期间,"大学英语进阶课程"上线第六期,并对课程内容进行了完善与补充,而该期选课总人数也达历史新高,达 26190 人。除了厦大本校学生,还有上海财经大学、山东财经大学、山西农业大学等近百所高校学生参与了课程学习。疫情期间课程完课率也有了大幅度提高,达到 18.42%,是 2019 年同时期的 2 倍多。疫情前,教师的时间精力主要在线下课程的开展,慕课只作为补充。而在疫情影响下,学校及教师都深度参与慕课课程的建设与维护、及时做出反馈与评价,部分院校的教务处发文要求学生完整完成本课程学习任务,因此,慕课内容、线上答疑互动、课程反馈等都获得了新的发展。

三、基于问卷的疫情背景下大学英语慕课学习模式探究

为了对疫情背景下大学英语慕课学习模式有更深入的研究,从学生角度出发,笔者设计了一份网络问卷,在课程结束前发布在网站上供选课学生填写。基于本次问卷结果,笔者试图从以下几个方面对疫情背景下大学英语慕课学习模式进行探讨。

(一)受访学习者相关情况

本研究总计收到 1077 份问卷,受访者全部为选修"大学英语进阶课程"慕课课程的学生,其中男生 336 人,占全部人数的 31.2%,女生 741 人,占 68.8%。图 1 为受访专业分布,从中可以看出,选课学生覆盖各大专业类型,其中经管类、理工类最多,约占受访总数的一半。受访者来自全国多所高校,包括厦门大学、上海财经大学、山东财经大学、山西农业大学、吉林外国语大学等,其院校构成如图 3-2 所示。绝大部分者为本科在校学生,共 1059 人,占总数的 98.33%。其中绝大多数使用过中国大学 MOOC 平台(1066 人,占总受访的 98.98%),除此之外,还有超星尔雅、超星慕课、智慧树等其他较为常用的慕课平台,也有少部分受访使用过 Coursera、Future Learn、Khan Academy 等国外慕课平台。

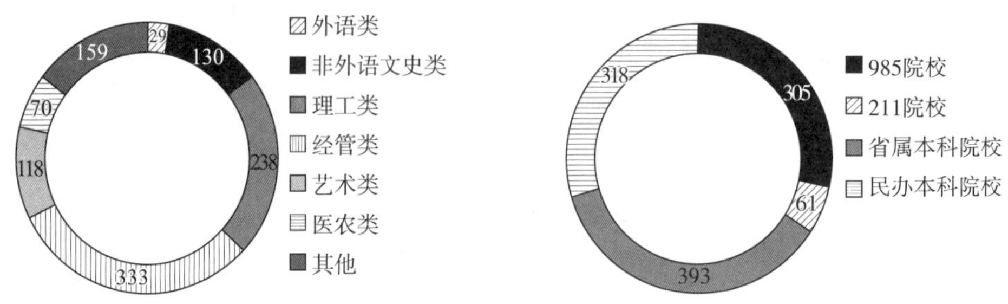

图 1 “大学英语进阶课程”选修学生专业构成　　图 2 “大学英语进阶课程”选修学生院校构成

（二）学习模式特征

基于上文的讨论，本文将慕课学习分成前中后，即课程选择、课程参与和课后反馈三个阶段。每个阶段包含一至两个慕课学习模式的特征，分别对应问卷中的具体问题：

第一阶段：选课阶段主要调查学生选修大学英语慕课的动机与偏好，包含选课原因、所在高校疫情期间教学开展形式以及所花费的时间。

首先，慕课相比传统课堂最大优势在于开放共享和灵活便利。平台不仅可以承载丰富多样且高质量的课程，还可以容纳海量用户同时在线学习。其次，慕课学习方便且成本较低，学习者在时间安排和课程选择上更加灵活，学习者可以按照自己的学习进度、理解程度安排学习任务。问卷结果表明，慕课的便利性得到了绝大部分受访者的认同，94.61%受访者认为慕课平台“操作简单”“访问方便”“资源丰富”“学习成本低”。在“互联网+”概念进入教育领域之后，大学生作为较为活跃的群体，在网络使用和资源利用方面有优势，对于慕课等网络教学方式也多持支持态度。

但在疫情背景下，慕课选课量的爆发式增长，更多源于高校无法实现线下授课而不得不进行的教学活动补充。77.90%称“因疫情影响比以往花了更多时间学习慕课”，其中85.89%是由于“学校老师要求”，而“自主选择作为课程补充”和“自学以提高自身能力”的受访者仅占12.07%。在1077位受访者中，有98.52%选择“所在高校利用或部分利用慕课课程资源组织了线上教学”，而且97.59%“高校以班级为单位集体学习慕课课程”，92.76%“所在的学校认可在慕课网站获得的学分或证书”。相较于慕课以录播视频为主的课程方式，93.96%高校仍然“将腾讯课堂、钉钉、QQ群等直播方式作为更加主流的线上教学形式”。作为传统线下课程最直接的替代，以直播方式继续在网上授课无须额外开发成本，且更为迅捷高效，因此仍是受访者高校最主要的教学形式。可见高校英语学习者选修大学英语慕课受到外界（学校、教师等）影响较大，而专业性较强的课程如商务英语或学术论文写作课程等，因其实用性而受众面较广，学生自主选择的能动性较大。

第二阶段：课程参与阶段主要调查学习过程中学生对于慕课易用性及交互性的反馈。

慕课课程的呈现方式与交互模式对学习者原有学习模式造成冲击。有42.43%受访者认为自己“不适应网络课程的方式”，因为“没有老师可以即时互动，缺少真实交流”。慕课课堂与传统课堂存在着“距离感”。在传统线下课堂里，师生双方的模态是同步的，但在慕课课堂中，师生交互则存在模态的缺失：因为慕课为录播形式，这意味着教师在录制过程中无法实时观察到学生在话语、表情、眼神、动作以及集中程度上的反馈，因此，对于课堂环境和气氛调节的感知与把控都会因为模态缺失而受到阻碍，而学生在这一过程中也因缺乏对传统交互的感知，在情感态度方面较为疏离，与教师的共情有所下降。

学习过程中，学生除观看视频，还可以运用课堂内容讨论区、讨论组、资源共享区、教师答疑等功能与老师或同学交流，观看完成后还需要完成课后习题，整个过程中使用者与平台的交互是完成课程的重要一环。结果显示，仅 30.73％受访者表示会“经常”使用交互功能来促进自己的课程学习以及和同学老师们的交流。虚拟的单向交互除了为学习者营造不同于传统的交互体验，在交互双方地位对比方面也会对学习者行为产生影响。75.39％的学习者认同“网络环境更为自由”，进而有 42.99％会因“心理压力小”而更自由地表达想法，同时也有 39.18％的学习者对此持相反意见，认为网络交互“心理压力大”，因为发表的问题或观点会被所有线上学习者“围观”。对于积极取向的学习者来说，他们与其他同学的群际距离相较传统课堂更加疏远，占据更为主导的群际地位，其表现心理受到约束更少，但对于消极取向的学习者，网络环境会进一步放大他们的表达焦虑，因此多会选择回避交流。

学习的一个重要因素是监督，影响任务完成与课堂专注度。高达 95.54％的受访者称“能按时完成慕课的课后作业”，但 47.91％表示“无人监督有可能无法坚持听完课程”，且 89.69％受访者认为“现有的慕课学习形式欠缺有效课堂监督”。从数据来看，由于学校强制要求，绝大部分选课者能完成课后习题并完整学完一门课程，却有近半数学习者在学习中出现注意力不集中、无法完整学完视频课程的问题。虽然视频观看时长已纳入最终成绩评定标准中，但是相当一部分受访者观看视频的有效学习比例不容乐观。而相对的，在未纳入评分范畴的互动反馈和答疑板块上，学习者则大多缺乏主动性。由此可见，是否纳入评分范畴是影响学习者参与的主导因素，学习过程中的各个环节对于学习质量而言都是不可或缺的，如何合理地制定评分细则以实现各学习环节的有效参与是改进慕课课程的重要问题。

第三阶段：课后反馈主要调查学生在修完课程内容后对课程以及自我的评价。

对于课程质量，81.90％的受访者对本门课程给出了“非常满意”和“比较满意”的评价，有 68.52％认为“慕课课程学习取得了预期的效果”，在知识获取、水平提升等方面肯定了慕课的价值。虽然衡量慕课学习效果的指标仍然是成绩，但个性化的即时评估结果可以让学生认识到自身存在的局限与不足，提示其及时对照评估结果对已学知识甚至是整个知识体系进行修补和完善。此外，慕课的评价体系也较传统课堂更加健全，互联网平台使得数据统筹变得更加便捷与多样，教学测试的结果可以由学习视频的观看时间、测试的作答时间与最终的考试分数等多维度指标组成。对于课程选修者来说，多元化评分模式将有助于其对自身学习能力进行全面和多向度的解读，反思成绩所代表的具体意义。

除课程知识，慕课的学习形式也推动了学习者整体学习能力的提升。有 68.61％学习者反映自己的“自主学习意识”和“自我管理能力”得到了提高，这与强调自主学习、终身学习的要求是相一致的。慕课以往被看作是课外在线学习资源的一种，在课程体系之中作为一种附加的部分存在，很难对现有线下教授为主的学习模式造成结构性影响。而在疫情背景下，慕课开始走入大学英语学习的体系之中，开始以更为低廉的成本、更受校方认可的方式覆盖广大学生，促进了学生学习形态多样化的转变，为教学模式改革提供了实践的基础。

(三)学生专业与院校级别与其慕课学习效果的关系

过往有说法认为学习者所在院校或专业会影响他们的学习态度及学习效果,即认为院校层级越高,其学习热情也较高,学习的效果越好,或者不同专业的学生在态度上存在差距。为了检验来自不同高校和专业的学生对于慕课的学习态度及其取得的效果之间是否存在相关性,本文采用 Pearson 相关系数检测其相关关系的强弱,相关性检验的结果如图 1 所示。

“所在院校层级”与“按时完成慕课课程的课后作业”以及“慕课课程学习取得了较好的预期效果”之间相关系数值分别是−0.023、0.041,由于 p 值均大于 0.05,均不呈现出显著性,意味着院校的层级与慕课课后作业完成态度和学习效果的自我评价之间均无相关。“专业类型”与“按时完成慕课课程的课后作业”以及“慕课课程学习取得了较好的预期效果”之间相关系数值分别是 0.166、0.078,同样由于 p 值均大于 0.05,均无显著性,这意味着受访者的专业类型与慕课课后作业完成态度和慕课学习较好预期的效果之间均无相关。

表 1 所在院校层级与专业类型和慕课课后作业完成情况及学习效果的相关性

项目	指标	慕课课后作业完成情况	慕课学习效果自我评价
所在院校层级	相关系数	−0.023	0.041
	p 值	0.875	0.778
专业类型	相关系数	0.166	0.078
	p 值	0.249	0.589

* $p<0.05$。

总之,不同高校和专业的学生虽在水平上略有不同,但在慕课学习态度上不存在显著性差异。通过学习,不同水平的学生在取得的预期效果上不存在过大差距。因此,在疫情背景下,强制性的慕课学习成效均较为显著,在适应不同水平和专业的学生方面显现出了灵活性。

四、未来慕课学习的需求与展望

基于疫情背景下大学英语慕课的发展现状以及问卷调研的结果,大学英语慕课的学习模式反映出部分相较于传统线下教学的局限性,因此我们需要重视以下问题的解决:

首先,慕课课程的线上互动性问题。线下教学以全息的方式为师生之间及学生内部提供了交互的环境与氛围,慕课因其录播方式的限制,教师作为课程的呈现者和引导者,很难与学生间建立即时有效的反馈机制。因此,对于学习者间的交互,可以通过构建沟通交流平台来实现,如微信群、QQ 群、慕课堂等方式。另外,实时评论交互也是促进学习者相互交流的新思路,如视频弹幕等手段,既可以增添课程的趣味性,同时满足学习者的表达需求。

其次,如何增强学生自主学习能力的问题。大部分受访者将慕课平台当作一个自我提升的平台,从中学习各种知识和技能,这反映了中国学生发展核心素养之一的“学会学习”和“自主发展”的要求。而学校需要做好引导工作,改革评价机制,以更为科学的考核方式承认慕课学分，引导学生通过多元化的评价系统调整自身学习结构与模式，提高学习能力。

最后，慕课学习资源的丰富及平台建设问题。慕课资源是促进学习者参与的根本，要多开发国家级精品课程与名校名师课程，以符合国家战略思维的质量好课吸引更多学习者。另外，将高校的学术研究底蕴与企业的需求相结合，将慕课平台建设成为提供学习服务的平台，在此过程中高校还可以收集与分析教学大数据，通过线上授课模式改革线下教学，扩大高校科研与教学的社会效益，以使得高等教育水平得到稳步的提高。

五、结语

疫情的意外来临促使高校推动教学模式改革和学生学习模式完善。高校的大学英语教学也在疫情中历经了一次深刻的教学方式变革，慕课从过往的补充教学资源成为疫情期间承担重要任务的教学活动，并在众多高校的教学实践中取得了良好的预期效果。学习者对慕课学习的认可反映出云端教学的时空便利与自主优势，相较于传统线下教学，其教学互动与课堂监督处于劣势，因此需要提升网络教学平台互动性，同时以更加科学多元的评价体系来引导学习者的学习行为。与此同时，慕课课程的多样化优势也在呼吁大学英语课程顺时而变，借由技术的发展和进步朝混合式教学的方向不断迈进。

疫情防控背景下高校英语类慕课的新发展*

黄玲毅　栗扬帆**

摘要：2020年春季的新冠肺炎疫情极大冲击了传统教学模式，在线授课方式的快速转换，慕课、翻转课堂等新的技术手段为高校教学改革提供了新的机遇。本文通过“中国大学MOOC”平台上高校英语类慕课的数量、类型等数据变化，分析疫情防控背景下高校英语类慕课发展的新特点及其变化的潜在原因。并以厦门大学外文学院团队制作的慕课“大学英语进阶课程”为例，基于课程数据和课程问卷，探讨高校英语类慕课使用的实际情况和效果，探寻后疫情时代慕课发展的前景，为高校英语类慕课发展提供意见与建议。

关键词：英语类慕课；“中国大学MOOC”；新冠疫情；厦门大学

2020年新冠肺炎疫情打乱了传统的课堂教学计划，教育部发布了“停课不停教，停课不停学”指令[①]，鼓励社会及学校开展在线教育。全国各类高校也迅速进行调整，教学方式由线下转成线上、或线上线下相结合。作为起步较早的在线教育尝试，慕课在前几年迅猛发展后有所回落，在高校中推广的进度也还处于起步阶段。此次疫情防控的特殊背景给予了慕课新的发展动力，以高校为主体的英语类慕课在众多慕课中迅速变革，成为一支快速发展的力量。

一、疫情防控背景下高校英语类慕课发展的新特点

（一）文献回顾

近几年，慕课在现实教学中运用越发广泛，相关学术研究也不断深入。以“慕课”为关键词在知网上进行检索，2019年相关文献共有2875篇，其中期刊论文2631篇，核心期刊163篇；截至2020年8月，已有相关文献1069篇，其中期刊论文1030篇，核心期刊83篇。慕课研究虽较前几年有所回落，但随着教育信息化的迅猛发展，依然是研究热点之一。

自2020年疫情暴发后，以慕课为代表的在线教育获得了新一轮发展。在此特殊背景下，2020年以来慕课的国内外相关研究大多从概念性、理论层面转变为应用型研究，包括

---

* 基金项目：本文是国家社科基金项目“基于人工智能多模态信息融合的大学英语口语评估理论与技术研究”(19BYY222)阶段研究成果。

** 黄玲毅，女，福建泉州人，厦门大学外文学院副教授，主要研究方向为应用语言学、人工智能与语言学交叉研究。栗扬帆，女，湖南湘潭人，厦门大学外文学院硕士研究生，主要研究方向为应用语言学。

① 中华人民共和国教育部：《教育部关于2020年春季学期延期开学的通知》，http://www.moe.gov.cn/jyb_xwfb/gzdt_gzdt/s5987/202001/t20200127_416672.html，访问日期：2020年11月20日。

新冠疫情下大学生慕课学习研究[①]、汉语技能线上教学模式分析[②]、在线教学实践的分析[③]、远程教育面临的挑战[④]、教学改革措施[⑤]等。这些研究弥补了过往研究应用性不足的问题，为教学改革提供了实践性指导，为慕课发展注入了新动力。

语言类慕课一直是慕课平台的热门课程类型，疫情带来的教学方式转变、学生教师需求变化、外部压力增加及政策推动等因素，使高校英语类课程创新成为迫在眉睫之事，而这次疫情所带来的后续影响也为课程发展提供了更多的经验与反思。学术界对疫情背景下高校英语类慕课的教学与创新进行了探究。“高校英语类慕课”指由高校开设的、以英语学习为主要内容的大规模开放在线课程。目前相，关研究主要集中在高校英语教学创新路径分析[⑥]、后疫情时代外语教学模式的创新与应用[⑦]等。这些以理论为主的研究打破了传统的英语教学模式，拓宽了外语教学的新视角，有利于推动高校教学模式的创新和改革，但对究竟该如何改、如何进行具体的实操缺少深入探究，也鲜有一手数据，仍有很大的研究空间。

（二）高校英语类慕课发展新特点

慕课的发展不仅推动了高校英语课程改革，也冲击着传统的学习模式。疫情防控背景下，高校英语类慕课主动求变，紧跟教育部指令，成为众多慕课中迅速发展的一支力量。笔者以中国重点大学开设课程数量最多的慕课平台“中国大学 MOOC”为例，统计了疫情防控以来高校英语类课程的开课情况，以期勾勒疫情背景下高校英语类慕课发展的新特点。

首先，“中国大学 MOOC”上提供的英语类课程数量和开设英语类慕课的高校数量显著增加。疫情前，慕课平台高校英语类课程共 99 门；疫情暴发至今，新增 156 门大学英语类慕课，共 255 门。从开设院校看，共有 104 个院校上线英语类慕课。如表 1 所示，疫情暴发后，开设了 5 门以上的英语类慕课的高校有 13 个，包括厦门大学（13 门）、西安交通大学（10 门）、国防科技大学（9 门）、上海外国语大学（9 门）、北京科技大学（9 门）等。

---

① 马艳云：《新冠疫情下大学生慕课学习研究——基于疫情防控期间与疫情前慕课学习人数的比较》，《中国特殊教育》2020 年第 5 期。

② 王瑞烽：《疫情防控期间汉语技能课线上教学模式分析》，《世界汉语教学》2020 年第 3 期。

③ 韩筠：《以信息技术构建高等教育新型教学支持体系——基于抗疫期间在线教学实践的分析》，《高等教育研究》2020 年第 5 期。

④ Marguerite Wotto. The Future High Education Distance Learning in Canada, the United States, and France: Insights, From Before COVID-19 Secondary Data Analysis, Journal of Educational Technology Systems, 2020(49):262-281. Silvia Nuere, Laura de Miguel. The Digital/Technological Connection with COVID-19: An Unprecedented Challenge in University Teaching, Technology, Knowledge and Learning, 2020:1-13.

⑤ Seale AC, Ibeto M, Gallo J et al. Learning from each other in the COVID-19 pandemic, Welcome Open Re, 2020(5):105.

⑥ 许佳：《慕课背景下高校英语教学创新路径分析》，《当代教研论丛》2020 年第 2 期。王宝贵：《基于慕课的大学英语混合教学模式探究》，《中国多媒体与网络教学学报》（上旬刊）2020 年第 2 期。

⑦ 侯建芳：《后疫情时代外国文学教学模式的创新与应用》，《新阅读》2020 年第 7 期。

表1 2020年春季疫情暴发后开设5门以上英语类慕课的院校

开设院校	课程数量	开设院校	课程数量
厦门大学	13	南京大学	7
西安交通大学	10	哈尔滨工业大学	7
国防科技大学	9	中南大学	7
上海外国语大学	9	东北大学	6
北京科技大学	9	西南交通大学	6
集美大学	8	北京联合大学	6
电子科技大学	7	—	—

注：截至2020年5月。

其次，按黄玲毅等对慕课平台上英语类课程类型的划分标准，有以下四种常见课型：综合基础性课程（如综合英语、大学英语等）、专业知识类课程（如跨文化交际、英美文学、等）、专业技能类课程（如视听说、演讲等）和专门用途英语类课程（如生物医学英语、商务英语等）[①]。如表2所示，新增课程中专业技能类课程增加数量最多，是其他三类的2倍多。从选课人数来看，超1万人的63门课中有专业技能类23门、综合基础类16门、专门用途类12门、专业知识类12门，与国外研究“专业技能类受众最广”的结论相吻合。

表2 2020年春季疫情暴发后高校上线的英语类慕课数量统计

课程性质	疫情前课程数量	疫情暴发后课程数量	新增课程数量
综合基础性课程	27	52	25
专业知识类课程	28	61	33
专业技能类课程	24	85	61
专门用途类课程	20	57	37

注：截至2020年5月。

二、变化潜在原因分析

上文数据表明，在疫情防控背景下，高校英语类慕课课程数量显著增加，选课人数远超疫情前，专业技能类课程受众最广。这一变化不仅与疫情特殊背景、教育部政策有关，也与学生自主学习时间增多、需求变化密切等相关。

（一）课程数量显著增加

1. 政策导向的推动作用

2020年2月5日，教育部发布《关于在疫情防控期间做好普通高等学校在线教学组织

① 黄玲毅、陈书英：《大数据时代的“大学英语慕课”：机遇与挑战》，《厦门大学学报》（哲学社会科学版）2017年教学研究一辑。

与管理工作的指导意见》的指示[1]，各高校采取一系列应急措施响应其号召。学生除按照学校计划参加在线学习，还可以参与一些高校提供的免费的慕课课程。如清华大学向社会免费开放"学堂在线"1600多门慕课课程；厦门大学外文学院通过开放一系列慕课课程，如"大学英语进阶课程""研究性英语期刊类写作""大学英语写作基础"等开展线上教学，降低疫情对教学及科研的影响。在教育部的引导下，各高校主动求变，改变过往的传统教学方法，利用在线教育的优势，推动了慕课课程数量与质量双提升。

2. 学生自主学习时间增加

教育部发布延期开学通知后，因为疫情的影响，在家学习成为主要的学习方式，学生拥有更多自主学习的时间，不仅可以利用慕课平台在线学习专业知识，也可以按照自身规划学习新的技能，拓宽视野。传统课堂下，学生通常只能坐在教室里跟着老师制定好的教学大纲学习，缺乏自主学习的意识，而慕课平台给予了学生自主规划的权利，增加了学生了自主学习时间。

在笔者展开的一项有关"疫情背景下大学英语慕课现状调查"的问卷中，其中95.35%的学生表示"受疫情延期开学影响，我比以往花了更多时间学习慕课课程"；92.66%的学生表示"我会使用课堂内容讨论区、讨论组、资源共享区、教师答疑等功能来促进自己的课程学习以及和同学老师们的交流"；95.54%的学生表示"我会按时完成慕课课程的课后作业"；93.13%的学生表示"通过慕课课程的学习，我提高了自主学习意识和自我管理能力"。以上述数据表明学生在自主学习时间增加的情况下，主观学习意愿增强，利用慕课完成学习的能动性增加了，这为慕课平台提供了新的发展契机，可以吸引更多的潜在用户，发掘其新的使用功能，与传统的课堂教学有了更为紧密的融合机会。反过来，这种特殊时期的大量需求也促进了慕课平台的变革与发展，对慕课内容与后续教学支持提出了更高的要求，比如作业形式与内容的设计、互动方式的选择、答疑频率与方式、考核的内容、难度与成绩的反馈等。这些都是过往虽有涉及但并未受到重视的环节。

（二）专业技能类受众最广

就开设数量与选课人数而言，专业技能类英语慕课成为疫情期间的热门课程。一方面由于疫情期间有更多的时间可以进行持续性学习，再加上对未来就业压力的预判，学生迫切想利用在家时间学习更多的技能类知识。另一方面由于在线学习不受教材、专业要求等因素限制（如综合基础类课程受到教材局限，且受众面较窄，所以数量增长减缓），各层次受众都可以根据自身水平和需求找到匹配课程。比如口语类、写作类课程就广受学生欢迎，国防科技大学的"大学英语（口语）"课程选课人数累计超百万。通过以上数据，笔者认为高校可以上线更多专业技能类的英语课程，提供更多不同层次的课程以满足广大受众的需求。

三、厦门大学英语类慕课的新发展

自新冠疫情暴发以来，厦门大学积极响应"停课不停教、停课不停学"的号召，迅速成

---

[1] 教育部应对新型冠状病毒感染肺炎疫情工作领导小组：《关于在疫情防控期间做好普通高等学校在线教学组织与管理工作的指导意见》，http://www.moe.gov.cn/srcsite/A08/s7056/202002/t20200205_418138.html，访问日期：2020年11月20日。

立线上"教学技术支持与服务保障工作组",基于已有的校内平台,对接和落实了3种类型、10个校外教学平台①。厦门大学外文学院迅速上线了一批高质量英语类慕课,包括"大学英语进阶课程""大学英语写作基础"等13门在线课程,成为疫情期间开放英语类慕课课程最多的院校,吸引了校内外大批学生。

笔者参与制作的"大学英语进阶课程"已上线七期,如图1所示,前三期选课人数均超万人。第六期开放于疫情暴发后,选课总人数达到历史新高,达26190人。除了厦大本校学生,还有吉林外国语大学、山西农业大学、山东财经大学、上海财经大学等全国近百所高校学生参与了课程的学习。

同时,疫情期间"大学英语进阶课程"完课率比历次开课有了大幅度的提高。第四期与第六期分别开课于2019年2月18日和2020年2月3日,同属于学年的下学期,所以笔者选用这两期的完课率进行比较分析。第四期完课率为7.62%,第六期为18.42%,后者是前者的2倍多。疫情前,教师的时间精力主要集中在线下课程的开展,慕课课程只作为选修性课程。而在此次疫情影响下,学校及教师都深度参与慕课课程的建设与维护、及时做出反馈与评价,部分本科院校的教务处发文要求学生完成本课程在线学习,因此在这种特殊背景下,慕课内容、线上答疑互动、课程反馈等都获得了新的发展。

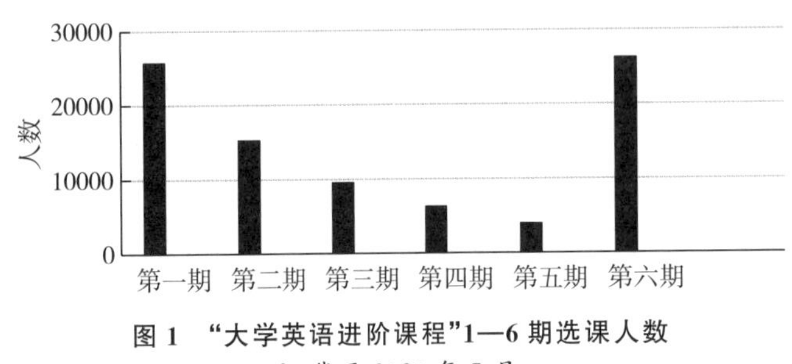

图1 "大学英语进阶课程"1—6期选课人数

注:截至2020年5月。

四、后疫情时期英语类慕课发展的前景

经济学家、国务院参事汤敏认为,慕课是一场谁都输不起的教育大变革。面对突如其来的疫情,短时间内慕课平台、各高校、教师、学生层面都面临着新的问题,如技术困境、课堂互动缺失、自控力差、高校资源不均等。但新冠疫情的特殊背景同时也给予了慕课等在线教育平台快速发展的动力,在一定程度上这更是一次机遇。语言类课程由于其交互性强的特殊性,一直存在线上教学的局限,疫情给予了高校英语类慕课发展的新启示。

(一)疫情防控期间英语慕课开展存在的问题

1. 教师方

教育技术困境多、师生互动即时性弱。教师在应用新技术上普遍面临困境,尤其是老一辈教师。根据厦门大学教师研究中心调查发现,仅有11.17%的教师对教学平台技术掌

① 《厦门大学获"停课不停学"在线教学实践推进研究两项优秀成果》,https://www.eol.cn/news/dongtai/202007/t20200715_1738537.shtml,访问日期:2020年11月20日。

握得很熟练[①]。教育信息化基础不牢,受过相关训练少,面对突如其来的线上教学,缺乏经验,因此出现了"盲目应对"、技术抓瞎的现象。此外,线上教学存在缺少交流互动、及时答疑的环节,在笔者开展的调查中,40.39%的学生认为学习慕课时最大的困难是没有老师可以及时互动,这一定程度上也反映了教师教学方式急需调整。

2. 学生方

学生自觉性可控差、偏远地区保障局限性大。笔者开展的调查中,47.91%的学生表示"没人监督,自己无法坚持学完课程"是学习慕课时最大的困难。在线课程往往缺乏有效监管和评价体系,部分学生学习持续性不高、学习习惯不端正,学生在线学习的自主性、参与度与效率性还有待提高。此外,我国很多偏远地区尚未普及电子设备及网络,对于偏远地区的孩子而言,慕课等在线教育学习成为他们和家庭的负担。

3. 学校方

高校资源不均,东西部差距大。表1收集的数据表明,13个开设5门以上英语类慕课的院校中有8所高校在东部、东北部地区,仅有5所高校在中西部地区;笔者收集的问卷数据显示"大学英语进阶"的学习者大部分来自吉林、山东、福建等地区,仅7.14%的学习者来自西部地区。疫情暴发迅猛,各高校并未预料到此种情况发生,短时间内制作、上线高质量慕课的难度大。但东部地区教师团队信息化资源多、专业程度高,使得东部地区高校在技术上面临的困难更小,面对疫情可以更快采取应急措施。

(二)建议与展望

考察慕课发展的新特点及探讨其快速发展中出现的问题,有利于了解慕课发展的现状,同时也打开了其研究的缺口,有利于推进慕课课程进一步完善,慕课平台的健全。总体而言,高校英语类慕课在新形势下发展迅速,但出现了一些问题,主要包括技术困境、时间难题、学生自觉性、教师经验等。针对这些问题,本文提出了一些建设性意见,以期实现英语类慕课在未来更快地发展。

1. 加强教师培训,改善教学模式

高校要对教师定期开展信息化培训,提供必要的技术支持与保障。此外,教师要有意识地引导学生利用慕课平台资源主动探索并进行大学英语的知识建构。教学模式上,外语教学更不是一成不变的,教师应结合线上线下教学的优势开展混合式教学,选用精良的可视化材料,突破刻板授课模式,提倡辅导式交互,为传统的英语教学注入新动力。

2. 提升课程质量,完善评价体系

定期开展线上英语教学竞赛以激发各高校教师的创新性、激励教师保持学习的状态,还可以产出许多高质量作品以供互相交流学习。语言类课程强调交互,切不可上线后就置之不理,后续的答疑、更新、监督都需要教师深入参与,保证课程前中后的质量统一。目前,高校英语类慕课缺乏较为完整的课程评价体系和科学的评价方法,影响了后期的教学效果。过往单一的成绩评价体系有待进一步完善,可以尝试教师评价、学生自评、同学互评等多维模式,加强引导,鼓励学生提高自主学习的积极性,提高在线学习的效果。

---

① 谢作栩、薛成龙:《疫情期间高校教师线上教学调查报告》,https://mp.weixin.qq.com/s/eplOC9NpJKpXqqZCO3SD2A,访问日期:2020年11月20日。

3. 强化公共服务体系，加强东西部高校合作

教育信息化已是大势所趋，此次疫情更凸显了其重要性。政府应建设配套的公共服务体系，在大数据、5G、人工智能等高新技术蓬勃发展的背景下，不断改善不发达地区的在线教育服务能力，联结东西部高校加强合作，建设东西部高校资源共享和数字化平台，同时加强内容建设与监管，不断完善国家数字教育公共资源服务体系①。

五、结语

新冠疫情给全国教育带来了冲击，也预示着高校传统教学模式亟待改革。作为在此次疫情中快速发展的力量，高校英语类慕课给予了后疫情时代的我们新的发展视角和理念。各高校急需进一步推动在线教育数字媒体融入传统课堂，打造线上线下混合式教学模式，提供时空不限、资源丰富、灵活、自主、高效的学习环境。虽然当前高校英语类慕课建设仍面临技术难关、资源短缺等阻力，但在信息技术飞速发展的新时期，可以预见高校英语类慕课的改革创新又将向前迈一大步。

---

① 薛成龙、郭瀛霞：《高校线上教学改革转向及应对策略》，《华东师范大学学报》(教育科学版)2020年第7期。

大学英语写作课程在线教学实践研究

梁玉娟*

摘要：疫情期间在线课程为顺利完成教学任务起了举足轻重的作用。本文对所教课程——大学英语写作的线上教学方法进行整理，分析学生线上作业质量，探讨大学英语写作课程线上教学的可行性及改进建议，以期为线上大学英语写作提供更多实践依据。

关键词：线上教学；大学英语写作；MOOC；SPOC；教学模式

一、引言

2020年春，突如其来的新冠肺炎疫情迫使全国大中小学生暂缓返校，教育部倡导“停课不停学、停课不停教”，由此线上教学模式全面展开，如此大规模的线上教育无论是对老师还是对学生来说都是极大的挑战。

基于计算机及互联网的现代教育信息技术为“停课不停学”提供了强大支持，腾讯、云视讯、钉钉等网络平台使得线上教育顺利开展。相比传统课堂，线上教育拥有资源丰富，教学开展不受时空限制等优势。“计算机辅助语言学习（computer-assisted language learning，CALL）分支之一是线上语言学习（online language learning，OLL），其形式可分为线上学习、混合学习、网络辅助的实体课堂三种。”①

“线上语言教学理论基础与CALL的理论基础相同，主要有行为主义、认知主义、建构主义、社会构建主义理论。”②其中建构主义观框架下的教学不是简单的知识传输，而是学生发挥主观能动性，通过与环境的互动，在新旧知识间建立连接，从而生发出新知识的过程。本研究笔者以建构主义为理论依据，对所教课程——大学英语写作的线上教学方法进行整理，通过分析学生线上作业，探讨大学英语写作课程线上教学的操控性和可行性，提出改进措施，期待为线上大学英语写作提供更多实践依据。

二、线上英语写作教学实践方法

（一）课前准备

大学英语在线写作课程课前准备从两方面着手：第一，阅读。“阅读和写作是两项相

---

* 梁玉娟，河南新乡人，厦门大学外文学院讲师，主要研究方向为二语习得。

① 韩晔、高雪松：《国内外近年线上外语教学研究述评：理论基础、核心概念及研究方法》，《外语与外语教学》2020年第5期。

② 韩晔、高雪松：《国内外近年线上外语教学研究述评：理论基础、核心概念及研究方法》，《外语与外语教学》2020年第5期。

对独立但又相互依赖、相辅相成的技能,那么写作教学,无论是过程法还是环境法,抑或是咨询法、内容法等等,都不应该忽视或排斥以范文为中心、以写作为目的的阅读教学,更何况范文阅读不同于一般的阅读,它是把阅读与写作教学相结合的最好途径,更具有针对性、指导性。"[①]写作离不开阅读,阅读材料丰富多彩,而甄选适合做范文的阅读材料是英语写作课程的关键一步。本课程设计时,考虑到线上教学的特殊性,因此教师选择易于网络传送的电子版本外文刊物,如《经济学人》、王毅外长在第 56 届慕尼黑安全会议上的演讲、英国女王为抗击疫情发表的讲话等作为阅读材料。这些材料具有内容新颖、语言规范、题材多样、紧扣时代脉搏等特点,容易引起学生的兴趣,产生共鸣。

课前教师提供充分的预习材料并指导学生如何利用材料预习,以保证线上课堂内容充实,气氛活跃,教学可以积极有序有效进行。2020 年 1 月。篮球明星科比在直升机事故中遇难,无数球迷在线哀悼陨落的巨星。《经济学人》适时推出纪念科比的悼文。教师指定其作为阅读篇目,要求学生线下预习文章中的字词,通读全文,了解文章结构及大概内容。同时指导学生挑选出文中写得好的句子,分析其用词、句式等。究竟什么样的句子是写得好的句子呢?什么样的词语是合适的词语?John Langan 指出合适的词语就是"Use words that relate to the senses——sight, hearing, taste, smell, touch"[②]。以此为标准,我们来分析 2020 年 2 月 1 日《经济学人》中"*Love Story*"中的一段话:"It began with the orange ball, the smell of it, the feel of the pebbled leather grains and the perfect grooves under his hands; and its bounce, and the way it sounded different on concrete or polished hardwood. Then came the net, the shot slithering right through it with that triumphant springing *whoosh*, while he howled with joy."[③]我们不难发现这段话语言简洁朴实,从视觉(orange)、嗅觉(smell)、触觉(pebbled leather, grooves)、听觉(bounce, sounded different, whoosh)多维度描写出篮球的质感,这样的句子就是学生要认真学习研磨的优秀语言。

第二,熟悉写作理论。写好一篇文章,只掌握词汇是远远不够的,还需要有写作理论支撑。本学期线上教学写作理论的预习主要依托 MOOC(Massive Open Online Courses,大规模开放在线课程,"慕课")进行。教师推荐学生课前观看厦门大学江桂英教授团队的"大学英语写作基础"慕课。此慕课内容短小精悍,提纲挈领地讲出写作时如何遣词、造句、成段、谋篇。"大学英语写作基础"第一讲主要介绍词的原义(denotation)与词的隐含意义(connotation),词的积极意义(positive meaning)、中性意义(neutral meaning)和消极意义(negative meaning)。通过预习,学生对如何选择词语有了初步认识,在预习文章时他们会有目的阅读。教师引领下学习 MOOC 的时代已属于后慕课时代及基于慕课的 SPOC 时代(Small Private Online Course),"按照字面意义理解为小规模限制性在线课程。一般认为,这个概念是由福克斯教授最早使用的"[④]。SPOC 模式能够有效弥补慕课教学模式

---

① 陈立平:《从阅读与写作的关系看写作教学中的范文教学》,《外语与外语教学》2001 年第 4 期。

② Langan, John:《美国大学英语写作》,外语教学与研究出版社 2017 年版,第 112 页。

③ Love Story, *The Economist*, 2020, Vol.434, No.9179, p. 82.

④ 康叶钦:《在线教育的"后 MOOC 时代"——SPOC 解析》,《清华大学教育研究》2014 年第 1 期。

缺乏师生互动的缺陷,打破时空的限制,扩充线上学习的外延。

(二)课堂范文分析与作业讲评

在采用过程教学法的课堂里,范文分析仍然应该是课堂活动的重要组成部分之一。“但与传统的成品教学法不同的是,范文不应该仅从修辞的角度进行分析,而是应该着重分析其意义。”[①]也就是说,线上教学时,教师不仅仅是解释和赏析字词句,更应该从篇章着手,引导学生找出文章的中心,支撑中心的论点;就段落而言,找到每段话的中心句,探讨论据如何围绕中心句展开论述。

以学生学习慕课“大学英语写作基础”中的 Effective Paragraph 章节为例,通过预习学生已经初步了解写作理论基本知识,他们知道文章的主旨(thesis statement)和中心句(topic sentence)的概念。A good thesis statement does two things. First it tells readers an essay's topic. Second, it presents the writer's attitude, opinion, idea, or topic about that topic [②]。而段落的中心句则是 The topic sentence tells the readers the main idea of the paragraph or what the writer will discuss in the paragraph。课上教师先对学生预习慕课情况进行检查,请学生介绍本章节慕课的主要内容及要点。然后利用他们所掌握的知识对精彩的段落与文章进行分析。以王毅外长在第 56 届慕尼黑安全会议上的演讲为例,其中一段如下:“*Wuhan may be the front line in this battle, yet Wuhan is not fighting alone. We Chinese across the country stand firmly with our brothers and sisters in Wuhan and Hubei. Let me highlight a few examples of our united effort. Scientists and researchers, who have been working day and night, isolated the first virus strain and developed the test reagent in less than seven days. Hailed as heroes in harm's way, over 20,000 healthcare workers in 100 plus medical teams converged in Hubei, the hardest hit province, from across the nation to support epidemic control. Exemplifying professional dedication, all medical workers are saving and protecting lives around the clock despite the risk of infection and exhaustion from overwork.*”[③]教师就这段话向学生提问:这段话的中心句是什么?作者是怎样围绕中心展开叙述?通读全段,不难发现“Wuhan may be the front line in this battle, yet Wuhan is not fighting alone. ”是中心句——武汉在抗疫的前线,但武汉不是孤军奋战。作者用三句话分别描述 scientists and researchers, healthcare workers 以及 all medical workers 如何与武汉并肩作战共同抗疫。学生如果课前预习情况良好,课上在老师的引导下可以轻松找出中心句并能指出三处围绕中心句描写的细节。

除了篇章分析,字词句赏析也是线上课堂教学必须关注的。英国女王伊丽莎白二世于 2020 年 4 月 4 日发表演说号召全民抗疫[④],因为演说面对全体民众,整篇演讲稿篇幅不

---

① 陈立平:《从阅读与写作的关系看写作教学中的范文教学》,《外语与外语教学》2001 年第 4 期。

② Langan, John:《美国大学英语写作》,外语教学与研究出版社 2017 年版,第 47 页。

③ 王毅:《跨越东西差异,践行多边主义》,https://language.chinadaily.com.cn/a/202002/17/WS5e49fbfba31012821727805b.html ,访问日期:2020 年 2 月 19 日。

④ Her Majesty Queen Elizabeth Ⅱ, https://language.chinadaily.com.cn/a/202004/07/WS5e8bd01aa310128217284a57.html ,访问日期:2020 年 4 月 8 日。

长,词汇通俗易懂。结合慕课词语的选择章节内容,请学生分析本段演说的语言与句式。

“*I am speaking to you at what I know is an increasingly challenging time. A time of disruption in the life of our country: a disruption that has brought grief to some, financial difficulties to many, and enormous changes to the daily lives of us all.*”首先,从词汇来看,本段演讲的中心词 disruption,属于四六级词汇,难度不大,意为破坏、扰乱,英文解释是 an act of delaying or interrupting the continuity。此处演讲没有用 disaster,这种情况下用 disaster,语义过重,容易引起人们的恐慌,而 interruption 语义显得略轻,不足以引起人们的重视。其次,从句式看,演讲稿用了三个排比句,对不同的人造成的影响各不相同:给一些人带来了悲哀(a disruption that has brought grief to some),给很多人造成了经济困难(financial difficulties to many),给所有的人生活带来了巨变(and enormous changes to the daily lives of us all)。让学生体会一些(some), 很多(many)和所有(all)这些词语涵盖的不同内容,领悟演讲者在用词方面层层推进的技巧。

因为线上教学的特殊性,教师无法面批学生作文,线上课堂除了学习精美范文,展示优秀作文和问题作文,分析学生作业的进步与不足,显得尤为重要。通过作业教师了解学生课下预习和课堂知识掌握的情况。

这是开学两周后的学生习作:

Internet, a useful tool, is more and more invaluable for college students, which can be understood in the following paragraphs.

First of all, it is convenient to gain the important information when we're in trouble. Most obviously, what we learn in college is more difficult and comprehensive than that ever before. Thus, you will encounter many questions but you can do nothing about some of them. At this time, Internet may be a capable teacher who can provide you vital information or a new way to deal with these questions provided that you use Internet correctly.

There is one more point that Internet makes communication with each other easy and swift. People had to write to each other or else even visit each other when they did not understand some questions in the past. Nevertheless, now, with the wider use of Wechat or e-mail, we can send message anytime and anywhere, even though your pattern is far from you. We can also be answered no matter time and occasion.

Finally, Internet also is a significant way to entertain ourselves. Many wonderful songs can be found in any music app, in the same way, you can play the Internet games with your friends online, which is the indispensable part in our life.

The Internet makes the world be a village, where we can acquire the important information, we can communicate with each other easily and entertain ourselves. That is why it's an invaluable tool in college students.

文章总体结构完整,能够写出文章主旨和每段中心句。文章存在的问题也显而易见,还有些许语法错误。就每段话来说,围绕中心细节描写不够充分,文章总体上比较单薄。选词方面学生尽量用比较贴切的词语表达自己的思想,但还不够熟练。通过课堂讲解,学生明白习作存在的问题,因此课堂上范文与学生习作的讲评同等重要。

(三)课后习题精炼

写作只有多写多练方能提高写作能力。疫情期间批改网(http://www.pigai.org/)充分发挥了其快速批改、及时打分的功能。每节课后,教师在批改网布置一则小练笔,学生在规定的时间内完成写作任务,批改网即刻给出成绩。学生可以根据批改网的提示进行多次修改,直到自己满意为止。批改网给予的词汇反馈比较实用,激发了学生修改作文词汇的动力,修改之后,"学生词汇运用的多样性和复杂性均得到了加强"①。下面这篇文章是期末学生的在线考试作文,虽然语法错位依然存在,但经过一个学期的训练,学生遣词造句能力明显增强,篇章结构完整,能够较好地围绕中心展开论述。

My Views on Online Learning

Technology has progressed at an amazing speed and made it possible for us to learn online. Online learning was just a supplement to face-to-face teaching. Due to the transmissibility and persistence of the COVID-19, however, it has become a common phenomenon that schools all over the word had to carry out online learning. A sea change has taken place in education. Likewise, the effects of online learning has provoked nationwide debates. Some maintain that online learning is more effective, but I do not side with this view for the following reasons.

It takes our plenty of time and energy to choose the appropriate apps. College students usually have various courses and features vary from course to course. We must select the app according to course characteristics. For instance, we'd better choose apps with strong interactive function to conduct those courses with many discussions. If we need to do some experiments, we are asked to choose another special app with virtual functions. Honestly, it is just a drudgery to choose apps.

Moreover, lacking interaction leads to a poor learning experience. This is especially true to PE. We have to learn some histories and theories about sports. However, the teachers are not allowed to teach us some skills in his person face-to-face. And the time we spend on exercising is less because of the restriction of space. It is difficult for us to experience the charm of sports. Of course, the same is true for other classes. Interactive discussions have deeply decreased.

Last but not least, the efficiency of online learning is not optimistic. Most students can't control themselves without teacher's supervision and peers pressure. Many bad habits have been formed, like procrastination and irregular lifestyle. The efficiency in class and after class are both influenced by learning atmosphere. Students are still in a relaxed state of holiday mentally and physically which has a negative influence on learning efficiency. All the analysis support that online learning does still has quite a

---

① 黄爱琼、张文霞:《英语作文自动评价反馈对学生词汇修改的影响——以批改网为例》,《现代教育技术》2018 年第 7 期。

few drawbacks and offline learning won't be replaced. Nevertheless, online learning can serve as a supplement to broaden the ways of learning.

但是批改网在文章中心思想、论点一致、论据支撑、文章连贯性方面给出评语反馈过于笼统和格式化，学生无法从评语反馈中获得更多帮助。因此学生提交作文后，经过批改网自动评分，学生反复修改后，教师依然要对作文进行人工批改。批改网的人工阅功能越来越成熟，教师可以直接批注有问题的地方，系统会出现点评类型，如图1所示。确定错误类型后，教师在空白处填写修改意见，进行具体指导；点击提交，教师的点评就出现在学生作业上，如图2所示。学生根据教师的人工点评，再次进行作文修改。批改网人工阅功能弥补了其自动评价体系重在字词点评、轻中心与论据相关性等问题的不足，解决了老师无法面批作文的难题，同时人工阅功能设计人性化节省教师点评时间，从而提高教师工作效率。批改网自动评价与人工阅相结合可以切实提高学生英语写作水平，是疫情期间解决网上英语写作教学不可或缺的平台。

Economic globalization is a trend of the world economy which becomes more powerful due to
more and more countries are involved in it 注 . Economic globalization can benefit a lot but of course
语法错误
due to 是介词短语，后面只能跟名词，名词性词组或名词性从句，可以改为due to more and more countries involving in it
系统点评类型
插入
删除
拼写错误
语法错误
搭配错误
时态错误
词性有误
用词不当
赞一下
疑似机译
换一换
我的收藏
复制
撤销
提交
收藏标签
Tips:点击收藏标签，可将当前标签和描述收藏重复使用。
ve should discuss how
nomy. Economic
to cope with the
zation can establish a
strust and the barriers
gh the exchange

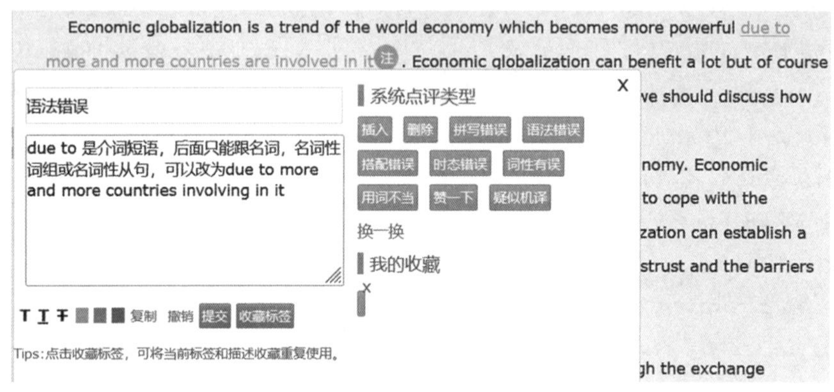

图1　点评类型

Economic globalization is a trend of the world economy which becomes more powerful due to
more and more countries are involved in it(语法错误:due to 是介词短语，后面只能跟名词，名词性词组或名词性从句，
可以改为due to more and more countries involving in it). Economic globalization can benefit a lot but of course

图2　修改意见

三、线上英语写作教学的可行性

（一）师生互动

线上语言学习涉及的人际及人机交互包括互动与协作两类。纵观这一学期的线上教学，发现学生与教师的互动比线下教学活跃。教师提出问题，学生在QQ平台会快速打字回应，每节课每个班级超过三分之二的学生至少回答一个问题。相比线下课堂通常一个班级一节课积极回答问题的学生不超过10人（班级学生30～40人），线上课堂更加吸引学生参与互动。涉及语音回答问题，出于网速以及平台链接方式等技术问题，语音互动没有文字互动方便，因此互动性不如文字互动。学生线上互动积极有多方面的原因。一是他们对线上课程充满好奇，乐意积极参与。二是学生与教师虽然隔着屏幕，但师生关系发生

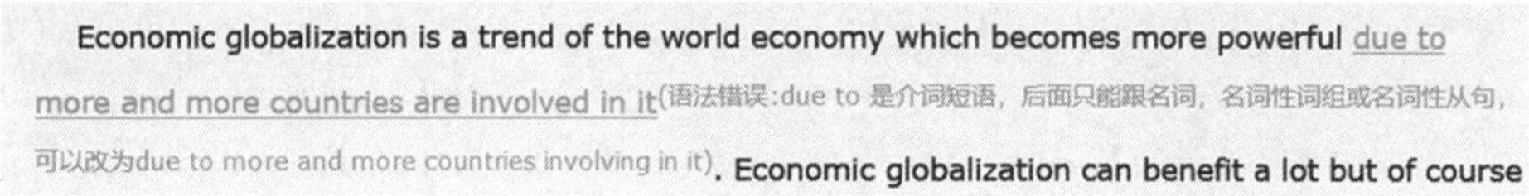

了一些改变，师生之间更趋向平等。线上教学有问题时，学生乐于及时反馈，提高听课效率；线下教学时遇到问题，学生一般不会直接举手告知老师自己没有听懂，他们经常是课下问老师。而线上教学的时候学生会直接把问题打出来。这些都促使线上英语教学顺利进行。

（二）师生投入

线上教学的可操控性与师生的投入有很大关系。教师投入更多时间精心选择教学内容，使教学材料新颖、有趣并且具有时效性。适当播放相关内容视频，让线上课堂生动活泼。学生投入时间预习可以确保课堂有序进行，教师可以边授课边观察学生接受情况，掌控课程进度。Dyment 等指出线上语言学习投入常为隐性，许多看似忙碌的学习行为背后缺乏实质性的投入。① 因此，线上教学时教师除了教授英语写作课程主要涉及字、词、句、篇的赏析与运用，还要善于调动学生学习的情绪，鼓励学生进行实质性投入，让学生精神饱满地投入课堂学习。

四、结论

经过一个学期线上教学实践，线上课堂逐渐演变成基于 MOOC 的 SPOC 模式。相比 MOOC 模式学生无法随时向授课者提问等缺点，SPOC 班级规模小，学生程度差别不大，授课模式灵活，教师与学生直接互动，学生可以随时提出自己的困惑与难题并且课堂上内化写作的相关知识，完成记忆、理解等初级学习目标。SPOC 模式下学生在教师的指导下，阅读范文，观看慕课，课上讨论，课后练习，顺利完成教学目标。

线上教学的实施首先要有强大的技术支持。QQ、钉钉、云视讯等并非专业教学平台，授课期间有时出现语言连接迟缓、通话不够顺畅的现象，平台可以以这次疫情为契机，开发出更专业的教学平台。其次，教师要提高线上教学水平。除了熟练掌握电子信息技术，更要做学生学习的引导者和协助者，帮助学生适应线上教学并让学生学以致用。

总之，英语写作课程顺利完成教学任务，线上教学模式在疫情特殊时期发挥了极其重要的作用。

---

① Dyment, J., C. Stone & N. Milthorpe, Beyond busy work: Rethinking the measurement of online student engagement, *Higher Education Research & Development*, 2020, https://DOI: 10.1080/07294360.1732879, accessed 20/11/2020.

搞好“概论”课线上教学的经验总结

邱志强[*]

摘要:出于防控新冠肺炎疫情的需要,“毛泽东思想和中国特色社会主义理论体系概论”(简称“概论”课)在2019—2020学年第二学采用线上教学。首次采用线上教学,对我们是一种挑战。我们坚定信心,充分准备,不断学习,积极应对,顺利完成了教学任务。在专题教学和社会实践教学中,紧密结合中国防控新冠肺炎疫情的伟大实践和成功经验开展教学活动,大大提高了“概论”课的针对性、说服力、感染力和实效性,取得了较好的教学效果。线上教学作为一种新的教学方式,对其成功经验进行总结是十分必要。

关键词:线上教学;“概论”课;经验总结;中国抗疫实践和经验

2020年伊始,新冠肺炎疫情暴发,在人民生命安全和身体健康受到严重威胁时,以习近平同志为核心的党中央,始终坚持把人民群众生命安全和身体健康放在第一位,按照坚定信心、同舟共济、科学防治、精准施策的总要求,全面开展疫情防控工作,作出人民战争、总体战、阻击战的战略部署。出于疫情防控的需要,“概论”课在2019—2020学年第二学期采用线上教学。“概论”课采用线上教学,对我们而言是首次,既是一种探索,更是一次挑战。面对全新的教学方式,我们积极应对,努力探索,顺利地完成了“概论”课的教学工作,并取得较好的教学效果。经过一个学期的线上教学,我们积累了一些经验,加以认真总结,对于以后进行线上教学,会有很大的帮助。

一、积极应对

面对着从未经历过的线上教学,我们克服了紧张和担忧的心理,坚定信心,充分准备,不断探索和学习,顺利完成了教学任务。

(一)坚定信心

接到“概论”课采用线上教学的决定,和大多数教师一样,笔者也感到紧张和担忧。一是线上教学从来没搞过,不知道怎么开展。二是我们都习惯于课堂教学,习惯于与学生面对面地讲课。之前在“概论”课精品课程建设中录制过慕课,在没有学生的教室里,在没有教学互动下,面对镜头讲课,很不习惯,效果也不好,录了几次才完成,因此对于能否适应线上教学还是有些担忧的。三是笔者对于现代通信技术掌握的水平很差,平时上课设备若出现问题,都是找值班室的技术人员来解决,非常担心在线上教学过程中出现技术问题,自己没办法解决而影响教学。

* 邱志强,男,福建永春人,厦门大学马克思主义学院副教授,主要研究方向为马克思主义中国化。

尽管紧张和担忧，但线上教学迫在眉睫，当务之急就是调整心态。冷静下来，觉得问题也不大。本着“摸着石头过河”精神，大胆去做，应该是可以克服的。现代通信之所以能大众化，操作肯定不会太复杂。只要虚心请教，多多操作，熟能生巧，一定能够掌握。另外，凡事都有一个适应过程。线上上课，面对屏幕讲课，刚开始不适应，多上几次，慢慢就会适应。同时，也可以进行线上互动。通过线上互动，同样可以活跃课堂气氛。心态调整以后，对即将进行的线上教学充满信心，有条不紊地做好各项准备工作。

（二）不断学习

坚定信心后，接着就是如何进行线上教学？通过不断的学习，较好地完成了任务。

不断学习的首要任务就是掌握线上教学的技术手段。鉴于不少教师对此都不太熟悉，教研部在开学之前，专门召开备课会议。经过充分的讨论，大家觉得每个教学班都设有 QQ 群，用电脑 QQ 上课最为简捷。电脑 QQ 有个分享屏幕功能，师生可以共享 PPT。这不仅适用于专题教学，也适用于实践教学中同学们的实践成果展示。虚心请教如何具体操作后，笔者反复练习，很快掌握了操作技术。每次上课之前，笔者都会提前 20 分钟做好上课的准备工作，整个学期的线上教学工作都比较顺畅。

不断学习最主要的任务是线上教学的内容的学习。具体而言，就是对专题教学内容的学习。线上专题教学共有十讲，具体内容如表 1 所示。

表 1　线上专题教学内容

讲次	专题内容
第一讲	毛泽东思想及其历史地位
第二讲	习近平新时代中国特色社会主义思想
第三讲	当代中国基本国情
第四讲	建设现代化经济体系
第五讲	中国特色社会主义民主政治建设
第六讲	推动社会主义繁荣兴盛
第七讲	坚持在发展中保障和改善民生
第八讲	中国特色社会主义生态文明建设
第九讲	中国特色大国外交
第十讲	新时代党的建设伟大工程

这十个专题讲座，纵向从“毛泽东思想”到“习近平新时代中国特色社会主义思想”。横向包括政治、经济、文化、社会、生态文明、外交、党的建设等方面内容。由于“概论”课长期采取专题教学形式，每个教师每个学期基本上只上自己熟悉或比较有研究的一两个专题。如笔者只上过“毛泽东思想及其历史地位”和“新时代党的建设伟大工程”两个专题，其他八个专题长期不上且不是自己学术研究的范围，因此没有太多的研究。另外，教研部为了统一每个专题的教学重点，这十个专题的 PPT 是由每个专题负责人撰写的。厦大马院推行专题教学的初衷，就是要充分发挥各个教师的学术专长，把自己承担的专题讲座讲深讲透，提高专题讲座的精彩程度。而现在由于线上教学的特殊性，每个任课教师必须通

讲十个专题,还要用其他教师制作的PPT。这又是新的挑战。如何应对?就必须不断学习,夯实相关专题的知识。

笔者的具体做法包括:首先,认真研读PPT,熟悉专题讲座的基本内容,尤其是专题的教学重点和难点问题,掌握专题的整体框架和脉络。其次,熟读教材中有关的章节,加深对专题内容的理解。再次,通读《习近平新时代中国特色社会主义思想三十讲》《习近平在厦门》《习近平在宁德》《习近平在福州》等参考资料,扩大自己的知识面,为对专题讲座PPT内容补充做准备。最后,对专题讲座的PPT做修改和补充,既丰富了内容,也便于上课时能按自己的思路顺畅地讲授。

由于充分的准备和不断的学习,笔者比较顺利地完成十个专题的讲授,包括以前不熟悉的"建设现代化经济体系"等专题。学生课后的反馈,对讲授的效果还是肯定的。

(三)加强互动

用电脑QQ上课进行线上教学,就是教师对着屏幕讲,学生看着屏幕听。如果整堂课都由教师讲,没有互动,最后可能会导致教师讲课没有激情,甚至感觉在自言自语,学生听得昏昏欲睡,这样教学效果肯定不佳,必须加强教学互动。在上课过程中,笔者经常随机提问,让学生参与进来。在每节课之前,布置若干个课堂讨论的题目。在教学过程中,讲到该知识点时,让学生讨论,畅所欲言,最后笔者来点评或总结。随机提问可以提高学生上课的关注度,课堂讨论可以活跃上课气氛,因此加强线上教学互动,不仅调动学生的参与度和积极性,也让笔者保持讲课的激情,整个学期"概论"课的线上教学不是枯燥无味,而是始终充满激情和生机。

二、密切联系抗疫的实践和经验提高"概论"课的说服力

"概论"课的教学目的简言之就是通过本课程的学习,学生懂得毛泽东思想和中国特色社会主义理论体系为什么真、中国共产党为什么能、中国特色社会主义为什么好,从而坚信毛泽东思想和中国特色社会主义理论体系是科学指南,拥护中国共产党的领导,自觉成为中国特色社会主义伟大事业的建设者和接班人。对此"概论"课教材主要是从理论上进行阐释。"概论"课教材高屋建瓴,其科学性、严谨性、权威性毋庸置疑,但囿于是"概论",教材更多的是学理性和抽象性地论述,我们在授课时如果照本宣科,在生动性方面就会逊色,因此必须增加其实践性和具体性,用生动具体的事例来加以诠释,尤其是用活生生的事实来阐述,学生更喜欢听,也更容易接受。学理性和实践性、抽象性和具体性、史和论必须紧密结合,这是上好"概论"课的关键,而中国抗疫的伟大实践和成功经验,生动鲜活有力地解读毛泽东思想和中国特色社会主义理论体系为什么真、中国共产党为什么能、中国特色社会主义为什么好,我们在授课时充分运用,可以大大提高"概论"课的说服力。

例如,党的十九届四中全会指出,我国国家制度和国家治理体系具有十三个方面的显著优势,第一个显著优势就是坚持党的集中统一领导。全会之后,学习和贯彻十九届四中全会的精神成为重大的政治任务,我们在"新时代党的建设伟大工程"这一专题,把"中国共产党的领导是中国特色社会主义制度的最大优势"作为本专题首要的教学重点。对于这个教学重点的讲授,除了讲授教材第十四章的有关理论阐释,更多的是紧密联系中国抗疫的伟大实践和成功经验,生动具体地诠释这一论断的真理性。面对来势汹汹的新冠肺

炎疫情，以习近平同志为核心的党中央集中统一领导，习总书记亲自指挥、亲自部署，各级党组织和广大党员积极响应、冲锋陷阵，党发挥了总揽全局、协调各方的领导核心地位，由此形成了全国一盘棋、动员和集中全社会力量的“抗疫”人民战争。1 个多月就遏制疫情蔓延势头，2 个月左右就将本土每日新增病历控制在个位数以内。4 月 8 日武汉解封，标志着我们取得武汉保卫战、湖北保卫战的决定性成果。如此高效的动员组织能力和抗疫成就，只有共产党领导的社会主义中国才能做到。反观美国等，由于制度等问题，疫情迅速蔓延失控。事实胜于雄辩，中国抗疫的伟大实践和成功经验，鲜活地说明了中国共产党的领导是中国特色社会主义制度的最大优势，证明中国共产党能、中国特色社会主义好。

再如，习近平新时代中国特色社会主义思想强调坚持以人民为中心，坚持人民主体地位。之前我们讲为什么必须坚持以人民为中心、坚持人民主体地位，主要是从理论上阐明人民是历史的创造者，中国共产党立党为公、执政为民，代表最广大人民的根本利益，其根本宗旨是全心全意为人民服务等。中国抗疫的实践，充分体现了人民至上、生命至上原则。以习近平同志为核心的党中央，始终坚持把人民生命安全和身体健康放在第一位，举全国之人力、物力进行抗疫斗争。我们全力以赴，不遗漏一个感染者，不放弃每一位患者，最大限度地提高治愈率、降低病亡率，且费用全部由国家承担。而中国抗疫成功经验之一就是坚决依靠人民群众，全民总动员，全民齐上阵，上至钟南山、李兰娟院士等，下至普通的医护工作者、公安干警、社区工作者、环卫工人、快递小哥等，大家在不同岗位尽职尽责，联防联控，严防死守，谱写了新时代伟大斗争的新篇章，也再次证明以人民为主体的重要性。

再如，“推动社会主义繁荣兴盛”专题，一定要讲文化自信。在此次抗疫斗争中，中华文化尤其是以爱国主义为核心的民族精神起到至关重要的作用。如中华民族历来强调顾全大局，为了防控疫情，中央果断下令武汉封城。封城给武汉人民生活带来了不少的困难，但武汉人民顾大局、识大体，自觉服从防控大局需要。广大医务人员白衣为甲、逆行出征，体现了中华民族舍生取义的精神。几百支医疗队、数万名医务人员从四面八方赶赴武汉、支援湖北，形成了抗疫斗争的大会战。援鄂物资从全国各地纷至沓来，各地纷纷自愿为武汉、湖北捐款捐物，体现了一方有难八方支援的友爱精神。在严峻的疫情面前，广大人民群众秉承天下兴亡匹夫有责的精神，众志成城、举国同心，自觉遵守防控疫情的要求，戴口罩、少出门、不串门、不聚众，联防联控，严防死守，这是我们很快遏制疫情蔓延并迅速向好的方向转变的重要因素。而如美国等，所谓的“人权、民主、自由”，致使疫情始终无法得到有效的控制。这次抗疫斗争，充分凸显了中华文化在危难时刻的凝聚力和战斗力，因此我们更可以理直气壮地坚定文化自信。

还有在讲“中国特色大国外交”专题时，可用此次疫情在全球迅速蔓延的事实，说明了在日益全球化的今天，人类是休戚相关、命运与共。只有携起手来，才能共克时艰。这再次印证了习总书记提出推动构建人类命运共同体的高瞻远瞩。而中国之所以能用 10 天建成雷神山医院，12 天建成火神山医院，改建 16 座方舱医院，医疗物资迅速实现从紧缺到动态足够供应的转变，所有的费用全部由国家负担等，主要归功于 40 多年来中国坚持为经济建设为中心，坚持改革开放，使中国经济飞速发展。没有近百万亿元的 GDP 和世界第一制造大国、基建大国等雄厚的实力，是很难做到的，因此中国抗疫的实践和经验，说明坚持党的基本路线、全面深化改革的重要性。

因此，在授课时通过紧密联系中国抗疫的伟大实践和成功经验，大大提高了“概论”课教学的说服力，学生感到心悦诚服。

三、围绕抗疫主题开展社会实践教学增强“概论”课的针对性和感染力

2019 年习总书记“3.18”讲话指出，推动思政课改革创新，必须做到坚持八个“相统一”，其中包括坚持理论性和实践性相统一。社会实践教学的最主要目的就是把思政课的小课堂同社会的大课堂结合起来，让学生通过开展社会调查更多地了解社会、了解国情、培养社会责任感，通过撰写社会实践报告提高分析和解决问题的能力，更好地做到理论联系实际。搞好社会实践教学的关键是社会实践的选题，当前社会热点和焦点问题无疑是最有现实意义和实践价值，而抗疫斗争是 2020 年以来最重要的热点和焦点问题，因此笔者建议学生能够围绕着抗疫主题进行社会实践。学生非常认同，绝大部分的选题也是围绕这一主题而多方面展开。

制度和机制方面的选题就有《全球“战疫”中中国特色社会主义制度和西方政治制度之比较——以美国为例》《疫情防控中中国特色社会主义制度优势的调研》《全国人民一条心，联防联控战疫情》《中外抗疫速度差距，体现中国道路正确与人民支持》等。文化方面的选题有《中国精神的崭新书写——全国战“疫”折射出的中国精神》《抗疫一线，平凡人的不平凡——民众对全民抗疫态度的调查及先进人物事迹的宣传》《各种社会媒体对公众认知疫情的影响》《网络舆论助力疫情防控》等。经济方面的选题有《从新冠肺炎疫情看国民经济抗危机能力》《对比新冠非典，领略中国发展》《新冠疫情影响下的全面小康社会建设》等。青年责任担当方面的选题有《战“疫”团旗飘——筑起抗疫青春长城》《防疫抗战，从我做起——疫情期间当代大学生的行为担当》等。科技方面的选题有《科技抗疫——科技手段在疫情防控中的重要作用》《万众一心，协同抗疫——信息技术在抗疫中的表现》等。还有其他相关的选题如《大城市与小乡镇防疫战场之比较》……

抗疫特殊时期，给社会实践带来了难度和挑战，如主要是通过线上调研，很难进行实地调研等，但由于社会实践选题基本上是针对抗疫斗争进行的，具有很强的现实针对性，而广大青年学生心系国家，关心社会，以极大的热情尽力做好社会调研。一分耕耘一分收获，学生们不仅完成了调研，撰写出一份份有较高质量的社会实践报告，而且收获了充满正能量的实践感受。

在实践感言中，有的写道：通过这次社会实践，我了解到许多大学生在疫情期间，积极主动去当志愿者，他们不畏困难，迎难而上，通过社区服务、奔赴抗疫前线等形式，为抗疫斗争奉献出自己的一份力量，体现出当代大学生的责任与担当，彰显新时代大学生的风采，这将不断激励我前行。有的写道：在收集材料和总结的过程中，我深刻地认识到中国特色社会主义制度的优越性，可以举国同心，共同抗疫，中国共产党是以人民为中心，代表着人民的根本利益，而西方资产阶级政党更多的是争权夺利，无法凝聚力量去抗击疫情，致使疫情不断蔓延，我们更应该做到“四个自信”。还有的写道：此次抗疫，科技抗疫贯彻

始终,从疫情研判、药物和疫苗研发,再到大数据等数字技术的运用,科技都在为抗疫做贡献,通过调研,我深刻地体会到科技对于一个国家发展的重要性以及当今中国科技力量的强大,激发我更加努力学习的信念。更有同学饱含深情地写道:无情的病毒,在坚忍不拔的民族面前只能望而却步。习总书记发出抗疫总动员令,医务人员冲上去了,他们将个人安危置之度外,同病魔奋力搏击;科技人员冲上去了,他们夜以继日、合力攻关,力争早日攻克病毒的关隘;新闻记者冲上去了,他们忠于职守,传播党和政府的声音,报道疫情和无数感人事迹……危难时刻,亿万人民在民族精神的感召下,在以习近平同志为核心的党中央指挥下,筑起了一座抗击疫情的钢铁长城。这就是中国的伟大,社会主义的伟大。

一段段真挚感人的实践感言,说明此次围绕着抗疫主题进行社会实践教学具有很强的感染力和实效性,它激发了青年学生爱国情怀、责任担当、学习热情,使学生更加深刻感受到社会主义的优越和中国共产党的伟大等,从而取得了很好的教学效果。

总之,总结此次线上教学成功的最主要经验:一是凡事要坚定信心,努力探索,不断学习,只要积极应对,定能克服困难,顺利完成教学任务。二是必须与时俱进,聚焦社会热点和焦点问题,利用其所展现的鲜活生动具体的素材开展教学。之前“概论”课教学更多的是以理服人,而此次线上教学,更多地用中国抗疫伟大实践和成功经验的事实来说话,大大提高了“概论”课的说服力。围绕中国抗疫主题展开社会实践教学,增强了社会实践教学的现实针对性,大大增强了感染力和实效性。学生在调研过程中,深入了解到抗疫的方方面面,通过切身体会和感受,更加坚定“四个自信”、增强“四个意识”、自觉做到“两个维护”。

"新文化史"视野下的翻译史教学*

——理论源流与跨学科启示

黄若泽**

摘要:翻译史是外语专业本科教学的核心课程,也是翻译研究的基础性课题。在经历"文化转向"之后,翻译研究的重要任务是从文本细读走向语境分析,这也成为翻译史初学者的挑战。本文提出,西方史学界方兴未艾的"新文化史"可以为翻译史教学提供崭新的理念和方法。具体而言,翻译史教学可借鉴"微观史"的研究理念,构建以译者为中心的微观世界;并借用"出版史"的研究方法,追踪翻译出版品的传播轨迹和影响效果。唯其如此,翻译史研究才能真正进入译入语语境的"腹地",就特定的问题展开扎实而丰富的论述。

关键词:新文化史;翻译史教学;微观史;出版史

根据2020年教育部发布的《普通高等学校本科外国语言文学类专业教学指南》,"翻译简史"是翻译方向必修课程,而"翻译史"(History of Translation)也是英语专业高年级本科生论文写作的重要选题来源。厦门大学外文学院的翻译类课程多为中英互译实践,本科生虽然对翻译史研究兴趣浓厚,尚不能形成自觉的方法论意识。为改变这一局面,笔者于2020年向本学院申请开设"翻译简史"课程。本文参考西方史学界影响广泛的"新文化史"(New Cultural History),提出"翻译简史"课程可借鉴"微观史"(Microhistory)和"出版史"(History of Publication)两个子方向的理念,分辨源流,阐明关系,助力翻译史教学与研究。

一、翻译史与新文化史关系刍议

20世纪70年代以来,翻译研究经历"文化转向",开始探讨翻译文本的文化意义和语境效果,由此诞生的翻译史研究进一步把研究对象置于具体的历史条件详加考察,其影响经久不衰。进入21世纪,翻译史研究一直是国内学界密切关注的领域,也是英语专业本科生论文选题的重要来源,其研究方法仍晦暗不明。

这个困境可以上溯到文化学派问世之初。在1972年提出的翻译学"路线图"中(图1),霍尔姆斯(James Holmes)把翻译研究分为"纯研究"和"应用研究"两大分支,并不

* 基金项目:本文为教育部人文社会科学研究青年基金项目"社会话语重构视阈下郑振铎文学翻译研究"(项目编号:21YJC740019)的阶段性成果。

** 黄若泽,男,厦门大学外文学院助理教授,厦门大学比较文学与跨文化研究中心成员,主要研究方向为中国翻译史与比较文学。

见"翻译史研究"。[①] 实际上，对于"翻译的历史研究"的论述简要地出现在霍尔姆斯的正文中，只不过是以"总体史"之名沦为"纯研究"下辖"描述性研究"的"产品导向"研究方法，[②]并未真正从历史角度考察翻译的起源、机制和影响。这也为其模糊的定位埋下隐患。

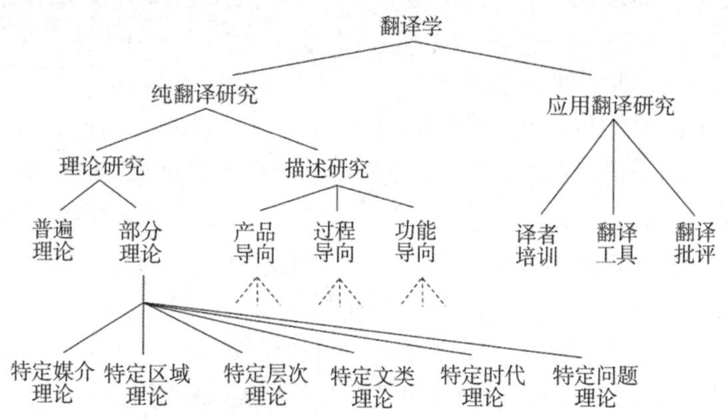

图 1　霍尔姆斯的翻译研究路线图(Map of Translation Studies)

2010年出版的《翻译研究指南》在"翻译史"词条下列出八大研究目标，即主体、内容、方位、媒介、原因、模式、事件和效果[③]，标志着国际学界对翻译史研究的对象达成共识。本文的目的并非重新界定翻译史研究的基本问题，而是阐明学科理念与操作方法。虽然文化转向把翻译文本推向历史语境和文化纵深，关于具体途径仍语焉不详。以中国翻译史研究为例，王宏志指出，大部分学者"没有能够将翻译活动联系到中国当时的社会、文化、文学等方面的状况"[④]，造成不少翻译史论著沦为资料汇编。

从学科训练来说，英语专业本科生未必能应对翻译史内含的跨学科挑战。就属性而言，翻译史"属于针对翻译史实的史学研究，属于史学的一个侧重专题史的分支"。[⑤] 翻译史研究者多为外语专业或翻译实践出身，往往以文本细读和作品分析为主要方法，未必能抓到史学研究的核心关切。可以说，翻译史研究对研究者的知识结构提出巨大的考验。翻译史教学实有必要广泛借鉴历史学的前沿方法。本文认为，20世纪下半叶兴起的新文化史与翻译史研究在理论源流、研究趋向和具体方法上具有十分相近的亲缘关系，不妨作为他山之石广泛借鉴。

---

① Gideon Toury, *Descriptive Translation Studies - and Beyond*, Amsterdam/Philadelphia: John Benjamins Publishing Company, 2012, p. 4.

② James Holmes, The Name and Nature of Translation Studies, *The Translation Studies Reader*, Ed. Lawrence Venuti, New York and London: Routledge, 2000, p. 177.

③ Lieven D'hulst, Translation History, *Handbook of Translation Studies*, vol. 1, Eds. Yves Gambier and Luc van Doorslaer, Amsterdam/Philadelphia: John Benjamin Publishing Company, 2010, p. 398.

④ 王宏志：《重释"信达雅"：二十世纪中国翻译研究》，东方出版中心1999年版，第58页。

⑤ 贾洪伟：《国内翻译史研究的几个问题》，《外国语文》2019年第1期。

首先，翻译史研究本身就是翻译学文化转向的产物。文化学派不再视翻译为语言符号的转换，而是认为“翻译活动的发生总会有一个语境，文本的出现和转译总会有一段历史”[①]，这就使翻译史研究挣脱文本的牢笼，深入译入语文化的内部结构。同时兴起的新文化史也不只是历史学自发求变，更吸收美国人类学家的跨界影响和文学研究者的历史学转向。实际上，翻译学的文化转向与新文化史的诞生均出现在结构主义思潮的转折点，二者都尝试打破学科壁垒展开跨学科探索。

其次，翻译史与新文化史都强调对历史经验的描述。翻译史研究位于“描述性翻译学研究”的延长线上，以译者、译作或翻译活动为中心的个案讨论，注重历史细节的发掘和勾勒。芒迪(Jeremy Munday)提出，翻译史书写应利用档案、手稿和访谈资料，“发掘不知名或被人遗忘的译者的生活细节及其工作过程，描述他们所处的语境，构建出一部翻译和翻译者的社会文化史”。[②] 无独有偶，新文化史同样倚重“叙述史学”(Narrative History)，努力建构个体生命故事。在新文化史学者看来，经验的价值在于个体的意义，他们相信个体“是历史的主体而非目的”，由此解决“社会史与日常经验相脱节这一问题”。[③] 翻译史与新文化史都反对空洞的宏大叙事，力图提供自下而上的历史经验。

再次，历史研究要求翻译史和新文化史重视一手史料。傅斯年在谈及现代史学旨趣时说：“凡一种学问能扩张他所研究的材料便进步，不能的便退步。”[④]翻译史研究同样有赖于新材料的发现。王建开以中国翻译史为例，提出从近代外国人的中国文献、中国现代文艺期刊的翻译文献、中国现代文学中的翻译论述这三种史料寻求创新。[⑤] 新文化史赞成史学研究的一般原则，但受后现代思潮的影响，更自觉地重视史料的范围、类型和质量，灵活解读史料含义，谨慎对待历史编纂的复杂性。这一点尤其值得翻译史借鉴。

总之，翻译史研究和新文化史在诸多方面达成共识。因此，翻译史教学可从微观史视角建构译者世界，并从出版史视角描绘译作脉络，推进研究实践的完善。

二、建构译者世界：微观史对翻译史教学的启示

长期以来，翻译研究的理念与文学研究的文本中心观念十分相近。自“作者已死”思潮出现后，翻译研究者也开始质疑文本生产者的合法性。受此影响，翻译研究曾长期“在很大程度上忽视作为主体的人，即译者”。[⑥] 翻译史教学可指导学生以译者为中心，构建丰富多彩的微观世界。只有充分还原译者的生平事件、社会活动、思想轨迹和创作全貌，才

---

① Sussan Bassnett and André Lefevere, Introduction: Proust's Grandmother and the Thousand and One Nights: The "Cultural Turn" in Translation Studies, in: *Translation, History and Culture*, London and New York: Pinter Publishers, 1990, p. 11.

② Jeremy Munday, Using Primary Sources to Produce a Microhistory of Translation and Translators: Theoretical and Methodological Concerns, *The Translator*, 2014, Vol. 20, No. 1, p. 64.

③ [英]彼得·伯克著，刘华译：《西方新社会文化史》，《历史教学问题》2000 年第 4 期。

④ 傅斯年：《历史语言研究所工作之旨趣》，《历史语言研究所集刊》1928 年第 1 本第 1 分册，第 6 页。

⑤ 王建开：《翻译史研究的史料拓展：意义与方法》，《上海翻译》2007 年第 2 期。

⑥ Theo Hermans, Toury's Empiricism Version One, *The Translator*, 1995, Vol. 1, No. 2, p. 222.

能更准确地分析译文的相关问题。

中国史学本有以人为中心的纪传体叙述传统,但翻译史研究对译者的推崇更接近新文化史分支"微观史"对人物世界的精心刻画。微观史兴起于20世纪60年代的意大利,至90年代日臻鼎盛。微观史和翻译文化学派都受到文化人类学家格尔茨(Clifford Geertz)的"深描理论"(Thick Description)启发,注重人物的生命体验,反对空洞的宏大叙事和理所当然的理论假设。微观史最重要的方法之一被称为"提名法"(the nominative approach),即"把历史考察的规模缩小到能准确确认身份的个体"。① 研究者以个体名字为线索,可以穿过历史档案的迷宫,围绕个体构建"日常生活史"。诚如意大利微观史代表金兹堡(Carlo Ginzburg)和波尼(Carlo Poni)指出,名字是"引导研究者走出档案迷宫的阿里阿德涅线团(Ariadne's thread)","聚集到名字和从名字发散开的线索,交织组成一张严密的网,为观察者提供一个社会关系网的图像,个人便处在这个网络之中"。② 以人物为中心的微观史研究有可能促成一种新的研究方法,即"把社会史和文化史方法协调起来",不仅生动呈现行动者的鲜活经验,这些描述还将"揭示深层次的历史结构、长此以往所形成的思维习惯和全球化交往的历史过程"。③

实际上,翻译研究也已关注译者的行动力(agency)和权力(power),这正是描述性研究的新特征。只不过,译者研究并没有占据清晰的位置,直到翻译史研究的出现才重新肯定译者的作用。皮姆(Anthony Pym)在《翻译史研究方法》(*Method in Translation History*)中指出:"[翻译史研究的] 核心对象必须是有血有肉的译者,因为只有人才能承担与社会因果律相当的责任。也只有通过译者及其社会环境(如委托人、赞助人、读者),我们才能理解译作会在特定历史时空产生的原因。"④提莫兹克(Maria Tymoczko)则专门讨论译者在伦理、政治和意识形态等方面被赋予的行动力和权力。⑤ 正是在微观层面,翻译史和新文化史达成共识,即译者不仅沟通不同的空间,而且"可以成为过去与现在的桥梁"。⑥

翻译史教学可从三个方面指导学生建构译者微观世界。第一,广泛搜集以译者为中心的各类史料。前文提到,外语专业历来以培养学生的文本阅读、理解和分析能力为己任。但在翻译史研究中,译文和原文的比照不足以揭示历史全貌。以译者为中心意味着扩大文本考察范围,把译者的其他文字资料,如日记、书信、序跋甚至是私人档案,都纳入分析视野。以这些文本为基础,我们把译者形象重新投射到历史现场,构建家庭情况,描

---

① Karl Appuhn, Microhistory, *Encyclopedia of European Social History: from 1350 to 2000*, vol. 1, Ed. Peter N. Steams, New York: Charles Scribner's Sons, 2001, p. 106.

② Carlo Ginzburg and Carlo Poni, The Name and the Game: Unequal Exchange and the Historiographic Marketplace, in: *Microhistory and the Lost People of Europe*, Eds. Edward Muir and Guido Ruggiero, Baltimore and London: John Hopkins University Press, 1991, pp. 5～6.

③ Introduction, in: *What Is Microhistory? Theory and Practice*, Eds. Sigurour Gylfi Magnusson and Istvan M. Szijarto, Oxford: Routledge, 2013, p. 7.

④ Anthony Pym, *Method in Translation History*, Manchester: St. Jerome Publishing, 1998, p. ix.

⑤ Maria Tymoczko, *Enlarging Translation, Empowering Translators (Second Edition)*, Oxford: Routledge, 2010, pp. 191～192.

⑥ Jean Delisle and Judith Woodworth, *Translators through History (Revised Edition)*, Amsterdam/Philadelphia: John Benjamins Publishing Company, 2012, p. xix.

述工作状况,勾勒社交网络,建构出一个细节丰富、具体可感的日常生活世界。

第二,建立年表。"年表法"是历史研究的基本方法。在充分占有史料的基础上,可按时间顺序排列史料,梳理事件之间的内在关联。学生不必穷尽译者生平大事,不妨围绕所需考察的翻译文本或翻译事件,择其要者选定起讫时段,再根据需要扩大考察范围。研究者还应进一步剖析翻译与其他事件的逻辑关系和因果关联,可追踪不同史料共有的关键词,考察译者行为与译者翻译的关系。

第三,综合分析翻译与创作。学生论文往往选取历史上比较成熟的翻译家研究。在翻译之余,这些翻译家往往还创作了大量作品。我们不能面对译文而"见树不见林",还可以结合研究对象的其他文本,发掘出连接翻译与创作的一贯策略,为分析译文提供必要的参照系。例如,要分析林纾(1852—1924)的文学翻译,就不能不同时考察他用桐城古文创作的文章,才能理解他的翻译究竟是创作的延续还是截然不同的尝试。鲁迅(1881—1936)的文学作品或杂文随笔同样可以作为我们进入其翻译世界的思想参照。如果要分析葛浩文(Howard Goldblatt)翻译的萧红(1911—1942)作品,也不能忘记他关于萧红和中国现代文学的学术论文。

为构建译者的微观世界,研究者不应把译文视作沉默的文本,而应看作译者整体写作的一个子类,或是日常活动的一个分支。用英国思想史家斯金纳(Quintin Skinner)(2018)的话说,翻译史研究者不仅要把语言当成"传统的有关意义的词汇","至少也要以同样的程度关注语言的第二个维度(即行动)"。[①]

三、还原译作脉络:出版史对翻译史研究的启示

为深入描述译作的影响,翻译史研究还需走出译者世界,从更大范围探讨译作与环境的互动,书籍出版和传播研究可以实现这种由此及彼的联结。在现代出版学中,出版是指"将文字、图像或其他内容进行加工、整理,通过印刷等方式复制后,向社会广泛传播的一种社会活动"。[②] 翻译出版是出版的一部分,"是文字翻译成果的延续和传播,是一种文字转换成另一种文字后,在传播面上的进一步扩散"[③]。翻译史研究可借鉴新文化史视野下的出版史理念与方法,追踪译文在译入语环境的影响与接受。

中西传统书目文献学(Bibliography)源远流长,但关注书籍物理状况和书内知识生产,而现代出版史研究更关心书籍的传播特性。美国学者达恩顿(Robert Darnton)认为,书籍史的理想形态"是一种用社会史和文化史的方法研究人类如何沟通和交流的学问",核心任务是探讨"人们的想法和观念是怎样通过印刷品得到传播的,阅读和又是怎样反过来影响人们的思想和行为"[④]。可以说,新文化史影响下的出版史研究融合"书籍史"和"阅读史"两大传统,二者恰恰构成翻译出版史研究的两条源流:其一,以翻译出版品的物料属性为线索,考察译作的生产、传播和接受;其二,以翻译出版品的内容为核心,考察内在价值

---

① [英]昆廷·斯金纳:《国家与自由:斯金纳访华讲演录》,北京大学出版社2018年版,第6页。

② 张志强:《现代出版学》,苏州大学出版社2003年版,第10页。

③ 李景瑞:《翻译出版学初探》,《出版工作》1988年第6期。

④ [美]罗伯特·达恩顿著,萧知纬译:《拉莫莱特之吻:有关文化史的思考》,华东师范大学出版社2010年版,第85页。

与阅读者的关系。借用夏蒂埃(Roger Chartier)的说法,我们完全可以综合文本批评、目录学和文化史三家之所长[①]研究翻译出版史,最终形成这样一种模式,包括"分析译者如何选择译作,出版者如何编辑加工及投入流通领域,读者如何选择接受和评价反应"[②],也就从出版史研究走向阅读史研究。

不过,在借用出版史研究一般方法的同时,也要辨别翻译出版品的特殊性。从传播过程来看,阅读史研究可根据阅读的时间性分为三个阶段:"阅读前的准备"、"阅读行为本身"和"阅读的影响"。[③] 但翻译文本既非传播的起点也非终点,而是源文本的"来世"(afterlife),在起源上连着一个亟待开发的源语语境,更是译入语传播链的开端,即将在译入语语境中激起连锁反应。鉴于翻译文本的中介性,翻译出版史研究须培养"双重脉络化"思维,兼顾原作和译作两个世界。

我们可以参考巴赫莱特纳(Norbert Bachleitner)的译文传播模型。巴赫莱特纳建议把"书籍史"纳入翻译史研究,并对达恩顿的书籍传播模型稍做修改,提出一个适用于翻译研究的新模型(图 2)。[④] 我们看到,翻译出版的跨文化环流同时包括原作、原作者、原出版商与译作、译作者和译作出版商,从而把单一的文本对象转变成复数的文本群,由此拓展传播链的长度,走向历史研究的纵深。

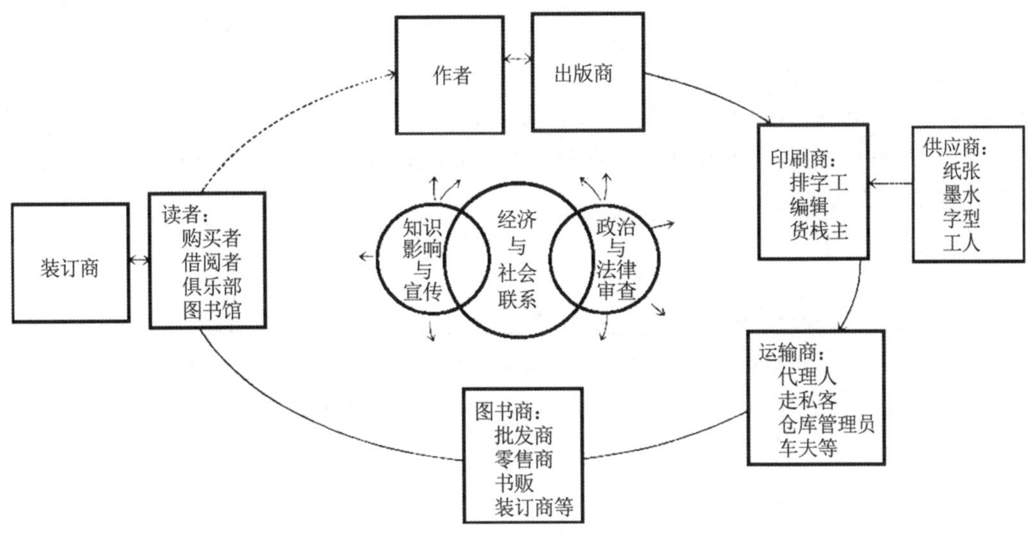

图 2 巴赫莱特纳的翻译出版史图谱

另外,关乎出版物的阅读。虽然早期的翻译研究在很大程度上受惠于英美文学研究

① Roger Chartier, *The Order of Books: Readers, Authors, and Libraries in Europe between the Fourteenth and Eighteenth Centuries*, Trans. Lydia G. Cochrane, Cambridge: Policy, 1994, pp. 2~3.

② 邹振环:《20 世纪上海翻译出版与文化变迁》,广西教育出版社 2000 年版,第 6 页。

③ 韦胤宗:《阅读史:材料与方法》,《史学理论研究》2018 年第 3 期。

④ Norbert Bachleitner, A Proposal to Include Book History in Translation Studies Illustrated with German Translations of Scott and Flaubert, *Arcadia*, 2009, Vol. 44, No. 2, p. 424.

的文本批评方法,但翻译史研究的阅读史进路不同于文学研究的读者反应理论(Reader-Response Criticism)。这是因为,“阅读史的研究对象应该是历史上真实的读者,而不是文本和副文本暗示的读者,更不是作者和批评家想象的读者。阅读史应该研究历史上真实发生过的阅读行为,而不是设想可能发生或应该发生的阅读行为”。[①] 翻译史研究应针对翻译出版品传播的事实性案例展开讨论。有鉴于此,本文提出以下三条思路,可资翻译史教学的出版取向思考与借鉴。

第一,确认翻译文本的初版形态。受新式媒体的影响,近代文本的生产往往不再追求“藏之名山,传之同好”的封闭式典范地位,而是最先在报刊或杂志上连载,经过快速而广泛的传播,形成单行本乃至再版。因此,翻译史研究者有必要追溯译作最初的出版形态,追踪不同阶段的形态变化,并借用版本学方法考察不同版本可能出现的异同,由此探究译者动因、文化动因或社会影响。

第二,从传播学角度还原翻译文本的出版链。如前所述,一个文本从源语变成译入语并不是翻译活动的终点,而是该文本在译入语环境传播的开端。翻译史研究可设定特定的时空范围,回溯该文本在源语语境的生产情况,比较原文与译文、源语语境与译入语语境的异同,并从译文出发,揭示译文在译入语环境经过层层变异和传播后的每一种变体,描绘出一幅完整的翻译传播图。

第三,选取出版链上的节点,考察译入语读者对译文的接受与回应。出版史研究的最终落脚点在于译文的阅读,研究者可以容纳更多的文本类型,如针对译作的文评或书讯、期刊上的“读者问答”、由译文引起的其他写作(如论文、日记、书信、会议讨论记录),以及译者笔者在翻译之外写下的相关文字资料(译序、题跋以及未出版手稿或修改稿),从而进拓展传播链的长度和宽度。

四、小结

英国作家哈特利(L. P. Hartley)在其代表作《送信人》(*The Go-Between*, 1953)的开篇写道:“往昔是一处异域外邦。”(The past is a foreign country.)[②]有学者据此提出,“历史学家可以作为过去与现在的传译者(translators)”[③],穿越时空隧道而联结古今。经历“文化转向”的翻译研究面临着一项关键任务,即如何从文本走向语境,翻译史研究同样亟须找到连接文本个案与历史语境的桥梁。这正是本科翻译研究和论文写作的主要挑战。本文借鉴西方“新文化史”的理念和方法,在翻译史教学中提倡构建译者微观世界,并追踪译文的出版传播轨迹,为即将开设的“翻译简史”提供方法论启示与借鉴,完善翻译类课程体系的建设。

---

① 戴联斌:《从书籍史到阅读史:阅读史研究理论与方法》,新星出版社 2017 年版,第 19 页。

② [英] 哈特利著,姜焕文、严钰译:《送信人》,漓江出版社 2018 年版,第 1 页。

③ Peter Burke, Lost and (Found) in Translation: A Cultural History of Translators and Translating in Early Modern Europe, *European Review*, 2007, Vol. 15, No. 1, p. 83.

基于项目的大学英语教学模式:实践与反思

雷应传*

摘要:本文立足于厦门大学教学现状,指出目前大学英语教学中存在的主要问题,提出基于项目学习(project-based learning)的大学英语教学模式能有效解决目前大学英语教学中存在的主要问题,并基于笔者的多轮教学实践阐述了该模式的主要特点和实施细节及其实施难点。

关键词:PBL;大学英语教学;以学生为中心

一、厦门大学公共英语教学现状思考

厦门大学目前公共英语教学为“2+2”模式,即学生公共英语需选修一学年(两个学期),学生一学期课堂教学为两节课,辅之两节课的课外自主学习。这是厦大公共英语教学模式的一大创新,强调学生自主学习,让大量外语教学部一线教师能够专注于课程质量,开展各种形式以慕课为主等网络课程的制作,目前已收到明显的教学效果。但根据笔者长达三年的 PBL 教学实践中采用的问卷调查以及针对典型学生的深入访谈,目前厦门大学公共英语教学仍然存在以下三个典型问题:

(一)大学英语的自主学习在多大程度上有效?

如何评估自主学习是否有效存在诸多争议,主要问题包括:自主学习能否将入学时基础好与基础差的同学(主要由于地区差异导致的教育资源差异)区别对待?利用慕课及互联网工具(如批改网)等作为大学英语课外自主学习的手段是否有效?学生多大程度上将课堂学习有效扩展到课外学习?学生的个人化差别是否在教学设计中得以体现?学生在英语这门课上投入的时间是否有效(典型问题如学生大部分时间是否花在准备各类英语考试上,学生大部分的英语学习时间是否主要以通过听读为主的输入性学习来提高英语语言能力)?自主学习能否将入学时基础好与基础差的同学区别对待?这些问题对大学英语教学都提出了较大挑战。

(二)教师如何帮助学生提高英语口语水平?

大学生“英语口语差”是大学英语教学效果差的典型体现。就厦门大学目前的公共英语教学现状而言,“英语口语差”仍是大学英语教学存在的主要问题。主要表现在大部分学生不敢开口讲英语、缺乏英语思维的了解和训练、无法用恰当的词汇表达思想、缺乏将英语作为研究手段的能力、学生摄取地道英语的途径较为有限、学生缺乏用英语作为交际

---

* 雷应传,厦门大学外文学院讲师。

手段的场景和动力、学生对以英美国家为代表的西方文化有错误理解等。解决这些问题需要从本质上将学生从英语应试思维中解放出来，引导学生将英语作为交际手段。

（三）大学英语教师的课堂管理手段是否高效？

虽然大学英语是一门强调教学的学科，但是在全国高校强调发表论文要求的时代背景下，教师的教学培训（这里指的是目标明确的针对一线教学的职业培训，不包括以“教学”为头衔的学术性讲座或教学理论培训）几乎被所有高校所忽略，甚至被误认为“上课”是教师与生俱来的能力。对大学英语教学而言，课堂是教师与学生面对面互动的主要场所，它必须是根据教学目的设计严谨、学生得以高效训练的场所。更重要的是，学生能通过课外自主学习将课堂训练延伸到课外，甚至是终身学习（对英语是外语的学习者而言，“你的英语再好也不够好”）。然而，现实背景下，大学英语教师的教学培训的缺失这个全国性的普遍现象也是导致公共英语教学效率差的一个主要问题。

针对以上三个典型问题，需要有一种本质上能改变教与学的教学模式。笔者经过三年多的教学实践，证实项目学习模式（Project-based Learning，以下简称 PBL）可以从教与学的各个方面有效解决这些难题。

二、PBL 模式中三个关键因素对大学英语教学的启示作用

简要来说，PBL 着眼于“21 世纪成功所需技能”。根据业内普遍接受的 Gold Standard PBL①，它的设计要素主要包括七个关键因素：(1)设计并围绕一个有挑战性的问题；(2)保证探索该问题过程的持续性；(3)保证探索问题的真实性；(4)学生的主动参与及选择权；(5)学生/教师的反思过程；(6)对学习成果的批评及修改；(7)公开展示学习成果。

根据笔者的实践经验，PBL 教学设计需紧紧围绕这七个因素，在学期开始前做深入设计，并在教学过程中反思该模式的有效性及中国学生英语学习中存在的主要问题不断调整教学策略。就目前阶段而言，笔者的教学设计主要吸收了 PBL 模式中的以下三个关键因素：(1)探索问题的真实性和持续性；(2)学生学习成果可公开展示；(3)学习反思。

这三个因素是目前大学英语教学中较为缺乏的关键因素。根据笔者三年多的教学实践，探索问题的真实性和持续性能帮助培养学生将英语作为一种研究手段（这是大部分学生毕业后在今后职业生涯中可以充分利用的一个重要技能），探索问题的真实性保证了学习的有效性来增强学生的学习兴趣和学习的意义，探索问题的持续性保证了将课堂学习有效延伸至课外自主学习，学习成果可公开展示强化了英语的交际功能，而及时的学习反思可以强化学生将英语学习作为一种习惯得以培养。在教学设计中强化这些因素可以有效帮助学生强化将英语作为一种交际技能的意识。

强调这三个关键因素，是为了深入贯彻“以学生为中心”的教学理念，将自主学习和差别化教学融入所有教学任务，这些教学目的主要包括以下三个方面的内容：(1)改变学生的英语应试思维，将大学英语学习回归到训练英语“有效交际”的轨道。(2)加强学生用英语做深度研究的能力。(3)训练学生用英文做公众演示的能力。

---

① Gold Standard PBL: Essential Project Design Elements, https://www.pblworks.org/what-is-pbl/gold-standard-project-design.htm，访问日期：2021 年 2 月 27 日。

三、笔者实施 PBL 教学模式的简要介绍

根据笔者六轮的教学实践,现将该课程模式做详细说明:

(一)每课一练的课堂模式:将基于核心问题的英语演示作为检验学生学习效果的主要手段

本课程改变教师以讲为主的模式,变为学生以练为主的模式,坚持每个学生每课一练,且教师对学生的演练给予及时反馈。具体到每次课每个学生进行一分钟英语演示,每次演示均有分数体现,并纳入期末总成绩。

目前,厦大的大学英语课每次课共两节课(90 分钟),班级人数为 30～45 人。基于此现状,每次课保证学生能有一分钟的英语演示,并根据评分标准给学生打分,该部分成绩构成平时成绩(平时成绩占期末成绩的 60%或以上)的主要部分(60%或以上)。演示可以以小组形式或个人形式,但无论什么形式,每个学生都会有自己的分数,并附有教师针对学生主要问题的简要评论(因为学生较多,不可能在课上讲得太详细,详细讲解部分可以留在课外辅导)。同时,该部分累积的成绩是学生期末该科目成绩的主要部分。通过将学生每次课的一次演练纳入学期成绩作为形成性评估的一部分。

(二)明确细化的评分标准:针对学生学习薄弱环节制定课堂一分钟英语演示的评分标准

一分钟英语演示的评分标准以交际性为主要标准,根据目前阶段的试验,拟由五个部分组成:语言语调(尤其是语流是否自然,是否有关键词的强调)、风格(是否自信放松自然、是否与受众有目光接触)、逻辑(观点是否清晰,是否用细节支撑论点,细节与观点的相关度如何)、措辞(是否用恰当的词来表达思想)、研究深度(信息量是否与话题密切相关且丰富,是否有问题意识,是否利用英文资料对问题做了深入探讨)。这些指标都是大学生英语学习中存在的主要问题,强调这些问题,主要是为了引导学生,真正将英语作为交际手段。

(三)将英文作为研究手段:针对不同学生群体设计一个 PBL 模式的核心问题,将英语学习内化为整个学期对该问题的探索过程

教师以学生的专业特点或时代特点等为主要参考因素,选定一个核心问题,这个问题首先必须是开放的问题,且与现实世界密切相关,可围绕话题做一学期的探讨。以笔者针对计算机专业学生选的话题“Silicon Valley”为例,设计核心问题为:“What are the driving forces of innovation in Silicon Valley?”课程从热点科技人物为出发点,探讨了埃隆·马斯克(Elon Musk)、杰夫·贝索斯(Jeff Bezos)等热点科技天才(介绍分析人物),对国内大型科技公司做了 SWOT 分析(联系中国实际),介绍了国际科技大公司的成功经验(批判研究),同时介绍了美国加州的人文文化(跨文化交际知识)。在保证话题的深度同时,贯穿英语学习的多个方面,保障学习材料的深度和时代性(确保学习材料均是最新的热点问题)。

(四)差别化教学:建立电子化学生学习档案

教师在学期课程一开始就建立电子化档案(目前采用 PPT 文档形式),且每周更新。学习档案主要包括学生每周的口语录音/录像,同时也包括了学生的学习特点的概述(以

往的学习估计、学习计划、为什么学英语等个人化问题)。这样做便于教师针对学生进行差别化教学,追踪学生的进步,以及让学生感受到自己的进步,避免教师因班级过大而忽略了学生的个体化差别。

(五)培养团队意识:小组合作学习

小组合作学习是目前为止我们收获最明显的一个成就,90%以上的学生对自己的小组合作感到满意,并认为从不同同学那里学到了很好的东西。这一点也是我们开展PBL教学实践之前没有预料到的。深刻说明团队意识可以为英语学习提供动力。小组合作学习主要分三个阶段:培养团队意识、团队演示、个人演示。之所以最终要回到个人演示,是因为小组合作学习是手段,并不是最终目的。最终的目的是学生英语演示水平的提高,因此最终要从个人演示的提高中得到体现。小组合作学习最重要的阶段是学期一开始就通过若干课堂活动培养团队意识,而不是简单将几个成员凑在一起做个小组演示,确保小组合作不流于形式。

(六)反思性学习

由于每次课都有一次演示,学生每次课结束都要做一个简短的学习反思,明白自己存在的问题以及下次需要改进的方向。学生在期末需要做一个深刻的学习反思,反思需要真实面对个人问题,并在明确知道需要达到自己的学习目标的前提下知道自己的努力方向,培养今后的英语学习(自习为主)习惯。

(七)高效率的课堂管理手段

以厦门大学"2+2"模式为例,学生的英语学习时间为一年,共两个学期,而每周的上课时间仅为一次课(两节课,每节45分钟)。课堂学习时间短的现实需要教师采用极其高效的教学管理手段,在注重效率的同时,最大保证学生的参与度,而目前厦大大学英语班级的学生数多为30~45人,多大程度上保证学生参与度是一个教学难点。因此,高效率的课堂管理手段能保证课堂教学紧凑和高效。

四、该模式的主要特点

(一)将"每个学生每次课做一分钟英语演示"作为课堂训练的主要模式

大学英语学习普通强调听说读写译的整体提高,将各个部分分别予以训练进行提高。笔者认为由于大学生经过高中阶段学习,已经具备一定的基础,完全具备自学能力(虽然每个人有差异),同时由于大学英语课程基本为一个学期,总共为12~18次课(一次课90分钟),如果什么都想教,最后的结果可能是什么都没有教。之所以采用课堂一分钟英语演示作为课堂训练的主要模式是因为其中包含了英语学习的诸多关键因素,如语音语调、演讲风格、研究深度、写作能力、口语流利度等。将这个模式从开学初一直贯彻到期末考试(或者说,学生从第一节课就有了明确的学习目标,并知道所有的练习都是为了提高英语演示水平)。在一学期的学习中,学生通过训练—反思与提高—训练,可以不断提高自己的整体英语水平。我们已经有大量的量化数据证明了这种练习方法的有效性。

(二)将一学期为单位的英语学习过程内化为一学期的持续研究过程

在教师引导下,学生通过小组合作学习,通过长达一学期对一个精心设计的"核心问题"的探讨,能有效从根本上改变学生的英语应试思维,引导并鼓励学生将英语作为研究手段来思考思辨性话题,培养批判性思维和独立思考能力。

(三)通过展示学习成果强化学生的英语交际意识

学习的学习成果首先通过课堂演示形式予以展示,通过观看同学的演示学生可以对比/学习同学的研究深度和演示风格,内化为自己的学习动力(我们的实践经验表明,这种互相学习的动力经常被传统的大学英语课堂所忽视)。在条件成熟的情况下,可以通过展览形式在学院/学校范围以多种形式演示/展示,也可以通过网络形式向社会公开展示(我们的团队目前正在试验中)。这可以有效弥补大学英语教学中普遍存在的"假交际"现象,强化英语的交际性。

(四)将"学习反思"贯穿整个学习过程

本课程改革强调"学习反思",反思不流于形式。由于每次课一分钟的英语演示是学生一周英语学习成果的体现,我们要求学生每次课对自己一周的学习情况做一个简要的反思,反思是个性化的,必须是诚实地面对自己的核心问题,教师需务实地帮助和引导学生。同时通过学期初制订英语学习计划及课程结束前的一学期学习反思(包括对期末考试的反思)等,学生能逐步摆脱应试思维。

五、实施该模式的难点

(一)教师如何设计并不断改进 PBL 教学框架

教师需在学期开始前完成 PBL 教学设计,设计时需预见实施阶段会遇到的问题并在设计上予以重视,同时在实施阶段会因为学生群体的不同、核心问题的不同而产生各种各样的问题,因此对教师是否有充裕的时间辅导学生是个巨大挑战。又因为它面对的是"现实问题",所以也是随时间背景不断变化。教师每学期需针对不同学生群体和不同的时间背景(主要以学期为主)对"核心问题"进行重新设计,考虑不同的因素。同时在设计"核心问题"时还需要考虑到学生在研究过程中都在听说读写的各个环节都得到有效训练也是设计的难点。

(二)教师的知识储备是否充分

由于 PBL 教学需对不同学生群体采取不同的"核心问题"进行持续探索,而公用英语教学面对学校所有专业学生,在教师不能选择学生的选课前提下,教师如何选取合适的"核心问题"对教师的知识储备是个很大挑战,因为教师对"核心问题"的理解程度决定了教师对该模式中学生课堂演示的评估能力,同时是否能够对学生的研究进行有效评估则直接影响学生学习动力。

(三)教师如何根据现有教学条件有效实施教学?

目前厦大大学英语课班级人数都超过 25 人(除极其少数例外情况),严重影响课堂互动及师生反馈。另外,由于 PBL 教学模式强调"个人化学习",教师是否有充裕的时间在课后参与学生讨论并给学生必要的指点和帮助是广大教师必须面对的现实问题。其他客观因素包括:教室桌椅是否可以自由移动以便利小组讨论;学生是否可以轻松利用自己的手提电脑投影做演示(教室媒体设备兼容性);是否有易于操作的网络平台供学生上传口语作业(多以音视频形式);如何将学生的口语作业做电子化存档以做实证研究;学生是否很够较为便利地查找到所需英文资料。

（四）教师如何帮助学生摆脱英语应试思维，引导到英语学习“有效交际”的思维模式

应试思维是个根深蒂固问题，有历史因素，有个人因素，也有大学公选课中存在的“混学分”的因素。目前，厦大教学模式中只能学生选老师的课，老师无法选学生。教师如何在学期开始之初鉴定应试思维的学生，在学期开始就进行有意识的“个人化”辅导，是一个非常艰巨的任务，因为很多教学现状非一己之力可以解决，需通过整个教学模式的改革才能有效实施。

六、结语

笔者已进行了六轮（2017 年 7 月—2020 年 11 月）基于 PBL 的教学实践，授课学生总数超过 1000 人，并将学习过程做了电子化记录，以学期为时间单位追踪了学生整个学习过程，与学生做了大量访谈并予以电子化存档。所有的口语作业及课堂口语展示均以音视频方式做电子化存档。目前，保存了 182 份完整的学习档案（包括学生的学习计划、每周的口语作业录音和语音训练录音）。保留的多份问卷调查（包括教学效果、课程满意度、课程设置等多个维度）以及课程进行中及课程完成后与学生的深度访谈和反馈充分证实了 PBL 教学模式在大学英语教学改革中的有效性。

“主导—主体”教学模式的探索与实践
——基于“新闻编译”课的教学心得

李德霞*

摘要:旨在把教和学两方面的积极性与主动性都调动起来的“主导—主体”教学模式,是既符合中国国情,又能产生较为理想的教学效果的教学模式。自笔者于2011年承担“新闻编译”课后,即对该教学模式进行了长达近10年的探索和实践。文章首先介绍了“主导—主体”教学模式的定义,然后从教与学两方面分享了笔者在“新闻编译”课上践行“主导—主体”教学模式的心得体会。冀本文对推动本科教学模式的改革与发展具有一定的借鉴作用。

关键词:“主导—主体”教学模式;探索与实践;“新闻编译”课;教学心得

2009年,笔者到美国访学时,看到在美国大学课堂上,气氛相当活跃,学生若有问题或有自己的见解,可以随时打断老师的讲课来提问或发表自己的看法,这一情形对笔者的触动颇大,十分期盼也能在自己的课堂上践行这种“以学生为中心”的教学模式。然而,回国后面临的现实情况是,中国学生大多比较腼腆,且因长期主要接受“以教师为中心”的教学模式,已习惯于填鸭式的教学法,故而主动提问的极少,更遑论在课堂上打断老师问问题了。因此,笔者认为,还是要根据中国学生的特点,采用中西方相结合的教学方法。经过多年的探索与实践,笔者发现,兼具“以教师为中心”和“以学生为中心”之优点的“主导—主体”教学模式才是既符合中国国情,又能产生较为理想的教学效果的教学模式。本文拟以笔者甚为喜爱的“新闻编译”课为例来谈谈践行“主导—主体”教学模式的心得体会。

一、何谓“主导—主体”教学模式

可能不少人对“主导—主体”教学模式不甚了解,因为当下在中国学校中普遍采用的是两大教学模式,即“以教师为中心”的教学模式和“以学生为中心”的教学模式。这两种模式各有其优缺点:“以教师为中心”的教学模式是基于行为主义和美国认知教育心理学家奥苏贝尔(David Pawl Ausubel)的“学与教”理论,该模式有利于系统知识的传授和师生情感的交流,但不利于创新型人才的培养,因为该模式把学生视为灌输对象,忽视了学生在学习过程中的主观能动性和创造性思维,从而严重束缚了多数学生的发散性思维、批判性思维和逆向思维,并使学生难于或不敢“冲破传统、藐视权威”,也使他们养成了不敢问、不爱问或不想问,也不知道如何问的不良习惯,而“以学生为中心”的教学模式是基于人本主义心理学和建构主义的学习理论,该模式采用的是“发现式教学”法,即注重学生在认知

* 李德霞,博士,厦门大学新闻传播学院副教授、传播研究所研究员。

过程的主体性和意义建构的主动性，通过创造诱发学习之内因和提供学习之外因来激发学生的主动探索与发现能力，故而有利于创造型人才的培养。不过，“以学生为中心”的教学模式在强调学生自主学习的同时，却常常忽视了教师的主导作用，因而当给予学生过大的自主学习之自由度时，可能导致其出现偏离教学目标等弊端。此外，“以学生为中心”的教学模式还有另一个弊端，即不重视师生的情感交流对学生学习的重要性。①

“主导—主体”教学模式的提出，正是为了在上述两种教学模式的优缺点中进行取长补短，使其相辅相成，以期达到最佳的教学效果。该模式的理论基础就是把当下最具影响力的两种“学与教”理论相结合，即建构主义的“学与教”理论和奥苏贝尔的“学与教”理论的结合。具体而言，“主导—主体”教学模式是在以学生为唯一认知主体的前提下，既要重视发挥教师的主导角色，又要充分体现学生的认知主体作用，即要把教和学两方面的积极性与主动性都调动起来。② 笔者自 2011 年开始接手“新闻编译”这门课以来，就努力践行这一教育理念。“新闻编译”课分为上、下两部分，在一学年里学完，上学期讲授的是英汉新闻编译，以全译为主，下学期讲授的是汉英新闻编译，以编译为主，授课对象为国际新闻专业本科三年级的学生。

笔者在 2006—2008 年间的教学中主要采用以教师为中心的教学模式，从美国访学回来后，则尝试主要采用以学生为中心的教学模式，故而对两种教学模式均已有一定的实践经验，这有助于笔者在 2011 年承担“新闻编译”课后对“主导—主体”教学模式的探索与实践。在经过长达近 10 年的教学过程中，“新闻编译”课取得了很不错的教学效果，得到了学生们的普遍认可。由于该课程具有很强的实用性，其学习支持服务情况亦开展得颇为出色，很多学过此课程的学生在包括人民网澳大利亚频道、亚洲时报、新华网、*China Daily* 等媒体上发表了大量的英汉或汉英编译新闻作品，这令笔者甚感欣慰。

二、心得体会

接下来，笔者将从教与学两方面来分享在“新闻编译”课上践行“主导—主体”教学模式的心得体会。

（一）教的方面：充分发挥教师的主导角色

1. 体现在课堂规则的制定方面

所谓无规矩不成方圆，制定规则不仅是家庭教育的重要一环，也是学校教育的关键一环，制定规则不仅仅是未成年人的需要，大学生也同样需要。笔者通常会在每学期第一次上课时即严肃认真、清楚明白地告诉听课学生所应遵守的课堂规则，以及与此相关的奖惩制度，并尽可能在整个学期都将其贯彻到底。实践证明，大部分学生都会将这些规则铭记在心并努力遵守。当然，规则并非一成不变，偶尔亦会根据实际情况和具体收效或学生的反馈来进行适当的调整。

2. 体现在课堂教学内容的选择方面

知名教育学家、苏联教育科学院院士巴班斯基（1927—1987 年）曾对教师选择最优课

---

① 何克抗、李克东、谢幼如等：《“主导—主体”教学模式的理论基础》，《电化教育研究》2000 年第 2 期。

② 何克抗、李克东、谢幼如等：《“主导—主体”教学模式的理论基础》，《电化教育研究》2000 年第 2 期。

堂教学内容程序有如下建议:

(1)深入分析教科书内容,判断它能否完成特定课题的教学、教育和发展任务;(2)从教学内容中划分出最主要的、最本质的东西;(3)考虑学科之间的协调;(4)按照分配给本课题的教学时数安排教学内容;(5)保证区别对待差生和优生。[①]

本课程在选择教学内容时基本遵循以下这些程序:

(1)根据"教学、教育和发展"的需要,在琳琅满目的教科书中选择最合宜的。以"新闻编译(上)"为例,考虑到该课程以旨在打好编译基础的全译为主,且大部分国际新闻专业学生的英语水平较高、学完后马上要到媒体单位实习等实际情况,本课程从一开始就选择了供英语专业本科高年级学生使用的、难度较大、用双语编著的《英译汉教程》(连淑能编著)作为主要的教科书。换言之,本课程实施高标准、严要求,在语言和翻译技能方面把学生当成英语专业的来培养,再配合本学科的专业知识,从而使他们到媒体单位后能迅速派上用场。事实上,有些优秀的学生是一边学,一边在向媒体单位投稿。实践证明,虽然所选教科书确实难度不小,但多数学生收获满满。有些学生甚至在期末表示,他们会自学完课堂上无暇涉及的教科书中的剩余内容。

(2)作为一本完整的教科书,内容往往相当丰富,但课时却相当有限,尤其是"新闻编译"课,要用一学年的时间来学习英译汉和汉译英的全译与编译,这无论是对任课教师还是对听课学生而言,均是一个巨大的挑战。为此,笔者只能挑选其中"最主要的、最本质的东西"在课堂上讲授。例如,由于翻译既是跨语言,又是跨文化的,笔者在《新闻编译》第一学期的课上,会选择重点讲述这一部分的内容,以使学生通过对英汉两种语言和中西方两种文化的对比研究来提升翻译质量。

(3)新闻编译涉及多种体裁,要求编译者要有较宽广的知识面。所以笔者在课堂教学内容里会尽可能选择涉及多个学科、不同体裁的翻译材料,也准许学生根据其兴趣爱好和英语水平自行选择作为课后小组作业的翻译材料。

(4)除了上述考虑因素,教学内容的多少还必须考虑到教学时数的多少。不过,每一学年的教学时数通常较为固定,只是偶尔可能受到节假日或其他不可抗力因素的影响有所波动。

(5)由于学生的素质和水平参差不齐,在选择教学内容时,会在尽量确保公平的前提下,对程度不一的学生加以"区别对待",如对来自少数民族地区或是英语水平偏低的学生予以更多的关注与辅导。

3. 体现在情感因素的作用方面

根据奥苏贝尔的"动机理论",情感因素是影响学生学习过程的重要因素之一,因为情感因素可经由动机来激发学习者在"集中注意""加强努力""学习持久性""挫折忍受力"等方面的更大潜能,从而影响到学习者"有意义学习的发生""习得意义的保持""对知识的提取(回忆)"。奥苏贝尔指出,动机系由"认知驱动力"(类似好奇心和求知欲)、"自我提高内驱力"(希望获得尊重、地位等)、"附属内驱力"(通过顺从与听话来获得家长和老师的认

① 王春华:《巴班斯基教学过程最优化理论评析》,《山东社会科学》2012年第10期。

可）等三种成分组成。[①] 从笔者多年的教学经验来看，情感因素确实能在较大程度上影响到学生的学习过程。任课教师若能尽其所能地激发学生的好奇心与求知欲，若能一视同仁地尊重学生，且适时认可他们，这往往能对学生的学习过程产生积极有效的影响。故而笔者在教学过程中，总把与学生建立良好关系放在特别重要的位置上，尽我所能地帮助学生强化并合理使用以上三种动机，无论是在课堂内外，无论是对待什么样的学生，都尽心尽力地去关爱、肯定、帮助他们。其实，美国心理学家卡尔·罗杰斯（Carl Rogers，1902—1987 年）提出的"以学生为中心"的教育理念，同样强调师生关系的和谐对于实现从"以教师为中心"的教育理念向"以学生为中心"的教育理念之转变的重要性，即教师应尽力做到"理解学生、尊重学生、服务学生、启迪学生和激励学生，力求建立和谐、协调而又独特的师生关系"[②]。师生关系亦是影响立志教育的关键因素之一。[③] 人本主义心理学认为，人类的"情感、价值、态度等方面"会对学习产生影响。[④]

在 2018 年 5 月 2 日的北大师生座谈会上，习近平总书记谈论教育发展时强调：要"让教师更好担当起学生健康成长指导者和引路人的责任"[⑤]。北大陈浩武教授认为："教育的本质是培养人对生命的态度"，"这是教育最灵魂的东西，也是教师最重要的职责"。他引用德国古典哲学创始人康德（Immanuel Kant，1724—1804 年）的一句经典名言："在这个世界上，有两样东西值得我们仰望终生：一是我们头顶上璀璨的星空，二是人们心中高尚的道德"。"人类的知识有两种"：一种是"自然、科学、宇宙"，也就是康德所说的"头顶上璀璨的星空"；另一种是"信仰、文明、精神"，即康德所云"心中高尚的道德"。陈教授认为，互联网时代的教师职责已发生变化，对第一种知识的传播已不甚重要，但对第二种知识的传播则"更能凸显价值"。[⑥] 中国社科院研究员刘澎也写道："教育的目的是培养人才……这个'人才'首先是人，其次才是'才'，教育可以看成是'教'和'育'。'教'是知识与技能的传授……'育'是育人，是品德、是信仰，没有信仰和品德就丧失了文明的基础，失去了教育的意义。"[⑦]另有学者同样呼吁："立志教育要将道德目标纳入人的认知系统"，"立志教育要与知识能力结构相统一"，"立志教育要与价值信念相结合"。[⑧]

在实际教学过程中，笔者发现，有些学生在某些时候的确很迷茫，很困惑，很需要有人给他们指点迷津，这时若有教师能给予他们合宜的意见或建议就显得格外重要。套用一

---

① 何克抗、李克东、谢幼如等：《"主导—主体"教学模式的理论基础》，《电化教育研究》2000 年第 2 期。

② 李嘉曾：《"以学生为中心"教育理念的理论意义与实践启示》，《中国大学教学》2008 年第 4 期。

③ 周进：《高校立志教育：理论与路径初探》，《黑龙江高教研究》2014 年第 3 期。

④ 戴炜栋、刘春燕：《学习理论的新发展与外语教学模式的嬗变》，《外国语（上海外国语大学学报）》2004 年第 4 期。

⑤ 《习近平谈教育发展：教育兴则国家兴，教育强则国家强》，http://www.qstheory.cn/zdwz/2018-09/11/c_1123409329.htm，访问日期：2020 年 8 月 24 日。

⑥ 陈浩武：《教育的本质是培养人对生命的态度》，https://mp.weixin.qq.com/s/-lov-7SXETOc9wv2B0ZYZA，访问日期：2020 年 8 月 26 日。

⑦ 刘澎：《柏格理教育思想的启示》，https://mp.weixin.qq.com/s/i9untuiQUsfbeW8tPJueqw，访问日期：2020 年 8 月 19 日。

⑧ 周进：《高校立志教育：理论与路径初探》，《黑龙江高教研究》2014 年第 3 期。

句习总书记的话:"在学生眼里,老师是'吐辞为经、举足为法',一言一行都给学生以极大影响。"[①]笔者亦发现,教师的言行举止其实学生是看在眼里的,有时教师的言传身教胜过千言万语。因此,诚如陈浩武教授所云:"教师首先必须塑造自己的人格,才能去影响学生。这显然是今天对教育的最大挑战。"[②]换言之,教师必须首先立德,然后才有可能树人。

(二)学的方面:充分发挥学生的认知主体作用

1. 努力提升学生主动学习的意愿与能力

这不能不提起罗杰斯所倡导的"意义学习"这一概念,即学习是"一个有意义的心理过程",意义学习包括"个人参与"(personal involvement)、"自我发起"(self-initiated)、"渗透性"(pervasive)、"学习者自我评价"(evaluated by the learner)等因素,因此,让学习者知晓学习的意义至关重要。[③] 笔者以为,从一开始就要让学生清楚知道学习每门课程的目的和意义所在,若有必要,甚至可以谈及课程对其今后发展的意义。在此后的讲课过程中,也要不时结合课程的内容来强调学习的意义,这应有助于学生发挥其主观能动性和主体作用,毕竟"学习是学习者自己的事,应该也只能靠他们自己的努力来取得成效"[④]。而且"以学生为中心"的教学理念亦认为:"学生潜能开发与个性发展根本上要靠个体志向的驱动。"[⑤]当学生明白学习的意义时,应有利于其驱动个体志向。

接下来就是教师要创造机会,让学生发挥其主动性,即在课堂上积极思考、踊跃发言。这一方面需要任课教师设置有意义的问题情境来训练学生发现问题、解决问题的能力,另一方面需要任课教师设计一些相关的课堂练习来使尽可能多的学生参与其中。按照人本主义心理学,人既有发展的潜能,亦有"发挥潜能的内在倾向即自我实现的倾向"[⑥],关键在于是否获得发展其潜能的机遇或平台。

在"新闻编译"课上,笔者在第一节课就会告诉学生学习该课程的目的和意义。此后在讲课过程中,笔者还会视情况不时提醒学生这些内容,用意在于激励他们坚持到底。此外,笔者极其重视学生的课堂参与度,特意采取了一些相关举措,结果课堂气氛甚是活跃,学生们争先恐后地参与其中,有时竟然出现了几乎全班学生都到黑板上去做练习的盛况。在上课的过程中,笔者通常不急于发表自己的意见,而是以提问的方式来启发学生思考。尤其是碰到有争议的问题时,笔者也会请学生先发表他们的看法,无论他们的说法如何,笔者总是给予他们积极的肯定。事实证明,这种互动式的课堂学习情境能有效激励学生的参与度,使他们乐在其中,且师生关系愈来愈融洽,学生也愈来愈愿意主动向笔者请教

---

① 《习近平谈教育发展:教育兴则国家兴,教育强则国家强》,http://www.qstheory.cn/zdwz/2018-09/11/c_1123409329.htm,访问日期:2020年8月24日。

② 陈浩武:《教育的本质是培养人对生命的态度》,https://mp.weixin.qq.com/s/-lov-7SXETOc9wv2B0ZYZA,访问日期:2020年8月26日。

③ 戴炜栋、刘春燕:《学习理论的新发展与外语教学模式的嬗变》,《外国语(上海外国语大学学报)》2004年第4期。

④ 李嘉曾:《"以学生为中心"教育理念的理论意义与实践启示》,《中国大学教学》2008年第4期。

⑤ 周进:《高校立志教育:理论与路径初探》,《黑龙江高教研究》2014年第3期。

⑥ 戴炜栋、刘春燕:《学习理论的新发展与外语教学模式的嬗变》,《外国语(上海外国语大学学报)》2004年第4期。

或是说出心里的想法。

2. 重视因材施教

世界上没有两个学生是完全一样的，教育的关键在于使每个学生的潜能得到充分的释放。前提是教师必须愿意花时间了解每个学生，包括其个性、情感、喜好、特长、不足等，并在理解和接纳他们的基础上，对其因材施教，引导他们扬长避短，经由自身努力来逐步实现其目标，因为“教育的目的在于使人成为他自己”。[①] 因材施教意味着尊重学生的个性，不可用标准化的指标去衡量他们，意味着鼓励学生“各尽其力，各显所能”[②]，意味着遵循包容性教学法则，尽可能为每个学生提供平等参与的机会，还意味着根据学生的不同需要，尽心尽力地为他们排忧解难。

对笔者而言，尊重每个学生、关爱学生中的弱势群体显得格外重要。例如，对于那些生性较为腼腆，不愿在公共场合发声的学生，笔者会不厌其烦地以多种方式鼓励他们突破自己。已有不少学生激动地告诉笔者，正是在笔者的“新闻编译”课上，他们开始了人生中真正的第一次课堂发言。又如，对于来自少数民族地区、英语基础较薄弱的学生，笔者会根据课堂练习的难易程度，尽量创造机会让他们参与其中，并常常在课堂或课后肯定他们、激励他们、帮助他们。

3. 帮助学生搭建新旧知识之间的桥梁

建构主义学习理论认为，“学习是一个建构的过程”，学习者可在其原有知识经验的基础上建构新知识。也就是说，“学习是利用已有的经验及意义对相关的新的知识进行的积极的处理（再构）”。在建构新知识的过程中，学生可以依靠自己，或是求助别人，或是借助其他信息源来达到这一目的，教师则可在这过程中扮演决定性的帮助角色。事实上，在知识加工的三要素中，“建立新旧知识间的联系”即为第一要素。[③] 笔者在上“新闻编译”课时，会不时提及新闻英语的语法与学生原来所学的英语语法之间的区别和联系，以及翻译新闻与翻译其他题材的区别和联系等，以期引导学生在原有知识经验的基础上，尽快建构新的知识经验，并将其运用到未来的学习中。

4. 采用“抛锚式教学”

“抛锚式教学”（anchored instruction）也称为“情境式教学”“实例式教学”，或“基于问题的教学”。这同样来自建构主义学习理论，该理论认为，在实际情境中的教学将是学生完成其知识建构的最佳方法。落实到具体教学，就是教师创造类似于现实的情境，并以解决现实问题为目标。[④] 以“新闻编译（下）”为例，笔者无论是在课内练习的设计方面，还是在课后作业的布置方面，均以现实生活中发生的新闻为例，这对学生运用所学的翻译理论和翻译技巧来编译新闻很有裨益，也使他们在实习期间能较快上手。

5. 扮演“学生主动建构意义的帮助者、促进者”角色

教师应扮演“学生主动建构意义的帮助者、促进者”角色，而非传统教学中的知识传授

---

① 燕学敏：《教育的目的在于使人成为他自己》，《人民教育》2011年第22期。

② 李嘉曾：《“以学生为中心”教育理念的理论意义与实践启示》，《中国大学教学》2008年第4期。

③ 另外两个要素为反思当前的经验和把学习的结果应用到将来的学习中去。详见王沛、康廷虎：《建构主义学习理论述评》，《教师教育研究》2004年第5期。

④ 杨维东、贾楠：《建构主义学习理论述评》，《理论导刊》2011年第5期。

者和灌输者角色[①]，即教师要以服务学生为宗旨，借由自己掌握的知识、经验和技能来帮助学生，为他们提供合宜的学习资源并创造促进学生自主学习之气氛。[②] 就“新闻编译”课而言，笔者不但努力创造活泼、愉悦、紧凑、热烈的课堂互动气氛，而且也很注重培养学生课后自主学习之氛围，这主要是由两方面的举措来落实：一方面是给学生指定好与课程进度相匹配或紧跟国际形势发展的个人课后作业；另一方面是要求学生完成小组作业。有关小组作业这一方面将在接下来的这一点中详细述及。

6. 重视合作学习

社会建构主义强调学习共同体在知识建构过程中的功效，认为这是“个体意义存在的前提或载体”，且合作学习是“达成社会建构的最好形式”。在“新闻编译”课上，任课教师相当重视合作学习，要求学生在课后必须以合作翻译的方式来完成小组作业，具体参考了连淑能教授倡导的如下小组讨论式翻译练习步骤：“个别阅读→人人起草→共同讨论→轮流执笔→集体修改→轮流拟稿→分别审校→汇总定稿→人人签名→共享成绩。”[③]通过多年的实践表明，绝大部分小组都能遵照执行，一些特别认真的小组成员还会在每周完成翻译作业时，写下自己的翻译感受。借此方式，学生们提高的不仅仅是个人翻译水平，更是协同合作能力，而后者无疑是当今社会不可或缺的能力。

在前述 2018 年 5 月 2 日的北大师生座谈会上，习近平总书记语重心长地指出：“我国高等教育办学规模和年毕业人数已居世界首位，但规模扩张并不意味着质量和效益增长，走内涵式发展道路是我国高等教育发展的必由之路。”[④]“走内涵式发展道路”，在某种意义上体现为教学质量的完善和对学生学习兴趣的激发。文章根据中国学生的普遍特点，结合笔者长达近 10 年的讲授“新闻编译”课的教学实践，从教与学两方面探讨了践行“主导—主体”教学模式的心得。冀对推动本科教学模式的改革与发展有一定的借鉴作用。

---

① 何克抗、李克东、谢幼如等：《“主导—主体”教学模式的理论基础》，《电化教育研究》2000 年第 2 期。

② 戴炜栋、刘春燕：《学习理论的新发展与外语教学模式的嬗变》，《外国语（上海外国语大学学报）》2004 年第 4 期。

③ 连淑能：《英译汉教程》，高等教育出版社 2009 年版，第 21 页。

④ 《习近平谈教育发展：教育兴则国家兴，教育强则国家强》，http://www.qstheory.cn/zdwz/2018-09/11/c_1123409329.htm，访问日期：2020 年 8 月 24 日。

“金属材料及热处理实验”的教学方法探究

韩佳甲*

摘要:本科生的基础实验教学是国内外各工科院校教学工作的重要组成部分,是将实践与理论相联系的重要纽带。该类课程的设立十分有利于培养和提高大学生分析和解决问题的能力,在树立在校生的工程意识和创新思维方面起着至关重要的作用。作为材料学无机方向的本科生必修课程,“金属材料和热处理实验”是金属材料和热处理理论课的重要补充,它所涉及的教学内容和教学方法直接影响着学生将理论转变为实践能力的可靠性。本文根据现有的“金属材料及热处理实验”教材的内容设置和操作流程,结合处于本科阶段的学生的特点,提出了一些改革方案,旨在培养和加强学生的创新性思维和实践能力,在提高教学质量的同时增强学生的社会竞争力。

关键词:金属材料;热处理实验;教学内容;教学方法

一、及时完善和丰富教材内容

“金属材料和热处理实验”的教学内容是根据“金属材料和热处理”这门理论课进行设置的,主要包括钢铁和有色金属这两大类。由于授课对象主要是工科专业的学生,应以培养实践技术能力为重要目标[①],必须根据材料类实验课的特征和关键点,对教学内容作出有效的调整。授课老师在进行理论部分讲解之前应首先对内容进行精心设计,每年可根据最新研究成果对教学内容进行更新。一方面,可以直接引入和补充前沿知识,使学生的知识结构能够跟上科技的发展。另一方面,也可将教师自己的科研成果和实验教材结合起来,将最新信息延续到相应的知识点上,从而增加教材的维度和广度。如果时间有限,还可在讲解过程中引导学生关注金属学与热处理方面的最新研究进展,让他们在课后上网去查阅相关的新工艺和新技术,并与自己参与的实验进行对比,归纳其中的优缺点,从而调动学生学习的主动性,激发学习兴趣[②]。

如果授课教师的研究方向与“金属材料及热处理实验”密切相关,就可以很容易地了解到最新的研究成果,及时对教材内容或讲解方式进行更新。例如从“金属材料及热处理”理论课中学生可以学到,纯铝和不能通过热处理强化的铝合金可以通过加工硬化来提

* 韩佳甲,男,江苏大丰人,厦门大学材料学院助理教授/特任副研究员,主要研究方向为新型材料的强化机理和多尺度设计。

① 马垒、何木芬、李林:《金属材料及热处理课程的特色教学模式研究》,《西部素质教育》2017 年第 6 期。

② 唐晓知、李晓祎:《项目教学法在〈金属材料及热处理〉课程教学中的应用》,《产业与科技论坛》2015 年第 9 期。

高强度，但同时会大幅度降低延展性。最新的研究结果也表明，如果通过反复扎制使得铝合金中的晶粒减小到纳米量级，就有可能在大幅提高强度的同时又能保持良好的塑性。再比如"金属材料及热处理"课程告诉我们，通过传统的钢铁材料淬火热处理工艺可以提高材料的强度，但同时也是以牺牲韧性为代价的。而最近的研究成果表明，如果通过新的淬火工艺，诸如亚温淬火，可以在提升亚共析结构钢的强度的同时保持材料在室温和低温条件下的韧性，同时抑制可逆回火脆性。虽然在一般的实验操作过程中很难再现这些较新的研究成果，但授课老师可让学生在实验报告中将这些知识点与自己的结果进行对比讨论，这种方式可以让学生在很大程度上拓宽自己的知识面，改变原有的思维模式，培养创新精神，提升思考空间和想象维度①。

另外，针对本科生专业知识相对薄弱，对专业术语理解不深的特点，授课老师可在教材中适当融入贴近生活的内容，让学生明白实验用材料的特点和与其他材料的区别，培养主动将实验结果联系生活实际的能力，实现理论与实践的有机结合。在此基础上，通过实验教学，学生掌握常用金属材料的分类方法、牌号的编写规则以及对应的性能和应用领域。在进行常见钢铁材料的显微观察的实验中，授课老师可以在教材中加入对不同牌号的钢铁材料的组织特点和对应的性能，让每组学生根据设定的使用要求从准备好的不同牌号的钢铁材料中选择可能的对应性能的钢铁材料，并通过组织观察进行确认。这样做能够在很大程度上提高学生的自学能力以及运用所学知识分析问题、解决问题的能力②。

二、采用现代化教学方法

"金属学与热处理实验"这门课中涉及较多的仪器设备和工艺原理。处于该阶段的本科生对实验用材料的生产工艺和设备了解较少，导致对热处理工艺原理的理解较为浅薄，授课老师仅仅依靠语言上的描述很难让学生真正掌握实验流程的设置原理，更不用说在实验过程中发现和解决问题。目前，主流的讲解辅助方式还是以文字配图为主，很难将陌生且抽象的知识点直观化和形象化③。如钢铁材料在退火过程中的再结晶现象，虽然教科书中的示意图展示了几个典型的阶段，但与时间相关的动力学过程是无法体现出来的。授课老师可通过播放利用先进的原位观察或相场模拟等手段获得的再结晶过程的视频，加深学生对这一过程的理解，让学生在接下来的实验中能够在脑海里浮现出钢铁材料在热处理炉子中微观组织演变的画面，这就避免了传统机械性的实验操作，从而激发学生开展实验研究的兴趣。另外，授课老师也可将实验操作过程中的一些关键步骤录制成视频，在视频中强调注意事项，包括典型的错误示范和应急方法等，防止学生对教材内容的理解出现偏差。

现在，许多高校院所都建立了较为完善的多功能网络教学平台，可实现教学与学习双

---

① 孙倩倩：《如何在金属材料与热处理课程教学中培养学生的创新能力》，《课程教育研究：新教师教学》2012 年第 10 期。

② 徐阳、李晶、胡伟等：《金属学与热处理课程教学思考》，《甘肃科技》2016 年第 12 期。

③ 韩艳青：《金属材料与热处理的教学方法探究》，《职业》2016 年第 5 期。

向互通[①]。除了传统的课程展示,如课程目标、教学内容、考核方式以及学习资源等,还具备在线或离线互动功能。授课老师可在进行实验之前布置一定的在线思考问题,由学生在预习完教学视频后完成。设置的问题应避免和理论讲解的内容重复,偏重于在实验环节中可能会出现的情况拟采取的解决方法,或是引导学生进行与实验预期结果相关的拓展和开放式的课外阅读。在实验完成之后,学生可将自己的实验结果与标准结果进行对比,在平台分析并发布出现偏差的原因,与老师和其他同学进行交流与讨论。另外,还可以根据自己的实验过程和结果总结出工艺—组织—性能之间的关系,对不同工艺条件和组织特征的情况下可能出现的性能进行预测,让学生真正掌握知识点,并做到学以致用。这样既提高了课堂教学效率及实验实践效果,又便于强化实操技能和对知识点的记忆。

三、采取启发式教学模式

在传统的实验课讲解过程中,学生只是单向被动地接收固化式的信息,几乎没有参与讨论,授课老师无法准确了解学生对实验相关知识点和步骤的理解和掌握情况[②]。这时候如果采用启发式的教学模式就可以显著提高授课老师的教学质量。一方面,启发式教学能够加深学生对知识点和实验步骤的印象和理解,避免课后出现容易遗忘的现象。另一方面,能够在很大程度上提升学生的独立思考和自学能力,做到举一反三。这对他们在实验过程中自主分析和解决问题有很大帮助。授课老师可在每个实验步骤之前都提前设计一些引导性的问题,通过学生讨论或者自回答方式引出该实验步骤,然后对其合理性进行分析总结,从而激发学生的求知兴趣和学习热情。例如,在讲解 6063 铝合金的显微组织观察和拉伸力学实验时,授课老师可让学生从铝合金的成分入手,给出几种包括 6063 铝合金在内的不同体系的相图,让他们从中挑选出能够通过热处理强化的铝合金体系,从而引出固溶和时效两个实验步骤。然后讨论该体系中的合金元素如 Si,Fe 和 Mg 在固溶和时效热处理过程中发挥的作用,让学生思考这些合金元素的变化对原有的热处理过程会造成哪些影响,最后才确定出实验用 6063 铝合金的具体成分。在时效阶段,授课老师可以先详细阐述时效温度和时间对合金性能的影响,然后让学生自己发掘其中的规律并尝试设定能够获得目标性能的热处理参数。在保证学生充分参与实验方案的讨论和探索之后,再给出完整的实验步骤,并帮助学生从头梳理总结一遍。通过这样引导式地讲解实验步骤,学生不但能够充分掌握每个实验设置背后的原理和逻辑,提高学习质量和效率,也激发了学生对专业实验课的兴趣,在实验过程中积极主动地去思考和解决碰到的问题,达到实验课的教学目的。

---

① 王芝玲:《基于网络教学平台的〈金属材料与热处理〉网络课程的实践教学研究》,《教育现代化》2017 年第 23 期。

② 王献忠、王志刚、李大勇等:《金属材料及热处理实验教学改革与实践》,《高师理科学刊》2015 年第 9 期。

提升线上、线下"教"与"学"效率的思考

何毅鹏*

摘要：本文针对音乐理论教学的特殊性，基于深化教学综合改革与教学质量可持续提升目标，面对新冠肺炎疫情的严峻现实，在分析音乐学基础理论线上、线下"教"与"学"系统思考的基础上，提出持续保持音乐理论教学质量的具体措施。

关键词：线上线下；教学效率；系统思考

2020年新冠肺炎疫情的严峻现实，影响了各级各类学校教学计划与序性的正常进展。2020上半年，虽然形势严峻，但是厦门大学艺术学院按照全校的整体部署，认真贯彻落实2020年春季学期"停课不停教""停课不停学"的总体思路，结合音乐专业教学的特殊性，认真组织开展"教与学"+"学与教"的线上教学目标、教学内容、教学方法、教学收益的系统知识与技能的整体活动。从教学环境、教学方法与教学收益的相结合，来提升线上教学的效率与质量。艺术学院线上教学的准备工作有组织、有序的展开后，提出了以各教研室与相关学生工作部门相配合，主动、超前、积极地在提供便捷的知识交互渠道上下功夫。提升教师、学生及教学辅助人员的网络应用能力，开展教师与学生网络应用的专题培训，抓住环境提供的契机，大幅度提升师生计算机网络"教与学"的应用能力。在此基础上，运用厦门大学教学网络平台、腾讯课堂、腾讯会议、钉钉等网络授课平台，针对不同音乐专业学生开展网络授课、专题答疑与指导，为"停课不停学"的展开打下了坚实的基础，并得到校领导的肯定。

音乐教学、教育就目前的现实而言，在一定程度上还未能从根本摆脱以教师课堂讲授为主的单向知识传播模式。但是随着网络教学、大数据、云技术、慕课程等新教学环境、新教学模式与新教学工具应用拓展的深入，新思维、新知识与新方法、新工具应用的广义、广泛化，正以新思维的启迪、新知识的获取、新技能的转换，改变着音乐教学全过程。正在向传统课程中基于理论与实践链接的教学模式的变革与展现，向音乐理论与实践相结合的教育提出全新的要求和创新发展。面对音乐理论与实践教学相结合的教学新实践，教师应如何顺应环境变化，重视教学全过程中知识传播及其向能力转换的有效性、可行性、完备性、个体性、动态性、灵活性、对象性、科学性、目的性与整体性，学生如何快速适应教学知识与技能的综合传播。在教与学的实践中，教师应如何全面深入探讨变知识单向传播的教学模式为基于知识双向流动的师生双向互动过程，从而大幅度提升单位时间学生的知识获取量及其知识向技能转换的效率，向强化教师队伍执教能力和创新发展注入新内

* 何毅鹏，山西曲沃人，厦门大学艺术学院助教，音乐理论教师。

涵，无疑是高等教育实现创新驱动的一个重要课题。

作为专业理论课教师，笔者在此次（整个学期）网络授课中感觉到，计算机与网络云技术作为工具正在成为提升各级各类专业教与学效率与收益的有力工具。就音乐专业中的理论课教学、学习而言，一个合适的网络平台加一款合适的音乐专业软件工具，可以使音乐理论的网络课程教学效果达到线下课堂的效果。Sibelius 软件已经成为一款最好的五线谱编辑软件，成为音乐理论课教学实践中应用最广泛的软件，且正在成为音乐专业学生学习的必备工具。Sibelius 五线谱专业软件是由芬兰电脑程序工程师兼音乐家本・菲恩（Ben Finn）和乔纳森・菲恩（Jonathan Finn）这对双胞胎兄弟在英国求学时期研究开发的。20 世纪 70 年代末，就读于剑桥大学和牛津大学的双胞胎兄弟 Ben 和 Finn 开始了 Sibelius 的开发工作，花费近六年的时间，开发出了这个功能强大，智能的音乐程序。直到 AVID 公司收购之前，Sibelius 一直侧重于五线谱编辑，并主要停留在文本层面（因而被誉为最好的五线谱编辑软件）。2006 年 8 月份 Sibelius 被 Avid 公司以 2300 万美元收购以后，开始和其他软件（特别是音频编辑软件）进行整合，并且随着技术的进步以及市场应用的多元化，使 Sibelius 朝着音乐乐谱文本编辑、音乐授课、文本乐谱的仿真回放（音频）、音乐出版、音乐创作和电子商务等等综合方向发展。笔者从 2001 年开始接触乐谱编辑软件，曾经学习过 Encore 软件，并用 Encore 给专业艺术团体做过整套歌剧总谱，也研究过 finale，还用过国产的软件 Muse（脚本编辑输入），最终选择了 Sibelius。这次疫情又通过网络课堂，使 Sibelius 成为线上开展网络授课教学的工具。教学实践让笔者充分认识到 Sibelius 完全可以成为人脑音乐思维的延续。“工欲善其事，必先利其器”，一款好的工具可以使工作学习的效果事半功倍。音乐专业的老师、学生都应该将 Sibelius 软件的使用成为必备技能，Sibelius 的应用能力也应该成为音乐专业老师或者学生在教学和学习过程中能力的一个评价标准。

音乐专业的必修理论课，比如，基本乐理、和声、曲式等课程，在此次网络授课中，使用“腾讯课堂＋Sibelius”的模式，可以取得很好的效果，如图 1、图 2、图 3 所示：

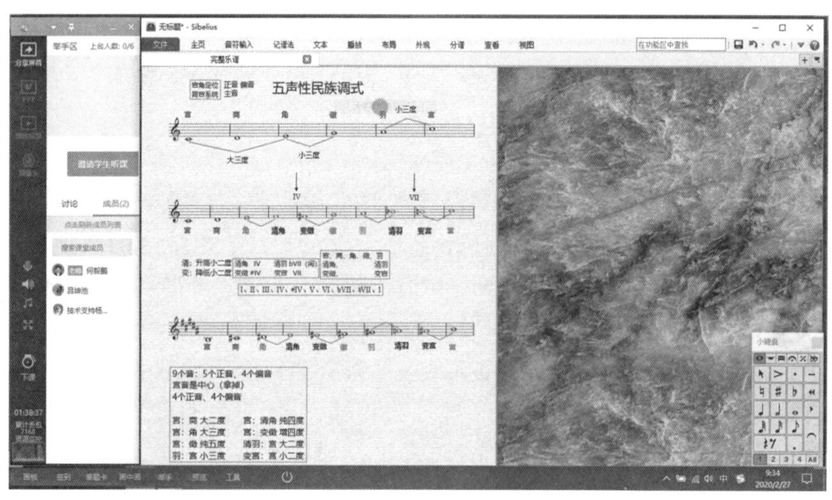

图 1　2019—2020 学年第二学期疫情期间艺术学院“基本乐理(二)”网课截图

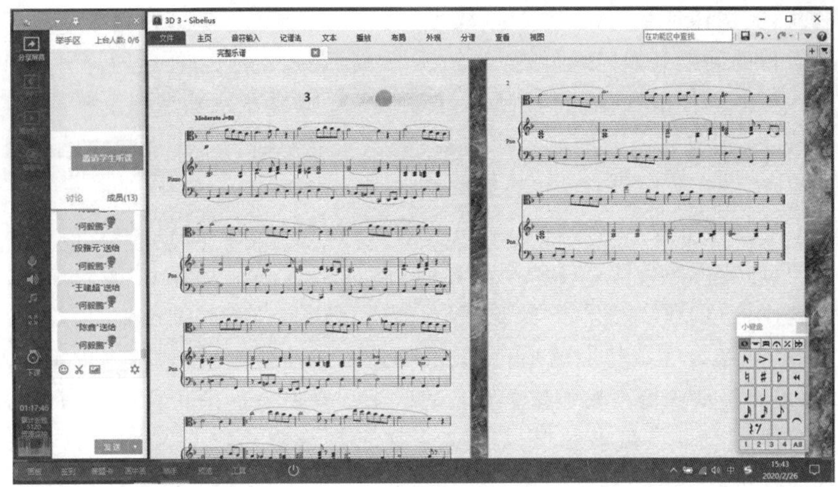

图 2　2019—2020 学年第二学期疫情期间艺术学院“视唱练耳(四)”网课截图

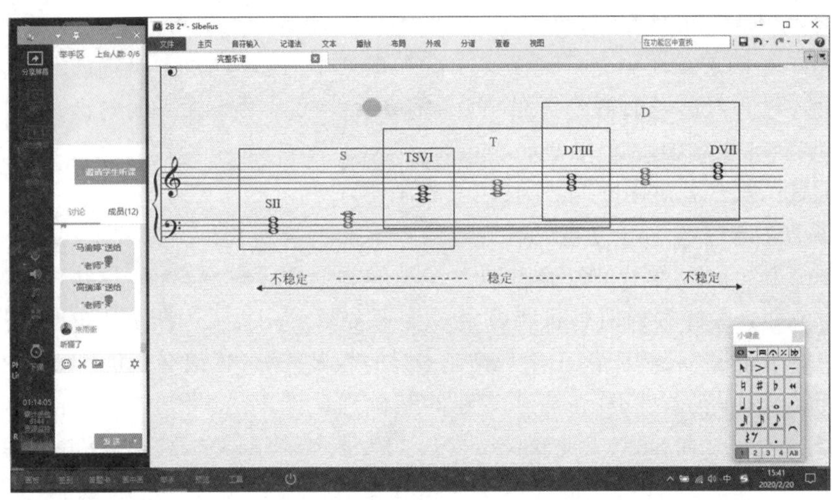

图 3　2019—2020 学年第二学期疫情期间艺术学院“和声课”网课截图

一堂高质量的网络课堂,从授课方(教师)角度需要具备如下两个条件:一是熟练的网络应用能力(包括熟练的计算机应用能力),二是专业软件的熟练使用能力,二者缺一不可。笔者在艺术学院教学授课 15 年,深感不论教师还是学生,因为年龄、生活环境、个人经历等等诸多原因,导致了在计算机、网络、专业软件等方面的掌握能力的差异,这些差异会导致老师网络授课水平和学生网络学习能力与收益的不同。要解决这个问题,平时线下对计算机网络应用能力和专业软件学习的培训就显得非常重要。笔者从 2002 年开始使用 Sibelius 软件,无论是给音乐出版社、专业艺术团体制作乐谱,还是在艺术学院授课讲授基础乐理、配器法课程,这些工作全部都离不开 Sibelius 软件,已经使用了 18 年。对于 Sibelius 的使用已经熟稔于心。这些年在课堂上,笔者也抓住可利用的时间以及教学的需要,一直在给学生推荐并讲授软件的使用。

有了好的平台、工具,教师就要思考选取适宜学科的教学内容、教学方法与教学手段相结合的“三教合一”,网上授课作为一种新模式,要求执教老师要充分准备好教的内容。

笔者的体会是，实现课堂互动（不论线上线下），要在如下三个方面进行深入思考：一是教材上对所要教授的问题是如何编写的？二是学生对相关问题是如何思考并回答的？三是老师对问题（点）的延伸（面）是如何讲解的？为此，教师要在熟练掌握电脑相关软件与硬件的操作基础上，不仅要做到提前上线准备，更要完整把握学生可能提出的问题集，并设立留言区，用便捷的方式完成对学生答疑解惑。

不论线上还是线下教学，教师都应该先把将要讲授的内容"材料"通过融会贯通，实现知识点向知识链、知识面与知识体的集成，并以此为支点，从"方法论"的角度，对各种"概念""结构""规律"通过理性"关联""联觉"深入理解、认识，并在此基础上，通过自主、自觉、自愿的理性思考，结合实践技能的培育，通过理论上厘清基本概念、基本理论与基本方法的系统关联，最终推动并提高教师与学生互动教学。在所有的理论科目学习中，那些需要在理解的基础上记忆并反过来加深、拓展理解了的那部分知识点、认识和应用渠道，其作用犹如电脑或手机的"系统进程"一般。而在理论学习过程中"系统进程"中出现的时断时续而产生的基于大脑整体思维缺失而产生的不稳定、关闭甚至崩溃时，重新激活并唤醒我们大脑中已经"储存"的核心知识与方法，持续在熟练的基础上进行连续的逻辑思考，这就是理论学习的逻辑连续性。一旦完成建立这个理论学习思考的"系统进程"，音乐理论的学习就会进一步深化。这种教与学的方法，笔者认为可总结为如下两句话："在文本理论学习中聆听音响，在音响聆听中反哺文本理论学习。"反之，如不能在熟练的基础上进行连续的逻辑思考，理论及其应用一定不可能真正地学好。

理论课程的教授和学习与实践相结合是教学的关键所在。不论教师还是学生，都应该在实践中多听、多看（作品）多比较（同类作品的差异）、多总结（碎片化知识向知识群转化）、多分析（教学材料的新创意和新内涵），将平常教学中需要"学"的（知识），需要"练"（技能）融为一体，更需要将未能正确理解的概念、不求甚解的"泡"在其中，及时找到浸润在音乐作品音响中的捷径。作为音乐专业的基础理论课程，要将知识与技能教学作为一个整体系统推进。从而在X（专业知识结构）、Y（专业技能结构）、Z（方法工具举穷）三方面结合。随着知识融合发展和信息技术在音乐理论教学中的应用，网络、云技术等等新技术、新工具使音乐理论的教学改革越来越成为一个值得全面探究的课题。要进一步增强教学方法的结构化内涵，实现方法、工具与知识、能力链接。在此基础上，探寻提升教学质量和效率进程的新路子。通过拓展核心知识结构的纵向深度和横向宽度，借力发展实现相似、类比结合音乐理论教学特殊性的教学方法集成。重视音乐理论学习的层次与系统性整合。从理论上掌握构成音乐作品的各个要素，从横向和纵向两个维度上，进行结构化分析，比如要对音程、和弦、音阶等各种形态，从文本理论与音乐音响两个方面的结合上，有全面系统的认识。

教育资源之面向公众的公共属性决定了提升教学资源利用，要在实现教学内容、教学模式、教学方法一体化改革上有行动，并在提升课堂管理的有效性上做文章。上课，学生愿意听，答疑，学生乐于交流、讨论，学生能从学习旧知识中主动发展求知欲学新知识，进而提升教育资源的分配利用，将教育之受惠落实到每一位学生身上。21世纪的教师应成为"高师能"的人。为此，笔者认为应该强化如下几个方面的能力：一是在终身学习能力上成为学生的楷模；二是在探究学习和传授技巧上，成为化解学生学习障碍的诊断者；三是成为激发学生主动学习的心理调适的促进者；四要成为以自身所教授课程为中心，成为“上、下、左、右”课程知识链接的设计者。

最后，针对线上教学平台的布局分散、平台多样等特殊情况，增强线上、线下基于知识的多元、便捷、完整传播，确保教学任务的高质量完成。为此，一要建立由院长、教学副院长、教务处、系主任、教学团队及教学秘书等组成的线上教学督查小组，加强对教学全过程的监督管理；二要使教学秘书和技术支持便捷地参与到每天的每一位老师的在线课堂中，能及时在网上开辟发现教学问题、技术问题及其改进的反馈通道，并提供线上教学中的教学和技术问题的解决方案。

特殊时期的线上教学，是对高校音乐教学工作的一次考验。全体教师明确新环境中的育人目标，齐心协力，共同应对，可持续提升教学质量。将建设线上“金课”作为鼓励教学过程创新的目标。调查研究是工作，提出问题是发现，分析问题是职责，解决问题是发展。在当前线上教学的大环境中，教师自身素质的提高、自我发展既是教学质量提升之本，也是专业知识集成教学之基，更是实现各级各类教学从快、从实、从高发展的策略选择优化之方。

试析模拟谈判在“谈判学”线下教学中的应用

陈 锴*

摘要:“谈判学”的课程教学主要分为线下和线上两部分。在线下部分,模拟谈判的应用是至关重要的,不仅有效弥补了课堂讲授法的不足,还切实提高了学生将谈判学理论与实践相结合的能力。

关键词:模拟谈判;谈判学;线下教学

一、“谈判学”课程概况

谈判是一种策略性的交流过程,被用来达成交易或解决各种冲突。① 笔者教授的“谈判学”以谈判为研究对象,不仅探究国际、国家或机构层面的谈判,也关注生活中的各类谈判。该课程教学配合了厦门大学国际关系学院的学科发展方向,为专业/方向性课程建设提供了值得借鉴的经验和做法。同时,对于提高本科生教学水平与教育质量,也具有一定的积极作用,比如,提高学生的口头表达、综合分析、随机应变和自我控制能力。笔者基于“谈判学”的教学成果《基于“翻转课堂”的混合教学模式在“谈判学”课程中的应用研究》,于2018年荣获厦门大学第九届高等教育教学成果奖二等奖。

在“谈判学”教学中,授课教师由传统意义上的知识讲授者和传递者,转变为学生学习知识的组织者与引导者。该课程教学主要分为线下和线上两部分。该课程的线上教学依托于爱课程(中国大学MOOC)平台,截至2020年7月,“谈判学”的线上教学已开设5轮,3.5万人在线选课。

“谈判学”课程的线下教学,是厦门大学国际关系学院为高年级本科生开设的一门专业/方向性课程,也面向全校其他学院的本科生开放。授课教师通过线下教学向选课学生传递陈述性的、事实性的信息,让他们了解并掌握谈判学的基本知识和主要理论。值得强调的是,模拟谈判始终是“谈判学”课程线下教学的核心部分,并在教学实践中收到了不错的成效。该课程的线下教学采用百分制,总成绩达到60分及以上者为合格。平时出勤占10%,平时成绩(小组会议纪要)占50%,期中考核(小组模拟谈判总结)占20%,期末考核(个人总结)占20%。

二、在“谈判学”线下教学中应用模拟谈判的必要性

模拟谈判,指在正式谈判开始以前,通过设定特定的情景模式,进行角色扮演。将模

* 陈锴,男,厦门大学国际关系学院助理教授,经济学博士,牛津大学中国中心访问学者(2021—2022年)。

① [美]克密特·L.霍尔主编、林晓云等译:《牛津美国法律百科辞典》,法律出版社2008年版,第475页。

拟谈判应用于“谈判学”线下教学，其优势主要有以下两点：

首先，通过“模拟谈判”，培养学生发现问题、分析问题、解决问题的能力，更好地完成对所学谈判学知识的内化。所谓内化，指将一定的精神文化经社会学习而转化为稳定的心理因素的过程，即将人类知识、经验、社会规范与价值体系转化为不同个体的知识、经验、价值观与信念。实质上，内化就是个体的社会化。[①] 比如，在模拟谈判中，学生通过多元化的观点碰撞，根据不同的情境和案例，运用谈判知识和技巧，去解决相应的问题，继而巩固其对“谈判学”知识点的掌握与理解，启发其对教学内容深层次的思考。

其次，模拟谈判有助于引导学生更好地发挥主体性，处理好“学习知识”与“实践能力培养”的关系，更好地掌握所学的知识与能力。一方面，模拟谈判考查了学生掌握理论知识的程度。另一方面，考查了学生口头表达、肢体语言以及商务礼仪等方面的综合素质。

三、模拟谈判的组织

（一）组建模拟谈判小组

“谈判学”线下教学要求学生自由组合，建立模拟谈判小组，每个小组 5～7 人。授课教师时常扮演协调者的角色，负责引导模拟谈判的进程。

一个模拟谈判小组，是一个分工协作、各司其职、优势互补的团队。模拟谈判小组由核心成员、主要成员和记录人员组成。记录人员要有熟练的文字记录能力，并具有相关的基础知识。翔实的谈判记录，不仅是对待谈判对手的尊重，也是谈判取得成功的可靠保障。核心成员指谈判团队中对谈判负领导责任的核心成员，其主要职责是掌握谈判进程、听取其他成员的建议协调谈判团队成员的意见，以及提出解决谈判分歧的建议等。

相比之下，模拟谈判小组的主要成员的职责包括：(1)阐明己方的谈判条件；(2)厘清谈判对手的谈判条件；(3)指出对方提议中自相矛盾或者存疑之处；(4)防止谈论偏离谈判的主题；(5)谈判陷入僵局，或现有议题无法达成协议时，对已有议题进行调整；(6)用对方说过的话，促使对方做出妥协；(7)能够向谈判对手言明利害。

（二）设计模拟谈判情景

在教学实践中，授课教师自己设计的模拟谈判情景，多半难以引起大多数学生的共鸣。这主要是因为授课教师时常会高估学生的理解水平。同时，授课教师讲解知识点的有效性，在一定程度上取决于学生的先前知识。有鉴于此，“谈判学”线下教学秉承“以学生为中心，以教师为主导”的教学理念，为学生搭建了一个便于开展自主学习的环境：授课教师引导学生相互启发、相互借鉴、相互学习，鼓励学生依据其学习兴趣和需要，各自设计模拟谈判情景。事实证明，模拟谈判的应用不仅有效调动了学生的积极性，也大幅度提高了线下教学的效率。

依照“谈判学”线下教学形成的惯例，每个模拟谈判小组可以提出三个提案，每个提案均为涉及三个利益攸关方的模拟谈判。在线下教学中，由提案人在课堂上陈述该提案的主要内容，并经过全体学生的无记名投票，选出最受欢迎的提案。同时，确保每个模拟谈判小组的提案中均有 1 个提案中选，即该小组的“主场提案”。基于本组的“主场提案”，每

---

① 梁忠义：《实用教育辞典》，吉林教育出版社 1989 年版，第 66 页。

个模拟谈判小组需要邀请另外两个模拟谈判小组,作为客队加入这个模拟谈判。各个模拟谈判小组需要查找资料,作为谈判的事实支撑。同时,厘清谈判思路,确立己方的谈判底线,设置己方的预期目标,制定相应的谈判策略。可以说,谈判准备得越充分,在模拟谈判时掌握主动的机会就越多。

(三)模拟谈判案例

在此,以部分模拟谈判小组选择的"凶宅"纠纷谈判为例,这也是一个被媒体和社会热议的话题。在这一模拟谈判案例中,谈判三方分别是屋主、房屋中介机构,以及购房者或租房者。

中国人的传统观念认为,在一定时期内曾发生过凶杀、自杀等致人非正常死亡的恶性事件的房屋,属于"凶宅"。可以说,绝大多数中国人,都会对"凶宅"心存芥蒂。

假如没有足够证据证明房屋内发生过非正常死亡情形,且造成购房者或租房者的直接精神损失或经济损失,这样的房屋,通常不会被认定为"凶宅"。在中国,按照一般的公序良俗理解,假如房屋被认定为"凶宅",这既影响居住感受,也影响房屋将来的交换价值。通常,订立房屋买卖合同时,屋主与房屋中介机构应当向购房者或租房者披露的信息,不仅包括房屋的权属登记情况,如有无共有人,有无查封、抵押等情况。此外,屋主与房屋中介机构应向购房者或租房者披露的信息,还包括可能对购房者的情感与精神享受产生影响,或是对房产的交易价值产生影响的信息。比如,房屋是否属于"凶宅",房屋周边有无恶邻、辐射物体、重大污染等。

假如购房者或租房者在不知情的情况下,购买或是承租了"凶宅",该如何应对?大体而言,有三种应对之策:

其一,认为购房或租房合同有效,但认定屋主和/或房屋中介机构应承担侵权责任。这一对策认为,虽然屋主和/或房屋中介机构在售房或租房时故意隐瞒了房屋内曾有非正常死亡的事实,但房屋的质量符合法定标准,合同的效力不受影响。不过,依据价值规律和人们的现实观念,房屋会因购买者的避讳而贬值,屋主和/或房屋中介机构在主观有过错,对购房者或租房者构成侵权。

其二,认定购房或租房合同为无效合同。这一对策认为,中国相关法律、法规虽然没有对"凶宅"问题作出规定,但对"凶宅"的避讳,属于公序良俗的范畴,其内在精神与社会公德是相通的。违反公序良俗,实际上就是不尊重社会公德,也损害了社会公共利益。《中华人民共和国民法典》第534条的规定:"对当事人利用合同实施危害国家利益、社会公共利益行为的,市场监督管理和其他有关行政主管部门依照法律、行政法规的规定负责监督处理。"

其三,认定购房或租房合同为可撤销合同。这一对策认为,"凶宅"是一种民间习俗,因人们的观念和风俗习惯。对房屋内发生的非正常死亡事件感到恐惧和忌讳,是客观存在的普遍现象。假如屋主故意隐瞒这一事实,依据《中华人民共和国民法典》第500条的规定,"故意隐瞒与订立合同有关的重要事实或者提供虚假情况","造成对方损失的,应当承担赔偿责任"。如果房屋中介机构故意隐瞒这一事实,依据《中华人民共和国民法典》第962条的规定,"中介人故意隐瞒与订立合同有关的重要事实或者提供虚假情况,损害委托人利益的,不得请求支付报酬并应当承担赔偿责任"。

(四)模拟谈判的主要阶段

1. 模拟谈判的开局阶段

在这个阶段,谈判各方的当务之急,是赢得彼此的尊重和信赖。一般而言,谈判各方不必急于进入实质性的谈判。相反,倒是可以花一些时间,选择一些与谈判无关的,令谈判各方感兴趣的话题。这有助于形成一种轻松的谈判氛围,了解谈判对手的利益诉求,并检视己方在谈判策略方面是否有需要调整的地方。

2. 模拟谈判的中场阶段

在这一阶段,谈判各方需要特别注意提出谈判方案的方式。

假设谈判各方事先已经制定了谈判方案,在中场阶段提出谈判方案的方式主要有三种:提交书面文件且不作口头补充;提出书面文件并准备作口头补充;口头提出谈判条件且不提交书面文件。

第一种提案方式,提交书面文件且不作口头补充。以这种方式提出的谈判方案,优点在于谈判方案的内容比较完整,可供谈判对手反复斟酌。但是,这种提案方式的缺点也是明显的,例如,这种谈判方案中的条件通常是无法改变的,谈判对手的回旋余地不大。

第二种提案方式,提出书面文件并准备作口头补充。这种提案方式存在较大的灵活变通,被广泛应用于各类谈判之中。

第三种提案方式,口头提出谈判条件且不提交书面文件。相比之下,这种提案方式的灵活性最大,可以根据谈判的具体进展,调整己方的谈判诉求和策略。不过,这种提案方式也存在不足之处:谈判各方容易偏离谈判的主要议题,在次要问题上耗费过多的时间。

3. 模拟谈判的僵持阶段

在多数情况下,模拟谈判进行到一定阶段,谈判各方都会感觉到谈判似乎已经无法推进下去了。这就是所谓的僵持阶段,主要归咎于谈判各方的诉求或预期,存在较大的差距。假如谈判各方存在误解与分歧,找不到更多的共同点,谈判就更容易陷入僵持阶段。

通常,突破谈判僵局的关键在于换位思考。所谓换位思考,就是谈判各方要设身处地为谈判对手考虑,或者设法引导谈判对手站在己方立场来考虑问题,这是一种增进彼此理解和有效沟通的重要方式。

4. 模拟谈判的终场

这是谈判的最后一个阶段,标志着谈判进入尾声。在模拟谈判的终场阶段,大体会出现以下四种结果:“和局”,是指谈判各方最终取得一致意见,愿意签订书面协议;“输局”,指谈判各方没有取得一致意见,也没有签订书面协议;“破局”,指谈判各方不仅未能达成协议,还蒙受了物质等方面的损失;“拖局”,指谈判各方虽然未能达成协议协议,但是同意暂时终止谈判,谈判依然有再次开启的可能。

四、模拟谈判的要求

通常,每次模拟谈判时间为 60 分钟。在模拟谈判中,授课教师要求学生适当运用谈判的策略和技巧,并遵循以下五点要求。

其一,在谈判中,要把握好妥协的分寸。谈判不是片面地追求自身利益最大化,而是谈判各方通过协商来重新分配利益,谋求一致意见的过程。在谈判中,出现利益冲突是无法避免的。但是，这并不意味着谈判各方之间存在的矛盾是无法克服的。可以说，适度的妥协，能够让谈判各方在融洽的氛围内进行谈判。比如，先在次要问题上做出妥协，并要求对方做出相应的妥协。单方面妥协或者频繁妥协，容易让谈判对手得寸进尺。

值得强调的是，凡是原则问题，尤其是涉及根本利益的问题，决不能轻易更改。所谓妥协，是在一些不触及原则的问题上可以选择适度地让步。一旦面临原则性的问题，必须要牢牢守住自己的谈判底线。

其二，对谈判对手的尊重，要落到实处。在谈判的过程中，必须能让谈判对手感受到善意与理解。比如，理解和尊重谈判对手的立场。不要急于否定对方，让他们说出自己想说的话。同时，也不必刻意掩饰或者回避己方现有的问题或者在谈判中的潜在劣势；切忌频繁施压。这会导致谈判对手出现不应该的错误，反而导致谈判走向破裂；建议采用“归谬法”，即假定对方的论点是成立的，然后加以引申，结果得出一个荒谬的结论，从而证明对方的观点是错误的。

其三，需要加强思考与表达的同步。在模拟谈判时，学生时常要以有限的词汇和语句去表达无限的内容，难免出现力不从心、词不达意、言不尽意的遗憾。假如学生在模拟谈判重无法很好地表达，或者，谈判各方难以理解彼此传递的信息，那么谈判必然受阻，甚至中断。在谈判实践中，学生时常会遇到词不达意，而使对方误解自己意图的情况。比如，由于表达方式上的选择不当，原先友好的意图被误解。或者，语言组织上的不够流畅，难以更清晰地表达出原本的想法，对方揣测我们的意图也会遇到障碍，使得谈判效率难以提高。

其四，应在模拟谈判中表现得体。例如，学生应善于聆听谈判对手的发言，不要随意打断对方的发言，等对方说完话之后己方再说话；模拟谈判的大部分时间应保持与对方的目光接触，但也不要自始至终死盯着对方的眼睛不放，可以通过侧目思考、记笔记等形式，短暂地、有间歇地转移目光；适当控制语速和音量。发言时语速不宜过快，语速过快不容易让对方听懂，应留给对方足够思考的空间。

五、对模拟谈判的多元化评价

“谈判学”线下教学对模拟谈判的多元化评价，主要包括组外互评、组内互评（小组会议纪要和小组期末总结）、学生自评和教师评价。一方面，这样的多元化评价针对传统的课堂教学法与班级授课制普遍的“忽视学生个体差异”的弊端，即教师面对很多本科生传授同样知识时，学习能力不同的本科生的“差异化表现”。另一方面，这样的多元化评价在一定程度上改变了学生对传统教学和学习模式产生的依赖性。换而言之，如何进一步激发本科生的学习潜能，调动其学习兴趣与正能量，以期达到更好的学习效果。

（一）组外互评

组外互评由当堂不参加模拟谈判的小组成员不记名打分。组外互评采用百分制，其评分细则如下：(1)能否把握谈判议题中亟待解决的主要问题（10分）；(2)谈判前的准备工作（10分）；(3)谈判过程中的团队默契（比如围绕议题进行谈判）（10分）；(4)谈判的行为和言语得体（10分）；(5)能否有效的影响谈判对手（10分）；(6)能否坚守己方的谈判底线（10分）；(7)能否实现己方希望达到的目标（10分）；(8)能否说服谈判对手接受交换条件

(10 分);(9)能否解决谈判中存在的主要问题(10 分);(10)谈判是否达成了一定的共识(10 分)。

(二)组内互评

在模拟谈判之前和模拟谈判进行中,各个小组需要定期进行组内讨论,并撰写小组会议纪要。在模拟谈判之后,模拟谈判小组基于之前的会议纪要,撰写总结报告,详细阐述模拟谈判的前期准备、组内分工、在模拟谈判中的得失成败,并着重评价组员在模拟谈判中的具体表现。

(三)学生自评

“谈判学”线下教学要求学生撰写一份紧扣模拟谈判的自评,主要包括以下三个方面:首先,请学生在自评中对比分析选课之前和学期末对谈判学的认识,存在哪些不同。其次,请学生对自己在模拟谈判中的表现。比如,我为小组的模拟谈判做了哪些贡献?在我的努力之下,模拟谈判的结果与我的预期相比,有哪些不同?在我(或我的小组)的谈判实践中,是否发现哪些问题,是现有的谈判学理论还没有关注到的,或者无法解决的?最后,请学生谈一谈对谈判学的体会。比如,在“谈判学”课程中学习的谈判学理论,是否能很好地指导我(或我的小组)在模拟谈判中的实践?以我参与的模拟谈判案例来看,若有其他备选方案,我是否还会优先通过谈判来解决这个问题?

(四)教师评价

每次模拟谈判后,任课教师做当堂点评。期末,任课教师会针对每一次模拟谈判做具体点评,并回放模拟谈判的视频,再现当时的场景,令人印象深刻。授课教师对学生进行评价时,需要把握好以下两点:其一,小组总结是否与组员的个人总结表述一致。其二,小组总结和个人总结是否概括了模拟谈判的成败得失,是否能够总结经验教训。

六、结语

本文分析了模拟谈判在“谈判学”线下教学中的应用,对于提高本科生教学水平与教育质量,以及相关专业/方向性课程建设提供了值得借鉴的经验和做法。

高校翻转课堂教学实践探索

朱碧月*

摘要:翻转课堂是信息技术背景下的新型教学模式,围绕以"学"为中心的教育理念,通过提高教学设计质量,激发学生学习热情,促进学生学习自主性和探索性,促进教学内容设计改革。本文着重在翻转课堂的操作性方面进行实践与探索,以期教学教育向更远更深方向发展。

关键词:高校;翻转课堂;以学为中心;课程设计

一、引言

随着信息化、数字化的飞速发展知识成爆炸性增长,学生获取知识的途径丰富多彩,满堂灌的传统教学模式越来越难以适应高校教学。有研究表明,有一半以上的学生对专业学习兴趣不浓,学生被动学习,部分学生不能适应大学的学习方式。[①] 高校在教学改革的摸索中,翻转课堂被确立为有效的教学方式,成为激发学生学习兴趣和潜能,深化高校教学改革的重要举措。[②] 对于什么是翻转课堂,国内外专家学者也有多种解释,有偏向教学方式的解释也有偏向技术取向解释,前者强调翻转课堂是以学为中心的教学方式,学生在课前自学一部分知识,带着自学中的问题与目标积极参与课堂学习,在课堂上通过教师引导、分组教学、项目式学习等方式让同学们深度掌握知识,并获得合作学习能力、发现问题、分析问题和解决问题等综合能力。[③] 后者更偏向于认为翻转课堂是借助先进技术手段,将传统课堂延展到课外,提高师生互动效率效果的一种教学模式。[④] 同时,学术界也一致认为翻转课堂是信息化背景下兴起的一种新型教学方式,是以学为中心,在新技术的支持带动下,学生课前完成基础知识的精学,在课堂上通过师生合作讲问题进行深入剖析进行深度学习,不仅提高学生课堂学习参与度,同时也增强了知识内化与应用效果提升,是在高校培养自信的有竞争力的学习者和探索者的一种方式。虽然翻转课堂已被学界认可,然而,在教学实践过程中,如何合理安排课前课中课后内容,如何充分调动学生的学习

---

* 朱碧月,厦门大学现代教育技术与实践训练中心工程师,硕士学历,研究方向现代教育技术。

① 眭依凡:《关于"世界一流大学建"的理性思考》,《高等教育研究》2017 年第 9 期。

② 钟晓流、宋述强、焦丽珍:《信息化环境中基于翻转课堂理念的教学设计研究》,《开放教育研究》2013 年第 1 期。

③ 谭明杰、余娉:《透视我国远程高等教育研究图景:主题、热点与趋势——基于 8 本 CSSCI 期刊 2017 年度文献的系统分析》,《现代远程教育研究》2018 年第 5 期。

④ 李西顺:《翻转课堂的理论局限及功能边界》,《现代远程教育研究》2018 年第 4 期。

积极性，如何做好课程设计将抽象的概念形象化、将问题向深处挖掘等问题都值得探讨。

二、翻转课堂在教学中遇到的挑战

翻转课堂是一种以学为中心的教学模式，以学为中心包括以学习为中心、以学生为中心、以学术为中心、以教学为中心等，其中学习质量是教学的核心和最终目标。要从传统的教为中心向以学为中心，在教学实践中也面临很多挑战。

首先，师生角色需重新定位。当前高校教学模式和管理方式大部分偏重于教师绝对主导，部分实现翻转课堂教学的也存在对翻转课堂的实践只具“形”未得其“神”，怎样落实以学为中心的教学理念，如何进行课堂教学组织、管理学生协作和给予学生及时反馈指导等方面仍然是个难题。[①]

其次，学生对翻转课堂的理解不足，难以自觉主动地为课堂学习做准备，不及时完成线上任务，或学生在协作活动中任务分配不均，无法形成积极信任互赖的氛围等。

再次，驾驭信息技术能力不足。师生在信息技术设备互动、录制课程等技术设备运用不熟练，如何制作内容短小精悍又让学生喜闻乐见的微课视频等技术问题困扰着老师。

同时，翻转课堂作为一种新型的教学模式，实践应用研究还有待深入，国内相关的实践研究理论和成果都还不够丰富，实践案例也不多，导致很多教师仍然对其不甚了解或不愿意尝试。为破解师生在教学实践中遇到的操作性问题，翻转课堂的设计必须有效应对实施面临的挑战。

三、翻转课堂的教学课堂设计

（一）翻转课堂的设计原则

翻转课堂的优势在于能与主动学习教学方式灵活结合，是注重以学为中心的教学理念，强调教学不应局限于教师向学生单向传输知识，更应该调动学生学习自主性，鼓励学生通过批判性的反思与对话，构建知识并获取经验，从而获得发展高阶思维能力。以学为中心的教学理念具有“开放、交互、能动、自主”的特征，因而对翻转课堂的教学设计必须符合以下几个原则。

1. 技术媒介稳定易用性。要实现课堂翻转，首先要获得现代教育技术的支持，需要借助智慧教学工具开展线上线下互动教学。高校教师常用的技术媒介有交互式平板、无线互动投屏、“雨课堂”、“有课”、“智慧课堂”等智慧教学工具。选择易获取、易操作的技术媒介才能顺利开展线上线下活动，减少师生遭遇不必要的技术挑战。

2. 重视课前预习。课前资料必须慎重选择，内容能尽量吸引学生的注意同时质量高，以短小精悍为主。学生的预习情况将影响课堂学习的效果。

3. 明确学习目标。课前给予学生清晰明确易衡量可操作的目标，能为课堂活动提供脚手架，为课堂教学有序设计组织教学内容和学习任务灵活把脉。

4. 及时反馈。不论是预习阶段还是课堂学习阶段，教师对学生的学习状态做到心中有数，必要的反馈是以支持学生自主学习活动的持续开展提供有力的保障。

---

① 卢强：《翻转课堂的冷思考：实证与反思》，《电化教育研究》2013 年第 8 期。

5. 精心指导。教师不仅授人以鱼,更要授人以渔,才会使学生终身受益,教得好最终要靠学得好来验证。

6. 学生角色积极参与。翻转课堂进行翻转不仅在于获取知识效率提高,还要培养学生的学习自主性以及和他人展开深层次互动的能力。[①]

通过把握以上几个原则,教学者将课堂设计的观念与态度渗透到翻转课堂的具体设计与实施中,使以学为中心的翻转课堂得以确实落实。

(二)课堂环节设计

结合国际上优秀的教学实践方法和国内改革中一些新颖实用的教学经验,课堂学习环节可设计为:课前发布课前预习资料并传达学习目标和预期效果,课中有步骤的进行前测、参与式互动学习、后测,课后进行总结反馈。围绕明确的学习目标,按照"导学引入—生产问题—参与研讨—检测评价"的流程进行。在教学过程中课堂设计如图1课程流程设计图所示。可以借助学校建设的数字化教学工具如厦门大学课程平台中心(以下简称"课程平台")的功能对翻转课堂教学模式进行实践性模拟。

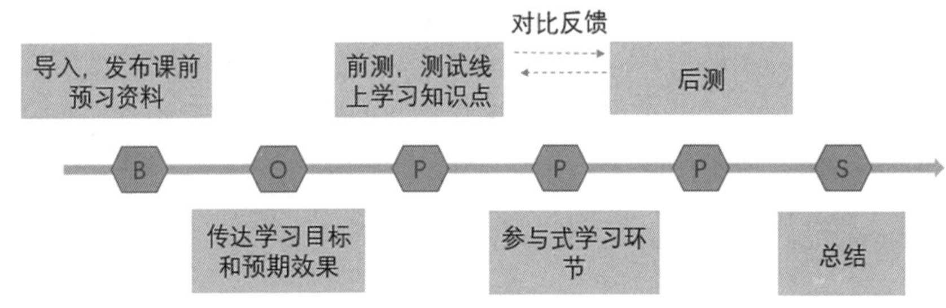

图1 课程流程设计图

1. 发布课前预习资料

发布课前预习资料以实现教学目标为目的,可以是文章、图像、视频,预习资料以简练精悍能引起学习兴趣的为好。可以在课程平台上上传教学资源,并通知给每个同学。如图2发布课前资料,系统会统计学生学习时间等数据。教师在上课前通过课程平台数据可以了解学生预习情况,可以在课程平台互动,也可根据借助其他APP软件与学生互动,在了解预习情况下在面对面教学中根据不同的学习情况提问不同的问题。

2. 确定学习目标

学习目标指学生通过这堂课应该达到的预期要求和水平,要在课前发给学生,学习目标应该定得简单明了,同时应考虑到教学基本要求、学生知识水平和学习能力,并做到可量化可检测。学习目标是整个课程学习的出发点同时也是落脚点,课程围绕着学习目标实现整个教学的闭合循环。相应的课程资料也可以发到课程中心上,包含课程延展资料、课堂分组、小组任务清单、课堂测试、作业都可以在课程平台上实现。

① 张金磊:《"翻转课堂"教学模式的关键因素探析》,《中国远程教育》2013年第10期。

图 2 发布课前资料

3. 课堂实现

整个课堂主要由问题导入诱发，明确学习目标后，课堂核心是师生之间围绕问题解决的参与式互动，其基本架构式围绕教师、学生和课程之间的三维互动，创造一种"生生互动"和"师生互动"的课堂教学结构，促进以"教"为主向以"学"为主的转变。

前测是课堂教学开展的前提依据，围绕教学目标对预习内容进行前测，题型可以选择题、填空、是非、问卷、主观题、预习成果心得等方式进行简单问答，根据前测的结果可以知道学生的大致预习情况，教师可以据此及时调整授课方式及思路。对学生而言，前测有助于帮助他们回顾预习知识，为即将进行的课堂参与式学习做好充分铺垫，也能使学生快速集中注意力进入学习状态。前测也可以在课程平台上的课程作业布置，数据结果随时可查可跟踪，也可以在平台上进行互动。

翻转课堂学习是整个课程学习的核心内容，也是面对面学习的核心，面对面学习的优势是可以感知到每个学生的学习情绪，教师可灵活调整教学节奏。课堂中可以进行分组教学、现场展示等方式鼓励学生积极参与教学互动。根据教学调查研究发现，45 分钟的课堂教学中，在课程中段时间学生的学习注意力开始涣散。① 翻转课堂的特色就在于善于抓住这段时间唤回学生的注意力，激发学生的学习自主性，通过课堂合作学习，促进师生信息交流，增加学生参与课堂的主观能动性，进行深度探讨提高对核心知识的理解掌握。翻转的方式可以多种多样，如根据课堂的主题，给学生具体分组安排角色任务，小组成员可以讨论边把产生的想法通过 IPAD 等电子设备投屏到智慧教室的分屏上，每组成员都可以

---

① 林光彬：《论以学为中心的大学教育》，《中国大学教育》2013 年第 12 期。

各自展示在各分屏上,教师在课程中进行观察指导。教师还可以根据各组的精彩性随时推送到主屏幕上。在规定时间内小组完成课题后各分组成员再阐述讨论,教师再进行诊断反馈引导学生进一步往深度广度去思考。学生也可以针对预习视频内容发表自己的观点或疑惑,教师通过组织学生的疑惑进行引导,并让学生分组展开积极的讨论,构建良好的课堂氛围有效培养学生的思维能力和思辨能力。也可以对教师学生的精彩表现进行随堂录屏并在课堂上与学生分享分析,启发学生探究问题形成良好的解决问题能力。

翻转课堂的课堂学习主要采取积极的师生互动、生生互动的策略使学生积极主动参与学习来实现教学目标。课堂设计要具有适应性和可操作性,以目标为导向设计基本任务、进阶任务及创新任务等,通过合理引导提出扩展性、综合性、挑战性和创造性内容让学生思考,使学生对目标和任务有深刻的认识,在课堂互动中可以采用小组研讨、学生演示、师生角色互换等多种教学策略,使得课堂具有开放性、交互性、能动性、自主性。学生在教学过程中进行互动归纳总结反馈汇报,教师及时跟踪学生互动学习情况,并对讨论过程进行监督引导。在课堂学习中培养学生实践创新能力、团结协作能力并能将学习成果进行总结提炼达成教育教学目标。

后测是针对学生是否达成学习目标的一种评估方式,是对学习目标的达成的反馈,有针对性地了解学生学习情况,确定学生对知识的掌握程度。教师根据后测结果可以对教学方式效果的反思总结、促进教学设计改进和提高教学质量,还能有助于学生及时评估学习状态及总结收获。后测的方式不拘一格,可以根据课程内容进行检测,可以是线上试题测试,也可以线下操作完成。

4. 课程总结

总结承担着承上启下的作用,即对本次课程的总结也是对下次课程的引导。实施翻转课堂最关键在于遵循以学为中心的原则,在一定程度上学生的学习成果是衡量教学质量好坏的标准,好的课堂教学设计是学习成果的质量保障。好的课堂教学设计来源于好的教学问题设计,教学问题的设计要贴近教学目标,紧密联系实际和现实需求。将属于课程基础理论学习部门分配到课前学习,加强课内学习深度和知识内化水平提高。

课堂教学效果的好坏在于学生掌握知识的程度和对知识的运用能力。增加课堂创新性、开放性、实践性、趣味性和反馈性,增强学生参与课堂的主观能动性,进行深度探讨提高对核心知识的理解掌握。重视学习方法、研究方法渗透世界观价值观的教育,使教得好在学得好中得以验证。①

借助课程平台等数字化教学工具可以增加课程趣味性和互动效果,同时整个课程的数据都可以通过课程平台保存下来,用于分析每个学生、每组学生的学习情况,通过线上及时数据反馈,比如数次的测试统计,在课程平台上可以看到类似的数据如图3数据呈现。数据呈现为课程总结提供一定的依据,总结可以由教师完成,教师帮助学生总结本次教学内容,指出重点和难点,总结目标完成情况,为下次课程导入做铺垫。总结也可以引导学生来完成,让学生归纳总结知识点和技能,反思自己学到的内容和不足的部分,进一步提升自己学习自主性。

---

① 孙利剑:《素质教育与大学教育改革》,《中华少年》2017年第28期。

作业统计分析

◉按学生 ○按分组 对未提交答案或答案未批阅的按

□	标题	截止时间	涉及的学生数	已提交答案数量	已批阅数量	平均分/满分
□	第二次作业 循环练习	2018年7月19日	0	29	0	0.0/100
□	点名0628	2018年6月28日	0	19	0	0.0/100
□	正式的模拟题练习	2018年7月19日	0	36	0	0.0/100
□	第三次作业 函数练习	2018年7月19日	0	66	31	95.1/100
□	第二次作业 循环程序练习	2017年7月5日	0	56	21	83.0/100
□	第一周作业 基础、IF结构程序练习	2018年7月12日	0	72	30	85.6/100
□	复习	2015年1月8日	0	0	0	0.0/100
□	第15次作业 指针练习	2015年1月4日	0	61	61	73.9/100
□	第14次作业 模拟考试及指针练习1	2014年12月21日	0	68	0	0.0/100
□	第13次作业 数组练习	2014年12月17日	0	68	68	93.2/100
□	第12次 作用域存储类型与预编译练习题	2014年12月7日	0	66	66	98.4/100

图 3 数据呈现

将简单层次的知识记忆过程在课外完成，深层次的分析探究通过课堂教师引导下完成。线下课堂当面指导，提高同学深度理解和良好反馈，真正的深度参与应该是心动和神动，只有发挥学生的主观能动性才能达到互动有深度。教学过程中以学为中心，围绕教学目标进行对课程设计进行机动调整，有效促进课堂的良性循环，形成一个良好的教学闭环。

四、展望与建议

如果没有有效的学习行为，成长和发展都谈不上，翻转课堂课程设计就是为了提高学生的学习主动性、激发自主性形象，促发有效学习行为。① 翻转课堂在业界内被认为是有效的教学方式可以提高学生知识能力素质的有机结合，增强课堂互动性，使得学习结果更具探究性和个性化。然而在教学实践中真实做到神行合一还需要很长的一段路要走。要实现教学成果具有“高阶性”“创新性”“挑战性”还需要几个方面的努力：

一是转变观念。信息时代教师角色与职能相比之前已经有很大改变，教师由原先的知识权威、静态知识的占有者转变成知识海洋中平等的首席，由被动的“教书匠”变成主动反思者和终身学习者，由原先教学控制者变成学习活动的设计者、组织者、引导者和参与者。② 社会环境的变化和技术革新驱动着教学改革，所以每个参与教学的工作者学习者都应该转变观念，把终身学习视为己任，不断探索实践，才能在教学改革中立于不败之地。

二是营造信息化教学环境。实施翻转课堂等新型教学方式客观上需要信息化的技术环境，信息化的技术环境包含软件环境和硬件环境。软件环境如学校开发制定方便易用

---

① 张金磊、王颖、张宝辉：《翻转课堂教学模式研究》，《远程教育杂志》2012 年第 4 期。

② 谢红荣、赵红霞：《翻转课堂模式下教师角色定位及转化研究》，《教育理论与实践》2016 年第 32 期。

的网络教学平台以协助教师做好整个教学课程设计。[①] 教师可以在平台是获取有效资源、管理学生资料、发布课程资料、管理学生学习行为与进行师生线上线下交流等;硬件环境如教室规划更加灵活性和智能化,桌椅可以根据教学需求移动分组,教室内有可用的信息化终端和设备,便于学生分组投屏展示等。多功能的智能设备为翻转课堂的课程设计提供了更多的可能。

三是良好的技术支持团队。翻转课堂中需要的软硬件对大部分老师来说也是一个潜在的难点,教师在整个教学课程的改革已经耗费相当的时间和精力,在制作视频、录制微课、编辑拆分长视频、剪切整理视频等方面给予技术支持以及对课堂上使用智能设备软硬件等提供培训和技术服务等方面支持都将有力推动课程改革顺利发展。

四是政策支持。高校要在教学改革中及时调整管理制度,比如给予教师课程设计自由,由教师自行决定课程内容、评价方案等。用好翻转课堂案例给予宣传,对授课内容、授课能力、授课质量等进行评价和监督。如在考核聘任等方面,制定相关教学工作绩效考核管理办法予以支持。对教改进行工作量的补偿,制定相应的教学管理制度,全面促进翻转课堂等新型课程健康有序发展,切实提高课程教学质量。

五是激励机制。组织评选年度优秀课程、开展翻转课堂教师技能比赛等,对获得奖项的课程,在课程建设与应用方面积极投入、取得良好成效的单位和教师,学校表彰并给予一定的奖励。树立典型、表彰先进,推动学校课程改革,使翻转课堂建设和应用的工作激励体系和考核制度配套。

六是评价机制。在教学评估中,建立适应翻转课堂等新型教学的评价机制,完善评价内容,更多体现突出学生学习自主性和学生素质提升方面的评价,用评价和引导相结合的方法发现问题、解决问题以评促进。[②] 对于课程质量评价办法,加大翻转课堂等新型教学的课程绩效考核权重,优化教学工作考核与评价方法,建立教学经费核拨与教学工作量挂钩等机制。

---

① 曾贞:《反转教学的特征、实践及问题》,《中国电化教育》2012 年第 7 期。

② 张乐、张云霞:《"翻转课堂"教学模式在高校思政课中的应用研究》,《中国高等教育》2018 年第 1 期。

厦大广告学科人才培养体系创新

——“四轮驱动”构建新时代育人生态

苏 文 陈素白 周 雨*

摘要:本文从为谁培养人、培养什么人、怎样培养人方面介绍了厦大广告人才培养体系的出发点,并指出高校广告本科教育的三大难点:思想道德建设薄弱、理论与实践脱节、教学与行业前沿脱轨;从思政育人、教育育人、竞赛育人和实践育人角度论述了厦大广告学科人才培养体系的探索及其取得的成绩。

关键词:广告学科;人才培养;体系创新;育人生态

1983 年 6 月 30 日,我国第一个广告学专业在厦门大学新闻传播系创办,开启了我国广告学教育的第一道大门,厦大广告学专业为中国广告事业培养了第一批学生,制订了第一个培养方案,编写了第一套教材,确立了中国广告教育的基本模式,课程设置成为国内许多兄弟院校广告专业的参考模板,因此被誉为“中国广告人才的摇篮”“广告教育的黄埔军校”。2007 年厦门大学新闻传播学院成立,广告学专业成为广告系。近几年来,随着全球化的加剧、市场环境的变迁和媒介技术的发展,广告教育环境发生巨大变化,这对新时代广告人才培养提出更高的要求。同时,国内一些兄弟院校的广告专业也发展起来,在特定的研究领域形成鲜明的定位与特色,不断赶超原有的老牌广告专业院校。在这一背景下,厦门大学广告系如何继承和发扬“黄埔军校”的广告教育积淀,发展出在大环境下能够有效运行的人才培养模式成为新时代交给厦大广告系教师们的重要课题。

一、厦大广告学科人才培养体系创建的出发点

人才培养不是纸上谈兵,要建设有效的人才培养方案必须找对培养人才的目标与着力点,这就需要回归到高校广告人才培养的出发点,只有看清楚人才培养的出发点才能有的放矢,避免出现培养的人才脱离国家需要、社会需要和时代需要。2018 年 9 月,在全国教育大会上,习近平总书记发表重要讲话,围绕培养什么人、怎样培养人、为谁培养人这一根本问题,强调教育对于国家富强、民族振兴、社会进步、人民幸福的极端重要性。高校广告人才培养的出发点实际上也就是要明确我们要“培养什么人”、“怎样培养人”和“为谁培养人”的基本问题。

---

* 苏文,厦门大学新闻传播学院助理教授,主要研究方向为新媒体广告、在线消费者行为、城市品牌。陈素白,厦门大学新闻传播学院副院长,广告学系教授,博士生导师,主要研究方向为品牌传播与新媒体效果。周雨,厦门大学新闻传播学院广告学系副教授,主要研究方向为广告语言文化、广告与艺术。

（一）广告学科要培养什么样的人

培养什么人，是教育的首要问题。在学科人才培养的目标中，我们常常将培养什么人理解为培养的人才应具有什么样的专业本领，从提高学生能力、技能上去培养人才，却忽视了学生的思政教育、理想教育与担当教育。高等院校是我国高端人才的摇篮，如果高等院校的人才培养只重视能力的培养，长此以往培养出来的人才就会出现问题。2019年3月18日，习近平总书记在学校思想政治理论课教师座谈会上进一步强调，我们党立志于中华民族千秋伟业，必须培养一代又一代拥护中国共产党领导和我国社会主义制度、立志为中国特色社会主义事业奋斗终身的有用人才。我国是中国共产党领导的社会主义国家，这就决定了各级各类学校的共同使命、教育的根本任务、教育现代化的方向目标，无不在于培养一代又一代社会主义建设者和接班人，在这个问题上，我们决不能含糊不清。

在此基础上，广告学科需要培养的就是社会主义广告事业的建设者和接班人。我们知道，广告既是一种经济行为也是一种社会行为，广告所传播的观念不仅会影响公众的消费观念，还会影响他们的价值观与生活方式，而那些轻视甚至无视国家政策方针、法律法规、伦理道德的广告作品和活动，无论再有创意都不会被社会与公众所采纳。为了提升广告学科人才的思想政治觉悟与道德情操，在培养人才的过程中就必须加强学生的爱国主义教育，培养爱党爱国、热爱新时代社会主义广告事业，具有服务意识与建设能力的有理想、有本领、有担当的人才。同时也要加强学生的思想道德教育，提高学生的实践创新能力，培养德才兼备、知行合一、与时俱进的应用性人才。

（二）广告学科为谁培养人

为谁培养人也就是要明确我们培养的人才为谁服务，这是教育的根本问题。我们培养的人才是新时代社会主义广告事业的接班人，这其实已经明确了我们是在为党和国家培养人才，为中国特色社会主义广告事业培养人才，我们培养的人才是服务于党和国家，服务于社会的。这就要求我们培养的广告学科的学生，要有强烈的社会责任感，要有服务国家和社会的意识。

首先，在教授广告相关知识和技能的同时，教师要向学生强调他们是中国的广告学子，应该在理解我国国情和文化的前提下去创作广告，借助优秀的具有中国特色的文化元素的广告创作传播中国的形象，传播中国制造的理念，传播中国品牌的价值观，让世界了解中国，认识中国，喜爱中国。这也与国家近年来“讲好中国故事 传播中国声音 弘扬中国精神”的历史使命是紧密相连的，广告在这方面可以做得更多做得更好，而我们需要培养这样为中国发声的广告人才。其次，在服务社会方面，广告不仅有商业型广告也有公益型广告，公益广告为社会发展做了很多贡献。如创建文明城市、义务献血、保护文化遗产、环境保护关爱残疾人等议题都能看到优秀的公益广告作品，它们对公众的影响是深远的，其意义甚至超过了商业广告。高校为党和国家培养人才，高校培养的广告专业学生应该服务于社会，为更美好的社会贡献自己的力量。

（三）广告学科怎样培养人

怎么样培养人也就是要明确我们如何去做才能培养有用的人才，这是教育的核心问题，也是最值得探讨的问题。在全国教育大会上，习近平总书记用“六个下功夫”归纳社会主义建设者和接班人应具备的基本素质和精神状态，即“在坚定理想信念上下功夫，在厚植爱国主义情怀上下功夫，在加强品德修养上下功夫，在增长知识见识上下功夫，在培养奋斗精神上下功夫，在增强综合素质上下功夫”。“六个下功夫”提出明确了新时代对人才的基本素质要求，前面三个“下功夫”主要是从思想政治、品德修养上对人才培养提出了要求，而后面三个“下功夫”则主要从知识技能、综合素质上对人才培养提出了要求，是新时代人才培养工作的着力点和落脚点。

但落实到广告学科要怎么样培养人，我们还必须对目前高校广告学科人才培养面临的难点进行考察，来明确我们的人才培养体系要怎么样“下功夫”。归纳目前我国高校广告学科人才培养的问题点和难点主要有以下三方面。

1. 高校广告人才思想道德建设薄弱

广告学科为社会主义广告事业培养接班人和建设者，这是广告学科人才培养的出发点。但现实当中，环顾当下的广告环境，虚假广告、广告骚扰、隐私侵犯等一系列社会问题都对广告人才的伦理和职业素质提出严正要求。由于这系列问题长期存在，广告已经成为公众眼里的干扰性信息，甚至有时候是负面信息的代名词，完全背离了我们所要发展的社会主义广告事业的广告形象。

为何会有这样的现状，归根结底是人才培养出了问题。高校是培养广告高级人才的地方，如果高校广告学科的培养只重视强调广告的经济效益，不重视社会主义广告价值观的教育，培养出来的人才就容易为了实现广告经济效益不择手段，忘记广告的社会价值，甚至违背了根本的社会伦理与法律法规。我们可以反思一下，在广告学科的入门课程中，有多少时间在进行思想道德教育，在强调广告的创意性、艺术性的同时是否也强调广告的真实性和思想性。我们往往强调广告在促进生产、扩大流通、指导消费、繁荣经济等方面的作用，而忽视了广告在建设社会主义文化和价值观方面的作用。我们应该教导学生好的广告不仅能够实现经济效益，还能够培养人们正确生活方式和美好情操，有助于宣传社会发展的观念和行为方式，这方面的教育在广告学科人才培养中应该成为重要内容。

因此，我们想要为广告正名、为广告人正名，最终就要落脚到教育上，需要将思政工作融入广告人才的培养中，以马克思主义新闻观指导广告教育，立足社会主义核心价值体系，塑造广告学子正确、健康的广告价值观。

2. 高校广告教育重理论轻实践

广告是一门实践性很强的学科，很多学生毕业后将走向各类广告公司、公关公司、企业的宣传部门、媒体机构等，这就决定了广告学科必须加强培养学生理论联系实践的能力。习近平总书记明确提出：“要坚持理论联系实际的马克思主义学风”，“反对主观主义、教条主义、形式主义，防止空对空、两张皮”。我们从中不仅可以看到坚持理论联系实际的重要性，同时也看到了反对教条主义、经验主义的必要性与紧迫性。

首先，反观现在高校的广告学科教育，绝大部分课程都是以理论为主要内容，缺少实践能力的培养。这一问题跟高校的聘用机制有着密切的关系，高校对教师的聘用主要考察教师的科研能力，对科研能力的要求还很高，需要发表学界公认的一类核心期刊文章才能达到基本聘用标准。而这些具有较高学术水平的教师往往都把时间精力都花在学术科研上，自然重视理论和学术研究，缺少在企业里面的实践锻炼，而那些奋斗在实战一线的业界专家则根本没有时间精力搞科研，不用说发一类核心刊物的文章，往往都不具有博士学历，难以达到聘用的标准。因此，高校的实践教学往往成为纸上谈兵，缺少学生亲自实践的机会与平台。

其次，高校里的教学本身就容易重理论轻实践。实践的知识与理论知识最大的不同就是其变化性，实践的知识不是长期积累的理论知识，是随着业界发展与环境的变化而不断变化的。高校教育为了控制质量，却往往要求教师根据教材来上课，甚至把不按教材上课作为一种不符合教学要求的行为，这反而打击了教师根据业界发展为学生提供前沿实践知识的积极性。教材的编写需要很多时间，等教材出版，对于广告这样不断变化的学科来说，一些知识已经过时，跟现实格格不入了，把这些陈旧的知识教给学生，又让学生死记硬背这些知识，不但不能让学生学以致用，反而会耽误学生对新知识的探索，最终导致高校教授的理论脱离业界的一线实践。

因此，在培养广告学科人才的时候，要向业界敞开大门，聘请业界专家来为学生授课，或是带领学生参加业界出题的比赛，既培养学生"顶天"也要学生"立地"，"顶天"即指拥有深厚的理论素养和解决问题的方法论，"立地"则指拥有高超的动手能力和对前沿发展的适应力，只有坚持将理论联系实际的马克思主义学风指导广告人才培养，才能实现"顶天立地"的人才培养。

3. 高校广告人才与行业前沿、社会发展脱节

我们说社会主义广告教育需要为党和国家培养人才，为社会培养人才，但身在高校的"象牙塔"往往最突出的问题就是培养的人才难以符合企业和社会的需求，这就是人才培养跟行业前沿、跟社会发展脱节的问题所导致的。

广告行业更新换代非常快，广告教育往往相对滞后，如果学生长期都在高校的教室中学习，无论怎么培养都会与社会、行业脱节。目前，社会、行业需要的人才，例如熟悉新媒体运营、掌握大数据分析、了解人工智能营销的人才，是很难在高校中培养起来的。学生没有走出高校与业界接触是难以培养符合业界需求的高层次人才的，学界常常在探讨如何培养能够快速适应行业变化的复合型、应用型人才，但如果人才不理解业界最前沿的技术是什么、业界一线的专家在思考什么样的问题、未来行业的发展趋势是什么，而是以各门成绩多少分、论文写得如何、课上是否积极回答问题来判断学生的能力与素养，离业界对人才的要求还是有很大的差距。

而要培养符合行业需求、社会需要的高层次广告人才并非易事，需要行业、企业、学校共通探讨适合的培养模式。随着互联网的发展，有些高校设立了网络与新媒体专业，希望面向新媒体时代发展培养能够适应新媒体传播的专业化人才。在设置完专业之后，更难的是怎么样培养人才，这些专业需要有相应的师资队伍、有配套的课程体系，还有可以推广的系列教材，但这几方面的建设还需不断增加，不仅要求师资要跟得上媒介变化带来的理论与实践的变化，课程体系与配套教材也要逐年更新，对专职教师提出了很高的要求。

二、厦大广告学科"四轮驱动"人才培养体系

围绕着以上广告学科要培养什么样的人、为谁培养人和怎么培养人，以及对目前广告学科人才培养的问题点，厦门大学广告系经过长期的摸索，发展出了"四轮驱动"的广告学科人才培养体系，以面向社会主义广告事业培养新时代人才。

(一)思政育人

思政育人是本科人才培养的根本。育人先育德,“立德树人”是教育的根本任务,通过思政育人,培养学生具有高尚情操、优秀性格品质、具有奉献精神、创新精神的“小德”,更具有坚定理想信念、家国情怀、民族自豪感的“大德”。为了提升当代大学生思想政治意识水平,厦门大学非常重视构建高校思想政治教育,思政育人是广告系本科人才培养体系“四轮驱动”的重要一环。厦门大学广告系通过以下三方面进行人才的思政教育。

1. 课程思政教材编写

广告系自从设立以来就十分重视课程思政教材的编写工作,把传授知识与思想教育结合起来,在教授知识的过程中注重对学生的主流价值观加以引领。为了让学生一进入专业课程的学习就受到思政教育,厦大广告系著名的广告教育家陈培爱教授担任了教育部马克思主义研究和建设工程重点教材《广告学概论》编写项目首席专家,联合其他专家主编并出版了首部马克思主义理论研究和建设工程广告学教材《广告学概论》,书中第一次完整提出“中国广告价值观”的观点,贯彻社会主义核心价值体系。《广告学概论》是新闻传播学院的新闻学专业、传播学专业、广播电视专业与广告学专业的通修课程“广告学概论”的专用教材,通过这本教材的学习,学生不仅能学到广告的基础理论与知识,又可以理解社会主义广告价值观,对学生思想政治水平的提升有长远而重要的贡献。

2. 课程思政建设

厦门大学非常鼓励各学科开展课程思政建设,厦大广告系的课程思政也走在前列,例如罗萍教授的“公益广告创作”课程以马克思主义新闻观为指导,鼓励学生参与公益广告创作,成为新闻传播学院三个专业的通修课,获得厦门大学首批“课程思政”示范课程立项。公益广告对全社会进行道德和思想教育发挥了重要作用,是广告学科课程思政的重要切入点,“公益广告创作”课程的目的是提高学生的社会责任感和思想觉悟,是广告系不断推进教学改革、重视课程思政建设的成果。

3. 思政融入实践

在学生实践方面,广告系老师们也积极鼓励、支持并指导学生参加各类公益比赛和实践。在教师的指导下,学生在各种类型思政比赛中获得优异的成绩。例如,在中国外文局举办的讲好中国故事创意传播国际大赛中,广告系学生获得二等奖。通过参与此次活动,学生们能够感受到亲身参与中国故事的创意与传播的使命感,将自己的学习实践与国家形象传播联系起来,感受到与国家共命运的爱国主义教育,加强了学生爱党爱国的政治素养。在教育部思想政治司举办的全国高校网络安全公益广告作品征集活动中广告系学生获得一等奖。公益广告创作一直以来就是广告系课程思政教育的重要课程,课程教学中教师会教授学生重要的创作技巧以传达各种公益的主题,学生在创作的过程中也会更关注公益广告所关注的社会问题,思考解决或完善这些社会问题的对策。

长期对学生的思政教育慢慢培养起学生关注社会、关注公益的意识,不管是平时上课创作的作品,还是参加各类广告比赛,学生更加关注公益广告的创作。2018 年金砖国家领导人第九次会晤期间,由外交部主办的“‘美好青春我做主’艾滋病防治宣传校园行”活动在厦门大学拉开序幕,国家主席习近平夫人、世界卫生组织结核病和艾滋病防治亲善大使彭丽媛女士亲自领导并莅临现场,由广告学系学生郑琪创作、罗萍教授指导的系列平面广告作品《预防艾滋 珍爱生命》成为此次活动中众多作品中的特邀作品，央视一套的晚间新闻也进行了展播。能够在重大国际外交场合展出公益广告作品，与厦大广告系对思政育人的重视与贯彻执行是分不开的。

（二）教学育人

教学育人是本科人才培养的核心。高校普遍重视教学育人方面的工作，以高素质师资和优质课程建设来夯实学生的素养与能力。但如何界定什么是高素质的师资、什么是优质的课程则仁者见仁智者见智，回归厦大广告学科人才培养的出发点，我们要培养什么样的人就决定了我们需要什么样的师资与课程体系。

1. 打造爱党爱国的师资队伍

教师是学生的镜子。我们要培养爱党爱国，热爱社会主义广告事业的人才，就要求我们的老师也必须是爱党爱国、热爱社会主义广告教育事业的教师。

首先，广告系 2015 年之后入职的教师全部是中共党员，这保证了教师在政治素养上过硬，政治信仰坚定。这些党员教师都在所属的系党支部中接受各项政治学习和思想教育，学院党委也要求各位党员教师能够旗帜鲜明地讲政治。其次，在每个教师的年度考核方面，政治思想和师德师风的考核也是重要部分，学术道德、个人修养、政治学习、教书育人等都是重要的考核指标，院党委每年都要对每个老师进行考核评价。这些措施要求每个教师要重视提高自己的政治思想水平，严禁在言传身教的过程中出现不当言行，同时也身体力行对学生言行身教，在平时课堂教学、实习实训中对学生进行思想政治教育，及时纠正学生的错误思想，加强学生的政治素养，培养出既具有无产阶级的世界观，又掌握专业知识和专门技术的“又红又专”人才。

2. 打造复合型师资队伍

现实中的广告业界需要的广告人才往往是“多面手”，既要懂得做市场调查，又要会新媒体文案写作，既要懂得设计户外广告，也要会计算机网页编程，这决定了高校广告学科培养的人才一定是复合型的，而要培养复合型的人才，我们需要的教师队伍也必须是复合型的教师队伍，每个教师各有专攻，一起提高学生的各方面素质与能力。

广告系在师资的配备上非常重视招收不同专业背景的专职教师，广告系的 16 名专职教师具有广告学、传播学、计算机科学、公共关系学、经济学、文学、心理学、管理学、艺术学、哲学、历史学等专业背景，其中 92.9%具有博士学位，同时所有专职教师均具有境外知名高校交流经历或获得境外博士学位，以确保这些教师在各个领域都是足够优秀的。多专业背景和境内外的高等教育经历，让教师们能够相应地讲授自己得心应手的课程，同时可以开设多学科交叉的专业课程和通识课程。不同的学科背景也意味着老师们有着多元的研究领域、研究思路、研究框架与研究方法，例如，有些老师习惯使用质化研究，有些老师习惯使用量化研究，学生在做研究时就可以根据自己喜欢的研究方向选择合适的方法，遇到研究难题时可以向不同研究领域的专业教师进行请教。经过向不同学科背景的老师学习，掌握各种不同的研究方法，学生才能成为“多面型”人才，真正成为社会所需要的复合型人才。

3. 推动广告学科的新文科建设

新文科是相对于传统文科而言的，是以全球新科技革命、新经济发展、中国特色社会主义进入新时代为背景,突破传统文科的思维模式,以继承与创新、交叉与融合、协同与共享为主要途径,促进多学科交叉与深度融合,推动传统文科的更新升级。广告是新文科建设的重要学科,广告是一门跨学科需要复合型人才,而新文科的目标就是要促进不同专业的交叉融合,培养多学科背景的复合型人才。

要培养复合型人才就要提供人才跨专业的学习机会。为了提高学生的跨专业学习机会,广告系在 2013 年与 2019 年分别进行了两次课程体系的修订与调整,2013 年的改革中,本科生一年级按专业大类培养,不分方向,二年级实行分专业培养,按学生意愿选择不同模块的专业方向。四个专业形成四个模块的专业或方向性课程,同时增加四个专业的通融性,不同专业的专业课程同时为其他专业的选修课程,因此,广告的学生可根据自己的个性、兴趣爱好跨专业跨学科选课。2019 年的改革则将本科生课程按照公共基本课程、通识教育课程、学科通修课程、专业方向课程、其他教学环节五个模块设置,在通识教育课程模块里,特别要求学生必须修满 10 个学分的跨学科课程,同时明确短学期是本科培养的重要环节,安排与专业方向相关的前沿讲座,邀请校内外学者开设专题性选修课等。经过课程体系改革,学生有了更多学习其他专业课程的机会,同时也可以利用第三学期来选修全校性选修课与聆听来自业界专家的讲座,推动广告学科人才培养往大口径、多方向发展。

新文科建设也重视新技术的融入与创新。随着媒介技术的不断更新,新媒体对广告专业的发展具有显著影响。为了提升新媒体广告方面的教学,广告系引进了多位具有计算传播、新媒体专业背景的年轻老师,以提升广告系新媒体方向的师资能力与队伍建设,同时本科生课程里增加了“数字媒体技术”“新媒体概论”“新媒体营销”“电子商务”“社交媒介与公共关系”等必修和选修课,除此之外各门课程都不同程度地增加了新媒体方面的内容,在指导学生的学业、实践、思想上体现新文科思想。

(三)竞赛育人

竞赛育人是广告人才培养的有效手段。在怎样培养人上,习近平总书记提到人才培养要在六个方面下功夫,其中就要求“要在增长知识见识上下功夫”,“要在培养奋斗精神上下功夫”,“要在增强综合素质上下功夫”,而竞赛无疑是最佳的实现平台。基于此,厦大广告学科人才培养将“竞赛育人”作为“四轮驱动”的重要环节,积极有效地推动构建健全的人才培养模式,以高效率培育出能够为社会主义广告事业奋斗终生的专业人才。

1. 竞赛增长人才的知识见识

竞赛重要的不是输赢,而是增长见识。通过参加竞赛,学生会遇见国内外不同高校的优秀选手,遇见学界与业界资深的专家学者,在跟选手们的比拼当中发现自己的优势,同时也发现自己的不足与短板,进而在之后的学习中明确自己需要弥补和加强的地方。在学校环境下,能够学习、提升的见识总是有限的,通过竞赛机制,来自全国各地甚至全球的选手都把自己最擅长的一面呈现出来,学生的眼界就会被打开,认识到“人外有人,天外有天”,同时也通过竞赛认识各位选手与评委,相互交流学习,自己的见识就能迈向更高的层次。

如今地球村已经形成,所有的人才已经不局限在国内流动而是纷纷走向国际走向世界,高校要培养的人才也不能只在国内发展,随着中国走出去的步伐越迈越快,中国高校培养的人才必然要走向国际舞台,代表党和国家展现中国高校人才的风貌与精神,同时也把国外优秀的经验与知识带回来，促进国内人才层次的提升。国家已经充分意识到培养国际高端人才的重要性，2015 年开始国家就提出了世界一流大学和一流学科建设的规划，“双一流”是中共中央、国务院作出的重大战略决策，也是中国高等教育领域继“211 工程”“985 工程”之后的又一国家战略，其目的就是提升中国高等教育综合实力和国际竞争力。厦门大学作为世界一流大学建设高校，也十分重视学生与国际接轨，培养国际化的高端人才。

在学院领导的支持鼓励下，广告系的学生也利用课余时间积极挑战国际性比赛。在厦大广告系老师们的尽心指导下，学生在国际高水平竞赛中取得了一系列骄人的成绩，为国家、为学校、学院争得了荣誉。例如，广告系学生艾菁芃在 2016 年戛纳国际广告创意节戛纳幼狮中国区选拔赛中荣获第一名，从而有幸赴法国参加戛纳广告创意节和 RH 学院的学习活动，与世界超一流的大师近距离交流。2020 年广告系五位学生组成的团队在广告系老师的指导下荣获 2020 年 ONE SHOW 中华青年创意竞赛联合国抗疫命题金奖，同时得到国际级的权威评审团的赏识，其作品被评为全场最佳作品，获得最具年轻洞察奖。这些光荣的奖项背后是广告学子年复一年积极参加国际性比赛的成果，正是学校的支持、学生的努力，才能不断提高学生的国际化水平，增加他们的国际视野与见识。

2. 竞赛提升人才的奋斗精神

奋斗是中华民族的优秀品质，习近平总书记强调，“有梦想，有机会，有奋斗，一切美好的东西都能够创造出来”，“奋斗是青春最亮丽的底色”。青年学子只有在辛勤劳动和不懈奋斗中锤炼坚强的意志品格，培养奋勇争先的进取精神，历练不怕失败的心理素质，才能始终以乐观主义的人生态度面对一切困难和挫折。

奋斗不在于结果，不在于取得多大的成就，而在于过程，在于不留遗憾的付出。奋斗者的努力付出，所呈现出来的精神面貌可以形成一种正能量感染身边的人。2017 年 9 月，由教育部与株式会社电通主办的第三届“电通・创新人才培训营”在苏州举行。来自电通的导师在两天时间内集中授课，学生在 24 小时内集中提案，整个活动强度大、对小组合作要求高。在最终的创意项目提案环节中，由陈素白教授带队的六位广告系学子组成的厦门大学团队获得全场唯一“优秀奖”，其余七所高校团队获得“创新奖”。日本电通的创始人吉田秀雄提出鬼十则作为电通的企业文化：“自主寻找，积极做事，做大事，目标放在困难工作上，决不放弃，争取主动，要有计划，自信，让头脑时刻转动，不怕摩擦。”这十则是电通人做人做事的原则，与奋斗精神是共通的。厦大学子在参赛过程中展现出来的奋斗风貌，六位学子有幸获得前往日本电通总部交流访问的机会，这也是国内广告学子首次受邀前往电通总部参观访问。

奋斗者，人恒敬之。培养学生的奋斗精神，不仅可以让学生看到自己有多优秀，也可以让学生感受到一种积极向上的精神力量，从而养成坚持奋斗的习惯。我们常看到竞赛中残酷的一面、竞争的一面，但竞赛最重要的不是结果而是过程，重要的不是成功而是成长，让学生在竞赛中提升奋斗意识，是培养健全人才的重要方法。

3. 竞赛提升人才的综合素质

竞赛对人才综合素质的提升是很重要的。在高校的课程学习中，学生总是单独地去学习各门课程，考试也只是针对这门课程的内容进行考核，但竞赛则不一样，竞赛的题目都是非常灵活结合实际的，一个问题的解决往往需要多门课程，甚至多个专业的不同知识，同时也需要学生具有出色的逻辑思维能力、判断分析能力以及综合应用能力，对学生的素质要求是全面的。

全国大学生广告艺术大赛（大广赛）是由教育部高等教育司指导的全国高校文科大赛，也是迄今为止全国规模最大、覆盖高等院校较广、参与师生人数多、国家级大学生赛事。赛事的所有选题均面向社会征集，将企业营销的真实课题引入比赛，广告实践有了更广阔的舞台。厦门大学新闻传播学院为福建赛区的承办单位，自第一届就积极组织学生参与，并将广告策划、广告视觉设计、视频广告创作等专业课程的作业与比赛结合起来，让学生自由组合参赛团队，通过一学期的课程学习与指导来打磨参赛作品，在与同班同学共同提案与教师的指导评价中，不断提升自己的综合能力和团队协作能力。经过老师的指导和学生们的努力，厦大广告系学子在多届大广赛均取得了优异成绩，在平面类、策划类、视频类作品获奖良多。

竞赛是学生在走出校门之前，能够最直接、最有效地提升自己的实践能力和创新思维的途径，是培养与时俱进的应用性、复合型人才的重要一环。如同大广赛的宗旨“促进教改、启迪智慧、强化能力、提高素质”，竞赛育人可以将竞赛机制纳入实践教学与人才培养中，以竞赛为驱动力推动人才培养。竞赛能够全面锻炼学生的合作意识、拼搏精神、信心、勇气、意志力等综合素质，同时使学生利用专业技能针对性地解决问题的能力得到强化训练，增强了人才的专业竞争力，使应用型人才培养的理念得到落实体现。

（四）实践育人

实践育人是广告人才培养的根本途径。费尔巴哈说：“理论所不能解决的那些疑难，实践会给你解决。”理论来源于实践，实践是检验真理的唯一标准，实践也是推进理论发展的根本动力。习近平总书记强调指出，要“坚持实践第一的观点，不断推进实践基础上的理论创新”。在长期的应试教育环境下，当代大学生普遍存在重视向书本学习，忽视向实践学习的问题，而最终导致学生实践能力弱化，实践能力培养不能完全适应社会主义广告事业建设的需要。因此，实践育人应成为高校育人工作的重要组成部分，厦门大学广告系将实践育人作为学科人才培养的重要一环，以提升学生理论联系实际、实践引领理论创新的能力。

1. 与知名企业打造实习基地

学生的实习实训是人才培养的重要环节，为了打造学生的实习基地，厦门大学新闻传播学院与国内主流媒体、新媒体、国际知名广告创意公司、品牌传播机构等合作通过设立实习实训基地培养人才。现在校级实习基地有 38 个，涵盖权威和主流媒体、新媒体、国际知名广告创意公司、品牌传播机构、大型国企和事业单位等。

厦大广告系始终也十分重视专业实践教育，重视学生实习实训，强化实践教学环节，与国际知名企业和资深院友企业一起打造学生的实习实训基地。2007 年厦门大学新闻传播系从人文学院中独立出来，成立新闻传播学院，建立同年就与奥美亚太区签订了建立实习基地的协议，在北京、上海、广州及福州分部设立实习基地，每年第三学期与暑假，派四年级本科生和二年级本科生前往实习基地实习。另外，学院与“英扬传奇”“华扬联众”“天进”等广告创意机构，凤凰网、东方卫视等知名媒体，网易、腾讯、阿里媒体集团等知名新媒体公司合作设立实习基地。其中，有些实习基地的建立得力于广告系培养的学生，例如“天进”的董事长冯国英、“英扬传奇”的董事长吕曦都是广告系培养出来的广告人才，这些优秀毕业生不断反哺广告系，不仅提供了学生实习实训的基地，也为企业输送了大量优秀的可塑性人才，让育人环境良性循环。

2. 通过实践服务学校

“一屋不扫，何以扫天下”，学生实践活动最开始的舞台不是社会而是学校。我们要培养爱党爱国、服务社会主义广告事业的接班人，就要从培养爱校荣校、服务学校发展的学生做起。学校是学生走出家门进入校门的第一个社会，学生如果在学校里面不爱校，不把学校当做自己的家，走出校门进入社会也难以养成较高的社会责任感。没有社会责任感的人容易形成自私自利、功利主义的品性，不愿为他人、为事业无私奉献，就更难以说服务社会，服务党和国家了。

因此，社会实践不一定都是校园外的实践，对还不是毕业班的本科生来说，做好服务学校的实践活动比起服务企业的社会实践活动更有意义。广告系学生参与的实践项目有很多是服务学校的。例如，学院 2007 年成立的公共传播战略研究所配合“活动营销”课程，在厦大校庆 97 周年之际策划了“我在厦大折纸船”活动，宣传了厦门大学“嘉庚号”科考船（厦门大学是中国大陆综合性大学中第一所拥有自己的全球级科考船的高校），活动既提升了厦大学子的荣誉感与自豪感，也激发了学生们的爱校之情。而年年举办的厦大食堂“美食评选活动”，则由厦大学生评选厦大 9 家食堂的美食排行，不仅让学生感受到学校在餐饮上为学生做出的努力，也增强了学生的主人翁意识，培养学生的感恩之心与爱校习惯。这些活动虽然不需要高深的专业技能，但能够培养学生最基础的热爱社会、感恩社会的意识，增强学生的社会责任感与服务意识，这是今后学生通过实践服务社会、服务国家的基础。

3. 通过实践服务社会

习近平总书记指出，“只有聆听时代的声音，回应时代的呼唤，认真研究解决重大而紧迫的问题，才能真正把握住历史脉络、找到发展规律，推动理论创新”。如果实践不能解决现实问题，那么实践就缺失了方向与意义。厦门大学新闻传播学院设立有多个研究基地和研究所，这些机构都会帮助学生与业界接触，通过工作室模式，将业界实习和实践项目引入学校。

在学生参与的创新创业大赛等项目中，学生所做项目也直指现实所需，服务社会、服务国家。比如，在大学生创新创业项目中，学生们用短视频为革命老区古田的芙蓉李进行直销带货，创作互动游戏进行“抗疫”宣传等，以学生的视角和关切，为国家、社会的热点问题提供自己的解决方案。有些项目关注当地发展，例如，对厦门市户外广告进行调查，对厦门曾厝垵的旅游资源进行整合、为厦门市消防品牌建设出谋划策、对厦门 BRT 受众进行调查等，这些项目从自身所学的专业知识和技能出发，向当地发展贡献自己的实践成果。而随着网络的发展，学生们对新媒体实践有更强的兴趣，例如，“厦易站”二手交易平台、“厦一周”大学生交友平台等实践项目的执行，为学生理解互联网应用、理解网络商业模式提供了机会，也为学生未来的互联网实践奠定了基础。指导学生参与这些项目，学生可以不断提升理论联系实际的能力，也不断增强服务国家、服务社会、服务人民的社会责任感。

三、结语

厦大广告具有辉煌的发展历史，“四轮驱动”的广告学科人才培养体系是厦大广告系继承原有的人才培养体系，在厦门大学与新闻传播学院的支持下，面向新时代党和国家的社会主义广告事业人才培养方针下进行的创新性探索成果。厦大广告学科“四轮驱动”人才培养体系的目的不是形成固定的模式或机制，而是从长期的培养人才实践中总结摸索出来的模式，目的是形成一个教书育人、成长成才、创新创业相互促进、平衡发展的生态环境，让每个学生在这个生态系统里都能发挥所长，不断探索成长边界，并且反哺系统，共荣共生。未来，厦大广告系也将在国家建设“双一流”重大战略决策与教育部建设“新文科”重要战略部署下继续探索更健全、更科学的广告学科人才培养体系，为新时代我国广告人才培养提出厦大方案。

发挥实验课在创新人才培养中的作用*

张连茹**

摘要:当前的疫情以及变幻的国际形势,对创新型人才的需求比以往任何时候都更加迫切。无论是技术创新还是基础理论研究,都离不开科学实验。回顾现有的科学与技术,尤其是生命科学各学科的发展历程,无一不是建立在反复实验的基础上。人类不断面临着疾病、气候变化、粮食短缺以及自然灾害等各种挑战,对技术产品的需求也永无止境。这些问题的解决都需要科学实验的支持。而本科实验教学是学生获取实验技能,培养科学精神和科学态度,养成良好实验习惯的最有效的途径。高等学校如何加强实验课教学以充分发挥其在人才培养中的作用,是高校教学改革必须思考和解决的问题。本文在将对国际环境,国内现有的人才培养模式以及高等学校的教学现状分析的基础上,提出本科实验课教学改革适应创新人才培养的新模式和新思路。

关键词:本科实验课教学;创新人才培养;教学改革

一、引言

目前,我国的人才培养模式与社会对高层次创新型人才的需求间的不匹配,已经引起了广泛的关注和深度的思考。前有"为什么我们的学校总是培养不出杰出的人才?"①的钱学森之问,后有人用"内卷"来形容当下教育中的拔苗助长之风日盛的现象。尽管如此,我们不能忽视,自新中国成立以来,我国的高等教育经历了从无到有、从零星分布到遍地开花的繁荣景象。培养的人才已在政治、经济、社会生活以及科学研究和工农业生产中发挥着重要的作用。但是,由于我们的高等教育起步晚,基础相对较薄弱,我们现有的人才培养模式,基本是延续定式思维为主或者以模仿为主的教学模式,教学理念、教学方式方法多借鉴国外的理论和经验,缺少具有指导意义的教学理论,同时也缺少致力于教学研究和教学理论有所建树的教育家。在这种思维定式较难实现突破的情形下,很难培养出杰出的人才。②

面对当前的国际形势,对创新型人才的需求比以往任何时候都更加迫切,而创新型人才的培养离不开科学实验。2019 年年末,当新冠肺炎疫情出现的时候,首先需要做出快速

---

* 基金项目:本文获得福建省科学技术协会科技创新智库项目(FJKXA2001)支持。

** 张连茹,女,厦门大学生命科学学院教授,主要研究方向为微生物药物。

① 《温家宝:钱学森之问对我是很大刺痛》,http://news.cntv.cn/china/20100505/101693.shtml,访问日期:2020 年 4 月 8 日。

② 杨雄:《AI 时代"教育内卷化"的根源与破解》,《探索与争鸣》2021 年第 5 期。

的诊断，而这无疑对病原微生物的检测提出了更高的要求，而当病毒被确定后，又需要对病毒的序列、结构进行分析，从而对其带来的传染和可能导致的大流行进行科学预测，以及可能采取的治疗和防御措施。而所有这一切，光有理论推测显然是靠不住的，只有通过科学实验，获取病毒样本，进行分析检验才能为后续的诊断和治疗提供依据。理论固然重要，实验是检验真理的标准。①

回顾现有的科学与技术的发展，尤其是生命科学各学科的发展历程，无一不是建立在反复科学实验的基础上。没有科学实验，不可能战胜病毒；没有科学实验飞机不可能上天；没有科学实验不可能有原子弹、氢弹、导弹的成功发射；没有科学实验更不可能有今天的信息技术的高速发展；没有科学实验也不可能奠定各个理工科的学科基础。

风云变幻的国际形势下，作为高校教师，我们不仅要思考如何教好，更要思考如何让学生学好，如何激发学生的创新思维，将零散的技术方法的学习，转化为解决问题，创造产品和创新的本领。

二、教学现状与存在的问题

无论是技术创新还是基础理论研究，都离不开科学实验。而本科实验教学是学生获取实验技能，培养科学精神和科学态度，养成良好实验习惯的最有效的途径。但是，在高等学校的理工科教学体系和教学设计中，普遍重视理论课而忽视实验课教学。首先，在课程总体设置上，理论课偏多，而实验课偏少；其次，在教师安排上，高层次人才几乎均被安排理论课教学的主讲任务，而很少担任实验课教学的主讲教师；最后，在教学考核中，更看重理论课时而忽视实验教学的课时。不仅如此，长期以来在实验课教学中教学模式均由教师决定，没有考虑学生的需求，似乎也忽略了社会已经不再是原来的经济水平。

实际上我们的教学，或多或少地存在着滞后的知识与不断面临新问题之间的矛盾，需求解决的无限多的问题与所学的知识的有限性的矛盾，保守的教学理念与教学模式与日益发展的科技不相适应的矛盾，教师知识单一与多学科多维度需求之间的矛盾，教师以有限的视野划定知识重点与社会需求之间不均衡的矛盾，实验技能的在校学习与服务社会、创造创新之间脱节的矛盾。

而现实也充分说明，忽略实验技能在创新人才培养中的作用，将会出现有好的操作系统但却没有支持系统运行的高端芯片，有好的疫苗设计生产方案却缺少相关的技术与材料的支撑。② 在过去很长一段时间，包括一流高校或科研院所在内，科研方向受国外仪器设备和试剂供应的牵制，国内的科研缺少自己的创新。比如，进口了流式细胞仪，蜂拥而上的细胞凋亡的研究，进口了电子显微镜和共聚集显微镜，于是又跟风出许多研究。一流的高校或科研院所，投入大量的科研经费，用于购买进口的高端仪器、设备和器材，用于发表论文，然后再申请经费再购买更高端的仪器设备……而忽视了依托于仪器设备及器材本身的原始创造的创新以及创新人才的培养。

---

① 张高旗、郭明俊：《“实践是检验真理的唯一标准”三题》，《延安教育学院学报》1998 年第 4 期。

② 苏锦锋、景璐、邹文欣：《我国新型冠状病毒疫苗研发生产分析：以灭活疫苗为例》，《华南预防医学》2021 年第 7 期。

三、教学改革势在必行

高等学校如何加强实验课教学以充分发挥其在创新人才培养中的作用，是高校教学改革必须思考和解决的问题。

我们主张以模拟科研的过程开展实验课教学，而科研需要从选题、方案设计、材料的准备到实施以及结果的分析、撰写总结报告等全过程，而这通常也是解决现实问题以及理工科知识来源的主要途径。

以往的教学中，学生被限定在教材或老师确定的大纲或考点中，学习内容与考试关联度高，从而导致学生走出校门后，面对纷繁复杂未解的各种社会问题和科学问题的无限性与在学校所学的有限知识间的矛盾。任课教师如何在有限的学时中帮助学生化解这种矛盾已成为教学改革的主要命题和核心思路。传统的教学理念和教学模式，限定的教材内容中很难解决这种矛盾。无限对有限似乎难以跨越，为此，我们提出学生课堂、学生参与教学的学习主体教学新模式。旨在激发学生的学习动因、启发学生积极思考以及分析解决实际问题的能力。教会学生正确的学习方法，尤其是分析解决问题的方法。

通过学生参与教学、师生共同教学，形成平等与互惠的学习共同体。教师为学生在校学习时创设面对问题的环境和情景，使学生的学习过程就是发现或提出问题，分析解决问题的过程。

四、改革的思路

从教学理念到教学过程的实施以及教学方法的运用到教学评价等多方面开展，加强实验课教学。

（一）教育、教学理念的改革：加强实验课教学提升学生的创新创业能力

首先，应该认识到加强实验课教学是提升学生的创新创业能力的有效途径。我们在指导学生大创项目，甚至是学生的本科毕业论文的过程，体会到学生基本实验技能需要进一步加强，比如显微镜观察微生物，学生会找不到目标物（而显微镜的使用在普生、微生物及细胞实验中都有使用过，但是学生还是不能区分目标物和杂质）。因而是时候转变观念，发挥实验课教学在学生能力的培养中的作用。

其次，要通过创设相应的选题等使学生清楚所学的实验技能可以系统地解决哪些科研和生产中的实际问题，并创设环境，让学生具体地开展相关的课题研究。形式可以是实验课堂或后续的科研训练等。在这个过程中培养学生科研思路和科研能力（包括实验方案的设计尤其是对实验结果的分析和讨论）。面对当前的疫情，各个学科的实验课都可以联系实际开展教学，比如，微生物学与免疫学实验课，病毒本身属于微生物范畴，如何认识并加以控制微生物学实验课应该有所涉及。而对于疫苗及抗体的检测，免疫学实验应该有所涉及，不仅如此，还应该鼓励学生，思考检测或预防病毒的可能的新方法和新技术，并创设条件鼓励探索。公卫等则可以从流行病学进行分析预测，而如其他化学或物理学科的实验，则可以结合学科的特点，针对问题开展药物或消毒剂，传感器等的引导启发教学。

此外，要激发学生对解决生产科研中的实际问题以及对未知探索的兴趣并积极为学生的探索提供帮助，即注重以学生的视角，注重其新想法和新观点的探索和实现，提升学

生对实验结果的分析解读能力。教师不光要教自己知道的知识和技能,更重要的是启发学生探索掌握老师不知道、书本上也没有的知识和技能。

总之,实验课程至少要使学生掌握相关学科的实验技能体系的基础上,引导学生提出问题,并尝试用所掌握的技术方法去解决实际中的问题。

不仅如此,可以实行对实验技能学习的负责制,比如在科研训练时如发现学生的微生物学实验技能未能很好掌握,则课程负责老师有责任辅导或帮助学生掌握或完成相关的实验。

长期以来,我们的教学模式都由教师来决定,没有考虑学生的需求。学生多数是被动的学习,被动接受知识。互联网大数据的信息时代,教师的责任应该是如何激发学生内在学习动力,师生以一种平等共享的心态获取知识,探索知识对解决现实问题及其未来发展的无限可能。因而,要在教学理念上彻底改变,让学生参与到实验课教学,让教师为学生创设情景式的学生课堂。而教学理念的改变是从思想上认识到我们的教育教学模式在人才培养方面已落后于时代的发展,只有在教学理念紧跟时代的步伐并结合先进的教学手段和高效的课堂管理才有可能实现质的飞跃。

(二)课堂管理与教学手段

学生在校学习以课堂学习为主,因而高效的课堂管理与先进的教学手段结合,是实现先进教学理念、创新育人的重要途径。

传统的课堂管理,以教师的组织教学为主,教学手段也可能是多样化的。然而,基本上是围着教师的指挥棒转的。学生的学习内容被圈定在教师指定的教学内容中,学生的测评也限定在教师的固定答案中。通常是教师教什么,考试就考什么,而学生也按照固定的答案回答,就皆大欢喜。由此模式培养出来的学生,一旦走入社会,面对社会给出的各种难题、偏题、怪题甚至根本找不到答案的题目,对于思维固化的学生如何能回答得了。缺乏独立思考和创新的思维。试想一下,以我们教师有限的知识和思维在课堂上为学生划出的所谓重点知识,学生如何能应对科研或工作中即将面临的各种挑战和各种难题?与其告诉知识,不如创设学习环境,让学生学会面对各种问题,通过科学思维和科学实验把所学的知识应用到问题的解决中,并在问题的解决中发现新的问题。

而学生参与实验课教学、参与课堂,教师成为实验教学的组织者和管理者。发挥学生学习主体的作用,相应地改变教学手段。由于线上资源的引入,教师鼓励学生参与实验课堂教学,师生成为一个学习的共同体,使课堂成为师生共同参与互动的课堂。

(三)教学媒体与教材

每门课程都需要有最基本的知识体系,而教材就是课程知识体系的最好载体。传统的教学通常以纸质版本的教材为主。教材的编写可以是统编的,也可以是授课教师根据自己多年的教学经验和教学体验以及科研工作的积累而组织编写完成。但是,不同版本间的教材常常存在着互相借鉴、互相粘贴等情况,或者是由英文原版教材翻译而来。不仅如此,实验教材几乎都以同样的模式出现。由于实验课实际上就是针对问题进行解决的类似科研的思路,实验教材或理工科的教材完全可以以实验项目的形式完成,首先是背景知识,存在的问题,想要解决什么问题,采用什么方法去解决问题,具体的方案,用到的器材、试剂等,实施的步骤,可以预测的结果等,以及对于结果的分析处理和讨论。而我们现在的实验课基本上都是教师提前准备好试剂材料，教师讲解，学生开始做实验。正如做菜一样，如果不了解备料的过程，很难完成一道菜，而学生将来走向社会，实际上要面对的不是备好料后，完成炒制的过程，而是要从备料和准备菜谱开始。因而，教材和教学要做出相应的调整。

现代信息技术为实验教学的直观可视和在线学习、实验提供了多种可能，如我们已建设有在线开放课程资源(包括微生物学与免疫学实验)。建设有虚拟仿真实验教学项目①，对于那些高成本，操作难以掌握且周期长的实验，如扫描电子显微镜和电子显微镜用于微生物的形态结构观察的实验，我们则通过虚拟仿真的形式呈现操作步骤，并且结合微生物的形态结构观察，建立完整的实验。而对于如具有高致病性和传染性的乙肝病毒，为了让学生以实验课的形式开展对于结构解剖以及病毒入侵感染的操作，我们也建设有虚拟仿真实验教学项目。不仅如此，对于当下流行的新冠病毒，我们适时构建了 spike 基因与新冠疫苗设计的虚拟仿真实验教学项目。一方面可以用于教学，另一方面可以用于学生的深度学习。由于实验课教学手段的多样化，学生成绩评价也应调整。

(四)学习效果的评价

采用线上与线下，理论与实践，平时与期末考试，指定实验与学生自主探索相结合的综合多维评价模式。全面评价学生的学习成绩，而且加大平时学习考量的比重。

学生的学习效果或成绩的评价，除了参考一般的考试成绩，对于学生参与教学的部分，则可以不考核或区别考核的方式。即每小组根据自己在参与教学时对相应内容的掌握程度，可以申请免考核相关的内容。考虑到师生对已经习惯的教育、教学模式比较适应，对参与教学改革的教师的教学效果的评价，短期内应该采取较宽松的评价机制。如果在大部分教学都是原有模式的基础上，学生一开始可能较难适应，因而建议在改革的初期，需要对学生以及同行的评价，采取较客观的态度，以对教改项目实施和进程的督促检查代替单纯的教学效果的评价。

(五)实验课改革的创新与特色

在教学理念上，牢牢把握育人方向，融入思政元素。在教学形式上，针对以往的教学，学生只是参与对知识的学习、理解和记忆，教师输出，学生输入。而我们的实验课教学改革，源于学生参与科研，提出学生参与实验课教学，提升了学习主体的地位，等于学生参与知识获取和发现的全过程。师生共同面对问题，提出解决方案，并参与实施。在教学内容上，增加学生自主探索实验，充分考虑学生的需求并与社会需求接轨。正如考驾照如果没有路考学习体验，很难了解真实的驾驶情况。在学生评价方面，多维度的评价方法，更加注重能力培养和评价。在教学手段上，互联网与信息技术的融入，为多渠道获得知识成为可能，学生可以通过网络学习、同伴间互学、个性化学习，课堂学习等多种学习途径获取知识，由此提出师生平等与互惠的学习共同体，通过学生参与教学、师生共同学习，形成平等与互惠的学习共同体。教师以学习的引领者和知识架构的组织者，通过创设情景式教学，

① 蒋丽施、陈艳、王娟、康晋梅、张颖：《现代信息技术支持下虚拟仿真技术在食品微生物学实验教学中的应用》,《轻工科技》2020 年第 12 期。《鼻喷流感病毒载体新冠疫苗的设计与评价》,http://www.ilab－x.com/details/2020? id＝5848&isView＝true，访问日期：2020 年 4 月 8 日。

像侦探还原现场一样，探究科学原理与知识。让学生有沉浸感与融入感，从学习中获得分析与解决问题的能力，为人才培养与社会需求之间架起一座交互沟通的桥梁。

五、实验课教学改革的思考与问题

要勇于改革，在这样一个百年未有之大变局的国际形势下，一定要解放思想，深入思考高等教育教学改革的思路和方向，结合课程的实际进行有益的尝试，大胆进行改革，但在实施过程中要认真落实。

要善于总结，好的改革思路或改革方案在落实之后，一定要注意总结，把实际教学中的经验加以及时总结，以便于推广应用。无论是教学内容还是教学的组织形式，应该翔实记录并撰写报告。

要相信学生完全有能力在教师的正确引导下，完成自主学习，自我提升，而教师一定要为学生自主学习创设机会和合适的场景。学习场景的创设，可根据课程的内容进行设计或结合学生的课外实践。

要更新教师的传统教学观念，要从单纯的知识传授型教学，完成任务型教学转变为以学生为中心，以育人为目标，激发学生的潜能和创造力为主，兼顾学生个性化特点的新型的教学模式。

要注重学生探索精神的培养，我们现有的模式基本上都是注重学生对文献的解读，这有可能会固化学生的思维，使之自然而然地以模仿而不是独创的精神去开展科研，建议应该充分发挥青年才俊，思维活跃，充满好奇心和探索精神的特点，通过定期组织以相互交流新想法、探索新思路和新切入点的沙龙等形式，点燃学生创新的火种。

教师一定要提高认识，教书育人应该是教师最大的科研项目和最核心的工程，学生应该是教师最得意的作品，因而必须给予足够的重视。

如果我们高校的每一位老师都能如积极申请国家及省市级科研项目一样地组织教学，如思考科学问题一样，思考实验课教学改革的方向，让实验课教学发挥其在创新人才培养中的作用。我们的高等教育一定非常出色，必将培养出一大批品学兼优、勇于担当的创新型人才。

基于学习迁移理论引导学生进行有效的对比学习

任雪畅*

摘要:如何培养学生在新情境中快速地运用已有知识解决新问题,应该是每位高等教育工作者需要思考的关键所在。鉴于普通物理课程在理工科教学中的重要地位,结合具体教学实践和学生实际反馈的困扰,本文以教育心理学的研究结论为依据,引导学生进行有效的对比学习,探索如何实现从中学物理知识到大学物理学习的有效迁移,甚至是尽可能实现其他学科相关知识与普通物理课程学习的正迁移。

关键词:普通物理;学习迁移;对比学习;教学实践

为响应教育部提出的以建设面向未来、适应需求、引领发展、理念先进、保障有力的本科一流专业为目标,本文围绕"普通物理"中力、热、电、光等各门课程的建设开展了相关的教学研究工作。

根据全国第三批启动高考综合改革试点的8个省份实施"3+1+2"选考科目模式的高考综合改革的实际背景,参考《普通高校2021年拟在闽招生本科专业(类)选考科目》,本文以从学生中实际获取的反馈信息为研究基础,调整现有学科课程教学体系,研究符合厦门大学招生情况的教学内容、教学方法和教学程序。使之更好地配合"大类招生、大类培养"的人才培养模式,满足学生的菜单式学习需求,引导学生进行有效的对比学习,促进"学习迁移"的发生。

"学习迁移"理论是20世纪以来教育心理学的研究热点,特指前一种学习经验对后一种学习效果的影响或者后一种学习对前一种学习的反馈。[①] 学校不可能将所有的知识技能都传授给学生,所以必须使学生具备迁移的能力,方可灵活运用所学的知识技能来解决新问题,或在新情境中快速地进行学习。为此我们应该研究怎样的教学方式才能够培养学习者具备更好地"学习迁移"的能力。

鉴于中学物理课程的教学内容已然粗略涉及了力学、热学、电磁学、光学、原子物理学和原子核物理学等多个物理学方向,那么大学阶段普通物理课程的目标是通过对其中基本概念、遵循原理和相互联系的科学发展规律进行有针对性的教学活动,令学生对这些内容的有一个更全面、更高屋建瓴的认知,提高学生的理解及应用水平。本文将以教育心理

---

* 任雪畅,女,浙江宁波人,厦门大学物理科学与技术学院副教授,主要研究方向为光全息与信息处理技术。

① 莫雷:《教育心理学》,教育科学出版社2007年版。曹宝龙:《学习与迁移》,浙江大学出版社2009年版。

学的研究结论为依据，基于“学习迁移”理论，探索如何实现从中学物理到大学物理教学的有效迁移，甚至是尽可能实现其他学科相关知识对大学物理课程学习的正迁移。我们提出教授者在教学活动中应该着重强调学习迁移的特征，有效利用学习者的迁移定势作用，做好随时将已学的知识经验迁移到新场合的心理准备状态。[①]

“定势”是由先前的心理活动所形成的一种准备状态，它决定着同类后继心理活动的趋势。定势这个概念最早是由德国心理学家缪勒和舒曼于1889年在概括重量错觉实验的基础上提出来的。[②] 该理论认为，一定的心理活动所形成的准备状态影响或决定着同类后继的心理活动的趋势，即人的心理活动的倾向性是由预先的准备状态所决定的。在学习过程中，定势可能促进学习迁移，也可能干扰学习，产生负迁移。由此，我们考虑应用对比的方法，来排除学生在学习普通物理课程过程中所出现的干扰现象，更好地实现对中学教学内容的衔接。

此外，我们知道讲授法是目前运用最广泛的一种课堂教学方法，它能充分发挥教师的主导作用，有助于控制课堂，掌握教学进度，发挥正面教育和教学的作用，对学生直接传授知识，能容纳大量听众。但同时也有一个最大的缺陷就是学生的反馈活动较少，无法在教授者和学生之间建立有效的沟通渠道，学生无法积极地参与到教学活动中来。因此，教授者就无法根据学生对所学知识与技能的掌握情况，及时地来调整教学程序和教学步骤。所以我们也采用了网络问卷调查的形式来向学生了解情况以及征询意见搜集信息。此前，我们初步对两个各由50位学生组成的大学一年级和二年级的班级进行了调查，问题的答案设计成主观的、开放式的。经过一个学期的收集工作，我们获得了88份有效的反馈资料。本文参考主体因素，即学生的真实学习感受和体会，从三个方面来具体研究如何更有效的实现普通物理课程学习的正迁移。

一、极限、微观的积分思想

教学过程中应首先解决微积分给学生带来的困扰，让他们能够学会从表面的定义和概念探寻其背后深层的物理意义以及各种极限、微观的积分思想。“极限”是大学阶段物理课程中的一个基础概念，但也是学生首次接触到的。它是一种思想，正是由于这样一种思想的诞生，人们解决了许多在实际生活中不能解决的问题。自然界中有许多量仅仅通过有限次的算术是计算不出来的，而必须通过分析一个无限变化过程的变化趋势才能得到结果，这正是极限概念和极限方法产生的客观基础。所以，没有极限的思想，就不能理解现有的微积分理论。应用极限方法研究各类变化率问题和几何学中曲线的切线问题，就产生了微分学；应用极限方法研究诸如曲边图形的面积等这类涉及微小量无穷积累的问题，就产生了积分学。另外，对连续、可导、可积等概念的引出均是以极限思想为基础的。

（一）如何“理解”微积分

首先，是微积分的提出给学生们接触力学概念时带来很大的困扰，高中阶段在学习过程中只是给出了一个“微元”的概念，浅尝辄止。而大学物理教材上出现的很多公式都是

---

① 李博黍、燕国材：《教育心理学》，华东师范大学出版社2001年版。

② 伍霞、程利国：《论潜意识情绪的存在及其意义》，《社会心理科学》2005年第3期。

直接以微积分的形式表示的，而学生并不是很理解微积分所表达的概念，如果教授者不用适合学生理解力的语言解释一番，学生表示很难理解公式，更别提如何掌握该公式的具体应用情境了。

例如，很多教材在“气体动理论”章节中讲述“三个统计速率”时，对于“平均速率”，定义时只用“大量分子运动速率的算术平均值”描述了一句，学生表示虽然定义里面的每一个汉字都认识，但是连起来就无法理解其中要表达的含义。接下来的公式：

$$\bar{v}=\frac{\int \infty_0 v dN}{N}$$

学生表示无法知晓这个积分所表达的物理意义。所以考虑在教授类似涉及微积分的公式时，需要在课堂上跟学生解释为：

$$\frac{v_1 N_1+v_2 N_2+\cdots+v_n N_n}{N_1+N_2+\cdots+N_n}$$

并且用语言进行适当的循序渐进的解释，让学生能够理解这个积分形式是如何设计出来的，以便学生在遇到无限多个求和问题时能够更快更好地领会其中的物理含义。

(二)如何“构造”微积分

刚刚学习完“数学分析”中微积分工具的学生还不能自如地构造微分和积分计算。而普通物理课程中的例题和习题解答基本都要应用到微积分工具。对于他们目前来说只能对微积分进行求值，而实际解题中是需要能够准确地构造出相关的微分和积分关系的。

在此，这个“构造”的能力应该是最基础、最重要，但也恰恰是最难的，需要在课堂上让学生进行充分的练习，给以一定的引导，以便学生能够独立完成构造的步骤。否则学生就会仍旧采用高中物理课程中所学到的瞬心法、求导法和微元法等变相的解题技巧，而不是真正意义上的利用微积分工具来思考和分析问题。

例如，在“质点运动学”章节里，典型的习题都是给出速度 v、加速度 a 和时间 t 之类的条件求解路程 s，学生很习惯还是采用高中的计算方法来求解这一类的关系。而当他们看到“$s=\int vdt$，$v=\int adt$”这些积分的关系式时，表示无法理解，更别谈如何独立构造了。

由此，本文提出采用“对比”的方法，来排除高中方法在学生学习大学物理课程过程中所出现的干扰现象，更好地实现对中学教学内容的衔接，以完成从高中知识到大学知识的提升。本研究根据著名心理学家卢钦斯[①]的理论，为了排除定势的消极影响，采取两种办法：①请固守中学解题方法处理问题的学生说出为什么要这样做，然后让他来考虑是否有其他的方法可用；②如果尝试无结果，可稍停一个阶段，等待整个章节结束的复习阶段。这样可能打破某些特殊的定势，从而给学生一定的思考时间来熟悉微积分工具，找到区别于旧方法的新途径和新方法。而不会出现类似于现在有些学生谈论的“大学阶段学习物理是在重复中学物理的内容，在做无用功……”

---

① A. S. Luchins, Classroom Experiments on Mental Set, *The American Journal of Psychology*, 1946, Vol. 59, No. 2, pp. 295-298.

二、矢量概念和矢量运算

中学阶段有关矢量的教学内容基本是围绕点乘、叉乘和平行四边形法则等数学上的矢量运算等，而对于真正物理范畴的矢量概念涉及甚少或讲述得不够透彻。因此教授者在谈到标量和矢量定义的时候一定要详细而明确地描述清楚从标量到矢量的过渡与区别。

正如教育心理学研究指出，学习迁移是指一种学习对另一种学习所产生的影响，影响可以是先前对后继的，也可以是后继对先前的。可以是积极的影响，例如自行车的骑行经验对于学习骑摩托车，也可以是消极的干扰，例如打羽毛球时的压手腕动作对于学习打网球时所要求的手腕动作。即先前学习能促进后继学习，或是先前学习阻碍和干扰后继学习。在这里，各种标量的物理概念属于先前学习，而后续课程所提出的矢量概念和相关等内容属于后继学习。

（一）矢量表述的意义

美国著名教育心理学家奥苏伯尔（David Ausubel）①认为，"为迁移而教"的实质是塑造学生良好的认知结构。可以从教学技术、教学内容及教材呈现这三个方面，确保学生形成良好的认知结构，以利于迁移。"先行组织者"是奥苏伯尔提出的一项教学及教材编排技术。所谓"先行组织者"是在学习新材料之前呈现给学生的一种引导性学习材料，它以通俗的语言概括说明将要学习的新材料与认知结构中原有知识的联系，为新知识的学习提供认知框架。先行组织者既可以是一条定律、一个概念或一段概括性的说明文字，也可以是形象化的模型。大量研究表明运用先行组织者有助于新知识的学习和保持，即有助于学习的迁移。例如，在电磁学的学习中，我们知道磁场和电场一样，都是一种矢量场。运动电荷在磁场中受到的磁场力，称为洛伦兹力，如下式所示：

$$\vec{F}=q_0\vec{v}\times\vec{B}$$

由此式可知，磁场力矢量同时垂直于运动电荷的速度矢量和磁感应强度矢量（即垂直于两者构成的平面）。而学生在中学阶段对于该部分知识的理解和记忆会比较随意，直接认为：

$$F=q_0\cdot v\cdot B=q_0\cdot B\cdot v=v\cdot q_0\cdot B=B\cdot q_0\cdot v=B\cdot v\cdot q_0$$

因此，当学习者对新旧知识分辨不清，或对原有知识掌握得不够准确时，可设计一个比较性先行组织者，清晰地指出新旧知识的异同，巩固原有知识，以改进认知结构的可辨别性和稳固性。教授者在讲解该部分物理概念的时候需要特别强调矢量是不同于标量的，不能随意调换其位置，否则会导致无法正确确定运动电荷所受磁场力的方向。也令学生理解为何进入大学阶段后，物理课程的学习过程中特别引入和强调了矢量的使用，因为这确实具有重要的引入价值。

（二）标量的近似和矢量的精确

目前，高考物理科目考查范围对光的干涉、衍射和偏振现象的要求是要知道其内容和含义，并能在有关问题中识别和直接使用，即只需达到"了解"和"认识"的程度。而大学阶段对光学中光的衍射部分，要求掌握基尔霍夫衍射理论，所以在进行有关这部分知识内容

① 奥苏伯尔、诺维克、哈尼赛恩：《教育心理学：认知观点》，人民教育出版社1994年版。

的讲解时,就要求教授者给学生们特别强调不论是波动光学的基本原理——惠更斯-菲涅耳原理,还是基尔霍夫理论都是把光波看作是标量波来处理的,即他们都只考虑了电场抑或磁场中的一个横向分量的标量振幅,而直接忽略电场矢量和磁场矢量的各个分量之间其实应该是而且必须是通过麦克斯韦方程组相互耦合起来的,因此不能做这样的独立处理。真正严格的衍射理论是电磁场的矢量波理论。之所以可以做这样的近似处理,是因为基尔霍夫理论适用范围所要求的限制条件在一般的光波衍射问题中都是满足的。

三、宏观现象与微观世界的联系与影响

我们知道许多中学物理的教学内容都是仅仅涉及宏观现象,描述了一些宏观上所表现出来的规律和趋势,而并不讨论引起这个表象的微观机理。

比如"热学现象"和"气体动理论"。热力学和统计物理学是研究热现象的两种方法。前者着重于先根据观察和实验总结出宏观热现象所遵循的基本规律,然后以严密的逻辑推理方法来研究宏观物体的热性质;后者则是一门微观理论,它是从物质内部的微观结构出发,运用统计的方法来探讨宏观物体的热性质。那么,问题来了,既然两种方法都是研究热现象的,那我们在课堂上应该先讲授哪一种呢,哪种顺序能让学生更好地接收和理解呢?

一般来说,对于初学者,大部分人觉得应该从微观到宏观,原因是先知道了这些东西的内部结构,由内部结构出发去了解它们的外在性质,这样更容易让人理解。无可厚非,这种想法是正确的。但是又有一些学生更倾向于从宏观到微观。首先,我们大家都生活在这个宏观世界里,对于一些宏观现象是有所接触的,虽然我们不知道其内在原因,但我们也不会感觉太陌生,不会有太多的抵触情绪。

宏观到微观是一个结构拆分的过程,将宏大的群体行为拆分成个体行为,而微观到宏观则是一种无序到有序的构成。可能有的学生善于"拆房子",有的擅长"建房子"。微观是一种对宏观的解释,我们理应先因后果,而先教授结果(也就是宏观现象)可能会让有些学生感觉很别扭。宏观中的一些公式的原理在他们看来是模糊的,只能隐隐约约觉得它有道理;而这些迷惑点终将在"气体动理论"的分析中解开……总之,无论先让学生接触哪一方面的理论,总有一部分学生觉得适应,有一部分学生表示无法很顺利地进入,感觉到压力。

那么,考虑到大部分学生需要一个适应过程。他们需要从一个相对熟悉的地方入手,才能够慢慢适应。之前在高中乃至初中时,学习热学主要是以研究宏观的气态方程为主,详细的微观解释并没有深入了解。同时也因为物理是生活化的,也是有点直觉主义。倘若一开始就让学生学习陌生的微观,失去熟悉感,也许更容易有挫败感。因此,我们采用从宏观规律到微观机理的讲解步骤。

高中时期最主要的应用公式是克拉伯龙方程($pV=nRT$)。而我们在大学物理课程的教学中应该明确指出这个方程是不全面的,将理想气体状态方程和克拉伯龙方程画等价是不正确的。虽然学生们容易在一开始的练习中,因为先入为主,会造成一些困扰,但在慢慢的学习过程中我们将引导他们逐渐改变思维方式,最终能够更加全面的理解如何从气体的微观结构模型出发,根据大量分子运动所表现出来的统计规律,来解释气体的宏观

热现象。

当然，在热力学基础的宏观理论学习中有一些理解起来比较生硬的地方，学生可能会对一些物理量感到莫名其妙。比如说在提出摩尔定容热容时涉及的“自由度 i”，在很多教材只是简略提及概念，但在之后四个等值过程里热量、内能的求解中都有用到“自由度 i”，为了使学生事先明白“自由度 i”的内涵。我们可以适当在介绍摩尔热容时添加一些气体动理论中对“自由度 i”的介绍。等到后面学习微观理论的时候就会感觉豁然开朗，之后也就会越学越轻松（因为会对之前已经记住的公式有更深刻的理解）。

本研究认为这里就需要教授者基于教学目的和教学要求，根据自己已有的知识经验，做好对往届学生学习效果的充分调研，对教学步骤和教学环节的穿插做出周密的安排，很好的强调热力学与气体动理论二者之间的关联性，让学生理解得更加深刻和到位。

四、结语

以普通物理教学目标为指导，抓住学生普遍存在的知识弱点，引导学生基于学习迁移理论，在探讨对比学习的方法论上下功夫，让他们逐渐学会学习，并能将所学知识迁移到不同情境的实际问题的解决中去。从而最终实现高等教育的目标之一，让学生具备良好的学习迁移能力，以服务于社会和国家。

致谢：感谢新疆昌吉回族自治州第二中学的刘洪忠老师利用在厦门大学访学进修的机会，给本文的撰写提供了客观实际的参考数据背景。

戏剧教育和英语教育的变革
——戏剧教育与英语教育融合实践总结

宋佳祥*

摘要:自 1997 年笔者开始在厦门大学大学英语的教学中把戏剧教育与英语教育相结合进行实践和研究以来,逐步形成一套新的教育模式,即戏剧教育英语教育融合模式。在多年的大学英语实践中,在英语教育中不断增加戏剧内容,在大学英语的口语课和精读课上尝试将戏剧内容融入英语教学,直到把客体变成主体,把英语教育转变为戏剧教育,最后合二为一,创造出新的英语戏剧教育模式。经过 20 多年的探索和实践,笔者发现了这种融合模式的可触摸和不可触摸的巨大潜力。本文将介绍笔者在厦门大学 20 多年的教学实践和经验。

关键词:戏剧教育;英语教育;教育融合

一、发展戏剧教育的重要性

起初在 *Interactive Language Teaching* 等著作中发现了 Drama 在英语教学中阅读、听力、口语、测试、写作和翻译等技巧训练方面的应用,并开始作为提高学生学习动力的一个途径在各种课程中应用,而且取得了很好的效果。根据维亚·理查德(Via Richard)"'*The magic if' of theater: enhancing language learning through drama*"中关于 drama, theater and drama techniques 的定义。"Drama is communication between people. Therefore if our students are doing dialogue work, and if they are conveying the intended meaning, as opposed to reciting the lines, they are using drama." "Theater is communication between people for the benefit of other people, which includes play production. It is important to remember that merely reciting memorized lines and speeches is not theater. There must be meaning conveyed— among the performers and between the performers and the audience.""Dramatic techniques are strategies to achieve either drama or theater, or both. They cover a wide range of activities that are useful in the language classroom. They may be verbal or nonverbal and can be designed to accomplish a variety of goals."维亚·理查德在文章最后总结说:"Let us remember that drama is not a method. It is a technique, or useful tool, that can be a part of any language program. A full semester's work can be built around a drama project, or it can fill five or ten minutes at the beginning or end of a lesson. It encourages the student to view the language as a tool for

---

* 宋佳祥,女,辽宁人,厦门大学外文学院副教授,主要研究方向为戏剧戏曲理论和应用语言学。

communication rather than as an academic subject. It can bring life and vitality to the classroom and release the teacher from the trap of routine. With today's focus on communicative competence and interactive language teaching, drama seems to be a viable answer."[①]经过多年在教学中的实践,上述观点得到了证实。把戏剧用于英语教育中,在提高学生学习兴趣、活跃课堂气氛、提高学习动力方面具有明显效果。

早期教学实践主要是把戏剧作为英语教学中的一个技巧或是一个工具,以此提高学生学习动力,目的单一。此后的实践是把英语学习作为一种走入戏剧世界的一个途径,把戏剧教育作为一种认识并掌握英语的一个途径,提高学生综合素质,这是一个双规互利的教学模式。即 Learning English Through Learning Theater and Learning Theater Through Learning English。将以往英语学习的语言认知功能转化为美育及个人全能教育功能,使学生在学习英语的过程中,掌握一门语言工具、了解语言目标国的文化知识,同时实现中国大学生的美育教育的梦想。因此,它是一种戏剧教育与英语教育融合为一体的新型教育模式。

戏剧的功能多种多样。笔者专著《西方戏剧教育学:历史与理论》(厦门大学出版社 2018 年版)全面探讨了戏剧的各种功能,概述起来有三大功能:第一是教育功能,第二是治疗功能,第三是娱乐功能。中国的"高台教化"说的就是戏剧的教育功能。20 世纪初,在美国出现了创造性戏剧,60 年代,在英国出现了教育戏剧和教育剧场,世纪末在美洲还出现了一个包罗万象的应用戏剧,所有这些新兴的戏剧种类都是为实现戏剧教育功能而产生的。今天的中国,处于变幻莫测的世界风云之中,对自己国民的戏剧教育至关重要,通过戏剧教育变革人的意识形态更加至关重要。我们需要用戏剧调动人们的乐观向上的情绪,使他们积极向上乐观地推进祖国繁荣富强。

戏剧教育如此重要,但要全面发展戏剧教育则困难重重。首先师资就是个大问题。我国现有包括戏剧专业的高等院校只有中央戏剧学院、上海戏剧学院、南京艺术学院、山东艺术学院、中国传媒大学,再加一些设有相关专业的综合性大学,如北京大学、南京大学、厦门大学。面对浩浩荡荡的艺考大军,虽然增加这个专业的院校越来越多,但有相当一大部分毕业生则走上戏剧专业岗位,被分配到演艺界、研究所、文化部门工作,而分配到高校或能够进入高校的专业人员则凤毛麟角,至于能到中小学工作的就更少了。近几年一些发达城市的中学不但经常搞一些戏剧活动,有的还设置了戏剧课,但并不普遍。那么,为了更好地发展戏剧教育,我们可否利用中国成千上万的英语教师来完成这一使命呢? 让我们的英语教师既在引导中国的孩子们进入奇妙的戏剧世界同时又完成了第二语言和戏剧的教授任务呢?

二、戏剧教育与英语教育融合的可行性。

第一,戏剧可以为语言习得提供所需要的语言学习素材。英语教育的主要目标是培养学生获得使用第二语言的六种技能,即读、听、说、写、译技能和掌握第二语言的文化习

---

① Rivers, Wilga M. *Interactive Language Teaching*.Cambridge, England, the Press of the University of Cambridge, 1997,pp.110,123.

俗技能。在戏剧的世界里，戏剧和日常生活是有机结合的，虽然剧中人物或许和我们生活的时代不同，但大多好作品都有其现实意义，因此沉淀为经典，具有永久的生命力。《李尔王》讲的虽然是莎士比亚时代的故事，但它跟我们许多的现代家庭离得并不远。曹禺的《雷雨》与我们今天的《孽债》相比也有很多相似之处。因此，戏剧生活与我们的现实生活的结合使戏剧中的人物与我们现实生活中的人物相结合，不难使今天的学生理解剧中人物，他们在了解他们过去的同时也在了解自己，人都是愿意了解自己，这就为学生的学习兴趣提供了保障。因此，通过阅读、欣赏和表演戏剧，英语习得者可以无意识地学习英语语言。

第二，戏剧最突出特点是它的对话表现形式，这奠定了戏剧语言与生活语言相结合的基础，这些对话来自我们日常生活，我们完全可以放弃那些为了进行教学而编写的 artificial dialogues or conversations，而直接利用剧本中的或舞台剧中的对话熏陶提高学生的口头表达能力。在学习戏剧的过程中，许多生活中的语言甚至是方言都能学到，如美国剧作家田纳西·威廉姆斯的《热铁皮屋顶上的猫》中 Shoot！一词多次出现，按照以往的教学首先我们要告诉学生此词为“射击”之意，但如果我们是通过学习这部剧并让学生排练这部剧，学生们首先以“哎呀”或“接着说吧！/接着问吧！”的意思认识这个词。在其他剧本中也可能出现这个词的更多意思。以这样的方式认识一个词或许比读了一篇短文后才掌握这个词的一个意思更生动，记忆更深刻，进而在日常会话中，脱口而出。

第三，通过戏剧学习英语，有利于习得者听力的提高。戏剧的学习所创造的学习语境更真实。我们现在的教材听力相当一部分是 artificial English，是请 native speakers 读出来的。另外，相当一部分听力资料来自文字资料，属于语句复杂的正式语言，不利于提高听力。然而，现代技术的发展使学生有机会通过各种媒体看到国外剧团的演出，通过欣赏戏剧情节与生活情节相结合的舞台剧，伴随不同的情景，代表不同感情流露的不同的语音语调，不但听力水平提高快，还可以提高学生的发音和学习动力。

第四，戏剧教育中学习英语有利于词汇的扩展和思考能力的提高。戏剧的语言不仅包含表层语言符号的含义，它是一种具有立体效果的语言，它所携带的交际信号是多方面的，戏剧语言承载的是讲明的、未讲明的、言语的、肢体的、声音的和沉默的以及象征的多样交际信息。戏剧的语汇传达的不仅是感情，它们还传递举止信息。所以，戏剧的语言是立体的，和现实中谈话不同的是，剧作家往往用戏剧的语言传递出剧中人物内心的思想。例如，《哈姆雷特》的“To be or not to be, that is the question.”、传统的做法教师会介绍说这句台词表示“犹豫”，或解释出它的两个意思：“活着，还是死亡，这是个问题。/杀死杀父仇人还是不杀，这是个问题。”教师把整个《哈姆雷特》的故事讲出来，学生的理解或只也处在表层，因为他们没有在欣赏这部剧时可以产生的心灵震撼，如果我们把哈姆雷特的那段独白作为课文的一部分，再加上舞台剧的欣赏，我们的学习者通过与剧中人物共同忧郁和犹豫在痛苦之中，同时自己也排练这个片段，他们得到的或许是思考的机会，培养的或许是一种思考的能力。这个思考过程也是一个创新的过程，是个智慧开花的过程，是一个人思想成熟的过程。在这个思想发展过程中，学习者将有机会刻骨铭心地体会到语言的魔力和魅力，进而对语言学习更加着迷。

第五，学习不同时代的戏剧有利于习得者了解语言的发展变化。那些想了解英语语言发展史的学生如果研读一本著作，他们或许会觉得枯燥。然而，如果在我们的英语教材中先后选出中世纪笑剧《巴特林的笑剧》或《洗衣桶》、文艺复兴时期莎士比亚的《麦克白》（1606 年）、18 世纪英国剧作家谢立丹的《造谣学校》（1777 年）、19 世纪英国著名剧作家《解放的普罗米修斯》（1819）、王尔德的《温德米尔夫人的扇子》（1892 年）或萧伯纳的《华伦夫人的职业》（1893 年）、10 世纪的美国剧作家尤金·奥尼尔的《啊，荒野！》或阿瑟·米勒的《推销员之死》、英国著名女剧作家丘吉尔 1979 年作的《极乐心境》、美国剧作家诺米·伊祖卡 1998 年的《宝丽来故事》中的片段，通过感性认识这些剧本中的语言，英语语言的发展变化则立体地呈现在习得者的眼前和心里，在无意中就认识了语言在几个世纪中的发展，就似孩童在游戏中无意识地学到了知识，提高了技能。

第六，通过戏剧英语的学习，有利于写作技能的提高。尽管戏剧语言有口语化特征，但是我们可以通过补充剧评，剧作理论内容使学生掌握正式的写作语言规则和写作技巧。学生可以通过编撰剧本，写剧评或写观后感等方式练习写作，而这种创作是发自内心的，可以激发学生的创作热情，培养学生的创新精神，进而提高创造力。

总之一句话，戏剧教育与英语教育融合推进的不仅仅是英语教育的变革，它对变革人的质量和意识的作用也是不可估量的。

三、戏剧教育与英语教育融合的意义

没有动力，就无法产出效能。教与学的首要任务也是培养习得者的动力。如果学习者没有内在动力（genuine motivation），只有功利动力（instrumental motivation ），他们获得的知识和技能是为了达到某种功利目的知识和技能所需要的那么多，不会更多更强，如出国，找工作。而习得者一旦获得了内在动力，他们所获得的知识和技能是无限增多增强的。在一定时期内，二者外语学习的最后水平或许是一样的，如获得相似的考试分数，但在这个过程中一个是快乐的，另一个或许是痛苦的；一个在获得语言知识的同时培养了对语言乃至许多学科的兴趣，另一个却只获得到了一门知识的一个量；一个在通过不断提高自我表现能力的同时不断增强对外语学习的兴趣，另一个可能在达到目标后因为没有对它有足够兴趣而从此中断继续外语学习。一个人花费多年获得的知识和技能只用于短暂的一段，而另一个则受用一生。那么如何提高英语习得者的内在动力呢？

戏剧教育与英语教育相结能完成学生自我动力提高的任务。在戏剧教育过程中，学生有机会锻炼提高理解力，通过对戏剧的不同理解和不断辩论提高自身的思辨能力，通过欣赏不同风格、不同时代、不同社会语境的戏剧扩大视野，提高欣赏能力，改善内在气质；通过经常性的排练演出，提高表现力，改善外在气质和魅力。在成就个人成长的同时，提高了国民素质。此外，在自我放松的情境下学习语言、表演戏剧，学习者可增加交流的机会，以利于人与人之间的思想情感的交流，减轻压力带来的孤寂，避免各种社会问题发生，例如，如果几个班在一起搞一个演出，那每个人的朋友都有可能增多，把简单的学校戏剧活动发展为广泛的社交活动，实现社会效应。

四、实践综述

实践证明，这条路走得通、走得对。

1998—2000年两年在厦门大学旅游管理专业和飞机维修专业的三、四年级两个班的口语课中占用三分之一课时尝试戏剧融入法，让学生表演具有一定教益并能给人带来快乐的剧本。1999年的期末考试就是让学生自愿组成若干小组，每个小组选出一位导演和一位副导演，在学校举办一次英语汇报演出。由导演负责排练，其他学生有的负责组织演出活动，有的负责筹集活动经费，有的负责租场所，有的负责布置场地，有的负责服装道具，有的负责广告宣传，有的负责摄像并刻制VCD，正规演出应该有的应有尽有。演出地点是厦门大学博学二报告厅，主题是"迎澳门回归"，没有筹集到经费，笔者和学生自费演出，演出让参与者记忆犹新，回味无穷。这次活动不仅使那些原来对英语兴趣强的学生受益匪浅，对那些怎么对英语都难提起兴趣的学生也有了巨大变革。例如，一个一直是课堂中老大难的学生在大一和大二的口语课和精读课中始终没有积极参与的兴趣，找他谈心，他很真诚地说："老师，我不是单单对英语不感兴趣，我是对什么都没兴趣。"但是通过这次活动，笔者看到了他的变化，看到了他的开心和快乐，看到他和同学们开心地在一起排练英国圣诞节Pantomime保留剧《灰姑娘》，第一次感到学生如此明显变化，感觉看到他"活了"。另一个在笔者班上一直给人以吊儿郎当形象的学生在这次活动中也发生了巨变。他学英语的兴趣不高，经常徘徊在及格和不及格之间，没想到在演出中他扮演了《飘》中风度翩翩的白瑞德，受青睐程度爆棚。从那以后，每次在校园碰到他问他最近在学什么，回答都是在学英语，后来他还考上了研究生。这次活动对每个参与者都是一场变革。

2003—2004年之间，笔者在大学一年级继续尝试戏剧融入英语教学法，因为课时有限，所以将每个40人左右的班级分成6～7组，自己自愿组合，自选剧本，给出三周的准备时间，演出时间在10～20分钟，开始笔者有点担心，毕竟他们刚刚迈入大学校门。但事实证明多虑了。93%的同学都能记住台词，而且记忆台词的速度让人惊诧，更让人赞叹不已的是有的学生竟然自己创作剧本。演出结束后，大多数学生都感到不过瘾，希望在下个学期还有戏剧表演。

2004年2月，笔者第一次在全校开设"英文戏剧表演"选修课，这次学生变成了专业演员，要求提高了，不仅训练英语发音，提高英语阅读欣赏能力，在扩展他们戏剧基础知识的同时还训练他们的表演技能，他们排练的第一部剧是《哈姆雷特》最后一幕，第二部是《欲望号街车》中的几幕，第三部是《骆驼祥子》中的片段，第四部是《灰姑娘》，第五部《造谣学校》。开始笔者只要求学生尽量记住台词，因为觉得莎士比亚和谢立丹的剧本让学生记下来有一定难度，结果学生的表现完全出乎意料，在2004年8月的公演中，96%的学生都能脱稿流利地表演。有一位学生物专业的学生表示，他对这项活动"不仅是兴趣，而是欲望！"学生们在每一部剧演出时都能主动地提供服装道具，工作起来敬业认真，令人感动，他们不但与笔者倾情合作，与同学们也是全力合作。他们的进步和成长坚定了笔者将戏剧广泛融入大学英语教育中的信心。

2004年12月24日在厦门大学建南大礼堂两个班的学生联袂举行庆圣诞演出，观众300多人。自此，笔者开始了长达十几年的戏剧教育和英语教育相融合的教学探索，把期末考试定为英语戏剧公演，先后出版两部教材《聚光灯下的精彩——怎样排练英语戏剧》、《英语戏剧教材》上下册，不但把外国的戏剧引入英语戏剧课堂，还把中国故事引入了英语戏剧课堂，先后组织学生创作演出英语话剧《红楼梦》《西游记》《霸王别姬》《武松》《嵇康》

《祖逖》《夏明翰》《金圣叹》《屈原》《王炽》《胡雪岩》《文天祥》《袁崇焕》《霍去病》《霍元甲》《杨家将》《李承乾》等剧目，还在厦门大学马来西亚校区开设中国戏曲课，让来自世界各地的学生用英语呈现中国戏曲的经典作品，如《花为媒》《赵氏孤儿》《三岔口》《打渔杀家》《智取威虎山》《霸王别姬》《野猪林》《红楼梦》。开启了把中国的故事用英语戏剧的方式展示给更多人的教学实践，戏剧英语你中有我，我中有你，二者合一，融为一体。将戏剧和英语作为融为一体的媒介，培养学生的语言能力、人际关系能力、自我认知能力、创造力、合作能力、想象力、身体运动能力、自律能力、视觉空间能力、音乐节奏感及和声能力、自然认知能力、存在判断能力和数学逻辑能力等十几种智能，使戏剧教育和英语教育的融合承载开发智力、健全人格、道德教育和意识形态变革的使命，成就全人教育。

基于全过程管理的高校大创平台系统结构改造探索*

赵江声　王备战　黄　玺　宋润涵**

摘要：针对高校大创平台系统中存在的业务流程相互孤立的现状，将过程管理的思想方法引入平台的开发中。文中对原有系统的功能结构及大创项目特点进行分析，给出项目全过程管理图，并对平台的系统结构进行改造。特别地，随着整体业务流程和数据的清晰，增加管理驾驶舱，极大地提升了数据分析和决策能力。

关键词：全过程管理；大创；创新创业；管理驾驶舱

一、引言

1. 高校双创背景概述

本科生创新创业训练是教育部根据《教育部、财政部关于"十二五"期间实施"高等学校本科教学质量与教学改革工程"的意见》(教高〔2011〕6 号)和《教育部关于批准实施"十二五"期间"高等学校本科教学质量与教学改革工程"2012 年建设项目的通知》(教高函〔2012〕2 号)在"十二五"期间实施的训练计划。① 高校是天然的创新沃土，大学生作为理论基础和创新动力兼具的群体，是创新创业的生力军，也将会成为国家未来经济建设的主导力量。

各个高校为响应"大众创业、万众创新"②的号召，积极推进本科生创新创业训练计划③，每年立项的大创项目数量都十分可观。以东南沿海的著名高校(以下简称该高校)为例，大创项目的数量从 2014 年 717 个上升到 2019 年 1737 个(图 1、图 2 中 2020 年数据仅为第一批申报，每年度有两批申报)。该校逐年大创项目数量及分布情况如图 1、图 2 所示。

---

* 基金项目：获厦门大学大学生创新创业训练计划项目资助(项目编号：202010384251)。

** 赵江声，安徽无为人，厦门大学信息学院高级工程师，主要研究方向为企业信息化、移动应用、电子商务等。王备战，陕西咸阳人，博士，厦门大学信息学院教授，博士生导师，研究方向为数据库系统、数据仓库、数据挖掘、机器学习等。黄玺，福建龙岩人，厦门米雀软件科技有限公司技术总监，主要研究方向为电子商务、企业信息化等。宋润涵，天津人，厦门大学信息学院本科生，主要研究方向为企业信息化等。

① 杨静：《加强研究方法指导提高管理类专业本科生科研能力——以国家级大学生创新创业训练计划社科类项目指导为例》，《北京电子科技学院学报》2014 年第 3 期。

② 李新仓、刘颂扬：《"双创"背景下大学生创新创业能力培养对策》，《中国市场》2019 年第 18 期。

③ 吴丹青、王倩：《大学生创新思维培养技法研究》，《教育教学论坛》2020 年第 44 期。张捷：《创新创业人才培养中存在问题及解决对策》，《人才资源开发》2020 年第 19 期。

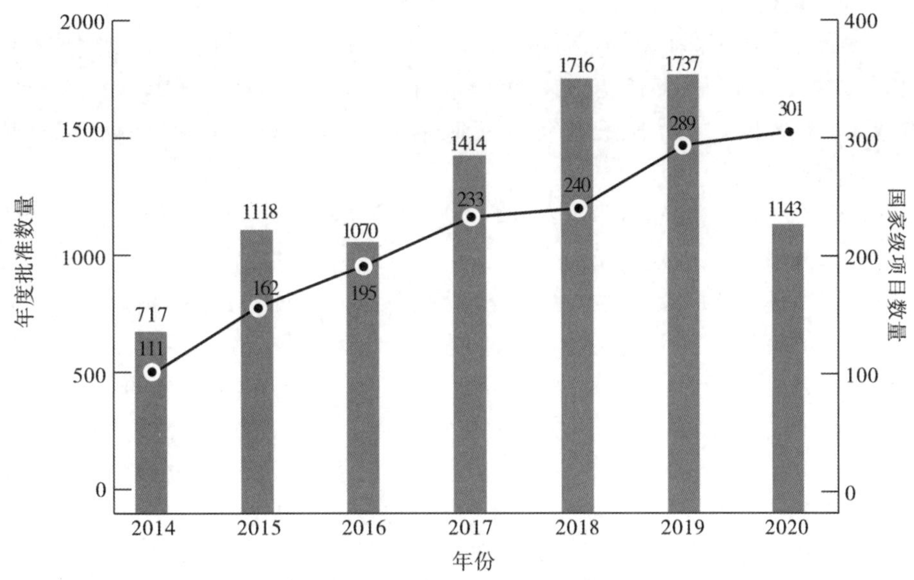

图 1　大创项目年度数量及其中国家级项目数量图

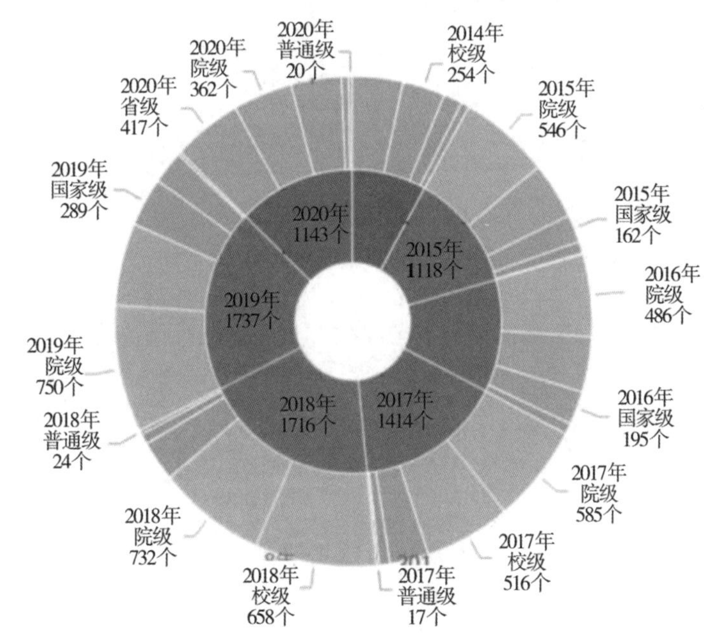

图 2　大创项目年度分布情况

不难发现，大创项目数量基本上与年俱增，且增长幅度较大。项目数量如此庞大，给管理部门带来巨大的管理压力，如果仅凭手工去做，工作量太大，效率严重低下。由此，建立一个面向全体师生和各级管理者、使用便捷高效安全的大学生创新创业平台显得迫在眉睫。

2. 大创信息化平台现状

仍以该高校为例,其对大学生创新创业活动十分重视,双创训练计划起步较早,于2014年即创建大学生创新网信息化平台(以下简称大创平台)。平台历经多次升级,从开始只有创新项目申请一个功能,仅能代替纸质材料和EXCEL起步,再到基于工作流引擎建立各种业务流程。

该平台自上线以来,每年有学生、老师、专家以及各级管理员达到数万用户,审批流程有线上线下部分,既体现在线审批的便捷,又有线下集中审批的高效。大创平台对于整个高校创新创业项目的审批及过程监控起着至关重要的作用,全校创新创业项目管理信息化程度较高。但随着平台运行年份渐多,有些问题暴露出来。比如,目前创新学分模块与大创计划模块、校长基金项目或学业竞赛等相互独立,但是创新学分是需要根据学生所完成的大创项目、校长基金项目、竞赛获奖来核定。因为流程之间相互独立,造成在申请创新学分时,会出现学生重复申报、负责审核的老师需要在线上线下翻阅项目信息造成极大的工作量等现象。

造成这些现象的原因是多方面的,首先是需求是分批提出,很多功能是随着政策的改变而改变;其次系统一般按照传统的工作流设计,每个项目流程管理是独立的,即每一个流程是一个单独的个体,相互之间缺乏关联。

这就需要对创新网平台各项功能业务加以梳理,统一考虑规划,以打破目前这种相互孤立隔离的状态。本文拟从项目全过程管理的角度加以思考。

二、大创平台业务过程

1. 过程管理方法的引入

过程管理方法具有与传统管理方法不同的哲理,其基本思想:从"横向"视角把企业看作为一个由产品研发、生产、销售、采购、计划管理、质量管理、成本管理、客户管理和人事管理等业务过程按一定方式组成的过程网络系统,根据企业经营目标,优化设计业务过程,确定业务过程之间的联结方式或组合方式,以业务过程为中心,制订资源配置方案和组织机构设计方案,制订解决企业信息流、物流、资金流和工作流管理问题的方案,综合应用信息技术、网络技术、计划与控制技术和智能技术等技术解决过程管理问题。[①]

通过分析创新网平台中的各个模块,发现平台与企业的流程十分类似,平台上的每一个项目虽然都有自己独立的流程,但是从宏观上又是处于一个完整的过程的某个环节。一个大创项目,从起始的立项申请,再到中期检查,最后项目结题,其间如果项目需要延期,则增加项目延期流程。最后,根据学校规定,完成大创计划或其他符合规定的项目都可以申请创新学分。如果再继续延伸,该平台中有着学生的参与的双创项目、参加的各类科创竞赛及获奖情况、创新学分情况等,通过这些数据就基本上可以给每位学生在科创方面的能力"画像"了。

---

① 《过程管理》,https://baike.baidu.com/item/%E8%BF%87%E7%A8%8B%E7%AE%A1%E7%90%86/640984?fr=aladdin,访问日期:2020年12月10日。赵岩:《业务流程管理(BPM)和ERP在企业管理中的应用研究》,《现代国企研究》2019年第6期。

引入全过程管理的思想和方法，目的在于让学生更加容易地了解所参与的项目在整个项目生命周期中的位置和状况，了解自己在科创方面的已参加的所有工作，有了这些数据个人科创能力画像便水到渠成。同时可以让管理者减轻工作强度，更好地对本部门或本校的所有项目有着更完整的了解，甚至可以明晰全校科创方面的优势或存在的问题，从而提出改进方案和发展方向。

2. 功能结构及项目特点

大创平台中按项目类型划分为大创计划项目（创新训练、创业训练、创业实践）、校长基金项目、学业竞赛等；按审批流程类型划分为项目立项审批、项目年度检查、项目延期申请、项目结题审批等。每个项目还有附属功能或审批流程，如经费管理、过程管理、创新学分申请等内容。原大创平台的系统结构如图3所示。

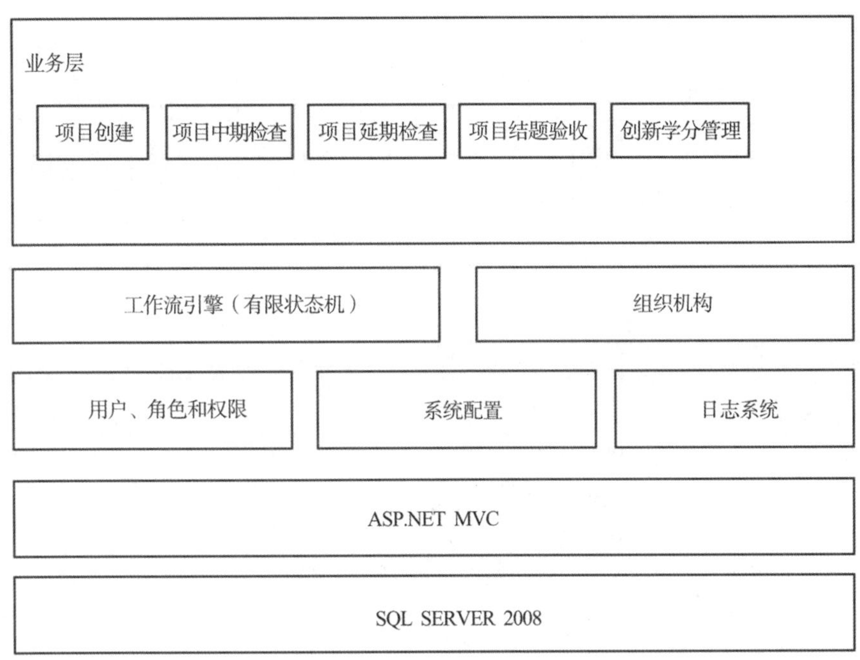

图3　平台系统结构图

大创平台中的各个创新项目具有如下特点：

(1)项目生命周期长

一个项目要经历项目立项申请到年度（中期）检查、延期申请、结题检查、申请创新学分以及经费管理等多个流程，流程多，时间跨度一般在1～2年。整个过程需要准确、高效，要让平台参与者使用便捷，这对于整个系统的挑战性很强。

(2)参与人员多

平台参与的人员不仅体现在数量多，而且更重要的是用户角色多，学生、老师、学院管理员、学院专家、校级管理员、校级专家等，每种角色需求的侧重点都不同，甚至根据实际工作需要有从线上到线下再到线上的需求。

(3)管理内容多

每个创新项目都会经过漫长的生命周期,流程多和用户角色多,带来整个平台的数据多的结果,每个业务流程都有数据繁多的各色表单,包含着项目的基本信息和附件材料,以及经费情况、项目进展、各种角色的意见等,且各种数据存在着关联关系,如图 4 所示。

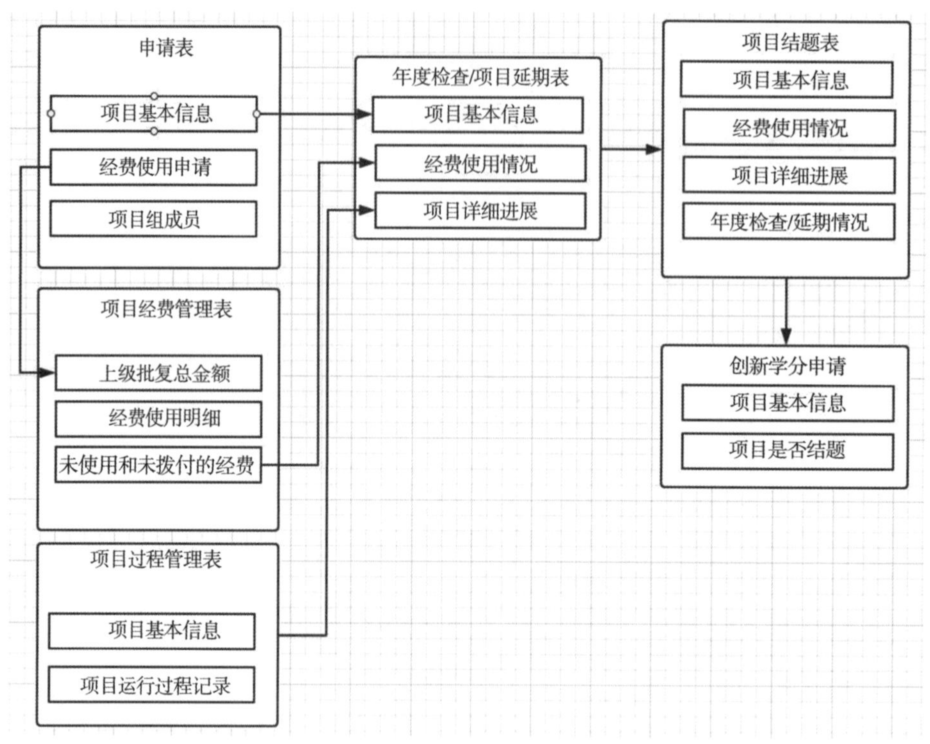

图 4 平台业务流程中的数据关联

三、全过程管理解决方案

1. 项目全过程管理图

根据前面的分析,系统拟将所有审批流程——项目立项审批、项目年度检查、项目延期申请、项目结题审批等从宏观上串联起来,并将附属功能或流程如经费管理、过程管理、创新学分按照需要跟项目关联,从而将项目与流程、附属功能全部打通。同时增加消息提醒、管理驾驶舱等功能模块以提高系统的使用舒适性。

新的系统项目全过程管理图如图 5 所示。图 5 展示了整个平台业务流中各个创新项目的生命周期,以及在各生命周期中所形成的数据流。可以发现,通过对业务流程的梳理,项目在整个生命周期中的位置十分清晰,单个业务不再孤立,在生命周期中是一个有机的整体;项目在流转过程中所形成的表单的生命周期同样十分清晰,复用性高。

2. 系统结构改造

本系统的全过程改造体现在流程互通以及数据互通上,流程互通是在逻辑上打通,从实现角度则需要通过数据互通来完成。

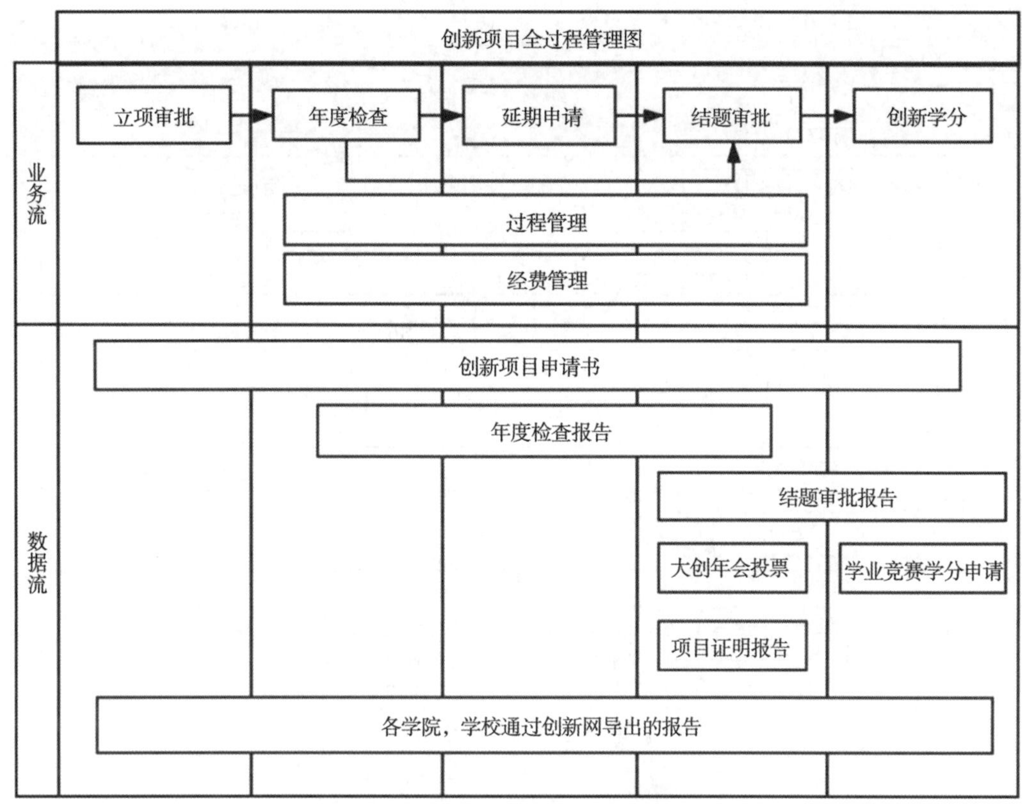

图 5　大创项目全过程管理图

在图 5 全过程管理图中对数据流的分析已经指明数据表单的生命周期，再结合每个角色所需要进行的业务和操作，对数据进行取舍。在平台多年的运行过程中，部分瓶颈逐渐暴露出来，新的需求也会提出。如随着大数据的兴起，用户对数据分析和可视化展示要求迫切，所以平台新增按角色的分级驾驶舱功能，使各角色登录后即可看到需要完成的内容和所关心的数据，让数据真正活起来。

同时随着大创平台的运行，沉淀了越来越多宝贵的数据，平台的重要性与日俱增，很多系统需要依附其运行。例如教务处智能打印机系统，学校的一卡通管理系统，各学院的实验室管理系统等都需要与其对接，平台通过 WebApi 为这些系统提供数据支持接口。所以，大创平台与周边系统构成一个庞大的有关科创方面的生态系统，其系统结构如图 6 所示。

3. 管理驾驶舱

管理驾驶舱随着大数据和商业智能系统的日益普及而兴起的决策分析系统，是用可视化的方式直观地显示各项指标，支持"钻取式查询"方式，实现对各类指标的精细化管理和深层次分析，以形象化、直观化、具体化的数据展现形式反映企业核心业务的运行状态，

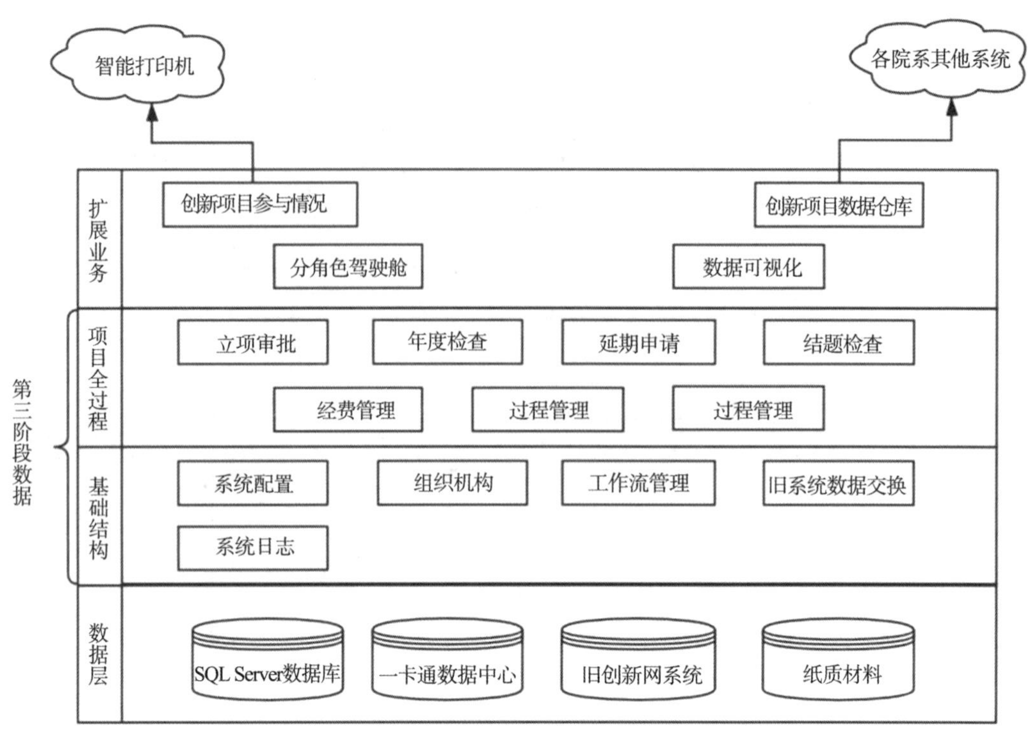

图6 大创平台系统结构图

是一个为企业或部门领导层提供一站式决策支持的系统工具。[①]

经过全过程管理改造后的平台，各个创新项目业务子模块打破孤立的状态，创新项目的数据不再是孤立的指标，而是从逻辑上成为一个整体，由项目立项到中期检查、项目延期、结题审核的各项数据指标，可以逐级“钻取”查询，所以新的管理驾驶舱更准确地进行决策分析。

本平台的管理驾驶舱是按照用户角色来建立，让各种角色都可以按需来决策，其中尤以学生、学院管理员、教务处管理员（领导）最为重要。

首先，学生视角.学生需要完成的内容首先是创新项目的立项申报，按照指导老师等的要求修改申请信息；然后在教务处发起年度检查或者结题申请时，根据要求填写申请书；如果项目无法按时完成，则需要发起延期申请；同时需要按照学校的要求填写项目过程表和经费报销申请表；其次是完成项目结题工作；最后是提起创新学分的申请。按上述内容，学生驾驶舱的信息主要是“有哪些项目快要结题”，“哪些已经结题的项目没有申请创新学分”，“创新学分获得情况”。在此基础上，驾驶舱中还增加“科创完成程度”“个人科创能力雷达图”等，让每位学生对自己当前的科创完成情况随时一目了然，从而为今后的努力方向提供决策依据。

---

① 刘敏、马小宁、戚小玉、刘彦军、武威：《铁路数据服务平台综合管理驾驶舱的设计与实现》，《铁路计算机应用》2020年第1期。

其次，学院管理员视角。学院管理员需要分配专家对项目进行审核，需要在专家审核后对审核情况进行汇总和排序，需要处理因本院指导老师出差导致学生申请无法通过的情况，需要检查专家的项目评审情况，督促专家评审所有项目，还需要按照学院相关规定导出各种报表以供检查和公示，最后需要对创新项目进行排他检查。该角色的驾驶舱需要有“本院学生参加科创的情况”“本院指导老师参与度”“待办任务”“哪些流程在指导老师审核步骤停留时间过长”“本院专家项目审核情况”“已经结题的项目申请创新学分情况”等相关信息。

最后，教务处管理员（领导）视角。教务处管理员需要对项目全过程进行管理，需要分配校级专家对项目进行审核，需要分配项目的中期和结题检查，同时教务处管理员需要提供给领导有关大创、竞赛等方面的数据报表及数据分析材料。所以，教务处管理员的管理驾驶舱会提供全校及各学院“大创开展情况年度比较分析”“各学院指导老师参与度比较分析”“大创项目中热门研究领域分析”等各类数据分析，为全校的科创发展提供决策分析依据。

四、结语

由于高校双创活动的蓬勃发展和项目数据的急速膨胀，大创数据信息化是大势所趋。但信息化不应只是将数据搬上系统，这和 Excel 没有本质区别。真正的信息化应当是让数据活起来，让所有需要使用数据的人都可以通过信息化进程直接获取到自己想要的内容。

将过程管理的思想和方法引入大创平台的研发中，对业务流程进行了全过程管理改造，使得数据不再孤立，而是有机地成为一个整体。例如，之前每个流程相互独立，数据无法交互。往往学生需要查询“我的项目”都需要遍历系统才能找到所有相关数据，而现在学生只需要通过一个界面就能找到所有创新数据，其他用户角色也有类似的改进，由此带来的用户体验是不言而喻的，同时在数据分析也更为准确可靠，整个系统发生了质的飞跃。

提高大学生社会实践教学有效性的若干思考*

——以社会调查为中心

叶兴建**

摘要:如何更好提高大学生社会实践教学效果,值得认真探讨。本文以社会调查为考察对象,就社会调查的环节及其完善,建立社会调查为中心的实践教学合作、协调与激励机制,健全社会调查为中心的实践教学效果评估机制,谈谈自己的心得体会,以期给大学生社会实践教学提供参考,也希望对提高大学生社会实践成效有所助益。

关键词:实践教学;社会调查;组织协调;考核评估;长效机制

一、问题的提出

近几年来,随着大学生思想政治理论课社会实践、“三下乡”活动、大创活动、挑战杯活动的广泛、深入开展,社会实践教学成为大学生教育的重要组成部分。总体来看,目前社会实践教学效果参差不齐,急需从社会实践教学各环节入手,提高社会实践教学的有效性。

目前,关于社会实践教学的相关研究,主要围绕实践教学的困难、模式、机制等问题展开。如孙丽珍指出,实践教学存在认识不一致、经费不充足、管理不到位等困难。① 吴玲认为,实践教学存在缺少计划、学生参与不足、开展随意等问题。② 张森年提出了“感—行—思”三阶一体的实践教学模式。“感”即通过参观、考察等进行体验、感悟;“行”即通过志愿服务、公益劳动等进行亲身实践;“思”即通过社会调查、撰写调查报告等进行研究。③ 宋成鑫提出应构建制度保障、组织保障、人才保障、经费保障、基地保障和激励保障等六大保障机制。④ 已有的相关研究,为进一步推进社会实践教学的理论探讨提供了思路,但也存在操作层面的研究少、实证分析不够等问题。

我们认为,“社会调查”在社会实践教学中占有重要地位,不断完善“社会调查”各环节,对提高大学生社会实践自觉性和创新能力,对培养大学生非智力因素等都具有十分重要的现实意义。我们以社会实践中的“社会调查”作为社会实践教学改革的突破口,围绕

* 基金项目:本文是2018年厦门大学教学改革研究项目“社会实践有效性与实践教学环节完善研究——以社会调查为中心”(项目编号:JG20180206)的阶段性成果。

** 叶兴建,男,福建寿宁人,厦门大学马克思主义学院副教授,主要研究方向为减贫与乡村振兴。

① 孙丽珍:《高校思想政治理论社会实践课程的实效机制探析》,《思想理论教育导刊》2013年第6期。

② 吴玲:《高校思想政治教育的实效性研究》,《当代教育实践与教学研究》2019年第16期。

③ 张森年:《“‘感—行—思’三阶一体实践教学模式”的建构与实践》,《思想理论教育导刊》2011年第7期。

④ 宋成鑫:《思想政治理论课实践教学评价指标体系的构建》,《学校党建与思想教育》2015年第4期。

"社会调查"的前期计划、实地调研、报告撰写、效果评估等主要环节进行研究，探索社会实践教学环节的完善，以期提高社会实践效果。本文结合社会实践调查经验和初步研究成果，从社会调查环节的完善、社会调查的组织协调和社会调查效果的评估三个方面进行分析，希望从一个侧面为深入探讨社会实践教学相关问题提供思路。

二、社会调查的主要环节及其完善

"社会调查"指的是大学生围绕某一特定选题，在实践教学中进行观察、访谈、发行问卷等，搜集相关数据，并撰写调研报告的过程。从一个完整的过程来看，社会调查依序可分为以下三个主要环节(表 1)：

一是调查计划的拟订，包括课题确定、课题论证、调研点的选择、调查准备。课题的选择应考虑现实意义，尽量避免雷同，并能大处着眼，小处着手，题目不宜太大。课题论证应涵盖学术史述评、相关理论分析、研究意义分析等等内容。调研点应有代表性，并有较丰富的研究素材，且便于获取。调查准备，包括对调查对象的前期了解，调查侧重点的确定，调查人员的确定和基本培训，调查工具资料的准备等。

二是实地调查的落实，包括学生参与实地调查各环节的完整性、宏观数据的收集和个案调查等。参与实地调查，是学生德、智、体、劳全面得到锻炼的基本环节，应让学生参与调查的全过程。调查过程中，既要注意把握调研对象的历史与现状，也要注意典型个案资料的搜集。

三是调查报告的撰写，内容包括阐明课题的理论与实践意义、学术史述评、主要调研内容与分析、问题与对策、参考文献诸方面。值得注意的是，调研报告的撰写应及时，并加强理论分析，且应准确运用数据及个案，注释规范。

表 1 社会调查环节、内容与基本要求

主要环节	主要内容	基本要求
调查计划的拟订	确定课题、课题论证、调研点选择、调查准备	选题合理，论证完整、周详，调研点选择合理
实地调查的落实	实地参与、调研过程、宏观数据、个案调查	各环节到位情况
调查报告的撰写	学术史述评、理论运用分析、数据个案引用、参考文献选择	完整、及时

目前，社会调查存在的缺陷，表现在以上三个环节的诸多方面。如选题不尽合理，论证不充分，调研点选择不合理；实地调查参与不全面、调查方法不当、过程不完整、数据获取的片面性、个案调查的不详尽；调查报告撰写不完整、理论分析不足、写作不及时等。相关组织部门应进行全面规划，相关指导者应在这些方面严格把关，努力推进各环节的完善。

三、建立社会调查为中心的实践教学合作、协调与激励机制

社会调查，牵涉面广，受学校实践中心、社会调查指导者、调查主体学生、调研点各因素的影响。在整个实践过程中，实践中心、指导者、实践主体(学生)和实践教学基地四者

之间应建立健全合作、协调和激励机制。

首先，应该建立学校（学院）实践中心、指导者与实践教学基地的长期调研合作机制。目前多数实践教学点，大都为临时联系，且调查者频繁更换调研点。由于实践单位、指导者与调研点之间彼此缺乏了解，调查者很难获得全面、有用的信息。因此，学校实践中心有必要设立实践教学基地，由专人负责沟通、联络，互通信息，增进了解，形成共建关系，形成长期调研合作机制。

其次，学校（学院）实践中心、指导者、调研点之间应建立协调机制。实践中心在向指导者做前期摸底基础上，根据现实实际，对年度实践进行合理化规划。在此基础上，根据指导课题需要，帮助指导者联系实践教学基地，并能大致上为指导者提供实践思路、推荐调研点。实践教学指导者应主动与实践中心、调研点沟通、联系。

最后，为提高参与者的责任心，应健全相关激励机制。目前已在推行的是对指导工作给予工作量折算，对优秀指导给予物质及荣誉鼓励，对获得优秀实践成果的学生团队给予物质与荣誉奖励。比较缺乏的是对调研点的物质或精神鼓励，以及对学生突出个体表扬和奖励。另外，对优秀成果的宣传、推广也存在不足。

四、健全社会调查为中心的实践教学效果评估机制

如何评价实践教学效果，给实践者合理的实践成绩，是一个亟待解决的问题。实践教学的效果，可通过实际社会服务，实践成果被采用，学生调研写作能力的提高，学生意志力、创新能力的培养等各方面表现出来。因此，评价实践教学成效应是系统性、综合性评价。

目前对学生实践成效的评估，主要是对优秀团队的评选，一般由指导教师推荐，实践中心组织专业教师评价为主，一次性完成，缺乏对大学生个体参与实践的评价，且总体上缺乏严密性。因此，应尽快建立新的综合评估机制，如对某个团队中各成员的评价，可进行团队成员互评、个人自评、带队老师评估、实践合作单位评估，区分出不同等级，对特别优秀的给予表扬，对不合格的应重新参加实践。对优秀团队的评估，应采取指导者推荐、合作单位评价、实践中心组织审核等方式。对优秀指导者的评选，应通过个人阐述、优秀成果汇报、实践中心组织评审等方式。对不同评价者和不同评价环节，应设立相应的百分制分值比例，最后综合给分。

在整个评估的过程中，实践中心对评选优秀实践指导者和优秀实践团队具有一定的发言权。因为从实践团队的组建开始，实践中心就对实践团队提供必要服务，并跟踪实践团队实践过程，总体上对不同团队的实际情况比较熟悉。

社会实践教学，是培养大学生德、智、体、美、劳全面发展的一门重要课程。目前，各地在实践教学中，还存在教学平台不健全、组织协调不力、实践指导不到位、成效评估不科学等诸多问题，其结果是教学效果不明显。应尽快完善以社会调查为中心的实践教学环节，尽快建立健全完善的校地合作机制，学校、指导教师之间的协调机制，多层面的激励机制和教学成效的综合评估机制，促进实践教学成效的提高。

谈企业管理专业本科毕业论文撰写的相关问题

刘志坚*

摘要：毕业论文是本科生培养方案的重要环节，如何撰写毕业论文、如何写好毕业论文，成为即将毕业的大学生面临的一道难题。本文结合多年指导企业管理专业本科毕业论文的经验以及一些学者的观点，针对本科生在毕业论文的选题和写作上存在的一些问题或困惑，以问答的形式谈谈笔者的看法。

关键词：毕业论文；论文撰写；论文选题

一、引言

"毕业论文是本科生培养方案的重要环节，是培养学生综合运用知识与技能、理论联系实际进行的一次较为全面的科学研究训练，是培养学生的创新能力、实践能力和创业精神的重要实践环节。"[①]一方面，毕业论文是人才培养的一个重要环节，其目的是对学生进行必要的学术或实践训练，通过撰写毕业论文，可以很好地训练学生的研究能力和论述能力，为将来更好地进一步学习以及走上工作岗位奠定基础；另一方面，毕业论文是学生综合能力的重要体现，通过毕业论文，可以考查学生是否掌握本专业所需的基础理论、专门知识，是否能够熟练地使用本专业必要的基本技能和方法，以及是否具备从事本专业实际工作或研究工作的初步能力。

以下针对企业管理专业本科生在毕业论文的选题和写作上存在的问题或困惑，谈谈笔者的看法。

二、如何理解论文选题

进入论文选题阶段，常见学生一开始会罗列几个题目，试图找指导老师给他(她)从中确定或选择一个。

事实上，论文选题不仅仅是给论文定一个题目，而是对论文进行初步研究的过程。可以认为，论文选题是按一定价值标准或条件对可供选择的课题进行评价和比较，并对研究方向、目标、领域和范围做出抉择的过程，是解决"研究什么"的问题[②]。具体说来，需要回答以下四个方面的问题(以下简称 WWHC)：论文准备要做什么或解决什么问题(What)？

---

* 刘志坚，男，福建安溪人，厦门大学管理学院副教授，从事人力资源管理、投资项目评估的教学、科研与咨询工作。

① 《厦门大学本科毕业论文(设计)工作管理办法》，厦大教〔2016〕4 号。

② 周毅：《研究生学位论文选题原则及方法》，《学位与研究生教育》2009 年第 10 期。

为何要做此事或解决此问题(Why),即做此事或解决此问题的意义与价值?拟采用什么研究方法来做此事或解决此问题(How)?最后可能得出什么样的结论(Conclusion)?通过WWHC的思考、反复评价和比较,最终确定论文的题目。也就是说,论文题目的确定是选题过程的结果。

可见,毕业论文的具体题目通常不是由指导老师单方面决定的(如果由指导老师单方面为学生确定题目,很可能会导致学生不能很好地完成论文),而是由学生与指导老师双方共同讨论并最终决定的。论文选题时,学生最好能结合自己的实习工作经历,或自己较为熟悉的领域,或自己较易获得资料的方向,或根据自己未来的发展规划等来甄选论文题目。也就是学生可以结合自身情况,围绕前述的WWHC自行思考,有一定的想法以后,再与指导老师进行交流与商榷。当然,指导老师也可以事先给出一个大致的方向供学生做选题参考,还可以从自己的研究课题中找一个切入点引导学生进行选题。

本科生毕业论文的形式可以多种多样①,可以简单分为两种形式:学术型论文和专业型论文。学术型论文是对某个科学领域中的学术问题进行研究,从而得出某种拓展性或创新性研究成果的理论文章,侧重于对理论的拓展性和创新性的探索;专业型论文是利用某一专业领域的基础理论和专业知识来解决某个或某类实际问题的应用文章,侧重于对理论或知识的拓展性和创新性的运用,可以是专题研究、调查报告、企业诊断报告、案例分析,也可以是实践总结报告。

论文选题虽然是撰写论文的第一步,但选题是否妥当,直接关系到论文的质量,甚至关系到论文能否得以顺利完成。可以这么说,选题得当,论文就成功了一大半。所以,在选题上多下功夫能使论文的撰写起到事半功倍的效果。

三、如何选择研究的问题(What)

(一)研究问题选择的原则

对于大学生而言,论文研究问题的选择通常需要遵循以下几个原则:

一是研究的问题既符合自己的兴趣又能让读者感到有趣。兴趣是指一个人力求认识某种事物或从事某种活动的心理倾向,由此促使人目标明确、积极主动。写论文、做研究需要花费很多时间,而且所做之事可能较为繁复。所以选择自己感兴趣的问题或现象进行探索,才更有可能保有持久的动力。此外,论文最终是要让别人看的,如果你研究的问题或现象能让人感到有趣或眼前一亮,那就更有可能获得较高的评价。

二是研究的问题是自己有能力完成的。毕业论文完成的时间是有限制的,因此,学生应扬长避短,选择难易适中、符合自己实际能力的问题进行研究。

三是应小题大作、忌大题小作。选题范围过大,文章难免成为空泛无物的内容堆砌,毫无价值可言,因此,应尽量不要选择"中小企业……"(除非你有十分可信的调研方法)、"某行业……战略研究"(除非你能驾驭某行业)、"人力资源管理"等涉及面广、主题宽泛的题目。

---

① 《教育部答网民关于提高本科学生毕业论文质量的留言》,http://www.gov.cn/guowuyuan/2014-10/09/content_2761624.htm,访问日期:2014年10月9日。

（二）研究问题从何而来

研究问题的来源可以抽象地归结于两个方面：

一是从现实中发现研究问题。现实包括你亲身经历（如实习）的事件或是从新闻媒体报道的信息。笔者的一篇题为“企业人力资本投资的性别选择”的文章[①]，问题是来源于：每当到毕业季时，新闻媒体常常会报道或讨论女毕业生就业难的现象，而且把这一现象归因为性别歧视问题。女生就业为何会难？企业为何“重男轻女”？这种现象是否是属性别歧视？围绕这些问题，笔者在查阅相关文献的基础上，从企业人力资本投资的角度解释了企业为何有“重男轻女”的现象，并从性别歧视的内涵否定了企业存在性别歧视的观点，最后基于经济视角提出确保就业平等的相应对策。

二是从学术论文的阅读中寻找研究问题。通过阅读学术论文，能了解当前学术界研究的热点是什么，由此可能从中获得启发。另外，学术论文特别是英文学术论文，通常在结尾处会说明其本身研究的局限，同时指出未来可以进一步研究的问题或方向，由此可能寻找到自己感兴趣的问题。

事实上，问题来源通常先是在学习中感知或发现自己感兴趣的话题（topic），而后通过查阅相关文献，在了解相关领域研究情况的基础上逐步明确所要研究的问题（question）。因此，研究问题的来源往往是由现实生活中某个值得关注的话题与其相关学术研究状况结合琢磨的结果。但研究问题无论来源于何处，最终都需要把落脚点放到学术论文上，也就是当聚焦到某一具体研究问题之后，就需要对相关领域的文献做系统和详尽的了解，并进一步厘清：关于这一问题有没有人做过研究？如果有，前人是怎么研究的（采用什么研究方法，如何进行研究设计）？得出哪些结论？如果我来做的话，跟它们在哪些方面将会有所不同？这些不同是否有价值？如果没有，为何没人研究？这个问题是否值得研究？

四、为何选择这一研究问题（Why）

这一步就是要弄清楚所选择的研究问题有没有用，也就是要弄清楚所选择的研究问题在理论上是否有价值，在实践上是否有意义。一般而言，对于基础理论研究的，至少需要说清楚所选问题的研究对已有理论的潜在价值；对于应用研究的，就需要讲明白所选问题的研究于实践可能产生的积极影响。而关于企业管理领域的研究，大多数情况下既有理论价值，又有实践意义。

与理论价值、实践意义紧密相关的是论文的创新点。创新点主要是指自己的研究与前人已有的相关研究有什么不同（独特性），并且这些不同是有价值的。因此，要使自己的研究具有创新性，就需要阅读大量的与自己研究问题相关的学术文献，弄清楚自己的研究在哪些方面跟前人的研究有所不同。需要注意的是，不要以为前人没有研究或研究不多，就理所当然地认为自己的研究具有价值或自己的研究就是创新；没人研究或已有研究不多的，很有可能是该问题不值得研究或是没有进一步研究的价值了，也有可能是目前尚没有办法解决。

---

① 刘志坚：《企业人力资本投资的性别选择》，《统计与决策》2006年第7期。

五、如何解决这一研究问题(How)

要解决问题或想获得问题的答案,通常不是自己在一边苦思冥想。你可能会直接寻找相关人员了解从而获得第一手资料,可能需要上网搜索或查找数据库获得二手资料,也可能是自己到外面去观察或感受而获得实地的信息,或者是基于大家的共识进行一些推理分析。这说明,要解决问题,就需要有解决问题的方法。而要做研究,解决一个研究问题,就需要较为系统、严格、谨慎、科学的设计,通过专门的格式、约定的套路和过程,大家认可并接受你的做法,此时就涉及研究方法,也就是要采用什么样的研究方法来解决研究问题。

关于研究方法的内涵,不同的学者有不同的理解,国内外严谨而全面探讨研究方法的书籍相当多。这里仅从研究的具体做法来罗列下企业管理的研究方法①:根据研究性质不同,可分为基础研究、应用研究、应用基础研究;根据研究结论的性质不同,可分为规范研究、实证研究;根据研究目的的不同,可分为探索性研究、描述性研究、解释性研究;按研究时间的不同,可分为截面研究、纵贯性研究(又可分为群组研究和面板研究);根据数据性质的不同,可分为定量研究、定性研究;根据数据收集加工方法不同,可分为实地研究、统计调查研究、实验研究、文献分析研究。

目前企业管理问题的主流研究方法为实证研究方法。在实证研究方法中,较为常用的有统计分析法、案例研究法以及最近几年兴起的定性比较分析(QCA)法。统计分析法的流程首先是阐述研究问题,其次借助对已有文献的分析提出假设,而后收集大样本数据对研究假设进行检验,最后得出结论。该方法主要是分析变量之间的关系,由此回答"是什么"的问题,数据的收集以问卷调查或查阅数据库为主。案例研究法是一种遵循理论回顾、案例研究设计、数据收集、数据分析、案例研究报告撰写为流程,以质性数据的收集和分析为主、以定量数据收集和分析为辅,从而解答建立在具有情境性特征实践基础上的、以理论构建或检验为目的实证研究方法②。一般说来,对原有理论进行理论检验、细化或修正的研究采用单案例研究,进行理论构建的研究则是采用多案例研究(4~10 个个案)。研究数据的获取主要通过观察、访谈、文献档案查阅或实物考评等途径实现。与统计分析方法探讨自变量对因变量是否有显著影响不同,QCA 法主要探讨单个条件或条件组态是否必然导致结果的产生(充分性),以及结果产生的必要条件,QCA 分析旨在透过案例间的比较,找出条件组态与结果间的因果关系,回答"条件的哪些组态可以导致期望的结果出现?哪些组态导致结果的不出现?"这类问题③。案例数量的多少取决于条件个数的多少(通常至少是条件数的 4 倍)。

总之,在解决问题的过程中,必须有根有据,借助已有的研究方法,一方面让别人相信自己的做法及结论是确实可信且可靠的;另一方面,让自己在解决问题时,有法可循,知道

---

① 苏敬勤:《工商管理案例研究方法》,科学出版社 2010 年版,第 1~4 页。

② 苏敬勤:《工商管理案例研究方法》,科学出版社 2010 年版,第 1~4 页。

③ 杜运周、贾良定:《组态视角与定性比较分析(QCA):管理学研究的一条新道路》,《管理世界》2017 年第 6 期。

该怎样去解决问题。另外，不同的研究方法适用于不同的场合，研究的问题、研究的目的、数据的可获得性等都会影响到具体研究方法的选取。

六、最后的结论是什么(Conclusion)

结论是指通过研究将得到什么，并明确本研究与其他已有相关研究的不同及其价值。结论的阐述通常由基本结论、理论价值、政策含义、研究局限和研究展望等五部分组成[①]。基本结论是对论文研究问题的主要结果或发现进行总结，需要紧紧围绕研究问题给出具体、明确的答复；理论价值是通过阐明对已有理论的证伪、推进和完善或填补理论空白来体现，其中最为关键的是与文献综述中的文献进行对话，阐明自己的研究跟已有文献的关系，以此彰显自己文章的研究在理论上的创新点；政策含义是阐述如何将研究结果应用于某个具体的实践场景，或是利用研究的结果针对相关问题提出具有针对性和可操作性的解决思路或措施，应避免脱离自己文章中的研究谈对策；研究局限是指出文章在研究过程中，因客观条件等原因而造成的不足，但这种不足并不会导致文章研究的结论受到致命的挑战，指出不足的目的是让读者清楚文章是在什么情况下完成的，从而使整个研究过程被保护在可接受的范围之内，换句话说，通过指出文章的研究局限，能使文章的整个研究“无懈可击”；研究展望可以结合研究局限提出改善的方向，或围绕研究问题提出推进研究的设想。

“一片二片三四片，五片六片七八片。九片十片十一片，飞入草丛都不见。”此诗正是有了最后的“飞入草丛都不见”之句，才成为一首脍炙人口的佳作。作为一篇毕业论文，结论写得好，就能达到“飞入草丛都不见”的效果，提升论文水平的境界。

七、其他说明

(一)如何搜集与阅读学术文献

学术文献通常包括学术论文以及相关书籍。做研究，首先要了解别人已做了哪些相关研究，这就需要去搜集并阅读相关的学术文献。

1. 文献在撰写毕业论文中起到什么作用

通过阅读相关学术文献，就可以“站在别人的肩膀上”做进一步的研究，具体体现在：能够了解自己所关注领域的研究状况、进展以及当前相关研究的热点，从而较为深入地了解研究的整体背景；通过基于某一研究问题的文献综述，得出一些相关的结论或启示，为进一步研究奠定理论基础，或发现已有的不足，寻找到能够进一步研究的问题；可以学习和借鉴别人的研究方法；通过引用别人的观点、理论、图表或数据以增加自己文章相关内容的可信度和权威性。

因此，写毕业论文时，需要多看一些书籍与学术论文，特别是要广泛查阅学术论文。学术论文可以帮助你知道目前学术界较关心的问题以及如何写论文，书可以帮助你了解更多的相关概念和基础知识。

---

① 刘西川：《如何写结语》，http://www.360doc.com/content/20/0521/01/29540381_913591159.shtml，访问日期：2020年5月21日。

2. 如何搜集和选择文献

可以到图书馆、或上网查文献库等方式查找文献,应尽力寻找专业、权威资料。根据选题的清晰度,可把搜集文献资料的过程粗略分成两个阶段:只有大致方向、尚未有具体的研究问题时,也就是处于关注话题(topic)的阶段[①],此时,可以根据与话题相关的一些关键词到文献库中搜集相关学术论文,特别要更多关注综述类文章;当问题逐步聚焦并最终明确研究的具体问题后,就可以围绕具体研究问题的关键词搜集与研究问题较为紧密的学术论文。

通过关键词查询到的学术论文,可以先通过依次地、快速地浏览题目、摘要、引言、结论来筛选你需要的文章,再对所选的文章进行精读。这里需要说明的是,如果找到的与研究问题密切相关的文章很多或很少,就需要引起警觉。如果很多,研究此问题想找到创新点可能就不太容易;如果很少甚至没有,则有可能是此研究问题没有太大的价值(不要轻易认为是"空白"),或者是目前不太好解决。

3. 如何阅读文献

阅读一篇学术论文,主要应抓住以下四点:文章研究什么问题(What)? 文章为何研究此问题(Why)? 文章如何研究此问题(How)? 最后得出什么结论(Conclusion)? 弄清楚这四个方面的问题,也就把握了一篇论文的基本情况。阅读论文需抓住 WWHC,说明写文章时,也要突出 WWHC 这四点。

(二)如何处理好学生与指导老师的关系

首先需要定位好学生与指导老师各自的角色。毕业论文是学生的毕业论文,撰写论文,学生本人是主角,学生需对毕业论文撰写的整个过程和结果负全责;指导老师是配角,是学生完成毕业论文撰写的指导者和协助者,承担着训练学生发现问题、分析问题和解决问题的能力的责任。

师者,传道受业解惑。在学生毕业论文撰写的过程中,指导老师应当指导学生如何收集、整理、分析资料,协助学生聚焦问题、梳理思路、判断问题的重要性、分析研究设计的可行性,为论文做什么、如何做、能不能做、做了有无价值提供参考意见。学生作为论文撰写者的主角,应该重视论文的写作,并全身心地投入论文的写作过程中,主动与指导老师保持沟通,尊重指导老师的意见及建议,积极处理好与论文撰写相关的事宜。

撰写论文的过程实际上是学生探索知识、实践理论、训练和提高自己研究能力和论述能力的过程。如果学生能够认真对待毕业论文环节的学习,用心投入到撰写论文的过程,相信将能大大提升其发现问题、提出问题、分析问题、解决问题的能力,从而为自己今后的学习或工作奠定较为扎实的基础。

---

① 陆铭:《现实·理论·证据——谈如何做研究和写论文》,https://wenku.baidu.com/view/623160a329ea81c758f5f61fb7360b4c2f3f2a7d.html,访问日期:2019年2月17日。

大学生结构设计竞赛与土木工程专业综合素质培养

张鹏程*

摘要：通过组织参加大学生结构设计竞赛，培养学生创新意识、合作精神，扩大大学生的科学视野，提高创新设计能力、加深工程实践体验，对土木工程专业人才培养效果显著。本文总结近五年厦大土木系师生参加全国大学生结构设计竞赛的组织、备赛、经历、经验教训，为土木工程专业本科生阶段实践教育、动手学习，加强实战训练，培养工科从业素质探索新途径。

关键词：大学生结构设计竞赛；土木工程；动手学习；工科从业素质

一、引言

全国大学生结构设计竞赛由教育部、财政部首次联合批准发文（教高函〔2007〕30 号）的全国性九大学科竞赛资助项目之一，目的是为构建高校工程教育实践平台，进一步培养大学生创新意识、团队协同和工程实践能力，切实提高创新人才培养质量。该竞赛由中国高等教育学会工程教育专业委员会、高等学校土木工程学科专业指导委员会、中国土木工程学会教育工作委员会和教育部科学技术委员会环境与土木水利学部共同主办，各高校轮流承办和社会企业资助协办。赛事旨在培养大学生创新意识、合作精神，扩大大学生的科学视野，提高大学生的创新设计能力、综合科技能力和工程实践能力，教育部和财政部的联合重点资助。全国大学生结构设计竞赛起源于 20 世纪 90 年代末同济大学、浙江大学等高校的校内结构设计竞赛，2005 年，浙江大学承办了首届全国大学生结构设计竞赛，是国内土木工程专业最具影响力的大学生科技创新活动赛事。只有通过教育部土木工程专业国家评估的高校才具备参赛资格，参赛高校包括全国公认的土木工程行业一流高校，有清华大学、同济大学、天津大学、东南大学、哈尔滨工业大学、重庆大学、华南理工大学、西安建筑科技大学等高校。

土木工程专业是实践性很强的传统工科，其所培养的人才类型主要为土木工程师、建造师、监理师、经济师、管理类人才，社会需求遍布各行各业。① 改革开放以来，我国大规模基础设施建设对结构工程产生巨大需求，随着一大批标志性重大土木工程在我国建成，结构规模以及复杂程度不断刷新，我国结构工程在材料、结构体系、结构设计与分析以及施工等各个方面的科技水平取得了突飞猛进的发展，达到了前所未有的高度。随着中央城

---

* 张鹏程，男，厦门大学土木工程系副教授。

① 高等学校土木工程学科专业指导委员会：《高等学校土木工程本科指导性专业规范》，中国建筑工业出版社 2011 年版，第 8～15 页。

镇化工作会议将新型城镇化建设作为中国未来发展的重要战略，城镇与基础设施建设将成为中国未来经济社会发展的重要引擎。这必将有力推动我国结构工程新一轮的飞速发展，并为我国结构工程学科水平跻身国际前列提供前所未有的契机。然而，我国土木工程建设虽然取得了巨大的成就，但在资源能源消耗、环境保护、使用寿命、安全可靠、抗灾能力等方面仍存在很多亟待解决的迫切问题，已成为我国结构工程领域当前面临的重大挑战(聂建国，2016)。

我国土木工程专业的本科教育，大都采用教育部推荐的课程编排，公共通识类与基础理论课程占时较多，实践与试验类课程占时很少。[①] "学生自己动手，用模型材料，设计、建造出特定功能的结构，加载试验，以承载能力最高，自重最轻，用料与能耗最少，性能最优者胜"——是大学生结构设计大赛历届赛题所秉持的基本方针，是对当前的课内教育极为有益的重要补充。也正好用于培养学生应对未来行业科学技术新挑战的独立思考、勇敢开拓，大胆创新能力与实践素养。

二、结构设计竞赛简况

2004 年，厦门大学建筑与土木工程学院举办了首届厦门大学大学生结构设计竞赛。自此每年一届，延续至今。2008 年，福建省教育厅、福建省住房与建设厅、福建省土木建筑学会设立开办了福建省大学生结构设计竞赛，每年一届，延续至今。2009 年，厦门大学首次参加全国大学生结构设计大赛(获三等奖)。2014 年，土木工程专业通过教育部土木工程专业评估，获得 2015 年国赛参赛资格。此后，2016 年、2017 年、2019 年均参加全国决赛。

2015 年 10 月，厦门大学代表队，在昆明理工大学举办的第九届全国大学生结构设计竞赛，与来自全国的包括清华大学、哈尔滨工业大学、同济大学在内的 109 所高校的 110 支竞赛队伍，共计 330 名土木类专业的大学生同台竞技，并最终以总分第 16 名的成绩荣获二等奖。2015 届赛事以"传承——山地桥梁结构设计及手工与 3D 打印装配制作"为赛题。在为期四天的比赛中，参赛高校的 110 支队伍围绕赛题进行模型制作、模型加载。通过评委评分、加载测试的形式，决出最终的奖项归属。利用暑假备赛。由于竞赛题目要求很高，既包括手工制作，还要求使用 3D 打印新技术，注重专业知识的深度、广度，注重考查选手的创新设计、作品制作质量、与现场加载操作全系统全过程能力水平。从 7 月底到 9 月中旬开学前夕，组织了四组学生准备四套参赛方案，从概念设计开始，各组学生的自身特点，经过反复的试验加载、讨论和计算分析之后确定唯一参赛方案。最终，综合考量四支队伍中每位队员的表现，挑选出最合适的人选组成国赛队，包括黄文锦、张槐财、李梦男三位同学。在从 9 月中旬到 10 月初的二十多天的准备时间中，参赛队员制作了多个模型进行多次试验，不断改进，最终于 10 月初确定参赛方案，提交了定稿的计算书。现场比赛至今回忆起来可以用"惊心动魄"来形容，多支劲旅的操作员临场紧张，手发抖，加载小车坠落桥下。厦大队赛前作了充分准备，由心理素质稳健，由体操舞蹈专长的黄文锦同学担任操控员，险象环生之下小车成功抵达终点。指导备赛全程中，两名硕士研究生李顺时、刘

---

① 中国工程教育专业认证协会：《中国工程教育专业认证通用标准(2015 版)》，2015 年。

星帆发挥了重要的作用，学长的“传、帮、带”成为学弟学妹参赛取胜的有力帮助。低年级同学知识与技能经验不足，学长悉心传授多年来参加校赛、省赛，制作模型的经验，把备赛经验传承下来。教师指导团队借此建立了学院结构竞赛专门的兴趣小组，由历届结构竞赛国赛、省赛队员作为骨干，承担部分组织、指导、备赛工作。每次国赛参赛队中设至少包括 1 名大二生员作为见习队员。学院专门开辟了一间专用教室用于学生结构竞赛模型制作。同时，学院制定了相关规章，参赛学生可以根据各级赛事获奖情况取得考评加分。

2016 年 10 月，在天津大学举办的第十届全国大学生结构设计竞赛，以“大跨度屋盖结构”为赛题，命题紧扣当下最先进的建筑科学技术。要求参赛队自行完成方案设计、竹材模型制作、现场加载、解说答疑。在赛前准备阶段，我们吸取历年备赛之经验教训，由指导教师、有过比赛经验研究生与高年段本科生组成指导团队，早早审题，破题，开展同题校选赛，选拔参赛队员。十分欣慰的是，这项工作得到学院领导的大力支持，为我们备赛创造了良好的工作条件，学院开辟的一小间工作室专门用于同学们研究制作模型。这间对外“保密的黑屋”实际上是我们比赛获胜的强有力的物质保障，在这里学长带学弟，指导老师随时来传授灵感，检查进度，讨论方案，有灵感时操起工具就可制作模型。

图 1　比赛现场

2017 年，由于国赛参赛院校越来越多，主办方对参赛资格进行了新的限制，从 2017 年第十届福建省赛始，省赛作为国赛参赛资格赛事，省赛承办校与当年前两名省内高校可获得当年国赛参赛资格。厦大队在当年在福州大学举办的第十届福建省大学生结构大赛中，一举夺得第一名(特等奖 1 队，一等奖 1 队)，顺利进入国赛。

2017 年，第十一届全国大学生结构设计竞赛由中国最美大学之二美誉的武汉大学承办，赛题以 50 公斤水灌入曲线水管渡槽作为动力加载，特等奖以 98 克重的竹皮制作成桥架承载成功。厦大队模型自重 150 克，在全国 107 所高校的 108 支队伍中位列第 24 名，获得三等奖。

2018 年，因为多种原因，厦门大学在福建省赛中失利，憾失国赛当年资格。但院团委、学生会、结构竞赛兴趣组的同学仍用 2018 国赛赛题组织举办了 2018 厦门大学校赛，坚持训练，枕戈待旦。

三、参赛与土木工程执业素质的培养

结构设计大赛的赛题通常是实际工程难题的缩小版,要求学生自己动手,用模型材料,设计、建造出特定功能的结构,加载试验,以承载能力最高,自重最轻,用料与能耗最少,性能最优者胜,正好用于培养学生应对未来行业科学技术新挑战的独立思考、勇敢开拓,大胆创新能力与实践素养。

制作模型的材料常为纸、竹皮、木条,给定材料的强度、弹性模量等力学指标,给定模型结构所要求承担的从真实结构按比例缩尺的荷载。实际上,将模型放大 100 倍,材料换成钢材,即与真实工程结构无异。模型的设计与制作过程,实际上就是实际工程的设计、与建造过程的缩尺板,大同小异。参赛,就是工程设计实战。

参赛同学分布于大一至大三,专业知识体系才刚有一点点,或者还不完整。从概念设计、结构选型开始,需要指导教师从专业经验作出科学判断,破解出赛题的赛点,指导同学尽早聚焦到关键问题。有过参赛经验的研究生可以成为指导比赛的好帮手,他们帮助制定备赛计划,监督训练,手把手指导,细致入微的指导效果很好。

模型制作过程中,参赛队员分工协作,齐心协力。高年级有参赛经验的同学,可以负责队伍统筹及主体结构设计,在备赛阶段使用结构分析软件建模计算,开展了多方案比选,正式参赛方案采用的就是他比选出的最佳方案;队员中骨干为大二、大三学员,他们时间充沛,兴趣强烈,积极性高,负责模型杆件制作及现场加载、陈述;一届比赛结束之后,为下届同学提供经验、技术传、帮、带。

四、教学效果

2018 年我校申办 2019 福建省赛成功。主场举办,组织重大赛事本身向全院师生提出了新的挑战。在对以往赛事总结经验教训的基础上,由土木系工程管理专业大二学生执笔起草了《文明参赛倡议书》;由指导教师与老队员研究起草了一份“比赛争议解决方案”,在赛前提交大赛组委会讨论通过,成功保障了本届比赛顺利进行,并成为历届中争议最少比赛。

以下全文摘录:

《大学生结构设计竞赛争议处理原则备忘录(试行)》

为鼓励创新创优,确保公平竞赛,公平裁判,制定本原则。

(一)鼓励创新,禁止作弊。

符合赛题要求的作品,即为合格参赛作品。

(二)主动预防,风险自担。

鼓励主动采取措施提高参赛作品自身防范意外破坏的性能,在遭遇可能的突发、偶发情况时,具有良好的抗风险能力。反之,责任自负。

(三)意外补救,恶意严惩。

1. 比赛过程中,因现场工作人员或参赛队员非主观故意触碰、挪动导致参赛作品发生破坏的,若时间允许,且该作品尚可修复,上报组委会备案后,给予 1 小时时间允许修复,用修复的作品继续参赛。未能按时修复的,按首级加载失败计分。

2. 队员在加载过程中不当操作，导致自家作品破坏或检测仪器失效的，加载记0分；同时导致他校作品破坏或检测仪器失效的，取消肇事赛队所在全校比赛成绩，被意外损坏的作品给予1小时时间允许修复，补赛，无法按时修复的，加载记0分。

3. 参赛队员恶意触碰、破坏别校作品的，取消肇事队员所在校本届所有赛队成绩。

(四)其他争议解决方法

1. 对赛题理解争议，由出题方负责解释，并负责修改最终落定。

2. 对赛程、赛制、赛事建议，以及作弊行为举报，实名书面提交大赛组委会。

3. 所有计分、现场裁判争议，拍照、录像取证，经本校组委，提请评委会复议，评委会通过投票作出裁定(当事方评委回避)，即为最终裁定。

4. 未尽事宜，由当届评委会当场裁定。

这份争议解决办法，得到了各参赛高校师生一致认可。其中又体现出通过办比赛培养同学的组织能力、工程项目管控能力。在结构工程设计、施工专业知识之外，又锻炼了学生项目管理能力、行业管理素质、社会实践综合素质。

五、结论

大学生结构设计竞赛可以以小见大，学生通过纸板、竹皮、小木条制作出小比例的实际工程结构模型，又施加以同样比例的荷载，实际上是“真刀真枪”的专业训练。参赛、备赛、办赛也与参与实际工程项目实践相似。动脑、动手，眼见为实，“眼过千遍，不如手过一遍”，对当前的土木工程“课堂教学”“书本教学”“计算机模拟”是极为有益的补充。对土木工程实践型人才综合素质的培养大有裨益。厦门大学土木工程通过结构设计竞赛也已培养了几十名专业兴趣浓厚，实践创新活跃，知识与应用技能兼备，综合素养全面的新型实践型专业人才。

国际中文教师的跨文化管理与实践

——以英国卡迪夫大学孔子学院中文教师与教学为例

林丽芳　邓　娟*

摘要:自厦门大学与英国卡迪夫大学于2007年4月共同创建卡迪夫大学孔子学院以来,在卡迪夫大学和英国威尔士地区中小学学习中文的人数逐年增加。2015年,学习中文的大学生为179位,而2020年达到了320位;2015年学习中文的中小学生为3303位,2020年达到了6356位[①]。随着中文教师的课业越来越繁重,跨文化沟通不足引起的各类问题也与日俱增。本文将对卡迪夫大学孔子学院近年已发生的实际案例进行分析,介绍孔院管理团队进行及时干预和管理以及带来的启发和思考,以消除不适与不安,解除因跨文化障碍造成的误解与敌意。本文期望对在读对外汉语专业学生和从事该职业的中文教师提供一些可借鉴的指导和预警性建议,以利共勉共进。

关键词:跨文化;问题;中文教师;管理

一、前言

"文化"一词从拉丁文(cultura animi)演化而来,指各种社会中的特定行为和规范,主要包含器物、制度、和观念三个方面。就是文字、语言、建筑、饮食、习俗、思想等价值体系的总和。[②] 众所周知,中英文化差异大,虽然前来英国的中文教师赴任之前都参加了包括英国课堂管理、跨文化交流在内的等等若干培训,但许多培训并未涉及工作过程中一些微妙的或书籍并未提及的跨文化障碍。Valdes 认为,文化与语言不分家,教授语言不仅仅是教语言,它涉及跨文化沟通[③],沟通不畅会导致误解,甚至是严重的文化冲突。一位充满热情与抱负投入此项事业的中文教师可能因缺乏对一些跨文化问题的了解,无意识地冒犯了在地国的文化。如果管理团队没有及时加以干预和切合实际的管理,一件在中国微不足道的"小事",可能被终止教学,或演化成让你在法庭上成为被告,遣返回国。小事酿大事,悔不当初,进而使你未来的美好生活因这段萦绕于心的不愉快而大打折扣。因此,通过下面这些案例加以解析问题所在,引入跨文化交流意涵,提出问题的解决方案,永远不

---

* 林丽芳,厦门大学外文学院副教授,现为英国卡迪夫大学孔子学院中方院长。邓娟,厦门大学国际中文学院讲师,北师大博士在读。2016年3月至2018年3月为卡迪夫大学孔子学院公派教师。

① 来源自孔子学院总部英国卡迪夫大学孔子学院年度报告。

② Raymond Williams, *A Vocabulary of Culture and Society*. Rev. Ed. New York: Oxford UP, 1983, p.236.

③ Joyce Merrill Valdes, (ed.) *Culture Bound: Bridging the Cultural Gap in Language Teaching*. Cambridge: Cambridge University Press. 1986, p.127.

会多余。

二、案例分析及应对

(一)中国式的热情

一位中文教师赴任前专门参加了厨艺培训,以应对居住比较偏远需自己煮饭和传说中英国菜难吃的问题。与天真可爱的当地学生接触不久,他就邀请四位 13～14 岁的孩子到家里做客。他并没有事先说明已为大家准备了午餐,而是等孩子们要离别时,表现出了极其真挚的热情,强留他们在家品尝了他的拿手好菜。第二天,他被一位学生家长告到学校,并明确表示如孩子出现有任何的身体不适,他们是不会放过他的。他蒙了。原来那位学生对牛奶过敏。孔院管理方第一时间与学校和学生家长取得联系并道歉,确切说明当天的食物里未含有牛奶或奶制品,并理解他们可能导致严重后果的担心。然而该学生却需付出缺课一周的代价,请假留家观察,确定身体无恙后才重返校园。这件事对该教师和大家教训极为深刻。英国是全世界最早针对儿童权益进行立法的现代国家,涉及儿童福利与儿童保护的法律名目繁多,体系也较为完备。[①] 即使那天没有学生对任何食物过敏,任何教师在未征得家长同意,或无其他监护人在场的情况下,是不许邀请未成年人到自己住所或出外的。该学生家长并非小题大做,因为就在 2019 年 9 月 16 日,一位叫欧文·凯利的英国男孩在伦敦一家知名的拜伦汉堡店 Byron 与朋友进食了该店所售卖的鸡肉,因其含有乳制品成分,使得欧文产生致命的过敏反应,送医后不到一小时,就没有了生命迹象。[②] 凯利从小就对乳制品、花生过敏,他本人也习惯了去用餐之前,先向服务员说明。那天点餐前,他照旧将自己过敏情况告诉了餐厅服务员,并查看了菜单上的过敏提示,确定没有标明该汉堡有乳制品成分后便放心用餐。吃到一半汉堡时,他突然感觉嘴唇刺痛。尽管第一时间被送到伦敦市中心的圣托马斯医院,但医生们仍旧回天乏术。原来,凯利所点的鸡肉汉堡里的鸡肉是使用脱脂牛奶腌制过的,而不幸的是,不仅菜单上没注明,甚至连餐馆的服务员工也都不了解。据最新英国《临床病理学杂志》报告,在英国,食物过敏大约影响了 1%～2%的成年人及 5%～8%的未成年人。[③] 此前,英国广播公司也曾报道,一位饭店老板因售卖含有过敏的花生而致 15 岁女孩猝死被判入狱。[④]

(二)肢体触碰

赴英之前,中文教师都被告知过不能与学生有肢体接触。对 23 位孔院教师的访谈中得知,其中 21 位国际中文教师将其理解为不能动手打学生,只有 2 位基于他们在英国曾经目睹过的经历给出了正确的答案。显而可见,一些有关跨文化的理论和方法论表述是可

---

① 张华:《英国儿童权益保护工作:凸显三大特色》,《社会福利》2012 年第 4 期。

② J.M. Soon, Food Allergy? Ask before You Eat,Current Food Allergy Training and Future Training Needs in Food Services, *Food Control*, Volume 112, June 2020, 107129,p.1.

③ Jan Mei Soon, Food Allergen Knowledge, Attitude and Practices among UK Consumers: A Structural Modelling Approach. *Food Research International*, Volume 120, June 2019, p.375.

④ A Takeaway Owner and Manager, Who Caused A Teenage Girl's Death by Sending Her A Meal Containing Peanuts, Have Been Jailed for Manslaughter. https://www.bbc.co.uk/news/uk-england-lancashire-46123858, Accessed 9th Jan 2020.

能被理解偏差的,甚至迥异。因此,摆在我们面前的要务之一就是要补漏求全、纠正,甚至加以还本清源。[①]

笔者对一段有关新任音乐教师培训的录像印象深刻,内容是敦促并告诫老师永远不要与学生有任何肢体的接触,即使只是触摸学生的手,帮他们矫正握琴姿势。这个录像传达的信息就是,在向学生展示音乐技巧时不一定要触碰学生,总有比这更好的方法。这个被英国教育大臣认为矫枉过正的录像却得到了英国音乐家工会(Musicians' Union)、英国皇家音乐学院联合委员会(the Associated Board of Royal Schools of Music)和英国儿童慈善机构——全国防止虐待儿童协会(NSPCC)的一致支持。[②] 在英国,师生肢体接触需十分谨慎,为了自保英国教师是不会轻易越雷池半步的。2018 年 4 月的一天,突然接到下属孔子课堂所在学校的外语负责人的电话和邮件,说某中文教师"袭击"(assaulted)了班上一位学生。该学生报告学校和家长后,学校立刻作出了对该教师停课的处置。学生家长也致电学校,准备到法院起诉老师。孔院管理人员立刻联系学校和该教师。经调查确定事发过程:该教师在带领全班做游戏时,涉事学生和另一位同学一直在大声聊天,全然不理会正在进行中的课堂活动。老师发现并警告几次后他仍无动于衷,于是过去拽了学生的衣服,让他站起来。尽管学生也承认了自己当时的表现,虽然所有的师生都因该教师十分的敬业而认可并欣赏她,但校方仍然表示爱莫能助,无力改变决定。

孔院管理团队一边安抚这位只有 22 岁远离家人的年轻教师,一边与学生及家长沟通。在查阅有关的法律和教学规范后,除了口头和书面的真诚道歉,也真实地说明了中英教育的差别和教师的无意识冒犯行为。经过多方努力,所幸最终获得家长的理解并决定放弃诉诸法律。这个深刻教训成为孔院的典型案例,揭示了跨文化过程中对一些法律法规存在望文生义和理解不透的问题。确实,中西方的师生关系和教师地位存在差异。在中国的传统观念里,教师具有很高的地位,学生尊重和绝对地服从老师是最基本的要求。现实中师道尊严的现象仍然屡见不鲜。但是在西方观念里,师生之间也是一种平等的关系。[③] 出现此类情况,教师可以下课后找学生谈谈,为什么他不感兴趣?或他有什么更好的见解?……而日常多向本土教师请教,恰当借鉴本土教师的方法和应对措施应是最直接和更有效的办法了。

(三)平等对待残障人

根据 2006 年 12 月 31 日联合国通过、2008 年 5 月 3 日生效的《残疾人权利国际公约》,"残疾人包括肢体、精神、智力或感官有长期损伤的人"。这是一个宏观层面的定义,涵盖或指导着不同国家对本国残疾人的定义。在英国,残疾人的定义主要来自 1995 年制定、2005 年修正的《反残疾歧视法》。这部法律涉及的范围广、条目细、规定明确,特别确定了

① Fred Dervin. A Plea for Change in Research on Intercultural Discourses: A "Liquid" Approach to the Study of the Acculturation of Chinese Students, *Journal of Multicultural Discourses*, vol.6, No.1, March 2011, p.37.

② 《老师必须有权碰学生》,https://www.bbc.com/zhongwen/simp/uk/2011/01/110111_edu_physical_contact.访问日期:2020 年 9 月 13 日。

③ 李云霞:《美国学生汉语课堂教学策略探讨》,《云南师范大学学报》(对外汉语教学与研究版)2007 年第 1 期。

残疾人所拥有的在工作、教育、利用公共交通设施和公共服务方面的权利以及不可容忍的歧视残疾人的行为。该法律规定，残疾指“对个体正常日常活动能力有不利影响的一种身体或精神上的缺陷，且这种不利影响必须具有实质性和长期性的特点”[①]。除了一些明显可见的残障人，在英国大学课堂里，往往会忽略了肉眼完全看不出有任何问题但确实存在有实质性和长期性特点的身体缺陷的学生。开学前，校方通常会在课程及名单确定后，邮件提醒任课教师不易察觉的某位(些)学生因缺陷问题所应注意的事项，如听障、视障、自闭、孤独症、读写障碍等。据一位中文教师回顾，有一回她刚接手了一位离任教师的课，并得知，班上某学生视力差，发放资料或作业时，要使用二号字体打印，且不能只发给他一人，而是全体，以免学生觉得教师随意透露他的隐私。她小心翼翼地做到了这些，但问题并不仅在于此。一次下课，该生递给她一支黑色的马克笔。她谢了他，以为学生感谢对他的特殊照顾。在接下来的一节课堂上，为了区分易混淆的字句和拼音，该教师继续使用了不同颜色的板书。直到该学生到大学残障服务部门投诉该教师并提出退课时，该部门负责人才意识到，由于他们的疏忽，忘了发邮件提醒教师。因为除了视力差，该生还有色弱问题，看不清蓝色和红色。至此，该教师才恍然大悟，并写邮件致歉。由于孔院中文教师二年一任，流动性大，这也给管理带来了问题。在英国，此事并非小事，它涉及残疾人保护法和隐私权保护法，因此及时更新并跟上管理非常重要。卡迪夫大学继续教育学院的学生来自政府、企业和社会人士，包括部分退休人员。有些年纪大的学生不了解网络，不会到大学的课程模块下下载课件，教师则需要事先为他们打印提供。对于一些有阅读障碍的学生，教师可私下跟他们邮件沟通或面谈，以了解他们各自的特殊需求。还有一位年长者有孤独症，且书写时会手抖，每次上课需要助理帮忙记笔记。对此，我们保护性地咨询了相关团体和机构以寻求对策——允许课中难以完成笔记的学生对黑板上的板书进行拍照记录。有些细心的教师也乐施援手，会有意识地做一些记录并整理一份笔记，单独发邮件给学生。在设计和施行所有这些应对方案时，要十分注意不能随意透露当事人可能不愿透露的个人信息。这里的个人信息是指那些可直接或间接识别自然人的任何“个人信息”，包括但不仅限于姓名、识别号码、位置信息、联系信息、医疗记录、照片或视频、社交媒体信息等。根据英国高校的个人信息保护条例，学校会通过安全的方式以及相关的数据共享协议与第三方分享信息，而第三方也必须同意以保密方式处理信息并保证其安全，不允许在处理完成后保留个人信息，并且必须采取适当的安全措施来保护个人信息。[②]

(四)强语境和弱语境文化间的沟通

根据跨文化交际学者 Hall 的观点，强语境文化中的人们交际时，有较多的信息量蕴涵在社会文化环境和情景中，内化于交际者的心中，明显的语码则负载较少的信息量。[③] 因此，强语境文化中的人们对微妙的环境提示较为敏感，交际者的面部表情、行动、交往速度、交往地点、难以言说的情绪、微妙的手势以及其周围的环境等都是丰富的信息符号，因

---

① 周云:《英国残疾人的社会保障》,《社会保障研究》2010 年第 6 期。

② 赵海平、赵安琪:《高校个人信息保护政策研究及启示——以 2019 年 QS 世界大学排名前 100 名高校为例》,《图书馆杂志》2019 年第 8 期。

③ 王绚:《跨文化交流中的文化差异及启示》,《吉林工程技术师范学院学报》2011 年第 8 期。

而交际中的人们会侧重意会；在弱语境文化中，人们对一些非语言交际的行为动作、表情示意感知力低，因而交际中的人们侧重言传。总体而言，中国文化属于强语境文化，很多时候需要我们去意会，而英国文化属于弱语境文化，加上“个人主义”和“隐私”的观念，使人们相互之间不容易培养共同的生活经历和背景，在交流中不得不靠语言来明确表达，由此形成低语境文化。[①] 这种分属不同语境文化的人际沟通有时会导致误解和冲突。

2018 年 4 月初，当我驻英大使馆主管教育的公使衔参赞为了促进交流，希望在二周后的复活节期间的某一天访问卡迪夫大学。对于如此临近的到访，校长助理有点无所适从，发来邮件询问公参此行来访卡迪夫大学的主要目的，实则希望取消或推迟。在与属于相对偏弱语境文化的英方沟通中，含糊其词可能造成词不达意，合适的开门见山更能切中要义。因此孔院写了一封说明邮件，表明教育公使的主要职责是负责中英两国的教育交流和合作，自上任以来他还未到访过卡迪夫大学，希望通过此次机会促进双方合作、会见学校领导、中国学者和学生，访问孔子学院并发表讲话。虽然在跟大使馆工作人员这种仍属强语境文化的沟通里，没有交代会见场所、住宿安排和宴会餐叙的具体要求，但对于文化同源的孔院中方人员来说，这是不言而喻的。因此，邮件中还明确建议，请卡迪夫大学主要领导出面并与公参共进午餐或晚餐。至此，英方了解了公使到访的意义和重要性，对礼宾安排和各项活动作出了精心的准备。卡大校长及几乎所有副职都出席接待并会谈，气氛友好，坦诚交流，各项活动也进行得井然有序，十分顺利。访问超出了预期效果，双方均表示非常满意。以上说明，在相对是弱文化语境的英国文化中，双方理性沟通，促进理解固然重要，而显山露水，言传达意，却也在道理之中，无须语焉不详。

（五）敏感话题

在课堂上，敏感话题如政治、性、种族、宗教等尽量不要涉及，这些议题容易引发学生激烈争论，使课堂失控。[②] 对于课堂上出现突发状况，要冷静对待。曾经有一位非裔学生提出退课，觉得在课堂上受到了中文教师不当的种族主义伤害。对此，教师觉得非常无辜，无从理解。原来，他在讲解一个中文单词“那个”的发音时，有调皮的学生就说这个就是读作“Negro”——一个对非裔带有蔑称的英语单词，接着全班哄堂大笑。这位学生敏感地觉得大家一边说着“Negro”，一边都还在看着他，他感到自己显然被冒犯了，于是告向校方。同样的例子发生在最近美国加州大学一位教授身上。Greg Patton 教授在他的传播学课上说：“在中国，比较常见的填充词是‘那个，那个，那个’……”他重复了三遍。部分学生却将此解读成该教授是在故意说这个歧视非裔的英文单词。他遭到了部分学生的反对，并被投诉到校方。校方停了他的课，并表示：“教师在课堂上使用会边缘化，伤害和损害学生心理安全的单词是完全不可接受的。”在现今政治正确盛行的美国，大学竟然为此开除了他。[③]

借助母语甚至是方言音注初学的外语单词是一种普遍的做法，英国学生亦然。例如，“不谢(bull shit)”“后(hoe)”“半(bum)”等。教师不能附和他们，而是要提醒他们，这种试

① 王绚：《跨文化交流中的文化差异及启示》，《吉林工程技术师范学院学报》2011 年第 8 期。

② 祖成瑶：《英国中学汉语课堂管理问题分析及对策》，《科教文汇》2020 年第 8 期。

③ Andrew Kelly, REUTERS, THAT's Racist: California Professor Suspended, Students Offered Emotional “Support” to Remedy “Harmful Impact” of CHINESE Word — RT USA News, https://www.rt.com/usa/499831-chinese-word-professor-racism/，访问日期：2020 年 9 月 5 日。

图帮助记忆的尝试只是貌似可为,实质上如此的慵懒取巧终将弄巧成拙,隐患无穷。如果总是依赖这种方法,遗憾绝不仅在发音失准上,甚至可能由于这种辅助注音可能存在粗俗或侮辱性(如上述三例)、攻击性的词义而引发文化冲突。作为教师,教授内容情理之中,教会方法责无旁贷,纠错更要义不容辞。

三、若干建议

孔院管理团队应在新任教师正式上岗之前,及时开展培训式的工作交流会,对所在孔院乃至在地国曾经发生过的典型教学事故及因文化冲突而引发的案例进行分析和告诫,以防患未然。作为在国外从事国际中文教学的教师,跨文化交际绝不仅限于课堂,还涉及工作的各个层面,包括与孔院英方负责人、大学行政管理人员、下属孔子课堂和教学点负责人,以及英方学生、同事、社会团体联系人等的工作联络。因此,除上述应知应会方面,教师还应注意如下几方面的建议,以弥补国内培训可能出现的遗漏或不足。

(一)未经学校和监护人许可,哪怕是非营利性质,也不能使用未成年人照片用于任何新闻报道,制作宣传画册或影像媒体。

(二)下午 5:00 之后及周末与假日不要给英方发邮件;紧急情况确需邮件沟通,应同时表达歉意。

(三)不要贸然询问你的英方同事、特别是上司的个人手机号码。公事写邮件、只使用工作邮箱发邮件沟通是工作规范,不用 QQ 邮箱或微信传达有关工作的信息。

(四)不要进行语言歧视,对学生加以讥讽,冷言相对;不要惩罚性地滞留学生做作业。

(五)未经监护人许可,威尔士中小学不能使用 zoom 设备进行授课[①];大学校园内,未经许可,不能使用 zoom 课程或会议中的听众截图,除非是盖住脸部和名字。

(六)教师不能在威尔士中小学课堂上戴墨镜,也不宜使用室内外变色眼镜。

(七)家访在中国被视为是老师对新生关爱的表现。但在英国,中文教师不要照搬国内教师做法,不要轻易去学生家里拜访。这会使学生家长觉得很突兀和尴尬。

四、结语

国际中文教育中跨文化碰撞是每个教师所无法回避且突出呈现的关键要素,不仅反映在教与学的各个环节,也直接影响到对中文的感受和态度。了解在地国的教育制度和规范的重要性不言而喻,而浸润其文化根基和养分的人身人权保护的法规也是需要被充分重视和遵守的。针对中文教师在当地教学过程中出现的问题,孔院管理团队及时的干预和纠错是可行并且有效的,加之建立了比较完善的教师辅导和培训体系,避免了一些误解和问题的恶化。针对师生间的文化差异引发的课堂问题,教师应保持求同存异的心态,尊重当地的文化,巧妙整合冲突,互相借鉴,创设多元文化和谐共存的汉语课堂。[②] 与此同时,中文教师的勤奋和敬业也慢慢改变和影响着英方同事和学生。这种改变是可喜的,跨文化交流中做到了互鉴互学,便进一步促进了尊重和理解,美人其美、美美与共岂不乐观可期?

---

① 来源自卡迪夫大学“Safeguarding for Streaming Classes Online”。

② 朱焕芝:《对外汉语课堂管理文化冲突及解决策略》,《文学教育》2012 年第 3 期。

基于"全面提高人才培养质量"精神下的厦门大学体育社团建设

莫 菲 杨广波*

摘要:为落实教育部印发《关于深化本科教育教学改革 全面提高人才培养质量的意见》的精神,深化教育领域综合改革,以培养德智体美劳全面发展的社会主义建设者和接班人为主要目标,加强新时期高校社团建设的研究,完善传统高校体育教学模式,满足新时代在校大学生自身发展的需要。本文采用文献查阅、走访调查、经验总结等研究方法,分析当前我国高校体育社团发展存在的普遍问题,借鉴国外高校社团(俱乐部)发展的优秀经验,并结合中国高校体育发展的实际,为厦门大学学生体育社团的建设提供参考。研究结果表明我国高校体育社团建设的改革措施:第一,以学生为中心的管理模式;第二,加强社团指导教师的指导;第三,提高社团活动的质量;第四,完善社团内部管理架构;第五,重视社团文化建设。

关键词:高校;体育社团;社团建设;措施

一、研究目的

落实教育部印发《关于深化本科教育教学改革 全面提高人才培养质量的意见》,加强新时期高校体育社团建设的研究,挖掘高校体育社团在高校体育文化建设中的重要价值,使其成为高校体育教学的有效补充,在培养学生能力,提高人才培养质量方面发挥积极作用。

二、研究方法

(一)文献研究法

查阅高校体育社团、高校校园文化建设等相关的文献资料,为本文寻求理论支撑。

(二)走访调查法

走访比较有代表性的高校,对体育社团建设情况,存在问题以及在校园文化建设中的作用进行调研,为本文提供事实依据;深入社团调研学生体育社团的管理、组织、内部架构等信息,收集一手资料。

(三)经验总结法

总结归纳自己十几年高校社团的指导和管理经验,为社团发展建言献策。

---

* 莫菲,女,吉林四平人,厦门大学体育教学部讲师,主要研究方向体育社会学。杨广波,男,山东梁山人,厦门大学体育教学部副教授,主要研究中国民俗体育。

三、结果与分析

(一)我国高校体育社团发展现状

1. 体育社团管理理念陈旧,管理模式滞后

大部分高校把体育社团作为一个边缘化的群体,管理上行政化较为严重,并且管理理念陈旧,缺乏学生自主规划。一般高校体育社团都是在校党委的领导下由校团委直接管理,管理模式采用:校团委—社团联合会(社团部)—体育社团。① 在实际工作中,由于高校社团类型多,涉及学生面广,加上校团委事务繁杂,所配备专职的社团管理人员不足,很难专门针对体育社团进行有效管理。有的高校把学生体育社团委托给学校体育教学部门,但由于没有必要的制度保障和激励机制,他们也不愿意接受这块"烫手的山芋",致使大部分体育社团管理混乱,活动开展无计划性,存在较多矛盾和隐患。

2. 缺乏专业教师指导,学生参与兴趣不高

专业指导教师的缺乏是大多数高校体育社团普遍存在的问题。② 这一现象的存在的主要原因还是在于管理部门之间工作衔接不到位,相关的制度保障不健全。社团指导不像是上体育课,没有相关规定教师一定要做,加上学生的自主性、随意性较强,在技术学习或活动中存在一定的安全风险,由于权责很难理清楚,一旦出现事故很多指导教师都要承担责任,所以大部分指导教师不愿承担社团指导的风险。此外,指导教师参与社团指导都是无偿的,没有任何奖励机制,还要牺牲较多的课余时间,大部分指导教师无法接受。

3. 社团活动有过于形式化、娱乐化

社团活动是学生进行沟通交流的重要渠道,社团活动层次的高低直接影响社团对成员的吸引力,影响着社团成员能力的发挥与提高,只有高质量的活动才能使社团更有魅力。③ 高校体育类社团在高校社团中所占比例较高,据统计大部分高校体育类社团所占学校社团的20%左右,有的达到25%以上。由于社团类型多,活动组织多,受众面较广,在丰富校园文化生活方面应该有着重要的作用。但是现实情况却是大部分活动都缺少主题,内容过于形式化、娱乐化,学生在活动中缺乏存在感,真正集体性以及竞争性较强的赛事活动不多。主要原因可以归结为:学校领导不够重视,给予的支持力度不够;活动宣传力度不足;缺乏有效激励机制;没有足够的经费支持,难以组织像样的比赛。

4. 对社团文化建设的认识比较模糊

优秀的体育社团文化可以丰富校园文化,并在无形中对社团成员的思想、价值观带来影响,增加社团成员对社团的认同与归属感,促进社员的凝聚力。加强社团文化建设,要提高大家的体育意识,树立正确的体育观。当今,高校学生对于体育的意识,出现了两极性,即"纯粹的身体运动"和"精神上的体育意识"④,前者只是单纯的运动健身,很少了解项目本身的真正意义,而后者只关注运动赛事所带来的视觉冲击感,却很少参与到运动中

---

① 耿文帅:《高校体育社团发展的现状及对策研究——以江西科技师范大学为例》,《学校体育学》2019年第9期。

② 花凡:《"健康中国理念下"在宁高校体育社团的发展现状及对策研究》,《体育科学》2018年第6期。

③ 胡峥:《高校学生社团管理工作的问题探析》,《大学教育》2013年第3期。

④ 郗晓、陈家起:《英国高校体育联盟发展模式探究及镜鉴》,《湖北体育科技》2018年第6期。

去。加强体育社团文化建设,培养正确的体育观,提高大学生参与体育兴趣,才能有效提升大学生的体质健康水平,完成全面提高人才培养质量重要使命。

(二)国外高校体育社团发展模式借鉴

1. 以学生为中心的多元化社团管理模式

在美、英、法等一些发达国家,学生体育社团有着较长的发展历史,且形成了独特的管理理念和发展模式。大学体育课程的开展以及各类课余体育活动的组织主要依靠学校内的学生体育社团和各单项协会[①],许多国外高校以多种形式的体育俱乐部代替学校体育课程,传授体育知识。其模式大体为:课内、课外、课内与课外结合的形式[②]。课内体育俱乐部注重学生运动能力的培养,由学校体育管理部门指派教师教学。课外体育俱乐部采用外聘教练指导的方式,由于聘任考核制度严格,教练的能力较强,指导水平较高。课内外结合的体育俱乐部模式突出以学生为中心,充分利用学校的师资、设施等资源联合学生共同运作的一种模式。俱乐部(社团)管理上,以学生为主体,相关行政管理部门主要起到管理、规划、指导大学显性体育活动和行为,辅助大学生组织建设校园体育文化体系。[③]

2. 注重体育文化建设及学生综合素质的发展

西方国家的高校十分重视学校体育文化的建设,他们认为体育是完善大学生人格的有效途径,通过体育运动实现学生之间的相互合作,公平竞争;懂得遵守规则,尊重对手,正确面对输赢。学校重视发挥学生参与包括体育文化活动在内的校园活动积极性和主动性,并尽可能地为学生提供优质的管理与服务。[④] 在社团建设方面肯定学生自主权,强调学生对于体育社团的自主建构,重视社团参与者的能力培养,在社团活动中会根据参与者的技能和兴趣来分配岗位,把每个人的优点发挥到最好,来最大程度地契合赛事的运行,每个参与者利用自己的才华和技能来影响大学体育发展,了解团队的重要性。

四、健全机制,促进社团建设的改革措施

1. 以"学生忙起来"原则,实施双重管理,多重协助的联动模式

根据我国高校发展的实际情况,建立以校党委、学工部(组织、宣传、教务、保卫)领导下的双重管理,多重协助的联动管理模式,具体如图1所示。

该管理模式优势体现在:第一,学校可以及时掌握体育社团的信息和活动情况,调动多部门对社团活动组织,指导教师的审核,社团骨干的培训等各方面给予有效的指导和管理。第二,该模式采用平行化管理,弱化了职能部门行政手段,重视学生在社团建设和管理上的主体性,增强学生的自主参与。校团委和体育教学部在学生体育社团上发挥各自的优势作用。学生体育社团在组织关系方面由团委进行管理,在学生社团规章制度的建立与健全、社团激励机制的完善、社团成员的招纳、以及大学生社团的强化建设方面进行

---

① 黄晓梅,陈秀平:《法国高校课余体育特征及启示——以巴黎政治学院为例》,《体育科学研究》2019年第3期。

② 盛怡等:《美国大学体育俱乐部教学模式的特征及启示——以布莱恩特大学为例》,《武汉体育学院学报》2016年第9期。

③ 姜志明、刘甄悦:《中外大学校园体育文化比较研究》,《体育文化导刊》2010年第9期。

④ 杨娜:《大学体育文化建设的西方经验与中国选择》,《全球视阈》2020年第2期。

统筹,对社团发展做宏观的规划。在业务关系方面则是由体育职能部门进行管理,协助学生做好社团建设,活动规划,安排指导教师,调配场地资源。第三,为了方便学生解决各种社团事务,学校可以配备专门的社团管理辅导员负责各类体育社团与各职能部门的衔接。通过这种模式,学校管理部门主要起到管理、规划、指导大学显性体育活动和行为,把更多的社团建设权利交给学生,以实现学生自我价值和社会价值的统一。这不仅减轻了校团委和体育教学部门的工作压力,对于资源的合理调配,社团活动组织,体育技术的指导与培训等都发挥着有效的作用。

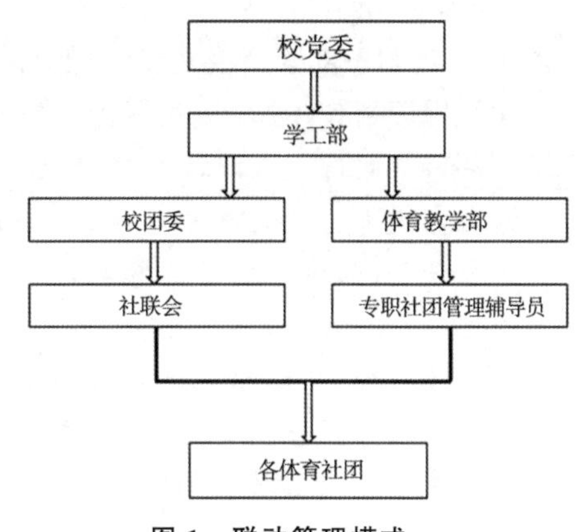

图 1　联动管理模式

2. 完善保障机制,激励"教师强起来",提高社团指导质量

制定相关的政策和激励机制,提高教师对体育社团指导工作的积极性,把社团指导同体育教学摆在同一位置,端正指导教师态度,真正深入社团活动,给予社团有效的指导,努力提高学生社团活动的质量。第一,按照体育社团的类型,尽量安排同一项目类型的指导教师,确保指导的有效性。对于一些小众项目师资匮乏的现状,通过外聘或外出培训的方式解决指导教师问题,尽量满足学生的多种需要。第二,制定指导教师的考核激励机制,可以将体育社团指导与工作绩效挂钩,并制定监督机制,避免指导教师占着位子,不作为的现象。第三,完善《体育社团指导条例》对体育社团技术指导、训练和赛事活动,在安全方面对教师和学生都提出具体的要求,为体育教师的社团指导工作提供了制度保障。

3. 加强社团活动规范化、制度化,使活动"效果实起来"

规范社团活动,制定社团活动章程,对社团体育活动进行有计划、有组织的控制与协调,以实现其活动的开展目标。具体活动流程模式如图 2 所示:

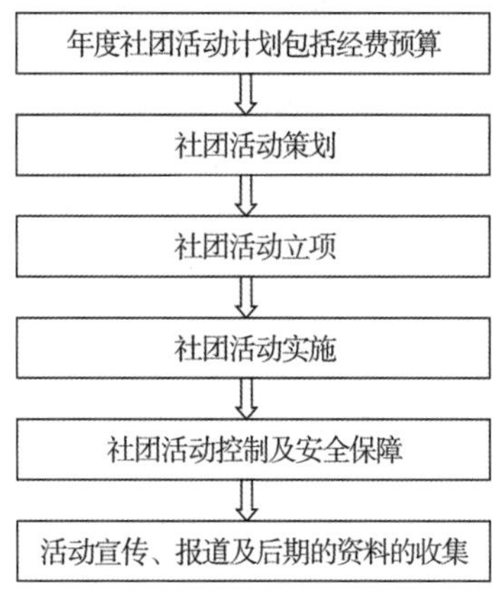

图 2　社团活动流程模式

该模式对于体育社团活动的影响主要表现在:第一,学校管理部门可以第一时间了解本年度社团所要组织的各种活动,对活动的性质和规模提前把控,并结合实际情优化配置资源,在有选择的情况下对一些体育社团的活动给予实际的支持和帮助,有效控制体育社团活动组织与实施情况。第二,活动实施方面注重发展学生个性,培养学生的综合能力。坚持学生活动学生办,小活动社团办,大活动社团联合办、全校办的原则,重点扶持几项规模和影响力较大的赛事活动。每项活动结束后,及时对活动组织及学生参与情况进行总结与评价,以此不断完善活动内容,提高活动质量,激励各个社团向前发展,避免社团活动形式化。第三,扩大宣传,增加社团活动的影响力。活动组织的前期宣传和后期报道,让更多人了解社团的情况和活动性质，不仅提升社团的影响力，还能够使得社团受到校内外人士的关注。

4. 优化社团干部管理模式，让内部"管理严起来"

优化社团干部任用制度，社团骨干的选拔要经过提名、推荐、考察公示、公开选举、审核批准等环节。候选人的政治立场，组织能力强，学业成绩综合排名均在考核范围之内，思想品德和作风不过关的学生不能担当社团负责人。社团负责人的产生尽量避免采用社团负责人委任制，而是采用提名竞选模式。凡有心为社团发展服务的社团成员，或由上届的社团干部推荐的候选人，均可参加社团干部竞选。然后由社团成员进行投票，得票多者且过选票半数当选，并且要求指导教师要参与干部选拔的过程。按照这种模式选拔出的社团干部能得到大部分社团成员的认可，促使社团有效地协调运作。

5. 重视社团文化建设，打造明星社团，把"榜样树立起来"

重视体育社团文化建设，探索体育社团文化建设的合理模式，把体育精神作为社团文化建设的指引，真正发挥体育的育人作用，主要体现在：第一，发挥体育文化导向作用，凝聚发展共识。以体育文化精神为引领方向，结合社团项目特点，追求平等、健康、拼搏、竞争等精神理念。第二，发挥体育文化约束作用，规范参与行为。在实践中体会体育精神，学会尊重规则，尊敬对手，正确面对输赢，不断提高、塑造自己。让体育不仅仅限于对身体的"育"上面，而且能使体育在思想层面上发挥作用。第三，发挥体育文化凝聚作用，营造社团氛围。大家通过共同的运动爱好聚在一起，在学习活动中大家相互交流、增加感情，找到归属感，在比赛过程中团结协助、共同进退。第四，发挥体育文化的激励作用。重视体育对人的个性培养，激励奋进敢于挑战的精神，打造明星社团，充分发挥先进典型示范作用，引领其他社团不断地超越。

五、结论

新时期，国民健康已经上升到优先发展的战略地位，健康教育也已经纳入国民教育体系，并作为所有教育阶段素质教育的重要内容。加强高校健康教育、提升学生健康素养，是贯彻落实党的教育方针，全面实施素质教育、促进学生全面发展重要举措。[①] 高校体育社团应作为大学生健康教育的载体之一，在高校体育育人中发挥重要的作用。为确保高校体育社团的健康可持续发展，我们要根据我国高校教育的实际情况，加大对体育社团研究的深度；提高对高校体育社团的认识，对高校体育社团实施有效管理，不能只侧重于从学校管理层面的背景、动力、机制的探讨，忽视了学生视角育人成效的检验；合理利用高校管理资源、教学资源，协调合作关系，切实发挥对体育社团的有效作用；抓好体育社团文化建设，提高社团成员对社团、对学校的认同与归属感。

---

① 教育部：《普通高等学校健康教育指导纲要》，http://www.moe.gov.cn/srcsite/A17/moe_943/moe_946/201707/t20170710_308998.html，访问日期：2020 年 12 月 10 日。

系统有效开展高校国防教育的几点思考

王 飞*

摘要:《国家教育事业发展“十三五”规划》明确提出要把“提高学生综合国防素质”作为全面落实立德树人的根本任务之一,这为普通高校大学生国防教育提出了明确的目标指向。2020 年是“十三五”的收官之年,当前国家教育事业发展“十四五”规划正在编制当中,在习近平总书记富国强军重大战略思想的指导下,国防教育仍将是高校教育的重要内容。本文围绕立德树人的这一根本任务,以厦门大学为例,分析了当前高校国防教育的现状,提出着力从新生军训的组织、与爱国教育相结合、结合党团日组织、引进名家讲座、通过校园征兵宣传等方面来提升高校国防教育实际效果,借以探索高校国防教育的系统解决方案。

关键词:国防教育;高校大学生

一、引言

党的十八大报告从国家安全和发展战略全局的高度明确指出,建设与我国国际地位相称、与国家安全和发展利益相适应的巩固国防和强大军队,是我国现代化建设的战略任务;十九大报告再次指出,坚持富国和强军相统一,强化统一领导、顶层设计、改革创新和重大项目落实,深化国防科技工业改革,形成军民融合深度发展格局,构建一体化的国家战略体系和能力。完善国防动员体系,建设强大稳固的现代边海空防;2020 年 10 月 21 日,中国人大网全文公布了最新的《中华人民共和国国防法(修订草案)》,我们已将发展利益与国家主权、统一、领土完整、安全并列。尤其是在国防动员条件中,增加了“发展利益遭受威胁时,国家依照宪法和法律规定,进行全国总动员或者局部动员”。无论是建立巩固的国防还是形成军民融合的新局面,都离不开强大的科技和人才支撑,而广大高校的青年正是生力军。自从 2018 年军队首次面向社会公开招考文职人员以来,2018 年全国军队文职招聘 9297 人,2019 年招聘 19523 人,2020 年招聘人数达到 27073 人,招生规模呈现稳步增长的态势,招聘人数已经超过国家公务员考试。越来越多的高校毕业生走上了军队的指挥、技术和文职岗位,为军队和国防建设贡献自己的力量。高校的国防教育能否有效开展,直接关系到青年的国防意识形成和社会对国防建设的整体认知。

二、当前高校国防教育开展现状

高校国防教育是国家相关法律法规的基本要求,是加强国防建设的基础,旨在通过对

---

* 王飞,男,河南方城人,厦门大学选培办主任,主要研究方向为高等教育管理。

在校高校学生进行必要的军事理论学习和军事技能训练，使其掌握基本的军事理论与军事技能，从而达到增强国防观念和国防安全意识的目的，强化爱国主义和集体主义观念，加强组织纪律性，促进大学生综合素质的提高，为培养国防后备人才打下坚实的基础。但从实际开展的情况来看，不同程度地还存在以下问题。①

（一）部分大学生个性突出，对国防教育和宣传有抵触情绪

地方高校通常有着相对自由、开放、利于张扬个性的环境，在网络和手机使用管理上也十分宽松，有的高校图书馆为了学生查阅论文方便，开放了代理服务器，客观上高校学生相比较社会人群有更多的机会和概率接触到西方的一些不良思潮以及对党和军队的抹黑的言论，由于缺乏必要的社会经历和辨别能力，这些信息对大学生群体产生了消极的影响，甚至对一些网上的段子或者未经证实的消息笃信不疑，对正面宣传却吹毛求疵，嗤之以鼻。在互联网丛林中，历史虚无主义悄悄披上了时髦的外衣，有的学生罔顾事实质疑历史事件和主流宣传，恶搞戏说颠覆主流：黄继光堵枪眼不合理、刘胡兰系被乡亲所杀、雷锋照片多且日记造假、狼牙山五壮士其实是土匪、邱少云事迹违背生理学常识等等，这几年来又有人质疑解放军常年不打仗却工资待遇高、军队职业化进程中也有人大言不惭“不打仗晋升什么军衔”。这些现象都从深层次反映出部分大学生价值观的缺陷与精神信仰的迷失。

（二）群体性国防意识淡薄，缺乏必要的危机意识

高校的大学生是国家未来的栋梁。然而，当前大多数大学生对国家安全的认识仍然停留在军事、战争、国防、领土、情报、间谍等这些传统的领域，缺少了对意识形态、信息和科技等领域的防范意识。2020 年 10 月，河南省平顶山市一家企业的博士技术人员刘欣（化名）遭境外组织策反，要求其搜集国内某核电站的重要涉密资料；2020 年 11 月，伊朗的首席核科学家法赫里扎德遭人工智能锁定并被遥控操作的自动机枪杀害。这些例子都足以说明国防和科技的紧密联系，而大学生群体又是未来与科技联系最紧密的群体。许多大学生宁可把时间用在玩游戏上，也不愿意去了解起码的国防常识，对国家的安全形势和国防政策认识不足，对近代中国因国防力量孱弱而惨遭羞辱的历史慢慢淡忘，加之几十年来国家安全形势从宏观上看总体较好，对中华人民共和国成立以后先后经历的抗美援朝战争、对印自卫作战、对越自卫反击战、南沙海战等历史的记忆慢慢淡去；我国驻南斯拉夫大使馆被炸，飞行员王伟在阻止美国战机侦查过程中壮烈牺牲等事件对当前在校大学生已经少有触动。即便是当前以美国为首的西方势力从意识形态、地缘政治、经济贸易、科技制造等领域对我国实施全方位围堵，大学生群体最关心的还是就业等问题，认为国防就是军队的事情，甚至很多大学生对人防工程是什么都不了解。

（三）高校国防教育没有形成体系

当前大部分高校的国防教育主要包括新生军训和军事理论知识教育，并没有形成系统的国防教育体系。美国的普通高校国防教育被寓于各种教育之中，强调各方面教育相互渗透协调发展，它以爱国主义教育为核心，而不是简单地把国防教育视为单纯的军事教

---

① 唐波：《对普通高校国防教育的现状分析与对策研究》，《中国科技投资》2014 年第 14 期。

育,我们当前在这方面有一定差距。[①]

新生军训旨在通过队列训练等内容,培养高校学生令行禁止的服从意识和集体意识,增强国防观念。但从实际情况看,在有的高校,军训场已经成为一些学生才艺展示的舞台,部分教官成了网络攻击和吐槽的对象,军训已经缺少了必要的严肃性,且内容单一,虽然一定程度上达到了让大学生吃苦收心的目的,但通过对某校272名刚参加完新生军训的不同学院大学生的调研发现,对“为什么要军训”的问题,只有约31%的学生对新生军训的认识提升到了全民国防的高度,62%的学生对军训印象最深的是正步训练。

而作为高校国防教育的另外一项重要内容的军事理论教育,在实际开展过程中也存在师资薄弱、形式单一、效果不佳等问题。首先体现在高校国防教育教师总体数量不足,辅导员等兼职教师较多,科班出身的教师少,专兼结构失衡现象突出,导致军事理论课程质量难有保障;其次是课程建设不科学,目前高校对国防教育课程建设局限于理论课程教育,大部分高校在国防教育课程的设置上缺乏系统性、针对性。理论课程多,实际操作和技能训练少,教育形式单一,授课内容和授课方式创新不足,学校和学生更多地将这类课程当成一种任务,教学力量没有组织缺少对课程的精心雕琢,大部分学生也只要求通过这些课程获得学分即可。

三、解决方案

(一)赋予新生军训新的内涵

大学新生军训是大学生的必修课,也是接受国防教育的重要途径,同时也是高校思想政治工作开展的重要组成部分。新生军训的目的应定位在通过正规的军训,对学生进行必要的军事技能训练和军事理论学习,再结合有效的思想教育工作,增强高校学生的国防观念和爱国热情,强化集体主义观念和团队协作的意识,而不应简单地认为军训就是为了让新生适应大学生活,便于学校管理。

1. 要加强必要的军事技能训练

当前有的高校军训内容安排不科学,导致大多数人对军训的印象就是枯燥的队列训练,而正步行进与立定相对较难掌握,因此,大量的时间花费在正步这一训练内容上。实际上,一些实用的军事技能训练既能丰富军训的内容,调动学生的积极性,也能通过实际的行动感受战争的态势。我们在组织国防生暑期军训时,除了体能、队列等通用课目的训练外,还组织了利用人防工事,到隧道进行防空疏散演练,组织了卫生救护中自救与互救等内容的训练,而这些内容都与国防战备直接相关,能更好地增强学生的国防观念。

2. 要以多种手段穿插进行国防教育

国防教育本身就是大学生思想政治教育的一个必要环节,在新生军训阶段,学生相对集中,思想较为单纯,学习的热情较高,因此在军训阶段开展国防教育能起到事半功倍的效果。组织形式上,可以采取观看专家热点讲座、请英雄模范回忆战斗经历、参观周边国防工事等形式。仍以厦门大学为例,国防生暑期集训期间,我们组织他们观看金门战役相

---

① 张正明、罗静:《中美普通高校国防教育的比较及启示》,《山西师大学报》(社会科学版)2006年第4期。

关的反思纪录片，请军队干休所的老红军讲述战斗经历，参观八二三炮战阵地和相关设施，国防生普遍感到受教育颇深，这样的教育形式完全可以推广到新生军训。

(二)强化爱国教育，增强四个自信

大学生群体更加关注国家的发展利益和民族命运，即便在近代国家和民族处于迷茫和危难中时也是如此。比如1919年发生的五四运动，成为中国近代谋求民族复兴的历史新起点；1935年发生的一二·九抗日救亡运动，掀起了全国抗日救国新高潮，它们都是以大学生为主体。近代以来国家和民族备受欺凌就受累于国防孱弱，一个爱国忧民的群体必然是重视国防建设的群体，增强爱国教育，能有效提升大学生群体的国防意识。2016年7月1日，习近平总书记第一次向全党明确提出了坚持"四个自信"的整体战略要求，即道路自信、理论自信、制度自信、文化自信，其中的文化自信是首次被提出。当前部分大学生"精日""哈韩""崇美"，加之西方在意识形态领域采用各种手段对我们青年群体的攻击，导致有的学生缺乏辨别能力，在"民主"和"自由"的蛊惑下，选择相信西方的月亮才是圆的，也产生了一些伤害国家和人民的举动和言论，这样的"网络名人"层出不穷。因此在国防教育和军事理论课程的安排形式上，应增强国防教育对大学生的"可接受度"[①]，尽量减少大课开展灌输式教育，多针对具体热点论点展开研讨式交流。可以大胆地将"当今世界上有没有一种完美无缺的政治体制""中国是如何靠制度优势战胜新冠肺炎疫情"等论点和话题作为辩论的主题，通过研讨发言和辩论式的教育形式，台上的教育者变成主持人，大学生由被教育者变成参与教育的主体以及辩手，能够更好地启发在校大学生对国家制度和路线的自信并更自觉地维护。如果大学生群体真正从内心热爱我们的祖国，关心国家和民族命运，国防的观念也一定会深入大学生群体的内心。

(三)利用党日团日等时机，开展好国防教育

当前大学生在校生活仍然以专业知识学习和相应的社会实践为主，政治教育则是穿插进行。如果缺少针对性的筹划，国防教育并不容易有效地开展起来。每月的党日团日的活动对象基本覆盖了所有大学生，因此，学院党委和团总支可以充分利用党日团日等时机，精心组织筹划相应的活动来开展好国防教育。

1. 依托高校周边的红色资源开展教育

红色资源是一种特殊的文化资源，具有政治、经济、军事、文化、教育等综合性的功能与价值。利用好这些资源，能有效地帮助大学生接受国防熏陶和教育。在厦门地区，就有胡里山炮台、厦门灯塔公园中的万人坑纪念碑、鼓浪屿好八连、英雄三岛战地观光园等红色资源，通过现地参观见学进行无形的国防意识培养。以厦门大学国防生为例，通过参观见学，大家对厦大"四种精神"、鼓浪屿好八连精神、英雄三岛精神耳熟能详；通过去干休所慰问老红军，听老红军讲故事，大家普遍认为比网上听来要生动和真实，更有教育意义。

2. 利用好各种纪念日开展好相关教育活动

比如，每年的9月份，结合9月3日中国人民抗日战争胜利纪念日和9月的第三个星期六——全民国防教育日相结合开展主题月系列活动，高校还可以结合所在城市和地区

---

① 张正明、李科、问鸿滨等：《高等学校国防教育的SWOT分析与发展策略研究》，《海军工程大学学报》(综合版)2013年第3期。

的历史开展相应的国防教育活动。1938年5月10日，日本侵略者在海、空火力的掩护下，从五通登陆占领厦门，自此厦门沦陷，开启了长达7年的殖民地历史。为提醒市民勿忘国耻，每年的5月10日，厦门全市都会拉响防空警报。厦门大学的国防生都会在防空警报拉响时有组织地利用学校隧道进行防空演练，以实际行动锻炼技能、提升国防观念。此外，还可以有针对性地组织大家利用党课党日等时间、党校培训等时机观看金一南、张维为、郑强、张召忠、金灿荣等军内外网络名人的演讲和授课视频，为大学生罗列书目，推送网络文章，让大学生增强国防观念。

(四)通过引进名家讲座和参加军事展等活动激发国防热情

正如大学的专业学习不能只停留在教室，靠自己的师资力量简单地上大课，而是要结合专家讲座、实验室手动实践、进工厂见学、开展社会调查等才能全面提升专业水平。国防教育也要适时走出去，请进来。近些年来，厦门大学已先后邀请金一南、张召忠、戴旭等军内外名人进校园开展讲座，大学生的参与热情很高，提问也很踊跃，经常出现一票难求的现象，并且在校园BBS论坛上引起广泛讨论。此外，还可以适时组织大学生走出教室和课堂，跳出报纸杂志和网络新闻，现场感受军事的魅力。比如，近些年来，厦门陆续举办了多届的军事科技嘉年华和厦门军事博览会等活动，高校可以分批组织大学生，采取集体优惠购票或者补贴部分门票费用的方式，来动员大学生利用周末节假日等时间参加这类活动，也可以通过合作共建的方式征集一些大学生志愿者协助活动的开展。酒香也怕巷子深，很多大学生对我军武器装备的概念还停留在过去的时代，认为武器装备还是欧美的强。但实际上当前我国的武器装备的研发和使用在部分领域已经走在了世界的前列，比如东风系列导弹、军用的北斗导航系统等等。厦门大学物理系教授刘守带领团队设计研发的“激光全息瞄准器(镜)”就出现在国庆70周年阅兵的受阅部队手里，引起了国内外的热烈讨论。通过参加此类活动，大学生的社会实践能力和对我国国防事业发展的信心都能得到有效增强，进一步提升国防意识。

(五)利用好校园征兵进行有力宣传

高校大学生应征入伍是加速国防和军队现代化建设，推进实施人才强军，科技强军的重大举措，对提高兵员质量，选拔和培养士官，军官队伍具有重要意义。在国防部举行的例行记者会上，新闻发言人提到，2020年开始，将试点对“双一流”的在校生士兵免试攻读军校。厦门大学作为一所知名的“双一流”大学，每年都为军队输送了不少优秀的兵员，新的提干政策试行以后，也会有更多的在校生入伍后留在部队，在军队职业化的浪潮中成为一名职业军人，为强军事业贡献青春，贡献厦大力量。

1. 在征兵入伍阶段，高校应大力配合国防动员机构进行全方位立体的宣传

通过多种形式加大宣传力度，营造携笔从戎报效国家的氛围。一方面可以吸引更多的志愿献身国防事业的在校生积极踊跃报名，为军队选拔更优秀的兵源；另一方面，通过展板横幅宣传、视频动态展示、典型事件汇报等形式，所有的在校学生都会被浓厚的从军报国的氛围所感染，国防观念会更加牢固。2009级国防生夏菁在土耳其国际高级突击队培训中取得外军学员总评第一的成绩，厦大选培办及时邀请他回到校园谈心得讲感受，为学弟学妹们答疑解惑，对在校的国防生触动颇深。这样的做法可以推广到征兵工作中，积极协调国防动员机构组织国防教育课走进校园，军中典型走进课堂。运用好这些典型激励，将很好地激发高校学生的从军热情。

2. 要以实际行动优待退伍返校大学生，并充分发挥好他们的作用

经过军队大熔炉锻炼的退伍大学生，相比一般大学生通常具备以下优势：①思想觉悟高，学习态度端正；②组织能力强，做事踏实稳重；③责任心强，敢于主动担当。以厦门大学为例，从当前的政策上来看，对退伍返校的大学生，不仅优先推荐到学生会等平台发挥作用，在转专业、评优和考研时也有相应的优惠政策。比如，厦门大学 2006 级艺术学院学生李可润，通过校园征兵入伍，在东海舰队某部服役期满后返校，被保送厦门大学研究生，又经过博士阶段的学习后已成为厦门大学建筑与土木工程学院的一名老师。此外，退役大学生可以辅助甚至直接担任新生军训的教官，在征兵工作中担当青春、阳光的宣传形象大使，在军事理论课堂成为有实践经历的国防教育助教，在国防教育类学生社团组织中凝聚高校学生的国防热情，并依托社团平台，在校武装部和校团委的指导下，开展丰富多彩的国防教育活动，积极营造校园国防教育氛围。